建德年鉴

JIANDE YEARBOOK | 2019

建德市史志编纂委员会 编

方志出版社
Publishing House of Local Records

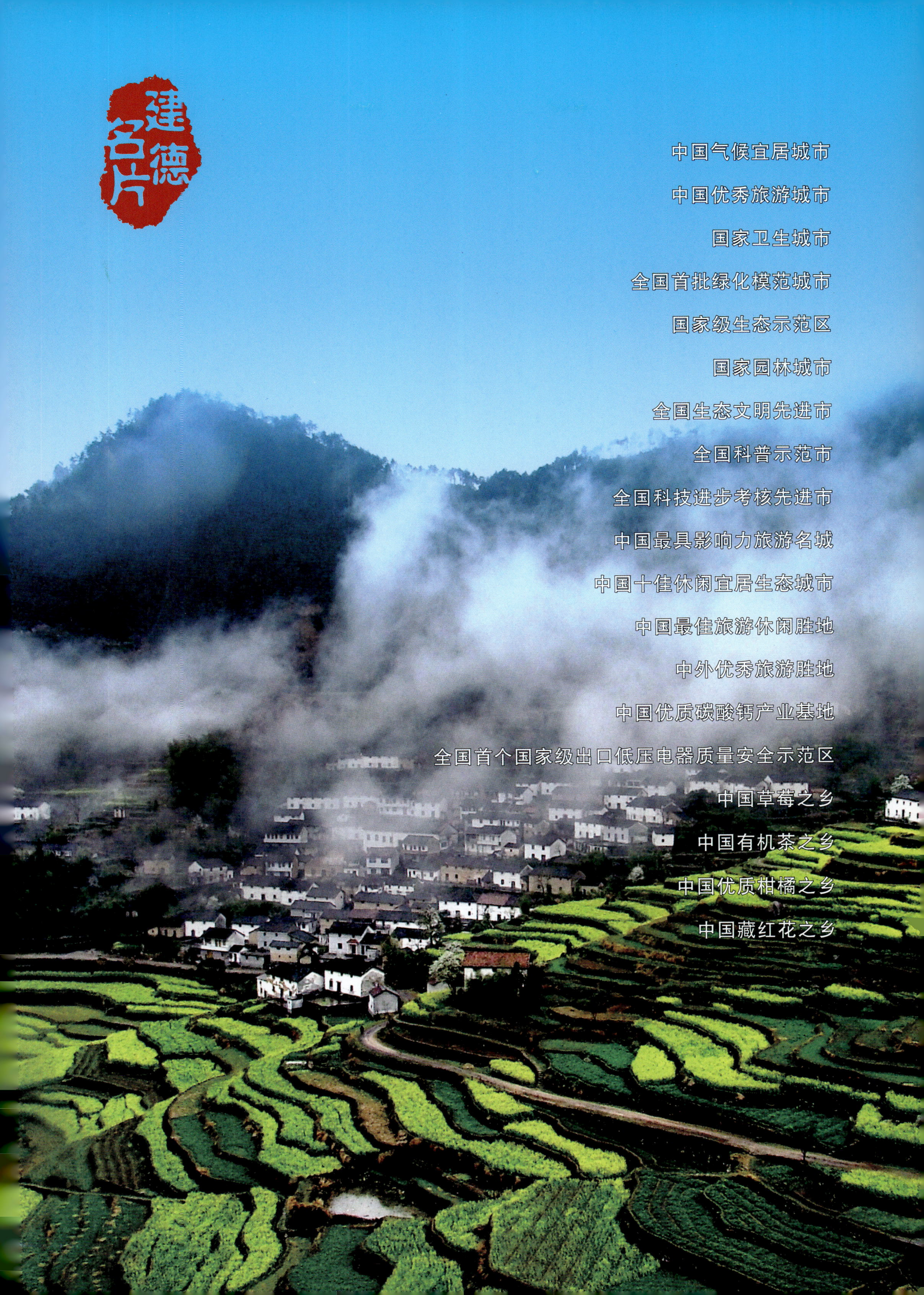
建德名片
中国气候宜居城市
中国优秀旅游城市
国家卫生城市
全国首批绿化模范城市
国家级生态示范区
国家园林城市
全国生态文明先进市
全国科普示范市
全国科技进步考核先进市
中国最具影响力旅游名城
中国十佳休闲宜居生态城市
中国最佳旅游休闲胜地
中外优秀旅游胜地
中国优质碳酸钙产业基地
全国首个国家级出口低压电器质量安全示范区
中国草莓之乡
中国有机茶之乡
中国优质柑橘之乡
中国藏红花之乡

新安江主城区全景（叶飞摄）

◎ 5月17日，省委书记、省人大常委会主任车俊（中）在建德钦堂乡蹲点调研

◎ 8月28日，省委常委、杭州市委书记周江勇在建德调研梅城镇“美丽城镇”建设工作

◎ 12月12日，杭州市市长徐立毅（中）到建德寿昌镇、梅城镇调研“小城镇环境综合整治”工作

◎ 市委书记童定干看望慰问“最美建德人”刘静芝的家属

◎ 市长朱欢坐班“最多跑一次”

◎ 4月12日，全省农村人居环境提升暨小城镇环境综合整治行动现场推进会在建德召开

◎ 杭黄高铁建德站外景（新华社徐昱 摄）

◎ 12月25日，杭黄高铁正式通车，建德迎来“首日首列首批”游客

◎ 12月25日，杭黄高铁正式通车，建德市迈入高铁时代

◎ 3月28日，建德市举行2018年工业项目集中开工仪式

◎ 5月25日，2018第20届中国科协年会分论坛——新时代军民两用关键技术研讨会暨建德军民融合产业发展论坛在建德举办

◎ 5月31日，建德市与北控置业集团签订高铁新区战略合作协议(高铁新区　供稿)

◎ 12月11日，建德市召开数字经济大会

◎ 12月20日，德扬航空建德基地首架大棕熊100系列Ⅱ飞机下线交付仪式

◎ 杨村桥镇十里埠综合码头全景（范胜利 摄）

◎ 建德市移民创新创业小微企业园开工（朱永标 摄）

◎ 钦堂乡“稻舞田间”收割大赛（汤峥嵘 摄）

◎ 4月14日，“建德苞茶”区域公共品牌发布会召开

◎ 8月22日，乡村持兴战略合作签约授牌仪式

◎ 4月3日，全市消除相对薄弱村推进会暨乡村特派员誓师大会召开

◎ 5月28日，浙江省志愿者证首发暨建德市全国文明城市创建志愿汇（建德）指挥系统启用仪式

◎ 3月30日，建德市创建全国文明城市网格化管理工作启动仪式

◎ 12月5日，“德小志” 形象发布会

◎ 志愿者开展文明劝导

◎ 7月17日，市第五届农村文化节开幕式暨创建全国文明城市主题宣传晚会在百姓纳凉大舞台开幕

◎ 5月26日，中国首个气候宜居城市授牌仪式，市长朱欢接牌（朱永标 摄）

◎ 寿昌小城镇夜景

◎ 三都镇“云漫松间”精品民宿

◎ 杨村桥镇“草莓小镇”全景

◎ 大同镇“稻香小镇”（张军 摄）

建德市地图

甘坪
富山
文昌镇
钱家
浪洞
宋村
左口
西阳
六联
朴树坞
燕坑
金峰
重坑
金家坞
珍坞
岛
列
贤
进
淳
安
县
汪家
天井岩
富文
青田
紫高尖（1018.8m）
香山
汪家坞
和溪
徐家
戴家
齐平
莲花镇
淳安县
前坞
千岛湖
马路
宋家坞
岩下
神龙岛
南山列岛
太
平
新
安
江
水
库
（千
岛
湖）
界
首
列
岛
三合
架子岭
里商
棠高
石林镇
向阳
千岛湖
塔山
江村
岭后社区
明珠社区
建德市
新安江街道
新安江水电站
叶家社区
更楼街道
黄泥墩
燕窝
叶家
东源底
红毛尖
千坑尖
石门
山
岗
里
千
绿荷塘古楠木森林公园
绿荷塘
西华
童家
中央坞
灵栖
灵栖胜景
石屏
马江山
南屏
曹源
田畈村
罗源
三家头
东村
八亩丘
长江垄
吴山寺
“建德人”遗址展馆
新桥
郑家
山羊坞尖（1157.8m）
百萝坪（1024m）
芦桐源尖（1226.6m）
毛草坪
万塘坞
谢家
白银珠
翁家
沙墩头
新联
李家
诸家
李家镇
黄坪尖
龙桥
石鼓
金鸡山脚
长林
田畈
枫树岭
胡村源
黄茗
高桥
潘村
寺芳
大同镇
水平
劳村
丰畈
黄山头
三村
葛岭
邱家
永盛
徐韩
城山
溪口
白马
乌石坞
三溪
太保庙
禹甸
儒博
万兴
松溪
富塘
盘山
清潭
上方镇
小溪源
上马
镇源
朝阳
彭家
大店口
江头
竹源
叶家坪
杨家
童源
上茶坪山
乌主塘
七坞寮
马槽山
西源岗
世外桃源度假村
乌龟岗
石木岭
毛头山
珏塘
三门源
航景
航头镇
黄木岗
八桥
溪沿
航头
寿昌镇
河南里
永嘉桥
南浦
乌石
大慈岩镇
吴山
十里荷花农家乐
狮山
双泉
陈店
里叶
诸葛镇
古塘
千岛湖
淡竹
梅坪
岩源
新市
张家
于合
洪宅
石岭
许乐
石泉
三岩
桂花
山峰
大塘边
金桥
上吴方
乌龙
干源
大店口
曲斗桥
衢
江
区
龙
游
县
水亭畲族乡
衢州市
金华市
杭州市
衢州市

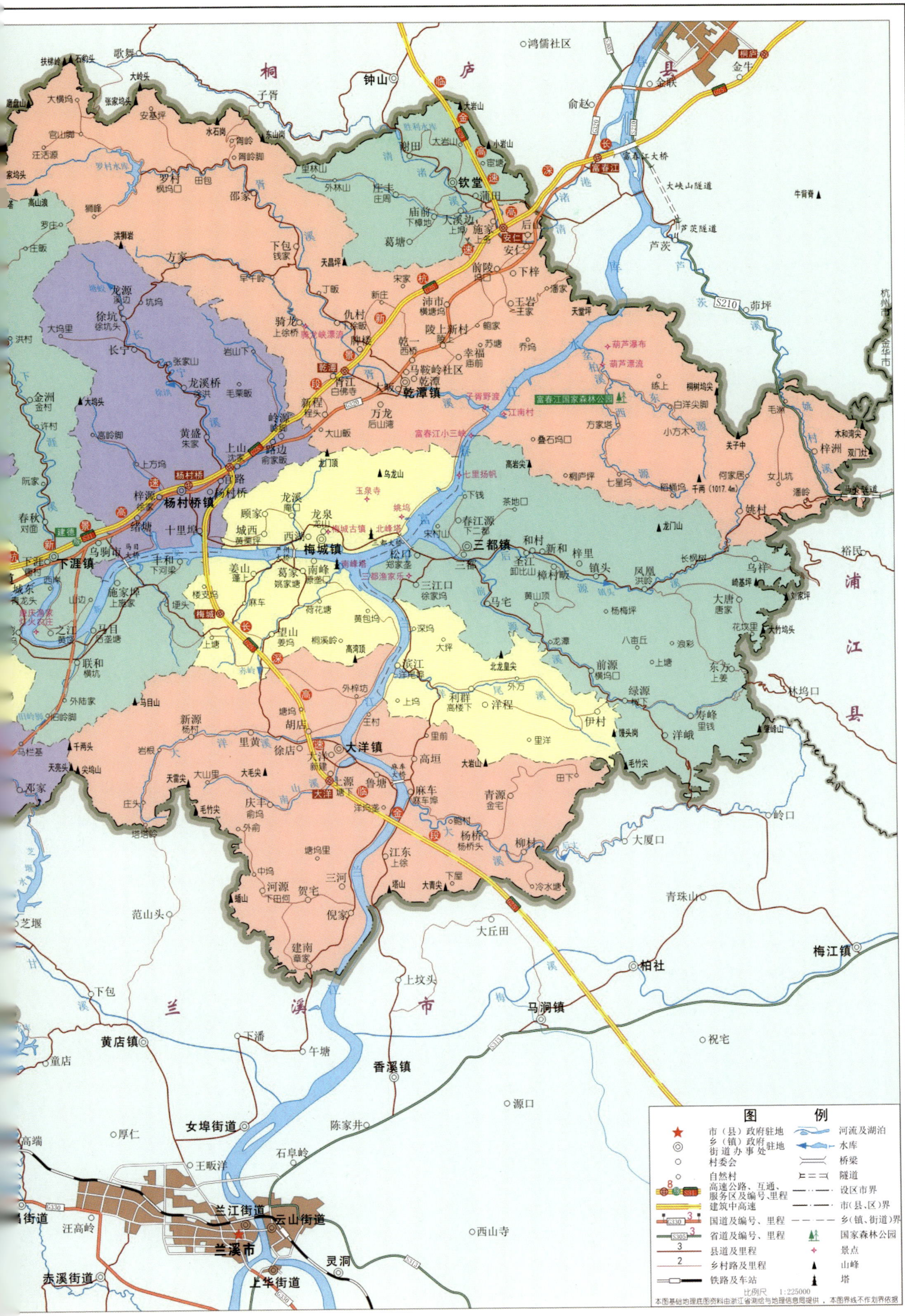

建德市民政局　浙江煤炭测绘院　联合编制　地图审核号：浙S（2014　）99号

编辑说明

一、《建德年鉴（2019）》（以下简称“本年鉴”）以马克思列宁主义、毛泽东思想、邓小平理论、“三个代表”重要思想、科学发展观、习近平新时代中国特色社会主义思想、中共十九大和中共建德市委第十四届五次全体会议精神为指导，坚持辩证唯物主义和历史唯物主义的立场、观点和方法，全面、系统地记载2018年建德市政治、经济、文化和社会发展的基本情况，为社会各界读者了解和研究建德提供基本信息资料。

二、本年鉴由类目、分目、条目三级组成。条目标题加“【 】”表示。首设“特载”“大事记”“概貌”；百科设“农业 农村”“工业 科技”“商贸”“信息业”“旅游”“交通运输 邮政”“城乡建设与管理”“环境和自然资源管理”“金融”“财政 税务”“经济管理”“中共建德市委员会”“建德市人民代表大会”“建德市人民政府”“政协建德市委员会”“纪律检查和行政监察”“民主党派”“社会团体”“法治”“军事”“人力资源管理和保障”“教育”“文化 体育”“传媒”“卫生”“社会生活”“乡镇（街道）”；末设“人物”“名录”及“重要文件选录”“ 索引”，全书共76.7万字。为保持历史文献原貌，2个特载文献以原文收录。极少数分目，因资料不足等因素，其下不再设条目，直接载以内容。

三、本年鉴收录内容和图片以2018年度为主，个别内容和图片时间视具体情况适当上溯和下延。图（照）片来源，除版权所有者明确者外，其他来自多种途径，不再一一标明。

四、内文中除“民主党派”分目外，未标明党派的“市委”均为“中共建德市委”，“党员”均为“中共党员”，“党建”工作均为“中国共产党建设”工作。

五、本年鉴采用语体文，涉及人称、职务等情况，以第三人称表述。

六、本年鉴的数字、计量单位和标点符号，按照国家最新标准使用。其中，不使用“亩”（不足1公顷者，使用“亩”，括注公顷）、“公里”“公斤”“度”，而使用“公顷”“千米”“千克”“千瓦时”，个别情况例外。部分涉密内容，按照《中华人民共和国保密法》规定处理。部分市情数据，按照2018年4月公布的《建德市第一次地理国情普查公报》（截止时间2015年12月31日），对此前年份采用的数据进行修正。

七、本年鉴所载信息资料由全市各机关、单位提供，经《建德年鉴》编辑部整理编辑，并由建德市史志编纂委员会审核而成，主要数据采纳《建德市2018年国民经济和社会发展统计公报》和《建德统计年鉴（2018）》，具有法定效力。

要 目

Main Contests

目 录

特 载

大事记

概 貌

农业 农村

工业 科技

商　贸

信息业

旅 游

交通运输 邮政

城乡建设与管理

环境和自然资源管理

金 融

财政 税务

经济管理

中共建德市委员会

建德市人民代表大会

建德市人民政府

政协建德市委员会

纪律检查和行政监察

民主党派

社会团体

法　治

军 事

人力资源管理和保障

教　育

文化 体育

传 媒

卫 生

社会生活

乡镇（街道）

人 物

名 录

重要文件选录

索 引

特 载

Special Reports

扛起使命责任 展现担当作为 高质量谱写新时代 加快建德崛起新篇章

——在市委十四届五次全体(扩大)会议上的报告

(2019年1月11日)

中共建德市委书记 童定干

同志们:

这次市委全会的主要任务是：以习近平新时代中国特色社会主义思想和党的十九大精神为指引，深入学习贯彻庆祝改革开放40周年大会、中央和省委经济工作会议、杭州市委全会精神，回顾总结2018年工作，研究部署2019年任务，动员全市各级党组织和广大党员干部群众，扛起使命责任、展现担当作为，高质量谱写新时代加快建德崛起新篇章。

下面，我代表市委常委会向全会作报告。

一、克难奋进，信心再坚定，打开加快崛起新局面

刚刚过去的一年，是建德爬坡过坎、克难攻坚、主动作为的一年。面对复杂多变的形势和艰巨繁重的任务，市委坚定不移践行“八八战略”，聚焦聚力“六大行动”，深入开展“五个主题年”活动，以更大力度厚植优势、补齐短板，为加快建德新崛起打下了坚实基础、迈出了关键步伐。发展态势越来越好。事关建德全局发展的一批重点项目加快推进，各项主要经济指标呈现高质量发展的良好势头。预计全年完成地区生产总值390亿元，增长7.5%；地方财政收入28.3亿元，增长15.9%；固定资产投资171亿元，增长14%；城镇和农村居民人均可支配收入分别达48891元和26158元，增长8.5%和9%。基层基础越来越实。深化推进“百千万”和“走村不漏户、户户见干部”活动，走访群众12.3万人次，解决问题1330余个。实施村级塔基工程“十大行动”，“双月例会”制度不断深化，乡村振兴特派员、“最多反映一次” 等工作得到各方点赞，党建引领改革发展稳定的“红色动力”不断激发。工作合力越来越强。健全完善市级领导“六个领衔”、部门乡镇“组团包干”等工作机制，市委总揽全局、协调各方，人大、政府、政协和监察、审判、检察机关始终与市委保持高度一致、同心同德、和衷共济，各乡镇(街道)各部门齐心协力、勇挑重担、创先争优，广大干部群众矢志发展、服务大局、苦干实干，形成了心齐气顺风正劲足的良好局面。

建德好声音越来越多。获评全国首个气候宜居城市、美丽浙江建设优秀县市,“最多跑一次”兜底办理、梅城美丽城镇建设等工作得到省、杭州市主要领导批示肯定，成功承办全省农村人居环境提升暨小城镇环境综合整治现场会，新华社、《人民日报》、央视《新闻联播》等主流媒体相继报道建德改革发展的新成效新气象。具体地说,2018 年工作和成效主要体现在以下五个方面:

1.紧盯产业、紧抓转型,加快积聚发展动能。坚决贯彻新发展理念,坚持“破”“立”结合,加快产业优化升级,不断提升经济发展质效。传统产业提质增效。制订分行业实施方案和新一轮工业经济扶持新政,设立 3 亿元的产业发展引导基金,强化安全、环保和亩均效益“三倒逼”,共关停“低散乱”企业 151 家,水泥企业改造全面启动,碳酸钙全行业实现上规目标，竹木制品行业对标整治成效明显。坚定不移实施数字经济“一号工程”,加大“两化”融合力度,实现规上工业上云全覆盖,获评“两化深度融合国家示范区”。以小微园理念引导块状经济集群集聚发展，成为杭州唯一入围全省小微园建设提升工作县市。加快推进特色农业产业化、规模化发展，杨村桥草莓小镇成功创建全省首批特色农业强镇,建德草莓、建德苞茶等区域公共品牌进一步打响。新兴产业持续壮大。抢抓高铁时代和拥江发展机遇，全面启动省级全域旅游示范市建设,明晰“一轴四片多点”的发展布局,开元芳草地酒店、水上夜游灯光秀一期等项目建成运营,成功举办第十八届新安江旅游节系列活动，共接待国内外游客 1085 万人次,实现旅游总收入 102 亿元。依托产业基础、生态禀赋等优势资源,大力推动大健康、通航、水产业发展,江南秘境国际旅游度假区、恒大温泉健康小镇等项目全面开工,农夫山泉四期、五期等项目加快推进。营商环境不断优化。制订出台《营商环境 20 条》,按照“五保证五必究”要求,创新推行企业编外“厂长制”。深入开展“聚焦企业、聚力发展”大走访活动,提振企业发展信心,共走访企业 738 家、破解难题 365 个。认真落实“三去一降一补”任务,实现企业减负 11.3 亿元,不良率下降到 1.03%。平台建设有效突破。航空小镇(开发区)获评省级优秀特色小镇,机场改扩建项目全面启动,飞机餐厅、航空酒店等项目建成运营。省机场集团通航总部、浙江传媒学院航空学院等项目成功落地，与中国民航管理干部学院等院校合作,打造通航重点实验室。华奕无人直升机、安飞新能源飞机等项目正式落户,首架大棕熊 100 系列Ⅱ飞机下线运行。高铁新区(高新园)成功创建省级高新技术产业园，与北控集团正式签订 PPP 合作协议,高铁场站站前广场及连接线项目全面完工，新安江综保工程实现滨江景观路全线贯通。承接杭州主城区产业转移喜结硕果,共引进项目 22 个,总投资 33 亿元,预计全年实现销售产值 190 亿元,呈现跨越发展的良好态势。

2.深化改革、强化创新,有效激发发展活力。坚持把改革作为建德发展的动力源、把创新作为动力源建设的核心内容,加快形成改革引领、创新支撑的发展模式。重点改革蹄疾步稳。以“最多跑一次”改革为牵引,撬动各项重点改革落地,“跑一次”事项实现率 100%、零上门事项 173 项、村级服务代跑事项 56 项,位居全省前列。首创“兜底办”专窗制度,帮助企业解决“两证”办理等历史遗留问题 24 个。全面加强国有公司存量资产摸底整合与盘活利用,10 亿元城市停车场建设专项债券通过国家发改委审批。深入实施农村综合配套改革,加大全域土地整治、流转力度,验收新增垦造水田 6226 亩,累计流转土地 14.5 万亩、流转率 62%。创新能力不断增强。上海产业技术研究院浙江创新院顺利挂牌,与省农科院战略合作成功签约,新增杭州市级以上高新技术企业 28 家、研发中心 11 家,规上工业研发经费支出、战略性新兴产业增加值分别增长 10.5% 和 17%。出台人才强市“30 条”，新引进高层次人才 75 人，培养高技能人才 731 人。开放带动效应放大。抢抓“一带一路”、长江经济带等重大战略机遇，积极融入全省大通道大湾区建设和杭州拥江发展行动，杭黄高铁建成通车，十里埠港开港运营,23 省道改扩建全线完工，衢建高铁、临金高速等一批重大项目加快推进。围绕“谋划大产业、招引大项目”,建立“152+251”工作机制,成功举办通航推介招商、“建德人”大会主题招商等活动，共签约引进项目 57 个,总投资 220 亿元，到位浙商创新资金 33.3 亿元、实际利用外资1.46亿美元。

3.共治生态、共建花园,持续优化发展环境。以美丽建德建设为主载体,全面启动农村人居环境提升工程,补短板、强弱项,以提升城乡颜值来提升建德的美誉度、人民的获得感。城市环境更具品质。以全国文明城市创建为龙头,加快城市有机更新步伐,完成立面整治13.49万平方米,府北、健康南路等1646户棚户区改造签约拆除率100%。桥东城市客厅、江滨公园景观配套等重点工程加快推进,主城区慢行系统初见雏形,精心构建城市公园圈、慢行圈、消费圈。乡村魅力愈加彰显。小城镇环境综合整治全面推进,完成"六乱"治理1890处,第二批7个乡镇高分通过省级达标验收,乾潭、寿昌树立全省样板,寿昌成为全省首个免检通过验收的乡镇。认真贯彻落实车俊书记等省、杭州市领导批示和周江勇书记调研讲话精神,全面启动梅城美丽城镇建设,打造新时代美丽城镇示范区。深入开展垃圾革命、厕所革命、围墙革命,2条美丽乡村精品线、11个精品村建设加快推进,新增民宿102家,乡村旅游接待数和总收入分别增长83.8%和75%。环境治理系统发力。深入推进治水拆违,持续保持全域Ⅲ类以上水质和出境断面优秀考核等次,完成"三改"42.56万平方米、拆除违建142.2万平方米。扎实推进生态修复治理,成功创建全省首个全国森林经营样板基地。全面完成中央环保督察68项任务整改,空气质量优良率95%。

4.以人为本、以民为先,不断提升群众幸福感。坚持民生优先,全力办好民生实事,民生支出占财政总支出比例77.8%,不断满足群众对美好生活的向往。民生福祉持续增进。实施民生实事项目人大代表票决制,十大民生实事项目全面完成。加快优化教育布局,新安江职业学校迁建、洋安中心学校等项目建成投入使用,省教育基本现代化市通过评估。健康建德建设扎实推进,县域医共体试点稳步实施,家庭医生累计签约16.2万人,重点人群覆盖率78.9%。"两馆两中心"主体完工,累计建成农村文化礼堂168家,举办全省"万家农村文化礼堂庆丰收"主场活动。社会保障更加有力。出台在外建德人返乡创业扶持政策,新增城镇就业7029人,城镇失业登记率控制在2.33%。加大困难群体兜底帮扶力度,低保标准提高至每人每月764元。提升居家养老服务水平,乡镇级居家养老服务照料中心实现全覆盖。扎实推进消薄化债工作,125个集体经济相对薄弱村提前完成年度消薄任务,村级债务化解率17.98%。社会治理切实加强。打好平安创建攻坚战,整合优化并有效运行764个全科网格,全面推广"最多反映一次"做法,基层治理能力和水平进一步提升。突出抓好矛盾纠纷排查化解,扫黑除恶专项斗争取得阶段性成果,强化安全生产、消防、食品药品等公共安全领域风险隐患排查整治,全市安全生产事故、刑事发案分别下降35.1%和4.2%。

5.严明导向、从严治党,全面加强党的建设。压紧压实管党治党政治责任,推动全面从严治党向纵深发展、向基层延伸,营造风清气正政治生态。思想政治建设不断加强。持续推进"两学一做"常态化制度化,健全完善新安夜学等制度,全面强化干部思想理论武装。启用建德城市品牌视觉形象识别系统,深入开展建功立德大比拼活动,激情拥抱"38分钟时代",干部信心更强、干劲更足。出台意识形态工作责任清单,加大"最美建德人"选树力度,成立全省首个跨区网信联盟"兰德龙",牢牢把好意识形态工作主动权。干部队伍建设活力迸发。制定领导干部履职尽责管理办法,深化"赛场赛马""互学互比"机制,选派160名优秀年轻干部到协作区县以及招商、维稳、征迁等一线锻炼,干部干事创业氛围更加浓厚。落实严管厚爱,出台规范公职人员"八小时以外"行为规定,完成89个"五小"工程项目建设,有效改善干部驻镇工作条件。党风廉政建设抓紧抓实。出台建设清廉建德的意见,严格落实"两个责任"。认真开展党风廉政巡查、正风肃纪检查和重点领域"三不"问题专项督查,开展检查525次、问责67人。始终保持惩治腐败的高压态势,共立案197件、党纪政务处分177人。

回顾一年来的奋斗历程,全市党员干部苦干实干、攻坚克难,我们有许多值得认真总结和长期坚持的基本经验。一年来,我们始终坚持目标引领。全面推动"八八战略"再深化、改革开放再出发，不断提升把方向、谋大局、作决策、抓落实的能力，有效凝聚了全市党员干部的思想和行动，加快新崛起的路径更加清晰。一年来，我们始终坚持问题导向。从群众反映最强烈、最关切的问题入手，从制约建德发展最迫切、最直接的环节发力，以重点工作的解决撕开口子，带动面上工作的整体提升。一年来，我们始终坚持以民为本。把不断满足人民对美好生活的向往作为奋斗目标，只要有利于群众，再小的事情也用心做、再大的困难也坚决干、再重的压力也顶着上。一年来，我们始终坚持担当作为。秉持对建德长远发展高度负责的态度和责任担当，妥善解决了一批历史遗留问题，干成了一批在杭州和全省有影响力的大事，锻造了一支想干事、会干事、能干事的铁军队伍。

同志们，一年来的成绩来之不易，是上级党委坚强领导的结果，是全市广大党员干部群众奋力拼搏的结果，凝聚了全市上下的心血和汗水。在此，我代表市委常委会，向各位委员、向全市广大党员、干部群众表示衷心的感谢！

二、与时俱进，思想再解放，凝聚加快崛起新共识

今年是新中国成立70周年，是高水平全面建成小康社会关键之年，也是改革开放开启新征程和机构改革全面完成的第一年。做好新一年工作，加快建德新崛起步伐，必须把思想统一到上级部署要求上来，统一到对形势机遇的科学分析和判断上来，切实认清当前建德所处的方位和肩负的使命。

新的一年，发展环境总体有利，但形势复杂多变。新一轮科技革命和产业变革蓬勃兴起，推动全球经济进入新一轮增长周期。数字经济与产业融合发展，大数据、物联网、区块链、人工智能等一批前沿科技将重塑未来国际市场规范和竞争格局。消费升级已成趋势和规模，娱乐文化、医疗保健、旅游等发展型、服务型新型消费出现爆发式增长。国内经济由高速增长转向高质量发展阶段，供给侧结构性改革深入推进，改革开放力度加大，经济保持“稳中向好、稳中有进”发展态势。然而当今世界正面临百年未有之大变局，中美贸易摩擦影响逐步显现，外部环境更趋复杂严峻，将带来更大的不确定性。国内结构性矛盾相互交织，经济运行稳中有变、变中有忧，经济面临下行压力，对我们落实“六稳”政策、驾驭复杂局面能力提出了重大考验。变局中危与机同生并存，越是困难重重，越要坚定信心，必须坚持辩证思维，强化忧患意识，坚持加快新崛起目标不变、瞄准高质量发展靶心不散、聚力“六大行动”频道不换，善于化危为机、转危为安，变压力为加快发展的动力。

新的一年，发展机遇多重叠加，但竞争异常激烈。中央经济工作会议作出我国发展仍处于并将长期处于重要战略机遇期的基本判断并赋予新的内涵。当前，区域融合发展成为势不可挡的时代潮流，长三角一体化发展上升为国家战略。省委经济工作会议明确，着力抓好改革开放、“三大攻坚战”、长三角一体化国家战略三件大事，突出稳企业、增动能、保平安三大重点，提出了一系列针对性、操作性极强的高质量发展组合拳。杭州全面推进拥江发展，在财政体制、空间规划、资源配置、基础设施建设、公共服务供给等方面统筹力度不断加强，为我们新一轮发展打开了通道。高铁时代飞速驶来，同城效应、时空转换效应进一步放大，通航产业蓬勃发展，特色品牌不断彰显，这些都为建德加快发展带来了历史性机遇、全局性利好。但也要看到，区域竞争日趋“白热化”，周边区县抓发展的力度明显加大，形成了比学赶超、你追我赶的竞争态势，不进则退、慢进也退，形势逼人。只有保持强烈的开放意识和争先意识，敢于同台竞争、全力拼抢机遇，才能在区域融合发展中找准定位，不断提升建德发展的核心竞争力。

新的一年，发展态势不断向好，但短板仍需发力。今天的建德，走过了改革开放40年的风雨历程，经济社会发展取得了历史性成就，开启了加快实现新崛起的壮丽征程。但对照发展要求和群众期盼，我们也要清醒地看到当前发展中面临的诸多问题。一是经济发展增速较快，但总量还不够大、质量效益还不够高，创新驱动和人才带动还不强。二是重点领域改革成效显现，但对经济社会发展具有重大撬动作用的改革项目比较缺乏，改革红利没有充分释放。三是城乡融合力度不断加大，

但民生工作还有不如意的地方，教育、医疗、养老等优质公共服务供给与群众高品质生活需求还有差距。四是干部的精气神显著提升，政治生态风清气正，但党员干部创新担当的勇气还不够、办法还不多。唯有直面难题挑战，持续发力补短板、久久为功抓落实，才能更好发挥现有优势，充分挖掘潜在优势，推动建德开放融入、跨越赶超。

新时代呼唤新担当，新使命期待新作为。把握新形势，扛起新使命，要求我们既要充分总结以往成就，又不能骄傲自满、故步自封，必须在更大空间尝试"从零开始"，系统回答时代命题、完成历史使命、回应群众期盼。要全面发力，深入开展改革攻坚，最大限度激发活力、最大力度展示成效。要全面提速，深入开展项目攻坚，确保重点项目早签约、早落地、早开工、早见效。要全面展现，深入开展环境攻坚，全力推进资源整理整合、功能补缺补短、环境提标提档。以改革大突破、项目大推进、环境大改善，推动工作大提升、事业大发展，努力创造无愧于时代、无愧于人民、无愧于历史的光辉业绩。

三、锚定目标，征程再起航，实现加快崛起新跨越

基于上述分析和研判，2019 年工作的总体要求是：高举习近平新时代中国特色社会主义思想伟大旗帜，全面贯彻落实党的十九大和中央、省委经济工作会议精神，坚持稳中求进工作总基调，按照杭州市委"干好一一六、当好排头兵"的部署要求，紧紧围绕"加快建德新崛起"这一总目标，持续发力"六大行动"，打好"三大攻坚战"，统筹推进稳增长、促改革、调结构、惠民生、防风险工作，努力实现经济社会各领域高质量发展，以优异成绩迎接新中国成立 70 周年。

2019 年工作的主要预期目标建议为：地区生产总值增长 7%以上，在高质量前提下能快则快；固定资产投资、城乡居民收入和财政收入增长与经济增长基本同步，城乡居民收入比持续缩小；投资结构更趋优化，金融风险有效防控，能源和环境指标完成上级下达的计划目标，资源效率、环境效率、劳动生产率和科技贡献率逐步提高。

围绕上述总体要求和目标，今年要突出稳企业、增动能、保平安等工作，进一步优化产业结构素质、区域空间布局、资源要素供给、工作体制机制，着力抓好五个方面的工作：

（一）聚力产业提质，建设高质量的现代经济。全面落实新发展理念，扎实做好"六稳"各项工作，坚定不移实施数字经济"一号工程"，努力走出一条引领产业高质量发展的新路子。抓营商环境优供给。不折不扣落实中央和省、杭州市减负降本政策措施，研究出台和储备新政策，在审批、建设、运营、管理各个环节精准施策，降低制度成本，使企业真正享受到减负"福利"。深入开展"走亲连心三服务""聚焦企业、聚力发展"等活动，建立常态化联企协调解难机制，及时解决企业融资、用工、创新等难题，为企业提供精准有效服务。始终把企业家作为建德发展最宝贵的资源，积极构建"亲""清"政商关系，弘扬新时代企业家精神、浙商精神，让企业有更多荣誉感、自豪感、成就感。抓产业升级增动能。联动实施传统产业改造提升和数字经济发展行动计划，多管齐下推动产业提质转型，力争数字经济核心产业增加值增长 10%以上。持续加大化工、水泥行业搬迁改造力度，鼓励企业积极拓展下游高端产品。深化"亩均论英雄"改革，推进家纺、五金工具、低压电器行业改造提升，探索打造块状经济行业区域品牌。把握数字经济发展趋势，把制造业作为产业数字化主攻方向，大力开展"机器换人""企业上云"等数字化改造，打造一批无人车间、无人工厂示范项目，重塑传统产业的核心竞争力。大力推进数字产业化，建好"城市大脑"，加强数字基础设施、数字政府、数字园区等建设，提升民生领域智慧化应用水平。实施高铁旅游新政，强化旅游资源整合营销，加快国有景区的改造提升和高等级酒店布局，积极拓展休闲、度假、运动等多种类型旅游业态。发挥浙西国际心脏中心等资源优势，培育发展生命科学、养生养老等大健康产业。大力发展水产业，完成农夫山泉四期、五期建设，谋划推进六期前期工作。抓有效投资强后劲。依托国家宏观政策、重大发展规划、企业投资动向、自身优势产业等谋划一批产业项目。统筹整合招商资源，围绕强链、补链、建链，积极开展产

业链招商、资本招商、以商引商，有效发挥优质山水资源的“磁吸效应”，提高招商绩效。抓牢抓实“152”省市县长工程项目，招引20亿元以上项目4个、5亿元以上项目8个。着力完善例会制、督查制、通报制、奖惩制等项目推进体系，坚决破除项目落地“中梗阻”。强化要素支撑，拓宽融资渠道，降低融资成本，严控债务风险。加大政策处理攻坚力度，多渠道解决土地指标问题，为重点项目推进提供有力保障。抓平台提升促集聚。加大平台整合提升力度，构筑“2+X”的空间布局，全力打造产业高端、特色鲜明、服务完善、环境优美的现代产业园区。航空小镇(开发区)要瞄准全省通航样板目标，优化功能配套，打造通航全产业链，逐步实现由“航空镇”向“航空城”蝶变。加快实施机场改扩建、全省飞控中心、航空创业产业孵化楼等项目，努力打造国内一流的标杆性通航机场。加强与中航材集团合作，推进全省航空应急救援中心建设，形成覆盖全省的应急航空体系和运行模式，积极创建应急救援基地全国示范样板。充分用好上海产业技术研究院浙江创新院、杭电军民融合双创中心等科研平台，加快推进通航重点实验室、省机场集团培训基地等项目。着力引进通航服务、通航旅游、通航制造产业项目，全力推动华奕无人直升机、安飞新能源飞机等项目加快建设。高铁新区(高新园)要深化与北控集团合作，围绕“一核三区”规划定位，全面推进产城融合发展。生态旅游核心区以省级田园综合体为载体，打造集农业种植观光、科技金融、会议会展、休闲度假为一体的现代农业科技示范区。高铁门户区加大路网、绿网等基础设施改造提升，优化园区功能配套。科技创智区大力建设研发、设计、创客等公共服务平台。高新产业片区聚焦产业转型提升，积极招引新材料、高端装备制造等产业。坚持因地制宜、分类施策，打好小微园建设组合拳，打造中小微企业集聚发展的有效载体。

(二)聚力改革创新，建设高质量的动能体系。坚持供给侧结构性改革不动摇，更加注重创新驱动、开放带动，修复传统动能，增添新兴动能。以改革强动力。全面推动“最多跑一次”改革向纵深发展，加快基础数据资源归集、打通、共享，延伸拓展“一窗受理”平台，不断提升审批效率。深化“兜底”服务机制，建立兜底事项问题反馈制度，促进改革扩面升级。落实“标准地+承诺制”改革要求，整合投资项目审批服务专区职能，力争实现率、满意率位居全省前列。全面完成党政机构改革，开展事业单位分类改革。深入推进投融资改革，积极主动防范金融风险，加快新化化工、建业化工等企业上市步伐。统筹推进农村土地和产权制度改革，推动资源要素城乡双向流动，实现土地流转率65%以上。完善激励监管机制，做强做优做大国有公司，持续提升资本运营能力和盈利水平。以创新添活力。树立想创新、敢创新、善创新的理念，厚植创新土壤，形成政府主导、企业主体、社会主力的创新格局。深化与中国科学院、浙江大学等院校产学研合作，积极培育产业创新服务综合体，不断探索高校院所助力县域经济发展的可行路径。大力推进科技型企业梯度培育，支持企业创建各类研发机构，提高重点领域、关键技术攻关能力。突出抓好逸龙文创园、心安创客、环保科创等众创空间和孵化器培育，促成科研成果加快转换。落实人才强市政策，紧紧抓住“引、育、用”关键环节，充分发挥人才核心作用。大力弘扬劳模精神、工匠精神，实施建德工匠培育计划，新培养高技能人才700人以上。以开放增优势。全面拥抱高铁时代，主动融入长三角一体化发展和全省大湾区大通道建设，深入对接杭州城市国际化，加大产业承接、项目对接、设施连接、服务衔接力度。坚持高水平“走出去”与高质量“引进来”并举，认真落实外贸稳定增长的政策措施，支持企业拓展外向型经济发展空间，巩固扩大市场份额。深化区市协作、对口支援等各层面交流协作机制，开展产业合作、劳务协作、资金支持、人才支援等深度帮扶，推动共赢发展。加快临金高速、衢建高铁等项目推进，争取金建高铁年内开工，扎实开展320国道改建、311省道等项目前期，优化城乡公交网络，推进农村公路、通景公路提档升级。

(三)聚力乡村振兴，建设高质量的全域大花园。大力实施乡村振兴战略，着眼建德全市域，聚焦主轴新安江—富春江，着力推动城乡融合发展，加快大花园建设力度，全力打造全省乡村振兴示范县市。以拥江发展为主方向，推动宜居建德大展示。在沿江绿道全线贯通基础上，植入休闲驿站、景观公园等相关功能，打造特色生态风景廊道。坚持"控、治、修、建、调、优"多管齐下，强化沿江岸线、水体、山体、厂区等重要节点的设计统筹和风貌管控，优化功能布局。突出主城区、黄饶半岛、梅城三江口三大板块，坚持点上做精、带上做优、面上做美，打造生态带、文化带、景观带"三带环绕"的拥江形态。全面启动水上实景演艺项目及码头、游船等基础设施改造，注重呈现"山水相依、山水相融"的景观格局。以优城扩城为主引擎，推动城市能级大提升。着眼组团式发展，完善土地利用、产业布局、生态保护等规划体系，扎实做好总体规划与各类专项规划科学衔接。开展城市有机更新攻坚战，全面实施城中村、老旧小区、市政道路等提升改造，持续优化市民生产生活服务配套。加大力度、加快速度、集聚资源，高标准推进主城区慢行系统、桥东江滨景观公园等项目建设，持续推动绿城商业综合体、喜来登酒店等重点项目按计划推进，实现区块早出形象。擦亮宜居城市金名片，加快引育酒店住宿、餐饮娱乐、电子商务等城市业态，实现以城聚产、产城联动、融合发展。深化智慧城市建设，加快整合城管、交通、管网、市场监管等数字资源，提升管理智能化水平。以美丽城镇为主载体，推动全域美丽大创建。全面打好小城镇环境综合整治收官战，继续当示范作表率。加快推进梅城美丽城镇建设试点，动员全民参与，保护历史文化，集聚特色产业，注重可持续发展，带动全域推进，为全省美丽城镇建设打造样板典范。以省委实施"新千万工程"为契机，深化美丽庭院、精品村、风景线创建，逐步实现 A 级景区村全覆盖，推动由"点上出彩向面上普惠转变"，打造美丽乡村的建德标准。打好污染防治攻坚战，实施蓝天、碧水、净土、清废"四大行动"，持续深化"五水共治"，严厉打击环境违法行为，零容忍抓好中央环保督察整改。统筹山水林田湖系统治理，启动国家森林城市和全国首批珍贵树种示范市创建。以"土地流转+整治"为主抓手，推动美丽经济大发展。坚持开发与保护并举，积极推进农村土地整治流转，有效盘活农村闲置宅基地等"沉睡"资源，推动工商资本"上山下乡"，打造 3 个以上农旅结合的田园综合体，进一步打开美丽生态向美丽经济转化通道。大力发展高效生态农业，培育家庭农场、农业龙头企业、农创客等新型农业经营主体，推进建德草莓、建德苞茶等农产品区域公共品牌建设。坚持"文化导引、全域旅游""一村一韵、一村一品"，打响"宿建德江"民宿品牌，推动农村一、二、三产深度融合发展。

（四）聚力文化兴盛，建设高质量的精神家园。坚持以全国文明城市创建为引领，推动以文化人、以文惠民、以文兴业有效结合，用文化点亮群众生活、提升城市韵味。着力提升文明素养。深入开展文明家庭、文明街区等"文明细胞"创建活动，塑造城市文明形象。深入践行社会主义核心价值观，弘扬建功立德精神，持续推进"最美建德人"选树宣传，以精神力量激励全市人民向上向善向美。完成"德文化"省级标准化试点，推广"好家风信用贷""道德银行"等特色做法。大力倡导生态殡葬、节俭礼庆等婚丧礼俗新风尚，积极推进家规家训、村规民约建设。优化公共文化服务。加强梅城古镇等重点文物资源保护利用，加大诗路文化、严州文化、乡村文化的挖掘力度，打响建德文化品牌。严格管控城乡风貌，加强重点功能区块、主要景观节点、主要建筑物的文化植入，让建德大地更有文化韵味。加快推进公共文化服务体系标准化、均衡化，积极推动农村文化礼堂全覆盖。精准实施文化惠民工程，推动文化走近群众、服务群众。加强文艺精品创作和展演，全方位讲好建德故事。增强文化发展活力。深入研究文化产业发展，重点培育以玺匠文化、雨歌动漫、建德婺剧团等为代表的领军型、骨干型、成长型文创企业。积极引进文化龙头企业和高端人才，打造以"航空小镇""镇头大队""严州古府"等为代表的文创小镇、文创村落和文创街区。探索"文化+"模式，推动文化与数字经济、旅游等深入融合，充分展示建德的文化底蕴和文创活力。

（五）聚力民生关切，建设高质量的美好生活。坚定"满足人民对美好生活向往"的追求，谋深民生大事、聚焦关键小事，让发展成果更好地惠及全市人民。增进民生获得感。鼓励大众创业，促进充分就业，扶持发展农村电商、来料加工，稳步推进富民增收，坚决打赢低收入群体增收攻坚战。进一步加大消薄增收力度，确保到年底全市村集体经济经营性收入均达10万元以上。不断深化养老服务综合改革，推进医、养、护深度融合，全面提升居家养老服务水平。加强住房保障，加大城乡危旧房改造力度。聚焦因病致贫、因学致贫、因灾致贫等突出问题，加快完善医保体制、助学机制和灾害救助体系。提高民生幸福感。落实民生实事项目人大代表票决制，继续抓好交通治堵、社区物业管理等群众关切的热点问题，让群众看到变化、得到实惠。落实教育优先发展战略，以打造品牌、提升质量为核心，深化教育改革，引进优质资源，优化教育布局。全面推进健康建德“2030行动”，创新医疗卫生服务体系、管理机制和运行模式，推进县域医共体和智慧医疗平台建设，实现“三医联动、六医统筹”。围绕全民健身，开展全国气排球项目特色之乡、省体育现代化市创建。增强民生安全感。深化“平安建德”建设，大力实施“雪亮工程”，坚持和发展“最多反映一次”做法，打造社会治安防控体系升级版。扎实做好新中国成立70周年等重大活动安保工作，持续深入开展扫黑除恶专项斗争，依法打击惩治各类违法犯罪活动。持续加强信访维稳、安全生产、食品药品监管、地质灾害防治等方面工作，坚决遏制重特大事故发生。深入推进“七五”普法，提高公民法治意识。深化司法体制改革，不断提升司法质量、效率和公信力。

四、固本强基，铁军再发力，展示加快崛起新形象

建德发展要有新气象新作为，必须毫不动摇坚持和完善党的领导。全市上下要牢记时代的重任和人民的重托，认真贯彻新时代党的建设总要求，纵深推进全面从严治党，着力提升党的政治领导力、思想引领力、群众组织力、社会号召力。

1.狠抓思想，保持奋发有为的精神状态。始终把政治建设作为首要任务，深入践行习近平新时代中国特色社会主义思想，牢固树立“四个意识”，切实增强“四个自信”，坚决做到“两个维护”。高标准开展“不忘初心、牢记使命”主题教育，持续兴起大学习大调研大抓落实的热潮。以党章为根本遵循，严肃党内政治生活，经常性开展“党性体检”。牢牢掌握意识形态工作领导权、主动权，打造意识形态阵地联盟，进一步传递好声音、唱响主旋律。坚持和加强党的全面领导的制度体系和工作机制，切实发挥市委领导核心作用，支持人大、政府、政协和监委、法院、检察院依法依章履行职能，进一步加强党管武装、统一战线、群团改革和老干部工作，巩固和发展党政军民团结共建、人大政协齐上一线、统战群团同舟共济的生动局面。

2.重抓基础，建设充满活力的基层堡垒。牢固树立大抓基层导向，以提升组织力为重点，高标准落实党支部标准30条，推动基层党组织全领域建强、全区域提升。持续开展“百千万”“走村不漏户、户户见干部”等密切联系群众活动，重点在发现问题、解决问题上下更大功夫，真正打通服务群众“最后一公里”。深化党建双月例会制度，以“党建+”为引领，强化基层党建创新，创树一批内涵丰富、特色鲜明的基层党建精品。着力加强基层党组织班子建设，强化党员发展、教育、管理和服务，全面提升基层党组织的引领力、凝聚力和战斗力。实施党群“共创共享、乡村振兴”计划，深化党群助创服务机制，推动农村产业兴旺、生活富裕，助力乡村振兴。

3.强抓队伍，铸强干事创业的中流砥柱。坚持好干部标准，形成以实绩论英雄、凭实绩用干部的鲜明导向，严格规范干部选拔任用，切实把好选人用人关。完善干部考核评价机制，加强干部任前、任中、任后全过程监管，切实推进能上能下。加大干部轮岗交流和梯队培养力度，统筹抓好年轻干部、女干部和党外干部的培养选拔，将更多优秀干部选派到基层一线、项目前线、攻坚火线上锻炼磨砺。坚持严管和厚爱结合、激励和约束并重，完善细化正向激励、尽职免责机制，旗帜鲜明保护改革者、鼓励探索者、宽容失败者、支持干事者。搭建“互看互学互比”平台，督促和激励各级各单位与强的比、同高的攀、和勇的争、跟快的赛，形成比质量、比位次、比创新、比项目、比环境、比担当的创先争优热潮。

4.严抓作风，营造风清气正的政治生态。紧紧

扭住党风廉政建设“牛鼻子”,坚决扛起全面从严治党的政治责任,综合运用执纪监督“四种形态”,推动监察职能向基层延伸,实现纪律监督、监察监督、派驻监督、巡查监督“四个全覆盖”。聚焦“关键少数”,看住重要节点,高标准落实中央八项规定及实施细则精神,紧盯“四风”问题新形式新动向,加大“三不”整治力度,坚决破除中梗阻、慵懒散,推动正风肃纪常态化长效化。推进“清廉建德”建设,坚持无禁区、全覆盖、零容忍查办违纪违法行为,坚决减存量、遏增量,巩固发展反腐败斗争压倒性态势。加强廉政警示教育,引导党员干部涵养良好家风。

同志们,历史的画卷,总是在砥砺前行中铺展;时代的华章,总是在新的奋斗中书写。让我们更加紧密团结在以习近平同志为核心的党中央周围,高举习近平新时代中国特色社会主义思想伟大旗帜,不忘初心、牢记使命,扎实工作、奋勇前行,高质量谱写新时代中国特色社会主义建设的建德篇章,以优异成绩迎接新中国成立70周年!

名词解释

1.六大行动:指拥江发展行动、三化融合行动、文化兴盛行动、改革攻坚行动、民生福祉行动、强基固本行动。

2.五个主题年:指改革攻坚年、平台突破年、产业升级年、环境优化年、作风效能年。

3.塔基工程“十大行动”:指发现一名“好支书”、培育一个“好班子”、带出一支“好队伍”,开展“领头雁”强本领、“最强支部”创建、党员“学做帮带”、“百村千人万匠”培育、“一村一品,全域赶超”等行动。

4.五保证五必究:指保证全程服务、保证重诺守信、保证清廉公正、保证正当权益、保证“最多跑一次”,以权谋私必究、不敢担当必究、推诿拖延必究、滥权执法必究、本位主义必究。

5.三去一降一补:“三去”指去产能、去库存、去杠杆,“一降”指降成本,“一补”指补短板。

6.“六乱”治理:指小城镇环境综合整治中的乱搭乱建、乱堆乱放、乱设摊点、乱拉乱挂、乱贴乱写乱画、乱扔乱吐。

7.“五小”工程:指为改善驻镇一线干部生活条件,而开展的小食堂、小厕所、小澡堂、小图书馆、小文体室建设项目。

8.三大攻坚战:指防范化解重大风险攻坚战、低收入群体增收攻坚战、污染防治攻坚战。

9.六稳:指稳就业、稳金融、稳外贸、稳外资、稳投资、稳预期等工作。

10.三医联动、六医统筹:指在深入推进医疗、医保、医药改革联动的同时,实现医保、医疗、医院、医药、医生和中医的统筹。

政府工作报告

——在建德市十六届人民代表大会第三次会议上

（2019 年 2 月 16 日）

建德市人民政府市长 朱欢

各位代表：

现在，我代表市人民政府向大会报告工作，请予审议，并请市政协委员和其他列席人员提出意见。

一、2018 年主要工作回顾

2018 年是改革开放 40 周年、“八八战略”实施 15 周年，也是建德干好“十三五”、实现新崛起的重要之年。一年来，市政府坚持以习近平新时代中国特色社会主义思想和党的十九大精神为指引，在上级党委、政府和市委的坚强领导下，在市人大、市政协的监督和支持下，紧紧依靠广大干部群众，谋长远、打硬仗、促转型、优环境，较好地完成了年度各项目标任务。

经济发展喜结硕果。生产总值（GDP）增长 7.6%，第三产业增加值增长 12.1%，社会消费品零售总额增长 10.2%，增速均位居七区、县（市）第二；规上工业增加值和自营出口分别增长 7.6%和 25.9%，增速均位居七区、县（市）第一；财政总收入首次突破 50 亿元，其中地方财政收入 28.3 亿元，增长 15.9%；固定资产投资增长 18.6%，增速位居各区、县（市）前列。

改革创新迸发活力。“最多跑一次”改革实现率和满意率位列全省前三十。获评“两化深度融合国家示范区”称号，实现规上工业企业上云全覆盖。规上工业新产品产值率达 37.9%，高新技术产业增加值占比达 35.5%。

人居环境持续提质。获评首个“中国气候宜居城市”、美丽浙江建设优秀县市，成功创建全省首个全国森林经营样板基地。荣获全省小城镇环境综合整治优秀县市，承办全省农村人居环境提升暨小城镇环境综合整治现场会，寿昌、大洋、杨村桥被评为省级样板镇，其中寿昌成为全省首个免检通过验收的乡镇，梅城美丽城镇示范区建设有力推进。杭黄高铁通车，正式步入高铁时代。

民生保障不断加强。城镇和农村居民人均可支配收入分别为 49026 元和 26302 元，增长 8.8%和 9.6%；低收入农户人均可支配收入 12053 元，增长 14%。全年民生支出占财政总支出的 77.8%。教育、文化、医疗卫生等基础设施加快建设，基本公共服务能力持续提升。

过去一年，我们主要做了以下工作：

（一）狠抓经济转型，产业振兴呈现新态势

传统产业提质增效。首获全省经济和信息化工作优秀县市称号，荣获全省工业投资和“机器换人”技术改造工作考核二等奖、杭州市工业和信息化专项考核一等奖。设立 3 亿元产业发展引导基金，强化安全、环保和亩均效益“三倒逼”，关停淘汰“低散乱”企业 214 家，碳酸钙行业全部实现上规目标。实施第二轮小微企业三年成长计划，新增入库企业 285 家。持续优化企业服务，帮助企业协调解决问题 365 个。深入开展“凤凰行动”，推动新化化工、建业化工等 7 家企业启动上市工作。

新兴业态持续壮大。信息经济增加值增长

20.3%,时尚(制造业)产业增加值增长 68.7%,战略性新兴产业增加值增长 17.2%。开展省全域旅游示范市创建,航空小镇创成国家 AAAA 级旅游景区,乾潭镇创成省级旅游风情小镇,成功举办第十八届中国·17℃建德新安江旅游节系列活动,新安江夜游灯光秀一期对外开放,新增民宿 114 家、床位 835 张。全年接待游客 1117 万人次,首次突破“千万”大关;实现旅游总收入 108.9 亿元,增长 20.2%。电子商务稳步发展,实现网络零售额 44.3 亿元;鼓励企业线上线下融合发展,跨境电商上线企业增至 200 家,出口额 2.2 亿美元;村级电商站点实现全覆盖。

现代农业加快发展。累计建成“建德果蔬乐园”基地 22 个和国家有机基地 5 家、有机产品认证企业 33 家,跻身首批国家有机食品生产基地建设示范市试点。杨村桥草莓小镇成功创建全省首批特色农业强镇。“建德苞茶”“建德草莓”区域公共品牌正式发布,“建德苞茶”获评首个茶叶类国家气候标志农产品,西红花获评国家农产品地理标志产品,成功承办第 17 届中国(建德)草莓文化旅游节,荣获全国茶叶品牌影响力十强县市。

重点平台有效突破。开发区(航空小镇)获评省级优秀特色小镇,机场二期改扩建项目全面启动,省机场集团通航总部、上海产业技术研究院浙江创新院、浙江传媒学院航空学院等项目成功落户,与中国民航管理干部学院等院校合作建设通航重点实验室,华奕无人直升机等通航制造业项目正式落户,德扬航空首架大棕熊 100 系列Ⅱ飞机下线运行。高铁新区(高新园)成功创建省级功能性新材料高新技术产业园,与北控集团正式签订 PPP 合作协议,新安江综保工程实现滨江景观路全线贯通。产业转移招商取得重大进展,共引进项目 22 个,总投资 33 亿元。其他工业平台提质发展,新增标准厂房 28.3 万平方米。建成小微企业创业园 1 个,在建 2 个,成为杭州地区唯一入围全省小微园建设提升工作县市。

(二)狠抓有效投资,发展潜能得到新提升

项目建设加快推进。106 个重点实施类项目开工建设 103 个,完成年度投资 85.1 亿元;70 个重大产业项目开工建设 57 个,完成年度投资 45.6 亿元。农夫山泉年产 37.1 万吨饮料及饮用天然水生产线、海螺(寿昌)水泥分厂搬迁、刚信科技等一批制造业项目建成投产。新增省重点建设项目 4 个、省重大工业项目 3 个、省重大外资项目 2 个、省服务业重大项目 1 个、杭州市重点建设项目 21 个。江南秘境国际旅游度假区、恒大温泉小镇等 5 个“152”项目开工建设 4 个。

招商引资再创佳绩。聚焦医疗康养、通用航空、装备制造等重点,深入开展蹲点招商、敲门招商、精准招商、产业链招商,建立“152+251”工作机制,建成招商大数据中心,成功举办深圳推介招商、土地专场招商、通航推介招商、“建德人”大会主题招商等系列活动,共签约引进项目 57 个,总投资 200 多亿元,其中亿元以上项目 28 个,置信集团小微创业园、心安悦容度假村等一批大项目签约落地。到位浙商回归资金 33.3 亿元,实际利用外资 1.45 亿美元。积极推进招商引税工作,入库税收 7.4 亿元。

基础设施加速配套。杭州港建德港区十里埠综合作业区一期工程开港运行。23 省道航头至界头段改建、320 国道至杭黄高铁建德站连接线等工程建成通车。金建铁路、建衢铁路、临金高速等项目加快推进。基本完成独流入海钱塘江治理新安江、兰江一期大洋段、麻车段工程,完成 4 座山塘水库除险加固工程。加快电网项目建设,建德变-下涯变双回 220 千伏输电线路、110 千伏大同输变电等工程建成投运。

(三)狠抓改革攻坚,创新驱动焕发新活力

“最多跑一次”改革不断深化。在杭州地区首创“兜底”服务机制,帮助群众和企业解决历史遗留问题 24 个。开展“标准地+承诺制”改革,工业标准地出让占比居杭州地区首位。加快“一窗受理”改革,工程项目审批改革扎实推进,实现投资项目一站式办结。推行简化办、网上办、就近办、移动办,开展“2211”微笑服务专项行动,完善“局长坐班”制度,建立“市长坐班”机制,深化“一次不用跑,有事我来跑”,形成立体式代办审批服务模式。实现零上门事项 173 项,不动产交易登记实现全流程最快 60 分钟领证,“1+N”+X 商事登记制度改革持续深化。

经济领域改革统筹推进。深化供给侧结构性改革，认真落实“三去一降一补”任务，为企业减负16.8亿元。推进“亩均论英雄”改革，建立“市、镇、企”三级联动评价体系。加强国有公司存量资产摸底整合与盘活利用，发行10亿元城市停车场建设专项债券。深入实施农村综合配套改革，完成农村承包地确权颁证。加大全域土地整治和流转力度，完成水田垦造(含旱改水)6226亩，累计流转土地14.5万亩，流转率62%。大力推进“坡地村镇”建设，累计15个项目列入试点，项目数居全省县市首位。消化批而未供土地2813亩，处置供而未用土地4031亩，再开发城镇低效用地2402亩。信用综合指数创历史新高，获全国首批守信激励创新奖，成功创建全省信用县市。

创新驱动能力稳步提升。大力引进创新资源，科技大市场正式启用，上海第二工业大学建德技术转移中心成功落户。实施高新技术企业三年行动计划，新增杭州市级以上高新技术企业28家，其中国家级13家；杭州市级以上高新技术研发中心11家，其中省级3家。入选杭州市“521”人选2人。申请专利1231件，其中发明专利130件。规上工业企业研发经费支出增长10.5%。加大孵化器和众创空间的扶持力度，新增入孵企业15家。实施“质量强市、品牌强市、标准强市”战略，拥有省、杭州市名牌7只，国标、行标6个，新增注册商标1664件，发布“浙江制造”标准6项。

(四)狠抓环境提升，城乡面貌展示新形象

城镇建管取得突破。以“美丽建德”建设为目标，扎实推进全国文明城市创建，加快城区有机更新，完成外立面整治17.5万平方米，新增地下空间15.1万平方米、公共停车位806个，有效缓解主城区停车难、城市保洁机制调整等难点问题，城市文明程度明显提升。全力推进“双清”工作，完成征地7436.9亩，拆迁1959户，安置1781户，杭州市下达的12个项目全部完成。江滨公园景观配套工程全线贯通，新安江城区慢行系统一期初见雏形。小城镇环境综合整治全面推进，第二批7个乡镇(街道)高分通过省级达标验收。

乡村振兴加速推进。启动农村人居环境提升三年行动，完成51个项目建设，建成A级景区村70个。推进“四好农村路”建设，完成美丽经济交通走廊78公里。11个美丽乡村精品村、2条精品线建设全速推进。开展“厕所革命”，改造提升农村公厕472座。建成有机垃圾资源化处理站28座、村集中投放点2415个，实现农村生活垃圾分类全覆盖，获评全省农村生活垃圾分类处理工作优胜县市。实施“115”工程，全面完成“消薄”年度任务。推进农村文化礼堂“全覆盖、全星级”建设，累计建成168家，承办全省“万家礼堂庆丰收”主场活动。

整治成果持续巩固。顺利通过中央环保督察反馈问题整改省、杭州市“回头看”检查，完成3个省级重点废气治理项目建设。环境空气优良天数346天，优良率达94.8%。完成“污水零直排区”整治项目29个，出境断面水质达标率100%。获评农村生活污水处理设施运维管理优秀县市。全力推进“三改一拆”和“无违建市”创建，完成拆违142.2万平方米、“三改”42.6万平方米，拆后土地利用率81.2%，杨村桥、下涯、莲花创成“无违建乡镇”。

(五)狠抓民生福祉，各项事业取得新进步

民生实事全面完成。(1)城乡公交惠民。70周岁以上老年人及四类人员免费乘坐城市公交和农村客运，60周岁至69周岁老年人享受半价优惠。(2)农村公路提升。完成农村公路大中修71.4公里、提升改造78.5公里。(3)“大鼻子”校车扩面。新增“大鼻子”学生专用接送车16辆，增加受益学生1149人、受益乡镇(街道)9个。(4)学校门禁系统建设。完成65所学校访客机、封闭式校园门禁管理系统建设。(5)养老服务扩面。实现乡镇级综合性养老服务照料中心全覆盖，新建老年食堂26家。(6)管道天然气延伸。新增用户2225户。(7)乡镇卫生院服务能力提升。实现乡镇卫生院每周有市级医院中高级以上职称专家坐诊，乡镇卫生院DR、彩超、血球仪配置率87%以上。(8)放心农贸市场提升。巩固提升5家，成功创建4家省级放心农贸市场。“四定一考”管理模式覆盖率83%。(9)餐桌安全治理。完成“阳光厨房”建设，中型以上餐饮单位量化分级等级公示率100%。(10)便民办事。24小时自助便民服务厅投入使用，14项便民服务事项在乡镇办事中心办理、56项便民服务事项村级代办。

公共服务稳步提升。成功创建省教育基本现代化市。完成教育项目建设投资2.2亿元，新安江职业学校、城东实验学校、月亮湾小学及幼儿园、洋安幼儿园、乾潭中心幼儿园二期等10所学校投入使用。出台教育人才新政，全面实施中小学教师“县管校聘”和奖励性绩效工资分配改革。制定《健康建德2030规划纲要》，推动医共体建设，深化公立医院综合改革，实施医疗服务价格调整，门诊、住院均费分别下降2.7%和5.3%。推进爱国卫生运动，实现省级卫生乡镇全覆盖。杭州市第七医院浙西院区一期工程开工建设。完成市福利中心一期工程建设。市老年体育健身中心建成并投入使用，获评全国老年体育先进县市。“两馆两中心”加快建设，新增24小时自助图书馆1家，举办第五届农村文化节等系列活动。完善体育基础设施，人均体育场地面积增长21%。完成320国道新安江收费管理所撤站工作。

社会保障更加健全。新增城镇就业7029人，城镇登记失业率2.33%。城乡居民基本养老保险、基本医疗保险参保率分别达95.1%和99.2%，实现医疗困难救助即时刷卡结算。提高城乡低(残)保标准，落实残疾人“两项补贴”制度。完成农村住房改造1055户，其中农村困难群众住房救助600户。加大殡葬执法力度，拆除寿坟1803座。城乡供水能力不断提升，完成新安江第二自来水厂一期和大同、李家镇备用水源工程建设。扎实推进“平安建德”建设，完善基层治理“四个平台”，优化“全科网格”764个，深化“最多反映一次”做法，实现市镇村三级公共法律服务体系全覆盖。开展扫黑除恶专项斗争，强化公共安全领域隐患排查整治，全市刑事发案、安全生产事故分别下降4.2%和35%。推进“无欠薪”行动，处置各类劳动纠纷案件530件。地质灾害除险安居工程三年任务两年完成，全面完成142处地质灾害隐患综合治理。成功创建全国、全省综合减灾示范区各1家。防空防灾演练、宣传教育基地建设等工作成为全省典型。

(六)狠抓作风效能，自身建设取得新成效

政治纪律从高要求。全面贯彻落实新时代党的建设总要求，大力推进政府系统党的建设，着力增强“四个意识”，坚定“四个自信”，坚决做到“两个维护”，严守政治纪律和政治规矩，始终在思想上政治上行动上同以习近平同志为核心的党中央保持高度一致，不折不扣落实上级各项决策部署。严格执行新形势下党内政治生活的若干准则，坚决在市委的统一领导下开展工作。

依法行政从实深化。自觉接受人大法律监督和工作监督、政协民主监督，认真办理代表建议案、委员提案。严格执行行政决策程序，健全重大决策合法性审查机制，落实民主集中制，坚持市政府常务会议学法制度。深入推进行政执法规范化建设，全面推行行政处罚结果网上公开，行政负责人出庭应诉率98%。积极开展“七五”普法教育工作。

执行能力从快提升。坚持实干至上、行动至上、立说立行，向前看、靠前干、往前冲，高效施政。推广政务办公应用“浙政钉”，实现多系统对接。政府信息公开统一管理平台上线运行，发布信息2.6万余条。完善政府工作项目化管理机制，强化督查考评，以钉钉子精神抓好工作落实，高质量完成各项目标任务。

廉政建设从严管理。坚持把纪律和规矩挺在前面，认真落实党风廉政建设主体责任和“一岗双责”，规范权力运行。严格贯彻执行中央八项规定及其实施细则，坚决反对和纠正新“四风”问题。加强公共资金、国有资产、项目招投标等关键环节和重点领域的行政监察和审计监督，加强财政预算管理，“三公”经费支出下降3.07%。有效预防和遏制铺张浪费现象和违纪违法行为发生。

各位代表，过去一年成绩的取得，是上级党委、政府正确领导的结果，是市委准确把握新发展要求，带领全市上下齐心协力、攻坚克难的结果，是市人大、市政协大力监督和支持的结果。在此，我代表市人民政府，向奋斗在各条战线的广大干部群众和外来建设者，向给予政府工作不懈支持的人大代表、政协委员、离退休干部，向各民主党派、工商联、无党派人士、各人民团体和社会各界人士，向各驻建德单位和部队官兵，向所有关心支持建德发展的社会各界朋友，致以崇高的敬意和衷心的感谢！

在肯定成绩的同时，我们必须清醒地认识到当前全市经济社会发展中存在的困难和问题：产业结构亟需优化，新兴产业动力偏弱；创新能力还不够强，实体企业招商引资有待突破；城市精细化管理机制需进一步健全；饮用水、天然气、医疗、交通出行等民生问题与人民群众期盼还有差距，少数干部不担当、不作为等现象仍有存在。对此，我们将坚持问题导向，强化忧患意识，采取有效措施，认真加以解决。

二、2019 年主要工作任务

今年是新中国成立 70 周年，也是高水平全面建成小康社会的重要之年，更是加快建德新崛起的关键之年。我们将牢牢把握高质量发展总要求，主动对接长三角都市圈，积极融入浙江大湾区大花园大通道大都市区建设和杭州“拥江发展”战略，激发高铁时代新优势，团结拼搏，锐意进取，奋力推动全市经济社会实现更好更快发展。

根据市委全会决策部署，今年政府工作的指导思想是：高举习近平新时代中国特色社会主义思想伟大旗帜，全面贯彻落实党的十九大，中央、省委经济工作会议和省、杭州市“两会”精神，坚持稳中求进工作总基调，按照杭州市委“干好一一六、当好排头兵”的部署要求，紧紧围绕“加快建德新崛起”这一总目标，持续发力“六大行动”，打好“三大攻坚战”，统筹推进稳增长、促改革、调结构、惠民生、防风险工作，努力实现经济社会各领域高质量发展，以优异成绩迎接新中国成立 70 周年。

根据上述指导思想，建议今年全市经济社会发展的主要预期目标为：地区生产总值增长 7%以上，在高质量前提下能快则快；其中农业增加值增长 2%，规上工业增加值增长 6%，第三产业增加值增长 8%；固定资产投资增长 11%，其中工业投资增长 11%，投资结构更趋优化；地方财政收入增长 10%；自营出口保持上年实绩；城镇和农村居民人均可支配收入分别增长 7.5%和 8%，城乡居民收入比持续缩小；金融风险有效防控，能源和环境指标完成上级下达的计划目标，资源效率、环境效率、劳动生产率和科技贡献率逐步提高。

根据上述目标和要求，今年重点抓好以下五个方面工作：

（一）激发高铁时代新优势，高质量推动经济发展

支持民营经济发展。全面推进企业降本减负，进一步降低企业税费负担、用能成本、用工成本、融资成本，减轻企业各项负担 5 亿元以上。加快家纺、五金工具、低压电器等传统制造业改造提升。完成五星生物、白沙化工、顺发助剂等化工企业搬迁入园。以“四无”为重点，淘汰落后产能项目 10 个，整治“低散乱”企业 100 家以上。全面贯彻杭州“打造全国数字经济第一城”战略部署，大力开展“机器换人”和企业“上云”，加强企业数字化改造和数字产业引进培育，数字经济核心产业增加值同比增长 10%以上，实现“两化融合”指数 80 以上。实施“鲲鹏计划”“凤凰行动”等“俊鸟”工程，加快企业上市步伐。完成第四次全国经济普查工作。深化农业产业延伸，完成 2 家杭州市高水平美丽生态牧场建设。出台专项扶持政策，引导民营企业开拓“一带一路”等新兴市场，保持外贸出口稳定发展。大力发展跨境电商、服务贸易，加大专业市场培育力度，新增限上企业 20 家以上，社会消费品零售总额增长 9%。

扩大有效投资供给。持续深化招商引资“生命线工程”，灵活运用产业链招商、以商招商、小分队招商，提升招商实效。瞄准上海、武汉、西安等高铁沿线主要城市，开展精准化、专业化招商推介活动。聚焦产业和平台，着力在引进“大好高”“小而美”项目上下功夫，积极引进“152”项目和重大产业项目，招引 20 亿元以上项目 3 个、5 亿元以上项目 8 个，新“152”项目开工率 50%以上。完善招企引税分类扶持政策，落实重点企业关联交易税收任务。理顺重大项目建设推进机制，加快重大产业项目建设，完成投资 58.5 亿元。推进农夫山泉生产线及物流仓储、南方水泥绿色建材产业园、新安集团战略新材料、中策（下沙）迁建等一批重大项目建设，福斯特、正发药业等一批重大项目竣工投产。充分发挥产业投资基金杠杆作用，深化政银企联动，引导更多信贷资金投向实体经济。

加快全域旅游发展。突出“新安江—富春江”旅游发展主轴，继续谋划“江上、岸上、船上、晚上”

文章，全力打造长三角生态旅游目的地。完成全域旅游发展总体规划和新安江、严东关、大慈岩新叶、灵栖洞、千岛湖大坝景区等五大风景区详规编制，启动新安江国家AAAAA级旅游景区规划编制。以全域旅游大数据中心建设为契机，全面推进数字旅游服务平台建设。加快大慈岩、好运岛等国有景区改造提升，完成江南秘境江南渔村等项目建设。加快布局高等级酒店，推进希尔顿欢朋、海华度假等酒店建设，建成喜来登、开元溪西畈、景澜·新安江宿等酒店。实施高铁旅游新政，开展“高铁营销年”活动，进一步打响“17℃建德新安江”品牌。大力推动“旅游+”，进一步整合文化体验、健康养生、教育研学、体育运动、航空休闲等资源，不断加强旅游产品精准供给。加快低空旅游直升机起降点布局，逐步开通千岛湖-普陀山-黄山-横店-上海金山的短途运输固定航线。加快双江特色街、梅城古街、寿昌中山路、致中和酒文化街等特色街区建设。推进民宿产业精品化发展，新建民宿80家、民宿集聚村1个、高端精品民宿2家以上。激活乡村旅游业态，打造“一镇(乡)一品”“一月一节”节庆文化体系。全年接待游客、旅游收入均增长15%以上。

打好“三大攻坚战”。加强政府债务管理，持续推进化债工作，健全政府举债融资机制，切实落实隐性债务化解计划，进一步强化隐性债务风险管控。以全国农村集体产权制度改革试点为契机，着力破解村社集体留用地难题，进一步拓展“消薄”路径，打好“消薄”组合拳，力争全市80%以上村集体经济总收入30万元以上，所有村经营性收入10万元以上，实现全市低收入农户人均可支配收入增长10%以上。大力推进美丽环境建设，加快催生美丽经济。强化中央环保督察反馈问题长效管理，全面推进生态文明建设目标责任制，落实生态环境责任追究等制度，推进生态文明示范市创建。深化治气行动，推进化工行业废气清洁排放技术改造、“散乱污”企业综合整治；深化治水行动，巩固“五水共治”成果，抓好“污水零直排区”创建，加强城镇污水处理厂和农村生活污水处理设施运维管理，完成寿昌江航头段治理和10处山塘水库除险加固工程。深化净土清废行动，加强固废规范处置监管，加快环境能源项目和梅城填埋场一期扩容工程建设，深化生活垃圾分类处置。做好第二次全国污染源普查成果运用，加大环境违法行为查处力度。

(二)增强改革创新新动力，高强度释放巨大潜能

纵深推进改革。全面做优“一窗受理、集成服务”入口，完善“前台综合受理、后台分类审批、综合窗口出件”服务新模式，分阶段实现政务办事“无差别全科受理”。深化“兜底”服务机制，建立“兜底”事项问题网上申请和反馈评价制度。加快“最多跑一次”事项数据共享，强化跨部门协同和流程再造，让“数据多跑路、群众少跑路”。加快“区域能评、环评+区块能耗、环境标准”和“标准地+承诺制”改革，建立“拿地即开工”机制，深入推进工程项目审批改革，确保一般企业投资项目开工前审批“最多100天”。深化“多证合一”“证照联办”“证照分离”等商事制度改革，建立“多测合一”中介服务机构名录库。深入开展“亩均论英雄”改革，加快服务业企业、高新技术企业、工业园综合评价工作，加大综合评价首档企业的激励力度和末档企业的倒逼力度。不断优化收入结构，切实提高税收收入占地方财政收入的比重。尝试国有企业混合所有制改革，探索国有公司转型升级新路径。

强化创新驱动。进一步发挥科技大市场、超细粉末国家工程研究中心浙江分中心、上海产业技术研究院浙江创新院等创新平台作用，着力在空间信息、智慧应用等领域取得新进展。强化逸龙文创园、心安创客、环保科创等众创空间和孵化器培育，新建众创空间和孵化器2家以上，新增入孵企业10家以上。持续提升企业自主研发能力和核心竞争力，新增杭州市级以上企业研发中心5家。实施高新技术企业梯队培育计划，新增省级新产品试制计划30项，力争新增省科技型中小企业30家以上、杭州市级以上高新技术企业12家以上。深化与浙江大学等高等院校的合作，促进高校科技成果转化落地，高新技术产业产值增长8%。开展建德籍人才智力回归工程，强化博士后科研工作站建设。积极申报国家、省千人计划人选和杭州

市“521”人选。实施“建德工匠”培育计划，新培养高技能人才 700 名。

扩大开放格局。开发区（航空小镇）以打造通航产业“浙江样板”为目标，进一步打响“60·06”航空小镇品牌。加快省机场集团通航总部、恒大温泉小镇、置信集团小微创业园等项目建设，完成产业投资 9 亿元。大力引进通航服务、通航旅游和通航制造产业项目，招引亿元以上项目 10 个、20 亿元以上项目 1 个；加快省级低空飞行服务中心站、航空创业产业孵化楼、机场二期改扩建、全省航空应急救援保障中心等项目建设，着力打造国内一流的标杆性通航机场。高铁新区（高新园）深化与北控集团合作，全面启动“一核三区”建设，拉开产城融合、三生融合发展新格局。完成新安江综保工程绿道、高铁门户区景观大道等基础设施建设，启动高铁门户综合体、康养综合体建设。完成产业投资 21 亿元，澳赛诺医药中间体、德爱威新型建材生产基地等 8 个项目建成投产，移民小微园建成并投入使用，IFF 整体搬迁及提升改造工程二期、鸿浩医药等 9 个项目基本建成。其他平台（园区）不断完善基础设施，严格项目准入，实现产业集聚创新发展，重点加快梅城、乾潭、大同等小微园建设和现有工业功能区提升改造，吸引优质小微企业入园，着力解决小微企业生产空间制约问题。大力发展跨境电商，拓展外向型经济发展空间。

（三）抢抓美丽城镇新机遇，高规格提升城市品位

坚持优规严管。以规划为龙头，加快空间规划多规合一试点工作。健全驻镇规划师制度和农房带图审批做法，提升乡村规划设计管理水平。推进基础测绘和各乡镇（街道）规划修编，完成新一轮市域总体规划编制，加快建德大桥与白章线交叉口改造、主城区北山通道等项目规划设计。巩固“三改一拆”成果，全面加强违法建设、违法用地源头防控，进一步加大拆改用力度，积极处置历史积案，全力争创“无违建市”。实施“交通治堵”专项行动，改造交通拥堵点位 2 处。加强交通运输“两治一整”，积极打造“四好农村路”。全力推动“城市大脑”建设。继续开展全国文明城市创建，加快推进“五大工程”，力争入围全国文明城市参评城市。扎实推进梅城美丽城镇示范区建设，高标准完成大同、航头、李家小城镇环境综合整治。加快珍贵彩色健康森林和绿屏工程建设，开展国家森林城市和全国首批珍贵树种培育示范市创建。

融入拥江发展。以美丽城区和美丽集镇建设为主抓手，扎实推进“美丽建德”建设。主城区板块继续推进美丽城区建设，推进江村埠、东站、洋溪老街等区块改造；完成府前路公园部分地下室主体结构，开工建设地上公园；完成桥东江滨景观公园项目建设；开工建设洋安新城综合写字楼，提升更楼、洋溪基础设施配套。三江口板块以打造新时代美丽城镇浙江样板为目标，注重文化统筹业态，深入挖掘九姓渔民和严州文化。加快基础设施提升，配合做好金建铁路、建衢铁路、临金高速项目相关工作，推进乌龙山抽水蓄能电站、320 国道过境段改建、五马洲大桥、桐溪大桥、351 国道建德段等工程。完成城农网和小城镇电力改造，开工建设 110 千伏杨村桥输变电工程和西部网架优化工程。完善城乡饮用水供水规划，不断提升农村饮用水质量，完成大洋镇供水工程，加快新安江至梅城主供水管网建设，不断改善城乡饮用水条件。

力促乡村振兴。以建设全省乡村振兴示范区为目标，深入实施乡村振兴战略，推进农村人居环境提升三年行动，全力打造“千万工程”升级版。深化农业供给侧改革，推进生态茶园、放心菜园、精品果园建设。深化与省农科院合作，积极推进杨村桥果蔬乐园“双创”中心建设。开展梅城、大慈岩省级旅游风情小镇创建，完成 4 条美丽乡村风景线、8 个美丽乡村田园综合体和 50 个景区村庄建设，争创全省“美丽乡村”示范市。加快全域土地综合整治，完成水田垦造 4500 亩，旱改水新增水田 1000 亩，流转率 65%以上。继续打响“建德苞茶”“建德草莓”品牌，充分挖掘铁皮石斛、西红花等农业特色资源，加快“一体两区三镇”和黄饶区块果蔬乐园综合体建设。推进乡村振兴“文化综合体”建设，力争实现农村文化礼堂全覆盖。

（四）满足美好生活新需求，高水平保障改善民生

认真办好民生实事。根据民生实事项目人大代表票决制要求，前期市政府向社会各界广泛征

集2019年民生实事候选项目。经过遴选比较，形成12件候选项目建议方案，现提交大会审议。(1)老旧小区住宅电梯安装改造，对全市符合加装条件的做到“能改尽改、愿改就改”，倡导小区整体推进住宅电梯安装改造。(2)缓解停车难，新增、改建公共停车位2200个。(3)推进“四好农村路”建设，提升改造农村公路81公里，实施美丽经济交通走廊148公里。(4)实施农村饮用水达标提标工程，完成13处工程建设，新增受益人口13万人。(5)实施农村骨干教师培养工程，建成名师工作室20个。(6)优化城乡居民老年人及未成年人体检政策，对城镇居民、参合农民中60周岁以上老年人及未成年人的体检内容、频次和标准进行统一。(7)实施管道燃气延伸工程，全年新增1000户，同时积极推动管道燃气向乡镇延伸。(8)提升居家养老服务水平，建设6家示范型居家养老服务中心。(9)完成150个电动汽车充电枪建设，在各社区便民服务中心和有条件的小区积极推进电动自行车充电桩建设。(10)实施食品安全放心工程，创建农村家宴放心厨房5家、名特优食品作坊15家、放心农贸市场2家。(11)实施“雪亮”工程，完成前端视频监控设备340套更新和300套建设，新建扩容500路人脸识别和50路人体结构化运算能力。(12)实施主城区物业小区提升改造工程，涉及43个物业小区。对市人大代表票选确定的10件民生实事项目，市政府将加强领导、明确责任、强化督查、加快推进，并接受市人大代表监督检查。其余2件项目也将纳入政府年度任务抓好落实。

提升公共服务水平。坚持优先发展教育事业，完善城乡教育基础设施，明珠幼儿园、桥南幼儿园、洋安小学、梅城初中建成并投入使用。大力推进大数据平台和智慧校园建设，持续提升教育现代化水平。全面推进医共体建设，实现“三医联动、六医统筹”。完善医疗卫生基础设施，完成浙西国际心脏中心建设，基本完成杭州市第七医院浙西院区主体工程。实施健康信息化，推进市域医疗卫生平台建设，实现电子健康卡应用全覆盖。深入开展爱国卫生运动，高标准通过国家卫生城市复评，继续推进7个乡镇国家卫生乡镇创建工作。全力打造品牌赛事，办好夏日冬泳、半程马拉松、山地自行车等特色体育活动，开展全国气排球项目特色之乡、省体育现代化市创建。加强食品监管，开展省食品安全城市创建。提升公共文化设施，基本完成“两馆两中心”建设。深化农村文化节、戏曲周等品牌活动，丰富群众文化生活。加强文化合作交流，开展戏剧、“非遗”进校园进基层活动。加大“德文化”挖掘力度，着力打造文化精品项目。加快非物质文化遗产提升，推进“严州虾灯”等项目申遗工作。完成市级融媒体中心建设，提升主流舆论传播力影响力，讲好建德故事，发好建德声音。

完善社会保障体系。完善被征地农民保险制度，保障被征地农民权益。开展全民参保登记，建立完整准确的社会保险基础数据库。推进医保支付方式改革，加大医保基金监管力度。加强社保基金预算管理和预算执行检查评估，确保基金持续安全运行。健全就业创业政策帮扶体系，新增城镇就业5000人，城镇失业登记率保持在3.5%以内。深化养老服务综合改革，推动多元供给，实现“开门办院”。健全社会救助体系，有效对接低保制度和精准扶贫政策。大力促进残疾人集中就业，维护残疾人合法权益。深化殡葬改革，推进节地生态安葬，继续开展乡村公益性墓地建设和美丽乡村坟墓整治。完善养老基础设施，推进市福利中心二期建设。深化退役士兵安置改革，健全退役军人服务体系，开展第二轮省级双拥模范城市创建。

维护和谐稳定大局。开展“平安建德”提升战，全面推进“四个平台+全科网格”，加快“智慧警务、智慧交通、智慧消防、智慧监管”建设。大力推行矛盾纠纷和信访积案多元化解机制，深入开展“访调对接”，实现“无信访积案市”目标，达到“三无两减半”。推行要素式办案改革，建立高效便民的仲裁机制。突出扫黑除恶主线，形成精准纵深的打击机制。继续加大重点人群、重点人员稳控力度，全力维护群众合法权益。切实加强安全生产，深化“15日工作法”，抓好防范遏制重特大事故综合试点工作。持续加强防汛防灾防震减灾工作，完善突发事件应急预案，提升处置能力。积极引导律师、公证、法律援助参与经济社会发展，不断扩大法律服务覆盖面。同时，认真做好档案、气象、史志、红十字等工作，积极支持工会、共青团、妇联、科协、文联、工商联、社科联等群团组织开展工作，加强国防教育、民兵预备役和人防工作，切实做好民族宗教、外事、侨务等工作。

（五）落实自身建设新举措，高效率打造满意政府

坚持为民理政，建设服务政府。树立以人为本、以民为先的执政理念，把群众路线贯彻到政府各项工作中，从群众最关心最直接最现实的利益问题入手，想群众之所想、急群众之所急、解群众之所困，用心尽心热心服务群众，为群众办实事办好事，在学有所教、劳有所得、病有所医、老有所养、住有所居上持续取得新进展。落实"大学习、大调研、大抓落实"要求，加快构建"亲""清"新型政商关系，深化联企服务，巩固"走亲连心三服务"和"聚焦企业、聚力发展"活动成果。

坚持依法行政，建设法治政府。严格执行市人大及其常委会各项决议决定，自觉接受市人大及其常委会的法律监督和工作监督、市政协的民主监督，广泛听取和采纳各民主党派、工商联和无党派人士、人民团体的意见。完善依法决策机制和政府法律顾问制度，加强法律工作队伍建设，增强学法守法用法意识，置政府行为于法律法规监督之下。健全公共法律服务体系，进一步落实"谁执法谁普法"责任制，切实提升"七五"普法教育实效。

坚持科学施政，建设高效政府。把政府执行力作为"永不竣工"的生命力工程，紧扣全市中心工作和群众关心热点，按照"建高效率人民政府、当高效率公务人员"的要求，发扬只争朝夕、立说立行的"快干"精神和不畏艰难、勇往直前的"敢于拼搏"勇气，干一件成一件，不断提升政府公信力。健全政府科学决策和民主决策机制，进一步提高决策透明度，使决策更接地气更顺民意。利用"互联网+"和大数据平台，加快"数字政府"建设。在全面完成政府机构改革任务的基础上，进一步理顺部门职能，推动政府职能转变。

坚持从严治政，建设廉洁政府。严格执行党风廉政建设责任制，坚持用制度管权管事管人，从源头预防和治理腐败。严格贯彻执行中央八项规定及其实施细则，严格执行财经纪律，严控"三公"经费支出，严查"吃拿卡要"、权力寻租、暗箱操作等不法行为。加强审计监督，加大政府投资项目、公共资金、公共资源、国有资产的监管力度，依法依规依程序推进政府采购、招投标、土地招拍挂等工作，严肃查处各类违法违纪行为。

各位代表！新时代意味新起点新要求，新时代呼唤新气象新作为。我们将持续加强和改进政府工作，坚持"实"字当头、"干"字为先，赢得广大市民群众的信任和认可。

一是始终保持一心为民的公仆本色。践行以人民为中心的发展理念，多干顺民心、合民意的事，多干打基础、利长远的事，多干求实效、出实绩的事，以更优作风，干出更大成效。

二是始终保持实干担当的先锋本色。在推动建德发展上，坚持实事求是、开拓创新、较真碰硬、尽职尽责，说的坚决做到，定的坚决执行，真正让责任上肩，把担子扛硬，将工作做实。

三是始终保持公而忘私的奉献本色。自觉做到公正处事、依法依规、克己奉公、勤政务实，与全市51万人民一道协力同心、砥砺奋进，将建德的美好蓝图变成美丽现实。

各位代表，宏伟的事业激励我们，人民的期待鞭策我们，美好的前景鼓舞我们。新的一年，在市委的坚强领导下，政府上下将咬定青山不放松，面对困难不退缩，团结拼搏不懈怠，为推动建德经济社会发展再上新台阶、实现新崛起而努力奋斗！

名词解释

凤凰行动：指省委、省政府践行习近平总书记"腾笼换鸟、凤凰涅槃"的重要思想，推进企业上市和并购重组为核心的行动计划。

"152"：指谋划招引总投资100亿元、50亿元、20亿元左右的重大产业项目。

"251"：指谋划招引总投资20亿元以上、5亿元以上和1亿元以上项目。

"1+N"+X："1"指"五证合一、一照一码"营业执照，"N"指基于统一社会信用代码通过数据共享整合的备案、审批事项，"X"指目前难以实现"多证合一、一照一码"的审批事项，通过证照联办，实现一件事"最多跑一次"的目标。

三去一降一补："三去"指去产能、去库存、去杠杆，"一降"指降成本，"一补"指补短板。

四好农村路：指把农村公路建好、管好、护好、运营好，逐步消除制约农村发展的交通瓶颈。

"115"工程：指实施1000万元支持消薄发展工程、1000万元支持金融服务工程、50亿元支持乡村振兴工程。

六大行动：指拥江发展行动、三化融合行动、文化兴盛行动、改革攻坚行动、民生福祉行动、强基固本行动。

三大攻坚战：指防范化解重大风险攻坚战、低收入群体增收攻坚战、污染防治攻坚战。

四无：无证无照、无安全保障、无合法场所、无环保措施。

"俊鸟"工程：指以领军企业为主体的"鲲鹏计划"、以上市企业和并购重组企业为主体的"凤凰行动"等一系列企业培育计划。

60·06："60"指以1960年浙江横山钢铁厂奠基的"钢铁征程"，"06"指2006年建德千岛湖通用机场取得A类民用机场许可证的"航空征程"。

一核三区："一核"指生态康养旅游核心，"三区"指科技创智片区、高铁门户片区、高新产业片区。

五大工程：指城市有机更新、城市精细管理、市民素质提升工程、文明品牌提升、创建机制优化工程。

一体两区三镇："一体"指田园综合体，"两区"指粮食生产功能区和现代农业园区，"三镇"指草莓小镇、稻香小镇、橘子小镇。

三医联动、六医统筹：指在深入推进医疗、医保、医药改革联动的同时，实现医保、医疗、医院、医药、医生和中医的统筹。

三无两减半："三无"指无新增积案、无历史陈案、无重点人员，"两减半"指重复信访比例减半、赴京上访总量减半。

大事记

Chronicle of Major Events

2018 年建德市 10 件大事

【建德迈入高铁时代】12 月 25 日，杭黄高铁正式通车，标志着建德迈入高铁时代。杭黄铁路连接名城(杭州)、名江(富春江、新安江)、名湖(千岛湖)、名山(黄山)等著名景点(区)，被誉称为“美丽铁路”。该铁路建德境内段 2014 年 10 月 29 日开工建设，总里程 40.95 千米，途经钦堂、乾潭、杨村桥、下涯、莲花 5 个乡镇，并在杨村桥镇北面设建德东站，自是日至 2019 年 1 月 4 日，D 字头、G 字头列车每日有 19 班次停靠建德站。该站总占地面积 113.2 公顷，总投资 3.82 亿元，2016 年 12 月开工建设。其与 320 国道连接线工程采用一级公路技术标准设计，路基宽 34.5 米，设计时速为 60 千米/小时；站前广场工程占地面积 13.25 万平方米，设社会车停车场 2.38 万平方米、公交车停车场 6480 平方米、公交发车线 12 条。该站定位为浙西高铁枢纽，预留接驳后续建设的衢建、金建高铁建设规划。

【获评首个“中国气候宜居城市”】5 月 10 日，在新安江举行“国家气候标志”评估报告专家评审会。国家气候标志，是由独特的气候条件决定的气候宜居、气候生态、农产品气候品质等优质气候品牌的统称，是衡量一个地方优质气候生态资源综合禀赋的权威认定。建德市的气候禀赋、生态环境、气候舒适度、气候景观、气候风险等方面指标，在国家气候标志气候宜居类的评价体系中，表现为：气候要素适宜，人体舒适时间长；气候风险较低，气象灾害损失少；空气质量优，气候生态环境好；气候景观丰富，旅游度假气候适宜期长；气候资源丰富，农产品气候品质高等特点，其指标评价优良率超过 90%，综合评定等级为优，达到中国气候宜居城市标准。经严格程序和评审，建德市成为我国首批获得 “国家气候标志”的城市，成为第一个“中国气候宜居城市”。

【成功创建省教育基本现代化市】11 月 5 日，浙江省教育厅、浙江省人民政府教育督导委员会公布第五批基本实现教育现代化县(市、区)名单，建德市成为浙江省第五批基本实现教育现代化县(市、区)。近年来，该市教育财政拨款增长均高于财政经常性收入增长，学前教育、职业教育、继续教育、特殊教育等专项经费均依法列入财政预算。2016、2017 年全市教育支出分别为 10.23 亿元、10.61 亿元。实施《建德市学前教育布局专项规划》《建德市义务教育学校布局专项规划》等布局规划，2013—2016 年，实施 50 万元及以上的教育项目 107 个，2017 年、2018 年在建续建项目分别为 8 个、17 个，进一步完善和优化了教育布局，改善了办学条件。2016—2018 年，新增农村学校计算机教室 30 个，其中 2017 年投入资金 2705 万元，配置多媒体 881 套、教学计算机 1093 台，班级配比达到 1:1。实施教师农村任教津贴、特岗津贴以及学前教育非编教师和普惠性民办幼儿园教师工资补助等政策。全市所有乡镇(街道)均建有公办中心幼儿园，省等级幼儿园在园幼儿覆盖率达 98.12%。义务教育均衡发展，市域内城乡办学共同体建设覆盖率达 100%。借力杭州市区优质教育资源发展高中教育，取得明显成效。实施特殊教育提升计划，适龄残疾儿童少年入学率达 99%。

【首届“建德人”大会】9月23日　首届建德人大会在新安江开幕，200多位来自海内外的建德乡贤以及新建德人代表参加。大会以“凝聚建德人力量、共创建德新未来”为主题，旨在进一步密切与海内外建德乡亲乡贤的联系，激发建德乡亲乡贤爱国爱乡、创业创新的热情，共同谱写建德发展辉煌的新篇章。市委书记、市人大常委会主任童定干在大会上致辞，市委副书记吕平主持，吴铁民等市四套班子领导参加。大会发布了《建德人宣言》。

【建德“航空小镇”成功创建国家AAAA级旅游景区】12月，浙江省旅游区(点)质量等级评定委员会发文，正式批准建德“航空小镇”为国家AAAA级旅游景区，此为全省首个通航类特色小镇AAAA级旅游景区。建德“航空小镇”建设项目2016年11月被列入国家第一批低空旅游示范区和航空飞行营地示范工程后，于2017年4月启动国家AAAA级旅游景区创建工作，按照《“航空小镇”创建国家AAAA级景区工作方案》，在基础设施、交通建设、智慧旅游、景区服务、主题宣传等方面有序推进。投资6.8亿元增建游客接待中心、航空特色商业街、机场观景楼、停车场等配套设施18处，增补绿化面积18万平方米，完善指示系统，新增全景导览图、指向牌及景点介绍牌50余处，专门设计具有航空特色的明信片、纪念封、纪念戳等。邀请国家级导游对小镇15名讲解员专业素质培训。引进华东地区首家高空跳伞基地、直升机低空游览、系留热气球、飞行模拟体验等低空旅游项目，新增弗洛拉飞机主题餐厅、航空梦想工厂、黎翔航空科普等通航旅游类项目，并举办全国大学生科研类航空航天模型竞赛、航空嘉年华等大型赛事活动。2018年，小镇累计接待国内外游客55万余人次（其中，接待高空跳伞游客近3500人，暑期接待来自全国各地的中小学生夏令营团队2.5万人），实现旅游收入8500多万元。2018年航空小镇获评杭州市最具品质体验点、杭州市社会资源国际旅游访问点、品牌杭州生活品质总点评交流发布会年度区块等多项荣誉。

【23省道建德段改建工程通车】该工程起于建德市航头镇23省道与320国道交会点，止于建德与衢州交界处，起讫桩号K127+500~K154+694.36，全长27.19千米，实施里程(不含李家镇1.45千米利用段)25.74千米，经航头、大同、李家3镇共13个村，全线征收集体土地61.54公顷，征收房屋182幢3.7万平方米，迁移坟墓202穴，迁移各类杆线981支。投资概算9.7亿元。由杭州市交通规划设计研究院设计，杭州交通工程监理咨询有限公司监理，杭州交通投资建设管理有限公司代建，浙江良和交通建设有限公司进行工程施工。2016年4月20日开工，2018年12月29日通过交工验收，并开放交通。

工程分段设计建设：起点至大同镇潘村村14.5千米为四车道一级公路，路基宽24.5米(其中航头镇集镇段1.8千米兼顾城市道路功能，路基宽34米，行车道宽2×11.25米)；大同镇潘村村至终点段12.7千米为二级公路，路基宽12米。全线设大、中、小桥共6座，分离式隧道1座(新建左洞长352米，改扩建右洞长349米)，桥涵设计荷载为公路–I级，沥青混凝土路面。

【高铁新区创建成省级功能性新材料高新技术产业园】12月24日，经省政府同意，省科技厅、省发改委正式下文同意杭州市在建德创建“建德功能性新材料高新技术产业园区”，实行省级高新技术产业园区政策。该园区总面积13.8平方千米，分江南和江北两个片区，规划面积中允许建设区9.15平方千米、有条件建设区1.92平方千米、限制建设区2.73平方千米。园区以培育功能性新材料、新型装备和生物医药为主攻方向，按照“布局合理、用地集约、产业聚集”的要求，引导高端要素集聚，成为发展高新技术产业和增强自主创新能力的重要载体、具有重大影响力的新材料产业基地。至年末，共引进超细粉末国家工程研究中心、杭州师范大学国家有机硅实验室、浙大环保科创中心等研发平台，集聚“国千”“省千”“杭州市521”人才等高层次人才10人，博士硕士等高学历人才200多人，集聚建业有机、福斯特药业、深蓝科技等国家重点扶持的高新技术企业14家，杭州市级高新技术企业21家，省级科技型中小企业49家。

【"草莓小镇"成功创建全省首批特色农业强镇】8月28日，杨村桥"草莓小镇"项目通过省农业厅专家组验收，杨村桥镇成为浙江省第一批、杭州市第一个特色农业强镇。

杨村桥镇是浙江省大棚草莓规模化种植主要发源地、浙江省优质高效草莓示范基地和浙江省草莓育苗中心，被誉称为"中国大棚草莓之乡"。自2016年启动特色农业强镇建设以来，以草莓产业为基础、农旅融合发展为主线，依托生态资源优势和历史文化内涵，通过开发农业多功能，加快休闲、创意农业发展，促进生产、消费、体验互动，推进"三生"(生产、生活、生态)有机融合和"三农"(农村、农业、农民)统筹发展。累计投资1.99亿元，建成草莓产业公共服务区、草莓产业精品示范区、草莓科技创新示范区以及草莓三产融合示范区四大功能区块，形成规划布局合理、产业特色鲜明、农旅有机融合、绿色循环发展、科技引领创新的现代农业新格局。通过特色农业强镇创建，"草莓小镇"内基础条件明显改善、产业水平快速提升、品牌影响力得到扩大、产业链条纵向延伸、农业功能有效拓展、联结机制初步构建，基本实现由传统草莓种植向一、二、三产融合发展的高端草莓全产业链示范基地和建德草莓产业总部的转型。2017年该镇草莓种植(含繁苗)总产值1.25亿元、亩产值2.6万元、莓农人均纯收入25025元，分别比创建前高出12.3%、29.4%、23.5%。

【在杭州地区首创行政审批"兜底"服务机制】5月，针对在"最多跑一次"改革过程中发现的因历史遗留问题而导致的"疑难杂症"，经充分调研分析后，建德市创立"兜底服务"机制，即在建德市行政服务中心设立"兜底办"专窗，配备专职受理和办理人员，明确办理流程，专门受理需要政府帮助协调解决此类问题，有效破解办事过程中的痛点、堵点、难点，倒逼改革提速。对于可马上办理事项，工作人员在最短时间内办理解决；对于需要召开协调会解决事项，在3个工作日内召集相关部门一同协商，对复杂事项进行分析，明确解决方案，做好任务分解；对因政策等原因而不具备办理条件的，要求做好说明，待条件成熟后再启动办理；对不符合法律法规及政策规定的，做好解释工作。至年末，"兜底办"共帮助群众解决疑难事项24项，其中历史遗留5年以上的办件占83.3%，平均办结时间25.2天，跟踪回访满意率达100%。

【村级电商站点服务面实现全覆盖】自2017年6月，浙江省首家农村淘宝旗舰店——新安江农村淘宝旗舰店开业，至2018年底，全市有152个村共设村淘(天猫优品服务站)、邮乐购农村电商村级服务站点520多家(年度新增39个村39个站点、提升17个站点)，实现农村电商站点服务面全覆盖。农村淘宝4.0模式建德村淘成为全国标杆，在村淘大促销中多次位居浙江省县市战绩榜前列："6·18"村淘大促活动中，全市农村淘宝天猫优品实现销售208.9万元，爆发期业绩完成率高达122%，居全省第一；农村淘宝累积实现线上销售929.77万元，位居全省第三。中国邮政建德市分公司创建的"邮乐购"农产品网络销售平台，提供"线上+线下"的农产品包装展示和网销快递的一站式服务，以"农村电商+助农致富"方式为农民销售农产品开辟新通道，全年累计上线60余种农产品，累计销售额800多万元。

2018年建德市大事记

1月

1日　建德市低保标准实现城乡一体化，由此前的农村居民607元、城镇居民674元，统一调高至每人每月734元。

4日　杭州富春开元·芳草地乡村酒店正式开业亮相，建德溪西畈开元主题酒店奠基开工。

4—5日　省委常委、常务副省长冯飞在建德看项目、走企业，调研指导相关工作。

5日　中共建德市委十四届三次全体(扩大)会议举行。审议通过《中共建德市委关于认真学习贯彻党的十九大精神,加快实现新崛起的决定》。

10 日 建德科技大市场在洋溪街道正式启动运营。

10—11 日 建德市残疾人联合会第六次代表大会召开。大会推举产生市残联第六届执行理事会理事长、副理事长、理事。聘请市委副书记周友红为市残联第六届主席团名誉主席，选举副市长张早林为市残联第六届主席团主席。

12 日 高铁新区杨村桥门户区征收动员大会在杨村桥镇召开，杨村桥门户区征收工作正式启动。

13 日 第十届建德新安江·中国草莓节在杨村桥的草莓小镇开幕,“建德草莓” 品牌首发仪式同时举行。

15 日 中国人民政治协商会议建德市第十四届委员会第二次会议在市文化中心开幕。吴铁民代表市政协常委会作工作报告。会议于 18 日闭幕。

17 日 建德市第十六届人民代表大会第二次会议在市文化中心开幕。市长朱欢代表市人民政府作《政府工作报告》。会议于 19 日闭幕。

28 日 建德市寿崇德研究会和中国民间收藏研究会建德分会在双江商业街成立。

是月 建德市首个小区警务室——更楼街道香槟郡小区警务室挂牌成立。

是月 “60·06”作为建德航空小镇品牌正式亮相,“60·06”品牌设计以 1960 年“钢铁征程”和 2006 年“航空征程”这两段历史开端为寓意,寄托生生不息、继往开来的美好愿景,为航空小镇刻上了独特的地域印记。

是月 位于建德航空主题乐园（原横钢工人文化宫)内的横钢纪念馆对外开放。纪念馆全方位记录横山钢铁厂的发展历程和人文风貌,展现“团结一致、艰苦奋斗”的横钢精神。

2 月

1 日 全市农村工作会议暨美丽乡村建设大会在市文化中心举行，回顾总结 2017 年工作成就,部署新一年农业农村工作和美丽乡村建设。

8 日 中国烹饪协会授予建德市“中国养生美食名城”荣誉称号。

是日 建德市在寿昌镇举行“不忘初心、牢记使命”新时代干部走访再出发活动启动仪式,全面启动新一轮干部走访活动。

是日 浙江省军区政委王新海到建德看望慰问建德籍现役将军于春福以及叶建林家属。

22 日 建德市纪委十四届三次全会暨全市深化作风建设大会召开。

28 日 建德市工业经济暨“三招三引”大会召开,总结回顾 2017 年度工作,深入分析当前形势,部署 2018 年度任务，进一步动员全市深入实施“工业强市”“人才强市”战略和“招商引资”一号工程,全力打造杭州经济新的增长极。

3 月

1 日 建德市党建工作暨巡察工作动员部署会召开。

2 日,全市深化创建“平安建德”暨政法信访工作会议召开。

5 日 建德市在新安江广场举行 “遇见你的美”——美德驿站启动仪式暨 2018 年“3·5”学雷锋活动。

7 日 建德市召开全国文明城市创建工作专题分析会,对照《全国文明城市测评体系》标准,查找问题、补齐短板,研究部署创建工作。

8 日 浙江省机场集团有限公司董事长王敏在建德考察调研，并就下一步与建德市开展深入合作，合力推动航空小镇建设及通航产业发展进行交流洽谈。

是日 建德市发布涵盖机关、农村、社区、“两新”组织四个领域的党支部工作标准。

9 日 建德市召开市领导“六个领衔”工作暨“百千万”蹲点调研活动部署会。市委书记、市人大常委会主任童定干强调,不忘初心重新出发,牢记使命继续奋斗,以“六个领衔”和“百千万”活动新成效,为加快实现建德新崛起奠定坚实基础。

12 日 上海科学院、上海产业技术研究院院长钮晓鸣在建德洽谈交流合作事宜。同时,“上海产业技术研究院浙江省建德市产业化基地”揭牌。

13 日 大型纪录片《中国影像方志浙江卷建德篇》在央视十套播出。

16日 浙江传媒学院航空学院揭牌仪式暨传策航空企业集群入驻建德航空小镇签约仪式在市工业技术学校举行。

是日 萧山—建德区县协作“产业转移战略合作”签约仪式暨建德投资环境推介会在萧山举行。

19日 建德市小城镇环境综合整治暨“三改一拆”“无违建市”创建和乡村规划管理工作推进大会召开。

是日 杭州电视台建德记者站揭牌成立。

19—21日 市领导童定干、周友红、周萍英、徐拥军、钱晓华、叶志高等,带领各相关部门负责人赴长兴县、海宁市、张家港市等全国文明城市,考察学习创建经验。

23日 建德市政府与浙江省机场集团有限公司在杭州举行通航产业总部项目合作签约仪式,标志着浙江省通航产业总部将正式落户建德。

28日 建德市举行2018年工业项目集中开工仪式,总投资52.7亿元的30个工业项目集中开工。集中开工仪式在高铁新区设主会场,在建德经济开发区和乾潭镇设分会场。

29日 副省长陈伟俊在建德调研指导小城镇环境综合整治以及农村人居环境整治和“厕所革命”等工作。

30日 全市文明委全体成员(扩大)会议暨创建全国文明城市千人动员大会在市文化中心举行,全面吹响建德市创建全国文明城市的冲锋号角。

31日 浙江省首家初见书房、市首家文创客厅——“初见书房”胥岭店正式落成。

是月 建德市九仙铁皮石斛基地创办者许建茹获评2018年全国“杰出创业女性”,成为建德唯一获此殊荣的女企业家。

4月

3日 建德市消除相对薄弱村推进会暨乡村振兴特派员誓师大会召开。

10日 全市基干民兵接受点验。这是建德市20年来首次大规模对全市民兵进行整组点验。对民兵队伍成建制、全员额的点验在杭州尚属首次。

12日 全省农村人居环境提升暨小城镇环境综合整治行动现场推进会在建德召开。副省长陈伟俊出席会议并讲话。

14日 建德市举行“百年苞茶·香闻天下”苞茶区域品牌发布会。

是日 建德市第九届兰花文化旅游节及建德兰花产业示范园开园。

25日 柬埔寨农村发展部中小企业发展培训班成员在建德参观考察。

26日 “杭州·美丽建德 致敬珠三角”2018杭州建德市产业招商(深圳)推介会在深圳举行。

是月 建德市创建全国文明城市工作领导小组办公室制订《建德市市民公约》《建德市市民“十不”行为规范(征求意见稿)》。

是月 建德市被环保部有机发展中心列入第一批“国家有机食品基地建设示范县(试点)”。第一批“国家有机食品基地建设示范县(试点)”全国共有8个,浙江省仅建德市1个。

5月

8日 建德市红十字医院在市妇幼保健院举行冠名挂牌仪式。

9日 新安江城区总计2000个车行道和人行道停车泊位以及公共停车场停车位,开始实行差别化停车收费。

10日 在国家气候标志评估报告专家评审会上,建德市被评定为中国首个“气候宜居城市”,也是全国首批获得“国家气候标志”的城市。

13日 全国人大常委会委员、民盟中央副主席龙庄钊在新安江中学考察指导农村教育烛光行动示范学校建设工作。14日,2018年民盟社会服务工作会议在建德召开,全国各地民盟省级组织相关负责人、基层组织代表参加。

17日 省委书记、省人大常委会主任车俊在建德调研乡村振兴战略实施情况。

是日 首届浙江省军民两用技术创新应用大赛航空航天行业选拔赛暨杭电建德军民融合产业创新创业中心揭牌仪式在航空小镇举行。

18日 省政协副主席陈铁雄在建德调研土地综合整治工作。

是日 建德市物业管理协会在溪头社区成立。

21—23日 市委书记、市人大常委会主任童定干带领市党政代表团及部分企业负责人，赴贵州省黔东南苗族侗族自治州岑巩县开展对口帮扶工作，考察对口帮扶项目，与当地干部群众共商帮扶合作大计。

22 日 在第二届中国国际茶业博览会上，建德苞茶斩获茶博会金奖。

25—26 日 2018 第 20 届中国科协年会分论坛——新时代军民两用关键技术研讨会暨建德军民融合产业发展论坛在建德举办。

26 日 2018 中国气候宜居城市高峰研讨会暨第十八届中国·17℃建德新安江旅游节在三江口开幕。研讨会上发布了《气候宜居城市建德宣言》。

是日 “大美建德 水墨新安江”全国摄影大展启动。

28 日 浙江省志愿者证首发暨建德市全国文明城市创建志愿汇(建德)指挥系统启用仪式在建德举行。

是日 浙江省全域土地综合整治与生态修复工作座谈会在建德召开。

29 日 建德市举行村(社)党组织书记 2018 年集中轮训，市委书记、市人大常委会主任童定干作开班授课。

是日 2018 年建德市科技活动周暨全国科技工作者日活动启动。

31 日 市政府与北京北控置业集团在北京雁栖湖国际会展中心正式签订高铁新区产城整体开发项目合作协议。

6 月

2 日 为期两天的“多彩非遗 美好生活——2018 年建德市‘文化和自然遗产日’展示展演活动”拉开帷幕。

3 日 2018 中国最美绿道建德新安江万人徒步大会在三江两岸·建德绿道拉开大幕。

4 日 省政协副主席孙景淼到建德调研田园综合体试点项目规划建设情况、《浙江省实施〈无障碍环境建设条例〉办法(草案)》立法协商工作。

11—13 日 建德市通过省教育基本现代化市现场评估验收。

21 日 建德市“奋战一百天 迎接高铁旅游时代”暨创建省级全域旅游示范市动员大会召开。

24 日 第十八届中国·17℃建德新安江旅游节暨首届(2018)之江杯国际皮划艇邀请赛在乾潭镇子胥公园拉开帷幕。

27 日 建德市举行“不忘初心、牢记使命”建德铁军忆初心展风采文艺报告会，庆祝中国共产党成立 97 周年。

27—29 日，建德市 2018 年度公务员第一期学法用法轮训班在市老年大学举行，来自各部门和乡镇(街道)的 300 余名公务员参加培训。

28 日 市一医院智能导诊机器人“大白”正式上岗，此为全市医院引进的首个智能导诊机器人。

29 日 国家贸促会部分代表在建德考察交流，洽谈双方合作事项，对接精细农业和康养行业的招商工作。

是日 上海产业技术研究院浙江创新院签约揭牌仪式在新安江举行，标志着这一省级科研转化平台正式落户建德航空小镇。市领导童定干、吕平、尤荣福、王江、徐拥军、夏喜生、严凌云等参加。

是月 建德市全面启动第二次城镇房屋调查登记工作。

是月 市行政服务中心 24 小时自助办事服务厅对外开放，为群众和企业提供 24 小时自助服务，实现政务服务 24 小时不打烊。

7 月

2 日 市委书记、市人大常委会主任童定干调研“拥江发展”工作，实地督查新安江大城区慢行系统、新安江综保工程等重点工程建设情况。

7 日 第十八届中国·17℃建德新安江旅游节万人清凉体验之夜游新安江暨抖音看视界活动开幕。

9 日 贵州省岑巩县党政代表团到建德考察对接结对帮扶工作，共商扶贫攻坚大计。市领导童定干、朱欢、吴铁民，市委副书记、挂职岑巩县委副书记周友红等参加座谈或陪同考察。

10 日 寿昌镇和乾潭镇的美丽乡村工作经验登上央视，被作为全国农村人居环境建设工作典型宣传。

11 日 全国首个共学养老社区建设研讨会在

建德召开。来自国家教育发展研究中心、中国教育战略学会、中国成人教育协会等全国各地近200位专家学者参加，共同交流社区学习共同体发展和共学养老社区建设的思想与实践，探索我国老龄化背景下老年教育和社区建设的新路径。

13日 浙江省通用航空产业发展有限公司在航空小镇成立。省机场集团有限公司党委书记、董事长王敏，省机场集团有限公司总经理郑向平，市委副书记、市长朱欢，市委常委、建德经济开发区（航空小镇）党工委书记尤荣福等出席揭牌仪式。

15日 “第六届建德‘7017’新安江青岛啤酒节”在双江休闲街开幕。

17日 民航华东管理局局长蒋怀宇到建德调研通航产业发展和航空小镇建设等工作。省机场集团董事长王敏和市领导童定干、尤荣福陪同调研。

是日 市第五届农村文化节开幕式暨创建全国文明城市主题宣传晚会在百姓纳凉大舞台开幕。

20日 市委常委会召开专题会议，传达学习省委十四届三次全会精神和省委书记车俊在全省县（市、区）委书记工作交流会上的讲话精神，研究部署建德市贯彻落实工作。

是日 新组建的国家税务总局建德市税务局挂牌成立，建德市国税地税机构正式合并。

23日 建德市召开半年度经济形势分析会，全面分析上半年经济运行情况，动员全市上下进一步认清形势、把握趋势，全面吹响“决战三季度，冲刺四季度，实现‘全年红’”的号角。

是日 第十八届中国·17℃建德新安江旅游节之17℃寻源活动启幕。

24日 建德市移民创新创业小微企业园暨“80个村‘消薄’增收”示范项目开工仪式在高铁新区马目区块举行。

30—31日 市领导童定干、朱欢、吴铁民、张早林、叶志高走访慰问驻建德部队官兵，看望慰问冒着高温酷暑坚守岗位的一线工作人员。

31日 工信部发布《2018年智能制造试点示范项目名单》，新安集团“有机硅材料智能制造试点示范项目”榜上有名；8月10日，工信部发布《2018年制造业与互联网融合发展试点示范项目名单》，新安集团“基于工业互联网的有机硅大数据应用试点示范项目”再次成功入选。

是月 建德市航空小镇、建德家风馆、“致中和”3家单位获评2018年首批新增社会资源国际旅游访问点，实现“零的突破”。

是月 大慈岩、大洋、航头、乾潭、莲花5个镇试点推行生态环境报告制度。

是月 《严州古今文丛》第二辑（4卷6本）出版发行。

是月 浙江万丰通用航空有限公司通过国家体育总局运动飞机驾驶员执照培训审定，正式成为全省首个运动飞机飞行员培训机构。飞行训练区设在建德千岛湖通用机场，配有飞机维修机库、油料库、航材储备库等保障设施。

是月 杭州忆咖科技有限公司领到建德市发出的首份利用制售一体机设备无人自动销售食品经营模式的食品经营许可证。

8月

1日 建德市城乡客运惠民工程启动。全市60周岁以上老年人、二级以上残疾人、残疾军人、现役军人和获国家无偿献血奉献奖荣誉者享受乘坐农村客运班车、城市公交优惠政策。

2日 市委召开十四届四次全体（扩大）会议。市委书记童定干代表市委常委会向全会作工作报告。全会的主题是：践行“八八战略”，拥抱高铁时代，聚焦“六大行动”，在“打造重要窗口、当好排头兵”征程中扛起建德责任。

3日 市行政服务中心交通窗口正式核发出建德市首张网络预约出租车道路运输证。

6日 市人大常委会组织召开“一府两院”工作报告会，重点听取市政府、市法院、市检察院2018年上半年工作报告和下半年工作计划。市委书记、市人大常委会主任童定干，市长朱欢参加。

是日 建德市召开“最多反映一次”工作推进会，贯彻落实省委书记车俊在杭州调研信访工作指示精神，全面部署“最多反映一次”相关工作。市委书记、市人大常委会主任童定干，市委常委、常务副市长吕平，市委常委、纪委书记、监委主任柴国庆等出席会议并讲话。

7日 全市营商环境建设暨深化“亩均论英

雄"改革工作推进大会在市文化中心举行。市委书记、市人大常委会主任童定干，市委副书记、市长朱欢参加会议。

是日 市委书记、市人大常委会主任童定干接受浙江之声、杭州电视台、杭州之声联合访谈，全面回顾总结"八八战略"在建德的15年及建德市经济社会发展所取得的历史性成就。

10日 "文明建德"微信公众号和"建德文明网"正式启用。

是日 浙江新化化工股份有限公司通过"浙江制造"暨杭州汉德质量认证机构认证评审。

17日 建德市召开第四次经济普查动员大会，总结全市经济普查前期开展情况，部署下一阶段主要工作。

是日 建德市在市文化中心举行庆祝首个"中国医师节"文艺晚会。

18日 浙江新安化工集团股份有限公司与德国赢创工业集团关于气相二氧化硅合资项目的签约仪式，及镇江新区、德国赢创、新安集团就该项目的三方投资合作签约仪式在杭州传化大厦举行。

是日 央视《新闻联播》播出《浙江杭州：城乡统筹，绘就三江两岸富美乡村》节目，讲述城乡结对帮扶、助力美丽乡村建设的建德故事。

22日 建德市举行省农科院与建德市开展乡村振兴战略合作签约授牌仪式，双方将本着"注重实效、突出创新、优势互补、互利共赢"的原则，合力推进建德乡村振兴。市领导童定干、朱欢、胡海龙、吴岳炎、张早林、严凌云等出席签约授牌仪式。

24日 建德小微企业创业创新园暨置信航空智造谷项目开工仪式在建德经济开发区（航空小镇)举行。置信航空智造谷项目选址位于航空小镇横钢区块，总投资4亿元。

是日 2018中国国际飞行器设计挑战赛选拔赛（建德站）暨浙江省科研类航空航天模型锦标赛，在建德经济开发区(航空小镇)拉开序幕。

25日 建德市与南方水泥有限公司签订战略合作框架协议，标志着双方将在绿色建材产业园等方面开展实质性合作。市长朱欢在签约仪式上讲话，市政协主席吴铁民出席签约仪式，副市长夏喜生代表市政府签约。

26日 月亮湾小学投入使用。学校总占地面积38358平方米，总建筑面积12987平方米，总投资近8000万元，是建德市校园面积最大的小学。学校所有设施设备均按照省标准化学校一类标准建设和配备，办学规模共24个班，可容纳1080名学生就读。

28日 省委常委、杭州市委书记周江勇到梅城镇专题调研美丽城镇建设工作。市领导童定干、朱欢、钱晓华陪同调研或参加调研座谈会。

是日 杨村桥镇以"草莓小镇"项目成功创建为省首批、杭州市首个特色农业强镇。杨村桥镇是浙江省大棚草莓栽培发源地、"浙江省优质高效草莓示范基地"和"浙江省草莓育苗中心"，素有"中国草莓之乡"的美誉。2017年该镇农业总产值4.6亿元，草莓亩产值2.6万元。

30日 省政协副主席周国辉到建德专题调研美丽浙江建设与生态气候环境资源开发利用。

31日 《"德文化"乡土教材》走进课堂，该书分为《德之源》《德之本》《德之风》《德之韵》《德之光》5课。

是月 建德市图书馆第六次被文化和旅游部评为"国家一级图书馆"。

9月

1日 全市"雷霆"行动暨平安大巡防活动启动仪式在新安江广场举行。

6日 建德市中药材产业农民合作经济组织联合会成立。

7—8日 第四届华东互联网技术峰会在建德召开。

10日 建德市举行庆祝第34个教师节座谈会，市委书记、市人大常委会主任童定干慰问20名优秀教师和教育工作者代表，并进行座谈交流，共商建德教育发展大计。

12日 建德市红色旅游联盟成立。由中共建德小组纪念馆、建德抗日自卫队纪念馆、"双童"烈士纪念馆等11家红色场馆共同组成，是杭州地区首个县级红色旅游联盟。

13日 2018年"善城"——杭州市"中华慈善日"宣传活动暨第二届"钱塘善潮"论坛在建德

举行。

是日 建德市召开乡土人才工作推进会，贯彻落实《关于培育“乡土人才”推进乡村振兴的三年行动计划(2018—2020)》，部署全市乡土人才工作。会上“建德市乡土人才银行”成立。

18日 上海(建德)通航产业投资说明会暨合作项目签约仪式在位于上海陆家嘴的中国金融信息中心举行。开发区(航空小镇)管委会与中国民航管理干部学院、上海产业技术研究院、上海博雅方略集团、上海滚石投资管理有限公司、幸福控股有限公司、德扬航空集团、安飞航空公司等企业和科研院所签署合作协议，涉及航空器研发制造、通航旅游、科研平台等12个通用航空项目，协议总投资达百亿元。市领导童定干、尤荣福、孟关良、童文扬、何亦星、叶志高和中国金融信息中心董事长、党委书记叶国标等出席签约仪式。

是日 全市农村文化礼堂建设“联动破难小组”第一次联席会议暨农村文化礼堂设计方案审定会召开，着力破解农村文化礼堂建设中的困难和问题。

21日 “我们的家园——万家农村文化礼堂庆丰收”全省主场活动在三都镇镇头村文化礼堂举行。省政协副主席陈小平，市领导童定干、吴铁民、吕平、周萍英、徐拥军、何亦星、程旭等参加活动。

是日 建德市庆祝“中国农民丰收节”暨首届建德苞茶炒制技术比赛在大同镇镇源村举办。

23日 首届建德人大会在新安江开幕，200多位来自海内外的建德乡贤以及“新建德人”代表参加。大会以“凝聚建德人力量、共创建德新未来”为主题，旨在进一步密切与海内外建德乡亲乡贤的联系，激发建德乡亲乡贤爱国爱乡、创业创新的热情，共同谱写建德发展辉煌的新篇章。市委书记、市人大常委会主任童定干在大会上致辞，市委副书记吕平主持，吴铁民等市四套班子领导参加。大会发布《建德人宣言》。

25日 杭州市政协主席潘家玮带领杭州“六大行动”比学赶超活动市领导第四考察组，到建德实地考察“六大行动”比学赶超项目。市领导童定干、胡海龙、张早林、何亦星、钱晓华陪同考察，市政协主席吴铁民作为考察组成员参加考察。

26日 中央电视台二套《中国财经报道》栏目，对建德航空小镇通航产业发展情况给予深度报道。

28日 “2018中国府州文化(严州梅城)保护与利用”论坛在梅城举行，邀请国内外古城保护与利用领域的知名专家共同探讨古城共生发展新模式，为打造具备古严州文化特色的古城品牌新名片出谋划策。

30日 建德市举行烈士公祭仪式，缅怀烈士功绩，弘扬烈士精神。市委书记、市人大常委会主任童定干，市政协主席吴铁民等市四套班子领导，以及市法院院长、市检察院检察长出席仪式。

是日 第十八届中国·17℃建德新安江旅游节庆祝首届中国农民丰收节暨浙江·建德“稻香小镇”第二届开镰节在大同镇举行。

9月 吕平任中共建德市委副书记，俞伟任中共建德市委常委、建德市人民政府副市长。

是月 AC311型直升机搭载军民航专家组，在建德千岛湖通用机场举行赣浙通航低空空管服务与保障系统飞行验证，这是国家低空空域改革以来，国内首次实现服务站组网保障跨省、跨管制分区的通航飞行验证。

是月 杭州赫希文化创意有限公司成为建德市第一家通过“一口办理”，同步完成工商登记和商务备案的外资企业。

10月

1日 新安江中学举行60周年校庆系列活动，校史馆亦于同日开馆，弘毅教育基金会同日成立。市委书记、市人大常委会主任童定干，市委副书记、市长朱欢，副市长何亦星出席活动，来自社会各界的新安江中学历届校友等近4000人参加。

8日 省第四督查组到建德督查“五水共治”(河长制)、“三改一拆”、小城镇环境综合整治和生活垃圾分类工作。市领导童定干、吴铁民、吕平、俞伟、张早林、柯汉根、钱晓华、严凌云出席汇报会。

13日 国家发改委农经司调研组到建德调研“千村示范、万村整治”工作。

15日 “拥抱高铁新时代，加快建德新崛起”

为主题的2018建德市招商引资集中签约仪式在新安江举行。市委书记、市人大常委会主任童定干在仪式上讲话，市长朱欢主持仪式，市领导吕平、俞伟、童文扬、何亦星、夏喜生、程旭以及签约企业代表等参加签约仪式。

18日 建德市召开“冲刺全年红”暨杭州市综合考评目标任务督查推进会。

是日 杭州市政协主席潘家玮到建德调研“拥江发展”工作。市委书记、市人大常委会主任童定干，市政协主席吴铁民，副市长钱晓华，市政协副主席程旭等陪同调研。

20日 “爱在杭州·拥江前行”2018第七届杭州国际婚恋旅游节启动仪式暨建德黄饶半岛花海彩跑活动在下涯黄饶半岛举办。

22日 建德、杭州两地市直单位召开“百千万”活动暨助力乡村振兴双向工作交流会。建德市委书记、市人大常委会主任童定干出席会议并讲话，市委副书记吕平主持会议，市委常委、组织部部长王江作“百千万”活动工作情况介绍。

22—23日 “未来地球与生态文明”论坛在建德举行。该论坛由未来地球计划中国委员会和建德市政府共同主办，国家气候中心、浙江省气象局协办。

25日 杭州市人大常委会党组书记、主任于跃敏到建德调研人大工作以及乡村振兴、“拥江发展”、经济转型等。市领导童定干、尤荣福、童文扬、徐建华、吕建月、吴岳炎、徐拥军等参加调研或座谈。

26日 第十八届中国·17℃建德新安江旅游节之建德第三届“稻舞田间”稻香节暨杭州·建德国际田园农耕体验活动在钦堂乡开幕。

27日 2018年环浙江自行车公开赛第五站在建德市乾潭镇举行。

29日 十里埠港开港试运营。十里埠港项目占地16.5公顷，岸线长803米，共设500吨级兼顾1000吨级泊位13个，配套建设综合楼、辅工楼、仓库及堆场，年设计吞吐量500万吨，是建德港区规模最大的综合性港口。

30日 上海第二工业大学建德技术转移中心在建德科技大市场揭牌成立。

31日 全市239个村(社)集体经济总收入全部达20万元以上，年经营性收入全部达5万元以上，全面完成年度“消薄”任务。

是日 位于新安江街道双江步行街的建德市政协书画院正式成立。西泠印社顾问、第十届杭州市政协主席叶明，建德市委常委、宣传部部长周萍英为书画院揭牌。市政协主席、市政协书画院院长吴铁民，副市长张早林分别致辞。

是月 新安江兰江富春江洪水风险图项目通过验收。至此，建德市基本做到全市境内主要河流风险图绘制全覆盖。

11月

6日 省委常委、组织部部长黄建发到建德调研基层党建、美丽城镇建设、通航产业发展以及企业党建文化建设等工作。市领导童定干、尤荣福、王江、钱晓华等陪同调研。

7日 市委书记、市人大常委会主任童定干专题督查“152工程”重大产业项目建设推进情况。全市共有5个重大产业项目列入全省“152工程”，涉及总投资121.8亿元，包括江南秘境、恒大温泉2个25亿元以上项目，通航产业、农夫山泉、南方绿色建材等3个20亿元以上项目。

是日 世界互联网大会乌镇峰会场，supET工业互联网平台举行成果发布会，阿里云、浙江中控、之江实验室等平台参与单位共同分享supET工业互联网平台建设成果。新安集团总裁吴严明在会上以“数字新安，打造转型升级新引擎”为主题作了发言。

是日 建德市第四十五届中小学生田径运动会在严州中学新安江校区开幕。

8日 中国铁建投资集团有限公司与北京北控置业集团有限公司在建德签订高铁新区PPP项目合作协议，双方将就高铁新区的产城整体开发建设运营开展全面合作，将高铁新区打造成可持续发展的现代化产业新城。中铁投资总经理杨哲峰和副总经理唐刚，中铁十六局集团副总经理党海军，汉米敦(上海)公司董事、总经理徐石，北控置业副总经理、北控城市开发有限公司董事长梁勇峰，以及市领导童定干、朱欢、俞伟等参加签约仪式。

8—9 日 国内知名专家齐聚建德,在 2018 年第二届全国化工行业智能制造发展论坛上，论道化工行业数字化转型。

9 日 第三届中国创新挑战赛(浙江)暨 2018 年浙江技术需求“张榜招贤”活动节能环保行业现场赛在建德举行。比赛由科技部指导,科技部火炬中心、浙江省科技厅、建德市人民政府主办,浙江科技大市场、市科技局承办。市领导吕平、徐拥军、夏喜生、严凌云参加开幕仪式。

13 日 应急管理部副部长孙华山到建德考察千岛湖通用机场运行、航空小镇建设等情况,重点就航空应急救援保障体系建设工作进行调研。市领导童定干、尤荣福、俞伟陪同调研。

是日 副省长彭佳学到建德调研生活污水处理设施运行情况、美丽城镇建设工作。市领导童定干、朱欢、张早林陪同调研。

14 日 市委书记、市人大常委会主任童定干主持召开工作座谈会，专题听取 2019 年全市组织、农业农村、社会治理工作思路汇报,研究谋划 2019 年工作路径举措。市领导王江、柴国庆、张早林参加座谈会。

19 日 市委书记、市人大常委会主任童定干专题调研高铁新区(高新园)和开发区(航空小镇)两大市级平台建设工作。

19 日 浙江省农科院科技行动示范基地在乾潭镇胥岭授牌成立。

26 日 杭州市城乡区域统筹发展第四区市协作组第二轮协作第三次联席会议在建德召开,共商深化区市协作大计。杭州市政协主席潘家玮出席会议并讲话,市领导童定干、朱欢、吴铁民、吕平、吴岳炎、张早林以及萧山区、江干区、杭州经济技术开发区党政主要领导参加会议。

26 日 建德高铁旅游亮相“2018 杭州黄山乡村振兴与旅游发展”高峰论坛。

29 日 沙特阿拉伯阿卜杜拉国王科技大学海外高层次人才技术与项目对接座谈会于昨日在建德举行,20 余位海外高层次人才考察航空小镇、环保科创中心、高铁新区。“智汇建德”科技人才合作月正式启幕。

30 日 高铁新区重点项目征迁动员会召开，高铁新区管委会分别与梅城镇、杨村桥镇、下涯镇和洋溪街道签订征迁责任书，标志着高铁新区的规划建设进入了全面推进阶段。

是日 第四届 “智汇建德·17°青春——2018 年建德市青年人才创业创新大赛” 全国赛总决赛落幕。“红外热像仪的研发与应用”摘得大赛桂冠。

是月 建德市 “建功立德标兵” 评选活动启动,王拥军等 30 人为建德市被授予第一批“建功立德标兵”称号。

是月 在第十四届茶业经济年会上，建德市获评 “2018 中国茶叶品牌影响力全国十强县(市)”。

12 月

4 日 建德市 “12·4”国家宪法日系列宣传活动启动。

是日 建德市人民检察院驻森林公安局检察官办公室揭牌成立。

5 日 建德市“德文化”地域品牌“德小志”志愿服务公益形象正式启用。

6 日 建德市动员部署第 19 次“春风行动”。

11 日 建德市召开数字经济大会，深入贯彻全省数字经济大会和杭州市打造 “全国数字经济第一城”动员大会精神,对实施数字经济“一号工程”进行动员部署。大会邀请阿里巴巴集团技术委员会主席王坚、华为上海研究院副总裁徐之兵和浙江中控首席科学家赵路军三位数字经济前沿专家作主旨演讲。

是日 省第四督查组到建德对 “五水共治”(河长制)、“三改一拆”、小城镇环境综合整治和生活垃圾分类四项专项工作开展第二轮督查。14 日召开督查工作意见反馈会,市领导童定干、朱欢、吴铁民、吕平、赵志荣、张早林、柯汉根、钱晓华参加反馈会。

12 日 杭州市市长徐立毅到建德寿昌镇、梅城镇调研小城镇环境综合整治工作，提出要持续深化小城镇环境综合整治,高水平打造美丽城镇,加快建成独特韵味别样精彩世界名城。市领导童定干、朱欢、钱晓华陪同调研。

13 日　机场防范无人机技术大赛在航空小镇拉开帷幕。这是国内首次举办的全国性机场防范无人机技术大赛，来自中国航天科技集团第十二研究院等 25 家单位的 120 名选手，组成 20 支队伍参赛。

14 日　建德城市形象视觉识别系统启用大会召开，发布全新设计的建德城市形象视觉识别系统。市委书记、市人大常委会主任童定干出席大会并强调，要以城市形象视觉识别系统启用为契机，引导全市上下积极参与到系统的使用推广上来，把成果运用到城市建设上来，进一步凝聚力量、展示形象，全面打响“高铁时代”“宜居建德”城市品牌。朱欢、吴铁民、吕平等市四套班子领导以及市法院院长、市检察院检察长出席了启用大会，市委常委、宣传部部长周萍英主持大会。

是日　全国铁路建设质量现场会观摩团考察杭黄高铁建德站。

18 日　以“高铁时代，宜居建德”为主题的 2018 杭州 17℃建德新安江高铁旅游上海推广活动，走进上海广播电视台演播厅，以“6 个 1、353、17、4/5、312.7、98”六大关键词展示推介宜居建德的魅力与气质。市领导童定干、朱欢、孟关良、吴岳炎、何亦星、吕勇参加推广活动。

20 日　德扬航空建德基地首架大棕熊 100 系列Ⅱ飞机下线交付仪式在建德千岛湖通用机场举行，标志着建德航空小镇在通航生产制造领域迈出坚实的第一步。德扬航空建德基地也是杭州地区通航领域第一个飞机生产交付基地。市领导童定干、朱欢、吴铁民、尤荣福、王江、吴岳炎、夏喜生，以及美国 QUEST 飞机公司副总裁、美国驻沪总领馆高级商务专员、德扬航空有关负责人和 100 余位来自国内外的通用航空领域专家、通航企业代表参加。

21 日　以“德天独厚”为主题的 2018“宜居建德”城市品牌推介会走进杭州文广集团演播厅，发布“宜居建德”城市品牌形象、建德“宜居指数”和省级“德文化系列标准”。

24 日　市委常委会召开会议，传达学习习近平总书记在庆祝改革开放 40 周年大会上的重要讲话精神，研究部署建德市贯彻落实工作。市委书记、市人大常委会主任童定干主持会议并讲话。

25 日　杭黄铁路正式通车，标志着建德昂首迈入高铁时代。市四套班子领导童定干参加欢庆杭黄铁路开通暨喜迎“首日首列首批”游客接站仪式并致词。

是日　第六届建德市道德模范颁奖典礼在市文化中心举行。马啸天、刘静芝、汪国云、吴光潮、叶玉珍、邵玉香、刘朝忠、黄向阳、徐霞军、黄文斌被评为第六届道德模范。市领导童定干、朱欢、吴铁民等出席颁奖典礼。

27 日　市委常委会召开会议，传达学习中央和省委经济工作会议精神，研究部署建德市贯彻落实工作。市委书记、市人大常委会主任童定干主持会议并讲话。

是日　市政协和市委统战部联合举行 2019 年新年茶话会，市委书记、市人大常委会主任童定干，市政协主席吴铁民等市四套班子领导与各界人士欢聚一堂，畅叙友情，共话发展，共谋新篇。

是日　建德市召开卫生健康大会暨县域医共体建设推进会，研究部署新形势下全市卫生健康和县域医共体建设工作。市委书记、市人大常委会主任童定干出席会议并讲话，市长朱欢主持会议，市领导吴铁民、徐拥军、何亦星等参加会议。

28 日　市委召开务虚会，深入贯彻落实中共十九大、中央经济工作会议和省委经济工作会议精神，全面分析研判建德发展面临的形势和机遇，研究谋划 2019 年和今后一个时期的工作思路，为开好市委十四届五次全会、更好地推动全市经济社会高质量发展奠定坚实基础。市委书记、市人大常委会主任童定干主持会议，市委副书记、市长朱欢，市委副书记吕平，市委常委、市人大、市政府、市政协领导以及市人民法院院长、市人民检察院检察长参加会议。

2018 年　新安集团获“全国模范院士专家工作站”称号。

2018 年　全市实现生产总值（GDP）增长 7.6%；财政总收入首次突破 50 亿元，其中地方财政收入 28.3 亿元，增长 15.9%；全年接待游客首次突破“千万人次”大关，实现旅游总收入 108.9 亿元，增长 20.2%。（杨忠平）

概 貌

General picturd

基本地情

【地理位置】建德市地处浙江省西部,钱塘江上游,杭州—黄山黄金旅游线的中段,位于北纬 29°12′20″~29°46′27″、东经 118°53′46″~119°45′51″。东与浦江县接壤,南与兰溪市和龙游县毗邻,西南与衢州市衢江区相交,西北与淳安县为邻,东北与桐庐县交界。东起乾潭镇梓洲村双门灶,西至李家镇石鼓村卢桐源,长 84.38 千米;南起航头镇珏塘村,北至乾潭镇罗村村石豹头扶梯岭,宽 63.04 千米。总面积 2314.19 平方千米,占全省面积的 2.28%。距杭州高速公路里程 108 千米,市政府驻地新安江街道新安路 1 号。

【建置沿革】建德市境在 1958 年 11 月 21 日前为建德、寿昌两县地。

建德古为越地。秦王嬴政二十五年(公元前222)于原吴、越地置会稽郡(郡治在今江苏吴县),今建德地属会稽郡富春县。西汉因之。东汉仍属吴郡富春县。

三国吴黄武四年(225),孙权析富春县地置建德县,县城在今建德市梅城镇,建德作为县级行政区划之名自此始;同年,又析富春县地置新昌县,县城在今建德市西南的大同镇劳村。两县均属吴郡。晋太康元年(280),新昌县更名寿昌县,寿昌作为县级行政区划之名自此始。自西晋至南朝的宋、齐两代,建德、寿昌仍属吴郡。

南朝时,两县县名,均未有变动。但隶属关系则频繁变更。梁普通二年(521),寿昌县改属新安郡;五年(524),建德县划归东阳郡(大致相当于今金华市)。

隋开皇九年(589)改郡为州。撤销寿昌县并入新安县(是年由始新县改设而来,属今淳安县),撤销建德县并入长山县(后改吴宁县,开皇十八年改为金华县),新安县、长山县属由原新安郡、东阳郡废止后合并新设的婺州。仁寿三年(603),设睦州,但此时并无建德、寿昌的建置。终隋一代,今建德市境域无县建置。

唐朝建立后第四年即唐武德四年(621),分拆金华县恢复设置建德县,并在桐庐设严州,建德县属严州。同年,此前(607)已经改为遂安郡的睦州也恢复设立。七年(624)严州废止,又将建德县分拆并入桐庐、雉山(607 年由新安县改名)2 县,属歙州。八年,桐庐、雉山划属睦州。至永淳二年(683)恢复设置建德县,属睦州。六年后即永昌元年(689)恢复设置寿昌县,县治在郭邑里(今大同古城山),也同属睦州;但于次年又裁撤并入新安县(684 年由雉山改名)。

唐万岁通天二年(697)睦州州治由新安县移建德县,建德为州治始于此。神龙元年(705),再置寿昌县,县治在白艾里(今寿昌桂花村),仍属睦州。

唐天宝元年(742)至乾元元年(758),改睦州为新定郡,建德、寿昌两县均属新定郡,故在中国历史上,"新定郡"也为后世严州的别称。758 年恢复设置睦州,两县隶属长期稳定;是年,寿昌县治迁至万松山南麓,即今寿昌集镇一带。宣和三年(1121)即方腊起义失败后次年,改睦州为严州,严州辖建德、寿昌、淳化、遂安、桐庐、分水 6 县。咸淳元年(1265),升严州为建德府,建德、寿昌两县属之,建德为府治。

元至元十四年(1277)改建德府为建德路,路治在今建德梅城,仍辖管建德、寿昌等 6 县。至正十八年(1358),朱元璋部将李文忠等攻取建德路,改为建安府。大明建立后,洪武八年(1375)又改为严州府,建德、寿昌等6县属之,府治建德。明代相沿不变,严州自此有“六睦”之称。此后历经清代260余年仍沿明制。建德、寿昌两县一直属严州府管辖。

清宣统三年(1911)十月,废旧府制,设立严州军政分府,建德、寿昌两县属之,建德为府治。

民国元年(1912)10月,严州军政分府废。1914年,建德、寿昌两县属金华道。1927年,废道制,两县直属浙江省。1931年,设立第六行政督察区,两县属之。1933年10月6日,专员办事处设在建德县。1935年9月,在兰溪设立第四行政督察区,建德县属之;在衢县设立第五行政督察区,寿昌县属之。1943年9月,增设第十一行政督察区,两县属之。专员公署始设淳安,后移建德。1947年5月,撤销第十一行政督察区,两县直属浙江省。1948年4月,两县又属第四行政督察区。

1949年5月5日,建德、寿昌两县解放。同月设立第四专区,后改建德专区,两县属之。1950年3月22日,撤销建德专区,两县属金华专区。1955年3月31日,重设建德专区,两县回属。1957年1月,为适应新安江水电站建设需要,分建德县地设置相当县一级的新安江区,直属建德专区。1958年3月31日,新安江区改为新安江镇,隶建德县。11月21日,撤销寿昌县,并入建德县。1959年4月,撤销建德专区,建德县划属金华专区。1960年8月,县城由梅城镇移白沙镇(今新安江街道)。1963年5月16日,建德县划属杭州市,至今。1992年4月1日,建德撤县设市,市治新安江镇(今新安江街道)。

【市名由来】建德之名因封建德侯而来。《三国志·吴书·孙韶传》载,“孙韶,字公礼……权为吴王,迁扬威将军,封建德侯。”据《三国志·吴书·大帝记》载,孙权被封为吴王是在魏文帝黄初二年(221),即孙韶封建德侯在221年。225年,孙权从其故乡“富春县”划出属地建置多个新的县,其中之一作为孙韶的“食邑”(封地),并以孙韶的侯名为县名,称“建德县”。故此,建德之名因封建德侯而来,取“建功立德”之义。与孙权定都建业(今南京)取“建立一统国家大业”之义相呼应。

【自然环境】市境地处浙西丘陵山地和金衢盆地毗连处,地表以分割破碎的低山丘陵为特色,大部分地区地质构造属钱塘江凹槽带,山岭属天目山、千里岗和龙门山系。千米以上主峰有12座,主要分布在境域西北和东南;境西南李家镇与淳安县、衢江区交界处的千里岗山脉三井尖主峰1280.5米(三界共有),李家镇境内山羊坞尖海拔1157.8米,为全市最高峰。山脉大致呈北东向西南走向。整个地势为西北和东南两边高、中间低,自西南向东北倾斜。水系由周边向中间汇集,主要河流由西南流向东北,与山脉走向基本一致。

境域水系属钱塘江流域,有新安江及其支流寿昌江和兰江、富春江4条较大河流及38条中小溪流。新安江在市境西部的芹坑埠入境,由西向东流经新安江城区、洋溪、下涯、杨村桥,在梅城与兰江汇合后形成富春江;境内全长41.4千米,流域面积1291.44平方千米(2015年地理国情普查数据:从新安江水库大坝起,至梅城新安江、兰江、富春江汇合处,总长41.85千米)。兰江在大洋镇三河入境,自南而北流经大洋镇三河、麻车、大洋、梅城镇洋尾,于梅城东关汇入富春江;境内长26.16千米(2015年地理国情普查数据;之前长期使用23.5千米),流域面积419.38平方千米。富春江由西南流向东北,经乌石滩、七里泷,于冷水流入桐庐县;境内长19.3千米,流域面积615.75平方千米。寿昌江是新安江的一级支流,发源于李家镇长林大坑源,主流长65.8千米,流域面积692.3平方千米;河道曲折,集流时间短,河床宽浅,总落差428米,比降大,流速快,暴涨暴落,易造成洪涝灾害。

境域山地和丘陵占全市总面积的88.6%。北部和西部山岭由古生代到新生代的砂岩、石灰岩和页岩等组成,侵蚀明显,切割较深,山势陡峻,相对高差达400米~600米,坡度常为30°~40°。南部为200米以下的丘陵,地势平缓,坡形浑圆,坡度一般在15°以下,谷地也较开阔,近年成为浙江省坡地综合开发利用试点地。海拔50米以下的平原215平方千米,占全市总面积的9.4%。河谷平原主要分布在新安江、寿昌江及兰江两岸,土地肥沃,排灌条件良好,是建德市的主要农耕地带,也是商品畜禽的重要产区。

【资源状况】根据《建德市第一次地理国情普查公报》确认，至2015年6月30日普查标准时间点时，境域：

耕地，总面积27120公顷，占境域总面积的11.72%，其中在耕耕地面积16333公顷、非在耕耕地面积10787公顷。在耕耕地中，水田面积10193公顷，旱地6133公顷。非在耕耕地中，园地面积5353公顷，草地（主要指抛荒地）1393公顷，林地面积3260公顷，养殖水面面积253公顷，其他地类面积533公顷。

园地，总面积13993公顷，占境域面积的6.01%。主要种植茶、桑、果等经济作物。其中果园面积8473公顷，茶园面积2480公顷，桑园面积253公顷，苗圃面积1800公顷，其他园地面积987公顷。

林地，总面积17.63万公顷，占境域面积的76.17%。其中乔木领地12.07万公顷（其中针叶阔叶林11.24万公顷），灌木林面积2.79万公顷，乔灌混合林面积2.79万公顷，竹林面积1.32万公顷，其他林地面积0.07万公顷。境域森林绿化率76.1%。

全市国土绿化面积18.91万公顷，绿化率81.73%。

水域，常水位水面总面积7958公顷，占境域总面积的3.44%。

境内生物资源丰富，据查明，有森林树种700余种、药用植物700多种、动物140多种，其中有44种动植物资源属国家重点保护对象。初步探明的金属、非金属矿有27种，矿点63个，主要矿藏有石灰岩、白云石、大理石、花岗岩、石煤、铜、铁、铀等，其中石灰石储量最大，出露面积约85平方千米，估计储量143亿吨。

建德气候温暖湿润，适宜农作物生长，是联合国粮农组织协助建立的全国10个林业技术推广中心县之一。2016年立木蓄积量359.15万立方米。主要经济作物有茶叶、蚕桑、柑橘、蜜梨、里叶白莲、新安江牌草莓、板栗、西红花等。其中茶叶为全国重点生产县之一，所产名茶有“新安江”牌千岛银珍茶（针式绿茶）、建德苞茶（“建德苞茶”获评全国首个茶叶类国家气候标志——气候品质农产品称号，是国家地理标志保护产品，获中国历史文化名茶、中国国际茶叶博览会品鉴用茶、中华茶艺技能大赛比赛用茶、中国国际茶叶博览会金奖、浙江省、杭州市一类名茶等荣誉）杨村桥草莓品质优良，是“中国草莓之乡”；柑橘、板栗、蚕桑是浙江省重点产区；里叶白莲洁白如玉，质地优良，为浙江省名土特产；原产严州白梨晶莹如雪，肉质细嫩，南宋时即为皇家贡品，今经过嫁接改造为蜜梨后，产量更高，口感更好，曾多次获得省级优质水果评比金奖，成为建德市大宗水果。三都镇松口一带生产的柑橘，品质优异，近年以有机水果作为品牌，亦多次获得浙江省优质水果评比大奖。三都镇所产西红花，质量上乘，是全国重要西红花产地之一。

境内水系发达，河网密布，水资源、水力资源较丰富，水资源总量18.58亿立方米，水能蕴藏量6.81万千瓦。水质极佳的淡水资源，又为大水面网箱养鱼奠定了基础，一度成为中国南方少数几个名贵冷水鱼养殖基地。

◎葛塘春色（王丽华 摄）

近年来，为了保护新安江水源，开展网箱养鱼清退工作，新安江城区上游水域实现网箱养鱼零养殖。

建德山川毓秀，境贯“两江一湖”(富春江、新安江、千岛湖)，旅游资源丰富，是国家首批公布的重点风景名胜区之一。新安江水电站的建成，使新安江城形成了冬暖夏凉的独特小气候，为江南难得的旅游休养胜地，2018 年获评中国首个“气候宜居城市”，也是全国首批获得“国家气候标志”的城市之一。

【气候】 建德市属中亚热带北缘季风气候区，气候温暖湿润，四季分明。以气温划分，春秋长，夏冬短，春夏秋冬四季平均天数分别为 65 天、120 天、65 天、115 天。年平均气温 16.7℃，年总积温平均 6115℃；有利于农作物栽培。年平均降水量 1600 毫米，年平均雨日 164 天；降水主要分布在 3—9 月，其间，汛期集中降水及台风影响，易造成洪涝灾害。年总日照时数 1757 小时，为杭州地区第二少区域，为浙江省偏少地区之一。年平均有霜期104天，无霜期 261 天；12 月至次年 1 月，一般会出现降雪。常年多东北风。(黄建生)

历史人文

【浙江人类源头——建德人】 建德有多处古人类活动遗址。20 世纪 30 年代以后，在市境大同、乾潭等地发现新石器时期遗址多处，经考古鉴定判断，均为新石器时期古人聚居点，从事渔猎、农业、畜牧等生产活动。

现建德市李家镇新桥村村后的山坡上，有一天然岩洞，深 7 米多、高 2 米多、宽 4 米多，当地人称之为“乌龟洞”。1974 年冬，当地农民在开展“夺煤大战”探查石煤的时候，发现该洞中有不知名的动物化石。中国科学院古脊椎动物与古人类研究所和浙江省博物馆，派出专家到该洞进行发掘考古，在岩洞里发现了大量的古生物化石，其中有一颗人类牙齿的化石，这是浙江省内第一次发现的远古人类犬齿化石。经科研院所以碳系法鉴测定，这枚人牙化石属于人类的右上犬齿，主人年龄约在 30 多岁，鉴定距今为 5 万多年历史。科学家们将其命名为“建德人”。1986 年，北京大学考古系年代测定实验室利用铀系法再次对该人牙进行测定，确定该人牙距今 10 万年左右，将其历史再往前推了 5 万年左右。

“建德人”的发现揭开了浙江省境内发现古人类化石的序幕，增加了智人化石在中国分布的新知识，为浙江的史前文化提供了有力的证据，为良渚文化、河姆渡文化、跨湖桥文化乃至反山文化找到了历史的先导，从而使建德成为迄今为止可考的浙江省人类活动的最早源头。2006 年 1 月，时任浙江省委书记习近平，在总结阐述“与时俱进的浙江精神”时，曾指出：远在数万年前，浙江大地就已经出现了“建德人”的足迹。

有学者认为，“建德人”就是浙江的原始民族——越族的祖先。1989 年，乌龟洞被列为浙江省省级文物保护单位，为研究浙江的远古文化提供了一个场地。

【与伍子胥有关的乡土文化】 伍子胥是春秋时期楚国人，因父兄被楚平王冤杀，避难出逃，辗转数国，最后投奔吴国。传说伍子胥在逃难经过“楚头吴尾”的建德境地时，在桐庐与建德交界的分水岭上拔剑起舞，仰天长歌，庆幸自己终于逃脱樊笼。并在一位长者的指引下，进入一个大山洞苦读天书三月；然后下山到位于一处大田畈的村中察访民情，随农夫耕作，最后离开这里投奔吴国。

虽经史学家考证，伍子胥逃难经过建德的可能性值得商榷(学者倾向于伍子胥到吴国后，曾从钱塘江下游上溯至今乾潭境内屯兵)，但如今，却在建德北部的乾潭一带，留下了大量与伍子胥相关的地方文化因子。伍子胥经过的地方的地名都带有一个“胥”字：他进入建德的高岭称“胥岭”，拔剑歌舞之处为“歌舞岭”，读天书的石洞为“胥岭洞”，胥岭洞旁建有英烈庙和胥乐亭，老农在尚未到午时吃饭时间就请他吃午饭，这个地方就称作“早午岭”；他学习农田工作的大田畈名“胥村”(又称“大畈村”)；从胥岭流下汇入七里泷的溪流叫“胥溪”；等等。

伍子胥于吴国有大功，却被逼冤死。人们痛恨害人的奸贼伯嚭，就将“伯嚭”作为坏人的代名词。建德本地人把为人不厚道、言过其实的人称为“白屁”(伯嚭),是十分明显的贬义词,这是建德特有的语言现象,从中可以看出建德人鲜明的好恶和正直的民风。如今,胥口和对岸的江南村已被定为“胥溪野渡”的景名,被开发成旅游景点,人们在胥口山坡上重建了英烈庙。

【入选小学教材的《宿建德江》】唐代大诗人孟浩然代表作之一《宿建德江》:移舟泊烟渚,日暮客愁新。野旷天低树,江清月近人。这首刻画秋江暮色、抒写羁旅之思的诗,脍炙人口,是唐人五绝中的写景名篇。写的正是建德境内的新安江—富春江衔接处(经有关专家考证推测,大致位于旧时建德县城外东面、今三都镇春江源村下二都一带)的两岸风景。这首诗被编入人民教育出版社小学语文教材,“建德”之名,因而被广泛流传。

【唐末诗人李频】李频,字德新,寿昌县李家乡长林源人,约生于唐宪宗元和十三年(818),卒于唐僖宗乾符三年(876)。他是唐末知名诗人之一,《全唐诗》载李诗208首。历代评李诗“清新警拔”“清逸精深”。

李频是唯一被收入唐代正史《新唐书》的建德人。李频有吏才,执法严,被荐举担任监察官员的侍御史和都官员外郎。但面对混乱的朝政,李频觉得在朝中难有作为,即主动要求外放,以便能在地方上干些实事。乾符二年(875)出任建州(即后世之建州府、建宁府,其州治在今福建建瓯市)刺史。到任后,他立即颁布法律条文,整顿吏治,稳定社会秩序,减轻人员负担,深受人民爱戴,次年病逝任上。建州百姓感激其恩情,在城东梨山建庙祭祀,以表崇敬和纪念。家乡为其修建之庙亦称梨岳庙,所建之亭名梨岳亭,皆由此而来。

【范仲淹与《严先生祠堂记》】以“先天下之忧而忧,后天下之乐而乐”治世理念名扬千古的宋代大文豪、杰出政治家、军事家范仲淹,于宋仁宗景祐元年(1034),在右司谏任上因反对仁宗废郭皇后,被贬任睦州知州。范仲淹到睦州后,兴办学校,除了官学以外,还对原有各类民间书院进行整顿、整合,对睦州官办书院——龙山书院进行完善;兴建纪念汉代先贤严子陵的严先生祠,并写下《严先生祠堂记》一文。该文和《岳阳楼记》被收进《古文观止》中,流传极广,文末的“云山苍苍,江水泱泱;先生之风,山高水长”成为千百年来脍炙人口的名句。

范仲淹守睦州不过半年(100天),却留下了深远的影响,他的执政理念、崇高品行,都为后人树立了典范。他的事迹被后人一再提起,为了纪念他,人们陆续建造过思范亭、思范堂、后乐堂、潇洒亭、潇洒楼、范公祠、思范坊等建筑。今有部分建筑恢复重建。

【陆游与严州刻书业】严州是宋代图书刊刻重要基地,严州刻本以“墨黑如漆,字大如钱,校雠精良”闻名于世,国家图书馆至今存留的28种严州刻本,均为国家级宝物。宋代伟大的爱国主义诗人陆游,一生留下9000多首诗,是中国古代传诗最多的诗人。宋孝宗淳熙十三年(1186),陆游出任严州知州。由于严州有良好的刻书条件,陆游在勤勉公务之余,对其作品进行严格筛选审定后,其中一部分694首刊刻成书,名《新刊剑南诗稿》;40年后,其幼子陆子遹来任严州知州,将所余部分377首加上新收集的1453首,合辑刊刻成书,名《剑南诗稿续编》。两书统称《剑南诗稿》(共2524首)。《剑南诗稿》刊刻行世,是中国文化史、文学史上有重大影响的事件,也为我国古代文化事业发展做出了贡献。

【章燮与《唐诗三百首》】《唐诗三百首》成书于清乾隆二十八年(1763)。体例完备,繁简得当,是一个较好的选本。由于缺乏必要的文字介绍,读者尤其是初学者颇感不便,影响了流传。道光十四年(1834),今建德大洋镇建南村人章燮对之详加注释,编撰了《唐诗三百首注疏》,并在日后多次被翻印,仅浙江省就印行多次,深受读者欢迎,使《唐诗三百首》得到广泛流传,成为家喻户晓的普及读本,以致有“熟读唐诗三百首,不会吟诗也会凑”的民谚出现。

【蒲松龄《聊斋志异》首个刻本】清康熙十九年

(1680)蒲松龄《聊斋志异》创作完成后,由于文笔之美、构思之妙,深受时人欢迎,文坛领袖王士禛也为之写诗赞誉,但因蒲松龄经济穷困无力将其付梓,直至康熙五十四年(1715)去世,都未能刊刻成书发行于世。因此民间手抄本大行其道。乾隆三十年(1765)其山东老乡、严州知府赵起杲捐出俸禄并发动亲友筹资,刊刻《聊斋志异》,前12卷刻成时,赵起皋突然病故;其亲友继承其遗志,通力协作,将其余4卷刻成,形成16卷的完整刻本。此为《聊斋志异》第一个刻版,该书因此广为流传并成为我国伟大的文学成就之一。因严州府衙后官员休憩的小院中有一亭子,名"青柯亭",故称该版本为"青柯亭本",日本学术界称《聊斋志异》学术研究为"青学",视与研究《红楼梦》的"红学"比肩。

【浙江名酒严东关五加皮酒】严州名山乌龙山多泉水,甘甜清冽,适宜酿酒。故严州自唐宋以来一直是著名酒乡。清同治年间(1862—1874)徽商朱仰懋在严州城外严东关,开设以五加皮等十余种药材为原料的严州传统酒。经博采众家之长,对酿酒工艺进行提升改造,所产五加皮酒酒色橙红亮透,酒味甘醇,落杯有"酒脂"黏碗(也称"挂杯"),有活血、祛风湿、强筋壮骨功效。"致中和"招牌为引用《中庸》"致中和,天地位焉,万物育焉"而来,文化内涵丰富。此酒一经推出,即大受欢迎,并迅速远销至广东和东南亚各国。光绪二年(1876)在新加坡南洋商品赛会获金质奖章,1915年在旧金山巴拿马太平洋万国博览会获银质奖章。从此,严东关"致中和五加皮酒"从严州走向世界,成为与绍兴老酒(黄酒)齐名的两大浙江名酒之一。(黄建生)

行政区划与人口

【村、社区、居民区】2018年末,全市辖3个街道、12个镇、1个乡,229个村、27个社区、15个居民区。

【全市人口】2018年末,全市总户数174154户,比上年增加1706户;总人口511184人,增加351人,增长0.07%;平均每户3人。全年出生人口5445人(比上年减少817人),出生率10.66‰,下降1.6个千分点。全市死亡人口3877人(比上年增加112人),死亡率7.59‰,提高0.22个千分点。人口自然增长1568人,自然增长率3.07‰,下降1.82个千分点。

【人口性别结构】总人口中,男性259197人,占总人口的50.71%;女性251987人,占49.29%。性别比为(女=100)102.86,比上年下降0.14。

【年龄分布】全市15岁以下(含未满16周岁)64722人,比上年末增加1465人,增长2.32%;16岁~59岁(含未满60周岁)323179人,减少5487人,下降1.67%;60周岁及以上123283人,增加4373人,增长3.68%;65周岁以上83897人,增加4112人,增长5.15%。

【人口迁移】2018年,全市迁移人口5647人。其中,迁入人口2247人(其中省外迁入1601人),比上年增加121人,增长5.7%;迁出人口3400人(其中迁往省外468人),比上年增加105人,增长3.2%。

【人口分布】新安江、洋溪、更楼3个街道总人口119379人,占总人口的23.35%,比上年增长0.18个百分点。西部地区(指寿昌镇及以西乡镇,包括寿昌镇、大慈岩镇、航头镇、大同镇、李家镇)总人口178292人,占总人口的34.88%,比上年减少0.09个百分点。东部地区(指莲花镇、下涯镇、杨村桥镇、梅城镇、大洋镇、三都镇、乾潭镇、钦堂乡)总人口213513人,占总人口的41.77%,比上年减少0.09个百分点。(陈丽云)

表 1　　2018 年建德市建制村、社区、居民区一览表

乡镇（街道）名	建制村	社区	居民区
新安江街道	新蓬、黄泥墩、梅坪、丰产	罗桐、沧滩、府西、新安、府东、健安、明珠、叶家、白沙、溪头、岭后	–
更楼街道	洪宅、邓家、桥岭、石岭、于合、许乐、岩源、后塘、湖岑畈、骆村、新市、黄畲、甘溪、张家	更楼、更化	邓家
洋溪街道	友谊、团结	洋溪、洋安、青龙头、朱池	–
梅城镇	龙泉、城西、龙溪、滨江、利群、洋程、望山、姜山、南峰、伊村、西湖、葛家、顾家	东湖、宝华洲、总府、严陵、梅花	–
寿昌镇	十八桥、卜家蓬、红路、余洪、周村、西华、童家、绿荷塘、桂花、山峰、陈家、金桥、大塘边、永嘉桥、南浦、西门、乌石、东门、城北、城中、河南里、石泉、三岩	横山、西湖、东昌、望江	–
大同镇	高桥、胡村源、淞溪、富塘、清潭、城山、儒博、小溪源、禹甸、葛岭、寻芳、潘村、黄垄、黄山头、黄家、田畈、管村桥、永平、永盛、徐韩、大同、溪口、盘山、镇源、朝阳、万兴、上马、郎家、三村、劳村、枫树岭、丰畈、江头、竹源	–	上马、劳村、大同
乾潭镇	姚村、沛市、安仁、下梓、前陵、王岩、梓洲、牌楼、下包、邵家、罗村、胥江、骑龙、方家、后山、施家、仇村、新程、万龙、大畈、乾潭、乾一、陵上、幸福	马鞍岭	–
三都镇	寿峰、洋峨、绿源、前源、圣江、樟村畈、新和、和村、镇头、梓里、乌祥、凤凰、大唐、东方、马宅、三江口、松口、春江源、三都	–	三都
杨村桥镇	梓源、杨村桥、龙溪桥、上山、岭源、长宁、龙源、绪塘、官路、十里埠、徐坑、路边、黄盛	–	杨村桥
下涯镇	大洲、金洲、春秋、下涯、乌驹市、之江、江湾、联和、马目、丰和、施家埠	–	下涯
大慈岩镇	新叶、李村、汪山、三元、檀村、大慈岩、上吴方、双泉、狮山、陈店、里叶、吴山	–	檀村
航头镇	东村、航景、黄木岗、溪沿、航川、航头、乌龙、千源、田畈村、彭家、罗源、曹源、南屏、灵栖、石屏、珏塘、石木岭、大店口	–	航头
大洋镇	河源、三河、倪家、江东、建南、麻车、柳村、青源、上源、新源、大洋、高垣、里黄、徐店、胡店、庆丰、鲁塘、贺宅、杨桥	–	三河、麻车、大洋
莲花镇	莲花、戴家、昴畈、林茶、齐平、徐家	–	莲花
李家镇	李家、龙桥、沙墩头、新桥、诸家、三溪、白马、石鼓、长林、新联	–	李家
钦堂乡	大溪边、蒲田、钦堂、谢田、庄丰、庙前、葛塘村	–	钦堂
合计	229 个	27 个	15 个

（市民政局）

国民经济和社会发展概况

【地区生产总值】2018 年，全市实现地区生产总值(GDP)367.90 亿元，同比(下同)增长 7.6%。其中：第一产业增加值 33.65 亿元，增长 2.2%；第二产业增加值 165.50 亿元，增长 5.3%；第三产业增加值 168.75 亿元，增长 12.1%。三次产业结构为 9.1:45.0:45.9。按年末户籍人口计算的人均生产总值为 71995 元。

【财政收入】全市财政总收入50.46亿元，增长18.1%；其中地方财政一般预算收入28.27亿元，增长15.9%。在税收收入中，增值税12.62亿元，增长14.1%；企业所得税4.38亿元，增长26.3%；个人所得税1.78亿元，增长50.7%。全年地方财政支出47.71亿元，增长6.1%。

【规模以上工业增加值】全市规模以上工业企业362家，实现工业总产值449.34亿元，增长11.7%；规模以上工业销售产值444.37亿元，增长11.5%；规模以上工业增加值96.11亿元，增长7.6%。规模以上工业实现新产品产值174.69亿元，增长13.3%，新产品产值率37.9%。规模以上高新技术产业增加值34.15亿元，增长16.9%；战略性新兴产业增加值20.32亿元，增长17.2%。

【农林牧渔业增加值】全市农林牧渔业总产值53.12亿元，比上年减少3.6%。农林牧渔业增加值34.29亿元，增长2.5%。其中，农业增加值24.27亿元，林业增加值2.73亿元，牧业增加值5.25亿元，渔业增加值1.39亿元，其增幅分别为4.7%、9.8%、-8.1%、-1.7%。

【对外贸易大幅增长】2018年，全市外贸进出总额70.74亿元(10.74亿美元)。其中出口154个国家和地区的自营出口总额64.64亿元(9.81亿美元)，比上年增长25.6%，“一带一路”效应显现，亚洲非洲市场份额不断扩大。其中北美市场21.86亿元，占33.83%；欧洲市场16.60亿元，占25.68%；亚洲市场14.70亿元，占22.73%；拉丁美洲市场5.07亿元，占7.85%；非洲市场4.19亿元，占6.49%。出口额最大的3类商品为：纺织品8.51亿元，除草剂6.79亿元，电缆线5.13亿元。

【教育事业】全市幼儿园40所、小学29所、中学25所，在园幼儿12595人、在校小学生21655人、中学生18929人（其中初中10142人、高中7381人、高职1406人）。全市专任教师4237人(其中幼儿园973人、小学1296人、初中1081人、高中751人、高职105人、教师进修学校和电大22人、特殊教育学校9人)。

【科技事业】预计全年R&D（科学研究和试验发展)经费5.8亿元，比上年下降22.2%，与地区生产总值(GDP)比重为1.58%。实施各类科技计划410项，其中省级102项。至年末，全市被认定的高新企业163家，其中国家级49家；杭州市级以上高新技术企业研发中心90个，其中省级以上39个。全年发明专利申请178件，发明专利授权53件。

【文化体育事业】市图书馆总藏书73.6万册(件)，书刊外借43.0万册次。有县级以上文物保护单位91处(群)，其中国家级3处(群)。有线电视用户14.1万户，有线电视信号100%数字化。《今日建德》内部出版249期，发行2.0万份。全市健身苑点662个，当年新建12个。体育设施达到省级标准的建制村229个。全市体育场馆1个。举办各类群众性体育比赛159场，参赛运动员2.68万人次。全年获得杭州市级以上各类奖牌总数743枚，其中金牌284枚。

【社会保障】年末，全市参加养老保险人数32.87万人，参加基本医疗保险人数45.52万人。城镇登记失业人数1054人，城镇登记失业率2.33%。养老机构37所，年末供养人数1796人。全市最低生活保障1.22万人，其中城镇790人、农村11423人，城镇居民和农民最低生活保障线标准均为764元/人·月。住房公积金缴存职工4.24万人，公积金归集额62.69亿元。

【城镇居民人均生活水平】2018年城镇居民人均可支配收入49026元，比上年增长8.8%。其中：工资性收入20507元(增长8.9%)，占其可支配收入所41.8%；经营性净收入3005元(增长18.7%)，财产性净收入6155元(增长17.6%)，转移净收入占19359元(增长4.8%)。城镇居民人均消费支出为36958元(增长5.6%)。其中，食品消费人均支出9406元(下降6.7%)，恩格尔系数25.5%；衣着人均支出1687元(下降28.1%)，居住人均支出6242元

表 2

2018 年建德市国民经济主要指标一览表

指标		单位	2018 年	
			总量	增长±%
人口	年末户籍人口数	万人	51.12	0.1
	年均户籍人口数	万人	51.10	0.2
	年末常住人口数	万人	44.60	0.2
综合	生产总值（GDP）	亿元	367.90	7.6
	其中：第一产业	亿元	33.65	2.2
	第二产业	亿元	165.50	5.3
	第三产业	亿元	168.75	12.1
	人均生产总值（GDP/年均户籍人口）	元	71995	7.4
农业	农业总产值	万元	531170	1.9
	农业增加值	万元	342895	2.5
工业	工业总产值	万元	6507675	5.2
	其中：规模以上	万元	4493378	11.7
	其中：新产品产值	万元	1746941	13.3
	工业销售产值	万元	6429380	5.9
	其中：规模以上	万元	4443687	11.5
	其中：高新技术产业	万元	1689751	18.6
	水产业	万元	398133	19.4
	高铁新区（高新园）	万元	1930798	27.0
	规模工业企业家数(±%为绝对额）	家	362	8
	规模工业利税	万元	599450	44.4
	自营出口额	万美元	98107	25.9
财政	财政总收入	万元	504570	18.1
	其中：地方财政收入	万元	282707	15.9
	地方财政支出	万元	477113	6.1
金融	金融机构存款余额	亿元	447.42	10.5
	其中：储蓄存款	亿元	263.43	11.3
	金融机构贷款余额	亿元	374.90	19.7
固定资产投资、房地产	固定资产投资	万元	1734618	18.6
	其中：工业投资	万元	528167	17.1
	交通运输业投资	万元	172667	0.6
	生态环境和公共设施投资	万元	375576	10.3
	高新技术产业投资	万元	228666	26.7

续表 2

指标		单位	2018 年	
			总量	增长±%
固定资产投资、房地产	民间投资	万元	1021534	54.1
	房地产投资	万元	416467	155.6
	房地产开发住宅施工面积	万平方米	189.45	44.0
	房地产开发住宅竣工面积	万平方米	6.90	-69.5
	商品房销售面积	万平方米	58.51	9.9
	商品房销售额	万元	690505	39.8
商贸	社会消费品零售额	万元	1393653	10.2
	其中：餐费收入	万元	278503	11.3
	商品零售额	万元	1115150	9.9
居民收入	城镇居民人均可支配收入	元	49026	8.8
	农村居民人均可支配收入	元	26302	9.6
	低收入农户人均纯收入	元	12053	14.0
社会用电	全社会用电量	万千瓦时	345288	15.6
	其中：第一产业	万千瓦时	2195	11.9
	第二产业	万千瓦时	274680	14.8
	其中：工业	万千瓦时	268811	14.9
	第三产业	万千瓦时	31645	24.3
	城乡居民用电	万千瓦时	36768	14.5

说明：GDP 及第一、二、三产业增加值为 2018 年快报数，最终以经济普查核算结果为准 （舒梁）

(下降 26.2%)，生活用品及服务人均支出 3959 元(增长 93.4%)，交通通信人均支出 4271 元（增长 42.6%），教育文化娱乐服务人均支出 2647 元(下降 34.6%)，医疗保健人均支出 8081 元（增长 112.7%)，其他用品和服务人均支出 665 元(下降 45.9%)。

【农村居民人均生活水平】 2018 年农村居民人均可支配收入 26302 元(比上年增长 9.6%)，其中：从各类企业、集体组织和其他单位得到的劳动报酬人均收入 16360 元(增长 11.1%)，占其可支配收入 62.2%；家庭经营性净收入 6622 元(增长 7.9%)，财产性净收入 210 元（增长 14.1%)，转移性净收入 3110 元(增长 5.5%)。农村居民人均生活消费支出 16216 元(增长 9.6%)，其中，食品消费人均支出 4993 元(下降 0.2%)，恩格尔系数 30.8%；衣着消费人均支出 762 元（增长 14.9%)，居住人均支出 4006 元（增长 5.5%)，生活用品及服务人均支出 860 元(增长 14.2%)，交通通信人均支出 2423 元(增长 37.4%)，教育文化娱乐服务消费人均支出 1587 元(下降 1.6%)，医疗保健人均支出 1384 元(增长 31.3%)，其他用品和服务消费人均支出 201 元(增长 40.6%)。(陈丽云)

气象

【概况】 2018 年，市境气温偏高；降水和雨日偏多；

日照偏少;无霜期偏长。主要表现有:冬季低温雨雪冰冻天气较多、春季强对流天气多发、梅汛期降水量明显偏少、夏季连续晴热高温、秋冬季节阴雨寡照时间长。

【气温比常年偏高】2018年平均气温17.8℃，比常年偏高0.9℃(编者注：历年各月平均值均为1981—2000年30年平均资料)；比上年偏低0.2℃。除冬季(1—2月)平均气温5.4℃,比常年(5.9℃)偏低0.5℃外,其余季节都比常年偏高。全年日最低气温≤0℃的冰冻天数为27天，比常年(23.9天)多3.1天;全年日最高气温≥35℃的高温天数为52天,比常年(37.5天)偏多14.5天。年极端最高气温38.7℃,出现在7月30日;极端最低气温-5.1℃,出现在2月6日。终霜日为2月14日,比常年(3月6日)早20天,比上年早17天;初霜日为12月9日,比常年(11月24日)晚15天,与上年一样;全年无霜期为320天,比常年(263天)多57天。据全市区域自动气象观测站网资料显示,各地年平均气温差异较大,年平均气温最高为寿昌镇寿昌测站的17.9℃,最低为乾潭镇大珠测站的12.2℃。

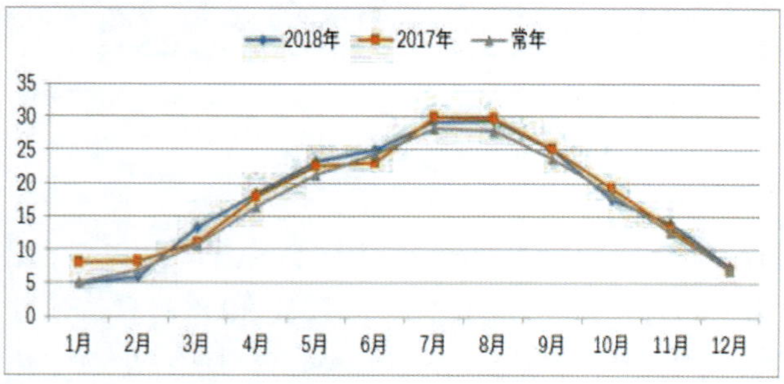

图1 2018年各月平均气温与上年和常年的比较图(单位:℃)

【降水量和雨日偏多】2018年年降水量为1613.2毫米,比常年偏多32.8毫米,偏多2.1%,比上年偏多120.1毫米,偏多8.0%;雨日172天,比常年偏多12.4天,与上年偏多24天。全市雨量空间、时间分布不均，年降水量最多为李家镇测站的1845.3毫米，最少为更楼街道更楼测站的1072.8毫米;1月、4月、5月、7月、11月、12月比常年偏多，其余月份均比常年偏少。

全年暴雨(日降雨量≥50毫米)日数3天,最大日降雨量86.1毫米,出现在7月27日。

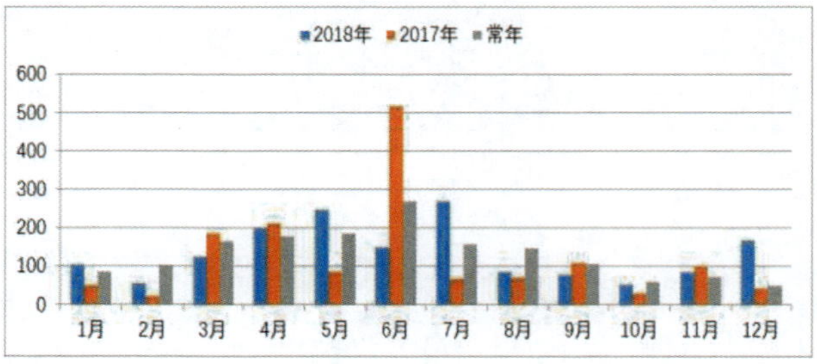

图2 2018年各月雨量与上年和常年的比较图(单位:毫米)

市境6月20日入梅,7月9日出梅,梅雨期19天,比常年少5天。梅雨量261.4毫米,比常年偏少71.3毫米。梅雨不典型,梅中有伏,入梅后持续阴雨时间较短,6月25—28日市境连续4天出现最高气温超过35℃的晴热高温天气。梅雨分布不均,局地性短时强降水、雷雨大风等强对流天气多发。梅汛期间共出现四次较明显降雨过程。入汛日至7月8日8时,全市面雨量175.5毫米,有14个测站降雨量≥200毫米，最大为乾潭镇大珠测站262.8毫米,建德国家气象观测站261.4毫米,比历年平均梅雨量（332.7毫米）偏少71.3毫米，偏少21.4%。由于梅雨期时间偏短,降雨偏少,降雨强度不强,全市没有出现明显灾情。

【日照偏少】全年日照时数1654.1小时,比常年偏少116.8小时,偏少6.6%,比上年偏少110.7小时。日照时数比常年偏多的月份有2月、3月、4月、6月、10月,其余各月份日照时数均比常年偏少。

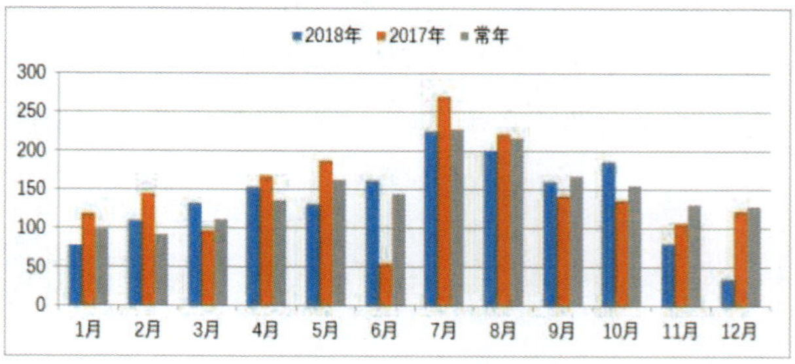

图3 2018年各月日照与常年及上年的比较图(单位:小时)

【低温雨雪冰冻天气】1月24—31日,市境出现持续低温雨雪冰冻天气，其中25—26日有中到大雪，部分山区大雪到暴雪,26日夜里间至28日上午为小到中等雨或雨夹雪;30 日夜间至 31 日白天为中到大雪。其中,26 日、31 日积雪明显,积雪深度一般集中在 1~3 厘米之间,高山区 4 厘米以上,最大雪深数据为大同镇江头村 8 厘米。此次长时间低温雨雪冰冻天气,对交通、电力、农业等造成较大不利影响。

12 月出现两次降雪天气过程,8 日中午至 9 日上午,积雪深度高山区村庄达 10 厘米,乾潭镇、钦堂乡、三都镇、杨村桥镇在 5 厘米左右,大洋镇、莲花镇、梅城镇在 3~4 厘米,其他乡镇在 1~2 厘米。30 至 31 日上午,全市积雪深度在 1~3 厘米,山区 4~6 厘米。两次降雪天气过程造成部分设施大棚倒塌和道路封闭,未造成其他明显灾害。

【强对流天气】受冷暖空气交汇影响,3 月 4 日傍晚到夜间市境出现强对流天气。全市超过半数的自动站极大风速达到 8~10 级,平均面雨量 37.1 毫米,李家、大同、航头、大慈岩等地雨量超过 50 毫米。市境普遍出现较强雷电,各乡镇均出现不同程度的灾情,主要包括屋顶瓦片被吹落、设施大棚被吹毁变形、树木被吹倒等,未发生人员伤亡。

【初春低温霜冻】受冷空气影响,4 月 8 日新安江最低气温降至 3.5℃,山区在 0℃附近及以下,出现晚霜冻,对春茶生产造成焦叶、减产等不利影响。

【暴雨天气】受低层涡切系统东移影响,4 月 22—23 日市境普降大到暴雨,全市平均面雨量 66.7 毫米,雨量最大出现在大同黄垄村测站为 102.3 毫米。4 月 29—30 日市境南部李家镇、航头镇、大同镇等乡镇普降暴雨到大暴雨,有 9 个测站雨量超过 100 毫米,最大出现在大同茶坪测站为 142.8 毫米。全市平均面雨量 48.1 毫米。

【晴热高温】受副热带高压控制,7 月 9 日出梅后市境以晴热高温天气为主。7 月高温天数(≥35℃)21 天,其中 14—20 日及 23—31 日出现连续高温天气。8 月日高温天数 15 天,其中 4—11 日出现连续高温天气。高温持续时间较长,对农业、供电及市民的生产生活等带来一定不利影响。(赵建光)

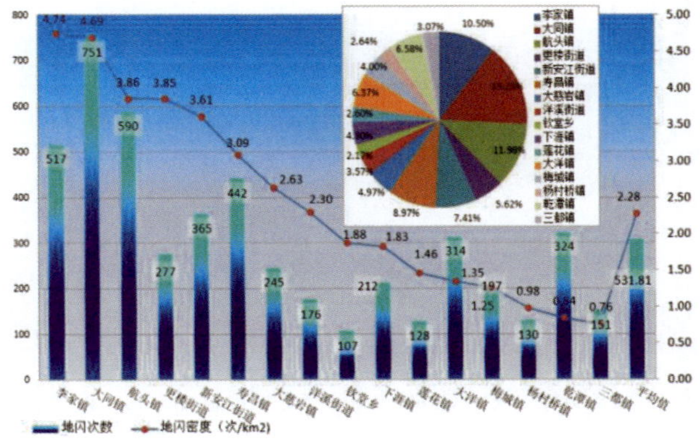

图 4 2018 年建德市各乡镇(街道)地闪统计图

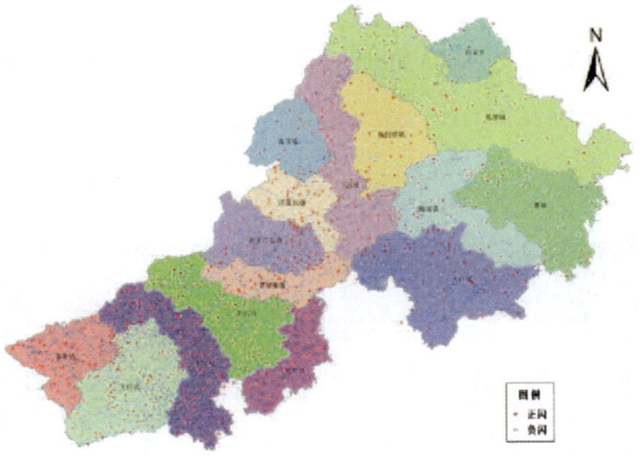

图 5 2018 年建德市各乡镇(街道)地闪空间分布图

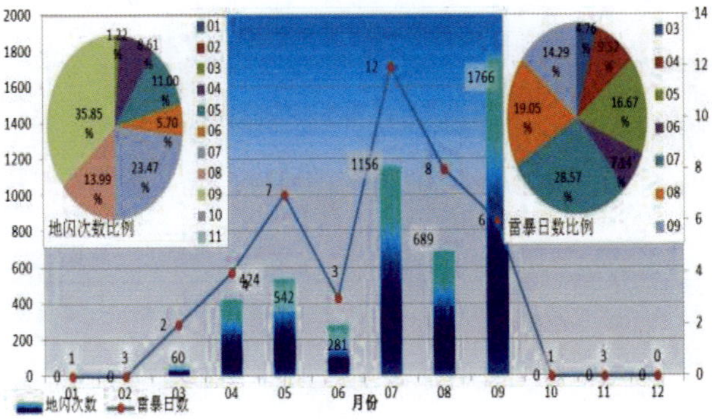

图 6 2018 年建德市地闪、雷暴日数月分布图

农业 农村

Agriculture & Countryside

综 述

【概况】2018年，建德市认真贯彻中央、省、杭州市关于“三农”工作的系列决策部署，围绕乡村振兴主线，开展美丽建德建设、全省美丽乡村示范市创建等主题工作，深化改革，攻坚克难、开拓创新，“三农”工作取得新成效，成功入选全省第一批农业绿色发展先进县。全市实现农业总产值53.12亿元（比上年减少3.6%）、农业增加值34.29亿元（减少2.8%），农村居民人均可支配收入26302元，增长9.6%。其中，低收入农户人均收入12053元，增长14%。

【特色产业提升】全年实施航头镇生态养殖项目等重大农业项目9个，完成投资1.78亿元。优势特色产业实现产值33.6亿元，对农业总产值的贡献率达到63.3%，建德市农业特色产业优势继续得到巩固。

表3 2018年建德市重大农业产业项目情况表

项目名称	地址	年度建设内容	投资额（万元）
航头镇生态养殖项目	航头镇	完成场地平整，建设保育舍及肥猪舍1.8万平方米，购置自动喂料系统及设备；拓宽、硬化并绿化厂区道路3140米；建设异位发酵间8700平方米，购置洗栏水净化设备	5100
米粒牧场农业开发建设项目	大洋镇	种植油菜花、水稻，建设管理用房和厂房，进行高山养生民宿设计	1000
三都镇新和村油茶、中药材综合种植基地	三都镇	新建油茶、中药材34.3公顷。新建蓄水池8座，基础用房1714平方米，喷滴灌20公顷。新建水渠3000米，电力基础设施3000米；道路改造3000米	1000
年产200万株草莓抗性种苗原种新建项目	杨村桥镇	建成1600平方米草莓抗性种苗原种繁育室,含检测实验室、草莓脱毒接种室、恒温培养室、炼苗室、智慧物联网总控室等功能	1100
建德草莓研究院建设项目	杨村桥镇	完成高架无土栽培草莓示范基地的示范和展示建设：实验室、技术支持平台建设，实验室土壤分析仪、小型气象室、组培育苗技术等相关检验检测仪器设备采购，草莓新品种、新设施、新装备、新技术展示	662
星空绿谷小镇开发项目	大洋镇	馒头山平整及林区道路、兰江码头、水上乐园建设，完成新建水库部分工程	6000
建德市“惠农创客”中心建设项目	新安江街道	配齐水电光纤等相关设施，购置办公、科研、展览、培训、防灾防火等配套设备。完成惠农创客中心装修改造提升，引进农业企业入驻	1300
草莓小镇广场、停车场和玻璃温室建设	杨村桥镇	完成草莓小镇广场、停车场，基础平整、景观绿化、道路、桥梁装修、给排水、照明、公共厕所、交通标志等工程以及建设5184平方米玻璃温室	1034
番茄精品种植项目	杨村桥镇绪塘村	完成2万平方米精品番茄生产基地建设	653

【农民经营主体培育】2018 年，全市新增杭州宏盛农业设施有限公司等杭州市级农业龙头企业 3 家，认定建德市新力家庭农场有限公司等建德市级农业龙头企业 99 家。进一步规范农民专业合作社建设，认定建德市航头草莓专业合作社等建德市规范化以上农民专业合作社 100 家；新增建德市湾湾家庭农场等省级示范性家庭农场 7 家，认定建德市忆家家庭农场有限公司等建德市级示范家庭农场 79 家。

【农业品牌建设】2018 年，全市有杭州茶人茶业有限公司“礼和源”牌龙井茶等 40 个品牌产品获得杭州市级以上荣誉。其中，“建德苞茶”牌建德苞茶对建德市获得“2018 年中国茶叶品牌影响力全国十强县(市)”荣誉发挥重要作用。

至年末，全市共计 3 个商标(“怡可”“致中和”“根发”) 在境外注册地累计达到 49 个国家和地区。共有(累计)中国名牌产品 1 个(农夫山泉)、中国驰名商标 6 个(“致中和”“秋梅”“农夫山泉”“千岛银珍”“怡可”“谷王”)、中华老字号 1 个(致中和五加皮酒)、国家地理标志保护产品 4 个(“建德苞茶”“致中和五加皮酒”“里叶白莲”“怡可牌龙井茶”)、国家农产品地理标志保护产品 4 个(“建德草莓”“千岛银珍”“建德西红花”“里叶白莲”)、全国名优果品区域公用品牌 1 个(建德草莓)、浙江省知名商号 3 个 (“致中和”“农夫山泉”“怡可”)、浙江名牌产品 4 个、浙江著名商标 14 个；杭州市名牌产品 4 个、著名商标 31 个。

表 4　**2018 年建德市农民经营主体培育情况表**

农民经营主体等级	经营主体名称
杭州市级农业龙头企业（3 家）	杭州宏盛农业设施有限公司、建德市大同镇鸿业家庭农场有限公司、浙江佳森农牧有限公司
省级示范性家庭农场（7 家）	建德市大洋镇国华生态家庭农场、建德市湾湾家庭农场、建德市李家镇发根家庭农场、建德市伟农家庭农场有限公司、建德市方建清家庭农场有限公司、建德市梅城镇睿农家庭农场、建德市欣斌家庭农场

表 5　**2018 年建德市新培育 3 家杭州市级农业龙头企业情况表**

企业名称	企业地址	企业产品	企业品牌
杭州宏盛农业设施有限公司	航头镇	设计、生产、安装、维护温室大棚	—
建德市大同镇鸿业家庭农场有限公司	大同镇	蛋鸡	注册商标：皇凯
浙江佳森农牧有限公司	大慈岩镇	生猪	注册商标：佳森

表 6

2018 年建德市农产品获奖情况表

企业名称	产品/商标	类别
杭州茶人茶业有限公司	“礼和源”牌龙井茶	杭州名牌产品
浙江久晟油茶科技股份有限公司	“千岛源”牌油茶籽油	
建德苞茶农业开发有限公司	“建德苞茶”牌建德苞茶	2018 年中国茶叶品牌影响力全国十强县(市)
浙江秋梅食品有限公司	“秋梅”牌倒笃菜	2018 年浙江农业博览会金奖
建德市胥江春农产品有限公司	“胥江春”牌莲子酒	
建德市苞茶农业开发有限公司	“建德苞茶”牌建德苞茶	
浙江省里叶白莲开发有限公司	“里叶”牌里叶白莲	
建德市红腾生物工程有限公司	“酵艳”牌酵素	
建德市忠义粮食加工厂	“忠心义”牌“稻花香”米	
建德市三都西红花专业合作社	“根发”牌藏红花	
浙江秋梅食品有限公司	“秋梅”牌霉干菜	2018 年浙江农业博览会优质奖
杭州千里岗农产品有限公司	“千里岗”牌白茶	
杭州小香生态农业科技有限公司	“林小香”牌铁皮石斛	
浙江久晟油茶科技股份有限公司	“千岛源”牌油茶籽油	第 11 届中国义乌国际森林产品博览会优质奖
杭州大库湾生态农业有限公司	“大库湾”牌香榧	
杭州依云生态农业有限公司	“八亩良田”牌山核桃	
杭州艾利斯玫瑰科技有限公司	玫瑰花系列产品	
浙江省建德市里叶白莲开发有限公司	“里叶白莲”牌通心白莲	
建德市红姬草莓专业合作社	京桃香品种草莓	第 16 届中国草莓文化节金奖
建德市新安江街道建伟家庭农场	红玉品种草莓	
建德市新安江街道建伟家庭农场	越心品种草莓	
建德市杨村桥草莓观光休闲种植园	红玉品种草莓	
建德市航头镇童氏家庭农场	越心品种草莓	第 16 届中国草莓文化节金奖
建德市老吕草莓专业合作社	越心品种草莓	
建德市红姬草莓专业合作社	章姬品种草莓	第 16 届中国草莓文化节优质奖
建德市红姬草莓专业合作社	红颜品种草莓	
建德市杨村桥草莓观光休闲种植园	章姬品种草莓	
建德市航头草莓专业合作社	章姬品种草莓	
建德市小芹草莓专业合作社	红玉品种草莓	
建德市锦坤果蔬专业合作社	红颜品种草莓	
建德市锦坤果蔬专业合作社	白雪公主品种草莓	
建德市锦坤果蔬专业合作社	越心品种草莓	
建德市老吕草莓专业合作社	宁玉品种草莓	
建德市老吕草莓专业合作社	红玉品种草莓	
建德市老吕草莓专业合作社	宁丰品种草莓	
浙江瑞德农业科技有限公司	“瑞德”牌火龙果	浙江省精品果蔬展销会金奖
浙江瑞德农业科技有限公司	“瑞德”牌葡萄	浙江省精品果蔬展销会优质奖
建德市三都镇黄泥山家庭农场	“茅山红芯”牌蜜梨	
建德市富源农业信息技术有限公司	“春江峰情”牌土蜂蜜	浙江省土蜂蜜十大名品

新农村建设

【“美丽乡村”建设】完成2017年度“美丽乡村”共67个创建村验收工作。完成2018年度“美丽乡村”47个创建村，通过规划评审并下达建设计划，全部开工建设。启动11个精品村建设，全面完成2018年年度建设任务。

【“杭派民居”示范村】完成大慈岩镇新叶村和莲花镇戴家村“杭派民居”建设(2017—2018)，顺利通过杭州市农办验收。

【历史文化村落保护】完成1个杭州市重点保护利用村项目(寿昌镇乌石村)及8个省一般保护村项目(大慈岩镇大慈岩村、狮山村、里叶村、航头镇珏塘村等)建设，通过杭州市级验收。

【“清洁乡村”长效治理】出台《建德市农村人居环境卫生长效管理工作考核办法》，将垃圾分类、美丽田园纳入其中。全年开展农村人居环境卫生检查11次，共检查489个村，发现并整改问题点位533个；全市农村生活垃圾分类工作全面开展，荣获“浙江省2018年度农村生活垃圾分类处理工作优胜县”称号，当年新增有机垃圾资源化处理站1座、垃圾分类村集中投放点484个，可移动大垃圾桶5976只，户用分类垃圾桶33612只，镇级垃圾分类清运车辆60辆，旧衣物回收箱41只，总投资2400万元。

【村庄生态修复工程】2018年村庄生态修复项目总共71个村全部完成，并通过杭州市农办验收，实现全市229个村生态修复全覆盖。

【精品线路建设】完成乾潭镇大畈村—罗村村精品线、钦堂蒲田村—葛塘村精品线，并通过杭州市农办验收。大同镇富塘村风情小镇建设完成2018年度建设任务。

【农村“厕所革命”】制定项目清单，做到定点定位整治。到2018年10月底前，完成改造472座，其中对标改造459座，补缺改造13座。

区市协作

2018年，杭州市萧山区、江干区、杭州经济技术开发区继续实施对建德市的协作项目，支持建德发展，全年实施区市协作项目27个，其中市级协作项目11个、镇街结对项目16个，全年到位协作资金1.0亿元。

其中，市委党校新校区扩建工程完成室内装修及室外景观工程，建德千岛湖通用机场停机坪及机库扩建工程完成停机坪、停机库及配套设施建设，三都镇“桔香映柳”精品示范线建设工程完成松口大桥—下钱村沿线沿江景观建设，三都镇桔园提升改造项目完成柑橘品种改良、橘园增施有机肥、钢架大棚等，购建高新园孵化器厂房及办公楼用于扶持薄弱村集体经济发展。16个镇街结对项目涉及民生服务、基础设施、教育提升等各方面。

2010—2018年，三个区与建德市共签约产业项目32个，包括中策橡胶改建项目、致中和酒厂联合包装车间厂房及办公楼建设项目、新安集团白南山生产基地整体技术提升改造搬迁项目等。项目累计完成总投资65.4亿元(本年度完成投资10.4亿元)。在萧山举办建德投资环境推介会，10余家规上企业协议落户建德。

2018年，建德市在杭州市乡村振兴战略实绩考核中名列第三。

扶贫开发

2018年，以低收入农户增收和消除集体经济相对薄弱村为重点，开展新一轮低收入农户帮扶工作，抓好“联乡结村”、低收入农户收入增收、异地搬迁、扶贫领域作风问题专项治理等。全市实施杭州市“联乡结村”帮扶项目113个，到位联结资金3138万元。全年实施扶贫重点村农村清洁能源(光伏发电)扶贫项目11个(新联村、朝阳村、狮山村、永嘉桥村、山峰村、邓家村、洪宅村、丰和村、柳村村、寿峰村、姚村村);组织低收入农户260户、273人参与来料加工，全年发放低收入户加工费227.6万元,人均增收8337元,全市低收入农户人均可支配收入达到12053元,比上年增长14%。同时，结合新一轮农村住房改造和农村土地综合整治，全面完成异地搬迁工程扫尾工作，安置农户1771户、5381人。初步制定《建德市低收入农户高水平全面小康行动计划(2018—2022年)》,扎实开展扶贫领域等专项治理工作。

农村经营管理

【农村集体资产管理】年内,市政府相继出台《关于切实抓好防范农村基层侵害群众利益机制不健全问题整改落实工作的通知》《关于全面推行村级小微权力清单制度的实施意见》《关于推进清廉乡村建设的实施意见》,推行实施村级小微权力清单制度，共梳理小微权力清单45项，负面清单20项。重新开发建德市农村集体“三资”公开平台系统,实行村级流水账按月公开制度,加强村级财务

表7　2018年度第四区市协作组市级区市协作项目和资金计划情况表

实施单位	项目名称	项目内容	计划投资（万元）	年度投资（万元）	协作资金（万元）
三都镇	三都镇桔香映柳精品示范线建设工程	续建。松口大桥——下钱村沿江景观建设，总长度约为4.6千米	4500	4500	1000
	三都镇橘园提升改造项目	柑橘品种改良、橘园增施有机肥、连栋钢架大棚等	800	800	600
李家镇	农产品交易及中草药批发综合体建设项目	建设五层综合体，总建筑面积4000平方米，包括农产品交易市场、中药材交易、陈列馆及办公场所	600	600	300
建德市乡村振兴投资责任有限公司	建德果蔬乐园“双创”中心	租致中和厂区厂房建设展示展销中心、体验区、冷链常温仓库、检验品控中心等	1500	1500	1500
市委党校	市委党校新校区扩建工程	续建。新建大楼内部装修（约1.0万平方米）及室外和景观工程	6028	2200	1200
建德市农办	农村生活垃圾处理提升工程	“互联网+垃圾分类”模式，垃圾分类“五个一”示范乡镇及垃圾运输能力建设等	700	700	700
建德千岛湖通用机场有限公司	建德千岛湖通用机场停机坪及机库扩建工程	新建约9000平方米停机坪、新建约3000平方米机库、新建消防水池及其他配套设施	2000	2000	1500
建德市乡村振兴投资责任有限公司	薄弱村集体经济发展扶持项目	购建高新园孵化器厂房及办公楼等	6201	6201	2000
建德市杨帆基础设施建设有限公司	杨村桥镇综合市场	建设一幢综合性市场大楼及附属设施，含旅游接待中心、管理服务中心、综合批发市场、停车场等	2070	2070	500
建德市城南城建开发有限公司	更楼街道湖岑畈蔬菜基地提升工程	建设温室大棚、田间道路、灌溉排水渠、停车场等	700	700	500
莲花镇	莲花镇昴畈村田园综合体项目	建设沿山栈道、沿溪游步道、沥青道路、停车场、公共厕所等	700	700	500
绩效奖励专项资金	绩效奖励项目	用于支持镇村建设进度快、成效明、亮点突出的协作项目	/	/	300
合计	–	–	–	–	12600

审计监督，在全面推行“村账市直审”的基础上，完成40个村的审计工作，资金总额达18.46亿元。其中村级工程项目810个，涉及资金1.84亿元。持续强化村级债务管控，至2018年底，全市村级债务降至1.45亿元，有效化解1.96亿元，化解率为57.5%。

表8 2018年度第四区市协作组镇街结对项目和资金计划情况表

实施单位	协作单位	项目名称	项目内容	计划投资（万元）	协作资金（万元）
新安江街道	党湾镇	新安江街道社区卫生服务中心仓滩中医馆建设工程	房屋改建装修总面积约1020平方米，中医康复理疗设备、办公设备购置	68	50
更楼街道	闸弄口街道	骆村垃圾分类处理站入口环境提升工程	180×5米道路硬化、8×5米长桥梁新建、200米堤坝新建、200平方米绿化	65	50
洋溪街道	四季青街道	洋溪街道洋溪社区莲花溪流域环境整治（土建铺装部分）	游步道建设500米，铺装道路路面、护栏及景观提升	147	50
梅城镇	城厢街道	梅城镇府前街道路改造工程	府前街300米道路改造，管网埋设	300	50
寿昌镇	义桥镇	寿昌镇西湖童家溪引水工程	进水池、PE管埋设、水泥混凝土渠道浇筑、土方及暗沟开挖等，从童家溪引活水入寿昌西湖	142	50
大同镇	下沙街道	大同中心幼儿园劳村分园建设工程	3层教学大楼、食堂及室外工程配套附属设施建设	504	50
乾潭镇	笕桥街道	乾潭旅游码头内湖清淤工程	对旅游码头内湖面积约3.77万平方米进行环境改造提升，新建600米湖岸挡墙、游步道、湖心亭、湖心岛、廊桥	400	50
三都镇	采荷街道	入城口沿线环境综合提升改造工程	入城口道路两侧绿化提升，景观节点改造，人行横道铺设，沿线农户门口环境综合整治，弱点“上改下”等	1000	50
杨村桥镇	丁兰街道	杨村桥镇管网建设工程	集镇污水管及排污井、化粪池等处理工程	171	50
下涯镇	彭埠街道	下涯镇府前桥重建工程	长48、宽26米府前桥建设	303	50
大慈岩镇	新塘街道	大慈岩镇美丽田园示范带建设工程	檀新线三元村段美丽田园建设，新建党建景墙、改建围墙260米，整治绿化用地1.0万平方米，改建睡莲池塘等	60	50
航头镇	白杨街道	航头中心小学综艺楼建设工程项目	建设3层综合性学校用房，占地面积1342平方米，总建筑面积4200平方米	960	50
李家镇	北干街道	李家镇便民服务中心提升改造工程	便民服务中心立面改造、门窗更换、墙体粉刷、公共厕所改造等	180	50
大洋镇	九堡街道	大洋镇环卫作业中心工程	新建环卫作业中心及配备设施，面积约400平方米	150	50
莲花镇	凯旋街道	集镇污水管网改造提升工程	内径300毫米总管网改造提升500余米，支管网改造提升1千米，入户管网改造提升800余米	180	50
钦堂乡	蜀山街道	钦堂乡集镇重点区域夜景景观工程	入乡口至乡镇府后车站沿途路灯安装	140	50
合计	–	–	–	4770	800

同时，市政府印发《2018 年建德市农民负担监督管理工作要点》，加强对农民负担的审计监督。落实各项支农惠农政策，全年享受耕地地力保护补贴农户 10.5 万户，补贴面积 1.68 万公顷，补贴资金 1610.25 万元。

【农村综合改革】全面推进土地确权并通过省级综合验收，签订土地承包合同 92814 份，合同签订率达 94.4%，发放土地权属证 85506 本，发证率 92.1%。建成农村土地承包经营权确权数据库，基本实现土地确权纸质档案资料的规范化整理和数字化处理。

市政府出台《关于加快土地流转推进农业适度规模经营的实施意见》《关于印发 2018 年全市土地流转目标指导数的通知》等政策，加大土地流转力度，全年累计流转耕地面积 0.97 万公顷，流转率达 62%，其中：单宗流转面积 2 公顷以上的共 0.78 万公顷，规模流转经营率达 80.8%。同时，进一步步完善土地产权交易，全年累计发放土地流转经营权证 23 宗、面积 325.3 公顷，发放土地流转经营权抵押贷款 16 宗，贷款余额 850 万元。

农村集体产权制度改革试点工作有序推进，至年底，全面完成农村集体资产清产核资工作。

【农村劳动力培训】全年培训农村劳动力 17517 人，完成培训计划任务的 109.5%。市政府出台《关于培育乡土人才推进乡村振兴的三年行动计划》《关于鼓励青年人才返乡创业助力乡村振兴三年行动计划》等政策意见，鼓励和扶持人才到农村创业，发展农村经济。选派 4 名学员赴台湾地区参加杭州民宿提升班，选派 2 名优秀农村实用人才赴日本参加现代农业研修班。赵建明获 2018 年度杭州市政府特殊津贴，许建茹、赵建明获首届建德市优秀人才奖。

【村级集体经济“消薄”】选派 131 名乡村振兴特派员和 16 支乡村振兴工作服务队，助力村集体经济消薄增收工作。完善村级组织运转经费正常增长机制，村级运转经费补助标准由原来的 5 万元提高到 20 万元。实施“高新园科创中心孵化器”“创新创业小微企业园”和“建德果蔬乐园产业发展”三大平台项目，确保每年每村至少增加经营性收入 5 万元。至年底，全市村级集体经济总收入 2.0 亿元，比上年增长 47.8%，其中：经营性收入达 8101 万元。全市 229 个村(经济合作社)集体经济总收入全部达 20 万元以上，年经营性收入全部达 5 万元以上，全面完成年度“消薄”目标任务。

(温洁)

粮油生产

【概况】2018 年，全市粮食作物播种面积 1.26 万公顷，比上年增长 7.6%；粮食总产量 7.5 万吨，增长 18.5%。谷物播种面积 0.87 万公顷，增长 3.2%，总产量 5.95 万吨；其中稻谷播种面积 5243 公顷，增长 1.3%，总产量 4.42 万吨，增长 13.1%。豆类播种面积 2309 公顷，总产量 7446 吨。薯类播种面积 1607 公顷，增长 26.3%，总产量 8150 吨。粮食作物总产值 2.35 亿元，其中谷物产值 1.71 亿元，增长 4.4%。(注：市统计局对 2017 年粮食生产有关数据作了调整，2018 年比上年增减比率均以调整后的数据作比较)。油料作物播种面积 5973 公顷，总产量 2.21 万吨。

推广测土配方肥 3.37 万公顷次；推广应用商品有机肥 2.82 万吨；化肥减量 390 吨。实施农田质量提升工程，完成中低产田改造项目 7 个，改造面积 223.07 公顷。

12 月 6 日，省农业农村厅发文公布 2018 年浙江好稻米推选结果，建德市忠义粮食加工厂的“忠义牌”稻花香米获 2018 浙江好稻米金奖产品。

【获全省水稻高产创建突出贡献先进集体】大同镇永盛村超级稻百亩示范方平均亩产 969.27 千克，水稻攻关田亩产 1001.38 千克，再超 1000 千克。农业部两次派出督导组和来自全国多个省市区专家到建德考察水稻绿色高质高效创建和“水稻+”高质高效技术模式示范。2018 年，建德市农业局被评为全省水稻高产创建突出贡献先进集体（全省首次评选）。

【实施粮食生产功能区提标改造】实施大同水稻集中育供秧中心、大同永盛粮食烘干中心、大洋徐店粮食烘干中心、钦堂粮食功能区稻米加工中心、一二三产融合产业化示范基地等一批涉及粮食生产田间设施、服务设施和产业融合的粮食功能区提标改造建设项目，完成省与杭州市下达的266.67公顷粮食功能区提标改造任务。

【规范落实国家粮食惠农政策】落实中央、省、杭州市及建德市四级规模种粮补贴、粮食生产贷款贴息、旱粮规模种植直补等种粮惠农补贴政策。2018年全市规模种粮面积2434公顷，涉及3.33公顷以上规模种粮主体175户，发放省市规模种粮补贴资金921.1万元。

【开展农业部水稻绿色高质高效创建】建立省级水稻千亩高产示范片6个，省水稻1000千克高产百亩示范方1个，省优质稻示范基地2个，杭州市级高产高效示范百亩方3个，开展全市水稻高产竞赛活动。建立2个鲜食玉米促早高效栽培技术百亩示范基地，引进试验浙甜16、浙糯玉14、晶煌117等优质鲜食玉米新品种，示范"雪甜7401"等高品质水果玉米。举办单季稻"两壮两高"高产栽培、旱粮优质高效种植、莲子无公害生产、中药材高效种植等技术培训班11期，培训800余人次。新发展黄精、吴茱萸、玉竹等中药材116.67公顷，分布在李家、大同、三都、大洋等乡镇。

【获杭州市"十大好味稻"称号】12月11日，杭州市种子总站组织的"十大好味稻"品鉴评比活动在临安举行，建坤农业提供的中嘉8号获粳稻组"金奖"，稻府农业提供的泰两优217获籼稻组"金奖"，发根家庭农场提供的嘉丰优2号和稻府农业提供的甬优15获得"优质奖"。

经济作物

【概况】2018年，在大田经济作物中，本地草莓种植面积935公顷，比上年减少5公顷，公顷产量33.4吨，总产量3.12万吨。全市中药材种植面积976公顷，增长14.8%，总产量3175吨，增长6.7%。果用瓜种植面积2592公顷，减少3.5%，总产量7.4万吨，增长3.6%。

全市各类水果面积5570公顷，减少500公顷，总产量22.8万吨，增长2.2%。其中：柑橘1500公顷（减少39.3%），总产量11.65万吨，增长4.9%。桃园面积716公顷，总产量8911吨。梨园面积352公顷，总产量5845吨。枇杷园652公顷，总产量2900吨。杨梅园698公顷，总产量2286吨，减少17.6%。

全市茶园面积4136公顷，茶叶总产量3095吨，增长8.5%。

桑园面积1371公顷，蚕种饲养量6500张，锐减57.2%。其中春蚕2742张，夏蚕182张；秋蚕3576张，蚕茧总产量400吨，减少55.1%。

蔬菜（含菜用瓜）种植面积8728公顷，增长1.8%，公顷单产28.6吨，全市蔬菜总产量25万吨，增长2%。蔬菜总产值6.58亿元，增长8.4%。

【举办第十届建德新安江·中国草莓节】1月13日上午，杭州市人民政府、浙江省农业厅主办，建德市人民政府、杭州市农办承办，杭州市农业局协办的第十届建德新安江·中国草莓节在杨村桥的草莓小镇隆重开幕，"建德草莓"品牌"首发仪式"同时举行。省农业厅副厅长王建跃宣布第十届建德新安江·中国草莓节开幕，中国园艺学会草莓分会理事长张运涛，中国科学院半导体研究所原党委书记、副所长陈树堂，省财政厅农业综合开发办副主任赵国瑛，省农业厅种植业局副局长徐云焕，杭州市农业局、杭州市农科院、杭州市农办、杭州市科协以及建德莓农组织和省、杭州市各界专家代表等出席开幕式。市领导童定干、朱欢、周友红、周萍英、童文扬、张早林、严凌云参加开幕式。

市委书记、市人大常委会主任童定干和中国科学院半导体研究所原党委书记、副所长陈树堂共同为"建德市草莓研究院"授牌，市领导周萍英、童文扬、严凌云和省、杭州市领导共同为"建德草莓"品牌揭幕，副市长张早林介绍建德草莓产业和

"建德草莓"品牌建设有关情况。开幕式现场举行相关合作协议签约仪式，中国园艺学会草莓分会与建德市签订《第十七届中国草莓文化旅游节合作协议书》，省农科院园艺所与市农业局签订《浙江省草莓优新品种繁育和示范中心建设合作协议》，浙江顺丰速运有限公司与市草莓产业协会签订《建德草莓营销战略合作协议》，建德市草莓研究院院士工作站暨产学研项目合作签约仪式。

【省农业厅领导调研草莓小镇】 1月17日，省农业厅厅长林健东率厅办公室、厅产业处、省畜牧兽医局、省种植业局、水果首席专家以及杭州市农业局局长赵国钦到建德调研草莓小镇建设情况，副市长张早林陪同调研。林健东指出建德草莓要创新发展，争创全国大棚草莓第一、全国草莓品种最全、全国草莓品质最优，培育并推广拥有中国自主知识产权的草莓品种。

【举行"百年苞茶·香闻天下"苞茶区域品牌发布会】 4月14日上午，在新安江街道双江特色街隆重举行"百年苞茶·香闻天下"苞茶区域品牌发布会。中国国际茶文化研究会会长周国富、副会长于辉达、阮忠训、省农业厅副巡视员徐建华、杭州市政府副秘书长阿英德、杭州市农业局局长赵国钦、杭州市农科院院长严建立，市领导童定干、朱欢、吕平、周萍英、吴岳炎、张早林、张有强、叶志高参加发布会。中央电视台、浙江卫视《浙江日报》等新闻媒体以及茶商、茶企等有关代表出席发布会。市委副书记、市长朱欢致欢迎词，徐建华致辞。赵国钦、童定干共同为"建德苞茶品牌管理与服务中心"授牌。中国农科院茶叶研究所副所长鲁成银对建德苞茶进行现场点评。市农业局与茶界代表性微刊——《茗边头条》签订建德苞茶品牌宣传战略合作协议，浙江经贸职业技术学院与建德苞茶农业开发有限公司签订建德苞茶文化推广战略合作协议。

【建德列入首批省级绿色发展先行示范县建设】 9月14日，省农业厅下发2018年农业绿色发展先行示范项目建设通知，建德市列入首批省级绿色发展先行示范县建设，重点建设畜禽排泄物资源化利用、化肥减量增效、农药减速量增效、农作物秸秆综合利用、农业废弃物回收处置等工程。

【杨村桥获评浙江省草莓特色农业强镇】 10月26日，省粮食安全和推进农业现代化工作协调小组农业"两区"办公室下文公布第一批浙江省特色农业强镇，29—30日，省政府在余杭区径山召开全省两区建设现场会，会上省政府正式授予杨村桥"草莓特色农业强镇"。

【"建德草莓"上榜2018年最具成长性十强优秀农产品区域公用品牌】 11月28日，省农业农村厅、省林业局联合发文，公布2018年浙江省优秀农产品区域公用品牌(最具影响力十强品牌、最具成长性十强品牌、最具历史价值十强品牌)，"建德草莓"上榜2018年最具成长性十强优秀农产品区域公用品牌"，成为杭州地区唯一一个，也是建德首个省级区域名牌。

【全省草莓质量安全工作现场推进会在建德召开】 12月20日，全省草莓质量安全工作现场推进会在新安江街道召开，省农业农村厅副厅长张火法参加会议。建德市、金华市金东区作典型发言，省农业农村厅蔬菜首席专家讲解草莓质量安全生产管控措施，与会人员实地参观建德草莓小镇草莓标准化生产基地。

【"建德草莓" 被评为浙江省"十佳"草莓】 12月29日，省农业农村厅公布2018年浙江省柑橘良种红美人、精品鲜菇和"十佳"草莓评选结果，建德市新安江街道建伟家庭农场的越心 "建德草莓" 评为浙江省"十佳"草莓。

【市茶叶产业协会换届选举】 5月11日，召开市茶叶产业协会第二届会员大会，选举产生新一届茶叶产业协会理事会，方少阳等25人选为新一届理事。选举方少阳为会长、欧阳立明、叶银祥、梅相贞、刘耀辉、王裕良、吴柒益、应红刚、姜建兰为副会长，欧阳立明为秘书长。"建德苞茶"品牌由市茶叶产业协会负责运营和管理。

【“建德苞茶”获中国国际茶业博览会金奖】5 月 22 日，为期 5 天的第二届中国国际茶业博览会在杭州闭幕，“建德苞茶”被评为本届茶博会品鉴用茶，建德苞茶农业开发有限公司选送的建德苞茶获本届茶博会金奖。

【获 2018 中国茶业品牌影响力全国十强县市】11 月 14—17 日，市农业局局长邱剑娟率茶叶产业协会及建德苞茶运营中心人员赴福建武夷山市参加全国茶产业协会年会，“建德苞茶” 获中国茶叶流通协会颁发的 2018 中国茶业品牌影响力全国十强县市。

【“建德苞茶” 获气候品质国家气候标志】10 月 13 日，气候中心与气候变化标准化技术委员会组织专家对“建德苞茶”气候品质进行评审，顺利通过全国气候与气候变化标准化技术委员会评定，成功获评茶叶类农产品气候品质国家气候标志，为全国首个。

【多个农产品获农展会金奖】7 月 28 日，2018 年浙江精品果蔬展销会在杭州和平会展中心举行。浙江瑞德农业科技有限公司和建德市三都镇黄泥山家庭农场参展。“瑞德”参展的有机红心火龙果获展销会金奖，瑞德水晶葡萄及黄泥山家庭农场，茅山红芯锦绣黄桃、茅山红芯翠冠梨获优质奖。

11 月 24—27 日，秋梅倒笃菜、里叶白莲、建德苞茶、胥江春莲子酒、酵艳酵素、根发西红花在 2018 年浙江省农业博览会上荣获金奖。

【“建德西红花” 获评国家农产品地理标志保护产品】6 月 5—7 日，市农业局副局长卢梅富率队赴农业部参加并通过答辩，“西红花农产品地理标志保护”答辩。9 月，农业农村部正式下文确认“建德西红花”获国家农产品地理标志保护产品。

【杭州市级美丽农业示范名单】11 月 12 日，杭州市农业局下文公布 2017 年度杭州市美丽农业市级示范名单，建德市航头镇乌龙村美丽田园体验区、建德市杨村桥梓源村美丽农业田园体验区为杭州市级美丽农业体验区，建德市鑫欣生猪养殖美丽牧场、建德市大同镇鸿业美丽牧场为 2017 年度杭州市级美丽农牧渔场。

【2018 年省级示范性家庭农场名单】11 月 14 日，省农业农村厅公布 2018 年省级示范性家庭农场名单，建德市有建德市大洋镇国华生态家庭农场、建德市湾湾家庭农场、建德市李家镇发根家庭农场、建德市伟农家庭农场、建德市方建清家庭农场有限公司、建德市梅城镇睿农家庭农场、建德市欣斌家庭农场入列。

畜牧生产

【概况】2018 年，全市生猪饲养量 23.84 万头，比上年下降 8.3%；年末存栏 6.97 万头，增长 0.4%。全年家禽饲养量 660.6 万羽，增长 3.7%；年末存栏 360.3 万羽，下降 6.7%。全年猪肉类产量 1.47 万吨，减少 11.2%；禽蛋产量 6.63 万吨，增长 8.2%。

【畜产品安全监管】全年产地检疫出证 5676 次，检疫生猪 11.56 万头、家禽 300.2 万羽、牛 127 头、羊 130 只、犬 3 只；屠宰检疫出证 40267 次，检疫生猪 13.28 万头、家禽 408.61 万羽，检疫病害生猪 165 头、家禽 1.61 万羽，不合格猪产品 50.28 吨、“瘦肉精”抽检 3833 头。备案报验 6020 批次，生猪 8.41 万头、家禽 379 万羽、畜禽产品 6291.72 吨。检查相关对象 700 余家次，责令整改 39 起，查处 14 起违法案件并全部结案，罚没人民币 2.93 万元。调查处理各类举报投诉 28 起。定量检测猪尿、禽蛋、禽肉、牛奶、饲料等样品 170 个批次，合格 170 个，检测合格率 100%；现场定性检测生猪尿样 1950 批次，检测合格率 100%。开展生猪屠宰企业猪肉水分抽样监测 20 批次，猪肉兽药残留监测 5 批次，检测合格率均为 100%。生猪屠宰企业开展“瘦肉精”等禁用药物自检 6550 批次，驻场检疫员监督抽检屠宰场生猪尿样 1825 批次，检测合格率达到 100%。出动执法人员 1278 人次，开展定点屠宰场巡查 320 场次，发放各类告知书 300 余份，签订各类承诺书 80 余份，发现并处置各类问题 45 起，全市各生猪屠宰场(点)共屠宰生猪 13.85 万头，检验检疫出病害生猪 235 头、病变内脏 4.85 万千克，所有病害猪及其产品均予无害化处理。

【非洲猪瘟防控工作】8 月，全国多个省份发生非洲猪瘟疫情，为做好防控工作，严防疫情传入建德市，确保猪肉市场稳定供应，全力开展非洲猪瘟防控工作。市政府防治动物疫病指挥部 4 次召开专题会议，5 次下发相关文件，部署防控工作。

开展调运监管，农业、市场监管、公安及辖区乡镇组成联合调查组对疫情前 60 天调入的生猪及产品进行追溯排查，共追溯排查调入的生猪共 366 个批次 6532 头、生猪产品 200.06 吨。查处违规调入并无害化处理高风险生猪产品 4 个批次 203.45 千克、生猪 2 个批次 53 头；立案处罚 8 起调入生猪或产品未履行备案报验手续的案件；及时劝返未启运的生猪 2 批次 165 头、生猪产品 3 批次 319.6 千克。

全年排查生猪养殖场户 8867 场次，屠宰场点 730 家(次)，排查生猪 525.88 万头(次)；排查生猪产品经营单位和个人 12 家(人)、生猪调运单位和经纪人 18 家（人)，签订非洲猪瘟防控承诺书及《致生猪养殖(屠宰)场户的公开信》各 80 余份。排查叫停泔水养殖生猪 9 户 1636 头。开展应急准备。8 月 13 日起，市防指办实施 24 小时专人值班制度。

开展防控培训指导。3 次组织全市养殖、屠宰等业主和防疫监管技术人员共 200 余人次开展非洲猪瘟防控知识培训。发放非洲猪瘟防控明白纸、挂图 500 余份，通过农民信箱、微信等广泛开展宣传，提高养殖、屠宰业主及基层防疫队伍对非洲猪瘟的鉴别能力和防控能力，同时引导百姓理性消费猪肉。

【举办智慧畜牧业云平台暨禽蛋安全管控培训班】5 月 16 日，市畜牧兽医局举办智慧畜牧业云平台暨禽蛋安全管控培训班。邀请省畜牧兽医局智慧畜牧业云平台技术专家袁文老师授课培训，乡镇畜牧兽医员和家禽养殖大户参加。浙江省智慧畜牧业云平台涵盖养殖管理、动物防疫、动物检疫、屠宰管理、无害化处理、执法办案、监督检查、畜产品安全、流通监管、饲料兽医等八大模块，建德市正式启动智慧畜牧云平台建设与应用。

【“春江蜂情”获“浙江省土蜂蜜十大名品”称号】5 月 20 日，在衢州市开化县举行 2018 第二届“中国“‘5·20’世界蜜蜂日·浙江省土蜂蜜十大名品评比”活动，建德市富源农业信息技术有限公司选送的“春江蜂情”牌土蜂蜜，在色泽、口感、有效成分及产品包装等综合评比中，得到评委一致好评，获浙江省土蜂蜜十大名品称号，这是建德市蜜蜂产业首个荣获省级荣誉称号的产品。

【3 家养殖场鸡蛋获“杭州市十大金蛋”称号】10 月 25 日，杭州市十大“名鸡金蛋”评选活动在建德市半岛凯豪大酒店举行，共有 31 家符合条件的家禽生产企业参与角逐，其中申报评选名鸡 17 家、申报评选金蛋 19 家。建德市组织 8 家蛋鸡养殖带头企业参加评比，其中建德市大同镇鸿业家庭农场有限公司、建德市金坞养殖场和建德市大同镇宇燕养殖场等 3 家企业的鸡蛋荣获杭州市十大金蛋称号。

农业科技及政策

【概况】2018 年，建德市开展农作物新品种试验、展示示范。品种试验、展示示范涵盖瓜果蔬菜、水稻、油菜、玉米、大豆、马铃薯、甘薯等作物，以及高粱、荞麦等小杂粮。全年引进试验、展示品种 307 个，从中筛选出适宜建德当地种植或扩大示范的新优品种 41 个。主推甬优 1540、甬优 15、浙优18、甬优 8050 等水稻品种，组织嘉丰优 2 号、甬优 5550、甬优 7850、浙优 21、泰两优 217、华浙优 1 号等水稻新品种丰产示范；推广应用杭椒 12、杭椒 9 号、玉龙椒等辣椒品种，杭茄 2010、浙茄 1 号、浙茄 8 号等茄子品种，黄妃、红风铃、浙樱粉 1

号等樱桃番茄，甜栗王、贵红、灰精灵等南瓜品种，金比特、拿比特小西瓜和浙蜜6号、利丰四号等中大型西瓜，浙鲜9号、浙鲜12鲜食大豆品种，金银208、雪甜7401水果玉米和钱江糯3号、彩甜糯617、美玉16、彩甜糯6号等彩甜糯玉米，兴佳2号、中薯3号、中薯5号等马铃薯品种；浙薯13甘薯、心香小香薯、薯绿1号菜用薯等品种，以及川糯粱1号、泸糯8号等高粱品种。

【招才引智提升建德水稻产业发展】2018年，省内首个“王一成粮油产业技术创新团队专家工作室”落户市稻香小镇大同镇，以浙江省种植业管理局局长王岳钧研究员为团长，来自中国水稻研究所、省农科院、浙江大学等省粮油产业技术创新与服务团队专家将为建德稻米品牌打造及品质提升提供强有力的技术支撑。帮助粮油生产企业引进泰国稻米育种、栽培专家指导优质稻米产业和生态种植，进一步提升建德市稻米高质高效发展水平。

【获2017年度全省农业工作先进单位】2月24日，市农业农村局局长邱剑娟赴杭州参加全省农村工作会议和全省农业工作会议。全省农业工作会议对2017年度农业工作先进单位进行表彰，建德市农业局是先进单位之一。

【开展职业农民、新型主体等培育】2018年，建德市注重对“粮二代”“农二代”的培育，推荐饶成芳、邵妍霞、翁霞芬等6位“粮二代”参加浙江农林大学专升本考、省“农创客”活动、“新型职业农民培训”、杭州市“粮二代”专题培训班等学习和培训，组织编印发放“建德市粮食高产高效种植技术”“莲子优质高效种植技术”资料1000册。

【5家单位列入第二批现代农业科技示范基地名单】1月10日，省农业厅发文公布第二批现代农业科技示范基地名单，建德市建坤农业开发有限公司、建德市新安江街道建伟家庭农场、杭州贵妃家庭农场有限公司、建德市红群农业科技有限公司、建德市安新森活农业开发有限公司列入省农业科技示范基地。

【三都柑橘小镇入选2018年省级特色农业强镇创建名单】9月12日，省粮食安全和推进农业现代化工作协调小组农业“两区”办公室公布2018年省级现代农业园区和特色农业强镇创建对象名单。三都柑橘小镇成功入选2018年省级特色农业强镇创建名单。该项目将涵盖松蜜橘园景观廊道主题精品农园建设项目，修建游步道、观景亭，搭建连动大棚，采购有机肥，更新柑橘新品种，搭建网络营销平台，新建展示展销中心等，完善园区产业环境、休闲景观、旅游设施、品牌营销、文化挖掘功能。串联附近旅游点，连点成线，促进产业集聚发展和农旅融合发展。

【浙江省农民田间学校和农业教育实训基地名单】11月5日，省农业农村厅发文公布浙江省农民田间学校和农业教育实训基地名单，建德市大同蚕桑专业合作社、杭州立扬生态农业开发有限公司、建德市晓炜家庭农场三家单位列入名录。

【日本草莓专家仓本浩行到建德作“草莓生产技术”专题讲座】11月11日，杭州市农科院、建德市农业局与建德市新安植保联合邀请日本草莓专家仓本浩行到建德作“草莓生产技术”专题讲座。全市60余名草莓种植大户参加讲座。日本草莓专家仓本浩行为学员们详细介绍日本草莓生产情况、草莓高产高品质生产技术、草莓病虫害防治技术等。

【创建种植业“五园创建”省级示范基地】12月17日，省农业农村厅下文公布2018年度种植业“五园创建”省级示范基地名单，建德市三都羊峨蔬菜专业合作社高山蔬菜基地为“放心菜园”、杭州平坡谷农庄有限公司蓝莓基地为“精品果园”、杭州千里岗农产品有限公司和浙江千岛银珍农业开发有限公司茶叶基地为“生态茶园”。

【2个美丽田园获浙江省“最美田园”称号】9月21日，省农业厅与省旅游局联合发文，颁布2018年浙江省100个“最美田园”名单，建德市春江蜂情

园、草莓小镇、钦堂“稻舞田间”农耕文化园入选由省农业厅、省旅游局联合开展的2018年浙江省100个“最美田园”活动，入选数量为杭州地区最多。

农业行政执法

【概况】2018年，建德市开展一系列农业法律法规宣传培训：组织农药经营人员培训班3期，培训人员160余人；组织养殖业投入品（农产品）法律法规培训，培训养殖单位70家；开展植物检疫宣传。

做好加拿大“一枝黄花”监控与防除，春、秋季发生总面积分别为17.93公顷、16.33公顷，防除率100%。

开展黄瓜绿斑驳花叶病毒病、梨枯梢病、稻水象甲、柑橘溃疡病、葡萄根瘤蚜、柑橘黄龙病等的农业植物疫情普查，市境内未发现有此类疫病。

组织农药废弃包装物回收，全年回收农药废弃包装物回收76吨，无害化处置68.96吨。

【农产品质量安全检测】全年开展农产品检测1.47万批次，不合格36批次，合格率99.7%。其中定量检测共962批次，部、省、杭州市三级抽检456批次，不合格1批次，合格率99.8%；本市级定量检测506批次，不合格2批次，合格率99.6%。定性检测13778批次（其中生猪尿样瘦肉精等禁用药物残留1950批次），不合格33批次，合格率99.7%，其中市级、乡镇（街道）快速检测室向公众免费开放工作共接待群众422人次，为群众服务免费检测503个样品。对定量抽检中出现的3起不合格农产品进行及时处理，不合格产品处置率达100%。

【开展执法检查】开展农资打假护农执法检查以及“绿剑”春、夏、秋季执法行动等活动，出动执法人员858余人次，检查农资（农产品）生产经营单位325家；开展投入品、农产品抽检工作，共抽检投入品样品137批次。农业违法案件共立案查处违法案件25起，结案25起，罚没款18.5万余元。

农业机械

【概况】2018年，全市农业机械化总动力20.5万千瓦，共有耕作机械3011台，插秧机179台，排溉机械2.49万台，植保机械2230台，收获机械361台，其中联合收割机74台，粮食烘干机112台，茶叶加工机械3851台。机插面积2067公顷，油菜机收面积667公顷，粮食批烘干能力1100吨，稻麦耕作收综合机械化水平86%。全市新增农机装备1000台（套），农业作业机械动力占比达到85%。

11月19日，省农业农村厅、省应急管理厅联合发文，公布2018年度平安农机示范单位名单，大慈岩镇创建为省级“平安农机”示范乡镇。

【农机购置补助】2018年，建德市审核购机补贴申请278份，受益户数203户，补贴机具373台，购机总补贴资金374.38万元，其中中央补贴资金293.83万元、省补贴资金35.7万元、市县补贴资金44.85万元。

【机器换人】2018年，确定建德市草莓小镇智慧农业示范园、杭州市千里岗农产品有限公司等4家单位作为杭州市“机器换人”示范基地建设项目的实施单位，完成4家省级农业“机器换人”示范基地认定工作，2家农机农艺示范融合点建设工作。

【引进新机具新技术】2018年，全市共引进推广15条轨道运输车运用在茶叶、水果等高山基地，解决丘陵山地的用工难题。各植保服务组织引进5台多旋翼无人植保机，植保飞防作业服务比上年翻一番，植保飞手在杭州市农用无人机操作技能大赛获得第一名。（姚金富　吴圣飞）

林业生态建设和农村新能源建设

2018年，市林业局围绕乡村振兴战略要求，结合建德林业实际，坚持生态立林、产业富林、改革强林、保障促林的战略，践行新时期“绿水青山就是金山银山”的新路子，涉林产业保持稳定发展态势，全年实现林业总产值 49 亿元，比上年增长 15%。继续加大绿化造林力度，保障国家生态公益林面积和质量，全市森林覆盖率 76.2%、活立木蓄积 1017.17 万立方米，比上年增长 27.4%。取得“珍贵树种培育示范市”建设成效考核、林业项目资金绩效评价两项全省第一，“全国森林经营样板基地”建设以优秀的等次顺利通过全国终期评估验收，森林资源保护获省政府“颁发的“突出贡献奖”；山林纠纷调解工作荣立省集体二等功，森林浙江考核连续两年全省优秀。

绿化造林

【造林和义务植树】2018 年，建德市完成绿化造林总面积 897.4 公顷，超额省林业厅下达的造林计划 34.6%。其中迹地更新造林 717.4 公顷。珍贵彩色健康森林 383.3 公顷，珍贵树种“局长示范林”5 处，珍贵树种示范点 5 个，珍贵树种示范单位 5 处。

全市参加义务植树 20.7 万人次，尽责率 85% 以上，完成路旁、水旁、村旁、宅旁“四旁”植树 50 万余株，无偿赠送乡村绿化苗木 50 万株。

【森林抚育和大径材培育】2018 年，开展中央和省级森林抚育补贴试点项目 2000 公顷，争取上级补助资金 900 万元。开展大径材培育 66.7 公顷，争取上级补助资金 80 万元。

【公益林资金发放】2018 年，全市公益林面积 9007.7 公顷。完成发放省重点生态公益林资金 4020.74 万元，资金发放率 100%。其中损失性补偿资金 3372.24 万元，护林管护补助 453.96 万元，公共管护费 129.70 万元，管理费 64.85 万元。发放本年度杭州市补公益林资金 140.40 万元，其中损失性补偿资金 116.82 万元，公共管护费（管理费）23.58 万元。

【平原绿化】全年投入各类绿化资金 1 亿多元，完成绿化面积 180.7 公顷，超额省计划任务 5.9%。完成杭黄高铁境内段、杭新景高速公路境内段及 320 国道、330 国道境内段、杨梅公路、钦堂公路、下（涯）北（坞）线、白章线、黄张线、汪（家）黄岙线等公路铁路沿线绿化 38.7 公顷；完成新安江、寿昌江、富春江、兰江等沿线河道景观提升工程绿化面积 22.9 公顷（包括草皮）；完成城市绿化、城镇绿化、村庄绿化和景观林改造提升、抚育管护 78.6 公顷，其他（经济林、片林、树圃等）绿化 39.9 公顷。

林业产业

2018 年，借助省政协送科技下乡建德的契机，加快油茶、香榧、山核桃和薄壳山核桃等木本油料产业的发展。以中央、省、市等各级财政产业发展项目建设为平台，着力于良种推广、先进适用技术应用、生态复合经营理念与模式普及推广基础设施建设等关键性环节建设，打造一批产业生态高效示范基地和精品园，推动林业产业的提升与科学发展。在全市推广莲花村（山林公园）、三都八亩丘（樱花）等林旅结合模式，推进富春江国家级森林公园提升项目，配合推进国有林场范围内的江南秘境、乌龙山蓄能电站等项目适度开展旅游项目设计和拓展，延伸林业产业链。

【林区道路建设】完成省级林区道路建设 200 千米，并通过杭州市、建德市两级多次绩效评价和审计，综合评价列杭州市各县（市、区）前列。

【高效经济林基地建设】完成良种推广造林 93.3 公顷，其中油茶 43.3 公顷、香榧 46.7 公顷、薄壳山核桃 3.3 公顷；截至年底，全市有油茶 3800 公顷、香榧 2600 公顷、山核桃及薄壳山核桃 2267 公顷；完成本市级木本油料幼林抚育项目 466.7 公顷；完成国家农业综合开发项目建设中的木本油料幼林抚育项目 66.7 公顷。继续推广“一亩山万元钱”经济林建设模式，鼓励发展林下经济，重点推广经济林—药材、经济林—林茶、经济林—禽类、经济

◎绿荷塘林区风景(赵雄军 摄)

林—畜类等林下经济200公顷。9月,中央财政林业贷款贴息项目贷款额1300万元、贴息补贴16.88万元全部拨付到企业。农林经营管理体系建设林业项目全年共立项7个,总资金63万元,至年底除1个项目取消外,其余6个全部完成。

【林业企业】 至年底,全市有涉林企业16家。主要行业涉及林业食品生产种植、销售。

10月18日,市林业局组织5家林业企业参展第11届中国义乌国际森林产品博览,其中"千岛源"牌山茶油(浙江久晟油茶科技股份有限公司)、"大库湾"牌香榧(杭州大库湾生态农业有限公司)2个产品获博览会金奖,"八亩良田"牌山核桃(杭州依云生态农业开发有限公司)、"里叶"牌里叶白莲(浙江省建德市里叶白莲开发有限公司)、"艾利斯"牌可食玫瑰花(杭州艾利斯玫瑰科技有限公司)3个产品获博览会优质奖。

杭州依云生态农业有限公司被命名为2018年浙江省生态文化基地,莲花镇戴家村获"浙江省森林人家"称号。

【珍贵树种基地建设】 全年完成珍贵彩色健康森林383.3公顷(省级珍贵树种造林333.3公顷、国有林场营建珍贵树种基地50公顷),争取省级珍贵树种发展项目资金750万元。种植珍贵树种68万株,其中基地造林46.2万株、补植4.9万株、四旁植树16.9万株。建设"一村万树"示范村7个(莲花镇戴家村、钦堂乡葛塘村、乾潭镇胥江村及幸福村、大慈岩镇新叶村、新安江街道白沙社区和寿昌镇十八桥村,实施山体、通道、公园、村庄绿化中的珍贵彩色树种造林抚育)和推进村48个、建设和提升珍贵树种公园7个、公路绿化8千米、河道绿化10千米。

林政资源管理

【概况】 2018年,建德市深化行政审批制度改革,梳理规范办事事项清单,做到线上线下同源公布。按照省厅《全省林业系统群众和企业到政府办事事项指导目录》41项事项进行比对、规范,梳理出涉及县级所有"最多跑一次"事项清单。根据省林业厅"八统一"指导目录,25项事项进驻中心,调整5个主项事项、3个子项事项。完成7个服务网点地理信息采集任务。派驻专人入驻投资项目"一站式"服务平台,实现审批事项、审批职能、审批人员"三集中";新增考核条款"对得分末位的单位实行3个月的停业整改。促进了审批质量、服务能力的提高。

4月,《建德市森林资源二类调查成果》经省林业厅行文批复同意投入应用。

【林木采伐管理】 全年全市共审批发证蓄积12.68万立方米,其中纳入采伐限额管理12.15万立方米,占年限额总量的67.8%,不纳入采伐限额管理0.53万立方米(采伐非林地和征占用林地上的林木)。全市核发林木采伐许可证916份,发证合格率100%,全部实现网上办证,审批采伐公示率100%。同时对2017年林木采伐许可、使用林地许可两个审批事项共计75件许可进行"双随机"检查。

【占用林地审批】全年共审核审批林地占用项目171宗，面积371.06公顷，收取植被恢复费5150.67万元。其中长期征占用林地项目93宗、面积243.07公顷，临时占用林地项目13宗、面积17.51公顷，林业生产占用林地项目65宗、面积110.49公顷。

【湿地保护与管理】建德市2018年湿地面积6121.0公顷，森林公园、风景名胜区纳入受保护湿地范围面2936.23公顷，占48.0%。

在新安江综合保护工程项目中，对下涯埠湿地等纳入规划，实行保护性开发。2月2日，市林业局在新安江等地开展“湿地——城镇可持续发展的未来”为主题的“世界湿地日”宣传活动，发放资料，播放视频，向市民宣传湿地知识和湿地保护的意义。12月，由省林勘院编制的《新安江湿地公园规划》，经过市林业局、市住建局等单位部门联合审查、认证后，提交市规划委员审议。

【木材经营加工行业管理】3月，根据建德市传统制造业改造提升工作领导小组印发的《关于公布全市竹木制品产业对标整治保留提升企业名单的通知》，市林业局对全市确定保留的27家竹木制品企业进行重新全面摸底排查、建立档案，对其经营合法性进行全面监督。

【森林资源年度动态监测及林地年度变更调查】6月27日，杭州市林业水利局发布2017年杭州市森林资源与生态状况公告。公告显示：建德市森林覆盖率76.2%、活立木蓄积989.81万立方米，继续实现“双增长”。

【森林督查工作】6月，林业局成立以局长为组长的工作领导小组，召开各乡镇(街道)、国有林场林技员、分管领导参加的森林督查工作布置会、业务培训会，完成了遥感影像交接，各乡镇(街道)、国有林场成立工作组，负责辖区内的自查工作。同时成立5个督查小组，分片指导督促各单位开展自查，对各单位自查结果进行抽查验收。全面完成790个疑似图斑的自查工作，并将自查数据库和自查报告上报到省厅和市局。

【森林消防工作】全年全市发生森林火灾1起，过火面积1.73公顷，受害面积0.4公顷(6亩)；组织110名林管员和森林消防员骨干进行森林消防知识技能的培训；机降队员和乡镇森林消防员骨干15人分批参加省厅组织的业务培训；全市新建森林消防水池58个，新购置高压水泵23台(套)；建德市惠民森林消防队代表建德市参加杭州市森林消防地空联合实战演练取得第二名；开展墓区生态化改造，共涉及16个乡镇(街道)3家林场的墓区221处137.2公顷；结合“两禁”工作要求，严防严守，实施本市最严的野外火源管控措施；开展对影响森林消防的精神障碍病人全面排查，累计送医救治20人。

【野生动物保护与管理】4月10—16日，在文化广场开展第37届野生动植物保护宣传月暨“爱鸟周”活动。活动主题为“保护鸟类资源，守护绿水青山”。市林业局制作野生动物保护宣传展板6块，向市民发放《野生动物保护法律法规汇编》280余份、新《中华人民共和国野生动物保护法》300余份、告市民书220份、陆生野生动物保护宣传单以及野生动植物保护名录500余份。利用各类新闻媒体加以宣传，其中报刊1次、建德网络(微信)2次，参与网络(微信)互动有5000余人次。

全年救助国家二级保护野生动物大鲵2条、雕鸮(猫头鹰)、草鸮(猴面鹰)、凰头鹰各1只、白鹇3只；省重点保护动物五步蛇4条、眼镜蛇2条；一般保护动物白鹭、夜鹭、野猪各1只；国家“三有”(有益的或者有重要经济、科学研究价值的陆生野生动物)保护动物东方蝾螈150条、台湾紫啸鸫1只、斑鸠6只等全部放回大自然。配合森林公安联合执法，拆除捕鸟网1张，收缴非法猎捕工具（铁夹)150只，协助查处野生动物行政案件2起，罚金3860元。

市公安局、市林业局、市财政局联合开展“创新猎捕模式、压减猎捕枪支”改革，将各乡镇(街道)、国有林场自行组建的狩猎队共198名队员压减至54人,枪支204支压减至35支,以发放回购补偿金方式,统一按标准全数回购现有旧狩猎枪支、弹药,并组建新的一支"市野生动物保护队",统一组织开展猎捕活动。

【松材线虫病防控】全市全年累计实施疫情监测10.71万公顷,枯死松木清理面积1080.1公顷(10.8万株),喷药防治松褐天牛(2次)2490.1公顷,树干药剂注射3万瓶,松林改造219.9公顷,挂置天牛诱捕器150套。继续严厉打击违法调运松木及其制品的行为,查处违法调运外来松木制品入境案11起,处罚款5.76万元;同时,为防止枯死松木外流,对全市重点管理乡镇的松林实行全面封锁,对枯死松木采伐、运输、除害等各个环节实行全程监控。

【林业有害生物监测防治】全年应实施监测调查15.91万公顷,实际监测面积15.91万公顷,监测率100%。全年累计林业有害生物发生面积2304.9公顷,防治作业面积2304.9公顷,防治率100%,无公害防治率97.2%,成灾率为1.49‰。

【古树名木资源建档和挂牌】2017年在全市开展古树名木调查,当年底全市100年以上古树名木5883株(其中死亡未倒4株)、古树群47个。2018年,启动古树名木挂牌工作。对分布在公园、景区、城镇、村庄、单位、庙宇等人员活动频繁区域的1513株古树名木和47个古树群实行实体挂牌;对分布在高山、远山等人员活动稀少区域的古树名木,在古树名木资源信息管理系统实行虚拟挂牌。

【行政执法】全年全市共处置涉林警情172起,比上年减少50%;共发生6起刑事案件(非法收购珍贵濒危野生动物案2起、滥伐2起、非法狩猎1起、盗伐1起),全部侦破结案。立行政案件81起,查处行政案件共79起(包括年前2起),其中涉林案件48起(盗伐2起、滥伐12起、林地30起、毁林4起),涉火案件18起(违法用火10起、过失引起森林火灾8起),涉猎案件15起(未取得狩猎证6起、使用禁用工具及采用禁用方法猎捕3起、非法经营7起)。全年无重大涉林事(案)件发生。

【林权管理】2018年全市新增林地流转面积120.7公顷;无新发林权证及注销林权证;发放林地经营权流转证12本;投保生态公益林火灾险面积9.0万公顷、商品林火灾险面积2.94万公顷、商品林综合险面积0.46万公顷;发放林权抵押贷款贴息资金34万元。继续推进林业股份制改革工作,组建林业股份制经营主体4家,累计入股林地面积54.2公顷。处理山林纠纷7件。

建德林业总场

【概况】2018年,建德林业总场获得"浙江省现代国有林场"命名。至年底,干部职工人数66人,林业总场经营总规模为14346公顷,实现收入合计3533.6万元。全年新建良种基地建设35.4公顷。

完成建德市作为全省试点市的森林风景旅游调查与评价工作,成果通过县级和省市联合检查验收。全市共获得263个森林风景资源单体,其中:五级资源单体9个、四级资源单体26个、三级资源单体80个、二级资源单体68个、一级资源单体80个。

开展对各林场需登记未登记的土地、房产、林地等资产限期进行登记办理,进一步开展测绘、勘界、办证等工作。全年办证9宗、面积18542平方米;提交办证39宗、建筑面积19638平方米。

6月出台《建德市林业总场住房补贴实施方案》《建德市林业总场公房管理办法(试行)》等文件,对国有林场职工住房补贴问题进行处理,收回职工住房补贴申报表535份,通过资料初审、复审和工龄审核,报市房改办进行审批通过532人,名单进行公示。筹集资金437.73万元完成补贴兑现发放工作。

12月,完成《建德林场场志》编纂并付梓印刷。周燕、傅国林被评为浙江省国有林场建设先进个人。

【建德林场】2018年,建德林场在岗职工26人,年总收入1285万元。完成林冠下造林面积4.7公顷，珍贵树种造林4.7公顷，补植面积8.7公顷，中幼林抚育(森林抚育)87.7公顷，景观林抚育14.4公顷，木兰园抚育面积3.3公顷，薄壳山核桃施肥抚育面积12.9公顷。幼林抚育面积154.8公顷(1次)。商品林采伐面积9.0公顷，采伐松木73立方米、杉木609立方米，阔叶树240立方米(材积)。新建林区道路5.5千米、消防水池3个。防火线维修115.55千米，林区便道维修60.8千米。争取省财政补助资金55万元用于安息香、细果秤锤树2个极小种群的保护。

为了配合蓄能电站项目建设，对蓄能电站坝址所处的位置涉及富春江森林公园进行调整，国家林业局批复同意富春江森林公园改变经营范围调整。落实财政资金80万元，启动富春江森林公园总体规划修编工作。7月17日，富春江森林公园提升工程正式开工，至12月底全面完工。

4月10—11日，浙江省珍稀濒危植物回归引种培训会在林场乌石滩开元·芳草地酒店召开，会议由国际植物保护联盟(BGGCI)和浙江省植物学会主办。

【新安江林场】2018年，新安江林场在岗职工21人。年总收入843万元。全年完成造林12.7公顷，中幼林抚育78.9公顷，森林抚育47.9公顷，松林改造47.9公顷，病虫害防治400公顷。榉树、麻栎、七叶树、浙江樟等育苗11.8万株。完成新安江森林公园总体规划编制。

由杭州市林水局和建德市水利局出资173万元实施的朱家埠林区河道整治完工并通过验收。后坑坞960平方米护林房建设项目竣工并通过验收，总投资170万元。

【寿昌林场】2018年，寿昌林场在岗职工12人，实现收入1273万元。该林场承担国家良种基地任务，全年完成母树林种植楠木、青冈造林任务17.1公顷，亚林所湿地松试验林造林6.7公顷，亚林所红豆杉试验林造林4公顷，农林大学楠木等珍贵树种示范林造林9.2公顷，亚林所香椿、毛红椿培育示范造林7.9公顷，大径材培育林冠下造林5.5公顷，建德市珍贵树种抚育15.3公顷，中央森林抚育项目48.9公顷，幼林抚育6.1公顷，绿荷塘林区楠木林种子园抚育3.3公顷，楠木种质资源库抚育35.3公顷。主伐12.7公顷、材积983立方米。林木拍卖款160.1万元。投资100万元，建成种子仓库360平方米、晒场300平方米。

水产业

【概况】2018年，根据省“五水共治”及杭州市“三江两岸”网箱整治政策，建德市网箱养殖设施基本拆除。全市渔业总产出4.62亿元，比上年减少2.2%。全市水产品总产量9439吨，减少6.9%。其中养殖产量6278吨，减收749吨，减少10.7%；捕捞产量3104吨，增收57吨，增长1.8%；渔业产值1.9亿元，减少6.5%。

全市水产养殖面积1742.6公顷，减少158.2公顷。其中池塘养殖面积443.3公顷，增加4.0公顷；山塘养殖面积511.6公顷，减少3.7公顷；水库养殖面积559.27公顷，减少23.5公顷；围坝养殖面积228.47公顷，减少135.07公顷。

全市渔业养殖专业户349户，减少103户；兼业户931户，减少292户。渔业劳动力3171人，减少739人。承包养殖面积1247.80公顷，减少283.33公顷，承包面积占总养殖面积的71.6%。渔农人均收入2.18万元，增长11.6%。

全市渔业生产机动渔船227艘，减少65艘。其中捕捞渔船218艘，减少14艘；养殖渔船6艘，减少51艘；功率2479千瓦，减少360千瓦。全年拆除网箱1961只，面积9.63万平方米。

渔业产业结构调整，名特优新水产养殖得到长足的发展。石蛙、青虾、甲鱼、“严州三江”鳊、青鱼、白花、长吻鮠、花鱼骨等主导产品增长明显。名优水产品产量占水产品总产量的47.3%，产值占水产品总产值的78.9%。

休闲渔业稳步发展，休闲渔业经营主体51个，休闲渔业总产出3610万元，比上年增长37.5%，接待游客人数17.2万人次。

全年抽检水产品70个批次，合格率100%。发

◎6月6日，水生物增殖流放现场

放水产养殖日志、规范化管理记录、健康养殖技术资料200余份(册)，发放、张贴水产品质量安全宣传画40余张。组织开展初级水产品质量安全专项整治，执法检查30余人次。

市农业局获2018年度全省渔业工作优秀考核单位、建德市获2018年度杭州市“平安渔业示范县”称号。

【创建农业农村部水产健康养殖示范场】10月16日，浙江省海洋渔业局组织省水产技术推广总站、杭州市农业局组织专家组，对申报单位建德市大洋镇传统生态养殖场现场验收，并予以通过，成为建德水产业唯一一家农业农村部水产健康养殖示范点。

【推广4项水产养殖新技术】推广低碳高效池塘循环水养殖技术(跑步鱼养殖)。新建低碳高效池塘循环水养殖基地3处，建立水槽11条，将传统池塘“开放式散养”模式创新为新型的池塘循环流水“圈养”模式，实现“机器换人”、排泄物回收，提高养殖产量，减少污染。推广稻鱼共生、稻鱼轮作等生态养殖。发挥建德山区稻田、莲田、茭白田种植历史久、技术成熟的优势，探索稻鱼共生、稻鱼轮作等生态养殖技术。推广坝拦库湾多品种立体生态养殖技术。在“环三江口”坝拦库湾水域主养滤食性鱼，同时实施多品种混养，改变单一鱼类专养模式，提高养殖水体利用率和产出率。推广石蛙沟渠式仿生态养殖技术。开发利用建德山区溪流水域渔业资源，推动石蛙沟渠式仿生态养殖模式。

【渔业技术培训与宣传】举办或承办、协办各类技术培训3期，培训渔农民300人次。开展渔业咨询、科普展示、宣传展板40块、横幅标语20条；科技下乡活动4次，发放科技资料500余份。2人获省级农业行业职业技能考评员，8家养殖场列入渔业科技试验示范基地，83家养殖场成为渔业科技示范户。(吴圣飞)

新能源开发利用

【可再生能源示范乡镇建设】大慈岩镇建设2处永久性农作物秸秆收集点，完成3000吨秸秆收集任务，生产生物质颗粒成型燃料1000吨，实现二氧化碳及氮氧化物的减排，为提升全市秸秆利用水平提供了示范经验。

【沼气沼液利用】完成建德市宏伟生态养殖场、佳森木业等6个中央大中型沼气项目验收。项目合计建设附属池1230立方米、厌氧发酵池3500立方米，年增加处理养殖污水5.4万吨，产气21万立方米，完成项目总投资1600万元。在寿昌镇南浦村实施省农村能源技术创新团队“茶叶施用沼液对比示范项目”，面积6.7公顷，年施用沼液2000吨。(鲍跃群)

水利水电建设

【概况】建德市境内有新安江、兰江、富春江及新安江支流寿昌江4条较大河流，38条中小支流

◎最美河道大洲溪

(其中流域面积在 100 平方千米以上的有 7 条)。全市河道总长 1479.2 千米，其中省级河道 3 条 84.2 千米（2015 年底国情概查结果为 87.31 千米）、县级河道 39 条 514.2 千米、乡镇河道 604.8 千米、其他河道 276 千米。全市堤防总长 674.07 千米,其中 50 年一遇标准防洪大堤(包括城防工程)11.8 千米,20 年一遇标准三江堤防 27.53 千米。除大型水库新安江水库外,中型水库 1 座(罗村水库),小型水库 138 座,包括小㈠型 25 座、小㈡型 113 座。

2018 年,全市完成各类水利建设计划项目共 204 处,投资 4.2 亿元。完成水库除险加固 4 座,山塘整治 10 座;农村河道综合整治 42.8 千米;实施清污(淤)项目 19 处,总计完成清污(淤)清淤方量 22.3 万立方米;完成农村饮水安全工程 3 处,受益人口 0.2 万人;新增高效节水灌溉面积 400 公顷。取水排水泵站工程 247 处,装机容量 5976 千瓦全市总灌溉面积 2.64 万公顷，其中有效灌溉面积 1.62 万公顷。(黄瓯)

【重点项目实施】兰江治理一期工程大洋段、麻车段堤岸总长 4.98 千米,批复总投资 9474 万元,位于大洋、麻车集镇,防洪标准 20 年一遇。2017 年开工建设,2018 年度完成投资 4339 万元,累计完成投资 9474 万元。(钟万余)

【农田水利建设】实施第九批中央财政小农水项目县项目,2018 年完成投资 3140.36 万元，包括：山塘综合整治工程 10 处；高效节水灌溉项目 7 处,总面积 272.33 公顷;灌区改造项目 8 处,受益面积 537.67 公顷,改造渠道长度 9.01 千米;农村河塘整治工程 1 处,整治长度 3.4 千米。

【水利标准化工作】水利工程标准化管理创建实施 97 处,投资 3330 万元;水利工程标准化管理维修养护实施 95 处,投资 360 万元。其中标准化管理创建:水库 54 座,5 万立方米~10 万立方米“屋顶山塘”或饮用水水源山塘 31 座、堤防工程 9 处、水文测站3 处;标准化管理维修养护:水库 491 座,5 万立方米~10 万立方米“屋顶山塘”或饮用水水源山塘 16 座、堤防工程 11 处、农村饮水工程 19 处。(徐定坤)

【清淤工程】2018 年全市清淤计划项目 19 处 22.3 万立方米,实际完成 22.97 万立方米,其中:河道 1 处,属计划项目,即胥溪河道清淤 5.39 万立方米;水库 7 处,清淤 11.95 万立方米;山塘 11 处,清淤 5.63 万立方米。项目实施前均编制清淤实施方案,清淤过程中，由建德市环保部局委托浙江绿荫环境检测科技有限公司对全部清淤项目淤泥进行了检测,在处置过程中对淤泥排放、运输、处置的全过程进行管理,遵循“无害化、减量化、资源化”的原则,合理处置。项目实施完成后,建德市水利局委托浙江惠川水利工程技术有限公司对全部清淤项目进行复测。

【河湖岸线保护】完成寿昌江、大同溪、劳村溪、小江溪、莲花溪、大洲溪、长宁溪、胥溪、清渚溪、后源溪、大溪等 11 条县级河道地形图测绘和管理范围划界工作。(钟万余)

【小水电建设】至 2018 年底，有在役的农村水电站 30 座，总装机 2.063 万千瓦，其中装机容量 1000 千瓦以上水电站 8 座，装机容量 1.21 万千瓦。全年水电站增效扩容项目 2 处：镇头一级和镇头二级电站。（徐定坤）

【千岛湖配水工程】杭州市第二水源千岛湖配水工程在淳安县千岛湖镇富文湾的金竹牌村设取水口，通过输水隧洞引水至余杭区闲林水库，线路总长 112.41 千米，洞径 6.7 米，进水口设计流量为38.8 立方米/秒，年配水量 9.78 亿立方米，总投资约 99.6 亿元，其中建德段投资约 22.49 亿元。建德段线路全长 38.66 千米，包括 11 个施工支洞，3 处埋管段（6 标清渚港改为暗挖），2 个事故修建闸。主隧洞段长约 36.0 千米，衬后内径 6.7 米，埋管段约 2.7 千米，埋管段钢管内径 5.0 米，11 个施工支洞总长约 6.7 千米，洞渣总量预估 260 万立方米，建德段约占整个工程量的 40%。

该工程市境内经洋溪街道友谊村、莲花镇莲花村、下涯镇金洲村、杨村桥镇龙溪桥村、长宁村，乾潭镇骑龙村、下包村及钦堂乡谢田村、庄丰村。涉及 6 个乡镇（街道）、9 个村，设莲花、乾潭、钦堂 3 处分水口。为确保工程进场顺利，共计完成征地面积 7.6 公顷、借地面积约 73.1 公顷等前期政策处理工作。

2018 年 10 月 26 日，建德段隧洞全部贯通，全面进入衬砌阶段。其中施工 3 标许村 2# 支洞，全长近 3 千米，配设 1 个事故检修井，施工难度较复杂，需加快衬砌速度。至年底施工 6 标的衬砌全部完成。

建德指挥部在配合完成千岛湖配水工程建设任务的同时，积极为本市争取资金，改善周边镇村的基础设施和民生工程建设。完成洋溪街道昂石线、杨村桥镇杨长线、乾潭镇麻早线等部分重要路线的道路拓宽、修复、提升工程。完成新建三条 10 千伏电力专线和沿线乡镇的移动、联通、电信等部门的杆线迁移工作。完成农村饮用水提升改造和堰坝堤防提升改造等民生工程。（余晶）

水资源管理

【节水型社会创建】建德市多年平均水资源总量 19.58 亿立方米，水资源总量丰富。受城市化进程加快和工业发展等因素影响，用水架构、比例和水资源配置发生变化。2017 年建德市被列入浙江省第三批节水型社会建设县市，2018 年完成水平衡测试企业 20 家，开展浙江建业化工股份有限公司等企业清洁生产审核 11 家，创建农夫山泉（建德）新安江饮料有限公司等节水型企业 20 家，创建市财政局等公共机构节水型单位 28 个，创建建德新安江叶家月亮湾小区等节水型居民小区 2 个，开展新安江第一小学节水型教育宣传基地建设。

【取水许可制度】进一步规范取水许可审批和延续评估工作，严格核定许可水量和用水定额，完善取水计量装置，加强实时监控系统的维护工作，全市共计取水户 54 家（年度新增 17 家），其中自来水供水企业 5 家（新增 1 家），制水企业 6 家（减少 2 家），住宿餐饮类企业 4 家，其他企业 39 家（新增 18 家）。全部安装计量设施，其中实时监控 46 家（新增 19 家），水表 8 家。至 2018 年末，共计征收水资源费 1134.53 万元，比上年减少 6.9%。（张骏）

气象服务

【概况】2018 年，建德市气象局按照"十三五"气象发展规划和推进更高水平气象现代化建设及对标"一流状态建设一流城市"的新要求，印发《关于推进更高水平气象现代化建设工作的实施意见》，明确建德市气象现代化建设的主要目标、重点任务和保障措施，全面增强气象在防灾减灾、生态文明、城市治理、重大活动和服务人民美好生活等方面的保障能力，为建德实现开放融入、跨越赶超发展贡献气象智慧。继续深化气象监测预警、防灾应急保障、气象社会化管理等工作。围绕建德市生态文明建设工作，拓展气象服务与建德地方经济发展的深度融合，借助气象科技优势，全力打造“国家气候标志”生态气候品牌，重点开展助力建德市打造全国首个“中国气候宜居城市”、建德苞茶参评并获全国首个茶叶类优质气候品质国家气候标志等工作。市气象局被评为闽浙赣皖毗邻地区军队、地方气象联防协会第四十六届年会先进集体和全省气象业务服务工作先进集体。

【生态文明建设气象保障服务】2018 年，5 月 26 日，在开元芳草地乡村酒店举办 2018 中国气候宜居城市高峰研讨会，国家、省、杭州市气象局及有关部门领导、专家与会。围绕“气候宜居与建德”主题，中国气象局原局长、中国科学院院士秦大河作《未来地球计划与人类命运共同体》报告。中国工程院院士丁一汇作《中国的气候变化与低碳绿色发展之路——建德的可持续性发展前景》报告，浙江大学原地球科学与区域发展研究所教授方龙龙作《打响建德宜居类国家气候标志品牌，大力发展康养休闲旅游业》主题报告，中国气象局原副局长、研究员许小峰作《发展生态气象业务服务生态文明建设》报告，上海师范大学欧洲城市比较研究院上海分院院长、副教授冯翔作《中国气候宜居城市建德的未来旅游国际化发展之路》报告，交流和探讨了建德的未来发展之路。会上国家气候中心主任宋连春宣布建德市荣获国家气候标志评定结果，建德喜获全国第一个“气候宜居城市”，中国气象局副局长余勇为建德市颁发中国气候宜居城市证书。还发布《气候宜居城市建德宣言》和《未来地球与生态文明建德共识》，扩大了建德市的城市品牌影响力和知名度，提高了气象服务保障的社会效益。

【气象行政审批制度改革】加强对易燃易爆建设工程和场所（油库、气库、弹药库、化学品仓库、民用爆炸物品、烟花爆竹、石化等）、雷电易发区的矿区和景点建筑物、需要特殊论证的大型项目防雷装置设计审核、竣工验收的审批工作。全年累计受理办结气象行政许可事项 25 件，其中防雷装置设计审核（施工图设计）13 件，防雷装置竣工验收 9 件，系留气球活动审批 3 件；办理气象灾害证明便民服务事项 71 件，办结及时率和服务满意度均为 100%。按照“最多跑一次”改革工作和“八统一”要求，精简防雷装置设计审核和防雷竣工验收事项中各 4 条申报材料，通过“网上申报”和“快递送达”模式，实现窗口所有事项"零上门"。

【公共气象服务】2018 年，市境出现 4 次暴雨天气过程，全年启动暴雨和台风应急响应 3 次，发布各类专题气象服务材料 104 期，发布高温预警信号 12 次，暴雨预警信号 25 次，雷电预警信号 26 次，大雾预警信号 15 次，大风预警信号 8 次，台风预警信号 5 次，霜冻预警信号 3 次，累计发送灾害性天气预警短信 150 余条服务 45 万人次。春运等节假日、“两会”重大活动和中、高考期间开展专题气象服务，累计发布《重要专题气象服务》28 期。进一步拓宽气象预警信息发布渠道，提升群众面对突发灾害性天气的应对能力，建设自主平台接入全市智能应急广播系统，实现全市 226 个行政村气象预警信息接收终端全覆盖，打通气象预警“最后一公里”，有效缩短预警响应时间。

【农业气象服务】在为农服务中整合资源优势，充分发挥全市区域自动站的监测能力，为保险公司和农户提供翔实可靠的观测资料，联合省气候中心农气专家、市财政局、市农业局和保险公司等部门深入推进茶叶、草莓、蓝莓等农业政策性保险工作，先后帮助 20 余户受损农户及时获得 40 余万元保险理赔金，更好地为农业增效、农民增收和农村发展提供有力保障。10 月，经过全国气候与气候变化标准化技术委员会专家对《建德苞茶国家气候标志评估报告》的严格评审，建德苞茶获得全国首个茶叶类农产品“国家气候标志”。

【气象现代化建设】在小流域及地质灾害易发区和旅游景区建成 8 套 4 要素自动站和 5 套负氧离子监测系统，有效提升生态气候监测预警能力。推进气象灾害实景监测预警全覆盖建设，与市公安局、市华数公司积极沟通协商，完成 16 个乡镇（街道）25 处点位实景视频系统共享。积极争取地方公共财政保障支持，人工增雨火箭弹储运服务、防灾减灾气象信息分类分级传播、气象设施维修保养、防雷技术评估和气象灾害监测共5项气象工作纳入政府分散采购目录。持续推进防雷技术服务社会化，完成防雷技术服务项目政府购买服务公开招投标。

【人工影响天气工作】2018年11月下旬，抓住有利时机在三都镇小坞坪村黄山顶、下涯镇马目村平坡谷成功开展3次人工增雨作业，作业面积627平方千米，发射火箭弹14枚，增水量168.83万吨，有效缓解饮用水库容缺乏和森林防火压力。

【防雷减灾安全管理】市政府印发《关于公布建德市第六批气象灾害防御重点单位的通知》，对雷电灾害具有高敏感度的重点化工企业作为气象灾害防御重点区域，确定5家单位为建德市第六批气象灾害防御重点单位。

完成全市范围内4个高考考点、74家易燃易爆危化品场所和4家旅游景区的防雷安全排查并建立信息库。与乡镇(街道)签订气象防灾减灾责任书，明确防雷安全管理职责。建立防雷安全责任制度、应急方案，开展隐患排查、教育培训、企业防雷安全工作自查等全过程的“一厂一策”台账。联合教育局组建防雷安全专项检查小组，重点针对全市中小学校气象灾害应急预案、防雷安全责任落实、防雷装置日常维护、检测及整改情况进行检查，切实履行好防雷安全监管职责。全年发布雷电灾害预警信号28次，雷电预警短信接收10.5万余人次，及时提醒相关单位和社会公众采取防雷应急措施。

【气象防灾标准化建设工作】11月，根据《建德市气象灾害应急准备工作认证管理办法》，国际香料香精(杭州)有限公司等5家气象灾害防御重点单位被认定为建德市气象灾害应急准备工作达标单位。12月，根据《浙江省气象局关于2018年气象防灾减灾标准化村(社区)建设情况的通报》文件要求综合评定，认定乾潭镇陵上新村、大同镇朝阳村、大慈岩镇陈店村、钦堂乡蒲田村、洋溪街道朱池社区、寿昌镇望江社区、李家镇石鼓村、梅城镇宝华洲社区为气象防灾减灾标准化村。组织气象协理员、信息员、标准化村创建联系人等培训11次、共计296人，全年气象协理员、信息员在“协理员在行动”平台上报工作信息1656条，灾情(实况)信息1953条。

【气象科普宣传】3月23日，在市明珠小学举行"浙江省气象科普教育基地"授牌仪式，打响校园科普基地品牌，推动气象科普工作迈上新台阶。8月，联合明珠小学编制的《气象探秘》在第十届全国气象科普评奖活动中被评为“校园气象科普优秀资源包”。通过“3·23”世界气象日、“5·12”防灾减灾日、“6·23”防雷宣传日、“12·4”法制宣传日等载体，联合市科协、市科技局、市司法局、市农协会等单位共同开展科普下乡和科普宣传周活动，向社会公众发放《倡议书》《气象科普历书》《浙江省公众气象灾害防御指南》等科普宣传材料5000余份。

市委宣传部、市气象局联合印发《关于开展农村文化礼堂气象科普点建设的通知》，将气象科普全面融入农村文化礼堂“五有三型”建设。推进杨村桥镇上山村气象科普阵地农村文化大礼堂建设，建成LED气象显示屏，在村民服务中心设置气象科普宣传展板，指导村民安装“天气罗盘”微信小程序及时获取最“智慧”气象信息。(赵建光)

工业 科技

Industry Science and Technology

综 述

【概况】2018 年，建德市坚持“工业强市”战略，打好改造提升系列组合拳，全面振兴实体经济。完成规模以上工业增加值 96.11 亿元，比上年增长 7.6%，其中高新技术产业增加值 34.15 亿元，增长 16.9%，新兴产业增加值 20.32 亿元，增长 17.2%；完成工业投资额 52.82 亿元，增长 17.1%；规模以上工业利润总额 42.26 亿元，增长 56.9%；规上工业亩均税收 14.15 万元/亩，增长 21.4%。招引投资超 20 亿元的重大工业项目 2 个，向上争取资金 5300 多万元。

首次获省工业和信息化工作先进县市区称号，首次获杭州市工业和信息化专项考核一等奖，获浙江省工业投资和“机器换人”技术改造工作考核二等奖，成为杭州地区唯一的全省 2019 年小微企业园建设提升工作县。在全省“低散乱”整治暨小微企业园建设现场会上，代表杭州作书面交流发言。杭州市传统制造业改造提升现场会在建德市召开。

【召开工业经济暨“三招三引”大会】2 月 28 日，建德市委、市政府召开全市工业经济暨“三招三引”大会，总结回顾 2017 年度工作，部署 2018 年度任务。动员全市上下深入实施 “工业强市”“人才强市”战略和“招商引资”一号工程，推进传统制造业改造提升步伐，实现建德工业经济跨越新发展，全力打造杭州经济新的增长极。对部分先进单位和个人代表进行现场表彰。副市长夏喜生代表市政府分别与高铁新区（高新园）和乾潭镇签订重大项目推进责任状，与建德经济开发区（航空小镇）和新安江街道签订招商引资责任状，与新化化工和南方水泥签订传统制造业改造提升责任状。市经信局、市国土局、下涯镇、洋溪街道、建德经济开发区（航空小镇）、沈氏节能、市环保科创中心分别作表态发言。

【传统制造业改造提升试点】2 月，制定《建德市全面改造提升传统制造业行动计划（2017—2020）》，梳理落实亿元以上重点项目 37 个，制定化工、非金属矿物制品、水和饮料、橡塑制品等分行业改造提升行动方案。出台新一轮工业经济扶持政策，并设立 3 亿元的产业发展引导基金。新安集团等 3 家企业和红狮水泥产业园等 4 个项目先后被列为

◎杭州北控建德江公司揭牌

◎杭州市传统制造业改造提升现场会

2018年省级改造提升重点企业和重点项目。三大水泥产业园项目全面启动，海螺水泥搬迁项目完工投产，寿昌粉磨站正式关停。红狮水泥产业园顺利推进，飞灰项目开始试运行。南方水泥产业园启动建设，列入“152”工程项目。参加杭州市传统制造业改造提升竞争性资金分配评审评为A档，获得杭州市财政专项资金补助1500万元。

【推进小微企业园建设】2018年，建德市在杭州地区率先出台《关于加快小微企业创业园建设的若干意见》，细化小微园主导产业占比、建设标准、产权分割、产权管理等方面要求，严格项目准入和企业入园要求，按照“保本微利”的原则设置小微园价格和运营要求，并从用地、金融、政策等方面予以保障和扶持。编制《小微企业园建设规划》，根据产业分布、发展定位不同，在全市层面对工业功能区和小微企业园进行布局。通过政府投资建设、集中使用移民资金建设、工业地产开发等不同手段启动建设3个小微企业园、标准厂房30万平方米。小微企业园建设各项工作走在杭州地区前列，入围全省20个2019年小微企业园建设提升工作县，为杭州市唯一。

【“美丽园(厂)区”建设】2018年，建德市推进“美丽园(厂)区”建设，28家企业通过美丽厂区示范企业验收。新增的高铁新区项目通过消防站、智慧园区、清下水、道路改扩建等项目的实施，移民小微园为建德市小微园建设提供借鉴作用。“美丽园(厂)区”建设的企业覆盖面广，传统碳酸钙企业形象提升显著，新安化工、格林香料、建业化工等传统化工企业通过搬迁入园建设绿色工厂；海螺水泥创建员工慢步带，青岛啤酒设立母婴室。

【推进工业节水】9月，出台《建德市工业节水三年行动计划》，首次将工业节水与行业整治相结合。根据企业规模、生产流程和工艺特点，以安全生产、中水回用、余热余压利用、废水处理、工艺优化等领域为重点，支持企业应用减污、节水、节能等先进工艺技术和装备，加快生产流水线、关键生产环节、单台(套)等技术改造，创建节水型企业、绿色企业。对重点行业开展持续性清洁生产审核，实现“节能、降耗、减污、增效”，减少源头和生产全过程的水资源消耗和污染物排放。全年全市有20家工业企业获评杭州市级节水型企业，4家企业获省绿色企业(清洁生产先进企业)称号，12家企业开展清洁生产并通过验收。

【十大工业行业】2018年，全市十大工业行业有规模以上企业356家，实现工业销售产值413.8亿元。其中生物科技行业有规模以上企业23家；纺织服装行业有规模以上企业74家；电子电器行业有规模以上企业31家，其中低压电器企业21家、其他电子工具企业等10家；建材水泥行业有规模以上企业31家，其中水泥企业7家、其他企24家；金属加工行业有规模以上企业34家，其中冶金加工企业13家、五金工具企业15家、金属制品等企业6家；日用轻工行业有规模以上企业62家，其中竹木板材及制品企业8家、工艺品企业7家、车业企业8家、装饰及玻璃制品等企业39家；机械制造行业有规模以上企业33家，其中输送设备企业6家、节能环保企业3家、机械加工等企业

24家;食品饮料行业有规模以上企业23家,其中饮用水企业4家、酒业企业3家、制茶企业2家、饲料加工企业1家、农产品深加工企业13家;新材料行业有规模以上企业35家,其中有机硅企业3家、粉末冶金企业3家、碳酸钙企业20家、碳酸钙制品企业7家、其他新材料企业2家;新能源行业有规模以上企业2家,为新能源企业。(叶智)

数字经济

【概况】2018年,建德市委、市政府围绕省、杭州市发展数字经济战略部署,推进数字产业化、产业数字化、城市数字化“三化融合”,重点以产业数字化为抓手,促进传统产业改造提升,为经济高质量发展提供新动能。16个乡镇(街道)全年共征集数字经济项目47个,其中信息经济培育企业18家,两化融合项目22个,信息经济平台类项目7个。累计投资额4.31亿元。推进企业上云,以4大通信运营商为重点上云服务企业,至年末,完成新增上云企业1002家。

11月,制定《建德市加快数字经济发展行动方案》,重点打造高铁新区(高新园)创智片区和开发区(航空小镇)数字经济产业平台。两大平台中列入杭州市“一号工程”重点产业平台的项目有9个,分别是逸龙文化创意产业园、建德浙西跨境电子商务产业园(二期)、浙西数据中心、新安江科技城服务中心、航空小镇、跨境众创空间、置信航空智造谷、通航信息产业园、稻香小镇互联网产业园。2018年计划投资额11.43亿元,实际完成投资19.94亿元。

【启动“工厂物联网”专项行动】2018年,建德市启动“工厂物联网”专项行动,召开3次培训对接活动,邀请杭州经信委物联网处及杭州智能制造服务专家,现场指导企业进行数字化改造。至年末,共有12家企业的项目通过杭州工厂物联网项目验收,其中新安集团智能制造项目被评为2018年示范样板。杭州工厂物联网项目通过验收数量在全杭州排名第三位,项目扶持资金818万元,位列杭州地区第二位。

【工业大数据平台建设】2018年,建德市筹备建设工业大数据平台,并纳入2018年政府投资信息化项目建设。至年末,平台建设完成,第一批基础数据全部录入,并投入正式使用。通过该平台动态了解企业产值、税收、能耗等各项指标数据,对企业的地理位置、亩均绩效、产值能耗进行分析应用,为决策通过科学依据。

【推进数字经济发展】2018年,建德市出台《关于加快推进数字经济发展的实施意见》,明确“两化融合”示范区资金扶持办法,鼓励企业应用ERP、MES、DCS等工业控制软件提升信息化水平。浙江新安化工集团股份有限公司、建德市朝美日化有限公司、杭州新德环保科技有限公司、建德市三弟兄农业开发有限公司4家企业获评“浙江省制造业与互联网融合”示范试点企业,获评企业家数为杭州市第一。浙江新安化工集团股份有限公司、浙江新化化工股份有限公司通过国家两化融合管理

◎智慧园区

系统贯标认定。

【完成政府投资信息化项目13个】 2018年，建德市加强政府投资类智慧城市建设项目的统筹管理，促进项目集约建设和信息资源共享利用，加快全市电子政务改造提升，共完成政府投资智慧应用项目13个，主要用于电子政务、青年信用平台、网络安全、数据共享等项目。项目分别为：建德市政府办公室电子政务建设项目、建德青年信用信息平台项目、建德"12345"平台升级建设项目、建德市档案局370万页馆藏档案数字化加工项目、建德市企业信息管理系统项目、国家数字教育资源公共服务体系建设与应用试点示范项目、2018年网警信息化项目、公安网网络安全系统建设项目、350M（PDT）数字集群对讲系统项目、"最多跑一次"事项部署及接口项目、社保中心数据共享平台接口项目、就业系统"最多跑一次"数据接口开发项目、招商信息化建设项目。

【信息基础设施逐步完善】 2018年，建德市华数、电信、联通、移动、铁塔5家通信运营商，提前布局5G、NB-IoT等新一代信基设施并实现共建共享，实现城区宽带千兆入户、建制村百兆接入能力全覆盖。全市所有建制村通信基础设施总投入约8357.5万元，村级建德移动光宽带覆盖率100%，提升建德4G网络覆盖面、网络承载能力，以及企业与家庭用户的信息化普及程度。建德电信光网配合小城镇持续建设，完成光网百兆覆盖率100%。建德华数重点开展全市农村人居环境提升行动的各项改造工作。出台《关于进一步推进通信基站规划建设的通知》，推进5G基站和小微基站的选址建设，促进铁塔公司建德办事处与建德华数公司及交投公司对接，签订战略合作协议。

【通航产业有序发展】 2018年，出台《关于扶持建德市通用航空业发展的意见》，对通航产业的研发、制造、人才等各方面进行扶持。虹湾通航研发制造中心项目在建德经济开发区（航空小镇）落地，该项目占地7.33公顷，总投资2.5亿元，建设包括维修机库、研发中心、动力站、办公楼等，重点开展飞机改装和零部件制造。12月，首架大棕熊100系列飞机下线交付，是杭州地区通航领域第一个飞机生产交付基地。

【"智慧医疗"建设】 2018年，建德市全面推广诊间结算、自助机结算、"医信付"等智慧医疗服务的应用，全市所有市级医院、乡镇卫生院都能在诊间或自助机上进行结算服务。全年诊间结算交易数达20.86万笔。建设区域云共享中心，实现影像、心电、检验、病历等数据共享，并与杭州市级医院影像共享。至年末，影像会诊中心共收到基层医疗单位上传影像图片358例，全部出具诊断意见并下传至基层医疗单位，实现"数据代跑"。深化"最多跑一次"智慧便民服务，从看病少排队、付费更便捷、检查少跑路、住院更省心等方面入手，实现"互联网+医疗健康"，实现区域检验、区域影像、区域心电、区域病历数据共享，并与杭州医养护平台数据互通，完成健康信息互联互通要求，实现数据归集共享。建立覆盖全市市级医院、乡镇卫生院用血单位的血液减免系统，通过一站式服务让百姓办事少跑路，就近就便报销用血费用。血液减免系统运行成功报销36人次，减免金额2.60万元。（叶智）

企业培育和管理

【概况】 2018年，建德市做好50家重点工业企业和50家市级培育企业的培育扶持工作，培育名企、培养名家，推进"小升规"工作。至年末，共有工业企业2000多家，其中规模以上工业企业304家、亿元企业81家（其中，销售产值20亿元~50亿元企业2家、10亿元~20亿元企业9家、5亿元~10亿元企业7家）。

【企业经营管理人才培训】 2018年，建德市围绕企业家素质提升，多次赴上级主管部门及周边县市学习调研，起草《关于实施"建商英才"培育三年行动计划的意见》。邀请杭州经信委物联网处等领导及专家，针对性开展培训。利用上海产业研究院平台，组织重点骨干企业开展"中国制造2025"主题培训班。选送部分隐形冠军企业、“专精特新”企业主要负责人参加浙大研修班；推荐新安化工等企业参加“杭商学堂”各项主题培训班。分行业多次组织企业外出考察学习并交流座谈，着力开拓企业家视野。开展“两新”组织党务工作者培训班，通过专题讲座和现场教学相结合，提升企业党务工作人才素养。累计组织信息经济及有自动化改造需求企业、劳动密集型企业、传统制造业企业、新生代企业家外出学习70期。

【深化“亩均论英雄”改革】2018年，建德市出台《建德市工业企业“亩产效益”综合评价办法》，工业企业大数据管理平台投入使用，在杭州市率先建立企业主动申报、乡镇初审、部门审核三个层面的联动体系，明确因报送数据不当造成的不正确评价结果由企业自行承担责任，强化企业对“亩均论英雄”改革的重视度和参与度。完善工业项目准入审查和复核监管办法，将项目履约监管划分为开竣工核查、竣工核验、达产复核三个阶段，根据项目协议分阶段进行核查核验，强化违约责任追究。强化企业综合评价结果的差别化运用，加大A档企业的激励力度和D档企业的倒逼力度。制定低效工业用地处置办法，启动“低产田”改造提升工作。

【助推企业创新发展】2018年，建德市搭建管理咨询机构与企业合作平台，根据企业管理模式、产业机构等不同特点，邀请省级著名管理咨询机构与企业开展“一对一”咨询合作，例如健峰集团为安伴技术量身打造了6S管理及员工股权激励方案。开展中小微企业创新大赛，引导企业加大创新平台投入。出台《关于改造提升传统制造业振兴实体经济的意见》，统筹安排创新发展资金，推动企业与大专院校及科研院所对接合作，鼓励企业自建或与科研院所共建研发机构。加强与中国科学院上海有机化学研究所对接，合作共建微反应化学工程技术中心。至年末，建德市建立杭师大有机硅重点实验室等5家公共研发机构，杭州正和纳米科技有限公司等2家单位获评杭州市级企业技术中心，建德鑫鼎纤维材料有限公司等7家单位获评杭州市级研发中心。

【全面优化企业服务】2018年，建德市推进“进帮助”活动，开展“聚焦企业、聚力发展”大走访活动，按照“三个全覆盖、五个必须问”的原则对全市规上企业进行走访，相关活动情况在《杭州日报》头版刊发。实施“1050”工程，聚焦聚力100家重点关注企业和50个重点关注项目，建立企业服务专员制度，通过大数据管理平台开展精准服务。深化“服务企业大竞赛”，针对企业反映的征迁、融资、用工、办证等难题，推动全市经济部门主动服务企业、服务项目，累计协调解决企业问题425个。落实中央、省、杭州市企业降成本文件精神，全市落实减免税收优惠11.3亿元（含出口退税3.1亿元），为153户小微企业发放税收信用贷款6644万元，建德南方水泥有限公司等372个用电户通过电力直接交易试点。

【推进“最多跑一次”改革】2018年，建德市工业审批推进标准化体系建设，提升投资项目审批领域改革，确保事项清单标准化、流程再造标准化、办事指南标准化、动态调整规范常态化。压缩投资项目审批周期，实现一般企业投资项目开工前全流程审批时间“最多100天”。全面应用投资项目在线审批监管平台(2.0版)，提前实现全市投资项目在线审批监管平台“4个100%”工作。配合“网上中介超市”建设，将企业能评工作纳入中介超市统一管理。按新出让土地全部“标准地”来开展工作，实现区域能评改革。完成“一单两库一细则”和抽查结果在“双随机”抽查管理系统的数据录入或导入工作，及时向社会公布“一单一细则”相关内容和抽查结果，实现抽查事项100%全覆盖；出台《建德市工业项目履约监管办法》，加强企业投资项目承诺制改革中的信用建设，确保对企业开工、竣工、达产三个阶段进行事中事后监管。（叶智）

品牌建设

【概况】2018年，建德市坚持以科学发展观为指

◎2 月 28 日,全市行业龙头企业表彰大会召开

导,以转变经济发展方式为主线,扶持工业企业持续快速健康发展,推进企业创新驱动,强化新旧动能转换,引领创新建设取得新成效、实现新突破。2018 年,浙江新安化工集团股份有限公司获评“国家智能制造试点示范项目”“国家制造业与互联网融合发展示范试点项目”“国家级制造业‘双创’平台试点示范项目”,低碳脂肪胺(浙江建业化工股份有限公司)被认定为浙江名牌,工业用一异丙胺(浙江新化化工股份有限公司)货品“浙江制造”认证产品。

2018 年,建德市坚持以市场主导、企业主体、政府主推为原则,新安化工等多家企业积极参与标准制定,抢占行业话语权,拓展标准主导力,提升企业产品向高端化发展。浙江新安化工集团股份有限公司为《工业三氯氢硅》国家标准第一起草单位;浙江新化化工股份有限公司的《工业氨水》、浙江新安化工集团股份有限公司的《工业用三甲基一氯硅烷》、浙江深蓝新材料科技股份有限公司的《人造革合成革试验方法表面滑爽性的测定》和《人造革合成革试验方法 抗粘效果的测定》、浙江建业化工股份有限公司的《工业对苯二甲酸二(2-乙基己基)酯(DOTP)》为行业标准第一起草单位;浙江致中和实业有限公司的《五加皮酒》、浙江久晟油茶科技股份有限公司的《山茶油》、建德市朝美日化有限公司的《民用防油烟口罩》、杭州特斯林网业有限公司的《特斯林西餐餐垫》、杭州圣玛特毛绒有限公司的《粗梳仿羊绒纯羊毛织品》为浙江制造标准第一起草单位。

【经济发展贡献奖】 为促进全市经济快速发展,依据企业对地方的经济发展贡献进行评定,农夫山泉(建德)新安江饮料有限公司等 10 家企业被评为 2018 年度“经济发展贡献奖”。分别为:农夫山泉(建德)新安江饮料有限公司、建德海螺水泥有限责任公司、浙江新安化工集团股份有限公司、中策橡胶(建德)有限公司、建德红狮水泥有限公司、浙江建业化工股份有限公司、浙江新化化工股份有限公司、国际香料香精(杭州)有限公司、建德南方水泥有限公司、青岛啤酒(杭州)有限公司。

【十大亩均绩效工业企业】 为引导企业注重绩效,根据企业亩均工业增加值、亩均税收、亩均利润等指标进行评定,农夫山泉(建德)新安江饮料有限公司等 10 家企业被评为 2018 年度“十大亩均绩效工业企业”。分别为:农夫山泉(建德)新安江饮料有限公司、建德红狮水泥有限公司、杭州屹通新材料股份有限公司、建德海螺水泥有限责任公司、杭州玺匠文化创意股份有限公司、杭州澳赛诺生物科技有限公司、国际香料香精(杭州)有限公司、浙江建业化工股份有限公司、浙江新安化工集团股份有限公司、浙江远力健药业有限责任公司。

【“重点工业企业”评选】 为发挥龙头骨干企业的带动作用,根据企业上年度主营业务收入、利润、入库税收、专利数等指标进行评定,确定中策橡胶(建德)有限公司等 50 家企业为 2018 年度市级重点工业企业。分别为:中策橡胶(建德)有限公司、农夫山泉(建德)新安江饮料有限公司、浙江新安化工集团股份有限公司、浙江建业化工股份有限公司、浙江新化化工股份有限公司、浙江大洋生物科技集团股份有限公司、建德海螺水泥有限责任公司、建德红狮水泥有限公司、格林生物科技股份有限公司、青岛啤酒(杭州)有限公司、杭州奥立达电梯有限公司、建德南方水泥有限公司、建德市易通金属粉材有限公司、国际香料香精(杭州)有限公司、杭州澳赛诺生物科技有限公司、杭州福斯特药业有限公司、杭州建铜集团有限公司、浙江深蓝新材料科技股份有限公司、杭州沈氏节能科技股份有限公司、浙江远力健药业有限责任公司、杭州卡洛实业有限公司、浙江天石纳米科技股份有限公司、杭州玺匠文化创意股份有限公司、杭州新马电梯有限公司、建德市白沙化工有限公司、浙江斐凌工具有限公司、建德市万家电器电缆有限公司、杭州朝阳实业有限公司、浙江安伴汽车安全急救技术股份有限公司、杭州凯特电器有限公司、杭州新德环保科技有限公司、浙江久晟油茶科技股份有限公司、杭州勇华车业有限公司、浙江宏都寝具有限公司、建德市远丰工具有限公司、杭州新安江工业泵有限公司、建德市宏兴钙业有限责任公司、杭州科龙电器工具股份有限公司、建德市五星车业有限公司、杭州中宝钢球制造有限公司、杭州稳健钙业有限公司、浙江钦堂钙业股份有限公司、杭州特斯林网业有限公司、杭州双马生物科技股份有限公司、建德市朝美日化有限公司、建德市飞龙电器有限公司、杭州龙驹合成材料有限公司、杭州文通工艺家具制造有限公司、建德市广鑫塑业有限公司、杭州圣玛特毛绒有限公司。

【"市级培育企业"评选】为加大对工业企业的扶优扶强力度,根据企业上年度生产性投入、新产品产值率、专利数、利润率及产值增长等指标,确定建德市顺发化工助剂有限公司等50家企业为2018年度市级培育企业。分别为:建德市顺发化工助剂有限公司、建德市新安江气动元件有限公司、杭州沃司节能科技有限公司、浙江振元门业有限公司、浙江致中和实业有限公司、杭州西子卫生消毒药械有限公司、杭州意萨曼新材料科技有限公司、雅鼎创意家居股份有限公司、建德市三弟兄农业开发有限公司、建德市勇华电器有限公司、建德市恒力电器有限公司、建德市春雷五金电器有限公司、浙江星联电动自行车零件有限公司、杭州奥宇金属制品有限公司、浙江铁凝汽车用品有限公司、建德市横山气体有限责任公司、杭州锦弘环保墙体材料有限公司、浙江通用木业有限公司、杭州正和钙业有限公司、杭州振兴铜业有限公司、杭州骏浩新材料有限公司、杭州巨牛椅业有限公司、建德市旋具有限公司、杭州中水能源设备有限公司、杭州罗龙科技实业有限公司、杭州胜奇纺塑有限公司、建德市路达家具有限公司、樱花木门(建德)有限公司、杭州思味王食品有限公司、浙江华电智能电站设备股份有限公司、杭州韵博化纤有限公司、浙江新安迈图有机硅有限责任公司、杭州朗索医用消毒剂有限公司、杭州东方雨虹建筑材料有限公司、浙江立度织造有限公司、建德市金添高分子材料有限公司、建德市云峰碳酸钙有限公司、浙江普林艾尔电器工业有限公司、杭州明扬农牧设备有限公司、杭州宏盛农业设施有限公司、杭州宏鑫钙业有限公司、建德市双超钙业有限公司、建德市华宇纳米科技有限公司、杭州冠南精密铸造有限公司、建德市美尔泰纺织有限公司、浙江拓新高分子材料股份有限公司、杭州艺佳纺织品有限公司、浙江隆源环境科技股份有限公司、杭州嘉和材料科技有限公司、建德市钦堂精细钙业有限公司。(叶智)

节能降耗

【概况】2018年,建德市经信局坚持"工业强市"战略,将节能降耗作为稳增长、调结构、促转型的重要抓手,推行区域能评制度改革,实施"低小散"块状行业整治,推进传统制造业改造提升,破解资源要素制约。根据上级考核指标任务要求,建德市委、市政府制定并下发《关于印发建德市2017年度节能降耗目标责任评价考核办法通知》,召开全市"能源双控"会议,明确对重点用能企业、乡镇(街道)、机关部门的实行综合能耗和工业增加值能耗"双控"考核指标,并将节能目标考核纳入市创新发展专项考核和年度综合考评。对未完成目标的重点用能企业的实行限、停产措施,并取消享受一切财政优惠政策。

为确保完成“十三五”能源“双控”目标任务，结合“十三五”期间产业转型发展规划，建德市科学评估确定建德市区域内负面清单，建立“区域能评+区块能耗标准”取代项目能评的体制机制。对“一区一园四区块”推行区域能评改革，合理制定负面清单，明确入园产业标准和能耗总量、单耗的控制范围，深入推进审批承诺备案制，全面实现节能审查“最多跑一次”改革工作。

【加强企业能源监察】2018 年，为贯彻落实节约资源基本国策，加强用能监管，提高能源利用效率，将建德市云峰碳酸钙有限公司、青岛啤酒(杭州)有限公司、建德市双超钙业有限公司、建德市宏兴钙业有限责任公司、浙江天石纳米科技有限公司、格林生物科技股份有限公司、浙江省建德市正发碳酸钙有限公司、建德市大健碳酸钙有限公司、农夫山泉(建德)新安江饮料有限公司、浙江新安迈图有机硅有限责任公司、大润发超市建德店（公建)、半岛凯豪大酒店(公建)、中国农业银行股份有限公司建德支行(公建)13 家单位列为 2018 年度建德市能源监察企业。加大对重点用能企业和公建单位的现场监察执法力度，对存在超用能总量、仍在使用淘汰落后设备等企业进行检查，倒逼企业进行工艺和设备的节能改造，提高企业的能源利用效率和能源管理的合理性。

【开展环保督察回头看】根据《关于开展环境保护大排查、大整治专项行动的通知》要求，围绕 10 蒸吨/小时以下燃煤锅炉淘汰、落后产能淘汰、水泥搅拌站和碳酸钙行业等工作开展监督检查，落实整改责任，在中央环保督察期间，做好杭州市级和建德市级信访件督办、查阅资料报送等，完成督察工作。

【严格项目准入】加强新建项目的准入审查，控制新增用能。把节能降耗与推动建德市工业结构调整和产业升级结合起来，对能耗高、污染大、效益低的项目要从严控制，争取较小能耗获取较高的收益。充分运用亩均绩效评价结果，合理制定有序用电方案，实行差别化限电方案，把有限的能源空间优先配置到能耗水平低、经济效益好、财政贡献大、市场前景好、发展潜力大的行业、企业，实现能源使用高效配置。

【淘汰落后产能项目】2018 年，建德市推进全市碳酸钙整治提升、启动竹木制品产业整治提升工作，组建各专项工作组，制定标准明确提升目标，出台政策鼓励兼并重组，严格执法加大倒逼力度。通过联合重组、改造提升、搬迁集聚、关停转产等手段，将全市 196 家碳酸钙企业优化调整为 33 家，实现全行业上规目标。224 家竹木制品企业中，关停 197 家、保留提升 27 家，淘汰小锅炉 96 座，全市规模以上工业劳动生产率达到 23.5 万元/人，近三年平均增长 6.12%，三年累计腾出用能空间 25 万吨标煤以上。对照杭州市下达任务，淘汰落后产能，加强清洁生产，至年末，全市关停整治“低小散”企业(作坊)214 家，完成率 178%；淘汰落后产能任务 21 家，完成率 100%。

【16 个项目通过建德市节能审查】2018 年，建德市严格项目准入和节能审查，完善项目准入审查制度，从源头控制高能耗项目。2018 年建德市节能审查项目共计 25 个，备案 2 件，其中建德市级审批 16 个、杭州市级审批 7 个。建德市本级通过节能审查的项目分别为：建德市五星生物科技有限公司增塑剂建设项目，建德更楼矿业有限公司建德岩源村砂岩矿年产 200 万吨矿石及配套骨料加工生产线项目，杭州澳赛诺生物科技有限公司医药中间体建设项目，建德市建伟矿业有限公司建德市航头镇紫坞岭建筑石料凝灰岩矿 200 万吨/年建筑骨料项目，杭州刚信科技有限公司年产 700 万件新能源汽车配件及汽车发动机部件建设项目，建德浦发热电能源有限公司建德市环境能源项目(建德市生活垃圾焚烧发电项目)，浙江安联矿业有限公司建德市大同镇大同村潘村村黄垅村李家镇诸家村寺家蓬熔剂用石灰岩矿项目，杭州华石纳米科技有限公司年产 16 万吨钙系列产品项目，杭州特斯林网业有限公司年产 3200 吨仿木条、2000 吨遮阳网、1500 万平方米防渗膜、2000 吨吹塑薄膜、5 万平方米合成树脂瓦、3000 吨 PVC

塑料粒子项目，建德市华隆塑业有限公司年产10万吨重钙粉、6万吨填充母料项目，杭州中兴绿色建筑科技有限公司PC建筑构件生产基地建设项目，建德市宏明助剂有限公司年产1万吨精密机械零部件建设项目，杭州兰祥建材有限公司年产200万吨建筑用砂石建设项目，杭州卡洛实业有限公司年产5200万米PU合成革（含年回收3.6万吨DMF）技改扩建项目，建德市乾泰再生资源有限公司年产1.0万吨木塑包装材料、木塑托盘及木塑景观材料与建筑装饰材料、2.0万吨塑料粒子、年热处理4000吨金属零配件项目，杭州禾太生物科技有限公司年产10万吨速爆大豆、1.2万吨浓缩饲料及混合性饲料添加剂和1.2万吨纯乳太饲料添加剂项目。

【加大光伏推广及节能宣传】加大工业企业光伏推广，对有条件特别是园区内的企业屋顶进行摸底调查，包括安装意愿、屋顶面积、建筑建构等；对新上项目准入和节能审核过程中，明确符合条件的企业使用屋顶光伏建设，全面推广光伏项目；做好光伏企业推广和引荐，借鉴光伏发展较好的县市推广经验，推进建德市光伏建设发展。利用广播、电视、报纸、网络、宣传栏等多种渠道和形式，加强日常节能宣传教育，开展节能合理化建议活动，使节能的理念深入人心。在保障生活用能的合理增长的前提下，通过各种途径，提高居民节约用能意识，推广日常生活、工作中的节能技术，提高用能效果。（叶智）

重点工业企业选介

【新安江水力发电厂】2018年，水电厂加强党的建设，深化依法治企，提升安全生产和经营管理水平，打造一支想干事、会干事、能干事的队伍。电站机组启动成功率实现100%，未发生被公司考核的安全、质量事件，实现连续安全生产6022天。先后获浙江省“安康杯”竞赛示范单位、浙江省部属企事业优秀工会、全国大型水电厂（站）“青年工作”先进单位和省部企事业“工人先锋号”等多项荣誉。年末新安江水库来水91.63亿立方米，全年发电量达13.22亿千瓦时。企业固定资产原值14.78亿元，净值2.16亿元。全民所有制在编人员404人。

8月初，水电厂开始安排值班、巡检人员对备用机组开展专项检查。26日11时50分，水电厂接到国网新源控股有限公司抗咸顶潮开机指令，8台备用机组准时开机，20分钟内全部进入满负荷状态，下泄流量956立方米/秒。16时30分，8台机组平稳停机，抗咸顶潮首战告捷。此后，每日增发300万千瓦时电量，将咸潮挡在杭州以东。

9月16日，生态环境部至新安江水电厂开展杭州市饮用水水源地环境保护第二轮专项督查。浙江省环保厅、杭州市环保局、建德市领导及建德市环保局等陪同检查。检查组对水电厂在饮用水源地所做的环保工作、清洁能源发展理念表示肯定。

11月3日，中国国际进口博览会在上海举行。为确保进博会用电安全，水电厂准确制定保电方案。7日10时8分，电网出现异常波动，华东网调指令水电厂开机顶出力，保障电网频率稳定。水电厂立即开启两台机组，将一台调相机组改发电运行，调整总出力至430兆瓦，5分钟内顶出力并确保频率稳定在50Hz，系统恢复正常运行。11时15分，华东网调来电通知保频率工作结束，历时67分钟的顶出力任务出色完成。

4月8日，建德市省级机关单位主题党日活动基地——“浙江省直属机关主题党日活动基地”正式挂牌于新安江水电站展览馆。11日上午，首批主题党日活动单位，浙江省新闻出版广电局机关一行40多名党员，参观新安江水电站展览馆、发电厂房、发电机组和拦河大坝的坝顶，观看新安江水站建设发展的纪录片。全年共接待48个单位，51批次团队计1548人，减免门票费2.78万元。

7月27日，受新安江流域暴雨影响，建德城区江段水体污染严重。28日，水电厂主动向华东电网调度中心申请增加机组出力，更改当日的负荷曲线并获批准。7时15分，水电厂开启9台机组并迅速拉升到810兆瓦的满发状态。8时许，下游江水恢复往日的清澈。通过一小时的紧急加大下泄流量，显著改善下游水质，为正在举办的17℃建德

“夏日冬泳”挑战赛提供支持。

9 月 11 日,杭州市精神文明办召开杭州市青少年学生“第二课堂”活动工作会议,命名新安江水电站为市青少年“第二课堂”活动三星级基地。水电厂扩建一间新展厅,重点展示新安江水电站中央控制室退役的监控操作盘,使青少年学生在参观水电站时,既能深刻感受“三自”电站精神,又能现场体验水力发电工作过程。全年共接待学习交流、社会实践、调研访问等活动逾 15 万人次。

严格执行“两票三制”“六要八不”,引入微信违章曝光奖励平台,提升反违章意识和能力;落实生产管理人员岗位资格认证,开展针对性的应急演练,确保安全生产工作“可控、能控、再控”。完成华东电网调频调峰、钱塘江流域防洪度汛等常年重点任务以及中共十九大、中国国际进口博览会等重大活动的保电任务。至年末,水电厂实现连续安全生产 6022 天,创建厂以来,连续安全运行天数最高纪录。(吕志峰)

【浙江新安化工集团股份有限公司】2018 年,公司上下抱着“起步就是冲刺、开局就是决战”的信念,推进“文化、模式、组织、机制”转型,探索转型升级和高质量发展道路。全年实现营业收入和总资产“双百亿”的目标,进军百亿企业的行列,其中建德区域实现营收 60 亿元,比上年增长 51%,利税近 10 亿元,增长近 120%。全年综合能耗比政府指标节约 1.5 万吨标煤。获中国化工 500 强、中国氟硅行业 30 周年领军企业、中国化工行业上市公司百强,中国石油和化工民营企业百强第 48 位等荣誉。

坚持“12345”战略方向不动摇,推进战略布局,清晰“一体两翼”发展思路。加快有机硅下游、农业服务两大平台的战略落地。推进新安农网建设,探索农业+互联网场景应用。坚持全球化战略导向,形成海外产业布局规划。

加强整合技术研发资源。集团总部重新成为国家高新技术企业。杭州市级院士工作站升级为省级。获得浙江省科技进步二等奖 1 项,中石化联合会科技进步一等奖 1 项。巧借外脑共享资源,与清华大学、华东理工大学、南开大学等知名院校开展合作。

强化数字化经营能力建设。推进两化融合,搭建 3D 仓储、智能制造、工业互联网平台,提升生产智能控制水平;用数字化方式构建生产制造、安全环保、供应链运营等领域。集团 SAP 上线,形成“1+18”的信息化系统格局,为经营大数据奠定基础。成为国家智能制造试点示范项目、制造业与互联网融合发展试点示范项目、制造业“双创”平台试点示范项目等。

打造全球化运营能力。调整农化产品结构,客户结构。引进外部非同类、高毛利产品。推进有机硅产业的全球布局,加快海外产品登记步伐。加纳物流项目取得实质性进展。

深化 SHE 管理,推进三年综合治理。引进美国杜邦专家团队,开展安全环保管理回顾咨询。打造“氯磷硅”循环经济 2.0 版本,加快“三废”减量技术攻关,获评为 2018 年度石化行业绿色工厂。

参与杭州绕城高速公路出口危化品车辆事故应急救援。捐赠 2000 万元建 100 所新安安心卫生所。助力贵州岑巩县捐资助学、扶贫济困等活动;援建加纳新安阳光中学。挖掘“两山理论”在新安的生动实践,利用报纸、电视、新媒体立体式宣传。(杨升文)

◎中策建德春秋全钢一分厂轮胎生产车间

【中策橡胶(建德)有限公司】公司是中策橡胶集团有限公司全钢和斜交轮胎生产基地,生产的各种品牌规格轮胎均通过国家和国际认证，产品畅销国内市场，远销欧洲、美洲、亚洲、大洋洲、非洲等70多个国家和地区。2018年，公司总产量752.2万条，其中全钢668.6万条、斜交83.6万条。年末有员工4479人。

2018年，公司获建德市人民政府2018年度“重点工业企业”“经济发展贡献奖”“行业龙头企业(日用轻工)”。获建德市委组织部、建德市经济和信息化局2018年度经信系统“党建强发展强示范企业”等荣誉称号。

8月，完成春秋钢二厂房土建及公用工程安装建设。11月，内衬层生产线安装调试完成并投入运行。12月，春秋钢二两台新型成型机投产以及10台硫化机搬迁改造到位。

2018年，开展30个规格新产品开发，重点开发东南亚市场低成本斜交胎7.00-15/7.00-16CR892T、全钢农业子午胎7.50R16EZ401、全钢轻卡载重胎AZ686/AT572/AZ569系列、全钢矿用及林业载重胎8.25R16EZ365/EZ366/EZ367、云轨列车专用轮胎6.00R9、200R15等产品。

研究17.5寸成型撑快与成品胎子口材料的匹配性：改造17.5寸成型鼓撑块形状，改善胎胚质量，成型后胎胚无气泡，子口泡发生率下降50%，节约成本232万元/年。

推进AB型硫化机的工艺改善：完成总厂转移至中策建德15台硫化机的安装调试工作，并对硫化工艺进行优化，AB型机的成品综合合格率由98.59%提高到99.20%；排凝孔板由直径7毫米改直径5毫米，设备运转率提高3%，全年成本节约189.8万元。开展215/75R17.5 CR960A优化设计。通过对胎体、带束层、子口的优化，取消钢包设计，耐久提升11%，160%胎圈耐久提升40%，200%胎圈耐久提升10%。提升7.00R16CR907无钢包胎圈性能。通过对子口部位材料优化设计，胎圈耐久性能提升2倍以上。(张甜)

【建德海螺水泥有限责任公司】公司是安徽海螺水泥股份有限公司(以下简称“海螺水泥”)的全资控股子公司。公司熟料基地位于浙江省建德市李家镇洞山脚下，水泥生产线位于建德市寿昌工业园区。公司主导产品为“海螺牌”普通硅酸盐水泥和高标号商品熟料，符合海螺集团内控水泥熟料质量标准，商品熟料主要销往金华、衢州、丽水等地区。

公司拥有2条5000吨/日熟料生产线、2套9000千瓦余热发电、2套水泥立磨系统、1套年产百万吨骨料系统。8月19日、11月29日，公司2台水泥立磨分别投产使用。

公司按照“稳运行、抢工程、攻难题、提形象、创品牌”管理思路，加强市场拓展，强化生产运行，强化专业管理，高度重视安全环保，年度效益创历史新高。2018年，实现缴纳各类税费1.64亿元，全年实现工艺、质量、设备、环保等重大事故为零的目标。

2018年，公司结合习近平同志在浙江省委书记任上到建德海螺公司考察调研时的指示精神，公司多次组织专题研讨，创建“牢记嘱托、绿色发展”特色党建品牌，明确“十三五”期间的奋斗目标。研讨制定“一支部一特色”计划，即矿山分厂党支部打造矿山地质公园，生产制造党支部打造节能减排示范园，机关党支部打造美丽厂前区、美丽生活区。(杨磊)

【农夫山泉建德基地】农夫山泉建德基地是集研发、生产、营销为一体的综合性饮料企业，中国饮

◎农夫山泉公司外景

料工业“十强”企业之一、农业产业化国家重点龙头企业、国家级工业化和信息化深度融合示范企业。公司的核心品牌“农夫山泉”为中国驰名商标。农夫山泉饮用天然水市场占有率长期位居国内第一、国际第三。

公司始终坚持“健康、天然”的品牌理念，坚持“水源地建厂、水源地灌装”，相继在国家一级水资源保护区浙江省千岛湖、吉林省长白山靖宇矿泉水保护区、南水北调中线工程源头湖北丹江口、国家级森林公园广东万绿湖、天山冰川区新疆玛纳斯、世界自然文化双遗产四川峨眉山、国家级自然保护区陕西太白山、国家级森林公园贵州武陵山建成10多座国际领先的天然饮用水及果汁饮料生产基地。

2018年，农夫山泉在建德建成四个大型生产工厂，累计投资33亿元，拥有自动化程度极高的饮用天然水生产线13条和各类饮料生产线9条。

建德基地是浙江省工业旅游示范基地、浙江省中小学生研学基地和浙江省中小学生质量教育基地，2018年，接待全国各地游客和学生14万人。建德基地是一个多品项、多包装规格的华东地区重要生产基地，涵盖天然饮用水、果蔬饮料、功能饮料、茶饮料等多个品类，产品畅销全国，是建德市十大亩产效益企业。（章建龙）

【杭州澳赛诺生物科技有限公司】公司是一家国家高新技术企业、浙江省科技型企业、建德市重点工业企业。2018年，实现销售收入2.22亿元，利税1.35亿元。年末有员工260多人，其中硕士及以上学历6人、本科学历45人。

公司建有浙江省级生物医药企业高新技术研究开发中心，通过10多年的培育，形成良好的研发梯队。与美国礼来公司、默克制药公司等多家世界500强企业建立长期技术合作关系。

公司致力于新药注册中间体及新药原料药的研发与生产，研发生产的产品均为全球首创产品，全部出口美国、欧洲、日本等工业发达的国家及地区。公司通过自主研发和国际技术合作，实施200多个项目的开发，其中包含多项抗癌药物、抗抑郁药、抗肝炎药物的注册中间体等高新技术产品，部分项目进行工业化生产，获得五项发明专利、六项实用新型专利，所完成的项目均填补国内空白。

2018年，公司在建德高铁新区马目区块建立新的高标准、自动化程度高、绿色环保生物医药生产基地，完成新厂区一期所有厂房及公用设施建设。投入400多万元，在公司研发中心建立安全实验室，年内投入使用。（陈淑纹）

【青岛啤酒（杭州）有限公司】2018年，公司围绕“品质导航，高效率，服务市场；规范管理，控成本，差异制胜”的工作方针。狠抓安全生产，降低各项消耗。积极产销融合，优化产品结构，全力开拓市场。年末公司资产总额3.3亿元，注册资本2.3亿元，占地面积22.4公顷，有员工300多人。完成产销量9.07万千升，销售收入2.48亿元，盈利2516万元，税金5069万元。获“建德市年度十大税收贡献企业”。

◎青岛啤酒厂区

公司以质量为中心，坚持目标导向，落实工艺原则和技术标准，引导和发扬工匠精神，促进全员“品质导航”的质量意识。围绕总部三大查核卡，进行分解、运用，在班组内部全面推行，在细节处下功夫，逐步消除质量缺陷，提升产品内外部质量。2018年，质量BSC各指标稳步提升。其中，市场抽样A+Ⅰ档酒合格率100%；标准样品A+Ⅰ档酒合格率100%；新鲜度合格率由100%；乙醛合格率100%；双乙酰合格率100%。

公司携手广安物业，打造创新型社区销售模式。推广新安明珠、紫金家园等8个小区及小区管理APP，在双江步行街、航头镇、更楼街道、寿昌镇推广摆摊堆头。7月15日，市政府牵头举办"第六届建德7017新安江青岛啤酒节"，在航空小镇举办第二场青岛啤酒节，啤酒节销售比上年增长107%。

公司努力"挖潜增效，控亏增盈。"通过规范酿造酒头酒尾排放、精准控制清酒，粮食损失率比上年降低0.86%，降低成本21万元。以精益思想为指导，强化能源管理、开展设备改造，多措并举挖潜增效，多项消耗费用指标在集团名列前茅。水耗、电耗、标煤单耗、蒸汽单耗、综合能耗等走进集团的前5名。

围绕总部"风险识别全方位、零几率，安全检查全覆盖、零死角，隐患治理全排除、零容忍"的安全工作方针，明确安全环保责任和考核标准，细化对氨系统等安全领域的管理，推进班组安全管理标准化建设、上锁挂牌等项目以及核心查核卡、BBS、JSEA等管理工具的应用，确保对安全环保过程和结果的管控。完成安全控制指标，实现零事故、零工伤。未发生连续损失工作日事件。污染物内控排放达标率、在线设施数据传输率等各项环保指标均完成总部下达的指标。连续四年获得集团"绿色环境奖"、连续四年获得街道"安全生产先进单位"、浙江省"安康杯"竞赛优胜单位、杭州市"节水企业"等荣誉。（杨正乐）

【浙江远力健药业有限责任公司】公司是一家专门从事药物研究、生产和销售的医药企业，属国家高新技术企业。

公司配有标准化的提取、固体制剂、原料药车间和片剂、胶囊剂、颗粒剂等多条生产线，拥有瑞巴派特片、清开灵片、左旋多巴片、利巴韦林泡腾颗粒、二氟尼柳胶囊等20多个生产品种。其中瑞巴派特片是国内首仿品种，进入国家医保，具有国产独家剂型的优势，得到该领域内国内外强循证医学证据支持，进入国家临床路径，每年增幅保持在30%以上，占有全国同类产品近一半的市场份额。清开灵片是公司重点产品，其配方来自经典古方—安宫牛黄丸，拥有"处方/非处方"两套成熟的销售体系，在同类产品中位列前三名。左旋多巴片为公司的核心产品，是国内外斜弱视治疗推荐药物，拥有成熟完善的市场推广支持。

2018年，公司拳头产品瑞巴派特片完成处方开发研究、体外溶出的药学研究、中试放样，作为体内临床正式BE研究的预BE试验，列入项目阶段性规划。

公司借助长三角的地理位置和经营理念优势，连续10年销售业绩实现持续上升，2018年实现销售额2.4亿元，纳税2853万元。销售网络以浙江为立足点，覆盖全国30个行政区划，拥有处方药、OTC（非处方药）等各类专业销售人员300多人；公司将营销团队打造、销售模式转型、创新发展作为发展的重中之重，坚持走专业化学术推广的道路，形成一套以聚焦重点产品为战略，以产品、客户、架构、终端及专家体系为支撑，以合作伙伴、产品定位、人员匹配、终端管理、费用投入"5精准"为目标；本着共创共赢的经营理念，与专家队伍、客户及经营团队建立深层次的紧密型、精细型的合作伙伴关系。

公司先后荣获国家、省、市各级多项荣誉，被评为国家高新技术企业、十大亩均绩效工业企业、科技型中小企业、浙江省级研发中心、杭州市专利试点企业、重点工业企业、守合同重信用单位、纳税大户、创新试点企业、劳动保障诚信示范单位等荣誉称号。（陆永琴）

【杭州玺匠文化创意股份有限公司】公司是一家集设计、生产和销售铜工艺品的创新型企业。2018年，公司销售产值4亿元。拥有"铜师傅""铜木主义""玺匠"等品牌。

"铜师傅"为纯铜工艺品，从创意设计到原型雕塑，从制模焙烧到精铸打磨以及高温着色等多达60多道工序，全部由纯手工完成。7月9—29

日，完成“铜师傅”小米上市纪念米兔2万尊；8月，完成由凯辉基金领投的3.1亿元B轮融资。

“铜木主义”发力于线上家具领域，9月，正式获得中国国家博物馆的馆藏文物IP授权，双方联合出品的一套《御鉴》新中式家具，在淘宝众筹突破1653万元。（胡文萍）

【杭州屹通新材料股份有限公司】公司是国内专业从事雾化铁基金属粉末研发、生产与销售的龙头企业。主要以各类废旧金属为主要原材料，通过熔炼、水雾化、还原等一系列复杂工艺，将原材料转化为金属粉末，并作为压制、注射成型领域的主要原材料重新利用。

公司主要产品为高性能纯铁粉末、合金粉末、无偏析混合粉末、添加剂用粉末等。产品广泛应用于汽车、摩托车、家用电器、电动工具、工程机械、仪器仪表、热敷材料等十多个行业。主要客户有宁波东睦、扬州保来得、华德粉末冶金、无锡恒特力等业内知名企业。

2018年，公司有员工180多人，其中研发技术人员30多人，本科学历以上员工占总人数的11.6%。公司总资产3.20亿元，净资产2.29亿元，营业收入3.08亿元，缴纳税收4000多万元。

公司拥有省级高新技术企业研究中心，与中南大学、合肥工业大学及中国有色金属工业粉末冶金产品质量监督检查中心等国内知名院所建立长期合作关系。2018年，公司投入100多万元研发费用，开发新产品和提升产品质量；起草拟定《粉末冶金用水雾化纯铁粉末、合金钢粉》国家标准的制定。

公司从中科院沈阳金属研究所和杭钢集团引进2名博士后专业人才，引入多名硕士研究生。2018年，公司实施股权激励方案，中高级管理人员、技术人员和核心骨干员工成为公司股东，确保公司发展战略和经营目标的实现。（李辉）

建德市高铁新区

【概况】2018年，建德市高铁新区平整土地40公顷，固定资产投入25.47亿元，其中工业投资21.26亿元、非工业投资4.2亿元，实现规模以上工业销售产值193亿元、实现工业增加值36.6亿元。企业专利申请总量121件，其中发明专利19件；外贸自营出口5.36亿美元。招商引资浙商创业创新资金到位10亿元，实到外资3269万美元，完成招商引税1677万元，完成5000万元以上重点项目9个。

全年新建、续建基础设施项目16个，总投资14.4亿元。其中，高铁客厅基础设施工程、门户区块土地整理及景观提升项目完成，中策橡胶下涯春秋厂区后山坪基础设施项目进场施工，新安江综保工程“1+7”路网体系完成85%，绿道路基基本贯通，下涯湿地、朱池弄墨、马目相送驿站主体建筑完成，消防站建设工程完成。

2018年，高铁新区共有32个重大产业项目，其中亿元以上项目22个。其中续建项目10个、新建项目7个，15个项目处于前期阶段，计划总投资71.8亿元，年度投资12.4亿元。众新和结加项目投产，东方雨虹二期、劲瑞启动试生产，德爱威项目土建主体工程完工，设备安装基本完成，澳赛诺项目、东方雨虹二期、旦洋无纺项目一期、贝兴环保等项目有序推进。

◎北控置业集团建德市高铁新区整体开发项目工作交流会

开展帮企解困助企发展，为企业提供全程保姆式代办服务，实现企业办事“一次不用跑”。全年累计走访巡查企业和在建项目200多次，协调解决企业难题160多件，为园区30多家企业和新入园项目提供代办服务。

【创建省级高新技术产业园区正式获批】12月24日，浙江省科学技术厅和浙江省发展和改革委员会联合发文，同意杭州市在建德创建“建德功能性新材料高新技术产业园区”，实行省级高新技术产业园区政策。该园区总面积13.8平方千米，分江南和江北两个片区，以培育功能性新材料、新型装备和生物医药为主攻方向，按照“布局合理、用地集约、产业聚集”的要求，引导高端要素集聚，成为发展高新技术产业和增强自主创新能力的重要载体，把园区建成具有重大影响力的新材料产业基地。

【上海产业技术研究院建德市产业化基地成立】3月12日，上海产业技术研究院建德市产业化基地在建德市高铁新区正式挂牌成立。该基地是上海产业技术研究院在浙江首个产业化基地。上海产业技术研究院计划在基地设立博士后工作站，安排8名教授专家、20名博士不定期在基地从事技术创新、产品研发和产业转化等工作，为建德传统产业提升改造、化工产品研发和产业链延伸等方面提供智力和技术支撑。

【12个重大产业项目集中开工建设】3月28日，建德市2018年工业项目集中开工仪式在高铁新区主会场举行，包括旦洋无纺布生产项目、澳赛诺医药中间体项目等在内的12个重大产业项目集中开工，项目涵盖新型建材、生物医药、化纤纺织等多个领域，总投资21.6亿元，占地面积43公顷。

【市政府与北控置业集团签订高铁新区战略合作协议】5月31日，在雁栖湖国际会展中心，建德市高铁新区与北控置业集团正式签定产城整体开发项目。该项目旨在以绿色和生态为主题，构建一座“产业高度集聚、城市功能完善、生态环境优美、宜居宜业宜游”的现代化高铁新城。在签约仪式现场，田园综合体、康养综合体、文旅综合体和科创综合体4个项目同步签约。

【建德市高铁新区总工会成立】7月10日，建德高铁新区总工会成立暨第一次全体代表大会召开，有正式代表50名，来自高铁新区及所辖27家企业，代表着3000多名工会会员。代表中有工会工作者10名，一线职工32名；党政代表8名；女代表15名；年龄在35岁以下的青年代表18名，占代表总数的36%；文化程度在大专以上的代表30名，占代表总数的60%；民主党派2名，外来务工创业人员10名。会议选举产生高铁新区总工会第一届委员会、第一届经费审查委员会、第一届女职工委员会。

【建德市移民创新创业小微企业园开工】7月24日，建德市移民创新创业小微企业园暨建德市“80个村消薄增收”示范项目正式开工。该项目位于高铁新区马目区块，总投资1.1亿元，其中80个经济薄弱移民村以移民资金入股，共计占股90%，拟建11幢厂房，配套办公楼、宿舍、食堂等，总建筑面积5.6万平方米。

【新安江综保工程彩绘田园(花海)景区对外开放】

◎下涯镇之江花海(王建录 摄)

4月29日，新安江综保工程彩绘田园（花海）景区正式对外开放。该项目是新安江综保工程的先行项目，位于下涯镇之江村，概算投资4600多万元，占地面积12公顷，整体以种植蓝色矢车菊为主，盛花期为4月底至5月底。建设内容包括景观栈道、滨水绿道、梦幻花海以及集散广场、停车场等基础设施。在互动体验区设置有景观配套服务建筑四象轩、景观平台以及儿童沙池乐园。整个景区依托黄饶半岛自然生态和新安奇雾，形成全国独一无二的云雾花海景色。（朱丽莉）

建德经济开发区（航空小镇）

【概况】2018年，建德经济开发区（航空小镇）围绕打造通航产业“浙江样板”总目标，精准发力，工作取得新突破。经济开发区实现规上工业销售产值20.78亿元，实现固定资产投资21.08亿元，完成招商引资1056.5万美元。航空小镇完成总投资13.2亿元，其中特色产业投资10.3亿元，比上年增长33.8%；实现招商引税1.3亿元，增长151.6%。先后获2017年度浙江省特色小镇考核优秀、杭州市特色小镇考核优秀、杭州市社会资源国际旅游访问点、品牌杭州·生活品质总点评交流发布会年度区块、杭州市2018年度最具品质体验点等荣誉。

◎3月16日，浙江传媒学院航空学院挂牌

发挥互联数据中心产业园、通航产业孵化中心等重大平台作用，优化机场功能布局。自2016年以来，累计投入资金2亿元，用于实施机场改扩建工程及航站楼、塔台等配套设施建设，至年底机场有驻场单位32家，全年实现飞行2400余小时，占全省通航飞行小时（不含公务机）数近1/4。

【招引集聚通航产业】开展“敲门招商”“精准招商”，9月，举办上海（建德）通航产业投资说明会，与上海产业技术研究院、德扬航空集团、安飞（美国）航空科技有限公司等12家企业和科研院所签订合作协议，总投资100亿元，涉及航空器研发、制造、科研平台建设等领域。引入通航产业总部、中航材浙江省空中应急救援体系、安飞电动飞机等项目。通用飞机研发中心、航空嘉年华等在谈项目41个，意向总投资超过250亿元。

【人才引进】与杭州电子科技大学共同组建杭电建德军民融合产业创新创业中心，重点开展航空制造、无人机、通航软件、信息安全等领域军民融合两用专业技术攻关，引进北斗无人机等通航领域高精尖项目团队，有7个研发及生产类科技创新团队入驻。举办“2018中国科协年会——新时代军民两用关键技术分论坛”。对接南航大、北航大、沈航大等高等院校。3月，浙江传媒学院航空学院正式挂牌，一期招收空乘、机场运行管理等4个专业共200名学生。建成院士工作站、专家工作站各1个，引进“国千”人才3名、航空项目高层次人才19名。

【“通航+制造”】12月20日，投资5亿元的大棕熊100系列Ⅱ飞机生产组装制造基地正式落户航空小镇，12月20日，首架通航飞机在建德千岛湖通用机场下线交付。与华奕无人直升机项目公司合作，投资6亿元开展无人直升机研发制造，搭建飞机组装制造生产线，实现无人直升机批量生产。“驭云”无人机、“亚航”热气球等制造项目正式签约。

【"通航+旅游"】引进华东地区首家高空跳伞基地、直升机低空游览、系留热气球、飞行模拟体验等低空旅游等项目,划设开通"舟山至嵊州"段低空目视飞行航线。与共青团浙江省委、中航文化等单位合作,打造爱国主义教育、研学旅行等基地。举办全国大学生科研类航空航天模型竞赛、全省卡丁车大赛等大型赛事,新增航空主题酒店、飞机餐厅、梦想工厂。2018年,航空小镇累计接待国内外游客55万人次,实现旅游收入8500余万元。

【"通航+服务"】联合省机场集团、中国民航管理干部学院共同建设省级通航产业重点实验室,成立上海技术产业研究院浙江创新院,重点打造北斗产业化、先进装备制造等平台。引入华东地区规模最大、功能最全的省级通用航空飞行服务站,实现跨省低空空管信息共享与服务联动。与杭州网银互联科技有限公司合作,为航空小镇600多家企业以及杭州本地企业提供电子商务、物联网、传感器网络、移动互联网等方面计算服务。(童燕)

科学技术

【概况】2018年,建德市科技局以"八八战略"为引领,实施"创新活市"战略,创新平台建设,结合"三名工程"对接长三角地区科研院所,引进公共创新平台落户建德,为区域创新能力提升,经济结构转型升级提供科技支撑。

制定科技创新政策,统筹安排2000万元用于支持科技创新发展。出台《关于扶持建德市通用航空业发展的意见》《建德市领军型创新创业团队扶持资金管理办法(试行)》《关于加快小微企业创业园建设的若干意见》等创新发展相关政策23项。召开全市科技创新发展工作会议,组织举办科技活动周、知识产权日、科技金融、国家高企申报等相关培训活动15场次。全市规模以上企业R&D研发经费支出7.5亿元,比上年增长10.6%,R&D经费占GDP比重1.91%。

做好公共创新服务平台及"三名工程"建设。重点与上海产业技术研究院开展合作洽谈,签订合作备忘录,就技术转移、创新平台建设、人才交流、分院建设等多方面开展合作。上海产业技术研究院浙江创新院正式挂牌落户建德航空小镇。组织超细粉末国家工程中心浙江分中心与建德市碳酸钙企业开展对接活动,组织40多家企业开展3场次对接活动,与5家企业达成项目合作意向,征集企业技术难题67项。与杭州师范大学开展全面战略合作,共建新安硅谷技术研发中心,开展特种硅橡胶的合成与应用项目研究。组织上海第二工业大学等专家赴建德市企业开展产学研对接活动,共建研究生联合培养基地,输送人才及技术优势。签订上海第二工业大学建德技术转移中心协议,开展产学研合作及平台建设相关工作。

制定出台《建德市产业创新服务综合体建设总体规划》《关于推进产业创新服务综合体建设的政策意见》等,明确目标落实政策保障,支持通航产业争创省级产业创新服务综合体,功能性新材料产业、生物医药产业争创市级产业创新服务综合体。12月,通航产业创新服务综合体被认定为杭州市级产业创新服务综合体;对接省、市科技部门,配合高新园做好省级高新园创建的材料准备工作,加快高新园科创孵化平台建设及引进,促进传统产业技术升级和产品提升,12月,经省政府批复同意创建省级高新技术产业园区。

出台《建德市众创空间和科技企业孵化器认定和管理办法》推进众创空间和科技企业孵化器健康发展,营造科技创新型企业成长的良好环境。加强过程监管完成孵化器年度绩效考核,新增杭州市科技企业孵化器1家,入孵企业15家。着力飞地孵化器建设。会同人才办、科技局、旅商局等多家部门,研究飞地孵化器建设相关工作。赴杭州多地就飞地孵化器选址、运营单位洽谈和现场考察。鼓励企业建设自主研发平台。组织企业开展各级研发机构申报,全年新增杭州市级以上高新技术企业研发中心11家,其中省级3家。全市累计拥有杭州市级以上高新技术企业研发中心95家,其中国家级1家、省级29家;省级企业研究院7家、工程中心2家。

【科技创新主体培育】实施建德市高新技术企业梯队培育计划，全年新增杭州市高新技术企业15家，省级科技型中小企业57家。2018年新认定和重新认国家高新技术企业21家，其中新认定13家、重新认定8家，持续11年保持100%的通过率，超额完成杭州高新技术企业倍增计划年度考核任务，新认定国家高企增长率达85.7%。全市累计拥有高新技术企业148家，其中国家级48家。省级科技型中小企业335家。

加强企业调研和项目申报指导，帮助企业争取上级科技经费支持，争取上级资金1400多万元。研发经费加计扣除、高新技术企业所得税减免1.02亿元，分别比上年增长17.9%、82.9%。鼓励企业参与新产品、新技术研发，每年新增省级新产品试制计划100多项。提高创新券的补助力度并拓展使用范围，发放创新券补助258.28万元。开展创新券推广活动5场次，服务企业180家次。

开展科技成果登记服务，完成北美红杉扦插繁育关键技术研究与示范等创新成果登记14项。新安化工周曙光团队主持的高盐、高磷废水资源化利用及其高效治理技术产业化项目，获2018年浙江省科技进步二等奖。

【知识产权工作】强化知识产权服务，面向企业开展“4·26”世界知识产权日宣传活动，举办“企业专利挖掘与分析布局”讲座，强化企业专利意识。走访乡镇企业，组织有关专利事务所分片区深入科技企业上门服务。2018年，专利申请1587件，比上年增长17.3%，其中发明专利申请178件，增长40.1%；授权专利725件，增长13.8%，其中授权发明专利53件，增长6%。承办杭州“市长杯”工业设计大赛分赛场活动1场，开展专利示范企业培育工程，新增国家知识产权示范企业1家(浙江建业化工股份有限公司)。新增杭州市级专利示范(试点)企业3家，其中浙江久晟油茶科技股份有限公司为专利示范企业，浙江普林艾尔电器工业有限公司和建德市勇华电器有限公司为专利试点企业。

【建设人才培养基地】1月10日，建德科技大市场与中国技术市场协会签约，成为全国首个中国技术市场协会技术转移人才培养基地(试点)。引进6家优秀中介服务机构入驻基地，服务技术转移人才企业。通过网上技术市场成果信息实时更新、共享，全年发布111项技术难题、678项省内外高校最新科技成果供建德企业了解。至年末，实现网上技术市场技术交易额1.7亿元。利用线上高企通网校平台与线下现场培训相结合，向135家高新技术企业免费发放高企通网校平台账号，开展线上线下结合的“智汇营”活动等科技类服务培训。全年举办科技类服务培训活动13场，服务企业360多家次，培训企业技术人员450多人次。培养87名技术转移人才，服务建德市优势特色企业的科技成果转移转化工作，促进产学研合作及社会经济的发展。

◎6月29日，上海产业技术研究院浙江创新院落户建德

【深化科技兴农】对建德市农业科技政策进行梳理，拟定农业科技相关政策建议。严格执行项目审核管理程序，落实科技成果转化项目资金216.6万元。走访、服务农业科技企业，全年新增杭州市级以上农业科技型企业9家，其中省级5家，杭州市级以上农业研发中心2家，其中省级1家。全市拥有杭州市级以上农业科技企业93家，其中省级43家。杭州市级以上农业研发中心25家，其中省级15家。组织农村科技特派员参

与科技下乡活动23次，开展农业科技计划项目16项。2名建德科技特派员获得省科技特派员先进个人称号，其中1人获得省突出贡献科技特派员，为杭州地区唯一。做好浙大研究生挂职征集联系工作。做好防灾减灾工作，利用消防人防应急演练、科技活动周，宣传地震灾害知识，发放防震减灾知识读本。

◎1月10日，建德科技大市场在洋溪街道启动运营

【开展科技金融合作】开展杭州地区科技金融工作试点市建设。服务高新技术企业金融需求，设立总额1250万元的“建德市高新技术产业风险池”，撬动金融和担保机构加大对高新企业的贷款支持。原有科技型中小企业贷款风险池通过固定资产、专利权质押等模式，实现年度贷款4170万元。设立中小企业转贷专项资金，市财政出资1亿元帮助部分生产经营正常、市场前景好但资金周转暂时困难的企业渡过难关，降低企业成本。累计为企业出借资金160多笔，金额6.3多亿元，减少企业转贷成本1200万元以上。出台《建德市产业基金管理暂行办法》设立规模4亿元的建德市产业基金。做好中小微企业融资服务，设立“建德市中小企业金融服务中心”，培育和发展小微企业融资服务体系。

【科技宣传服务】5月29日，在新安江文化广场启动2018年建德市科技活动周暨“全国科技工作者日”活动，以“科技创新 强国富民”为主题，市委组织部（人才办）、市科技局等23家单位负责人和工作人员、以及科技（科普）志愿者出席启动仪式。活动当天就建德军民融合、新能源、农产品安全、健康养生、垃圾分类、环境保护、科技、知识产权、防震减灾、五水共治、城市建设、美丽建设等内容，开展科普图片展及科技知识咨询宣传等活动。活动周期间，全市组织开展科普知识集中宣传、科技培训交流、科技文化宣传、科技场馆开放等活动。开展“科技下乡”活动。组织参加科普下乡活动、“12·4”国家宪法日宣传活动，开展科技政策宣传，发放各类科技小册子。（朱晓卿）

商 贸

Commerce and Trade

综 述

【概况】2018 年，建德市商贸工作围绕市委、市政府提出的“服务业兴市”战略，以打造杭州市西部商贸中心、浙西商业中心、“美丽建德”为契机，落实搞活流通、扩大消费政策，推进设施建设、扩大商品流通、满足居民消费，改善城乡消费需求和商务环境、提升城市形象和功能，促进建德商贸服务业发展。全市实现社会消费品零售总额 139.37 亿元。比上年增长 10.2%，居杭州地区第 3 位。其中，城镇 69.37 亿元，增长 11.2%；乡村 29.66 亿元，增长 9.9%。餐费收入 18.72 亿元，增长 11.7%。商品零售 80.31 亿元，增长 10.6%。

组织申报 2016—2017 年度建德市商贸服务业扶持资金兑现工作。其中 2016 年度共有 17 家企业、单位申报，兑现金额 121.82 万元；2017 年度共有 28 家企业、单位申报，兑现金额 127.77 万元（其中：企业品牌建设 40 万元、企业做强做大 76.77 万元、行业环境优化 11 万元）。

【商贸安全生产管理】2018 年，调整细化商贸安全生产责任书内容，印发安全生产责任制台账目录，与 30 家经营单位签订安全生产责任书。开展防汛防雷、设施设备等各类检查 78 次，与其他部门联合检查 12 次。接 110 联动应急事件 6 件。下发整改通知书 7 份。接收商务投诉 93 件，通过市长电话投诉交办件 60 件，办结 60 件，办结率 100% 。组织有关人员参加安全培训，有 33 人取得国家认可的安全负责人或安全员资格证。

【成品油供求管理】2018 年，全市成品油供求状况、价格变动总体稳定，共有成品油网点 63 个。其中，加油站 34 个(中石化 27 个、中石油 3 个、民营 4 个)、加油点 29 个。在建规划内网点 1 个。对全市加油站的油气回收装置及地下油罐防渗改造情况进行全面排查，制定推进计划。

【商贸项目建设】1—10 月，建德市昌炎物贸有限公司投资 4000 万元的上汽通用建德昌炎别克 4S 店正式对外营业，当年销售额达 3 亿元。9 月，启动洋安新城区块商贸综合体项目，梅城、寿昌等乡镇中心街区布局小型商业综合体。总投资 5 亿元的绿城美好广场商业综合体项目开工建设。至年末，完成主体工程 85%，商贸业态招商完成 65%。

【开展餐饮业系列评审】2018 年，莘时客、皇爵君廷、汇金大酒店、严州府、喜缘国际宴会中心、半岛凯豪大酒店、罗桐九姓渔村等 7 家餐饮企业，通过省餐饮行业协会现场考核和评审，获得“中华餐饮名店”称号。“7017”味道工厂总经理徐月光被评为建德市“乡土人才带头人”；莘时客餐饮有限公司行政总厨张国斌、半岛凯豪大酒店行政总厨费春林被评为“首届建德市首席技师”。费春林成立建德市首家餐饮大师工作室。建德市农家宝农业开发公司陶菁代表杭州市参加浙江省茶艺竞赛。在第八届浙江厨师节上，建德市餐饮行业协会获得“改革开放 40 周年浙江餐饮业行业社团突出贡献”奖，王拥军、陈德余获得“改革开放 40 年浙江餐饮业卓越企业家”称号。(许琦)

电子商务

【概况】2018年,建德市继续强化电子商务在商贸体系中的重要平台作用,出台多项政策,夯实电子商务发展基础,推进电子商务人才建设,优化电商发展环境,深化电商平台和园区建设,全市电商行业发展成果显著。全市全年实现网络零售额44.3亿元(该数据为第三方电子商务销售平台数据,不包含企业自建网络销售平台、微信等渠道产生的数据),比上年增长45.4%;实现跨境电商出口额2.2亿美元,与上年基本持平;进口额2000万美元,增长87.4%。

【电子商务公共服务体系】年内,市旅游商务局先后出台《建德市电子商务企业信用管理办法》《建德市加快“电商换市”的实施细则》《建德市支持电子商务人才队伍建设的扶持意见》,并与全市50余家电商企业签订信用承诺书,推进全市电商企业做大做强、培育壮大本地电商人才队伍;强化电商公共服务中心建设体系,夯实基础工作、提升服务水平,统计在库电商企业400余家、电商服务企业70余家,积极对接杭州市级、省级电商资源到企业,同时送政策送培训及服务到各乡镇街道、电商园区和电商企业,全年共计开展各类电商培训34场,培训2782人次,公众号平台做好宣传推广工作,全年累计发布电商活动及资讯184条。

【电商平台建设】2018年,全市电商平台建设力度继续加大,四大电商产业园区共入驻企业250余家,实现销售额4.3亿美元。其中,浙西跨境电商产业园依托本市产业实际和浙西辐射影响力,积极打造“新制造”引领型示范园区,并对园区运营商实施淘汰机制,至年末有入驻企业70余家、跨境电商出口额超过1.6亿美元;逸龙电商产业园入驻企业130余家、园区企业电商年销售额近1.5亿元;寿昌电商园致力于为青年提供创业平台,入驻企业近30家、年销售额1亿余元;乾潭电商园于7月正式开园,至年底入驻企业20余家、年销售额2000余万元。

【电商企业发展】深化电子商务与传统产业的融合,树立标杆企业,发挥示范带动效应,推广发展经验。开展电商标杆企业评比活动,评选出杭州耕耘生态农业科技有限公司、浙江秋梅食品有限公司等15家农村电商优质企业和农产品电商标杆企业;举荐建德致中和酒销售有限公司参评并获浙江省电商百强企业。一批电商龙头企业发展取得新突破,其中杭州玺匠文化创意股份有限公司的“铜师傅”品牌“双十一”当日实现销售额7500多万元,并与漫威达成合作,获得正版授权,成为中国大陆首个漫威英雄系列全铜艺术品出品人;建德朝美日化有限公司的“CM朝美”口罩天猫平台全年销售2400余万元,在天猫口罩类目名列前茅。此外,出现一批跨境电商出口额100万美元以上企业,其中浙江新安化工集团股份有限公司、杭州圣德义塑化机电有限公司、建德市勇华电器有限公司3家企业跨境电商及海外仓销售额达1000万美元以上。

【电商企业招引】结合本地资源优势,引进义乌澜蓝汇电子商务股份有限公司作为浙西跨境电商产业园新的运营商,利用其作为中国国际电商博览会的承办单位和义乌电商协会会长单位引进相关资源,园区招商、平台合作力度得以提升。经浙江省建德市广东商会对接,引进杭州微蜂智美科技有限公司,建设智美建德平台,整合建德旅游产品和本地农特产品,打造“线下可体验、线上能互动、人人可参与”的智慧旅游、商家联动、产销相融、口碑品牌创建的线上建德城。

【农村电子商务】围绕“电商换市”和“乡村振兴”工作目标,通过“电商+农业”的模式有效带动创业就业,借力电商平台和企业积极推动本地200余种农特产品上线,实现惠农致富。其中宏联易购“跑菜网”销售近1000万元,“邮乐·建德馆”实现销售收入800余万元,丘丘谷实现销售收入120余万元,建德安厨实现销售收入300余万元。12月,本地新兴电商+旅游平台智美建德上线,至年底累计上线350余种产品。同时,积极开展电商助农行动,其中3月各平台助力大洋农户解决椪柑滞销问题,仅5天时间销量超过90吨。

继续推进"电子商务进万村"工程,对接村淘、邮乐购、安厨等电商平台和企业下沉电商资源到镇、村一级,同时对原有农村电商服务站点进行规范和升级,发展镇、村天猫优品服务站17家,成功将农村淘宝4.0模式建德村淘打造为全国标杆,并多次在村淘大促销中位居浙江县市战绩第一。至年底在全市152个村共设村淘(天猫优品服务站)、邮乐购农村电商村级服务站点393家,实现农村电商站点服务全覆盖。经评选,杨村桥村、寿昌镇山峰村、乾潭镇大畈村为建德市电子商务特色村,杨村桥村跻身"浙江省中国淘宝村"行列。

【跨境电子商务】以促进本地产业发展、打造浙西跨境电商产业中心为目标,紧紧围绕出口业绩提升、生态体系完善、三新园区打造、标杆企业培育、人才招引育留等主要环节开展工作。上线跨境电商企业200余家,其中有实绩企业160余家(年度新增40余家),实现跨境电商出口额约2.2亿美元、进口额2000万美元。推进阿里巴巴联合办公、速卖通、亚马逊等平台的孵化培育工作,开展各类培训活动近80场,培训近2000人次,培育跨境电商年销售额1000万美元企业3家、年销售500万美元企业2家、年销售额100万美元企业10余家。对接深圳、义乌开展跨境电商企业招商推介活动,引进澜蓝汇等企业和服务商。组织人才招聘和引育合作,对接杭州下沙大学城、安徽、江西等地高职院校开展招聘活动,与众智跨境签约开展跨境电商人才战略合作。

【电子商务主题活动】5月,农村淘宝市级服务中心召开"建德'6·18'天猫优品·万村同购启动会",共创乡村新零售渠道模式。6月,举办"浙西跨境杯"跨境电商技能大赛,展示全市跨境电商人才在市场分析、产品定位、营销推广等方面的能力,以赛代训进行经验分享。同月,一批跨境电商标杆企业参加"潮起钱塘·E揽全球"第三届全球跨境电商峰会,探讨数字贸易发展的新趋势、新格局、新机遇。7月,全市电商企业组团赴义乌青创园、农创园作电商交流与培训,吸取经验,取长补短。8月,邀请亚马逊官方和大卖家、物流桥平台、珑瑗物流、LJW会计事务所等相关专家及服务商,到建德市开展跨境电商专场资源对接服务,引导传统外贸和制造企业应用"互联网+外贸",推进了本市跨境电子商务产业发展。10月,部分电商企业参加第五届中国(杭州)国际电子商务博览会。11月,举办"支付宝+县域服务·全国首家试点·建德智慧城市推广日"活动,展示建德市智慧城市建设成果。同月,举办建德跨境服务知识对接会,助企深入地了解跨境电商、了解跨境电商平台和规则。12月,举办建德市改革开放40周年开放型经济成果展暨建德市第五届"电商节"(开化农产品展),集中展示全市电商企业优质形象、电商产业多元化发展成果。

【智慧城市服务】响应"最多跑一次"改革,加快打造支付宝示范县、推进智慧信用城市建设进度。继续推进教育缴费、水电缴纳、智慧菜场和智慧商圈建设和应用,全面上线智慧交通项目,并增设共享经济项目。完成智慧城市展厅建设,项目包含智慧城市体验区、支付宝全国首家县域试点成果展示区、24小时智慧图书馆,并设置"最多跑一次"自助审批设备等。

外经外贸

【概况】2018年,受全球经济形势复杂多变,经济出现新的下行压力,中美经贸摩擦、人民币对美元相对贬值和本市重点化工企业搬迁投产等诸多因素影响,建德市外贸企业进出口波动剧烈,全年外贸出口大幅增长,增幅居杭州首位。以美元计价,全年实现自营出口9.81亿美元,比上年增长25.9%,进口9275万美元,增长40.1%;以人民币计价,全年实现自营出口额64.64亿元,增长22.49%,进口6.1亿元,增长36.27%。

全市共有自营出口企业909家,其中新增备案登记企业68家。有自营进出口实绩的企业377

家，年度新增21家。四大外贸块状行业均保持两位数正增长，化工行业增长45.6%，家纺行业增长12.8%，五金工具行业增长11.9%，低压电器行业增长15.7%。

全年复核浙江省出口名牌1个（浙江新化化工有限公司的“XAJ”）。

全年完成境外投资项目4个，分别为杭州玺匠文化创意股份有限公司投资日本项目、浙江耀恒光电股份有限公司投资迪拜项目、浙江星联电动自行车配件有限公司投资德国项目、建德市国有资产经营有限公司投资香港项目，投资总额628万美元。

全年服务外包入库企业15家，实现服务外包离岸执行额8.5亿元，增长30.76%，完成全年任务(7.5亿元)的113.7%。

【自主品牌建设】2018年，全市有在有效期内的浙江省出口名牌6个、杭州市出口名牌15个。网上备案的21家自主出口品牌企业出口总额为5.24亿美元，其中自有品牌出口额3392万美元，占全市出口总额的3.5%。建立出口名牌和境外商标培育企业名录，落实全市自主出口品牌梯度培育机制，复核浙江省出口名牌1个(新化化工“XAJ”)。

【公平贸易工作】2018年，建德精细化工产品对外贸易预警示范点继续指导浙江新化化工股份有限公司、浙江建业化工股份有限公司2家涉案企业，积极应诉印度对华发起的异丙胺反倾销调查。印度商工部对异丙胺反倾销案件作出终裁，自3月21日起对新化化工、建业化工的异丙胺产品征收反倾销税，其征收额分别为502美元/吨、620美元/吨的，两家企业因此退出印度市场。建德精细化工产品对外贸易预警示范点2018年度被评为浙江省优秀预警点。

【“一带一路”市场开拓】建立建德市重点展会目录，引导企业开拓“一带一路”市场。全年组织企业境外参展100余家次，以及广交会、华交会、消博会、义博会等境内重点展会170余家(次)。为实施“一带一路”倡议，帮助企业开拓新兴市场，建德市与浙江远大、米奥兰特等平台开展合作，推动企业进军越南、土耳其、波兰、阿联酋等“一带一路”沿线国家设厅布展、宣传路演、销售产品。

【境外外经贸综合服务体系试点建设】开展境外外经贸综合服务体系建设试点工作，评为浙江省三档。实施新安加纳(西非)海外营运中心项目，完成年度投资额1800余万元，新建仓储、车间及成立物流公司，销售农化、日用品、建材等产品，平台整体交易额突破1.2亿美元，比上年增长15%以上；服务企业达到41家，为浙江企业提升在西非的竞争力起到带动作用。

【出口信保工作】市商旅局与中信保公司制定全年合作方案，继续推广小微企业出口信保联保模式，举办出口市场风险发布会和走出去案例分析培训会。全年服务企业200家，占有出口实绩企业家数的70.1%。帮助企业利用出口信保降低出口风险和损失，处理本市报损案件6起，直接赔付金额5.76万美元；通过赔付及海外追偿，累计挽回损失8.36万美元，保障企业正常生产经营。提供资信调查487件次，帮助企业将风险防范措施前移，有效提升企业接单信心。

【出口市场与主要出口商品】2018年，全市外贸进出总额70.74亿元(10.74亿美元)。其中出口154个国家和地区的自营出口总额64.64亿元(9.81亿美元)，比上年增长25.6%，“一带一路”效应显现，亚洲非洲市场份额不断扩大。其中北美市场21.86亿元，占33.83%；欧洲市场16.60亿元，占25.68%；亚洲市场14.70亿元，占22.73%；拉丁美洲市场5.07亿元，占7.85%；非洲市场4.19亿元，占6.49%。出口额最大的商品为：纺织品8.51亿元，除草剂6.79亿元，电缆线5.13亿元。

表 9

2018 年建德市企业参加展览会情况表

	时间	展览会名称	参展企业家数
参加境内展	2018.3	第 28 届华交会	14
	2018.4	第 123 届广交会	61
	2018.4	香港春季灯饰展	1
	2018.4	环球资源香港电子展春季展	6
	2018.4	香港家居用品展	3
	2018.4	香港礼品展	3
	2018.6	第 17 届中国国际日用消费品博览会	8
	2018.9	第 124 届广交会	61
	2018.10	第 24 届义乌国际小商品博览会	10
	2018.10	环球资源香港电子展秋季展	5
	2018.10	环球资源家居用品采购会	2
	2018.10	香港国际玩具礼品展	1
	2018.12	上海国际五金展	16
参加境外展	2018.1	拉斯维加斯电子展	2
	2018.1	法兰克福家纺展	3
	2018.1	美国国际建材展	1
	2018.1	科隆国际家具展	1
	2018.1	美国制冷展	1
	2018.2	印度绿色环保汽配展	1
	2018.2	法兰克福春季消费品展	2
	2018.2	哈萨克斯坦汽配展	1
	2018.3	美国工程机械展	1
	2018.3	拉斯维加斯春季消费品展	1
	2018.3	巴基斯坦空调制冷展	1
	2018.5	拉斯维加斯五金展	5
	2018.5	欧洲保健食品展	1
	2018.5	欧洲国际制药原料展	1
	2018.5	印度尼亚西体育展	1
	2018.5	土耳其国际建材展	1
	2018.6	中国（波兰）贸易博览会	8
	2018.6	中国（土耳其）贸易博览会	4
参加境外展	2018.6	中国（墨西哥）贸易博览会	3
	2018.6	伯明翰汽配展	1
	2018.6	韩国国际水处理展	1
	2018.7	伊朗国际电梯展	1
	2018.7	纽约家纺展	2
	2018.7	墨尔本家具展	1
	2018.7	芝加哥汽配展	1
	2018.8	中国机械电子菲律宾品牌展	1
	2018.8	东京五金展	2
	2018.8	中国（埃及）贸易博览会	2
	2018.8	澳大利亚工程矿业展	1
	2018.8	法兰克福秋季消费品展	2
	2018.8	德国欧洲自行车展	1
	2018.8	中国（南非）贸易博览会	1
	2018.9	德国国际体育、露营设备及园林生活展	1
	2018.9	巴西国际空调展	1
	2018.9	巴黎面料展	2
	2018.9	秘鲁阿雷基帕国际矿业展	1
	2018.9	伊朗国际塑料橡胶设备及机械展	1
	2018.9	印度尼西亚深基础技术和桩工设备展	1
	2018.9	美国天然健康和创新原料展	1
	2018.10	日本农化展	1
	2018.10	世界制药原料药展	2
	2018.10	韩国国际五金展	1
	2018.10	Mega Show	4
	2018.10	拉斯维加斯汽配展	2
	2018.11	开罗工程机械展	1
	2018.11	南非国际纺织服装展	2
	2018.11	中国（哈萨克斯坦）贸易博览会	1
	2018.12	印度国际工程机械展	1
	2018.12	中国（阿联酋）贸易博览会	4

表 10 **建德市主要出口产品一览表**

产品名	图 片	主要生产厂家
转椅		文通工艺家具
沙发椅	  	文通工艺家具 通达椅业
餐桌椅、休闲椅	 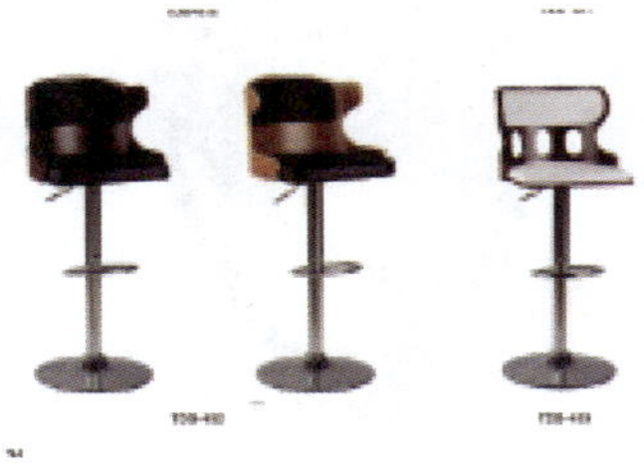	文通工艺家具 通达椅业 巨牛椅业
场馆椅	 	通达椅业 金鹰场馆座椅 胜奇纺塑
户外休闲家具	 	晨逸休闲用品

续表 10-1

产品名	图　片	主要生产厂家
户外休闲桌椅	 	万达闸器厂
阳台悬挂式小桌	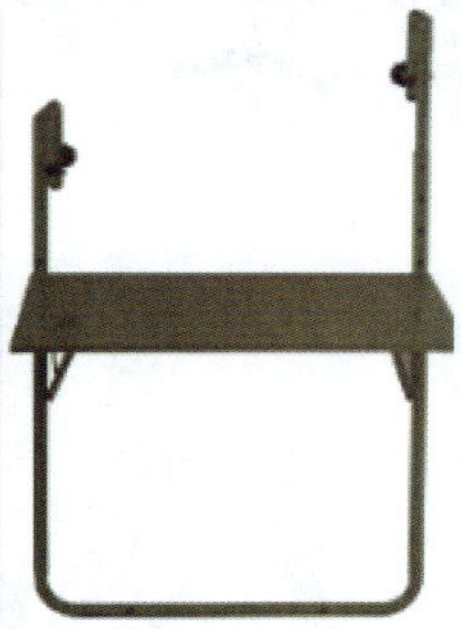	万达闸器厂
电瓶线、电缆夹	 	勇华电器 万家电器 奥宇金属 昌宏电线 中兴电器
一次性 PP 杯	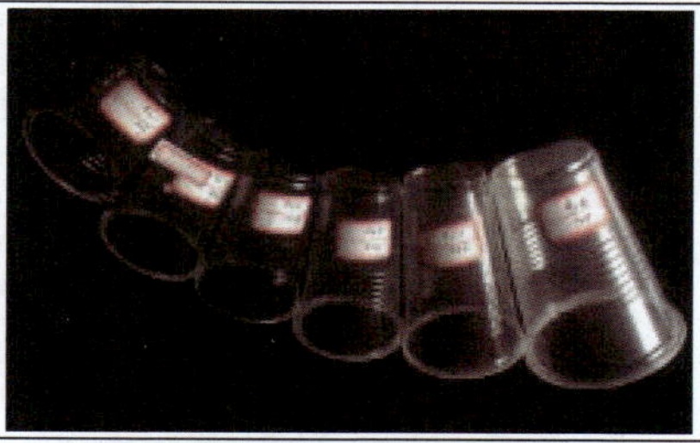	华胜经贸
一次性塑料盘		华胜经贸

续表 10-2

产品名	图 片	主要生产厂家
一次性塑料刀叉		华胜经贸
玻璃制品、茶具		爱佳玻璃
彩色火焰蜡烛		宏润工贸 嘉轩工艺品
行李绳		大洋家用
拖车绳		大洋家用 延升电器

续表 10-3

产品名	图　片	主要生产厂家
球带	 	大洋家用
行李网	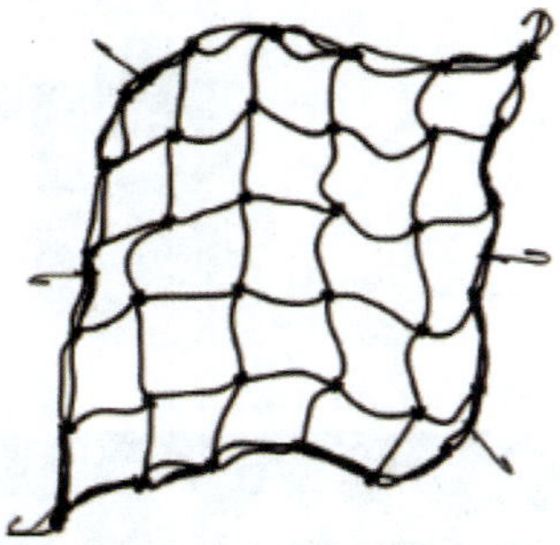	大洋家用
换热器	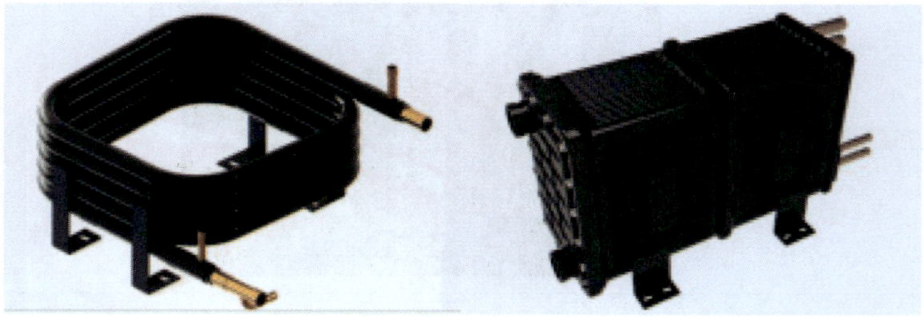	沈氏节能
电容器	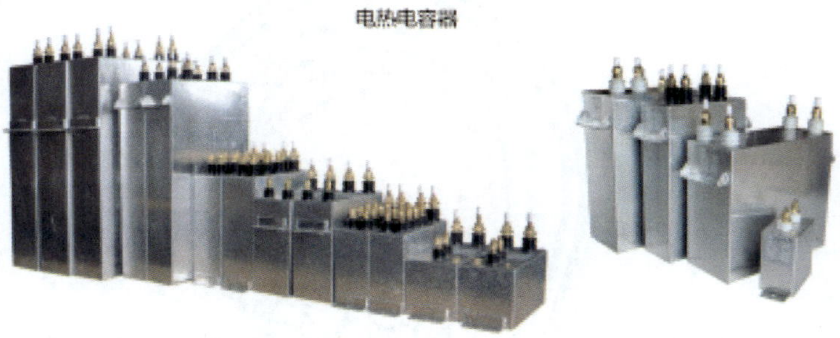	鼎新电容器
铁架圆盘	 	中兴电器 应佳电器 欧亚电器 宏泰电器 友联电器 好用电器 新万利电子

续表 10-4

产品名	图 片	主要生产厂家
钢桶封闭器、防水密封盖	 	创新金属
龙头、花洒等卫浴用品	 	雅鼎
铜工艺品	 	玺匠
钉枪、胶枪	 	科龙电器
汽车应急救援工具		浙江安伴

续表 10-5

产品名	图片	主要生产厂家
汽车应急维修组套工具	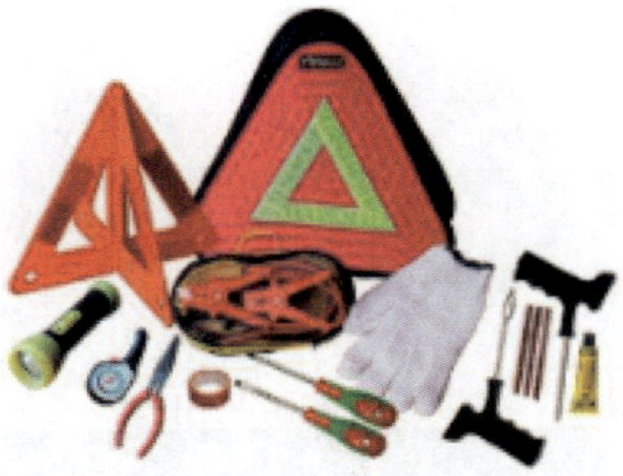 	浙江安伴 延升电器 同鑫工具
LED 照明灯	 	耀恒光电 欧雅光电 优德曼 雷明光源
床上用品四件套	 	宏都寝具 耀欣针纺 罗龙科技 红叶家纺
靠垫	 	宏都寝具 露依尔 舒尼家纺 新海锦纺织 美艾纺织 新帛家纺
抱枕	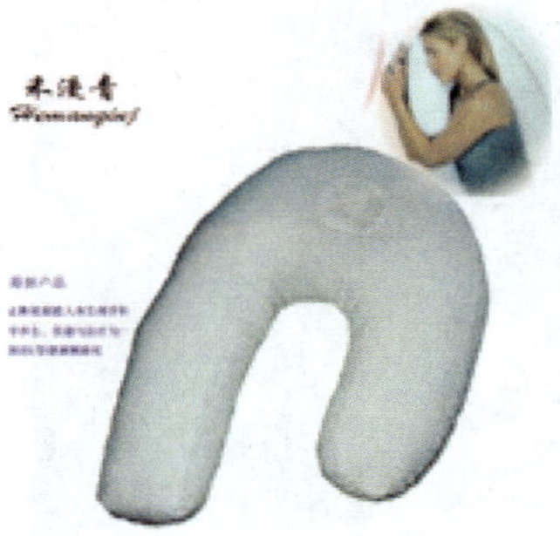 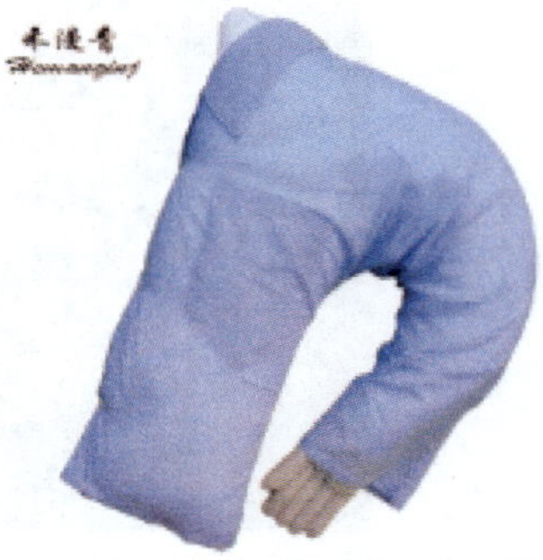	洁雅家纺

续表 10-6

产品名	图 片	主要生产厂家
双面绒毯、珊瑚绒毯、法兰绒毯	 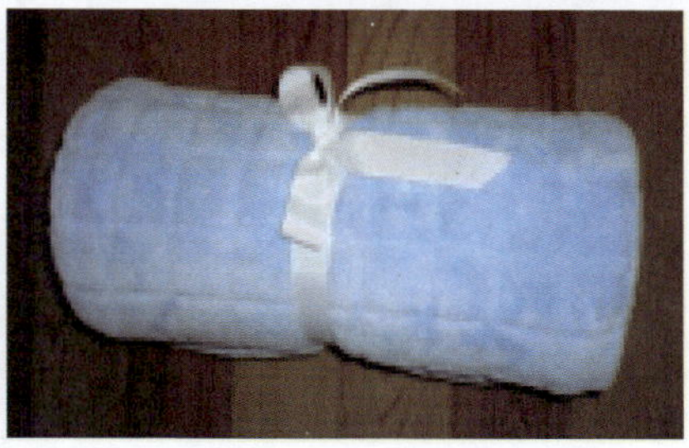	龙马家纺 梦馨家纺 万鹏家纺 美艾纺织 立博寝具 新帛家纺 艾维纺织
乳胶枕、床垫	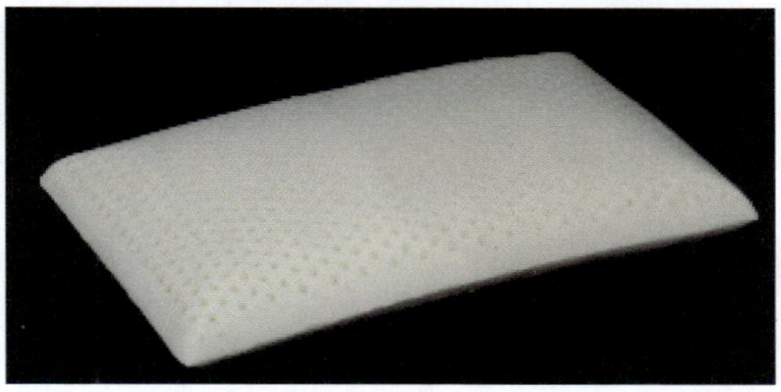	盛泰乳胶
睡衣		露依尔 龙马家纺 韵博家纺 梦馨家纺 万鹏家纺
户外防水毯	 	帝舒户外
野餐垫沙滩垫	 	帝舒户外 双润家纺

续表 10-7

产品名	图　片	主要生产厂家
宠物用品	 	博雅家居 海迪家纺
晴雨伞	 	天时伞业
羊绒服装、围巾、手套等	 	圣玛特羊绒
针织衫		衣伯依时装
沙滩裤	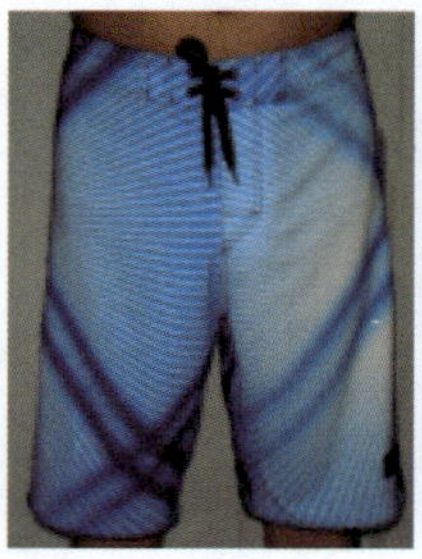 	尚墨进出口

续表 10-8

产品名	图 片	主要生产厂家
防尘、防雾霾口罩	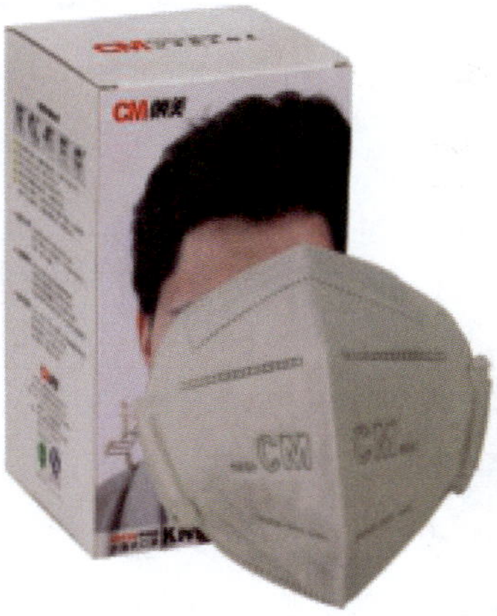 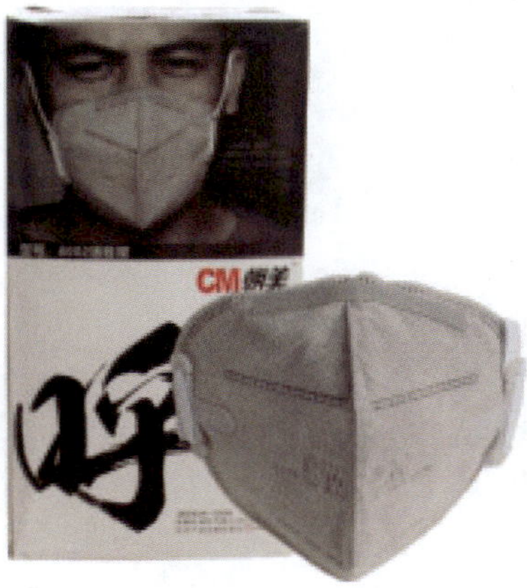	朝美日化
插座	 	飞龙电器 凯特电器 欧亚电器 恒力电器 中兴电器
USB 插座、节能插座、智能插座	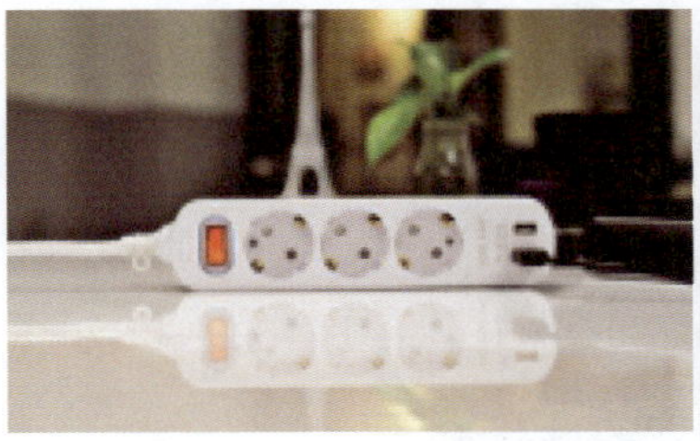 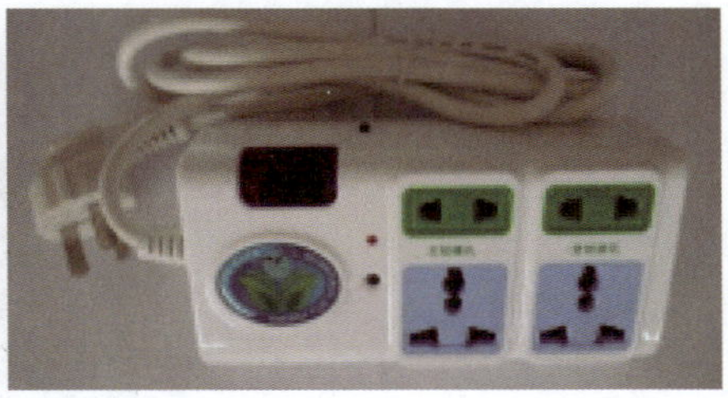	新万利电子 飞龙电器 凯特电器 欧亚电器 恒力电器
螺丝刀组套工具	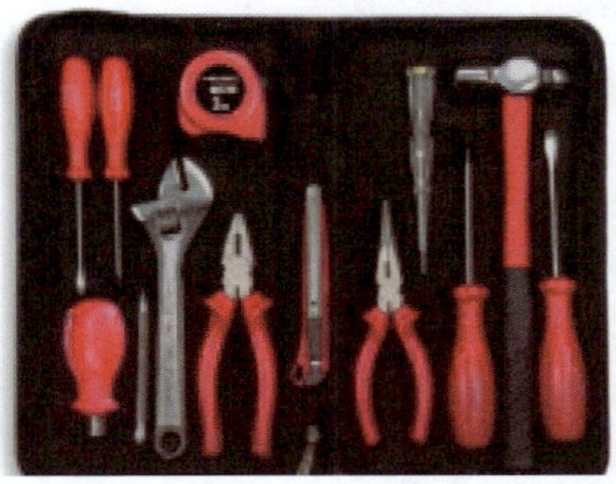 	斐凌工具 远丰工具 建德旋具 双剑工具 延升电器 科鹏工具
棘轮扳手、套筒工具	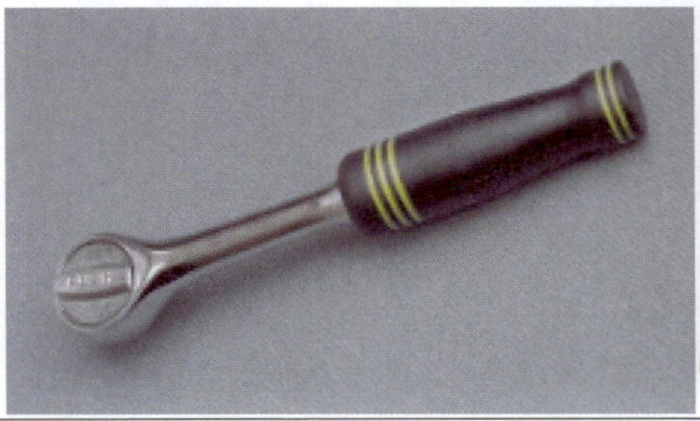 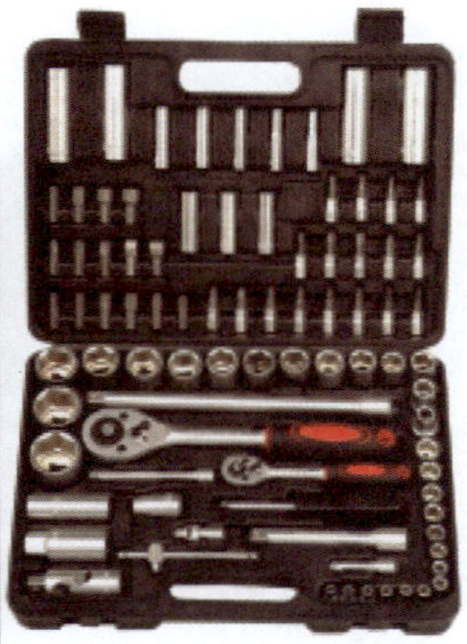	迪旺工具

续表 10-9

产品名	图　片	主要生产厂家
铝圈、辐条（自行车配件）	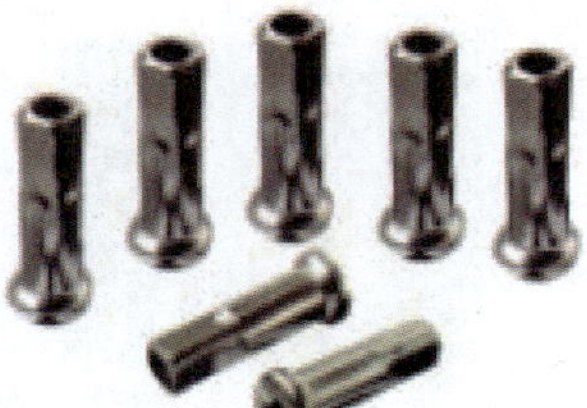 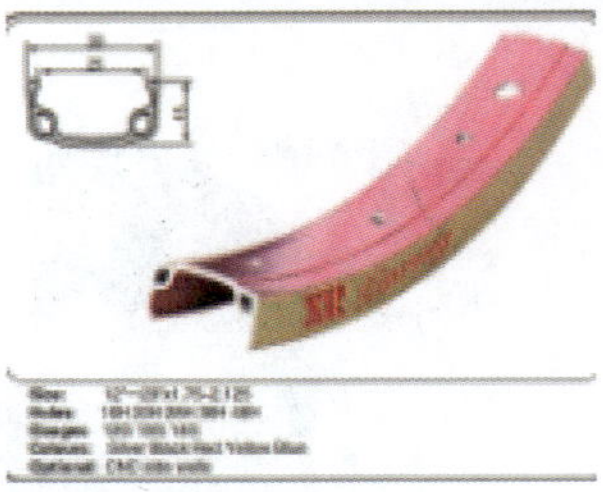	欣荣辐条
食品罐头		绿帆达食品
塑料粒子		鹏程塑料
发酵红曲米粉		双马生物
碳酸钙	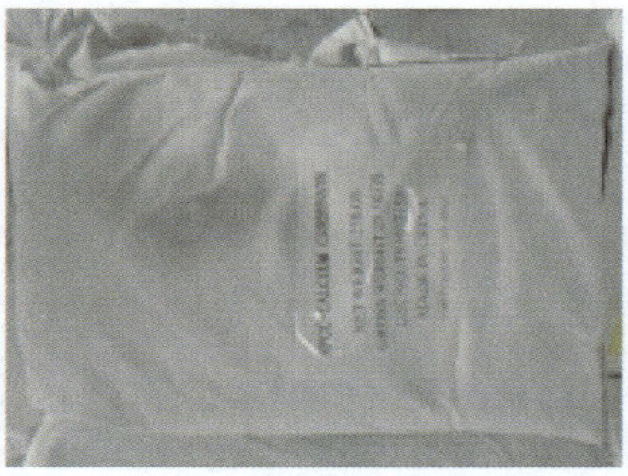 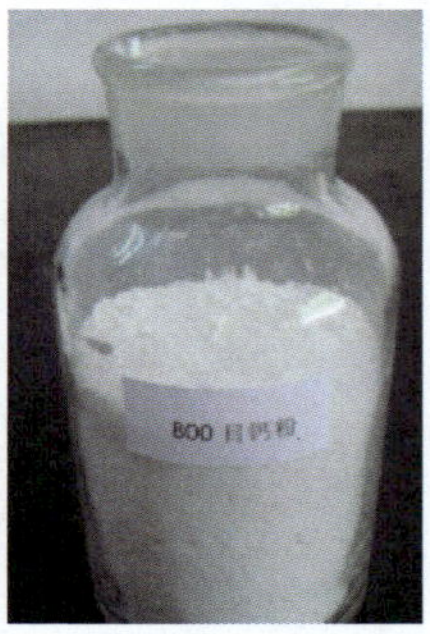	天石碳酸钙 钦堂精细钙业

集市贸易

【概况】2018 年，全市集市贸易克服电子商务平台、超市、专业市场等多形式交易平台不断加大的冲击，在新安江等主要集镇持续开展放心农贸市场软件、硬件建设，改善交易环境。各乡镇中心农贸市场“四定一考”(定岗、定人、定职、定任务和每日一考核)管理模式，推广率达 83%。城乡集贸市场物价稳定，交易额稳中有升。

【省放心农贸市场创建】2018 年，市政府将农贸市场提升改造工作列入全市十大“为民办实事”项目之一，成立“农贸市场提升”工作领导小组负责组织开展工作。确定白沙农贸市场、寿昌农贸市场为 2018 年续创单位，大同商贸市场、溪头农贸市场为新创单位。经农“贸市场提升”工作领导小组办公室农现场考核验收，均创建成为省放心示范市场，白沙农贸市场、寿昌农贸市场续创为浙江省放心农贸市场，大同商贸市场，溪头农贸市场新创为浙江省放心农贸市场。

【乡村农贸市场改造提升】推动航头农贸市场新建，实地指导内部布局、摊位设计。大洋镇农贸市场实现政府回租管理，并完成改扩建工作。下涯、杨村桥等地农贸市场完成流程布局改造、摊位设施等硬件设施改造。乾潭、白沙农贸市场创建为二星级农贸市场，莲花、杨村桥、更楼、大洋、洋溪农贸市场 5 家市场成功创建一星级农贸市场，星级市场新增数量创近年来新高。

【梅城农贸市场搬迁】为适应梅城“美丽城镇”建设规划，实施梅城农贸市场搬迁。梅城镇成立梅城农贸市场搬迁工作领导小组，制定《梅城农贸市场搬迁工作方案》，分行业开展调查摸底、记录成册。制定《建德市梅城农贸市场营业房剩余年限使用权回收补偿方案》，完成临时市场建设和招标、市场整体搬迁、回收安置协议签署，原梅城农贸市场基本搬迁腾空。(廖小俏)

成品石油营销

【概况】2018 年，中国石化销售有限公司浙江杭州建德石油支公司(以下简称建德石油支公司)紧跟市场经济理念抓好市场远景规划，严肃经营纪律，强化安全管理，积极协助建德市政府履行对当地成品油市场的宏观调控和监管职能，保证公平竞争和公平交易，有效保障当地油品成品油市场稳定，为建德地方经济发展提供有力能源保障。全年共销售成品油 12.87 万吨，比上年增长 2%。

【市场管理】受市场批零差价的影响，系统外加油站以其自身优势，采取各种促销服务，对系统内成平油特别是柴油销售造成较大影响。本着公平竞争原则，建德石油支公司及时应对。一方面以适时调整点对点加油站布点，积极推广微信绑卡、柴油联名卡及易捷钱包的使用等措施，遏制柴油销售快速下降趋势。另一方面加大汽油销售特别是高标号汽油的推广力度，促使汽油销售稳定增长。同时，以建德市政府开展成品油市场整顿为契机，配合建德市商务局、公安局联合执法，取缔“自流黑”非法柴油销售网点 4 个，净化了市场，确保了市场份额和管理安全。

【成品油市场】全年建德石油支公司共计销售油汽油销售 66386 吨，比上年增长 11.65%；柴油销售 35760 吨，减少 17.83%。商客全年共计销售油品 26529 吨，汽柴比例基本持平。全年 IC 卡充值额为 4.71 亿元，比上年减少 21%，非油品完成销售额 2911 万元，增长 3.15%。全年成品油共调价 25 次，有效维护本市成品油市场的稳定，为建德社会经济健康发展提供坚实的能源保障。

【营销网络建设】至年末，全市共有成品油供应、销售网点 27 处，实现城乡网点合理覆盖。继续投资实施加油站防渗池改造工作，全年完成改造站点 7 座：安仁站、大店口站、于合站、洞口站、徐店站、梅城站、建德服务区南站，累计改造加油站 15

座，占在营站的56%。更楼站和建德服务区北站正在改造中。

【样板支公司、样板加油站建设】2018年，建德石油支公司在原有6S管理的基础上提升为7S管理，围绕“提升销量、提升服务、提升人均劳效、降低员工工作量”，开展“样板支公司、样板加油站”建设工作。至年底，焦山加油站、新安江加油站、于合加油站3座加油站成为首批建设完成的样板站，建德石油支公司板片区建设工作，通过省公司的样板片区验收。（单卫明）

粮食购销及储备

【概况】2018年，全市商品粮购进总量29.37万吨，地方储备粮油管理账务相符、账表相符、账账相符，库存粮油全部安全、宜存，完成省政府下达的地方储备粮规模任务。

市粮食局制定全市粮食供需平衡计划，开展全社会粮油供需平衡调查，掌握建德市区域内粮食需求、产需缺口情况。粮食部门设立监测点共计23个，定期报送粮食市场供应和价格监测信息，掌握粮食购销、储备、价格和市场供应情况。与全市21个应急供应点、3个应急加工点、2个应急运输企业签订应急保障协议。全市粮食市场供应充足，粮价稳定，未发生市场收购、交易违规行为。

全年2个军粮代供点为部队运粮18次。2018年度建德获杭州市粮食安全市县长责任制考核中，以总分99.5分获得第二名。

【粮食收购】10月10日，市粮食局、市农业局、市财政局联合出台《关于2018年建德市订单粮食政策及实施办法》，地产早籼稻、中晚籼稻的最低收购价每50千克分别为123元、129元，比上年分别下调10元、7元。对签订订单的全年稻麦复种面积50亩及以上的种粮大户、家庭农场及粮食生产专业合作社，按订单每交售50千克早籼稻谷奖励30元、每亩最高奖励180元；交售50千克中晚籼稻谷奖励25元、每亩最高奖励150元。早晚稻共计兑现奖励670万元。交售100吨以上有21户，其中种粮大户王建坤订单量最高达424.2吨。

【储备粮油轮换】2018年，建德市对存储到期的12226.89吨晚籼稻谷进行轮换出库；300吨储备成品粮按季进行轮换。储备粮补库粮源，由本市收购的符合国家中等质量标准的“订单粮食”轮换补库，不足部分均通过浙江粮油交易网公开招标采购。（马力）

烟草专卖

【概况】2018年，建德市烟草专卖局以全国网建现场会为契机，全体干部员工齐心协力，采取切实措施，从严监管卷烟市场，保持打架高压态势，应对市场形势变化，全力以赴完成年度各项目标和任务。全年销售卷烟19451.83箱（比上年增长3.0%），销售额9.63亿元（增长9.3%），毛利2.67亿元（增长10.5%），单箱销售额4.95万元（增长6.1%）。经济指标稳步向好，市场状态平稳发展，为地方经济建设贡献自己的力量。

继续落实“烟草惠民工程”，通过建德市慈善总会捐赠45万元，用于建德市的春风行动、社区共建、农村结对帮扶、见义勇为基金、爱心助学基金等社会公益事业。5月，建德烟草“三风”展示中心被建德市纪委列入廉政教育点。6月，建德烟草党总支获评“建德市五星级党建示范点”地方最高党建荣誉称号。

【业务营销优化】一是品牌格局逐步优化。紧抓节日营销、口碑营销、圈层营销等方式，以“云端”“创客”“乌镇之恋”3个定制品牌为核心，若干个重点品牌为外延，把质控量做好商业定制和重点品牌培育工作。二是终端优化。根据“巩固一批、淘汰一批、发展一批”的现代终端动态管理思路，全年新增3户标准化终端客户和11户规范化终端客户，淘汰“散、乱、落后”终端13户。三是物流优化，实现提质增效。送货工作外包建德邮政，线路由原来8条合并减至6条，人员、车辆和费用得以最合理的精简，盘活资产，实现建德烟草物流“瘦身”转型。

【专卖管理】全年共查获案件219起，查获卷烟量16460条，其中私假烟5909条。打假破网取得新成效，成功破获“2·9”销售假烟网络案、“4·25”销售假烟网络落地案、“3·19”销售假烟网络案。制定物流寄递专项整治行动计划，全年在寄递环节共查获各类卷烟案件152起，查获卷烟11500条。同时有序推进行政许可，积极落实“最多跑一次”改革，加快推进流程优化、环节简化、网上运行等工作，同时通过PC端、移动端办理许可证，实现一次都不用跑。实施许可证邮寄快递，真正实现“零上门”“零跑腿”。保持专卖监管高压，市场净化率达99.47%，全年外流省外的卷烟仅为38条，比上年下降75%，市场监管状态良好成效显著。（蒋璐）

供销合作事业

【概况】2018年，建德市供销合作总社以“三位一体”农合联改革为契机，坚持“为农服务”宗旨，出台政策，深化改革，破解“三农”发展困局，发挥推进乡村振兴的生力军作用。全年供销系统经济运行总体平稳，全系统完成商品总购进5.6亿元，总销售6.3亿元，实现利润480万元，均与上年持平。全面完成年度目标。

【“农合联”改革】2018年，农合联建设列入市政府“六个领衔”重点工作，落实1000万元农民合作基金、每年300万元基层农合联规范化建设专项扶持资金、200万元参股杭农集团、组建成立建德市农合联资产经营公司等一系列改革事项有序推进。根据《关于乡镇农合联规范化建设实施意见》，按照有人、有地、有载体、有服务平台的“四有”镇级农合联建设标准，完成下涯、莲花、三都等13家镇级农合联注册。推进下涯镇农合联建成杭州地区首个集乡村旅游、农产品展销、庄稼医院、农村金融服务于一体的镇级现代农业综合服务中心，并在杭州地区率先启动农旅结合实体化运营，推进一、二、三产业融合发展。出台《关于进一步推进基层农合联规范化建设工作的实施意见》，成立杭州地区首个中药材产业农合联组织——建德市中药材产业农合联成立，并完成市中药材展示展销中心设计。

【农产品流通渠道拓展】进一步做好农产品营销，开拓外部市场，实现助农增收。全年共组织农产品经纪人、农合联会员到省外开展农超对接、农批对接3次，开展农产品经纪人培训5期，累计培训百余人次。与三都西红花专业合作社共同举办西红花种球销售节，打造“西红花种球节”展销品牌，实现助农增收。强化农产品流通“线上”与“线下”联动，市农业电商公共服务中心作用与安厨电商平台合作实施“丰农计划”，与20余家涉农企业合作，推出松口蜜橘、水果玉米等名特优农产品60余类。打造美丽大洋区域公共品牌，专题开展大洋椪柑、枇杷线上销售活动，制作大洋枇杷宣传短片，推进大洋区块杨梅等特色农产品线上销量不断攀升。

【为农服务平台建设】与省农发集团旗下“中国农业网”平台合作，每周发布推广建德名特优农产品，累计发布200余篇，建德特色农业知名度得以有效提升。发挥“建德农合联”微信平台作用，强化为农助农服务功能。农信担保支农惠农政策力度向农合联会员倾斜，切实解决会员融资难、融资贵问题，全年完成涉农融资担保3900万元。做好淡季农用物资储备和春耕支农服务工作，建立建德市供销合作总社农资商品淡季储备审查工作领导小组，加强领导，规范农资淡季储备工作，健全完善农资淡季储备审查验收机制。（韩凌）

信息业

Information

数据资源管理

【政府信息公开】2018年全市通过政府网站政府主动公开政府信息，通过“建德发布”微博发布政务信，通过“建德发布”微信息发布信。《建德市人民政府公报》全年公开发行，内容包括市委市政府文件、政务动态、人事任免和大事记等。在政府网站发布电子版供读者查阅，进一步推行新华书店、报刊零售点以及各村(社区)服务室提供政府公报免费查阅服务。

【政务发布平台建设】2018年“建德发布”微博、微信平台，推出第十八届中国·17℃建德新安江旅游节等相关报道50余篇，累计阅读量达70万+。全国文明城市创建相关报道推送50余篇，累计阅读量达40万+。“八八战略”发表15周年相关报道8篇，累计阅读量10万+。乡村振兴相关报道10余篇，累计阅读量达20万+。在平台建设中，强化互动性和服务性，增强信息吸引力、感染力和服务的针对性。主动推出《一根火柴，点亮最美的你》《文明建德，邀你助力》《跳跳拼C位 文明PICK ME》等H5动画，吸引30余万网民互动参与；设计推出建德首个外宣形象“建德侯”，并同步上线融合地域文化特色的16款表情包，扩大传播力和影响力；开展“国旗升起来、国歌唱起来”快闪视频制作、“夏日冬泳”“海外人士拜大年”等短视频制作等，吸引近50万网民的主动参与。8月，开通“市委书记民情e站”，至年底累计收到市民意见建议40余条。热点民生类信息关注力大幅提高，杭黄高铁进展报道10余篇，累计阅读量达30万+；交通出行相关规定报道10余篇，阅读量达40万+；流感疫苗相关报道4篇，阅读量达6万+。

【网络安全工作】2018年，建德市强化网络安全管理，加强网络安全检查，严格落实各网站系统责任单位主体责任意识，有效提升网站系统安全防护等级，确保中共十九届二中、三中全会，首届中国国际进口博览会，第五届世界互联网大会，G20峰会等各大会召开期间的网络安全。市网络信息办公室全年协助公安网警、数据资源管理局等单位开展信息系统安全监测24次，下发整改通知书28份。组织开展网络安全教育培训2场，实战演练1次，共计约150余人。

【网络舆情管理】2018年，全市发生3起较大的网络舆情突发事件：寿昌垃圾焚烧厂舆情、浙江××股份有限公司上市涉建德某原市领导受贿案及乾潭镇拆除危房时坍塌事件，市网信办处均按照预案及时应对，依法妥善处置。针对千岛湖配水工程、寿昌垃圾焚烧发电项目、“两会”、村(社)换届、“P2P”等12个重点敏感舆情，设置专题，及时更新关键词进行“人工+机器”实时监测，确保监控数据完整、全面。对“世界互联网大会”“上海进博会”“杭州党代会”等涉全市、全国重点敏感舆情，安排专人24小时值守，确保舆情平稳。加强舆情研判分析，全年共编发网络舆情抄告单192期，网络舆情周报43期，网络舆情月报12期，阶段性分析报告3期，并发布相关单位舆情预警80余次。

【网络评论工作】在“安德庐”网评联盟基础上，再次将网评联盟衍生至跨区，牵头成立“兰德龙”网信联盟，提升队伍质量。网评盟军总人数也由

3000余人,扩大至1万余人。成立网络文化协会,整合社会优秀互联网企业及个人,将其纳入网络文明志愿者队伍。继续加强对全市116名网评员的培训,并采取分级分类管理,深化"建德武林萌"和"建德核心网评员"的管理。全年开展大型网评培训5次、实战演练23次,累计完成本级及上级网评任务120余次,网络青年讲师团开展基层授课10余次。市委党校将网络课程纳入教学大纲,开展新进公务员培训1次。(市府办)

电信通信

【概况】2018年,中国电信股份有限公司建德分公司(以下简称建德电信)有员工115人,下设3部(销售部、网运部、政企部)、1室(综合办公室)、1个政企中心、及新安江、梅城、寿昌、乾潭、大同、建德经济开发区6个支局。至年末,宽带用户8.14万户,比上年增长4.9%。iTV用户7.52万户,比上年增长5.8%;移动电话用户总数达18.57万户,比上年增长70.21%;固定电话用户保有量总数5.4万户,比上年净增1000户。

12月,该公司获"中国电信集团先进集体"荣誉称号。

【网络质量提升】2018年,建德电信全面实施网络提质六大计划。在4G网络建设上,建德电信4G基站达690个,日均流量达18.61T。建德城区4G网络覆盖率为98%,农村4G网络覆盖率为95.67%,平均下载速率达到40.5Mbps,领先同行业。在有线网络布局上,建德主城区已实现宽带千兆入户接入能力全覆盖,村(社区)100%实现百兆以上接入能力。2019年计划投资1644万,用于高铁新区、航空小镇等地网络建设再优化。在物联网建设上,建德电信NB-IoT物联网已完成358个基站建设,覆盖建德主城区、各乡镇、高速等地。在管线运维上,全年共计巡检2167个/次网格、718只/次主干光交,每月巡检及技表完成率均为100%。在资源运维上,IPR AN关联率100%,IP网中继关联率100%,无线中继关联率100%。在网络设备维护上,完成老旧低效SDH设备退网36个。完成交换退网工作,包括AG改挂1个,FTTX改挂260个,FTTH中EPON改IMS 3000余户。在无线运维上,无线资源端口管理率96.5%,光路关联率96.5%。

【落实电信惠民政策】为了进一步落实国务院"提速降费"要求,惠及更广大客户群体,7月1日零时起,中国电信全面取消手机流量"漫游费",国内所有移动用户,涉及流量计费的国内移动数据业务全国通用。

11月,为响应党中央、国务院号召,贯彻国资委对中央企业定点扶贫工作精神,落实工业和信息化部关于印发《关于推进网络扶贫的实施方案(2018—2020)》的通知要求,结合扶贫攻坚的具体要求,中国电信制定下发了"资费政策、终端普及和视频服务"三项通信业务扶贫实施方案,以实际行动支持贫困地区通信事业发展,全力做好精准脱贫攻坚工作。(席世超)

移动通信

【概况】2018年,中国移动通信集团浙江有限公司建德分公司(以下简称建德移动)设有新安江、梅城、寿昌、大同、乾潭5个分局。全年完成营业业务收入2.38亿元,比上年减少11.9%;通话用户总数33.49万户。比上年增加0.6万户。

【4G网络建设】继续推进辖区内4G网络工程规划建设,全年累计开通宏站22个、微站55个、分布系统10个以及4G扩容项目172个,改善了建德城区信号深度、厚度覆盖,扩大4G精品区域。至年末4G用户数24.4万户,流量年累计增长159%。此外,完成杭黄高速铁路沿线网络280个宏站开通,保障杭黄高铁沿线用户网络需求。全年配合市政府完成更楼、莲花、洋溪、杨村桥、三都、大洋6个镇的小城镇综合整治工作中的移动通信网络改造工程。

【市场巩固与发展】全年新增移动用户数 9.5 万。精细化运营存量市场,利用终端超值购、话费合约等惠民政策维稳存量用户，提升合约用户规模,4G 活跃用户到达 24.44 万户，通话用户渗透率 73%。全年新增社会渠道 30 家,持续开展农村服务网点建设。年末宽带用户累计到达 6.07 万户（年度增加 0.77 万户），宽带电视用户到达 23014 户。严格实行实名制管理要求,对入网证件采集不规范和互联网销售入网不规范等行为实行从严、从重管理考核。同时,继续落实信息安全教育,强化信息安全意识,全面保障客户信息安全。

【助力企业数字化转型】该公司助力政府要求的数字化经济“五年倍增计划”,通过不断丰富信息化方案,加强新兴技术学习,为企业量身打造个性化的数字化转型方案。全年信息化总收入 3341 万元,比上年增长 1.8%。以信息化应用与“智慧建德”相契合为要求,重点打造智慧化应用:一是积极参与高铁新区智慧化展厅建设,多次接待省、市的领导参观;二是智慧消防,与乡镇开展智能烟感合作,共计安装 500 多点位,跨出物联网技术与消防结合的第一步;三是助力企业上云(云智慧),全年发展上云用户 396 家,通过了省经信局考核。为多家企业制定云业务深入应用方案，加快企业数字化转型脚步,树立标杆。

【夯实企业社会责任】连续第 5 年牵头开展爱心助学活动,不断扩大贫困学子受助面,累计捐助贫困学子 760 余人,捐赠金额 76.8 万元,热心参与政府组织的“春风行动”等各类献爱心活动,为公益事业献出力量。持续开展“社区行”“农村行”等便民服务活动,进一步为群众提供“最多跑一次”便利。自觉履行市民公约,助力“创建全国文明城市”志愿活动；积极承担社会责任，配合完成“2018 年中国·建德 17℃新安江·夏日冬泳万人挑战赛”活动、“2018 杭黄高铁建德东站启用”、“建德啤酒节”等重要活动保障工作。(叶敏)

联通通信

【概况】2018 年,中国联合网络通信有限公司建德市分公司(以下简称建德联通)以互联网化运营及创新业务发展为中心工作，在连续多年来收入完成率在杭州地区名列前茅的基础上，再次实现主营业务收入完成率、通服业务收入完成率双第一,其中主营收入 3800 万元,增长 4.1%,完成年度计划的 111.7%;通服收入 3480 万元,完成年度计划的 101.1%。至年末,2G 用户保有量 3.4 万户,增加 0.52 万户;3G、4G 用户 4.15 万户，增加 1.97 万户,增幅 90.0%;全市共有新安江、寿昌、乾潭、大同 4 个自营厅。获 2018 年度最佳业绩进步奖、产业互联网发展先锋奖、规范经营标杆奖共 3 项总经理特别贡献奖。

公司于年初顺利通过“省级文明单位”复评,公司党支部被确定为省级“基层党支部建设示范点”培树对象。

【重点项目】2018 年,建德联通在“四个平台”项目上拓展 150 多户“冰激凌”套餐用户,新增年收入约 15 万元。新增平台维护项目,新增年收入 155.8 万元。中标“小镇创 AAAA 景区的配套信息化”项目,新增收入 40.8 万元,首次涉足智慧小镇信息化项目服务。中标建德市市场监督管理局执法终端项目,新增年收入 21.36 万元。新增智慧电梯项目宽带 191 条,收入 22.9 万元。

在创新型业务方面，2018 年以浙江中启 1.25 万元/年云业务,率先打开创新型业务大门,并通过该项目的成功，增加企业在拓展创新型业务方面的信心和动力,全年累计拓展云业务单位 6 个,整体收入 5 万余元。

【综合性信息化项目建设】被列入为浙江省第一批智慧小镇的寿昌航空小镇信息化项目，是建德市首个综合性信息化项目,在筹建和建设过程中,建德联通主动介入,在园区监控、园区 WiFi、智能停车、智能照明、园区票务、园区广播、信息发布、综合布线、园区机房等 9 大系统建设项目上,协助政府制定项目方案。并与当地政府合作,利用该公司自身资源,促进面积1500平方米的建德通航数据中心IDC机房项目落户该航空小镇,实现以数据产业园项目吸引航空制造业、零配件制造业、飞行器组装制造业的入驻,提升航空小镇的通航产业园建设。

12月26日,杭黄高铁建德站正式启用,该公司在站内开设5G体验馆,帮助乘客了解5G技术。春运期间在该站内开通建德首个5G基站,为旅客提前体验5G的高速下载、VR互动、AR体感游戏等,直观感受5G新时代的来临。

【基础网络建设】在接入网建设方面,完成省重点乡镇项目2个、光纤改造项目5个、商务楼宇项目11个、大客户零星工程9个以及网易云机房的接入工程,总投资500余万元。其中省重点乡镇梅城镇光纤覆盖区域完成端口接入1452个,覆盖用户超过7000户;寿昌镇完成主要商铺及小区的覆盖工程,总计端口接入1336个,覆盖用户约7500户。同时完成新安江主城区的沿街所有住宅楼宇的光纤接入工作,覆盖用户数超过4万户。

在移动网建设方面,城区及各乡镇弱覆盖区域建设移动网3G/4G基站32个,杭新景高速延伸段至景德镇建德段内新建3G/4G基站6个,隧道分布3个。完成开元芳草地、新安雷迪森3G/4G等室内分布5处,小区室分出头3个点,营业厅覆盖1个点,微型消防站项目1个点,建设杭黄高铁专项站点建德段宏站21个、隧道外打站点46个,实现高铁建德段3G/4G网络全覆盖。配合建德市全国文明城市创建、小城镇建设、美丽乡村建设等相关工作,完成乾潭等12个乡镇街道共计293千米信号线路“上改下”工作(其中,乾潭35千米、梅城45千米、寿昌28千米、洋溪20千米、莲花25千米、更楼15千米、大洋28千米、下涯18千米、大慈岩10千米、航头6千米、杨村桥35千米、三都28千米),完成饮水工程、临金高速等迁改工程共计31起。(高妮)

旅 游

Tourism

综 述

【概况】 2018年,建德市以"打造长三角生态旅游目的地"为目标,以实施乡村振兴战略和拥江发展战略为契机,以高铁时代下全域旅游发展和浙江省全域旅游示范市创建为重点,完善政策引导机制,扎实推进全域旅游各项工作。首次召开2018建德新安江旅游奖励大会,兑现2017年度建德旅游客源引进奖励531万元,发布2018年建德旅游新产品新政策,邀请长三角地区130家旅行商、会展企业、俱乐部参加。累计邀请24批次645人次旅行商、新闻媒体、验客达人等到建德踩线采风、考察旅游资源。赴上海、武汉、长沙、济南等全国16个城市开展市场拓展活动。累计邀请新华社、《人民日报》、中新社、腾讯网、新浪网等70余家国内知名媒体18批次到建德市采风,刊发报道210余篇。

◎6月21日,建德全域旅游示范市动员大会召开

全市旅游行业平稳有序发展。全年共接待游客1117.3万人次,比上年增长13.3%,实现旅游总收入108.9亿元,增长20.2%。其中,乡村旅游接待游客总量881.63万人次,增长79.3%,实现旅游收入9.01亿元,增长64.7%。

【旅游品牌建设】 开展各层次的旅游景区(点)品牌建设,其中新安江街道、航空小镇2个国家AAAA级旅游景区创建,至年底航空小镇创建成功,新安江街道在公示中;三都镇镇头村、航头镇灵栖村、乾潭镇下梓村及寿昌镇桂花村、河南里村7个村通过浙江省AAA级旅游景区村庄验收;上吴方村等21个村通过AA级旅游景区村庄验收;松溪村等42个村通过A级旅游景区村庄验收。此外,乾潭镇成功创建全市首个省旅游风情小镇。

同时,鼓励涉旅企业单位开展品牌提升。半岛凯豪大酒店、大慈岩镇、三都渔村、航空小镇等4家单位荣获杭州市首批职工(劳模)疗休养基地称号;杭州千岛湖皇冠假日酒店获评杭州市第四批"智慧旅游"示范企业(单位)称号。航空小镇、大慈岩镇上吴方村家风馆、致中和酒业获评2018年首批社会资源国际旅游访问点,实现历史性突破。莲花镇戴家村村被评为浙江省老年养生旅游示范基地;双马生物被评为省级工业旅游示范基地。彩虹桥旅游咨询点汤燕萍、新安东路旅游咨询点张琴、长运旅游咨询点汪银芳3人获杭州市"最美旅游咨询员”称号。

【行业管理】 积极开展人才队伍建设，市旅游投资公司组织3次人才招聘，招录各类人员24人。全年开展骨干导游员、讲解员形体形象培训、红十字救护员持证培训等各类教育培训17期，计886人次参加；以星级旅行社、星级酒店、绿色饭店评审为契机，引导企业加快品质服务提升。皇爵精品酒店通过省级评审，成为本市第五家“银树叶”级绿色饭店，半岛凯豪大酒店、罗桐花园大酒店通过绿色饭店复评；罗桐花园大酒店、金茂宾馆通过三星复评，运通旅行社通过四星级品质旅行社复评。加强行业监管。

全年开展联合执法检查7次，跨部门双随机执法2次，下发整改通知书19份。同时开展旅游安全大检查，出动检查人员86人次，检查企业场所60家次，对旅行社规范旅游合同签订、规范旅游包车及星级宾馆软硬件配备、景区环境质量等访查26次，即查即改21起，下发整改通知单位9家，约谈企业负责人5家。全年全市受理旅游投诉52件，比上年上升196%，均依法办结。市旅游投资公司积极落实对建德市民、创新创业人才、全日制大学生、杭州市指定区域居民等特定对象的各类惠民政策，其中，“建德免门票游览国有景区”政策惠及游客累计13.04万人次。

【涉旅重要项目】 全年在建旅游项目75个，项目总投资150亿元，其中20亿以上项目4个、5亿元以上项目2个。全年完成旅游固定资产投入27.5亿元。开元·芳草地乡村度假酒店项目2017年2月开工，2018年1月投入运行，1—10月完成营收近5000万元，实现当年赢利，客房出租率平均达到80%。开元溪西畈项目获省住建厅批准，正式动工，将打造开元旗下最为高端的度假酒店。先后引进恒大集团40亿元投资恒大温泉小镇项目、杭州运河集团30亿元投资梅城古城保护开发等重量型旅游综合体。新安江灯光秀一期、下涯花海等项目如期建成，受到游客一致好评。新安江雷迪森、景澜假日、达曼云栖等酒店即将建成开业。云漫松间、玖上云树等精品民宿及戴家村民宿集聚村，也已成为建德乡村振兴和农村“消薄”的重要载体。旅游基础设施方面，全年共完成旅游厕所建设55座，完成7座AAA级标准旅游厕所，向品质化服务大幅度迈进。新改建旅游交通标志牌42块，全面完成新安江景区和航空小镇AAAA级景区外部旅游交通标志牌建设。

市旅投公司根据年度经营发展目标，扎实开展各项工作。景区接待人次和营业收入两项指标超额完成，营业收入3800万元，接待游客77万人次，分别比上年增长25.18%、14.47%。

【乡村旅游】 依据《关于促进建德市美丽经济发展的扶持细则》要求，市全域旅游办协调市财政、农办等部门，经过认真梳理分析，拟定《〈关于促进建德市美丽经济发展的扶持细则(试行)〉相关条款操作办法》，进一步明晰乡村旅游在全域旅游发展中的政策导向与实施办法，明确了发展乡村旅游产业(民宿、A级景区村庄创建等)的扶持范围、程序及具体标准。至年底，全市共完成民宿审批114家，新增床位835个，完成全年民宿目标任务的142.5%(目标任务80家)。新开业精品民宿2家(乾潭玖上云树·初见书房、三都云漫松间)，开工建设民宿共2家、民宿村1个，在谈项目5个。乾潭玖树云上·初见书房、三都云漫松间两家新开业精品民宿广受市场推崇，云漫松间平均入住率达70%，周末档期预约率100%。莲花戴家村民宿持续向好，戴家民宿1—12月接待游客2.6万人，实现营收144万元，分别比上年增长213%、221%，带动旅游消费500万元。为促进民宿业的健康发展，举办2期民宿沙龙活动，创新模式开展民宿投资、经营与推广。各乡镇(街道)举办莲花镇首届年俗旅游文化节、大慈岩镇陈店桃花节、乾潭胥岭民乐节暨乡村振兴旅游招商推介会、大同镇“稻香小镇”首届牡丹文化节等大型乡村旅游节庆活动14场。

【新建成1家五星级酒店】 1月4日，杭州富春开元芳草地乡村酒店正式开业，该酒店由中国著名民营高星级连锁酒店集团—开元酒店集团打造，位于梅城镇乌石滩的“富春江—新安江风景名胜

◎开元芳草地乡村酒店

区”七里泷景区内(绿道乌石滩区块)。背山面水，周边山缘坡地环绕，植被林地茂密，区域内水质优良，空气清新，整体生态环境良好。酒店距梅城镇中心 8 千米，距杭新景高速杨村出口 16 千米，距建德市区 38 千米。酒店包括配套住宿 197 间(套)，以 1 层和 2 层度假排屋为主，辅以少量船屋；设包含会议室内、餐厅等在内的综合配套服务中心 1 座及健身房、儿童游乐园等设施。2017 年 2 月开工建设，总投资 2.0 亿元，建筑面积 18726 平方米。该五星级酒店的建成开业，提升了建德市酒店业的档次，为建德旅游业的发展奠定新的硬件基础。

【举办第十八届中国·17℃建德新安江旅游节系列活动】 2018 年，建德市以“宜居建德，幸福共享”为主题，以 17℃新安江为营销主平台，开展 20 项系列活动，主要有：“2018 中国气候宜居城市高峰研讨会”暨第十八届中国·17℃建德新安江旅游节开幕式，万人摄影、万人国际徒步大赛、万人清凉体验夜游、万人赏荷、万人梯田太极等 10 项“万人活动”，“名山名湖名江名城”浙皖黄金旅游线设计大赛颁奖晚会暨第十八届中国·17℃建德新安江旅游节闭幕式等。乡镇(街道)、重点平台及社会各界也举办 16 场特色节庆旅游休闲活动，主要有：大慈岩陈店桃花节、胥岭梯田民乐节、新叶“三月三”民俗文化旅游节、洋溪团结村畲乡文化旅游节、大同牡丹文化节、航头桃莼闹市节等。

其中，“夏日冬泳”亮相央视一套、二套、五套；17℃万人寻源活动被《新华每日电讯》《中国质量报》《科技日报》头版刊登。

11 月 1 日—30 日，大慈岩景区举行杏会大慈岩活动，以新建成的玻璃栈道为卖点，提前谋划，以“杏会大慈岩”为主题开展抖音趣味挑战赛，分别在今日头条、抖音视频、快手视频、《都市快报》、腾讯大浙网、凤凰资讯、搜狐网、我们大杭州、周边微信平台 10 余家等省市主流媒体和热门旅游平台发布活动信息，成功地吸引本地和外地游客（包含 20 余名德国游客）前来观光“打卡”。当月游客接待人次增长 161%，综合营业收入增长 158%，其中 11 月 24 日，接待旅游大巴 80 余辆、自驾游车辆 1600 余辆，接待游客 1 万余人，创下景区游客日接待量最高纪录。

12 月 18 日，举办杭州建德 17℃新安江旅游特惠分享礼活动，在全国首创“旅游推介会走进电视台演播间”形式，按央视索福瑞收视率评价，该节目平均收视率在 1.16，覆盖上海地区观众超百万人次。

12 月 26 日，杭黄高铁开通，以此为契机，举办建德旅游上海大联展、建德市欢庆杭黄高铁开通暨“首日首列首批”游客接站仪式、冠名“建德新安江号”高铁专列、浙皖一家亲万人高铁互游等活动，全年散客直通车成功发班 23 家，累计发班 1230 班次，其中 7 个千人团，举办 37 个大型会议，引进首个铁路旅游专列。(陈晓波)

第十八届中国·17℃建德新安江旅游节

【概况】 第十八届中国·17℃建德新安江旅游节于

2018年5月26日至2019年1月11日举办，旅游节以“宜居建德、幸福共享”为主题，按照“彰显特色、展示形象、节俭办节”的总体原则，围绕“会议论坛、体育赛事、清凉体验、乡村生活、文化艺术、美食狂欢”六大板块，举办各类主题活动19项，成为建德对外推广宣传新风光、新气象、新品牌的重要平台。

◎旅游节开幕式

5月22日，第十八届中国·17℃建德新安江旅游节新闻发布会在杭州举行，建德籍中国国家女子足球队现役球员吴海燕被聘为建德新安江旅游“推广大使”，各界名人举行“旅游+”圆桌论坛。5月28日，中国气候宜居城市高峰论坛暨第十八届中国·17℃建德新安江旅游节开幕式举行，中国气象局副局长余勇为建德市颁发中国气候宜居城市证书。中国气候宜居城市高峰研讨会由国家气候中心、杭州市人民政府、中国气象学会主办，国家气象局副局长余勇、省气象局局长苗长明、杭州市政府副市长王宏等领导莅临指导，中科院院士秦大河、丁一汇等业内知名专家学者围绕气候宜居作主旨演讲，高度肯定建德宜居的气候环境。2019年1月11日，举行“名山名湖名江名城”浙皖黄金旅游线设计大赛颁奖晚会暨第十八届中国·17℃建德新安江旅游节闭幕式。

旅游节高标准配备组织力量，市委书记任主任，市长任第一副主任，34个部门和个16乡镇(街道)的主要领导为成员。旅游节组委会下设秘书处，由分管旅游副市长兼任秘书长，市府办、市委宣传部、市公安局、市旅投公司、市机关事务管理局、市全域旅游办负责人任副秘书长。秘书处实行集中办公，下设项目组织组、宣传推介组、后勤保障组、安全保卫组、现场保障组等5个专项组，实行组长负责制，每个组安排一位市领导联系，加强了对各专项组工作的统筹协调。市委常委会专门研究审定旅游节活动方案。在旅游节筹备过程中，组委会始终坚持把展示建德优越生态环境、全域旅游资源、厚重多元文化作为办好本届旅游节的基本遵循，按照“能省则省、节俭办节”的原则，坚持政府搭台、企业唱戏的方向，主动招商，探索尝试市场化运作的办节模式，制定招商实施方案，并专门以旅游节组委会的名义召开招商说明会，组织市内部分规模以上工业企业和建筑业企业、旅游业企业参加。组建招商小分队，赴重点意向企业对接、洽谈、跟踪，促成恒大地产华东公司总冠名。

旅游节将宣传推广贯穿各项活动的全过程，对每项活动的宣传方案都作细致研究，注重突出全媒体的传播手段，深度融合高端媒体、主流媒体、传统媒体、新型媒体、政务发布等多种途径和形式，力求“小题大做”“旧题新做”，不断扩大“17℃建德新安江”旅游品牌和“宜居建德”城市品牌的影响力。新华社、中央电视台、新华网、《人民日报》、人民网、《浙江日报》、浙江卫视、杭州电视台、《杭州日报》等70余家国家、省、市级媒体对旅游节活动进行报道，累计播出或刊发新闻293篇，活动直播11场，累计在线观看人数超过千万人次。仅“夏日冬泳”一项活动便得到了中央电视台一套《晚间新闻》、二套《第一时间》、五套《体育晨报》栏目同时关注报道。

【“夏日冬泳”万人挑战赛】7月28日，中国·17℃建德新安江“夏日冬泳”万人挑战赛在新安江拉开战幕，该赛事由国家体育总局游泳运动管理中心、中国游泳协会支持，浙江省体育局主办，吸引来自全国22个省（市、自治区）和中国香港、中国台北共128支代表队3000名游泳爱好者报名参与，以及来自美国、俄罗斯等9个国家的19名国际友人慕名体验，建德市委副书记、市长朱欢，市委常委、副市长孟关良，副市长何亦星与媒体记者先行试游，浙江广电集团浙江经视频道在赛事当天进行现场直播。

【万人清凉体验之夜游新安江】7月7日，中国·17℃建德新安江旅游节万人清凉体验之夜游新安江在建德市双江街码头开幕，该项活动由建德市人民政府主办、建德市全域旅游办、建德市新安旅游投资有限公司承办，活动时间从7月开始持续到9月底，吸引来自长三角地区的十余家旅行社近百个旅行团参与，万人夜游新安江活动通过带动、吸引、传播等方式，以游客视角向外界推广传播建德17℃新安江。

【万人清凉体验之夜游新安江暨抖音看视界】7月7日，中国·17℃建德新安江"万人清凉体验之夜游新安江暨抖音看视界"活动在新安江举行，该活动由杭州市旅游委员会、建德市人民政府主办，用互联网化语言进行达人形象包装，以17℃看视界为视角进行包装，邀请包括全国高校大学生、抖音网红等众多新媒体人走进新安江，活动中，网红达人们走进建德各景区与航空小镇，拍摄抖音宣传视频，展示青年人眼中的建德映像。

◎新安江耐寒勇士比赛（朱永标 摄）

【农夫山泉活水万人寻源活动】该项活动由建德市政府主办、农夫山泉股份有限公司、新安江街道承办，邀请长三角热爱旅游、热爱摄影的2000多名外地市民、亲子家庭走进17℃新安江，体验夏日新安江清凉夜生活。

【"7017"新安江啤酒节暨万人啤酒狂欢活动】该项活动由建德市人民政府、青岛啤酒股份有限公司建德分公司主办，建德广播电视台承办。中国·17℃建德新安江"7017"新安江啤酒节暨万人啤酒狂欢活动活动持续时间长达两周，创历年之最，通过清凉激情演绎之夜、酒王争霸赛等形式，围绕好水酿好酒主题，打响17℃新安江好水，吸引包括桐庐、淳安、杭州、富阳等周边地区市民参与。啤酒节是建德利用水资源，发展水（饮用水、饮料）产业的一个典范。

【2018全国大学生科研类航空航天模型锦标赛暨首届建德航展】该项活动由国家体育总局指导，浙江省体育局、中国计量学院杭州电子科技大学、浙江省模型无线电运动协会、浙江省智力中心、中共建德市委、建德市人民政府主办，浙江建德经济开发区（航空小镇）管委会、建德市体育局、建德市工业技术学校承办，通过举办国际飞行器挑战赛杭州站选拔赛，选拔参加全国总决赛的大专院校队伍。专业的赛事与专业的航空航天参赛队伍来到航空小镇，通过其独特视角去了解建德航空小镇的独特魅力，利用全国各参赛大专院校为形象宣传平台，宣传建德航空小镇优势资源，推广建德全域旅游。

【中国最美绿道建德新安江万人国际徒步大会】该项活动

由建德市人民政府主办，建德市体育局承办。17℃新安江独特的水环境隐藏着绿水青山的品牌价值，万名驴友用双脚丈量建德“三江两岸”绿道，感受建德风情风貌，探寻新安江的独特出境。杭州电视台新闻综合频道首次在“三江两岸”绿道开展实时跟踪直播，全方位多角度宣传活动精彩瞬间和活动亮点。

【首届(2018)之江杯国际皮划艇邀请赛】该项活动由浙江省水上运动中心、中国皮划艇协会指导，中国皮划艇协会、浙江省建德市人民政府、浙江省船艇运动协会主办，乾潭镇人民政府、建德市体育局承办，响应浙江省体育局“绿水青山，运动浙江”号召，落实全民健身。通过组织水上运动赛事活动，带动相关产业的持续发展，使建德乾潭成为皮划艇爱好者交流、培训的聚集胜地。两届奥运会皮划艇世界冠军、市委常委、副市长孟关良参与赛事，活动吸引来自全球的近千名专业皮划艇爱好者。赛事结束后，香港、台湾、澳门、青岛等地的皮划艇专业队伍不断到建德体验、训练，为建德市体育+旅游产业发展摸索出一条可持续发展之路。

【中国知名作家走进17℃新安江】该项活动由浙江省文联指导，建德市人民政府主办，建德市文联承办通过知名作家走进建德采风、座谈等形式，全方位展示建德历史、人文、风景资源，以作家独特的视角对外展示建德风情。

【首届“建德人”大会】9月23日，首届“建德人”大会在新安江开幕，200多位来自海内外的建德乡贤以及在这片热土上工作生活的“新建德人”代表参加。大会以“凝聚建德人力量、共创建德新未来”为主题，旨在进一步密切与海内外建德乡亲乡贤的联系，激发建德乡亲乡贤爱国爱乡、创业创新的热情，汇聚全体建德人的智慧力量，促进建商回归、人才回归、优质项目回归和资本回归，共同谱写建德发展辉煌的新篇章。新华社原副社长马胜荣、原济南军区副参谋长马秋星等领导嘉宾出席大会。市委书记、市人大常委会主任童定干在大会上致辞。大会发布《建德人宣言》，号召全体建德人秉承“建功立德”精神，为建德打造新时代美丽城镇示范区、全省乡村振兴示范区、杭州市新的经济增长极和杭州西部门户城市，汇聚力量；在“建德人讲坛”上，复旦大学考古学博士黄家豪讲述了建德人的历史渊源及悠久的文化；大会期间举行建商回归项目签约仪式，共签约项目6个。

◎9月23日，首届“建德人”大会在新安江召开

【“观最美梯田·赏万人太极”活动】该项活动由杭州市国土局、建德市人民政府主办，建德市委宣传部、建德市全域旅游办、建德市文广新局、建德市体育局、大洋镇人民政府承办。活动组织2018名表演人员在梯田指定区域内进行现场太极表演，并在表演区进行稻草工艺展示、稻香毅行、国学国风讲课等活动。

【“古韵严州·诗画梅城”文化旅游节】该项活动由建德市人民政府、杭州市运河集团主办，梅城镇人民政府承办。活动邀请中央电视台、浙江卫视等知名节目主持人走进严州古城，现场朗诵陆游、范仲淹等名人在严州所作的梅城古诗词，以怀古论今的形式展示浙西唐诗之路上这座千年古府名城今朝形象，并以高峰论坛的形式对梅城古城保护与开发利用等议题进行探讨。

【“浙皖一家亲”杭黄高铁万人高铁互游活动】该项活动由浙江省文化和旅游厅、安徽省文化和旅游厅主办。其间安排“浙皖黄金旅游线”设计大赛和杭黄高铁万人互游活动，两省文化和旅游厅的厅领导及杭黄高铁沿线县市旅游部门领导齐聚建德，共同见证“浙皖一家亲，杭黄一线牵，共饮一江水，建德一起游”的高铁旅游时代的开启。活动期间，来自全国的40余家媒体组成的媒体采风团与高铁沿线城市的互动游客团对建德市各景点进行采风游览。(全域办)

◎杭黄高铁开通首日首趟列车接站活动(朱永标　摄)

交通运输 邮政

Transportation & Post

综 述

【概况】2018年,市交通运输局向上级争取各类交通补助资金1.8亿元。牵头重点实施项目8个、一般性实施项目17个、重点预备前期类项目16个,投资计划为12.35亿元。至年末,完成各类交通投资13.81亿元,其中23省道建德航头至界头段改建工程、杭州港建德港区十里埠综合作业区、320国道至杭黄铁路建德东站连接线工程等8个重点项目完成11.6亿元,占计划的108.0%。

完成"互联网+交通"综合交通信息指挥中心项目、应急平台建设。与交警部门齐抓共管、联合治超工作形成制度化和常态化。创建全国县级文明城市,改善客运场站文明风气。开展安全生产"百日攻坚"专项行动,道路运输安全形势良好。

实施公交惠民政策,完成城乡客运一体化AAAA升AAAAA工作。城区11条公交线路公交车实现移动支付全覆盖,新能源公交车辆占比达47.4%。城区公交线路高峰发车班次间隔缩短,市区公交分担率提升约1%;落实公交优先战略,缓解城区交通拥堵。

7月18日,全省交通系统深化"最多跑一次"改革内河船舶"多证合一""多检合一"推进会在建德召开。11月2日,杭州市小城镇"道乱占"治理专项行动现场推进会在建德市召开。

【"四好农村路"建设】出台《关于印发建德市建设高品质"四好农村路"三年行动计划实施方案的通知》。全年建成"四好农村路"通自然村、断头路建设20.8千米,消除等级外公路7.2千米,低等级公路提升改造60.7千米,完成路面大中修68千米、农村公路生命安全防护工程45.64千米、农村公路病危桥改造10座,建设普通公路服务站3个、港湾式停靠站65个、村级农村物流服务点46个,创建美丽渡口2个,新增农村客车31辆,打造美丽经济交通走廊78千米。乾潭镇被评为杭州市"四好农村路"建设示范乡镇。

【320国道建德段收费项目终止收费】320国道建德段收费项目是经省政府批复建设自行贷款、建设、收费、还贷的"四自"公路项目,总投资8.12亿元,一期于1995年11月建成收费,二期于2000年8月建成,合计里程78.20千米。7月底,建德市成立320国道新安江收费站处置工作领导小组,

◎10月29日,十里埠综合作业区开港

妥善处置人员的安置分流及债权债务问题，于2019年1月1日起正式停止收费。

【城乡公交惠民工程落地】 8月1日，建德市正式实施公交惠民政策，优惠对象是建德市户籍人口中60周岁以上老年人和其他“四类人员”。其中，70岁以上老年人、二级及以上残疾人、残疾军人、现役军人和获国家无偿献血奉献奖荣誉者免费乘坐农村客运班车、城市公交，60~69周岁老年人享受半价。

【综合交通信息指挥中心项目启动】 2018年，启动建设综合交通信息指挥中心项目，计划分两期实施，占地150平方米。项目包含交通基础资源平台、交通大数据、交通支撑等六大平台和标准规范、运维管控两大体系，为指挥中心系统运行提供硬件基础环境，整合交通信息资源实现数据共享，提供决策数据支持。建设规模以市级平台为主，预留与各上级主管部门、各直属单位等部门的互联互通接口。

【水上搜救中心成立】 随着富春江船闸开通，建德市辖区船舶通航密度上升，年末，富春江船闸完成过闸量1001.8万吨，首次突破1000万吨大关，比上年增长117.2%。为确保水上搜救体系有序运转和搜寻救助工作的正常开展，10月，建德市成立集指挥、协调、应急、搜救于一体的水上搜救中心，负责全市108千米水域内突发安全事件的应急处置和指挥调度工作。（黎国华）

【建德市交通发展投资有限公司】 2018年，市委、市政府下达交投公司28个项目任务，其中6个新建项目、7个续建项目、8个前期类项目、7个预备类项目。全年完成投资额18.05亿元，为年度计划的152.68%。完成融资授信17.45亿元，融资13.11亿元，固定资产投资15.4亿元，完成开源增收5292万元。

杭黄铁路(建德段)总长度41千米，总投资46亿元，承担注册资本金4.65亿元，2015年6月完成征地拆迁工作，2018年12月25日开通。320国道至杭黄铁路连接线工程投入使用连接线项目占地约8公顷，全长0.8千米，采用部颁标准一级公路兼城市道路功能设计，路基宽33米，设计速度60千米/小时，估算总投资1.58亿元，2016年12月16日开工建设，2018年工程完工，投入使用。站前广场项目投入使用站前广场占地面积11.33公顷，其中站区道路2.46万平方米、高架道路8300平方米，广场管理用房800平方米；社会车停车场(包含大巴)1.20万平方米，可停放社会车辆200辆、大巴车20辆；出租车蓄车场2300平方米，可蓄车20辆；公交车场3951平方米，可停车16辆；估算总投资2.26亿元，2016年12月16日开工建设，2018年工程完工，投入使用。

杭州港建德港区十里埠综合作业区占地面积16.47公顷，其中梅城镇5.15公顷、杨村桥镇11.6公顷，建筑面积2.52万平方米，利用岸线803米，新建500吨级泊位13个，年吞吐量500万吨。2016年11月22日开工建设，2018年完工，投入使用。（翁姗）

重点工程建设

【23省道航头至界头段改建工程】 23省道(S305)建德航头至界头段改建工程，项目起于23省道(航头镇路段)与320国道交叉处，终于建德与衢州交界的界头村，途经航头镇溪沿村、航川村，大同镇永平村、黄家村、寻芳村、劳村、潘村，李家镇李家村、长林村。

工程起讫桩号K127+500—K154+694.36，全长约27.194千米。本项目起点K127+500—K129+300段，计1.8千米，按一级公路技术标准设计，兼顾城市道路功能，设计速度80千米/小时，路基宽度34米，路幅布置为：中央分隔带2.0米+左侧路缘带宽2×0.5米+行车道宽2×11.25米+右侧路缘带宽2×0.5米+侧分带宽2×1.5米+辅道宽2×5.25米+土路肩宽2×0.75米。K129+300~K142+000段，计12.7千米，采用四车道一级公路技术标准，设计速度80千米/小时，路基宽度24.5米，路幅布置为：中央分隔带2.0米+左侧路缘带宽2×0.5米+

◎23 省道

行车道宽 2×7.5 米+硬路肩宽 2×2.5 米+土路肩宽 2×0.75 米。K142+000—K153+845 段，计 11.845 公里，采用二级公路技术标准，设计速度 80 千米/小时（K142+358—K143+815 完全利用段，按原设计速度 60 千米/小时），路基宽 12 米。K153+845—终点 K154+694.36 段，计 849 米，设计速度 60 千米/小时，路基宽 12 米。

路面采用沥青混凝土路面，设计轴载 BZZ-100。一级公路技术标准路段：行车道面层采用 5 厘米 AC-13C 改性沥青混凝土+7 厘米 AC-20C 沥青混凝土(纵坡大于 3%路段采用改性沥青混凝土)；二级公路技术标准路段：面层采用 4 厘米 AC-13C 改性沥青混凝土+6 厘米 AC-20C 沥青混凝土（纵坡大于 3%路段采用改性沥青混凝土）。基层采用水泥稳定碎石。桥梁设计荷载等级为公路-I 级，全线设大、中、小桥共 6 座，上部结构采用矮 T 梁，下部结构采用柱式墩、台，灌注桩基础。设砚岭隧道 1 座，其中新建左洞长 352 米，改扩建右洞长 349 米。

项目根据浙江省发展和改革委员会《省发改委关于 S305(23 省道)建德航头至界头段改建工程初步设计批复的函》等批准建设。由建德航界公路建设有限公司组织建设，杭州交通投资建设管理有限公司代建，杭州市交通规划设计研究院设计，杭州交通工程监理咨询有限公司监理，土建标 SG01 由浙江良和交通建设有限公司施工，交安标 JA01 由杭州金鑫交通设施有限公司施工。概算投资 96873.67 万元。2016 年 4 月开工，2018 年 12 月底完成交工验收并投入使用。

【十里埠综合作业区开港运行】杭州港建德港区十里埠综合作业区位于梅城镇千鹤村和杨村桥镇十里埠村之间，占地面积 16.5 公顷，概算投资为 4.72 亿元。场地东面为规划中的五马洲大桥，南面为新安江，西面为建设中的临金高速新安江特大桥，北面为杨梅公路，规划利用岸线 803 米，13 个 500 吨级泊位，其中包含 3 个多用途泊位、3 个件杂货泊位、5 个水泥熟料泊位及 2 个煤炭泊位。年设计吞吐能力 500 万吨；其中一期工程码头设计能力 252.75 万吨/年，概算投资 4.098 亿元。项目于 2016 年 11 月 22 日开工建设。2018 年完成一期工程泊位码头、道路场地、堆场工程、护岸工程、交安设施、辅助工程等，投资 1.0 亿元。累计完成投资 3.81 亿元。10 月 16 日，完成一期工程交工验收；10 月 29 日，杭州港建德港区十里埠综合作业区正式开港试运行。

【杭黄铁路建德东站站前广场综合工程】杭黄铁路建德东站站前广场综合工程总用地面积 13.25 万平方米，总投资为 2.24 亿元，主要建设内容包括场地土石方平整、道路、高架桥、人行地道、停车场、广场绿化景观及综合管线、旅游集散中心及管理用房。项目为政府和社会资本合作(PPP)项目。项目于 2017 年 4 月开工建设，2018 年完成桥梁、路面、广场铺装、绿化景观、停车场、旅游集散中心、管理用房及其他附属工程建设，投资 9750 万元。12 月 25 日，与杭黄铁路开通同步运营。

【320 国道至杭黄铁路建德东站连接线工程完工】320 国道至杭黄铁路建德东站连接线工程起于 320 国道 K333+350 处，自南向北沿山边布设线

位，下穿杭新景高速，终点位于杭黄铁路建德东站广场，全长0.8千米，概算总投资1.57亿元。设计采用公路工程一级兼顾城市道路技术标准设计，路基宽34.5米，设计行速度为60千米/小时。路幅布置为：中央分隔带为4米，左侧辅道3米+路缘带0.5米+行车道3×3.5米+路缘带0.5米，右侧路缘带0.5米+行车道3×3.5米+路缘带0.5米+机非隔离带1.5米+辅车道3M，路面采用沥青混凝土。项目为政府和社会资本合作(PPP)项目。项目于2017年3月开工建设，2018年完成路面沥青面层浇筑、安保、绿化及其他附属工程等全部工程，完成年度投资7283万元。12月25日，与杭黄铁路开通同步建成通车。

【长春至深圳高速公路(G25)浙江建德至金华段工程】临金高速国高网建德段，是国家"十三五"期间重点建设项目，是长春至深圳高速公路(G25)国高网的重要组成部分。项目起点位于杭新景高速公路杨村镇的北侧（起点桩号K2418+520），在建德杨村桥设立枢纽互通，经杨村桥镇、下涯镇丰和村以东、梅城镇、大洋镇入金华市境内兰溪市马涧镇；建德市境内在梅城镇、大洋镇设立互通。项目采用双向四车道高速公路标准，设计速度为100千米/小时，路基宽度26.0米，建德段长约28.15千米，概算投资44.19亿元。项目于2017年6月开工建设，至2018年末，完成路基工程形象进度54.17%；桥涵工程形象进度49.65%；隧道工程形象进度49.2%。全年完成投资12.0亿元，累计完成投资22.81亿元。

公路养护与路政执法

【概况】2018年，建德市公路总里程1989.53千米，公路密度84.16千米/百平方千米。其中，国道222.46千米（含高速公路107.12千米）、省道45.93千米、县道426.21千米、乡道209.07千米、村道1085.87千米。按技术等级分，高速公路107.12千米、一级公路93.82千米、二级公路159.64千米、三级公路202.01千米、四级公路869.82千米、准四级公路557.12千米。公路桥梁656座，3.91万延米（其中高速201座、2.15万延米）；公路隧道44座，2.26万延米（其中高速33座、1.84万延米）。

【省道县道大中修工程】实施省道大中修工程，对路面结构进行修复，以及大中修路段的排水、防护、标志标线等沿线附属设施的完善。305富衢线建德淤合至宋公桥段公路养护大中修工程项目完工，长7.53千米，投资1889.5万元。S303建淳线建德洋溪至淡竹段公路养护大中修工程项目完工，长5千米，投资328.12万元。

◎杨梅公路

实施县道大中修工程，对路基和路面进行病害处理、路面加铺、新增及更换涵洞及沿线安全设施等。2018年，县道大中修工程实施范围为徐七线、白章线、杨梅线、三将线、大长线、里里线、白小线、溪石线、杨长线、杨梓线10条线路完工，共33.77千米，投资4600万元。

【道路安全隐患点整治】2018年，道路安全隐患点整治工程包括白章线麻车大桥桥头隐患点（该点位为杭州市挂牌督办的隐患整治点位）、徐七线K20+600—K20+740 处隐患点及白小线 K8+750—K8+920 处隐患点，投资400 万元。

【日常养护管理】 2018 年，修补路面坑洞约 2.90 万平方米、出动 420 多人次清理路面抛洒物 130 多次、清运废土约 6500 多立方米，完成 320 国道清理边沟 1870 多千米、330 国道清理边沟 730 多千米、省道清理边沟 810 多千米、县乡道清理边沟 5240 多千米，对其他排查出的公路边沟污染点进行处理，修补水毁挡墙、边沟约 2014 立方米，清理水毁塌方 3800 多立方米，对遮挡标志标牌及影响行车视线的行道树进行修枝。

【桥梁巡查】 2018 年，市公路段加强日常养护桥梁隧道巡更工作排查桥梁病害。安排资金 50 万元，委托具有相关资质的检测机构，对严州大桥、麻车大桥、马目大桥、紫金大桥及 75 座农村公路桥梁进行定期检查，专业分析所检桥梁现况，进行相应的等级评定，及时发现问题，为桥梁病害处治提供科学依据。

【小城镇环境综合整治】 开展 15 次小城镇环境综合整治行动，整治杨村桥草莓路边摊棚 241 处，清理占道堆积物 136 处共 4498.5 立方米，拆除公路沿线非法标志牌 380 块。加强公路沿线建筑工地管理，与交警部门现场督查杭黄高铁工地每日货运车辆冲洗情况，巡查时发现污染严重路段，及时责令负责人安排人员清扫、冲洗，查处污染路面事件 428 起共 4.03 万平方米。

【"两治一整"】 2018 年，市路政大队继续深入开展治理超限超载、治理"黑车"整治交通乱象专项整治活动。采取源头管、路面查、现场纠、处罚与教育相结合、书面承诺等处理方式，联合交警、城管等部门，重点开展打击车辆抛撒滴漏违法行为。共查获抛洒车辆 1687 辆，现场整改 601 辆，处罚 1076 辆。查获超限超载货车 101 辆，卸载 3809.54 吨。签订承诺书 724 份，约谈运输企业、车队、工地 156 家(次)，召开座谈会 28 次。(黎国华)

道路运输管理

【概况】 2018 年，全市有道路客运企业 9 家，客车 425 辆，从业人员 480 多名。其中，长途班线车辆 85 辆，经营线路 55 条，120 个班次；农村客运班线 70 条，营运班车 243 辆；省际包车 69 辆；县内包车 10 辆；市际包车 18 辆。出租车企业 3 家，出租车 100 辆；公交企业 1 家，公交车 134 辆，线路 14 条。危险品运输企业 21 家，危货营运车辆有动力的 284 辆，另挂车 259 辆。普货业户 678 家，其中普货运输公司 138 家、普货运输个体业户 365 个、2 家招商引资企业、快到网名下无车业户 160 个、中禹供应链名下无车业户 15 家。普货营运车辆有动力的 1840 辆，另挂车 1598 辆(其中鸿懋 1092 辆挂车)。各类机动车维修企业 236 家，其中，一二类机动车维修企业 63 家，三类专项维修业户 155 家，摩托车维修业户 18 家；机动车驾培机构 8 家(其中摩托车培训机构 1 家)，训练场地面积 9.56 万平方米，教练员 264 人，各类型教练车 244 辆，其中小型教练车 236 辆、大货教练车 2 辆、大客教练车 1 辆、摩托车教练车 5 辆；另有电动训练仪 4 辆、模拟驾驶器 37 台。车辆综合性能检测站 1 家、机动车配件经营户备案 42 家、汽车租赁经营备案登记 10 家。

开展"两客一危"企业安全生产标准化初评及复评核查；至年末，全部完成考评以及复评换证工作。开展危货"管理提升年"活动。落实从业人员安全教育培训、车辆安全技术状况、动态监控工作落实、规范装卸管理工作、剧毒爆炸品从业人员培训、强化危货异地经营管理等工作。

【杭黄铁路城乡客运接驳线网】 通过多地考察，根据初期预估班次、客流，规划形成"两快一直"的城区公交对接方案。"两快"即新安江南北两岸分别形成的快速公交，"一直" 即节假日客流高峰加开联系高铁站与城区(府前)的"点对点"直达专线。开展"村村通"回头看，开通大洋至贺宅、更楼至许乐、大慈岩至狮山、下涯至日晒坞、梅城至王山顶等农村客运班线。

【推进安全生产责任保险】 在“两客一危”企业推进安全生产责任保险，至年末，完成“两客一危”企业安全生产责任保险协议签订工作。通过安全生产责任保险，推进“两客一危”企业智能视频监控的安装工作。

【规范货运站(场)管理】 对建德市遗留的62户含货运站(场)经营的业户逐一排查，清退14户，其余经过核查，全部不具备货运站(场)条件，均改为货运代理(代办)，并完成备案换证。

【加强行业安全监管】 做好重点时段安全保障工作。在节假日、“两会”以及杭州短道游泳世锦赛期间，做好部署，开展检查，及时排除隐患，做好行业安全生产、反恐安保、消防安全等工作。开展建德市道路运输行业安全生产“百日攻坚”专项行动、建德市预防道路交通事故百日攻坚战、“争当排头兵”打赢道路运输平安创建攻坚战、“平安交通”创建、平安交通“百日行动”等专项行动。

【机动车维修行业监管】 开展汽车电子健康档案系统联网对接及数据上传，完成52家维修企业上传数据3.66万条，比上年增长67.4%；联合建德市机动车维修行业协会，开展建德市机动车维修行业“安全生产月”安全知识竞赛；开展“建德蓝”维修行业环境保护大排查行动，检查维修企业70家次，发现问题点位5处到位并全部整改；深化“双废回收”常态化管理机制，回收废机油255吨、废旧电池39吨；推进检测站“两检合一”，自8月1日起，道路货运车辆正式实行“一次上线、一次检测、一次收费”。

【打造“品质驾培”服务品牌】 贯彻实施《机动车驾驶员培训机构资格条件》新国标，推行学驾“先培训、后付费”经营模式，推广互联网学车新体验手机APP。全年学驾报名人数5672人。7家机动车驾培机构(不包括摩托车培训机构)更新教练车9辆，完成教练场地停车取卡设备装置、教练车内视频监控安装和应用；开展第12届贫困人员免费学车活动以及驾培行业“双十佳”和星级教练员评选工作。

【强化出租车行业管理】 全面更换出租车服务监督卡。对全市100辆出租车280多名驾驶员统一更换服务监督卡，实现与杭州同步。调整出租车运价机制，于2019年1月29日实行新的出租车运价标准，引导出租车行业健康发展。

【文明活动】 开展出租车行业“3·5”学雷锋日、高考爱心免费车等活动。开展公交车“爱心”零钱箱活动。在1路和7路两条文明示范公交线路上，设置爱心零钱箱，供乘客兑换或免费提取乘坐公交车，为未带零钱的乘客提供便利。

【文明城市创建】 完成38辆公交车全身车身广告，公益广告均达到50%占比。出租车企业对车内椅套、座套、脚垫进行全面更换，对出租车车身外观进行维护。完善公交车内语音播放系统，增加排队上下车内容，倡导乘客有序上下车，全面更换随车垃圾桶。长途汽车站增设学雷锋志愿服务台、府前路公交首末站增设无障碍卫生间，年末完成网上申报台账。(潘鑫红)

水路运输管理

【概况】 2018年，建德市在册营运客旅船舶58艘，1790客位；在册营运普通货船69艘，26511载重吨，运力与上年基本持平。全年完成货运量116.7万吨，货物周转量1.18亿吨千米，港口吞吐量476.6万吨，分别比上年增长31%、24.1%和66.5%。完成客运量25.5万人次，旅客周转量345.6万人千米，分别增长10.9%和10.4%。全市水上交通安全形势总体平稳，未发生亡人和沉船事故，发生水上交通小事故2起，一般事故1起，直接经济损失2.83万元，无船舶沉没和人员伤亡。实施行政处罚205起，罚款金额12.96万元。

其中一般程序 106 起、简易程序 99 起；海事类案件 186 起，“三政”类案件 19 起；异地处罚 43 起，占 21.0 %。

【夯实安全管理基础】 完善和落实日常巡查月度工作计划，实施辖区水域安全网格化监管，强化春运、节假日及恶劣气候期间的重点监控。推动建德市正式成立水上应急搜救中心，规范水上指挥分中心运作机制和应急管理。先后开展中小型船舶专项整治、入沪船舶专项检查、重点领域安全生产大检查、平安交通百日行动、船员诚信管理等专项整治。全年采集船舶信息 378 艘次，船舶现场监督检查 307 次，安全检查 266 次，对 33 名船员进行违法扣分 88 分。排查并整改安全隐患 51 处，发出整改通知书 10 份，实施应急救助 8 次。

【推进“美丽航区”创建】 以“美丽航区”创建为载体，结合“四好农村路”水路建设工作，以上年三河渡口获“全省美丽渡口”为契机，实施和推进下涯和乾潭渡口“美丽渡口”创建工作。结合全市文明创建和“美丽建德”创建，推进船舶及港口防污染工作，先后完成 2 处旅游码头和两处货运码头的船舶生活污水接收点建设任务，完成船舶生活污水柜改造 20 艘。回收船舶生活垃圾 8194 艘次共 14.4 吨，回收船舶油污水 41 艘次共 16.6 吨。

【推进“最多跑一次”改革】 优化行政许可服务中心人员力量，完善联合审查制度，规范实施“八统一”，推进“多证联办”“多检合一”等重点工作，提升“一窗受理”的融合度，增强窗口人员对于较为复杂的港政等难点业务的办理能力，提高便民服务效率。全年共办理各类事项 581 起，其中行政许可 225 件，行政确认 121 件，其他权利事项 188 件，经浙江政务服务网申报 501 件，网上申报达 86%。办理港政许可 29 起，多证联办事项 18 起。“多检合一”船舶 32 艘，其中集中办理 5 艘、预约检验 27 艘。

【提升执法人员能力】 制定《行政执法人员工作能力素质提升实施方案》，建立“343 执法岗位评价体系”，即将中队岗位分为海事管理、行业管理和应急管理 3 大类，每类均设定优秀、良好、合格和不合格 4 个等级，同时建立配套的岗位与基本业务培训、岗位与技能星级评定、星级评定与奖励 3 大机制，以定岗定责促使履职能力的全面提升。先后以专题讲座、现场实操培训等形式开展各项专题业务培训 32 次，273 人次参加培训。（范益黔）

铁路运输

2018 年，金华车务段新安江站坚持“安全第一，预防为主”方针，围绕“交通强国、铁路先行”主题，推进“强基达标、提质增效”，开展安全生产宣传教育“七进”“安全生产月”“安全生产大检查”等系列活动。开展“6S”现场管理、职工实作演练，提升职工业务技能，全年安全生产稳定。2018 年，三个货运站货物到发量为 225.5 万吨，运输收入 2.46 亿元。

金（华）千（岛湖南）铁路支线建德境内 K45+800（与兰溪市分界）—K78+500（与淳安县分界），全长 32.7 千米，分别设有排塘、寿昌、新安江南站、新安江、朱家埠、千岛湖南 6 个车站，8 月 1 日千岛湖站更名为千岛湖南站。6 个车站均隶属金华车务段管理，按技术性质均属中间站，按业务性质新安江南、朱家埠、千岛湖南站为货运站，排塘、寿昌、新安江站为非营业站，新安江南站核定为三等站，其他站均为四等站。2013 年 5 月 30 日根据上级货运体制改革方案，成立新安江经营部，隶属金华货运中心管理，承担各车站的货物运输业务。各车站设有货运列车股道 2~4 条，受理全国各货运营业站的货物到发业务，其中新安江南站设有龙门吊 3 台，办理罐车（化工原材料及燃油）接卸业务专用线 2 条（未启用）。（叶芳）

邮 政

【概况】 2018 年，中国邮政集团公司浙江省建德市分公司秉承“人民邮政为人民”的服务宗旨，深化改革创新，加快转型发展，推进邮政业务经营方式和管理方式转型，助力地方经济发展和满足人民群众的用邮需求。完成业务收入 7961 万元，超计划 324 万元，完成率 104%；完成利润 661 万元，超计划 204 万元，完成率 145%。其中，函件、包裹、金融、电商分销等重点项目全部完成年度任务目标；效益类项目中，金融收入 4733 万元，占全部收入比重 59.5%；包快收入 1452 万元，占比重 18.2%；函件集邮收入 381 万元，占比重 4.8%，三项效益类收入占全年收入比重 82.5%。在杭州地区 KPI 考核中，得分 118.79 分，仅次于余杭区。

公司有干部职工 368 人，邮政储蓄网点 17 家，邮政营业网点 20 家；投递道段 62 条，总长度 2592 千米(单程)，妥投点 5.08 万个。邮政各项金融及普遍服务遍及全市各乡镇。

【拓展金融余额和保险业务】提前两个月实现全年标保、中邮期交、长险目标，成为杭州地区第一个完成三项目标的县市单位。加强金融业务部团队建设、网点过程管控、云平台的运用等，开展客户节活动。至年末，公司余额 30.11 亿元，年增 3.54 亿元。达成标保 3.34 亿元，完成率 109%，比上年净增 1.2 亿元。

【电商帮扶消薄+保险精准扶贫】与杭州市农办及建德市农办、中邮保险等多方合作，开展邮政电商助农扶贫“消薄”项目。帮助三都镇三江口村等 5 个相对贫困村集体增加经营性收入 5 万元以上。提供基本风险保障服务，为村民购买中邮意外伤害和医疗保险，总保险保障额约 1.5 亿元。邮乐购农村电商站点新建 120 个，合计站点数 652 个(有效运营 328 个)。实现批销金额 1840 多万元；完成分销金额约 610 万元，为指标任务的 110.9%。完成代购 4.2 万笔；代办便民服务 8.2 万笔，交易金额810 万元。车险完成 1671 辆。全年简易险出单 1752 笔，实现保费 69.51 万元。

【发展传统业务】2018 年，公司重新组建营销团队，探索传统业务的转型升级之路。参与地方政府的美丽乡村建设，实现美丽乡村墙绘项目 67 万元。开发礼品定制项目；利用手册、宣传单页+寄递业务实现新突破。

◎10 月 16 日，建德市分公司寄递事业部成立

【推进寄递翼改革】10 月 16 日，成立建德分公司寄递事业部，将原速递物流公司纳入建德市分公司统一管理，理顺内部机构和相关人员工作职责。原速递生产场地与洋溪邮件处理中心场地进行整合，将部分原速递办公场所迁至邮政分公司，实现合并办公。各经营部根据道段情况，合理配置投揽人员。创新投递模式，新安江同城投递组试行网格化投递，确保标件上午投递妥投率 90%以上。(刘小飞)

城乡建设与管理

Urban and Rural Construction & Management

城乡规划

【概况】2018 年，建德市政府下达全市各乡镇、部门城乡规划编制项目 30 个，编制经费共 5628.04 万元。审议通过《建德市 2018 年城乡规划编制计划》，出台《建德市城乡规划委员会议事规则》。

市规委会审议通过《建德市美丽城区整治规划》《建德市岭后区块控规》《建德市市域乡村建设规划》《关于建德市新安江综保工程道路网专项规划》《建德市高铁新区总体规划(2017—2030)》《建德市海绵城市专项规划》《建德市美丽城区整治规划》《建德市岭后片区控制性详细规划》等 15 项规划成果，以及《寿昌镇玉温泉酒店西面地块选址论证报告暨地块控规》《新安江街道明珠社区 C11-1 号地块控规调整论证报告及规划方案（明珠社区幼儿园）》《高铁新区杨村桥门户片区 1-01、1-02、2 号地块选址论证报告暨地块控规》《梅城镇文化特色产业项目选址论证报告暨地块控规》等 40 项选址论证报告暨地块控规局部调整，《杭州市第七人民医院浙西院区一期工程方案设计》《新安江大城区慢行系统一期工程项目设计方案》《江南秘境国际旅游度假区—江南渔村一期设计方案》《建德市新安东路有机更新项目设计方案》《乾潭镇溪西畈开元酒店建筑设计方案》《建德恒大御湖庄园(二期)设计方案》等 33 项规划建筑设计方案。

【乡村规划建设管理】2018 年，出台《乡村规划管理指导意见》《农房审批管理办法》等规范性文件，对乡村规划统筹编制、农房带图审批、批后监管“五到场”、农房放样、测绘办证等环节全过程管控。3 月 2 日，建德市全面实行乡村规划建设管理新政，市级层面从制度、人员、财政资金等方面予以全面保障，全市乡村规划建设管理工作与农村人居环境提升、小城镇环境综合整治有机结合，实现全域一体化推进，中央电视台新闻频道记者专程到乾潭镇幸福村和寿昌镇桂花村采访报道。以莲花镇戴家村、乾潭镇胥江村、安仁村等为代表的新村建设和以钦堂乡葛塘村、三都镇三江口村、寿昌镇山峰村等为代表的老村整治提升先行试点成效初显。

【农居规划建设管理】2018 年，根据《关于进一步加强我市乡村规划管理工作的指导意见》，对完成规划编制的村庄进行全面梳理和评估。全年完成特色村、示范村、精品村、传统村落、历史文化名村

◎10 月 22 日，杭州市“百千万”活动现场会在建德召开

等53个村庄规划修编工作，实现“多规合一”。开展带图审批工作，全市16个乡镇（街道）带图审批1978户，开工建设470户，放样138户。推广驻镇规划师制度，完成16个乡镇（街道）驻镇规划师的聘用工作。

【完成天地图·浙江建设】开展全市域影像数据25.3平方千米电子地图数据融合工作，按计划新增应用示范项目2个。完成城区三维模型数据建设，对原5平方千米的三维数据进行更新，新建三维数据约13平方千米。

【规划（测绘）管理】2018年，共受理、办理各类规划审批事项1626件。其中，行政许可事项有选址意见书28件、用地面积71.3万平方米，用地规划许可103件、用地面积97.5万平方米，建设工程规划许可138件、建筑面积22.1万平方米，乡村建设规划许可2件、建筑面积0.2万平方米；非行政许可事项有规划设计条件133件、用地面积1332.5万平方米，竣工规划核实确认47件、建筑面积58.6万平方米；其他事项有规划意见单299件、用地面积215.6万平方米，回复执法局联系函37件，出让土地联系函454件，土地分割调整联系单16件，国有不动产登记意见45件，各类批复意见48件，方案审查138个项目，城市基础设施配套费项目138件。参加公墓联审4件，设施农用地联审12件，土地招拍挂联审项目现场踏勘25次，并出具审查意见；参加市政府或市审管办组织各项协调40多次，帮助解决规划相关问题50多项。梅城、寿昌、大同、乾潭4个中心镇下放事权受理、办结数量为210件，其中选址意见书22件、用地规划许可63件、建设工程规划许可90件、乡村建设规划许可12件、竣工规划核实确认23件。（胡晓坤）

城乡建设

【概况】2018年，建德市连续第二年获评省小城镇整治工作优秀县（市）；大同、梅城、乾潭三镇创建成为基本无违建乡镇，下涯、杨村桥、莲花三镇创建成为无违建乡镇；完成10个“零直排”小区创建。推进国家文明城市创建建设类项目，完成投资1.5亿元。

【小城镇环境综合整治】2018年，建德市寿昌、更楼、洋溪、莲花、三都、大洋、杨村桥6个镇（街道）通过省考核验收，获全省小城镇环境综合整治优秀县（市），寿昌、大洋、杨村桥三镇获评省级样板镇，更楼、莲花、洋溪三镇街获评杭州市级样板镇。李家、航头、大同三镇创建为省级卫生乡镇，全市92条道路136.2千米完成整治。整治乱停车、乱摆摊等“六乱”点位1163个。完成治理项目42个，建成停车场57个，停车泊位5224个，打通断头路9条，投入590万元“智能交管”建设；完成低小散整治214家，完成淘汰落后产能企业21家。

【推进“三改一拆”“五水共治”】全年拆除违法建筑142.1万平方米，完成“三改”42.42万平方米（其中旧住宅区改造13.5万平方米，旧厂区改造25.1万平方米，城中村改造3.82万平方米）。制止、拆除新违建36处1116平方米，拆后利用率79.8%。累计拆除城区空中违建1435处3.1万平方米，拆除小城镇范围内违建13万平方米。

完成10个“零直排”小区创建，污水处理率95%以上，污水再生水利用率15%，污染物减排COD去除2918吨，氨氮去除167.15吨。完成污水管网建设5千米，改造2.7千米；完成污水管网排查16千米；完成积水点4处；完成新建雨水管网2千米，提标改造雨水管网1.7千米；建设供水管网6千米，改造供水管网2千米；建设屋顶集雨系统5处，改造节水器具500套，改造“一户一表”200户；清淤排水管网100千米，增加应急设备500立方米/小时。

【国家文明城市创建】涉及建设类项目共37个，总投资5.18亿元，8月开工，至年末，完成投资1.5亿元。落实市政设施维护和绿化补植提升工作，市政设施维护5200多处，绿化补植提升90多万平米，并完成公园绿地设置公益广告720块。整治建筑工地围挡广告、清理牛皮癣等问题650多项，增设公益广告1220幅，平均覆盖率达70%以上。开展楼道堆积物、小区占绿毁绿清理等工作，粉刷楼道13.65万平方米。完成专项规划和停车场、库资源排查和选址方案，并报市政府立项。

◎乾潭镇杭派农居(叶飞 摄)

【农村人居环境提升】成立由市委、市政府主要领导任双组长的建德市农村人居环境提升三年行动领导小组，5月9日，由市委、市政府下发《关于印发〈建德市农村人居环境提升三年行动实施方案(2018—2020年)〉的通知》，明确2018年度21个部门(单位)及16个乡镇(街道)涉及农村公厕综合整治、生活垃圾分类处理、农村生活污水治理、农村土地综合整治、卫生村创建等51个具体实施项目计划。10月11日，由领导小组办公室下发《关于印发〈建德市农村人居环境提升长效管理机制〉的通知》。

【建德市城市建设发展投资有限公司】2018年，市城投公司承担项目建设任务47个，年度投资任务19.9亿元，财务支付10.94亿元，全年完成投资额20.35亿元。固定资产投资18.16亿元。全年回笼资金2.2亿元。

1月3日，市城投公司发行10亿元停车场专项债。该债券期限7年，发行利率7.43%。此次债券获得10亿元资金7年的使用权，解决公司项目建设的资金短缺问题，使城投公司从银行间接融资向资本市场直接融资转变，推动公司在资本市场上持续融资。

完成洋安家园等安置房792套住宅、655套配套商铺权证办理、444户结算安置房的权证过户，完成南宁巷、新安花园等东区历史遗留的权证办证；完成洋溪南四路等4条道路的确权工作，委托办理财务竣工决算17个。按时结算调拨安置房和个人安置款项结算1.12亿元。

2018年，市城投公司对安置剩余排屋、公寓房进行公开拍卖，共拍卖90套，回笼资金1.47亿元。其中万居公司于5月26日上午公开拍卖的洋安江城嘉苑13号楼42套住宅全部成交，部分标的拍卖竞价达30多轮，成交价共计5225.89万元，成交均价1.22万元/平方米，溢价率82.3%。对公司各类经营性房产进行公开拍租，全年租金收入423.88万元。

落实主城区文明创建项目，全面实施主城区外立面整治提升工作。该项目为EPC项目，共有6个子项目，其中新电路沿街立面改造全部完成。参与斑马线礼让行人文明劝导及城市街区卫生大扫除。对未移交的小区、道路、公园绿化及公共设施进行整治提升。

2018年，市城投公司与中石油杭州公司及民营企业合作，建设并运营城乡综合停车场项目。以航头镇珏塘村为试点，研究城投公司参与乡村振兴建设机遇，寻求企业新的发展方向。7月9日上午，拍得乾潭镇17-7地块，成交价2397万元。12月29日，杭州市第二工业固废处置中心项目，由城投公司下属子公司——杭州杭新固体废物处置有限公司自主点火启动运营。(辛晓霜)

行业管理与服务

【概况】2018年，寿昌镇石泉村、乌石村，大慈岩镇檀村村湖塘自然村列入第5批中国传统村落。完成农村住房改造1046户，完成农村困难群众住房救助600户。首台加装电梯项目完成安装并投入使用。实现建筑业总产值41.8亿元，税收2.73亿元；实施建设工程招投标项目342个，中标价48.9亿元。全年房地产投资40.3亿元，成交商品房面积64.65万平方米，商品住宅库存量38.48万平方米，去化周期约为7.9个月。完成地下空间增量15.13万平方米，完成公共停车泊位建设806个，完成数字城管及城建城管110交办件7969件。

【村镇管理服务】寿昌镇石泉村、乌石村，大慈岩镇檀村村湖塘自然村列入第5批中国传统村落，至年末，建德市传统村落数量累计17个。大慈岩镇上吴方村、李村村入选第7批中国历史文化名镇名村名录。强化农房设计落地，实施农民建房带方案审批，完成带图审批农房1200多户；完成全市农房录入10.66万户，录入率100%；完成农村住房改造1046户，完成农村困难群众住房救助600户；完成16个乡镇(街道)227个村农村土地确权工作并通过省验收。5月17日，出台《关于开展既有住宅加装电梯工作的实施意见》，自2018年6月17日起施行。

【建筑业管理】实现建筑业总产值41.8亿元，比上年增长20.5%，税收2.73亿元，增长70.6%。全市建筑业企业96家，其中一级建筑业企业2家、二级建筑业12家、三级建筑业企业82家。新开工装配式建筑面积30.37万平方米，其中装配式公建面积6.5万平方米，全装修建筑面积6万平方米。实施建设工程招投标项目342个，中标价48.9亿元，建筑面积约64.1万平方米。其中公开招标项目334个，邀请招标项目8个。2018年，创建德市标化工地17个、杭州市标化工地7个，申报浙江省标化工地3个，获得建筑行业“西湖杯”3个、“西湖杯”结构优质奖8个、“钱江杯”2个。

【房地产业管理】房地产全年投资40.3亿元，比上年增长148.2%。商品房预售批准面积81.09万平方米，增长1.71%，其中住宅74.96万平方米(减少2.1%)，共6414套。共成交商品房5719套、面积64.65万平方米，成交均价11064.97元/平方米，分别增长5.9%、3.7%、28.4%，其中商品住宅共成交4729套、面积57.95万平方米，成交均价11518.2元/平方米，分别增长4.5%、5.8%、36.1%。二手房成交共4701套、面积48.75万平方米，成交均价5940.0元/平方米，分别减少3.21%、9.64%、11.33%，其中住宅共成交共3552套、面积37.61万平方米，分别减少8.29%、5.07%，成交均价6110.31元/平方米，增长5.71%。

【物业管理】全年收缴14个项目维修基金1002.5万元，使用74个维修基金项目396.4万元；收缴7个项目保修金468.55万元，使用1个保修金项目13.64万元。完成2018年度廉租住房租金补贴发放，共计发放7.11万元，新增7户，受益家庭共34户。完成主城区物业小区全面提升工程，投资600多万元，合计粉刷827个楼道10.4万平方米，绿化补植约1.66万平方米。实现物业企业考核奖励政策兑现，奖励经费合计118.49万元。成立建德市物业管理协会，全市共36家物业服务企业成为建德市物业管理协会首批会员。

【市政设施维修管理】完成地下空间增量15.13万平方米；完成公共停车泊位建设806个，建设新能源汽车充电桩34个（其中公用充电桩15个）；新建整治道路5千米，完工联网路2条；完成城市绿道建设28.3千米。完成数字城管及城建城管110交办件7969件。新增管道天然气用户2225户；城市供水水质综合合格率100%，城市路灯亮灯率达到99%。

【房屋征收管理】完成新安江府北区块棚户区改造项目、梅城建业有机区块旧住宅区改造项目、乾潭镇大畈村棚户区改造项目等13个改造项目，完成征迁1665户。洋溪老街棚户区改造安置房工程、梅城镇棚户区改造安置房工程2个项目开工,开工套数1060套。南屏公寓、寿昌镇危旧房改造工程、新城安置房(杨村桥百旗家园)3个安置房项目完成交付。

【测绘管理】全年完成房产测绘项目280个,面积约364.6万平方米;完成竣工测绘108个项目,验放样210个项目,土石方测算26个项目,勘察11个项目;为建德市五水共治工作领导小组办公室、建德市市政园林管理局等单位免费提供1:500数字地形图75.92平方千米。为大洋、大同、李家等乡镇共测绘105户农房放验样。(陈卫东)

供 电

【概况】2018年,国网浙江建德市供电有限公司落实十届三次职代会暨2018年工作会议精神,深化"两个转变",电网和企业取得重大发展。网供电量突破25亿千瓦时,实现25.64亿千瓦时。供电客户数突破25万户,实现25.14万户。累计完成固定资产投资2.08亿元;完成销售电量24.95亿千瓦时,比上年增长11.31%;综合线损率2.69%;营业收入14.57亿元,利润总额1764.96万元,资产总额10.95亿元;全口径劳动生产率79.69万元/人·年;农网综合电压合格率99.99%,农网供电可靠率99.89%。2018年,公司所属集体企业实现销售收入7.52亿元,增长27.0%,利润总额2690.43万元,资产负债率60.8%,下降11.7%;保值增值率110.4%。后勤管理获得省公司2018年度同业对标专业标杆。

【安全生产保持稳定】落实省、市公司安全生产要求,开展"十不干""二十一个类型作业现场行为禁令"和系统内外安全事故学习,编制印发《安全生产警示教育读本》。开展安全生产"大讨论"活动,研讨薄弱环节和改进举措。举办首届集体企业"两安两创"安全展示活动,营造"做安全人,保安全岗"文化氛围。完成"护网2018"行动任务,筑牢公司网络安全防线。牵头开展建德、淳安、桐庐三县(市)公司和建淳中心"3+1"应急演练,提升区域电网突发事件应急处置能力。2018年夏季,全网及网供最高负荷五创历史新高,分别达54.87万千瓦和51.26万千瓦。迎峰度夏期间,开展多轮次变电站、开关站(环网柜)局放测试及线路红外测温工作,累计检测1370多处,完成线路通道清理620多处,未发生变电站、配变、线路重过载。至年末,公司连续安全日达5579天。

【推进电网建设】启动500千伏严州变、220千伏睦州变属地化前期工作,配合省、市公司开展站址选点和路径廊道规划。配合建成投运建德变—下涯变220千伏双回输电线路、220千伏杭黄高铁建德东牵引站配套送出线路及220千伏下涯变3号主变扩建工程。投运110千伏大同输变电工程及15条10千伏出线,大同、李家地区供电可靠性和供电能力得到提升。开工建设建德首座钢结构110千伏卜家蓬变电站。开展220千伏万松2号主变扩建工程土建基础施工,规范建设110千伏外董—钦堂输电线路工程。落实属地化工作,完成220千伏新建2386线、新德2387线杆塔移位改造、220千伏浪川输电线路工程(建德段)全线政策处理。取得110千伏杨村桥输变电工程项目核准,开展110千伏万慈输电线路工程施工招标。全年完成配网项目93项,新建及改造10千伏线路31回计125千米,低压线路171千米;增容布点配变台区222台,新增容量8.60万千伏安。保障第二批6个小城镇环境综合整治和梅城美丽城镇改造等市政府重点项目,助力寿昌等8个乡镇通过省级验收。

【创新营销服务】依托掌上电力APP等线上载体,推进"互联网+"营销服务应用,受理线上办电业务1.27万次,高压线上办电率达99.5%,低压线上办电率达99.9%。完成2018年"智能交费"推广业务4.8万户,完成推广目标107.1%。实施"三型一化"营业厅改造建设,加快形象展示窗口向市场拓展平台的转变。深化投诉管控,出台《供电服务规范违规记分实施细则》,首次下沉一级开展投诉工单穿透分析。开展优质服务党员活动日,以党员率先引领提升全员主动服务意识。创建洋溪五星级供电所,完成乾潭供电所硬件建设及32个精品台区建设工作。与建德高铁新区管委会签订省内首份《综合能源战略服务合作协议》。完成建德市华隆塑业有限公司等3家综合能源服务项目,超额完成年度1127万元营业收入任务。加快“再电气化”进程,全面布局港口岸电和充电桩(站)建设,累计投运充站点16个,完成15家茶叶加工企业、学校的锅炉改造等电能替代工作。打造公司全电景区示范点,以“建德绿道”景区为中心,辐射周边15个镇村。

【提升管理水平】印发出台督查督办实施意见,规范督办流程,强化督办时效和质量。推进“大计划、大绩效”工作,以月度计划为引领,提炼总结亮点特色,以多层级绩效考核为手段,加大奖惩力度。编制印发《全面预算管理实施意见》,全年项目预算及可控费用预算完成率100%。深化应用配网项目自动竣工决算,完成转资金额9689.22万元,转资率87.6%。加大用户资产接收力度,完成3489.6万元用户资产接收工作。在省内率先试点“国网商旅”应用平台,提高差旅费审批报销效率。以专业目标主动认领、“一对一”约谈、过程监控预警等方式营造主动对标氛围,强化对标管控。扎实保障配网资产国际对标成果落地,完成“插座式光伏接入”课题深化应用,配合完成国网企协副秘书长调研汇报展示,并进入2018年中央企业熠星创新创意大赛对接路演。

【做强做优集体企业】2018年,完成集体企业“瘦身健体”工作,新设分公司1家,吸收合并2家,注销4家,更名1家。依托“一站式”营业厅,巩固核心业务,推行EPC总承包模式,专变市场占有率达82.9%(按容量),位列杭州公司第二。建成“强前端、大后台”的综合能源服务体系,平台接入项目21个,合计容量3.21万千伏安。开展工程项目清理,完成工程款回收4518.95万元。建成投运热浸塑钢管生产线,开展水泥盖板试制生产,自愈式智能记忆合金垫圈进入超市化采购目录,2018年,新产品实现销售收入7736.66万元。(田明玉)

供水排水

【概况】2018年,城市供水取水量(地表淡水)3825万立方米,供水量3556万立方米,日均供水量9.75万吨,最高日供水量达到12.1万吨。年售水总量3100万吨,实现售水工业总产值(当年价格)5156万元,销售产值(当年价格)4770万元、工业(收入法)增加值2332万元。城东污水厂完成污水处理量1622万吨,8家乡镇污水处理厂(乾潭、安仁、大洋、莲花、寿昌、大同、李家、大慈岩)完成污水处理量446.3万吨,出水水质经省、市级环保部门24小时自动在线监测数据显示全部达标。

【新安江第二自来水厂并网运行】新安江第二自来水厂是建德市2016年重点工程,按照浙江省现代化水厂标准建设,项目总用地约为5公顷,规划建设规模为12万吨/日,近期为6万吨/日。主要建设内容包括水处理构筑物和配套管理用房、管网、设备等。项目批准概算为1.32亿元。6月30日,与8万吨/日新安江自来水厂和管网并网运行,总供水规模达到14万吨/日,服务于新安江、更楼、洋溪、莲花、下涯、杨村桥、梅城、三都、乾潭、钦堂、寿昌11个乡镇(街道),受益人口20多万人。

【千岛湖及新安江流域水资源与生态环境保护项目】该项目是建德市2018年重点工程,是浙江省实施的首个多学科、跨专业的综合治理项目,估算总投资约3.49亿元,其中世行贷款约3000万美元,市财政配套资金约1.48亿元。3月28日,完成项目谈判,7月31日,完成《贷款协定》和《项目协定》的签署工作。至年末,完成投资4000万元。

【大洋镇供水工程项目开工】该项目北起梅城镇姜山村,南至大洋镇里黄村,沿途设置2座加压泵站及1座3000立方米高位水池,项目全长约8千米,总投资3497万元。12月10日开工建设,至年末,完成投资额约500万元。

【寿昌镇童家片新安江管网延伸】该项目是“百千万工程”中提出的民生工程。总投资约1950万元，主线全长近23千米、6座加压站、三级提升，9月1日开工，项目建成后将解决童家片9000多户村民饮水难的问题。

◎城区非机动车整治

【污水项目建设】完成2017年城区劣V类水剿灭工程，并通过竣工验收；完成洋溪泵站提升改造工程、污泥干化除臭工程、泵站及厂区自动化提升改造、小洋坞污水管道整改等项目的建设实施。

【科研项目及QC项目】开展科研项目研讨和实施。完成配电房低压电气监控系统及“清洁生产”防臭除臭项目并投入使用。进水水质在线监测防堵项目基本完成。推进QC项目，完成一期氧化回流堰门加装穿墙泵等4个QC项目工程建设。(王雪仙)

城市管理

【概况】2018年，建德市城市管理局围绕市委、市政府中心工作，以“城市管理用心，百姓生活舒心”为目标，以“精细化、常态化、长效化”管理为主线，以“环境革命、垃圾革命、厕所革命、自我革新”为载体，以“环境提升年、精细管理年、项目推进年、改革攻坚年、作风效能年”活动为动力，敢于担当，攻坚破难，以一流的状态管理一流的城市。

推进“全国文明城市”创建，推行市容环卫“常态长效”管理，营造精细整洁文明有序环境。开展“道乱占”专项整治行动，根据“应划尽划”的原则，在15条网格道路新增机动车位520个、非机动车位1769个；在杭州地区率先对非机动车违停推行“拖车+处罚”举措，规范车辆停放1800多车次，拖离乱停放非机动车1964辆；人行道违停抄告1.7万辆，比上年增长53.7%；全面取缔早点摊、小吃摊等各类临时摊点51处，将文化广场22处夜宵摊位引入双江街；城区24处报刊亭、48处电话亭和8处“算命”摊点实现“清零”。开展“户外广告”专项整治，与78处大型户外广告和3721块广告招牌业主签订安全责任承诺书，共立案查处62件，拆除违规户外广告67处、面积650平方米。开展餐饮污染专项整治，全面落实小餐饮店安装油烟净化器，对城区51条主次干道354家小餐饮店进行逐户排查，发现问题130个，立案查处餐饮油烟违法案件7件，联审73家。开展“牛皮癣”清面除源行动，重点整治城区乱张贴、乱涂写等行为，清理牛皮癣6.47万处。仅用20多天高标准完成全省小城镇环境综合整治现场会沿路沿线环境整治工作。

以垃圾分类“五大专项行动”为指引，启动机关事业单位生活垃圾强制分类工作。以水韵天城为首个试点小区，全力推行智慧化分类服务模式。试点启用垃圾收集亭，推行垃圾奖励性分类，扩大垃圾分类多元化。2018年，无害化处置生活垃圾14.73万吨，日均处置量404吨，比上年增长12.2%；转运13个乡镇(街道)生活垃圾8.57万吨，比上年增长9.0%；建成区范围内垃圾分类基本全覆盖，其中建成垃圾分类示范小区9个。设置“有害垃圾”专用收集箱78只、过期药品回收药店20家、“大熊猫”废旧衣物回收点46个、熊猫桶56只、分类垃圾亭120个。回收有害垃圾1.02吨、旧衣物38.41吨。2018年,建德市“五废共治”考核,综合成绩排名位列杭州县市第一名。

严格落实道路清扫保洁质量标准,推行“凌晨冲洗”模式,落实主干道洒水6次/日、次干道洒水4次/日。推进“撤桶入巷”,将新安东路、新安路、严州大道、江滨路垃圾桶撤离主道,搬进小巷。2018年,清运生活垃圾4.7万吨、装修垃圾2.1万吨;清理化粪池88只,疏通窨井1060只、管道4815米;清洗果壳箱4.23万只(次),垃圾桶2.9万只(次),广告牌1.25万个(次),公交站牌1.14万个(次),交通指示牌1.17万个(次);清理江面垃圾及水草552吨。

2018年,办理各类案件1.92万起,其中一般程序案件1001起,罚款84.13万元;违停车辆抄告1.7万辆;受理各类举报投诉1868件,办结和反馈率100%,满意率99.87%;办理各类行政审批事项1222件,办结率100%;办理“两代表一委员”提案建议37件,其中2件被评为最满意代表议案建议承办件和提案优秀承办件。

【深化工程渣土管控新政】全面落实“建筑工地规范管理、工程渣土前置管理、运输设备资质管理、违法行为联动管理”“四项新规”,对工程渣土运输车实施“统一规格、统一颜色、统一顶灯、统一GPS定位、统一视频监控”“五统一”管理。对在建德本地注册具有资质的7家工程渣土运输企业渣土运输车辆进行提标升级,强制推行浙A本地国五排放标准,先后投入使用全密闭新型环保工程渣土车辆167辆,在没有任何经费投入情况下,运营企业自行筹措资金5482万元,为建德市财政实现开源增收1132万元。

【建设建筑垃圾资源化利用项目】在新安江街道黄泥墩村原十二局水泥厂闲置地块建设建筑垃圾资源化利用项目。企业建设日处理800吨建筑垃圾全自动化生产线,实现建筑垃圾变废为宝的转变。从财政资金的绩效看,财政仅用20元/吨的处置费撬动整个项目约500万元的投资,属于小投入、大产出、社会效益和经济效益俱佳的民生项目。

【城区道路保洁推行市场化运作】1月1日开始,建德市道路保洁实行“政府管事,企业管理”运作模式,在新安江城区部分道路保洁实施市场化运作,区域为新安江以南和320国道以东的17条道路、洋安新城12条道路,保洁面积131.73万平方米;其中道路清扫保洁面积为98万平方米,江滨公园(包括沿路绿地)保洁面积为33.73万平方米。涉及白沙大道、法院路、江滨大道、严州大道等区域和洋安新城等29条主次干道。

【启动“厕所革命”】对全市现有公厕情况进行摸底排查,做好数据收集,建立相应台账。落实“一人一岗一责”管理,严格执行“一掸二抹三冲四拖五扫六查七跟”作业程序。在提供免费手纸的基础上,城区6座公厕新装自助扫码纸巾机,在码头公厕等公厕安装电子显示屏,设置社会主义价值观宣传栏,旅游地图上墙,增设绿植,美化环境,提升公厕外观美感。至年末,全市城市公厕93座、旅游公厕87座、乡镇公厕107座,农村公厕787座,计划投资945万元。对原有外立面进行气质形象提升,对公厕内硬件设施按公厕类别重新设计,推进城区“公厕革命”。

【开展“阳光房”专项整治】8—9月,以创建“无违建市”为目标,组建8个“空中违建”专项整治小组,对重点小区、城市道路两侧、沿江两岸可视范围内的“阳光房”进行全面排查摸底。先后在风尚泽园、紫金家园、御景园、月亮湾小区组织强拆行动,推进“阳光房”专项整治,以“零容忍”态度,以铁的决心坚决遏制新增违建,依法拆除存量违建。2018年,拆除违法建筑2011处、面积5.87万平方米,完成“阳光房”专项整治,占任务的105.7%。

【推进建德市环境能源项目建设】建德市环境能源项目(建德市生活垃圾焚烧发电项目),投资估算3.8亿元。项目选址建德市寿昌垃圾填埋场内南侧,占地6.34公顷,建设期为2018—2020年。项目设计处理能力500吨/天的生活垃圾焚烧炉生产线一条,配置1×12兆瓦凝汽式汽轮机机组。

预留处理能力 500 吨/天的焚烧炉生产线建设用地。项目采取“BOT”模式，通过公开招标确定社会资本方。市城市管理局牵头成立前期组、保障组、征收组、宣传组 4 个专项工作组，相继组织市委政法委、市环保局、寿昌镇政府、项目周边村、单位等相关单位人员 18 批次、1350 多人次到杭州九峰、临安、江苏常州、宁波海曙、嘉善等地学习考察垃圾焚烧厂。2 月 5 日，该项目取得省住建厅同意列入“十三五”规划的复函；8 月 24 日取得桩基先行许可后动工建设，12 月 20 日取得施工许可证后动工建设。2018 年，完成主设备采购 1.1 亿元，完成总投资 1.6 亿元。

【“暖心驿站”授牌】 10 月 26 日，建德市庆祝浙江省第二十二个环卫工人节表彰大会暨“暖心驿站”授牌仪式在汇金大酒店召开。副市长柯汉根、建德市城市管理局干部职工代表及各乡镇(街道)环卫管理所负责人参加大会。对荣获 2017 年度建德市“十佳城市美容师”“十佳村庄美容师”“优秀城市美容师” 荣誉称号的先进代表进行表彰；对 7 家“暖心驿站”商家代表授牌。市长朱欢通过 VCR 代表市委、市政府，代表全市建德人民，向全市环卫工人致以节日的问候和亲切的慰问。

【“钱老三志愿服务队”获杭州市“最美建设集体”】 10 月 26 日，杭州市建设系统召开“弘扬最美精神争当城建铁军排头兵”颁奖大会。建德市新安江环境卫生管理所 “钱老三志愿服务队”荣获 2018 年度杭州市 “最美建设集体”。“钱老三志愿服务队”成立于 2014 年 4 月，是一支在环卫 110 小分队基础上，以党员骨干为主、不同岗位后勤人员为辅的“志愿服务队”。至年末，“钱老三志愿服务队”成员共有 50 多名，其中党员干部 20 多名。(方银海)

住房公积金管理

【概况】 2018 年，杭州住房公积金管理中心建德分中心(以下简称分中心)把住房公积金纳入建德市劳动合同(范本)，推动住房公积金扩面建制，保障职工合法权益。执行协管员制度，挖掘基层企业建缴住房公积金能力，全年新增建制单位 196 家，新增建制职工 8496 人； 年末实缴职工人数 4.24 万人， 比上年增长 3.71%。年末资产总额 30.17 亿元，负债总额 28.71 亿元，净资产总额 1.46 亿元。

全年累计提取住房公积金 7.19 亿元，比上年增加 0.52 亿元，增长 8%，其中购建住房、租赁住房和偿还住房贷款本息支取 6.18 亿元，用于住房方面的占 86%。至年末，历年累计提取住房公积金达 43.94 亿元。

全年完成住房公积金业务收入 8397.07 万元，业务支出 4756.02 万元，实现增值收益3641.04 万元，比上年增加 553.19 万元，增长17.9%。上缴市财政廉租住房建设补充资金 950.35 万元。

【公积金贷款创历史新高】 全年放贷 2113 户，比上年增长 48.8%，放贷金额 9.86 亿元，增加 3.97 亿元，增长67.4%。2018 年，商贷利率全面上浮，商贷与公积金贷的利差达 2~3 个百分点， 公积金贷款成为客户“减负”购房的重要途径。分中心全力

◎第 22 个环卫工人节表彰大会

维稳逾期率，年末建德市住房公积金逾期贷款0.15万元，逾期率0.0005‰。全年收回贷款2.93亿元，增加1033.09万元；年末贷款余额28.67亿元，增长31.89%。

【累计归集资金突破60亿元】2018年，住房公积金归集8.11亿元，比上年增加0.78亿元，增长10.7%。历年累计归集住房公积金62.69亿元，突破60亿元大关。至年末，建德市住房公积金余额18.75亿元，增长5.2%。

【服务加速度一网快速办】2018年，分中心“最多跑一次”改革，先后开通单位版和个人版网上服务大厅，系统公开，透明办理；开通支付宝刷脸提取功能，客户可直接掌上办理公积金提取，一网联通、全域办理打破空间局限，释放客户时间。杭州办事自助机零排队自助办理，公积金缴存明细、贷款结清证明、贷款证明等常用证明实现线上线下、人工自助多途径多手段打印。个体工商户和自由职业者也可办理住房公积金缴存，打破非企业职工无法缴存的局面。(周琴)

环境和自然资源管理

Environment and Natural Resource Management

生态建设

【概况】2018年,建德市生态建设以改善环境质量为目标,打好污染防治攻坚战,以“五水共治”“五气共治”“五废共治”为抓手,推进水、大气和土壤环境综合整治,全市环境质量持续保持优良水平。建德市第三次获得省五水共治(河长制)优秀县“大禹鼎”荣誉称号。

推进涉水行业整治提升和清洁化改造,开展电镀企业环保领跑培育工作,完成杭州建铜集团有限公司污水纳管整治提升;完成寿昌省级经济开发区“污水零直排区”建设;完成国际香料香精(杭州)有限公司、浙江新安化工集团(白南山基地)整体搬迁。结合小城镇环境综合整治,开展生活污水截污纳管提升工程,新增城镇截污纳管管网77千米。落实河(湖)长制,全市139座小㈡型及以上的水库实现湖长全覆盖。建立“六个一”制度,深化河长履职,巩固黑臭水体整治成果;推进“污水零直排区”建设,完成3个乡镇、10个小区创建。落实“划、立、治”三大重点任务;开展饮用水源评估工作,完善新安江饮用水源保护区物理隔离和界标、交通警示牌的设置。

全面治理“燃煤烟气”,完成新安化工热电、建业热电和大洋化工热电锅炉的超低排放改造;完成全市10蒸吨/小时以上锅炉尾气深度处理工程。深入治理“工业废气”。基本完成全市碳酸钙行业整治提升工作,全市196家碳酸钙企业整合保留33家;开展水泥企业提标改造工作,全市水泥熟料生产线排放达到特别排放限值要求。治理“车船尾气”,加强对机动车检测站的监督管理,严把车辆环保检测关;强化油气回收监督管理,确保油气回收设施正常规范运行。治理“扬尘灰气”,落实建筑工地、道路扬尘、大型堆场、矿山等扬尘(粉尘)污染精细化管理。治理“城乡排气”。加强餐饮油气、露天垃圾和秸秆焚烧等城市废气综合整治。

对全市危险废物经营企业和危险废物产生单位实行分类管理,制定管理清单,危险废物经营企业制定“一厂一方案”,明确监管目标、对策措施。落实危险废物全过程管理,确保危险废物从产生到利用处置百分之百安全。加大涉危涉废执法力度,开展固体废物大排查,以化工、金属表面处理、机械加工、汽修等行业为重点,打击废酸、废矿物油、污泥等非法收集、处置、倾倒等环境违法行为。

【生态文明示范市创建】深化省级生态文明建设示范市创建,以省级核查和重点指标为导向,推进工作落实和验收工作。3月,《建德市生态文明示范市创建规划》通过人大审议,创建工作报告、技术报告等各项筹备工作完成就绪。11—12月,完成各类创建工作照片及创建宣传画册编制,各项组织考核验收筹备工作。

【生态文明目标责任制】全市以美丽浙江建设为标杆、生态文明建设目标责任制为载体,实施生态环境保护和环境综合整治工作。细化考核评分规则,出台考核管理办法、工作例会制等,全年落实分解任务355项,涉及42个部门单位、16个乡镇(街道)。全面推行乡镇环境质量人大报告制度。2018年,建德市生态文明目标责任制全面完成,获杭州市年度考核第一名、生态环境质量指标考核第二名。

【生态文明宣传】在《今日建德》、建德电视台设立环保零点行动、生态文明示范市创建等环保专栏、专题，全年宣传和播放环保新闻 100 余条。加强与《中国环境报》《浙江日报》《杭州日报》等媒体合作，全年在杭州市级以上新闻媒体发布建德环保新闻 8 篇。市环保局、市委党校、市“五水共治”办等部门，组建内部环保宣讲员队伍，开展基层环保讲座 10 场次，参加培训 3000 余人次。利用微信、微博等新平台，开展“晒建德蓝”等微信宣传活动。围绕“美丽中国 我是行动者”主题先后组织开展“六·五”世界环境日主题纪念日、浙江生态日纪念日宣传、中小学环保宣传月、环保公众开放周、生态环境书画笔会公益活动等 20 余次。组织开展绿色学校、绿色医院创建活动，创建杭州级绿色学校 4 家。

【国家有机食品基地示范县(试点)创建】开展国家有机食品生产基地示范试点县创建工作，完善建德市有机农业扶持政策，突出亮点和品牌效益。打造九仙生物、天羽茶业等 6 个有机示范点，开展“开发有机产品，实现乡村振兴”主题有机知识培训班，邀请环保部有机发展中心等专家讲课，普及有机生产技术等知识。11 月 23 日，建德市参加全国创建工作会议并在会上作经验交流。12 月，建德市通过国家有机食品生产基地建设示范市试点技术评估审查，为全国首批第一家。

【第二次全国污染源普查】在全国无工作经验的基础上，建德市污染源普查创新工作方法，制定全市第二次全国污染源普查方案，按照“全市统一领导，部门分工协作，乡镇街道分级负责，各方共同参与”的基本原则，全力推进污染源普查各项工作。做好乡镇(街道)污染源普查指导，聘任普查员 428 人、普查指导员 63 人，举办普查员培训 30 余期，完成清查建库和入户调查工作，12 月 10 日完成数据审核和入专网工作。

8 月，建德市污普办技术人员被国家污染普查办公室作为专家邀请作全国污染普查培训。

【农村环境综合整治】做好全市 880 座农村生活污水治理终端池及配套管网的日常维护，完善智能化管理平台；推进美丽牧场和标准化生态示范牧场建设，50 头以上生猪养殖场全部制定“一场一策”，完成在线智能化防控平台视频监控点安装和联网；控制农业面源污染，做好化肥减量、农药废弃包装物回收和病虫害统防统治工作。2018 年在杭州市有关部门组织的年终考核中，被推荐为省级运维优秀县市。(叶黎青)

环境保护

【概况】2018 年，建德市坚持“生态立市”战略，以“强执法、强监管、强服务”推进生态环境保护，以“美丽建德”为抓手培植生态文明建设；以“群众满意”为标准内提素质、外树形象。

开展全市环境空气、地表水、饮用水源地、环境噪声、跨界水质联合监测、钱塘江流域藻类巡查监测、农村生活污水监督监测、遥感数据动态地物核查、重点排污单位监督监测，以及环境监察执法监测、专项调查监测、环境事故应急监测和信访监测等工作，全年获取监测数据 10 万余个，发布空气质量日报预报 365 期、饮用水源地水质状况信息公开 4 期、重点污染源监督监测季报 4 期、全市环境质量通报 10 期。完成 15 个乡镇(街道)环境空气自动监测站创建。

全市县控以上地表水断面、集中式饮用水源地水质和跨行政区域河流交接断面水质达标率均为 100%。空气优良天数为 346 天，优良率 94.8%(位居杭州市第一)，PM2.5 浓度均值为 28.3 微克/立方米，比上年下降 10.2%(位居杭州市第二)。

完成浙江大洋生物科技集团股份有限公司等 11 家企业强制性清洁生产审核，完成浙江新安化工集团股份有限公司建德热电厂等 30 家企业 ISO14001 环境体系认证。

加强辐射安全管理，所有辐射单位持证经营，实行持证上岗。联合公安、安监等部门开展辐射安全联合检查。全市放射源落实刷卡管理，保证放射源有效监管。

建立信访快速查处机制，重点信访第一时间

赶赴现场处理。全年受理各类信访投诉656件,其中省、杭州市环保局受理中心交办169件、各级市长公开电话交办459件、来信来访28件,受理率100%,查办率100%,满意率96%以上。全年办理各类提案议案19件,满意率100%。

市生态环境局被评为浙江省“千村示范、万村整治”和“美丽浙江”建设突出贡献集体,2018年度杭州生态文明“美丽杭州”考核优秀,杭州大气污染防治考核排列第二,农村生活污水运维获浙江省、杭州市级优秀。

【环境质量】2018年,新安江饮用水水源地水质达标率为100%,其他18个农村饮用水水源地水质达标率为99.9%。跨行政区域交界断面水质考核为优秀。全市设8个地表水水质监测断面,其中Ⅰ类水质断面占比12.5%、Ⅱ类水质断面占比75%、Ⅲ类水质断面占比12.5%。按监测指标年均浓度进行评价,各断面均达到功能区目标要求。

城区环境空气质量总体稳定,主要污染物细颗粒物浓度持续下降。空气中主要污染物为臭氧和细颗粒物。全年空气质量指数(AQI)23~144,指数年均值为58.5,全年空气质量优良天数为346天,优良率94.8%;细颗粒物(PM2.5)全年平均值为28.4毫克/立方米,比上年降低9.8%。细颗粒物(PM2.5)、可吸入颗粒物(PM10)、二氧化硫、二氧化氮的年均值均达到《环境空气质量标准》(GB3095-2012)二级标准限值。属于重酸雨区,pH值平均值为5.07,酸雨率为100%。

城市区域环境噪声昼间等效声级52.8分贝(A),较上年下降1.0分贝(A);城市道路交通噪声平均值63.1分贝(A),下降3.2分贝(A),主要影响声源仍为交通噪声和生活噪声。各类功能区噪声均达到功能区标准要求。

【固体废物排放与处置】2018年,全市一般工业固体废物产生量为26.46万吨,比上年减少1.99万吨。固废综合利用量25.51万吨(其中综合利用往年贮存量0.05万吨),贮存量0.12万吨,处置量0.88万吨。全市生活垃圾收集量12.86万吨,增加0.37万吨,处置量12.86万吨,无害化处理率100%。工业企业危险废物产生量2.25万吨,综合利用量1.85万吨(其中综合利用往年量0.07万吨),处置量0.36万吨(其中处置往年量0.05万吨),企业贮存0.16万吨。

【环境法治建设】5月,设立公、检、法驻市环保局工作联络室,构建“强化排污者责任、实施严惩重罚”制度体系,形成环保案件共商共议机制,全年共讨论复杂环境违法案件处理办法5次,其中6起行政处罚案件接受检察院执法监督。全年,全市共查处立案环境违法案件163件,下达行政处罚决定157件,罚款636万元,其中移交公安部门查处4件(行政拘留3人)、申请法院强制执行案件5件。完成5件行政复议及诉讼案件的应诉工作,办理政府信息依申请公开件11件,督促14家环境重点管理单位完成环境责任保险签订。

【建设项目环境管理】按照“最多跑一次”要求,在建德市省级经济开发区、建德航空小镇推行建设项目环评审批代办制度和“区域环评+环境标准”改革。深化“零土地”技改、“标准地+承诺制”改革,全年共办571件,其中建设项目环评审批171件、登记表网络备案309件、污染事故应急预案备案54件、环境影响后评价备案2件。建设项目“三同时”验收103件,完成268家企业排污申报,完成屠宰、建成区污水处理厂2个行业3家企业新国家级排污许可证核发。

【环境监督管理】深化“清水治污·环境整治零点行动”多部门联合执法行动,落实部门、乡镇“双联动”机制,形成联动执法常态化,实施突击执法、重拳出击、重点惩违,共出动联合执法行动51次,“零点行动”检查企业244家次。按照污染源日常监管“双随机”要求,抽查企业479家,完成率100%。分重点分行业开展“蓝天保卫”“护水斩污”“清废净土”饮用水源地、放射源等16项专项环境执法行动,检查企业4091家。

【中央环保督察整改】建立“5+X”部门联合督查、“三位一体”整改、“举一反三”行业管理三项工作机制，实施环境保护大排查大整治，促进各行业主管部门对餐饮油烟、矿山、制砂、畜禽养殖、重点污染源、集中式污水处理厂等有信访的行业，开展“蓝天保卫”等环境整治行动，排查环境问题108处。在杭州地区率先推出中央环境保护督察信访件问题整改验收销号制度，对68件信访件、95处点位逐一核查。7月，完成中央环境保护督察整改阶段“回头看”验收销号督查。11月，通过生态环境部“回头看”验收。(叶黎青)

自然资源管理

【概况】2018年，市国土资源局在新增用地指标日益紧缩的形势下，共向上争取各类农转用指标87.4公顷，在杭州市传统7县(市、区)仅次于萧山和余杭。“双清”工作继续推进，其中杭州市下达的12个重点任务全面完成。水田垦造工作实现历史性突破，其中立项水田项目2380公顷。“三块地”盘活有效拓展空间，分别完成杭州下达任务数的187%、126%、153%。地质灾害综合防治任务实现“三年计划、两年完成”目标。土地执法敢于“亮剑”，全年违法占耕比控制在0.66%。坡地村镇试点工作扎实推进，其中乌石滩开元芳草地和胥江杭派民居项目成为全省示范项目。完成农房不动产权证登簿2.40万条，受理各类办件7.21万件，不动产登记业务4.03万件(含林权79件)，不动产登记信息查询3.17万件。投入资金1.56亿元，完成地质灾害隐患综合治理项目142处，全年未发生因地质灾害出现的人员伤亡事故。

围绕“最多跑一次”改革工作，完成登记领域“简化办、网上办、移动办、就近办”考核。实现“四个一”平台打通部门联办，即“一套资料、一个平台、一个流程、一套人马”，全年共办理联办业务7694件，一小时出证率达到95%。配合“兜底办”解决历史积案，参与审管办“兜底办”协调会议26次，解决历史疑难事件40余件。与建德市农村商业银行股份有限公司合作，实现不动产抵押贷款、抵押登记延伸服务，为杭州地区首家。实现不动产登记与水电气联动办理，登记部门与水务、供电、天然气等相关部门大力配合，办事群众提交《不动产登记受理单》至水电气等窗口即可申请办理过户。主动为行动不便、卧病在床的特殊群体开通预约上门服务，全年累计上门服务26次，最大限度地为群众提供优质、便捷、高效的服务。企业审批再提速，全年为企业办理不动产权证书1500本，抵押业务550件，抵押金额达90亿元。

【土地出让】全年完成国有建设用地出让97宗，面积157.5公顷，成交出让金总价13.15亿元，入库出让金26.7亿元。其中，经营性用地出让24宗，面积58.33公顷，成交土地出让金10.31亿元；工业用地出让73宗，面积99.13公顷，成交土地出让金2.84亿元。引进5000万元重点项目1个；完成招商引税任务540万元，为市委、市政府下达任务数的216%；完成外资任务1000万美元。

【农转用指标管理】全年共向上争取农转用指标87.4公顷，在杭州市萧山、余杭、临安、富阳、桐庐、建德、淳安7个传统县(市区)中仅次于萧山和余杭。上报农转用10个批次，总面积112.4公顷，其中计划批次7个、面积88.73公顷，盘活3个批次、面积23.67公顷，重点保障南方建材、江南秘境、杭黄站前广场及配套设施用地、新安江综保工程、航空小镇机场扩建、梅城美丽城镇建设、文化礼堂等重大产业和民生项目。完成36个规划调整方案，其中年度调节实施方案12个、规划修改方案9个、规划落实方案15个，涉及233个项目(地块)。上报标农置换项目3个批次，项目总面积41.9公顷，占用“千万亩标农提示区”41.8公顷。

【“双清”工作全面完成】牵头开展全市征地拆迁“双清”工作，全年共完成79个项目，征地477.5公顷，签约1872户(含22家企业、1家单位)。其中纳入杭州市2018年度重点征迁清零任务的12个项目，至11月全部完成，综合进度排名位居杭州市前列。

【水田垦造工作实现历史性突破】全年共立项水田项目280个，规划新增水田面积2247公顷。验收垦造耕地项目45个，新增耕地面积215.3公顷，其中验收水田项目40个、新增水田面积202.3公顷；验收旱地改水田项目34个，新增水田91.1公顷；验收建设用地复垦项目36个，新增耕地40.5公顷。

【土地执法】3—4月，通过上海督察局土地例行督察现场督察“回头看”。借助“无违建”创建和卫片执法，全年共作出各类行政处罚决定79件，其中土地类57件、矿产资源类22件，全市违法占耕比控制在0.7%。做好信访维稳和土地违法行为综合防控，全年受理各类信访件522件，反馈率和办结率均为100%。

【矿政管理】强化矿山生态环境恢复和治理，完成《浙江省废弃矿山生态修复三年专项行动实施方案》中重点治理矿山3处，完成杭州市废弃矿山“清零”任务中治理3处，自然复绿4处。全年完成矿业权出让收益征收1.61亿元，完成率115%。配合交警大队督促矿山、制砂企业完成运输车辆的4G系统安装。

【制砂行业整治提升】8—9月，在中央环保督查期间，关停沿江5家和大慈岩镇1家制砂场。9月下发《建德市制砂场环境整治百日攻坚行动实施方案》，按照应关尽关、应改尽改的要求，全年共整治制砂场36家，其中保留18家、关停18家，全市制砂场基本实现厂房式全封闭，环境面貌得到较大改善。（胡晓坤）

金 融

Banking

综 述

【概况】2018 年,建德市各金融机构贯彻稳健中性货币政策,围绕重点保增量、调整结构盘存量,确保全市信贷平稳增长。年末全市本外币各项存款余额 447.42 亿元,比上年增长 10.5%,比年初增加 42.48 亿元;全市本外币各项贷款 374.9 亿元,增长 19.71 %,比年初增加 61.73 亿元。

排查各类金融风险隐患,关注建德银行业金融机构资产质量、资本充足率、盈利和流动性变化,产能过剩行业、房地产和地方政府性债务等领域金融风险。强化对区域性金融风险的监测,加强风险预警,做到早发现、早上报、早处置。参与建德市工业企业资产司法处置,建立建德市处置非法集资活动联席会议制度。按照《中国人民银行杭州中心支行关于金融支持企业破产重整工作的指导意见》,引导辖内金融机构参与风险企业破产重整工作。配合市金融办、市公安局、市市场监管局等部门开展互联网金融风险专项排查和整治。

【金融支持乡村振兴战略】中国人民银行建德支行(简称人行建德支行)向建德农商银行提供 1 亿元支农再贷款,用于农村"种养加"发展和"消薄"。指导市农商行推进"百村、千社、万户"五年行动计划,安排 50 亿元信贷资金,让利 5000 万元。指导泰隆银行建立 15 个"党建+金融"示范村,办理党员授信 637 户总额 6515 万元,发放党员先锋贷 77 户总额 1799 万元;发放党员增信贷 139 户总额 2299 万元。全年新增贷款 61.73 亿元,为建德市完成 2018 年度"消薄"目标提供金融支撑。指导建行建德支行在全省率先试点农村住房财产权、土地承包经营权"让与担保"贷款。指导市邮储银行推进"乡土人才便捷贷"。

【外汇管理与服务】2018 年,人行建德支行开展辖内银行执行外汇管理规定情况考核,做好货物贸易日常非现场监测和现场核查。指导建行建德支行参与全口径跨境融资宏观审慎管理模式下的企业借外债,为杭州福斯特药业有限公司办理固定贷款项下跨境融资风险参与业务 5000 万元;指导工行建德支行为浙江新安化工集团股份有限公司办理境外放款 3 笔,金额 2320 万美元,办理全口径借外债 1 笔,金额 1000 万美元。指导建行建德支行为国际香料香精(杭州)有限公司办理境外放款业务 6000 万元。

【"放管服"改革】2018 年,人行建德支行通过走访建德市行政审批服务中心,听取政府相关部门对新设企业开户的意见和建议,对辖内 17 家银行机构进行优化企业开户服务工作进行部署。开通网上预约开户服务,提供开户许可证邮寄服务,设立新设企业开立基本存款账户绿色通道,实现"123"目标。优化征信设施和服务,增添 3 台二代自助查询机,落实专人为有需求的信用主体提供用户注册、现场培训、查询咨询等服务。

【现代国库建设】2018 年,人行建德支行推广通过互联网方式签订电子缴税三方协议做法,扩大银行端网签模式覆盖面。优化非税收入收缴入库流程,推进全辖域非税收入电子化收缴;推进国库集中支付电子化和无纸化支出业务,提升国库支出效率。健全完善电子退库制度,加强事中管理,增强国库服务效能。配合国地税机构改革，做好国库服务。加强国债发行销售监管，国债到期转存和提醒兑付。

【支付结算管理】推进手机支付、银联二维码在医院、菜场、AAAA级风景旅游区、公共事业缴费、税务等民生领域的应用。城区与乡镇公交完成银联支付全覆盖。在"美好生活365银联菜场生活节"中，建德新安江农贸市场荣登榜单，成为杭州地区首批"智慧支付菜场"的践行者。

【货币发行与管理】2018年，人行建德支行坚持"市场、问题、民生"三个导向，深化业务转型。加强现金分析管理，合理有序确保旺季现金供应。完善小面额现金供应长效机制，开展小面额人民币服务暗访、人民币收付业务现场检查工作，督促银行业金融机构提高现金服务水平；加大现金全额清分推进工作，开展对银行业金融机构现金全额清分落实情况现场检查，规范金融机构现金全额清分行为，提升流通中人民币整洁度。开展专项整治拒收人民币现金工作。做好全年反假货币工作部署，联合市公安局开展打击整治假币违法犯罪专项行动，联合市市场监督管理局开展人民币图样冥币专项清查整治。突出农村重点，组织开展反假货币宣传月活动。

【金融消费权益保护】全年，人行建德支行组织辖内金融机构以"3·15"消费权益保护日、"守住'钱袋子'"、"6·14" 信用记录关爱日、"金融知识普及月，金融知识进万家"暨"提升金融素养，争做金融好网民"等为主题进学校、进课堂、进乡村、进车站、进社区、进大型超市等，开展金融消保、支付结算、人民币流通管理、征信、反洗钱等方面的金融法律知识宣传。稳妥处理金融消费者个人账户投诉案件。(朱永鹏)

金融管理

【概况】2018年，浙江银保监局建德监管办事处加强区域性金融风险防控，推进"治乱象 维秩序"治理，强化监管引领，督促银行机构回归本源，服务好实体经济。

【优化服务实体经济】组织金融支持光伏产业发展洽谈会，加强政策和项目对接，助力光伏节能示范镇建设和农村光伏利用推广。加强引导与倡议，召开专题会议部署支持实体经济重点工作，就支持小微企业、乡村振兴金融服务特色做法进行交流分享。助力建德市政府开展"小微企业三年成长计划"，创新普惠金融、乡村振兴等服务工作。抓住信用贷款、还款方式创新、降低客户贷款成本等重点环节，落实"两跑三降"举措，以走访督查、约见谈话等方式，力促银行机构扩大信用贷款发放以及无还本续贷适用客户范围。

【深化"治乱象 维秩序"】督导法人机构开展"治乱象 维秩序"自查。查看整治工作台账，与银行机构共同剖析问题根源，提出监管意见和整改措施，纠正产生乱象的根源性问题。部署组织《辖内银行业经营管理负面清单110条》考试。

【强化法人机构监管】开展法人机构走访、调研、座谈，了解经营管理状况，提出监管意见。加强实地调研，督促银行围绕"两增两控"考核要求和"两跑三降"普惠金融模式，支农支小贷款服务。开展监管评级，要求银行对标先进机构比学赶超。开展审慎监管会谈，传导会议精神及政策要求，提出监管意见开展三方会谈，发挥外部审计监督作用。列席银行机构相关会议，前移监管关口，传导公司治理、股东股权管理等监管要求。及时准确审核报表，强化经营情况调查分析，撰写法人机构季度、年度非现场监管报告、风险分析评估报告等，审慎提出监管意见。

【金融风险防范】深化困难企业分类帮扶和企业资金链风险协调处置，全年协调风险事件2起，金额1.5亿元；帮扶困难企业6家，金额2.1亿元。开展困难企业风险排查，掌握风险底数。督促银行机构争取上级行资源，利用押品资产交易平台发布信息,综合运用清收、核销、转让等方式加快处置。2018年,辖内银行累计处置不良贷款3.77亿元。开展专题督导,传导省局信用风险防控工作精神,做实信用风险防控,保持不良贷款额、率"双降"。

【维护社会金融秩序】会同公安召开防范电信网络诈骗专题工作会议,组织大堂经理等进行相关知识和技能培训。会同其他部门举办"法院、银行联合惩戒金融逃废债专项行动"启动仪式,现场签署"银行业联合惩戒逃、废债倡议书",共同维护银行业合法权益,推进建德信用环境建设。组织辖内银行业机构开展非法集资风险排查及公益广告片宣传推广。会同公安指导部分金融机构进社区、学校等。参与P2P、网贷等类金融机构风险排查。

【保障金融消费者权益】以"最多跑一次"工作精神,及时妥善处置群众来访投诉,保护消费者合法权益,全年妥善处理群众来访投诉10多例。压实银行机构主体责任,强调"枫桥经验",约见相关负责人,督促做好客户诉求分析、事实核查、舆情应对等工作。建立跟踪回访机制。组织银行机构集中开展金融知识宣传活动,指导有关机构对薄弱区域深入宣传。做实消费者权益保护相关工作,开展理财销售专区"双录"实施情况及文明规范服务现场督查。(胡琼月)

【企业对接资本市场】2018年,建德市新增报中国证监会首发上市申请企业1家(浙江建业化工股份有限公司),累计2家。新增上市培育企业1家(杭州屹通新材料股份有限公司),完成股份制改造1家(杭州屹通新材料股份有限公司),新三板挂牌企业7家(杭州三耐环保科技股份有限公司、浙江华电智能电站设备股份有限公司、浙江大洋生物科技集团股份有限公司、浙江天石纳米科技有限公司、浙江久晟油茶科技股份有限公司、浙江安伴汽车安全急救技术股份有限公司、浙江新化化工股份有限公司)。引导浙江大洋生物科技集团股份有限公司开展股权融资,募集资金5250万元。落实企业上市"凤凰行动"计划,出台《建德市推进企业挂牌上市和并购重组五年行动计划(2017—2021年)》和《关于进一步推进企业利用资加市场加快发展的若干意见》两个文件,全年兑现奖励523.47万元。

【小额贷款公司监管】2018年,在2017年度全省小额贷款公司监管评级中,建德市新安小额贷款股份有限公司获评A+级,建德市建业小额贷款股份有限公司、建德市白沙小额贷款有限公司获评A级。定期分析小额贷款公司的运营情况,指导小额贷款公司做好风险化解和不良资产处置工作。建德市新安小额贷款股份有限公司、建德市白沙小额贷款有限公司获评中贷协2018年"全国优秀小贷公司"称号。

【金融风险防控】2018年,建德市通过成立金融风险暨网络借贷风险处置领导小组、市处置非法集资活动联席会议制度、金融风险网格化管理制度等,坚守不发生区域性、系统性金融风险底线。组织市公安局、市市场监管局、中国人民银行建行市支行、浙银监局建德监管办、新安江街道等部门,多次开展全市涉嫌非法集资风险专项排查、互联网金融风险专项排查、非持牌类金融机构现场检查。制定专项宣传方案,通过印发宣传资料、投放防范互联网金融风险公益广告等形式揭露投资理财咨询公司经济犯罪的常见类型、犯罪手段,引导公众理性投资,强化群众风险意识和自我防范能力。(郑伊琳)

银 行

【中国工商银行股份有限公司建德支行】2018年,工行建德支行围绕经营绩效、制度落实、激发员工活力,狠抓业务发展、内部管理和队伍建设。支行本外币各项存款余额47.39亿元,比年初新增4.07亿元,余额四行占比为24.4%,比上年增长1.2%,新增四行占比为55.68%,增长35.6%。本外币各项贷款时点余额35.87亿元,新增6.15亿元,余额四行占比为22.35%,增长0.97%。

支持政府建设项目和重点项目,实现信贷项

目投放 9.47 亿元，项目审批 5 亿元，储备信贷项目 5 个，金额 28.7 亿元。根据小微企业自身情况配制相应的普惠金融产品，为小微企业提供融资便利。全年小微企业信贷客户净增 9 户，余额净增 2646 万元。经营快贷户比年初新增 15 户，余额新增 326 万元。做好和谐置业、碧桂园、恒大、中南、万固等楼盘开发商的合作。全年个人贷款比年初净增 4.34 亿元，增长 70.7%。个贷总规模首次突破 10 亿元，发放个人按揭贷款 5.6 亿元，为历年最高。

加强与市商贸局、市经信局、市发改局、市工商局、市土管局和乡镇(街道)的联系，抓好渠道类客户的拓展，做好高端客户获客，为杭州分行完成私银客户增长目标五家支行之一。强化代发市场拓展，代发金额比上年多发 1.59 亿元。

通过“创标杆、树新风，优质服务我先行”主题活动，召开“服务痛点我发现 服务改进我参与”主题活动座谈会，组织网点柜员观看本级柜员《何慧霞的服务规范》视频，配足营业网点智能化终端，为客户提供线上线下融合的金融服务，提高客户满意度。推进新发基金和保险等重点产品销售，落实客户经理每周最低销售量要求，“厅堂微沙龙”常态化营销。保险、基金、理财销售保持增长势头。

2018 年，加强与杭州解放路支行的共建交流，丰富“双杰同行”系列活动内容，营造比学赶超的氛围。多次安排人员到解放路支行进行蹲点交流，学习其先进经验。(孙文强)

【农行建德市支行】2018 年，农行建德市支行本外币各项存款余额 57.6 亿元，比年初增长 1.11 亿元，其中个人存款余额 32.75 亿元、对公存款余额 24.89 亿元。各项贷款余额 35.84 亿元，增长 2.93 亿元，其中个人贷款余额 12.48 亿元、法人客户贷款 23.36 亿元。年末不良贷款余额 619.01 万元，下降 414.79 万元，不良率 0.17%，下降 0.14%。徐晨被评为浙江省第五届金融系统“青年岗位能手”；周琦被评为 2017—2018 年度农行浙江省分行“三农”业务先进个人。

加大小微网贷推广，重点做好日均存款 10 万元以上的无贷对公客户、存量商品房按揭还款 50 万元以上的从事经营的客户、当地税务部门取得的纳税等级在 B 级以上的客户的信贷支持，运用农行方便快捷、利率优惠的小微网贷优势产品，全年新投放小微企业信贷客户 33 户，贷款净增 3179 万元。加强个人信贷服务，重点运用网捷贷、随薪贷、住房按揭等贷款产品，2018 年新增个人贷款 2.27 亿元。

加强“三农”信贷服务工作，做好村民信贷档案数据库建设，新增惠农卡 2622 张。做好惠农网贷推广，年末全行农户贷款余额 3.45 亿元，比年初增加 1.23 亿元。惠农网贷余额 1.41 亿元，新增 8994 万元。

推进“三线一网格”深度融合，提高风险防控能力。把“三线一网格”融合到经营管理的制度流程中，加强案防综合治理、安全保卫、消防、舆情风险防控等工作，实现全年无案件、重大事故发生。

2 月 12 日，支行正式迁到新址营业(新安江街道盛德国际广场 3 幢)，营业大楼共 5 层，总建筑面积 3975.96 平方米。(章国平)

【中国银行建德支行】2018 年，中国银行建德支行贯彻总行“建设新时代全球一流银行”战略目标，围绕市委、市政府的工作部署，加大支持实体经济力度，以客户为中心，创新金融产品。至年末，各项存款 53.91 亿元，比年初增长 4932 万元，其中公司存款 36.91 亿元，个人存款 16.99 亿元。各项贷款 50.88 亿元，比年初增长 3.16 亿元。

贯彻市政府工作报告精神，紧跟“多规合一”“拥江发展”“大湾区、大花园、大通道建设”等重大发展战略，积极向上级行争取相关政策和资源上的支持倾斜，为扩大有效投资与重大项目建设提供金融“活水”，2018 年，支行贷款余额位列四大行第一。

支持全市重点工业企业发展，对接大平台、大项目、大企业(省市重点企业)。2018 年，支行为新安化工、新安迈图、绿城置业等项目授信约 6 亿元。至年末，对各类制造业、基础设施建设等项目总体授信份额 46%，比年初增长 3.5%。

发挥国际结算产品作用，以创新产品为抓手，为进出口企业提供授信支持，支持进出口企业平稳发展。至年末，为全市 30 多家外向型企业叙做远期结售汇业务 1.2 亿美元。

组织客户经理深入基层走访，坚持“一对一”“面对面”的服务方式，全面、客观、准确地了解中小企业生产经营状况以及实际需求与困境。通过中小企业“信贷工厂”模式，以一揽子的金融服务扶持建德小微企业，提高授信审批效率，为中小企业提供融资服务支持。

坚持“担当 诚信 专业 创新”的宗旨。贯彻《建德市“普惠金融工程”实施意见》，深化普惠金融。至年末，投放个人住房按揭贷款 4 亿元，投放普惠金融贷款 2700 多万元。

履行《市民卡战略合作协议》的职责和义务，竭力惠民便民。与建德市中西医结合医院合作开展智慧医疗项目，实现自助挂号、充值、签约、结算等金融医疗服务；与建德市民卡中心、建德市公交公司三方合作上线“建德公交闪付项目”，实现公交闪付、移动支付等便捷功能。

配合人民银行菜场商圈建设，为农贸市场全部 150 多户商户安装云闪户收单二维码标识牌。与市人社局、市住建局合作，开展建筑工地农民工工资代发业务。(周泽纯)

【中国建设银行建德支行】2018 年，建行建德支行设有综合管理部(安全保卫部)、业务管理部、公司客户部、个人金融部、资金结算部、普惠金融事业部，下辖新安江、新广场、寿昌、梅城、乾潭、大同 6 个网点型支行。年末人数 133 人。

创建四个第一。其中：一般性存款时点余额 38.57 亿元，比年初新增 4.83 亿元；日均存款余额 35.52 亿元，新增 4.98 亿元，日均存款余额新增占四行第一。各项贷款余额 37.93 亿元，新增 9.27 亿元。贷款额新增占四行第一。中间业务净收入 4685 万元，完成 109.2%，中间业务净收入居四行第一。人行口径结算账户净新增 665 户，四行占比为 50.7%，账户全量 3977 户，四行占比为 31.0%，账户新增及全量占比均超工行，四行排名第一。

加快“裕农通”普惠金融业务发展，推进普惠金融战略实施，打通金融服务“最后一公里”。“裕农通”签约 319 户。完成文明贷累计授信 125 万元(三都新和村 65 万元、莲花戴家村 60 万元)，支用 59.1 万元（三都新和村 29.1 万元、戴家村 30 万元）。在乾潭镇、寿昌镇、更楼街道设立“建设银行乡镇振兴金融服务处” 服务小微企业客户。创建“裕农通+善行宗教事务服务平台”“裕农通+安心养老综合服务平台”“裕农通+党群综合服务平台”，加强集群类客户的整体营销，实现批量化“源头”拓展业务。

运用互联网思维和金融科技力量，营销 “智慧食堂”“智慧菜场”项目，获批建德市首批“移动支付应用示范商圈”，114 户聚合商户全部覆盖电子银行产品。7 月 28 日，上线营销公租房管理系统，实现建融公寓 2100 套房源上线。

2018 年，通过抓源头、抓网点，锁定优质按揭楼盘，组合联动双“中心”，抢占个贷市场份额。实现个贷新增 4.97 亿，个贷新增占四行第一。个贷余额 14.09 亿元。公积金贷款新增 2.8 亿元，余额 8.41 亿元，均占四行第一。为杭州福斯特药业有限公司办理投放杭州分行首笔固定资产贷款项下的跨境融资性风险参与业务，计 5000 万元。为浙江新化化工股份有限公司办理全省首笔业务贸贷通业务，金额 200 万美元，后续共为新安集团和新安化工投放 850 万美元。新增科技型企业开户 13 户，完成率 100%，善融扶贫交易量居系统内郊区各支行第一，善融商城交易量创新高。

打造“党建+”生态，与 150 多家全国、省级、市级文明村签订共建协议，与其中 5 个文明单位签订战略合作协议。恪守合规底线，把合规经营作为立行之本，强化风险意识和合规理念，把不良贷款处置作为各项业务开展的前提，严防死守，确保不良资产双降。开展全行员工合规宣誓，推进押品集约化管理工作，配合信贷领域专项整治，落实反洗钱日常工作。坚守安全红线，开展安全演练 52 次，提升网点员工处置突发事件的应对能力，配合公安、综治委做好防通信诈骗工作。(朱妙玲)

【交通银行杭州建德支行】2018 年，交通银行建德支行围绕总行党委“三大任务、三大重点、三大目标”工作要求，紧扣“三增三降”目标，一手抓降本，一手抓增效。至年末，各项存款时点余额 21.16 亿元，比上年增加 1.09 亿元。对私存款时点余额 8.28 亿元，增加 4046 万元。各项贷款余额 11.93 亿元，减少 1.57 亿元。经营利润 2461 万元。

推进“行长进千企”“行长进民企”“我的客户我的未来”等活动。加强重点大型化工、医疗类企业拓展，通过上门走访联谊等多种形式做好业务对接服务，存款新增金额达 3 亿元，支行对公存款保持同业领先，对公低档成本负债平均余额完成 110%。通过拓展授信客户、临界客户，加强公私联动，对公客户有效户完成 100%以上；小微贷款余额完成任务的 3.1 倍；达标产业链金融客户完成 6.6 倍；同业存款及平均余额增量有较大突破；国际业务结算量完成 4500 万美元。开展小微贷款、普惠新开户劳动竞赛专项营销，做好厅堂综合服务提升，根据业务品种、贷款的标准化程度等，制定细化的实施方案，形成厅堂综合服务氛围。受招标、个人贷款政策、企业招工受限等不利因素影响，支行代发工资业务完成不理想。

开展对私存款、稳添利结构性存款产品和券商集合等专项活动。对客户进行梳理，搭配稳添利结构性存款产品赢存款，券商集合产品做中收和资产。做好个人资产业务营销，与合作楼盘建立合作关系。加大表内理财和大额存单等产品的营销，提高日均存款。加大基金、券商集合、保险、贵金属、原油、“添天利”A 款、大额存单、收单等业务宣传营销力度，提高中收完成率。加大厅堂营销力度、企业行，做大“五有”客户，提升有效活跃客户。

发挥条线风险防控职责，完善新业务的操作规程和流程，突出管理重点，完善内部操作，防范操作风险，支行营运条线未发生重大操作风险事件和营运生产风险事件，未发生案件风险，未发生员工舞弊风险事件，未受到监管部门处罚。收回不良贷款本息 3000 万元；完成 9700 万元不良贷款资产证券化流程，收回本金 4580 万元，差额部分上报总行核销；950 万元不良贷款经批量转表外，其他债权人提出破产清算申请，法院已受理。个金条线收回不良个人贷款 65 余万元。

健全金融消费者权益保护工作机制，梳理金融消费者投诉处理工作流程。规定有关部门在职责范围内专人负责全行客户投诉处理工作的跟踪，监督和考评，各科室负责人是客户投诉处理工作的第一责任人。对客户投诉处理工作采取“统一管理，分级处理，专人负责”的管理模式。2018 年，未出现与消费者保护相关的重大突发事件，未发生违反法律法规，虚假宣传，误导或欺骗消费者引发大规模投诉或群体性个人金融信息泄露，未造成严重社会影响事件。（徐志达）

【农发行建德市支行】2018 年，农发行建德市支行实现贷款余额 5.98 亿元，比年初减少 1.55 亿元；各项存款余额 1.45 亿元，增长 6.7%。

在全省系统开展的“爱心助学情系锦屏”扶贫助学基金捐款活动中，支行员工捐款 2100 元；在建德市第 19 次“春风行动”中，捐款 5000 元。

完成县级 1226.89 吨储备原粮、300 吨储备成品粮轮换工作。全年发放储备粮收购资金贷款 5797.29 万元，收回贷款 4988.53 万元。做好梅城中心粮站建设工程项目 2300 万元的贷后监管、定期查库，确保账实相符。按照收购资金封闭运行管理要求，做好新增购销贸易企业中晚籼稻收购贷款 157.5 万元的资金支付。营销中长期项目，做好存量项目贷款的整改，完成支行所有存量项目贷款 4.18 亿元纳入政府隐性债务。通过对建德市全域污水处理、棚改、公路养护、旅游扶贫、土地整治的摸底调查，了解政府融资需求，向市政府及市财政局汇报支行新的业务品种。12 月底，完成杭州“两山”建设有限公司对接建德市农村土地综合整治建设项目的省分行评估及项目申报工作。（林玉群）

【建德农商银行】2018 年，建德农商银行以党建引领、以转型促新、以实干见效，荣获全省农信系统“普惠金融标兵单位”，连续 4 年获建德市货币信贷综合评价一等奖、年度综合考评满意单位、移动支付便民示范工程先进集体。年末各项存款余额 132.5 亿元，比年初增收 13.17 亿元，增长 11.0%；各项贷款余额 102.9 亿元，增收 13.97 亿元，增长 15.7%，存贷款占全市金融机构市场份额 29.7%和 28.0%，普惠签约 6.66 万户，新增 1.47 万户，普惠签约率 42.7%，提升 9.2%，实现全行存款、贷款、涉农贷款、小微贷款、税收贡献总量与增量等多个建德市金融业第一。

在建德市消除相对薄弱村暨乡村振兴特派员誓师大会上，与市农办签订乡村振兴战略合作协议，实施建德农商银行“百千万”工程。制定《建德农商银行助力乡村振兴暨金融便利村创建三年行动(2018—2020)实施方案》，与大洋镇杨桥村启动“党建+道德银行”。至年末，共与80个村签订乡村振兴合作协议。打造建德特色银行，其中“道德银行”获市委书记童定干肯定批示，发放道德贷款2184户、3.2亿元。助力“最多跑一次”改革，实现金融+政务“就近跑”。与市卫计局、人社局、国土资源局、税务局、公安局等部门签订战略合作协议，在全市各营业网点办理20多项社保业务、完成不动产抵押登记发证事宜、代开发票等延伸业务，成为杭州地区首家依托丰收驿站平台，开展警务宣传和全省首家在丰收驿站推行管理服务总台、流动人口申报以及村级巡逻队考勤管理认证服务的农商行。根据“浙江无欠薪”行动要求，研发农民工工资代发系统，与28个工程项目做好对接，归集合作存款账户79个，归集代发工资账户5592个。开创乡村振兴新产品。在安居融易贷、光伏贷、养老贷、税银贷、好传统好家风信用贷等的基础上，推出“巾帼创业贷”。对安装使用丰收一码通的个体工商户推出“码商贷”，至年末，发放码商贷161户，贷款余额2526万元。对小微企业融资难推出“小微便利贷”“农合联贷”，开立农合联账户16户、农合联会员贷款5528万元。全新推出纯线上贷款产品“浙里贷”，满足“互联网+普惠金融”需求。对接市政府提出的竞争性开展“美丽乡村”建设工作，推出“美丽乡村贷”的信贷产品，至年末，发放“美丽乡村贷”1.73亿元。

推出“183”工程(一个目标、八项举措、三项保障)，通过普惠金融“大走访”，推进“降门槛、降成本、降风险”，形成两跑三降普惠金融服务模式，打造“智慧小微”金融服务建德样板。连续九年开展“进村入户”大走访活动，至年末，在256个村实施“整村授信”，授信农户9.4万户、金额65.94亿元，发放贷款5.4万户、余额62.15亿元。涉农贷款余额94.58亿元，比年初新增13.43亿元，增幅16.6%，余额占各项贷款91.9%。下发《调整信贷结构指导意见》，促进信贷业务增长结构转型。至年末，小微企业贷款余额60.87亿元，其中企业客户624家，金额22.94亿元；推出“小微便利贷”；向人民银行争取支农再贷款，通过支农再贷款给老百姓更优惠的贷款条件。推广线上贷款“浙里贷”业务，以莓农为主要白名单试点成员，设计场景12个，完成发放126户，金额1005万元。推出企业的还款当日转、个人的续贷通业务，推广税银贷、商标权质押贷款、排污权抵押贷款等产品，解决企业担保难问题，发放贷款2.76亿，帮助26家企业融资。开展还款当日转与政府融资平台周转，办理805笔，金额27.06亿元。

创作建德农商行的行歌和吉祥物，成立乡村振兴文化宣传队，下乡演出10余场。参与浙江省“万家乡村文化礼堂庆丰收活动”助力薄弱村建设，支持退役军人创新创业，赞助第17届新安江旅游节“全国夏日冬泳”赛、四国篮球邀请赛、杭州市总工会气排球赛、组织春风行动爱心捐款、爱心助学等。落实“最多跑一次”改革，实现网点代办各项民生业务；搭建“物理网点+便民服务点+金融便利店+丰收驿站+流动服务车”五位一体的普惠金融服务网络，设立便民服务点256家，农村金融服务机具覆盖率93%、社区金融机具覆盖率100%。开设丰收驿站·联华小店，拓展丰收驿站服务功能，实现村民不出村就能享受银行和超市的便捷、实惠的金融和生活服务。(黄建芬)

【中国邮政储蓄银行建德市支行】2018年，邮储银行建德市支行资产规模36亿元，各项存款余额34亿元，发放贷款9.5亿元，其中零售贷款4.3亿元，小企业贷款2亿元。

结存发卡量为21.54万张，有ATM机27台，以“自营+代理”服务的模式，深入乡村，走入群众，开展普惠金融服务。开办个人业务、“三农”业务、公司业务、投资理财、信用卡、电子银行、代办中间业务等系列金融业务。

支持建德市政府培育“乡土人才”，推进乡村振兴三年行动计划，参加建德市乡土人才工作推进大会，与建德市政府签订《建德市乡土人才振兴战略合作协议》,授牌“建德市乡土人才银行 ”。深入草莓行业调研、民宿发展主题会、家庭农场培训班、第二届建德“严州小吃”制作大赛、中西式面点师傅培训班、茶叶协会等,精准对接小额贷款客户,发放小额贷款4600万元。

针对小微企业融资难融资贵现状,与建德市中小企业融资风险管理中心和建德市中小企业金融服务有限公司开展合作,自6月开始,新增发放贷款利率较一、二季度平均利率下降超0.5%。为35家企业解决转贷还款难问题。

通过邮银双方合作,按频次要求对3个自营网点、17个代理网点开展内控评价和合规检查,除常规检查及专项检查外,先后开展“治顽疾、控风险”督导检查、网点消保工作专项检查。深入社区,走进群众,协同推进内控提升活动、深化乱象整治工作、“改革传承四十载、知识普及万里行”活动、反洗钱工作和消费者保护工作、反洗钱宣传和扫黑除恶相关制度和法规学习。(王张敏)

【浙商银行杭州建德支行】2018年,浙商银行杭州建德支行根植地方经济,坚持差异化定位下的创新服务,探索普惠金融可持续发展之路,实现资产规模、业务创新、金融服务、内部管理、质量效益等各方面稳健发展,为建德市民和中小企业提供专业、便捷、高效的金融服务。年末各项存款余额3.96亿元,各项贷款余额7.49亿元。

以支持地方经济发展为己任,结合地区情况全力拓展业务,通过产品创新和优质服务,加大对小微企业信贷支持力度,支持当地农业龙头企业,发挥金融机构支持实体经济的输血功能。全年向各类小微企业发放贷款2156万元。

从夯实服务基础工作入手,强化培训和监督考核,提高服务效率和服务水平,坚持“一对一、面对面”的服务方式,通过上门开卡、办理手机银行、网上银行等便民业务,提升惠民金融服务。以普惠理念引领发展方向,开展金融知识“进社区”“送下乡”活动,向市民宣传普及金融知识,引导其熟练运用银行金融产品及服务。

落实“深化整治银行业市场乱象”“清廉银行”等活动要求,围绕“风险管控”“管理提升”两大主线,强化全行员工的风险意识,建立健全内部控制体系,加强风险管控,保障业务健康持续发展。全年运行总体平稳,资产状况良好,无重大安全事故,实现安全稳健经营。(方晟)

【杭州银行建德支行】2018年,杭州银行建德支行围绕“两个翻番”总目标,突出“三线并进、效益为先;转型跨越,结构为重;精明增长,管理为要”总要求,规模效益稳中有进。年末各项存款余额近13.70亿元,比年初增加2.7亿元;信贷资产近25.18亿元;营业收入近5943万元、营业支出近1414万元、营业利润近4529万元;缴纳营业税、增值税及其他税收798万元。

做好招商引资客户的账户开立。以政府城市化建设项目融资为契机,加大投放力度。全年新增棚改项目4亿元、北交所委托债权业务0.7亿元;市城投公司3亿元认购债券、国资委9亿元中票授信审批。总行、支行、建德国资三方合作,完成“18建德国资01” 金额为2.5亿元的理财直融第一单业务。梳理、筛选、走访建筑企业,了解客户需求,12月与3家建筑公司签订在线投标保函业务协议,完成系统设置 。

2018年,支行营业部被杭州市金融工会评为“最佳爱心网点”。支行增加网点智能设备,推进智慧银行发展,为客户提供智能、高效、便捷的金融服务。深化“双基”管理,基础管理、基层管理主动性增强,对企业文化进行宣贯。党工团工作联动开展,营造风清气正的工作氛围,塑造“奋斗为本、客户至上、合规高效、价值领先”企业精神。践行企业的社会责任,在第19次“春风行动”中,39名员工捐款8500元。总行组织的“新时代、新农村、新变化”摄影大赛中,支行推送的当地风采摄影作品,1幅获“一等奖”,2幅获“ 三等奖”。

根据总行及建德支行机构发展规划,购置新的办公大楼并进行网址搬迁,原址设立新安江小微企业专营支行。4月28日,完成建德支行搬迁、新安江小微支行开业。(邵璐)

【上海浦东发展银行杭州建德支行】2018年,浦发银行杭州建德支行坚持“笃守诚信 创造卓越”的核心价值观，围绕“调结构、保收入、重管理、控风险”工作主线，全行员工明确目标、齐心协力、开拓进取、严控风险。年末支行各项存款余额7.2亿元，日均存款8.24亿元，比上年新增1.82亿元。其中对公存款日均6.81亿元，新增1.13亿元；储蓄存款日均1.43亿元，新增0.68亿元。各项贷款余额15.88亿元，比年初新增7.4亿元；其中对公贷款余额5.49亿元，新增0.1亿元，个人贷款余额10.39亿元，新增7.3亿元。有支行本级、建德新安社区支行2个网点，员工26名。

2018年，浦发银行杭州建德支行被评为建德市文明单位；荣获2018年度“货币信贷综合评价”三等奖；被中国人民银行建德市支行评价为A类机构。支行员工任俊被建德市金融工会联合委员会评为2018年辖内金融机构“移动支付便民示范工程”先进个人。

2018年，支行投放按揭贷款（含商用房）838笔，金额7.87亿元，余额8.13亿元，比年初新增6.83亿元。与“志愿中国”合作发行联名卡的总行“聚光灯”项目，5月28日首发，发卡2万张。

支行对本级营业网点进行升级改造，对现金柜台和对公柜台进行调整，配齐自助机具，配强大厅服务人员，提升客户满意度。成立金融消费者保护与服务品质管理工作领导小组。将金融消费者保护与服务品质管理工作纳入绩效考核。修订文明服务规范实施细则，对基本服务规范、服务环境、仪容仪表规范、服务礼仪规范服务监督规范等方面进行细化。

调整安全保卫工作领导小组的成员，明确领导分工和职能部门，制定工作方案，签订责任书，落实支行安保和综治工作。组织全行员工进行安全教育和防范技能培训。落实安全保卫工作目标，做好营业场和自助机具的物防技防设施建设及完善安防系统的运行保障机制，补充配齐防盗、防抢、防暴、防火等防卫器械，每月开展安全大检查工作，及时发现、及早解决各类安全隐患、风险苗头，妥善处置各类突发事件。（王丽霞）

【建德湖商村镇银行】 2018年，建德湖商村镇银行以加强内部管理为主线，以拓展业务发展为中心，坚持“支农、支小”的市场定位。年末有员工124人，营业网点10家，资产总额11.92亿元，全年上缴税收993万元。

坚持服务“三农”的市场定位，保持“三农”在贷款投放中的核心地位，完善涉农金融服务机制，丰富服务内涵，增强县域金融服务力度，支持农业发展、农村建设和农民致富，促进城乡经济社会和谐发展。全年发放涉农贷款9.40亿元，占各项贷款总额的99.9%；户均贷款余额19.33万元。

完成小微企业“两增两控”任务目标，年末普惠型小微企业贷款余额8.45亿元，比年初增收1亿元，普惠型小微企业贷款增速14.4%，超各项贷款增速0.1%。对小微企业分类制定信贷支持方案，重点扶持科技型、创业型、劳动密集型的企业，给予信贷优惠支持。对资金需求小的小微企业主，推广年审制的“惠农卡”小额信用贷款产品；对资金需求大的小微企业，逐步推广无本续贷周转贷款产品。2018年，小微企业贷款利率比上年下降0.031%，让利262万元。

推行30万元以下小额信用贷款授用信无纸化审批流程，上门办贷，时间缩短至40分钟，提高办贷效率。推行“惠农卡”农户小额信用贷款业务，依托移动办贷手续简、操作便、期限长等优势，助推小额贷款的投放。“惠农卡”业务自10月推出至年末，累计办理授信418户，金额6651万元；用信262户，金额4879万元。（徐水兴）

【浙江民泰商业银行杭州建德支行】 2018年，民泰银行杭州建德支行围绕“服务地方经济、服务中小企业、服务城乡居民”的市场定位，以“做定位、控风险、转方式、促发展”为战略目标，以“防范风险、规范经营”为指导思想，逐步调整存款结构和信贷结构，开展各项业务。年末各项存款余额2.70亿元、贷款余额2.30亿元、贷款资产转让及核销1.37亿元。

加大对100万元以内的小额免税贷款业务的奖励力度，发展100万元以内小额贷款业务。结合“做小做微”的市场定位和“四个不低于”考核要求，对小额免税贷款设立专项信贷规模，做到小额免税贷款需求全覆盖。进村入居，探索批量营销。

将信用村创建作为重点信贷工作，按照总分行考核指标要求，探索村居批量化营销模式，完成下涯镇江湾村的创建目标，洋溪街道、杨村桥镇龙溪桥村、钦堂乡钦堂村和蒲田村信用村创建正在进行中，通过信用村创建首次介入政府贷款营销杨村桥镇农居改造项目贷款2000万元。

防控结合，做好资产质量的把控工作。推行“三人小组”工作机制，规范支行授信审批工作程序。夯实贷后管理基础，落实专人做好“一户一策”工作。多措并举，做好不良贷款处置工作，2018年支行不良贷款现金清收909万元。双管齐下，确保风控履职到位。落实风险考核机制，以新增不良率为主要考核指标，对客户经理实施尽职管理。开展信贷业务检查监测及授信尽职评价工作。

提高行政办公效率，构建“上级为下级、二线为一线、后台为前台、员工为客户”的大服务格局。营造合规经营氛围，落实各项业务自查，通过“三三四”自查、审计回头看自查等方式加强对重点业务环节、重点风险区域的排查工作，对自查发现的问题及时进行整改。推进安保案防工作，坚持“多措并举，重在防控”的原则，将防控意识融入内控机制中，全年安全无事故。3月，支行柜面成功阻截一起疑似高息揽存诈骗事件，中央电视台十二套《社会与法》栏目以《大爷身边的热心人》纪录片形式进行报道。（朱玉琪）

保 险

【中国人保财险建德支公司】 2018年，公司面对区域变化的保险市场，以业务发展为中心，深化运营治理，完成保费收入近2亿元，总赔款支出1.02亿元，报表利润792万元，考核口径利润226万元。

利用“两会”、金融系统联席会、企业家协会和工商联例会、“17℃建德新安江”旅游节等契机，以及建德新媒体平台等载体，加强公司服务品牌宣传和认知。召开班子例会和中层干部会议，分析建德财险市场发展现状和公司业务发展重点及难点，调整思路应对市场变化。

强化重要客户的稳定巩固和业务挖潜，跟进重点项目，2018年，新安化工、新安长运、腾飞旅游客运、杭橡、大洋化工、建业有机化工、电信、电厂等十余家单位的业务及医责险、校责险、监护人责任险、电梯责任险、公共交通意外险、老年人意外险等业务得到维护，部分单位保费收入增加。

加强相关部门的联系沟通，落实重点项目的推进跟踪，一季度统保生猪保险，新增保费260万元；下半年安全生产责任险、蓝莓保险，新增保费80万元；首次拓展海外业务和特险业务。加强重要客户、银保渠道、专代渠道、电商/续保管理团队、“三农”渠道、车商渠道的统一管控，成立综合修理厂拓展团队。农险承保、理赔集中“三农”部操作，通过三农部统一管理农村网点业务进展及农村协保员队伍建设，6月底在寿昌营业部成立全省首家“协保员之家”；加强商非团队专业化建设，商非团队商非业务占公司60%以上；电商、续保团队除外呼绩效提升外，强化公司整体家用车续保抢救和续保兜底管理；渠道业务部加班加点维护好专代公司业务，保费规模翻倍增长。密切与各兼业代理机构、经纪公司、互联网平台公司、汽车经销商、电动车协会、检测站、邮政等渠道的联系沟通，组织落实好与销售渠道一一对应的组织架构和联系责任人，推动交叉销售互动，提高渠道业务的发展和产能。

开展“全员服务365”活动，强化客户服务，规范职场标准化建设。自2017年成立投诉危机处理小组以来，各种渠道投诉的第一时间处理，及时化解客户投诉风险，对有效投诉进行问责处理。从细节狠抓员工的服务规范，职场环境的美化和规范化有所提高，并将规范和要求推动到梅城、寿昌、大同、乾潭、大洋、桥南（车商部）等外设营业机构。9月，支公司对寿昌营业部职场进行全面修缮。将理赔定损人员岗位轮换常规化，保证下派外设营业机构理赔人员能够安心做好查勘理赔服务，将客户服务向农村基层延伸，推进差异化、规范化、标准化服务进程。开展经营风险隐患定期自查整改，先后进行“三重一大”决策制度建设和执行，辖内证照管理、保险业市场乱象整治、交易对手风险排查、防范非法集资、合作金融投资平台等领域的自查及整改，推进基层内控体系建设。加强员工教育培训，提高员工综合素能。先后组织开展非车险专业知识培训、涉农非车险产品培训、手机销售培训、人保微官网V盟操作培训、人保寿健交叉销售培训、家安康等小险种培训、商非专业化团队微培训以及新员工线上线下系列培训，邀请新安江街道综治办领导举办“网络安全法”培训，将安康类产品、客户服务等内容培训延伸到重要客户单位等，加强员工知识管理平台和网络学习培训管理。(方秋君)

【中国人寿保险建德市支公司】2018年，公司做好“三个聚焦”“三个提升”六项工作，统筹推进业务发展、队伍建设、提升效益、转型升级、风险防范“五位一体”的总体布局，全年实现新单保费1.10亿元，占市场份额的61.8%，支付各类赔款2550万元。实现期交保费7480万元，比上年略有下降；短险保费3466万元，增长8.0%。个险渠道由2017年底的1251人增加到1325人，年度综合考核列杭州各县(市)第一，入选总公司实力和成长双百强，被杭州市分公司评为先进单位。

制定渠道、部门《经营目标责任书》，层层签订责任状，管理有据可依，按章办事。实行差异化核保政策，支持业务拓展，严把承保、理赔质量关，严查假骗赔案发生。实行综合柜员制，推进零现金管理，降低风险。费用开支早预算，控制支出，节约成本。查找公司内部管理存在的不足，及时整改。建立反洗钱联络员制，发现苗头及时处置，并上报监管部门。

坚持学生平安保险上门理赔服务，每月定时到各学校开展理赔。继续承保建德重大自然灾害保险。开展计划生育家庭保险和农村小额保险。承保建德市60岁以上老人意外伤害保险，全年处理赔案2027件，赔付金额310.28万元。推广国寿“E创客”“E宝帐”的使用，方便客户办理业务。结合“最多跑一次”改革，推广移动、微信等“快E服务”。(陈荣统)

【平安财险建德支公司】2018年，公司实现规模和效益双丰收，全年保费实现1.2亿元，比上年增收7049万元，增长165%，份额提升5.2%。

以“金融+科技”为平安财险的核心主业，公司的Logo也由“保险·银行·投资”变成“金融·科技”。员工带着“数据科技”和“换道超车”两个意识去工作，前、中、后台以客户为核心，不断提升客户满意度，用专业和贴心全力为客户服务。组织员工开展专业技能培训，提升员工业务专业素质，树立为客户服务的理念，开展妆容、礼仪等课程巡讲。开展“停车关怀”服务，鼓励员工遇到事故发生时，主动停车，为车主提供理赔专业服务指引，协助报案、救助伤者。推出国庆、春节等假日护航，为客户及车辆提供关爱服务。让客户用最简单的方式，解决最迫切的需求，用最少的精力完成投保理赔服务。(谢倩)

【中华联合财产保险股份有限公司建德支公司】2018年，公司落实省公司“效益为先、兼顾发展速度”的经营理念，坚守合规底线，凝心聚力，以市场为导向，实施差异化经营。完成保费收入2755万元，比上年增长13.23%。实现简单赔付率57.7%，全年支付赔款1589.50万元。

落实中支公司“三三三一”发展策略，补足渠道短板，通过渠道政策的优化、推动车商、经代、电销等渠道业务结构的合理发展，实现保费结构的优化目标。落实省公司“五个一”(一份保险、一次体检、一场活动、一次培训、一个蛋糕)，组织全体员工赴庐山行、开展全员体检，员工生日即时送上关爱，提高员工的福利待遇，增强员工幸福感，营造和谐工作氛围。

强化“效益为先、兼顾发展速度”的经营理念，通过实施承保、理赔、财务、综合管理等系列举措，调优业务结构，强化成本管理，寻求效益与发展共进。车险业务坚持“促私家车，稳营运货车、控非营运货车、自卸车等管控车型”发展思路不动摇，非车险业务严格执行承保前的风险查勘。

2018年，支公司加强理赔增值税专票的收集，推进直赔抵扣工作，有效降低赔付。配合中支公司理赔部门狠抓同业追偿和追偿案件诉讼启动工作，降低支公司的赔付率。

严格控制人力成本，2018年，各项固定费用及变动费用均未超过年初预算。开展各项合规自

查自纠工作，防范经营风险。开展反洗钱基本制度的学习，组织反洗钱培训，落实反洗钱相关工作。（雷建祥）

证 券

【银河证券建德新安路营业部】2018年，营业部营业收入1402.39万元，比上年减少28.5%，利润881.48万元，减少30.33%，累计股票交易量为321.95亿元，减少7.8%；客户总资产为22.43亿元，新开户数为2862户，年末有效客户数1.2万户。年末有正式员工8人，客户经理6人，劳务派遣（含保安、保洁）用工5人，共19人。

2018年，营业部从传统的通道服务转型，开拓多元化收入，推广现金理财产品，增加客户的闲置资金使用率和收益率；把握市场节奏，精耕细作融资融券业务，提出两融业务的发展要将“开发客户、培育客户、保护客户”作为经营宗旨，从原先充分关注两融业务为营业部经营带来的效益转向更多关注客户资产的保护上来。开展“了解你的客户”活动，将合适的金融产品推荐给适当的客户；推广标准化服务及规范化管理。（吴文涛）

【财通证券建德严州大道证券营业部】财通证券为特色型综合性证券集团。2007年6月，提升为省直属国有企业，10月在上海证券交易所上市，股票代码601108。该营业部位于建德市新安江街道严州大道1253号，有员工17人。经营业务范围包括经纪业务、IB业务、融资融券业务、期权业务、基金销售业务等。

2018年，营业部围绕总公司“深耕浙江”的发展战略，以客户为中心，打造“更懂你的综合金融服务商”“更贴心的财富管理专家”。年末营业部存量总户数7261户，实现营业收入911万元，比上年增长91.0%；利润657万元，增长409%；市占率0.0107%，增长138%；营业部代理买卖证券金额（股票+基金）139亿元，增长124%。获得财通证券股份有限公司2018年度“先进集体”称号以及获得财通证券股份有限公司杭州第三分公司“优秀营业部”称号。（郑倩）

财政 税务

Finance & Taxation

财 政

【概况】2018年，建德市财政总收入50.46亿元，比上年增长18.1%，其中一般公共预算收入28.27亿元，增长15.9%。财政总收入和一般公共预算收入首次实现全年12个月连续保持两位数增长。全市一般公共预算支出47.71亿元，增长6.1%。全年财政收支平衡。

9月4日，出台《建德市中小企业转贷专项资金管理办法》正式印发执行。新办法对转贷支持范围再次扩面，涵盖工业企业、商贸服务业企业、农业龙头企业和建筑业企业，基本实现全覆盖。

【财政总收入首次突破50亿元大关】2018年，建德市落实国务院六项减税政策，为高新技术、上市挂牌等企业提供专业服务，帮助企业规避涉税风险，建立可持续的收入结构和增长模式，稳固税源根基。加大政府非税收入，推进政府非税收入线上线下一体化收缴运行体系建设。全市财政总收入达到50.5亿元(其中地方财政收入28.3亿元)，首次突破50亿元大关，比上年增长18.1%。全年入库税收100万元以上的重点税源企业426户，增加50户，入库税收45.6亿元(缓缴还原后)，增长53.5%。其中入库税收亿元以上的企业8户(农夫山泉建德基地5.5亿元，增收1亿元；海螺水泥2.6亿元，增收1.6亿元；新安化工集团2.4亿元，增收2亿元；红狮系四家2.1亿元，增收1.4亿元；中策橡胶1.6亿元，减收1000万元；锦易置业1.2亿元，增收1.1亿元；农商行1.2亿元，增收3548万元；建业化工1.1亿元，增收6688万元)。全市一般公共预算收入完成28.3亿元，增长16%。

【优化支出结构】2018年，全市民生支出37.12亿元，占一般公共预算支出77.8%，比上年增长6.1%。保障办好10件民生实事，安排民生实事财政资金1.45亿元。教育支出9亿元，推进教育综合改革，完善实施小规模学校资金补助政策，建立义务教育学校生均公用经费逐年提高机制，推进城乡教育均衡发展，促进教育现代化。科学技术支出2.03亿元，主要用于支持全市产业转型、“机器换人”、科技创新、高素质人才引进，新增入孵企业15家、杭州市级以上高新技术企业28家、杭州市级以上高新技术研发中心11家。社会保障和就业支出5.69亿元，提高城乡居民低保和优抚补助标准，加强特困人员保障，支持多层次职业技能培训，统筹推进高校毕业生、退役军人、残疾人等重点群体就业。医疗卫生和计划生育支出3.72亿元，激励医疗卫生服务质量提升，推进医共体建设，深化公立医院综合改革。公共安全支出2.73亿元，保障“扫黑除恶”专项斗争和“平安建德”建设，完善基层治理“四个平台”，优化“全科网格”764个。统筹安排美丽乡村、美丽经济、“五水共治”等项目资金4亿元，支持保障“八美”建设，打造全域大花园。推进省级田园综合体试点项目建设，加大“一事一议”村级公益事业财政奖补项目扶持力度，推进“一事一议”财政奖补助推“美丽乡村”建设。加大精准扶贫力度，多渠道整合省、杭州市财政专项补助资金、区域协作资金、移民资金和本市财政资金，全力推进“消薄”，促进村级集体经济发展壮大。助力对口帮扶贵州脱贫攻坚，对口支援新疆西藏青海，帮助补齐援助地区基础设施和公共服务短板。

【助推经济发展】研究推进改造提升传统制造业振兴实体经济实施方案，以“亩产税收”为导向，统筹安排资金1亿元，实施传统产业改造财政奖励政策，支持以“机器换人”为核心的工业企业技术改造。统筹安排财政资金，在全市范围内推广实施小微企业创新券，出台《关于小微企业创业园建设的若干政策意见》，支持小微企业园建设，入选全省2019年度小微企业园建设提升试点市(县)。统筹安排5000万元设立数字经济发展专项资金，加大对数字经济重点平台、重大项目以及各类试点示范的扶持力度。

【深化财政改革】深化全口径预算管理，增强财政统筹能力，强化政府投资管理，提高项目资金绩效。健全公款存放机制，规范公款存放后续管理，完成165个(次)银行账户和定期存款户竞争性招标，涉及资金39.65亿元。上线国库集中支付电子化系统，完成政府采购“政采云”系统建设和应用。健全乡镇财政管理考评体系，初步构建市乡一体的财政管理信息网络。完善政府性债务风险防控机制，制定防范化解地方政府性债务风险专项行动方案，编制政府性债务风险五年专项行动方案，落实隐性债务风险化解，全面完成2018年化债任务。推进PPP规范发展，纳入财政部PPP综合信息平台系统项目18个，涉及医疗、养老、教育、交通、环境及园区开发等行业，总投资270.02亿元，其中落地项目15个，落地项目总投资266.03亿元，落地率83.3%。做好非税收入电子化收缴改革，深化统一公共支付平台应用，有92家非税收入执收单位通过统一公共支付平台收缴31万笔，执收非税收入4.12亿元。开展“上门服务至少一次”活动，线上线下服务3480人次，上门服务部门和乡镇(街道)覆盖面均达100%。

【加强财政监管】构建市委巡察财政监督联动机制，实现财政财务人才资源共享和监督成果共享。开展多层次绩效评价，提高财政资金使用绩效。开展国有资产年度清查及报告机制落实情况检查，助推全市438家国有单位建立国资管理内控制度。完善培训费、差旅费、通信补助费等开支管理办法，加强部门支出管理，打造节约型政府。2018年全市“三公”经费支出3013万元，比上年下降3.1%。

【国有资产管理】开展国有资产年度清查及报告机制落实情况检查，全市438家国有单位首次实现国资管理内控制度建立及人员配备全覆盖。推进国有单位资产权证办理，从全市4000多项国有房产土地中摸底排查梳理出1735项未办权证，完成414处房产土地权证补办，打破全市国有资产权证办理“没人管、没人办、没法办”的局面。推进国有公司投融资机制改革，创新投融资模式，拓展资本市场直接融资业务，发行公司债券、停车场专项债和理财直接融资工具。推进可持续融资能力建设，与杭州金投开展贸易业务合作，做大国资公司现金流，实现平台公司的市场化转型。(李蕾)

【建德市资产经营投资有限公司】2018年，公司完成投资额1.85亿元，财务支付数9445万元。年度固定资产投资任务1亿元，完成1亿元。完成招商引资重点项目1个(总投资5000万元以上)。完成招企引税任务250万元。引进杭州运河集团严州古城(梅城)综合保护开发有限公司投资梅城古城保护项目。联合寿昌镇引进4家物流公司，当年实现税收408万元。完成新安江影剧院地块、新安江街道新建村塘坞地块、梅城镇南半城3处共计12.53公顷土地的出让。年度授信任务8亿元，放款6亿元。全年实际完成银行授信8.2亿元，其中公司债获批发放规模5亿元。实际放贷8.35亿元。全年月综合利率6.67%。全年公司实现营业收入5088万元，完成年度目标127%。公房租金年度收缴率为95%(不含代管资产)。

做好划入资产、剥离资产的日常维护、办证工作。全年办理602处、621本不动产权证。其中，公私混合房203本、新安江其他公房24本、梅城31本、寿昌26本、数据中心二期1本、社会福利中心1本、梅城镇严东关西路76幢51本、近溪嘉园109本、整合为不动产证175本。

组织直管公房规范管理，开展住宅公房入户

调查和清理规范工作。结合梅城棚改和寿昌公房搬迁安置，对涉及公房使用情况进行全面调查核实,发现不符合公房承租条件者 260 户,清退 187 户,73 户取消公房承租资格。6 月,对新安江主城区的公房进行入户调查，完成新安江主城区公房入户调查 240 份。

创新融资模式,发行企业债 5 亿元。加强债务的管理，超额完成 2018 年度放款 2.35 亿元的任务。完成 2018 年度的化债工作。(宁慧婷)

税务

【概况】2018 年,建德市税务局推进国地税机构合并、国地税征管体制改革、机构“三定”及社会保险费和非税收入征管职能划转。全年组织税费收入 74.3 亿元，其中税收收入 48.3 亿元，增收 6.5 亿元,比上年增长 15.6%;征缴各项基金收入 26 亿元,增收 2.1 亿元,增长 8.7%;组织地方财政收入 26.2 亿元,增长 13.8%。

树立“抓绩效管理就是抓工作落实”理念,组织绩效系统和数字人事系统操作培训,“数字人事”全面上线。新安江办税服务厅团支部创建为省级“五四”红旗团支部,市税务局纳税服务股被评为杭州市“三八”红旗集体,新安江、寿昌、乾潭办税服务厅创建为杭州市青年文明号。杨川受国家总局通报表彰，肖雪奎获省级新时代“万名好党员”。获建德市委、市政府综合考评满意单位。

◎7 月 20 日,国家税务总局建德市税务局挂牌

【国税地税征管体制改革落地】3 月，国税地税征管体制改革启动。市税务局建立“1+7+N”改革机制。成立税务机构改革工作小组,制发改革组织实施方案及时间表、路线图、任务书,制定局领导分片包干、基层联席会议、局长接待日等制度,开展“三轮谈心谈话”“四新”大讨论等活动。7 月 20 日,市税务局及 6 个派出机构(新安江税务分局、梅城税务分局、寿昌税务分局、乾潭税务所、第一税务所、第二税务所)正式挂牌运行。10 月 28 日,召开机构“三定”方案动员大会。至年末,完成社会保险费和非税收入征管职责划转准备工作。国税地税征管体制实现“四个确保”目标(干部队伍稳定、收入平稳增长、征纳关系和谐、干部遵规守纪)。

【落实减税降费政策】2018 年,落实减免税收优惠 16.6 亿元(含出口退税 4.65 亿元),其中 8.6 亿元直接通过征前减免方式实现。包括安置残疾人退税、住房减免 3.87 亿元、资源综合利用退税 6323 万元、小微企业减免 1.28 亿元、高新技术企业减免 1.52 亿元、金融市场减免 8239 万元、“三农”减免 4684 万元。此外，办理各类基金、费减免超 5500 万元。

【完成自然人税收管理系统(ITS)模拟运行】2018 年，国务院和国家税务总局选定建德市作为 ITS 第二次模拟运行全覆盖 4 个地区之一。11 月 22 日，建德市成立由市长朱欢任组长的专项工作领导小组,专题召开全市工作动员部署会,全面启动模拟运行工作。25—26 日,市税务局组织内部集中业务培训 4 场;分区域分行业组织 26 场扣缴义务人专题培训,参训企业 797 户,覆盖纳税人 2.18 万人。27 日,全体税务干部赴企事业单位一线辅导模拟运行申报表填报。30 日,提前 1 天完成全市 797 户扣缴单位和 2.18 万名纳税人专项附加扣除信息，全部按要求导入扣缴客户端并完成模拟申报。

【优化税收营商环境】实现“最多跑一次”办税事项 100%全覆盖,“零次跑”占比超 90%。公布省税务局“最多跑一次”事项清单，推广网上税务应用，推出办税“容缺受理”机制，开展“最多跑一次”督导组“陪跑”活动。落实“放管服”改革，优化税收营商环境，深化“一窗受理、集成服务、一次办结”的服务模式，推进商事登记“一网通”，精简办税资料159项，压缩12个事项办理时间共94个工作日。组织纳税人座谈会8场，现场答复纳税人咨询问题62条，收集整理纳税人意见建议6条，走访企业1.23万户次，现场答复纳税人咨询问题93条，收集并采纳纳税人意见建议数56条。

开展“便民办税春风行动”，落实省税务局45条办税便利化措施，通过“纳税人学堂”等形式组织集中培训32次，参加人员超过6600人次；组织税收宣传月、税企篮球赛、志愿服务活动、“最美办税人”评选等系列活动。完善纳税信用等级管理，完成2017年度纳税信用评定工作，及时公布A级纳税人名单，落实联合惩戒案例归集和信息共享工作，实施联合奖惩案例7例。通过“银税互动”为B级以上151户纳税人争取小微企业信用合作贷款8550万元。

【强化税费管理】 扩大农产品核定扣除试点，推广增值税电子普通发票应用，开展增值税发票风险快速反应专项工作。加强成品油消费税征收管理，实现车购税完税证明无纸化。强化企业所得税汇算清缴及后续管理，推进土地增值税清算工作，加大城镇土地使用税差别化减免力度，实现城建税与主税种合并申报。

【税收风险防控】 落实四部委打击虚开发票，骗取退税违法犯罪两年专项行动工作部署，落实实名办税，加强对高风险行业和企业开展风险分析，对物流行业、建筑咨询、医药代理等行业组织风险自查和专项整治，形成《物流行业税收风险分析报告》向市委、市政府汇报。推送风险任务969户次，有问题户数857户，入库税款6548万元，入库滞纳金271万元。

【依法治税】 全年集中清理原国税地税规范性文件65个，部分废止2件、修改2个，新制发6件。印发《税收法制工作风险内部控制制度（试行）》等10个内部控制制度。规范破产企业税(基金、费)债权申报，申报欠缴税费债权19家，涉及税费及滞纳金1479万元；申请人民法院协助执行欠缴税费4家，涉及税费及滞纳金150万元，依法为1家破产企业办理注销手续。

推进“打虚打骗”两年专项行动，全市重点检查18户，查补入库税款2674万元。开展积案清理专项行动，清理积案58个，入库税款1765万元。审理重大税务案件46件，审理审结46件，其中3件书面审理、43件会议审理，改变稽查局审理意见1件，移送公安机关处理43件，补税1033万元，罚款1560万元。

【党建联系点建设】 2018年，市税务局总结提炼党建工作做法20条，被市委组织部发文推广，并在全省税务系统党建会议、杭州市清廉示范创建会暨党建质量提升工程推进会做党建工作典型发言。深化“不忘初心，与党的建设同行；牢记使命，与为国聚财同行；勇立潮头，与改革发展同行；建功立德，与人民群众同行”党建品牌建设。市国、地税两局“同心汇聚”“同心同行”的党建文化融合后，被评为建德市机关十大党建品牌；制定实施《党支部工作标准四十条》，解决“基层机关党支部工作是什么、做什么、怎么做”的问题，该标准在全市市级机关、农村、社区、“两新”组织党支部中推广应用。局属各党支部打造“钟姐热线”志愿服务队、“勤廉绩效八法”，实现“一支部一品牌”。（关浩然）

◎8月23日，市国税干部走访重点企业

经济管理

Economic Management

发展规划

【概况】 2018 年,建德市纳入国民经济和社会发展年度计划的 14 项预期目标全面完成。全年实现生产总值 367.9 亿元,比上年增长 7.6%。其中,农业增加值 34.3 亿元,增长 2.5%;规模以上工业增加值 96.1 亿元,增长 7.6%,第三产业增加值 168.8 亿元,增长 12.1%。完成规模以上工业销售产值 444.4 亿元,增长 11.5%;社会消费品零售总额 139.4 亿元,增长 10.2%;自营出口总额 9.8 亿美元,增长 25.9%;完成固定资产投资 173.5 亿元,增长 18.6%(其中工业投资 52.8 亿元,增长 17.1%)。地方财政收入 28.3 亿元,增长 15.9%;城镇居民人均可支配收入 49026 元,增长 8.8%;农村居民人均可支配收入 26302 元,增长 9.6%。新增城镇就业人数 7029 人,城乡居民医疗保险参保率 99.2%。

【规划编制】 完成《建德市"十三五"规划》实施情况中期评估工作,形成《建德市"十三五"规划纲要中期评估报告》,由市政府发布实施。编制《建德市 2018 年规划编制计划》,提交市长办公会议审核通过,以建政办函〔2018〕13 号文件下文实施。列为 2018 年编制计划的规划有 13 个,其中经济社会类规划 9 个、生态保护类规划 3 个、中心镇规划 1 个,规划编制总费用 521.2 万元,核定市级财政安排编制经费 452.5 万元。

【重点项目建设】 2018 年,建德市列入省重点实施类项目 4 个,总投资 372.6 亿元,年度计划投资 7.24 亿元。年末 4 个省重点实施类项目全部开工建设,完成投资 7.8 亿元,为年计划的 107.2%。列入杭州市重点实施类项目 21 个,总投资 244.4 亿元,年度计划投资 38 亿元。年末 21 个杭州市重点实施类项目全部开工建设,完成投资 44.6 亿元,为年计划的 117.5%。

市政府投资重点实施类项目 106 个,总投资 297 亿元,年度计划投资 84.3 亿元,其中新建项目 56 个、续建项目 50 个。年末开工建设 103 个,开工率 97.2%,完成投资 85.1 亿元,为年计划的 101%。

重大产业项目 70 个,总投资 255.8 亿元,年度计划投资 40.1 亿元。其中,新建项目 41 个、续建项目 29 个。按产业分,农业项目 9 个、工业项目 32 个、服务业项目 29 个。年末完成年度投资 46.8 亿元,为年计划的 116.5%。

【信用体系建设】 2018 年,建德市作为杭州地区唯一入选单位参加浙江省信用县(市)创建。通过坚持政府主导、注重顶层设计,搭建信用平台、注重信息公开,实施联合奖惩、注重信用绩效,创新推动载体、注重示范引领,营造声势氛围、注重社会参与。"五招并举",成功创建浙江省信用县(市)。6 月,建德市被国家发改委授予国家守信激励创新奖,被列为全国守信激励创新试点市。

【经济运行分析】 组织开展全市重点企业、中小企业和重点服务业经济监测工作,列入监测的各类企业 225 家,全年监测上报率 99%以上。按季对企业监测情况进行分析汇总,形成监测分析报告。开展经济运行分析,撰写月度、季度、年度经济运行分析报告,上报市委、市政府和杭州市发改委,为领导决策提供参考。(徐恒潮)

经济体制改革

【概况】2018年,全市经济体制改革重点推进公务用车制度改革、引导企业对接多层次资本市场。着力深化小城市培育、国有企业发债、政策性农村住房保险制度等工作。全年办理国有企业职教幼教退休教师待遇申请审核1人,办理退休人员死亡后供养直系亲属享受生活补助费审批64人。

【公务用车制度改革】出台《关于要求进一步加强公务出行租车费使用管理的通知》,要求各单位严格按照车改政策加强公务出行租车审核管理,将全年租车费用控制在年初租车费预算之内,杜绝违规租车。《建德市公车改革后部分车辆处置的建议方案》通过市长办公会和市委常委会审核,市车改办会同市财政局、市机关事务管理局等有关单位完成车辆处置工作。对车改后的新情况新形势进行分析,提出车改单位日常公务活动用车保障一系列方案,通过市政府常务会议讨论。配合市机关事务局完成新一轮政府公务用车服务采购招标工作,确定4家单位作为政府公务用车定点服务单位。完成事业单位车改方案和配套政策的制定,通过市政府常务会议讨论,正式发文。组织各事业单位召开车改方案培训会,协助指导各事业单位完成车改工作。

【小城市培育试点】完成2017年度乾潭镇小城市培育试点考核任务,乾潭镇获得省小城市培育试点专项资金2500万元,获得省考核奖励资金550万元。根据省委书记车俊在杭州市委上报的《关于建德市梅城镇美丽城镇建设情况的报告》上批示要求,对接省发改委相关处室,开展申报梅城镇小城市培育试点前期工作。

【国有企业发债】5月11日,建德市城市建设发展投资有限公司向国家发展和改革委员会申请公开发行不超过10亿元城市停车场建设专项债券,经国家发改委批复同意(发改企业债券〔2018〕89号),助推建德市全国文明城市创建工作。

【遗属供养审核机制】2月,建立遗属供养审核会审制度,每月25日集中审理遗属供养申请,避免遗属供养申请人多次跑、跑多个部门,基本实现遗属供养申请"最多跑一次"。全年会同市社险办联合审批遗属补助申请65件。

【政策性农房保险】落实政策性农村住房保险制度,全市16个乡镇(街道)承保农房险户数11.76万户,收入保费117.6万元。全年理赔支付案43件,支付赔款25.4万元,简单赔付率21.6%。

区域合作

【概况】2018年,建德市与贵州省黔东南州岑巩县开展东西部扶贫协作,帮扶岑巩实现2019年脱贫摘帽目标。市政府出台《助力对口帮扶地区脱贫攻坚工作实施意见》《建德市—岑巩县联席会议制度》《建德市岑巩县东西部扶贫协作三年行动计划(2018—2020年)》等纲领性文件,为双方扶贫协作工作提供基本遵循。

【东西部扶贫协作】全年投入对口帮扶资金3000万元,实施帮扶项目16个,年底前完工项目5个,正在建设11个,项目涉及产业帮扶、基础设施建设、智力帮扶等方面,覆盖26个贫困村(其中深度贫困村4个),覆盖贫困人口3951人,可实现人均增收500元以上。

派遣教育、医疗、农技人才16人前往岑巩挂职。接受岑巩县选派的10名党政机关干部,48名卫生、教育系统专业技术人员到建德挂职学习。全年分5批接受包括46名岑巩籍在内的黔东南州务工人员417人到建德就业。

建德市9个部门就教育、医疗、就业、工会疗休养、农业发展及招商和旅游发展等方面与岑巩县结对帮扶。16个乡镇(街道)、6家市属国企、50个村(社)、10家农业龙头企业分别与岑巩县11个乡镇、68个贫困村开展结对帮扶。2018年,乡镇

◎9月15日，组织建德民营企业家赴贵州岑巩县精准扶贫（市工商联供稿）

（街道）及国企给付帮扶资金420万元，用于岑巩县公益性岗位补贴、残疾人补助等。建德市企业家代表、爱心人士及部分乡镇（街道）单位干部利用疗休养之机，赴结对镇村开展帮扶慰问和结对助学活动，捐款180多万元，市总工会、红十字会等单位捐赠物资折合23万元。

与岑巩县签订《贵州省岑巩县职校委托浙江省建德市新安江职校培养中职学生实施方案》，接纳10名建档立卡贫困学生到建德市新安江职业技术学校进行为期3年的委托培养，派出专家为125名农村创富带头人和50名中青年干部，开展电子商务、西红花、蚕桑种养等知识技能培训。

【山海协作工程】2018年，建德市与衢州市开化县签订《全面深化建德市—开化县山海协作工程战略合作协议》，明确“1+3”产业平台的建设、加强文化旅游合作、推动乡村振兴事业、加强人才交流、开展招商合作等相关合作事项。

建德市洋溪街道与开化县林山乡詹村村结对帮扶，落实帮扶资金45万元，打造林山乡詹村溪口自然村美丽乡村环境提升工程，推动“山海协作工程·百村经济发展促进计划”的落实。（许茜楠）

公共资源交易

【概况】2018年，杭州市公共资源交易中心建德分中心完成各项交易1612个，金额49.95亿元，节约（增收）金额7.22亿元。其中，工程建设项目1309个，成交金额47.56亿元，比预算资金节约6.67亿元；采购项目271个，成交金额2.22亿元，节约1151.55万元；产权及资产处置类项目32个，成交金额2.27亿元，比起始价增收4355.90万元。交易数量比上年减少181个，交易总金额比上年增加24.53亿元，增长96.5%，节约（增收）总金额增加3.33亿元，增长85.9%。

【完善公共资源交易管理制度】出台《建德市小型工程建设项目招标投标办法》、《关于调整建德市小型工程建设项目招标投标有关事项的通知》，规范小型工程建设项目招标投标工作，加强对法定必须招标规模以下的工程建设项目招标投标活动的监督管理。出台《建德市招标投标代理机构（造价咨询）进场交易考核管理暂行办法》《建德市建设工程招投标综合专家库建设和考核管理办法》，加强招标代理机构及评标专家管理，维护招投标市场秩序。出台《建德市公共资源交易活动信用联合惩戒制度实施细则（试行）》，将投标企业信用管理纳入招投标活动中。

【提高公共资源交易电子化水平】升级交易中心网站及后台业务系统，实现省、市报表数据统计功能，优化开评标显示功能。加速电子辅助评标进程，将200万元~400万元项目纳入小型项目范围，并实行电子辅助评标，招标时限由20天压缩至10天之内，为项目提前进场施工创造条件。完成投标主体库和投标保证金线上缴退系统的开发建设，开展CA认证（电子认证服务），为流程电子化招投标工作、网上开标、远程电子评标奠定基础，开创公共资源交易工作“最多跑一次”甚至“一次不用跑”新局面。在政府采购中全面使用“政采云”系统，广泛征集“网上超市”供应商，明确采购人、采购代理机构、行政监督部门的职责权限，通过网上委托、网上确认等手段，降低供应商投标成本和时间，提高政府采购工作效率。

【强化公共资源交易监管】2018年，由市公共资源交易管理委员会办公室牵头，开展政府投资项目联审联查10次，检查政府投资项目18个，出具联审联查报告10份，发放联审联查整改意见书2份，给予4家施工和监理单位信用扣分，查处项目经理2人。4月，整合各区域分中心的监控设备，接入审管办(交管办)监控系统，实现交易现场远程监管。完善交易平台内部监察机制，组织市本级交易平台检查10次、区域交易分中心检查7次。(邓艳芳)

审 计

【概况】2018年，市审计局完成审计项目27个，查出各类问题涉及金额48.11亿元，其中违规金额377万元、管理不规范金额48.08亿元。审计处理处罚金额185万元，移送司法机关、纪检监察机关和有关部门处理事项9件，移送处理金额148万元，审计促进整改落实有关问题金额77万元，审计后挽回(避免)损失77万元。出具审计报告和专项审计调查报告27篇，被批示、采用32篇次；审计提出建议123条，均被采纳；提交审计信息98篇，被批示、采用32篇次。向社会公告审计结果2篇，推动被审计单位公告审计整改结果50次。完成价款结算审核项目222个，净核减资金1.55亿元，核减率9.9%。

坚持“以审计精神立身，以创新规范立业，以自身建设立信”，严格深化主体责任，做好主体责任全程纪实531次。层层签订“一岗双责”责任书，落实分管领导审计现场走访常态化；强化日常纪律管理工作，在审计纪律“八不准”的基础上新增审计工作“四严禁”要求；建立健全“赛场赛马”工作机制，探究精准到个人的考核机制，形成以实绩为导向的科学考核体系。

【开展“同级审”】5—6月，按照公共资金审计监督全覆盖的要求，开展2017年度建德市本级预算执行和其他财政收支审计，重点关注财政代编的项目预算编制与执行情况、预算收入来源合规性、乡镇财政预算管理规范化及产业基金管理使用情况。促进各项积极财政政策措施的有效落实，完善预算管理、规范资金分配行为、提高财政资金使用效益。指出暂存款补助资金支出进度偏慢等问题。

【预算执行和决算审计】5—7月，开展建德市科学技术协会等8个群团部门2017年预算执行审计，重点关注内控制度建立健全情况，指出主管部门对项目管理不到位等问题。4—9月，开展3个乡镇的2017年度决算审计，重点审计决算编制完整性、收支管理、资产管理等方面的执行情况。指出存在应收未收资产出租收益等问题。

【政府投资审计】2018年，建德市审计机关加强对政府投资民生工程项目专项审计、项目资金执行审计以及重大项目跟踪审计。10—11月，开展浙西国际心脏中心建设工程(一期)预算执行审计，针对项目存在的建设进度滞后、局部工程质量存在缺陷、概算编制不及时等问题，提出解决问题的具体办法；4—6月，开展2018年建德市部分乡镇(街道)小城镇环境综合整治项目专项审计调查，关注小城镇环境综合整治建设资金落实，促进相关政策和项目落地实施；5—10月，开展新安江综合保护工程(钱塘江生态经济带建德段工程)预算执行审计，完善EPC合同履约、确保工程程序履行到位、防止国有资产流失和工程投资增加；8—9月，开展乾潭镇BT项目管理情况专项审计调查，关注工程程序、质量、财务核算等方面问题，审计建议健全项目管理内控机制，强化工程负责人法治观念。重点关注EPC项目管理情况，指出工作人员对EPC总承包认识上的误区和专业人才缺乏等不足，相关专报获市长朱欢批示。

【罗村水库专项审计】3月，开展罗村水力发电有限公司2017年度资产负债损益情况审计、罗村水库管理处2013—2017年财务收支情况审计，促进罗村水库管理处按事业单位预算管理完善，追加

2018 年管理经费 44 万元，清退罗村水库发电公司职工集资款 67 万元，收回违规支付给职工个人借款利息所得税 13 万元。

【经济责任审计】2018 年，完成 8 个经济责任审计项目，被审计领导 11 人(离任审计 6 名、任中审计 5 名)，其中：乡镇党委书记、镇长各 3 名，部门领导 4 名，国有企业领导 1 名。审计查出违规金额 150 万元、管理不规范金额 2.0 亿元，上缴国库 543 万元、归还原渠道资金 1192 万元。有 6 名内管干部因经济责任审计发现需承担直接责任或主管责任问题，受到效能问责。5—6 月，开展领导干部自然资产资源责任审计项目 1 个。

【政策执行审计】2017 年 12 月至 2018 年 1 月，开展 2017 年度城镇保障性安居工程跟踪审计，审计发现保障性安居工程结余资金 9648 万元未安排使用，部分项目进度滞后，导致建设资金滞留，涉及资金 1.83 亿元，促进相关单位审计整改收回征迁补偿金 58 万元。牵头召开全市整改会议 2 次。针对《关于加快经济转型升级创新发展的若干扶持意见》中 3 个板块内容政策执行情况，4—5 月，分别开展发展新型业态健全产业体系政策、推进技术改造加快产业升级政策、加大创新驱动优化发展空间政策执行专项审计调查，通过审计促进政策内容完善及各项机制落地。4 月，开展建德市政府产业基金投资业务情况专项审计调查，促进完善建德市子基金合伙人尽职调查管理，摆正子基金的投资方向。(赵晨阳)

◎第四次全国经济普查普查员上门开展普查登记工作

统 计

【概况】2018 年，市统计局围绕“干好 266，加快新崛起”发展蓝图，坚持质量立统，精准统计、精准服务，为在“打造重要窗口、当好排头兵”征程中扛起建德责任提供统计保证。全年撰写统计信息 277 篇、统计分析专报 57 篇，其中获领导批示 9 篇。通过“四报”统计产品(月底有预报、月初有快报、月中有简报、情况有专报)第一时间向领导传递经济社会发展的形与势，为领导科学决策提供信息支撑。通过“一册一卡一鉴”统计产品，第一时间向各部门和乡镇(街道)提供经济发展监测情况。通过“两微一网”向社会传递建德经济社会发展情况，传播发展的正能量，增强发展信心。2018 年，编制“四报”44 期、“一册一卡”22 期，发布统计微信 50 期。

【优化统计服务】建立月度专业会商制度，对全市经济运行情况进行研判预警。建立重点工业企业预报制度，掌握全市工业运行轨迹。建立“三位一体”数据监测体系，对报表上报前、上报中、上报后进行全方位监测。开展杭州市综合考评监测、传统制造业改造提升监测、科技进步监测、绿色发展指数监测等专题调研。对工业、服务业、贸易、农业等进行深入调研分析并形成统计专报。

【推进统计调查】推进第四次全国经济普查，做到“组织、机构”早建立，“专业、人员”早到位，“经费、物资”早落实。通过报纸、电视、电子屏、公交车、公告、横幅等媒体开展宣传。对全市 3.3 万家普查单位进行普查登记，核实修改 4 万余条系统审核错误。开展5年一次投入产出调查工作。做好“四上”单位月(季)报工作,加强对特色农业、规下工业、劳动工资、科技、价格、景气调查、两项收入等专业统计调查工作。强化低收入农户调查,建立辅助调查员考核办法,抓实数据质量管理。加快投资统计制度改革,严格执行500万元~5000万元固定资产项目适用财务支出法的统计制度调整,重点围绕交通投资、生态环境和公共设施投资、高新技术产业投资、民间投资加强分析研究,引导投资向质量效益转变。加快科技统计改革,由项目法改为财务支出法,指导企业做好基础工作。做好地区生产总值统一核算改革工作,完善统一核算办法,加强匹配性评估。

【提升统计数据质量】开展自查自纠,做好主要经济指标数据质量核查,利用税务库动态监控数据质量。建立统计数据质量全程追溯责任制,建立工业、服务业、投资专业统计数据质量管控机制。夯实企业统计基础,对400多家“联网直报”单位开展“送法上门”服务。建立依法统计“黑名单、红名单”制度,通过浙江政务网等平台曝光企业2家。评选7家建德市级“统计诚信单位”和报选1家杭州市级“统计诚信单位”。强化统计执法,对统计上弄虚作假行为保持高压态势,对提供不真实统计资料数额较大、比率较高的单位,列入统计严重失信单位予以公示。全年对41家单位进行统计执法检查,查处6家(其中警告3家、警告并罚款2家、立案待查处1家)、现场指导纠正并要求责令整改4家。强化专业检查,对全市299家统计调查对象进行抽查核查,其中工业企业234家、服务业和贸易企业55家、投资(房地产、建筑业)企业10家。强化培训指导,为乡镇统计员和企业统计员开设“统计法与你相约”课堂,小班化授课88场,培训统计员1200人次。(占晓红)

市场监督管理

【概况】2018年,市市场监管局受理各类消费投诉举报2400余件,全部按期限和要求办结;消费回访1895件,满意率95.6%。37家消费维权服务站共受理投诉8000余起,为消费者挽回经济损失160余万元。立案查处317件,罚没款总数236.65万元。在42家加油站、31家眼镜店、19家农贸市场、26家医疗单位、13家超市开展计量监督检查,与87家单位签订《诚信计量自我承诺书》,建设诚信计量服务体系。实现辖区内加油机监督检查全覆盖,完成全市64家加油站、431枪燃油加油机全面检定,全市加油机一次合格率达94%以上。推进计量强检免费工作,完成计量强检3879台件,减免收费41.8万元。

制定《关于开展质量提升行动的实施意见》,指导1家企业上报杭州市政府质量奖,建设完成3个质量服务综合站。拟定《名牌培育三年计划》,全年新增省名牌3家、杭州名牌9家。新增注册商标2474件。全市发布主起草国家标准1个、行业标准2个,参与起草行业标准制修订3个。申报杭州农业标准制订3项、标准化示范6项,完成2项团体标准制定,完成杭州市地方服务业标准1项,发布建德地方标准“德文化”系列标准5项、文化服务机构管理规范1项。完成杭州市标准化项目5项。全市365家规上企业采标率58.0%,企业网上自主申明率达100%。全年完成“浙江制造”标准5个,通过专家论证待立项4个;新增“浙江制造”培育企业7家,新增“品字标”认证企业9家。

【商事登记制度改革】以“一件事”为标准,实现审批材料精简1/2以上(其中食品审批材料精简2/3以上),审批时限控制在3~5个工作日,最长不超过7个工作日,市场监管内部108个事项率先实现当场即办,其中计量类、工业产品类等41个审批事项实现网上办事“零见面”。推进“1+N”+X改革,组建商事登记区综合服务区,牵头全市各部门涉及联办事项的证照联办工作,实现“一窗通办”,全市新设企业网上申报率及新设企业证照联办率位居杭州市第一。全年全市新增市场主体1.05万户,比上年增长54.5%,新增注册资本金272.99亿元;其中,新增企业5596户,增长105.1%。

【小微企业培育】实施第二轮小微企业三年成长

计划，建立全市“小微企业梯度培育库”，挑选196家初创型小微企业、61家成长型小微企业和28家领军型小微企业作为第一批重点培育对象，进行“一对一”跟踪服务。全年完成“个转企”234家，公司制占比100%。引导企业运用股权质押、动产抵押和商标权质押等手段缓解融资难题，帮助企业融资总额22.58亿元。开展“守合同重信用”公示活动，全年全市公示浙江省工商企业A级“守合同重信用”单位18家、AA级“守合同重信用”单位41家、AAA级“守合同重信用”单位13家，公示数量创全市历史新高。

【食品安全监管】结合食品安全城市及全国文明城市创建工作推进要求，推进食品安全监管工作。组织食品生产经营主体及餐饮服务从业人员培训，培训人员逾3000人次。约谈企业200余家次，落实整改80余家。完成生产流通环节食品监督抽检949批次，发现不合格产品44批次；抽检餐饮食品及相关产品482个批次，合格率93.98%。检查小作坊95户次，关停取缔6家。开展网络订餐整治，约谈“美团”“饿了么”网络平台负责人2次，督促外卖平台公示营业执照和食品经营许可390次，责令改正26家。开展“你点我检进家庭”活动，抽检各类食品136批次。在市场开展“你点我检”活动106次，抽检食用农产品、现场制售食品2120批次。开展食品安全知识进社区、进校园活动20余场，服务群众2500余人。食品安全责任险新增28家投保单位，保费总计31万元，总保险金额1.47亿元。完成2018年建德市“两会”、省小城镇现场会、第四届浙江省太极拳公开赛、2018中国气候宜居城市高峰研讨会、第二十届中国科协年会建德分论坛、2018中国最美绿道建德新安江万人徒步大会、首届“建德人”大会、省“万家礼堂庆丰收”活动和省委主要领导人到建德调研等重大活动食品安全保障工作。

【民生实事工程顺利完成】实施“餐桌安全治理”项目，完成“阳光厨房”建设210家、创建放心餐饮示范店29家，中型以上餐饮单位量化分级等级公示率达到100%。推进“放心农贸市场提升改造”，建成省级放心农贸市场9家，“四定一考”管理模式覆盖率达83%，超额完成预定目标。完成省政府为民办实事——食品安全项目，创建放心农贸市场4家，建设农村家宴放心厨房5家，建设名特优食品作坊任务20家。完成省政府为民办实事——市场消费环境建设项目，创建“放心商店”及“无理由退货承诺单位”96家、“放心网店”11家。超额完成杭州市为民办实事——“电梯智慧监管”项目。

【药品保健品和化妆品监管】实施分级分类管理，开展药械保化生产、流通企业的监督检查，督促质量规范管理。全年共检查药械保化生产经营企业450家、医疗机构及乡镇卫生院48家，整改96家次，简易处罚36家。组织开展春节期间药品保健食品安全专项检查、小药店回头看专项整治、高温季节药品专项检查、医疗器械综合专项整治、药品“净网2018”等各项专项检查行动，共检查224家次，查处药械类案件17件，罚没款12.54万元。全年共监督抽检药品、医疗器械、保健品324批次，不合格产品9批次，不合格药品、医疗器械、保健品依法移交查处率100%。加强不良反应监测管理，全年共监测上报药品不良反应报告852例，医疗器械不良事件报告96例。

【特种设备安全监管】发挥基层站所作用，建立与各行业主管部门的协作机制，借助“智慧特监”“特种设备动态监察系统”等智慧系统，全年联合乡镇处置隐患信息323项，整改率100%，发出提醒预警短信1.0万余条，全市“四个率”（特种设备注册登记率、作业人员持证上岗率、设备定检率、隐患排查治理率）保持在95%以上。建立建德市客运索道、游乐设施2支应急队伍，开展事故救援演习2次。开展起重机械、电梯安全质量、涉危企业安全整治等专项检查，全年共检查单位486家，设备1458台（件），排查隐患390项（其中严重隐患9起），发出安全监察指令书90份，查封设备23台，查处超期使用电梯、起重机械、锅炉、使用未经检验压力管道等案件9起，处理投诉举报23起。探索电梯安全“社会共治”新模式，成立杭州市首家“安全乘梯教育基地”。开展危化领域特种设备双重预防机制的区域性试点，在 15 家企业开展风险评价工作。联合特种设备协会、企业专家制定危化领域双重预防机制新标准。全市共有实际在用特种设备使用单位 950 家，在册特种设备共计 8476 台(件)。

【企业信用信息公示监管】完成 2017 年度市场主体年度报告工作，全市 2017 年度企业年报率为 90.9%，个体工商户年报率为 85.7%，农民专业合作社年报率为 65.6%。依法开展长期未经营市场主体清理、吊销，共依法吊销企业 142 家、依职权注销清理个体户 270 家，将未按时完成年报的 923 家企业和 303 家农民专业合作社列入经营异常名录。落实《严重违法失信企业名单管理暂行办法》，做好严重失信企业和农民专业合作社的首次列入异常经营名录工作，完成 225 家企业和 165 家农民专业合作社“列严”。牵头推进“杭州市企业信用联动监管平台”建设，全年推送数据 2809 条，各部门按时录入企业信用信息数据2375 条。(廖小俏)

知识产权保护

【概况】2018 年，建德市专利申请 1587 件，比上年增长 17.3%，其中发明专利申请 178 件，增长 40.1%；专利授权 725 件，增长 13.8%，其中发明专利授权 53 件，增长 6%。

【知识产权法律法规宣传】“4·26”世界知识产权日期间，在逸龙文创园、浙西电商园等宣传《中华人民共和国专利法》，发放有关宣传资料 200 余份。举办“企业专利挖掘与分析布局”等讲座 3 场，全市 100 多家企业和 16 个乡镇(街道)科技联络员参加。

【专利示范(试点)企业培育】通过政策引导、财政奖励、培训指导等方式，开展专利示范(试点)企业创建培育工作。浙江建业化工有限公司被认定为国家知识产权示范企业，浙江久晟油茶科技股份有限公司、浙江普林艾尔电器工业有限公司、建德市勇华电器有限公司 3 家企业被认定为杭州市专利示范(试点)企业。同时，浙江大洋生物科技集团股份有限公司、浙江新化化工股份有限公司、杭州福斯特药业有限公司、浙江远力健药业有限责任公司等 4 家企业分别顺利通过省级和杭州市级三年一次的复审。(廖小俏)

物价管理

【概况】2018 年，建德市推进价格改革，着力清费减负，加强和创新市场价格监管，完善价格监测调控机制。建德市居民消费价格总指数为 101.7%，比上年增长 1.7%。

完成 2017 年度全市 52 家行政事业性执收单位行政事业性收费统计工作，完成建德市 2017 年度收费统计分析报告，将 2017 年建德市行政事业性收费执行及变动情况录入“全国收费动态监管系统”。落实好行政事业性收费公示公开制度，要求各执收单位通过单位官方网站和单位公示栏向社会公布收费项目和标准，接受社会监督。落实物价补贴联动，2018 年全市累计向企业退休人员发放临时性浮动物价补贴差额生活补助 9256 万元，受益市民 7.2 万人。

根据省、市物价局的要求，以发改局内审制度为模板，帮助全市各部门建立内审制度，落实公平竞争审查制度。至年末，审查增量文件 160 多件，未出台违反公平竞争审查原则的文件。清理存量文件 400 件，其中：废止规范性文件 65 件、拟废止的规范性文件 19 件、拟修改的规范性文件 24 件、继续有效的规范性文件 292 件。引导市场主体充分竞争，巩固市场作为资源分配主体的基础性地位。

全年办理投诉、举报 130 多起。其中，“12345”市长公开电话和市长信箱交办 122 件；“12358”网络举报平台投诉举报 8 件，全部办结。对 2 起涉嫌价格违法的举报件，及时给予纠正，并对违法主体进行处罚，罚款数额 3000 元。查处不明码标价、不按规定的内容和方式明码标价，以及涉嫌价格欺诈等不正当价格行为 40 多件。

表 11

2018 年建德市居民消费价格指数一览表

类　别	上年同期=100
居民消费价格总指数	102.1
食品烟酒	102.4
衣着	99.8
居住	102.1
生活用品及服务	101.5
交通和通信	101.4
教育文化和娱乐	103.7
医疗保健	102.3
其他用品和服务	103.1

【价格管理】 落实省、杭州市加强中药饮片价格管理政策，从 3 月 1 日起，全市各定点医疗机构中药饮片销售价格，在杭州市发布的批发价格信息上加价率控制在 25%以内，遏制中药饮片过高加价率问题，推动药费合理下降。根据《国家发展改革委关于完善国有景区门票价格形成机制，降低重点国有门票价格的指导意见》精神以及省、杭州市价格部门的要求，经市政府同意，自 9 月 25 日起，大慈岩、灵栖洞、七里扬帆景区门票各降低 5 元。

做好高铁站公交票价审核工作及农村客运票价规范工作。开展出租车、道路班车、农村客运、景区门票、养老服务、殡葬服务等民生价格调研工作，为做好民生价格监管工作提供依据。

结合《中华人民共和国价格法》实施 20 周年宣传活动，在《今日建德》开展“情系民生”价格宣传专刊，解答市民关注的相关价格政策和收费标准。在《今日建德》公众号上发布涉及民生的水、电、管道燃气、出租车、景点门票、停车收费等民生价格。

【重点领域价格改革】 4 月 15 日零时起，实施县级公立医院部分医疗服务价格先行先试改革。通过联合带量采购、以量换价的方式，将全市 211 家公立医疗机构组成采购共同体，对 186 个抗微生物品规达成集中采购协议，单价平均下降 17%。同时调整 5 家县级公立医疗机构部分医疗服务价格，使县级医疗机构与基层医疗机构拉开一定的差距，推动形成基层首诊、分级诊疗的格局。

市政府出台《关于新安江城区实施差别化停车收费的通知》，5 月 9 日起，在新安江城区实施差别化停车收费改革。对停车收费新政半年来的社会反响、成效、存在问题进行中期评估，市物价局形成《我市差别化停车收费试行实施情况专报》上报市政府；经市政府同意，市物价局及时落实和完善停车收费政策。

根据市创建全国文明城市工作领导小组办公室工作交办单“关于要求我局尽快组织对出租车营运价格进行优化调整”以及市长朱欢对市交通运输局关于出租车调整运价请示的批示“一方面加强管理；另一方面也应适当调整出租车运价”的要求，按照政府制定价格程序完成客运出租车价格调查、成本监审、征求相关部门及经营者意见、举行价格听证会听取消费者及社会各界意见、社会稳定风险评估等，出台《关于调整我市客运出租汽车运价的通知》。联合市水利水产局、市财政局、市物价局、市农业局出台《建德市农业水价综合改革 2018 年度实施计划的通知》，在全市 16 个乡镇（街道）实施农业水价改革，面积 1.63 公顷。

【推进降成本和清收费】 2018 年，落实降低电价政策，降低一般工商业目录电价每度 0.084 元，全年为企业减轻负担 1616.04 万元。督促市供电公司清退自 2017 年 12 月 1 日起收取的临时接电费，清退 1016 户，金额 1538 万元。对 20 家转供电主体进行走访摸排并召开政策宣讲会，指导、督促各转供电主体整改落实，确保一般工商业电价降价成果真正惠及终端用户。

梳理收费项目，完善目录清单制度。对行政事业性收费、政府定价涉企经营服务性收费进行清理和规范，建立并逐步完善行政事业性收费、涉企经营服务性收费目录清单，适时通过政府网站、部门网站及有关媒体向社会公布，提高收费政策的公开性和透明度。

【市场价格监管】 开展商场超市、节假日价格市场、餐饮住宿行业明码标价、停车场明码标价、旅游景区门票价格、医疗药品市场价格等6项专项检查。

3月，会同有关部门开展房地产市场巡查，加大商品房销售明码标价监管力度，同时，检查执法人员对明码标价政策进行宣传讲解，现场指导经营者如何规范明码标价。密切关注房地产价格咨询、投诉，妥善处理房地产市场价格相关的价格咨询和投诉举报，提升房地产价格规范水平。对梅城镇嘉德置业房地产开发有限公司进行事前指导。

依据浙江省物价局、杭州市物价局的文件规定，配合杭州市物价局对18家部门落实上级减负政策情况进行专项检查。重点检查对外地企业制定歧视政策、继续收取应当取消的费用、不按规定的时间取消收费、未按规定降低收费标准、没有依据收取保证金等价格违法行为。对发现问题的单位均按要求整改到位，向企业退还转供电不合理加价电费128.8万元，上缴国库1194.55万元。

【优化价格认证服务】全年开展涉案价格认定业务173起，金额429.37万元；涉税价格认定业务41起，金额4104.69万元，涉及价格认定业务1起，金额1.98万元，实现价格认定零复议、零投诉。设立市场调查采价点20个，解决价格认定工作中价格调查难的实际问题，保证价格认定工作中价格信息调查的准确性和可靠性。（杨蕾）

应急管理

【概况】2018年，建德市安全生产形势总体稳定，全市共发生安全生产事故24起，比上年下降35.1%；共死亡26人，下降31.6%；未发生较大及以上安全事故。3月，建德市政府被杭州市评为安全生产目标责任制考核良好单位。

对18项事项实施“最多跑一次”，推出“简易事项即时办理，复杂事项应约上门服务”。安监窗口全年受理各类项目344件，其中许可项目151件、其他事项193件，期限内办结率和服务对象满意率均达100%。

全市新增申报企业211家，累计完成655家用人单位申报。312家企业完成作业场所职业病危害检测评价，检测点2038个，合格点1742个。320家企业共组织4.53万人次“接害”劳动者进行职业健康检查，其中岗前体检4915人次、在岗体检3.98万人次、离岗体检510人次，发现职业禁忌169人，均按要求进行处置。全年未发生群体性职业病危害事件或一次性3人以上确诊职业病。

【打造“15日工作法”升级版】按照“每15天暗访曝光、每15天召开例会、每15天整改到位、每15天问责到位”的工作模式，安全隐患发现一起、整改一起、问责一起。累计整治安全隐患1784处，整治率99.7%。此创新举措分别在《杭州政务信息》和《浙江政务信息》专题刊登，杭州市常务副市长戴建平批示“建德的做法可供各地借鉴”。

【开展“强化执法年”活动】编制2018年度安全生产执法检查计划，成立4个执法小组开展监督执法检查。全年检查企业301家次，下达《现场检查记录》260份、《现场处理措施决定书》35份、《责令限期整改指令书》71份、《整改复查意见书》94份，查处非事故案件70起，处罚款145.91万元。

◎11月13日，应急管理部副部长孙华山（左三）考察建德千岛湖通用机场

【通过国家应急管理部督查】6月28—29日，国家应急管理部在建德市督查矿山安全生产工作。实地检查建德铜矿尾矿库、地下矿及建德海螺水泥有限公司洞山石灰石矿安全生产工作。督查组充分肯定建德市安全生产管理工作所取得的成效，认为建德矿山企业安全生产主体责任落实到位，主管部门日常安全管理和监管到位。

【安全标准化建设】实施以“动态覆盖、深化运行、提质升级、拓展扩面”为主要内容的安全生产标准化创建工程，引导企业采用先进的安全生产工艺、装备和安全管理模式，实现岗位达标、工艺达标和企业达标，改善企业安全生产条件。全市四级以上达标企业合计250家，其中四级达标企业61家、三级达标企业179家、二级达标企业10家。

【高危行业安全责任保险】10月8日，市安全生产委员会办公室出台《建德市高危行业安全生产责任保险+服务实施方案》，并组织、协调保险机构和全市高危行业，设计适合行业和企业需要的安全生产责任保险产品和条款。指导督促保险机构建立健全责任保险服务体系，共保体成员6家保险公司，人保财险为首席保险人。引导企业积极投保安全生产责任保险，首批投保企业共65家。

【防范遏制重特大事故试点工作】2017年，建德市被列为杭州市构建双重预防机制防范遏制重特大事故综合试点地区。2018年，市安全生产委员会办公室结合区域和行业特点，在全市开展调查摸底工作。8月25日出台《建德市互联网+城市安全风险管控，构建双重预防机制遏制重特大事故总体设计方案》。同时，确定新安江街道为建德城市区域风险评估试点单位，对整个城市区域范围内的道路交通、消防、工矿企业、人员密集场所等安全进行评估；确定建德农药厂、雅鼎、希美家居、易通粉材、海螺洞山石矿5家单位为试点企业，制定行业技术标准。对辖区内规上企业、重点危化经营储存企业、加油站、医院、学校等253家单位进行实地调研，9月完成并通过建德市区域安全风险评估验收，市互联网+风险管控信息平台进入试运行。

【安全生产宣传教育】6月15日，市安全生产委员会办公室组织市安监局、市住建局、市交警大队、市消防大队等10个单位在新安江广场举办“生命至上 安全发展”为主题的第十七个全国安全生产月现场咨询日活动。20日，市总工会主办，市安监局、市安全生产协会协办安全生产月“安康杯”知识竞赛，9支代表队参加比赛，洋溪街道代表队获得冠军。7月18日，市安监局、市总工会、市安全生产协会、市文广新局共同打造“生命至上·安全发展”2018年安全生产专题文艺晚会。依法加强对企业主要负责人、安全生产管理人员和特种作业人员的安全培训，累计培训生产经营单位负责人381人、安全生产管理人员616人、特种作业人员1126人、其他人员3.16万人。（余月仙）

中共建德市委员会

Jiande City Committee of the Communist party of China

综 述

【概况】 2018年,建德市委面对复杂多变的形势和艰巨繁重的任务,践行“八八战略”,聚焦聚力“六大行动”,开展“五个主题年”活动,以更大力度厚植优势、补齐短板,为加快建德新崛起打下坚实基础、迈出关键步伐。

全年实现地区生产总值390亿元,比上年增长7.5%;地方财政收入28.3亿元,增长15.9%;固定资产投资171亿元,增长14%;城镇和农村居民人均可支配收入分别达48891元和26158元,分别增长8.5%和9%。

【加快产业转型】 制订分行业实施方案和新一轮工业经济扶持新政,设立3亿元的产业发展引导基金,共关停“低散乱”企业151家,水泥企业改造全面启动,碳酸钙全行业实现上规目标。加大“两化”融合力度,获评“两化深度融合国家示范区”,入围全省小微园建设提升工作县(市)。推进特色农业发展,建德草莓、建德苞茶等区域公共品牌得到推广。全面启动省级全域旅游示范市建设,获评全国首个气候宜居城市、美丽浙江建设优秀县(市)。开元芳草地酒店、水上夜游灯光秀一期等项目建成运营,举办第十八届新安江旅游节系列活动,共接待国内外游客1117万人次,实现旅游总收入108.9亿元。江南秘境国际旅游度假区、恒大温泉健康小镇等项目全面开工,农夫山泉四期、五期等项目加快推进。制订出台《营商环境20条》,按照“五保证五必究”要求,推行企业编外“厂长制”。开展“聚焦企业、聚力发展”大走访活动,共走访企业738家、破解难题365个。落实“三去一降一补”任务,实现企业减负11.3亿元,不良率下降到1.0%。航空小镇(开发区)获评省级优秀特色小镇,机场改扩建项目全面启动,飞机餐厅、航空酒店等项目建成运营。省机场集团通航总部、浙江传媒学院航空学院等项目落地,与中国民航管理干部学院等院校合作,打造通航重点实验室。华奕无人直升机、安飞新能源飞机等项目正式落户,首架大棕熊100系列Ⅱ飞机下线运行。高铁新区(高新园)创建省级高新技术产业园,与北控集团正式签订PPP合作协议,高铁场站站前广场及连接线项目全面完工,新安江综保工程实现滨江景观路全线贯通。承接杭州主城区产业转移,共引进项目22个,总投资33亿元。

【深化改革创新】 以“最多跑一次”改革为牵引,撬动各项重点改革落地,“最多跑一次”事项实现率100%、零上门事项173项、村级服务代跑事项56项,位居全省前列。首创“兜底办”专窗制度,帮助企业解决“两证”办理等历史遗留问题24个。全面加强国有公司存量资产摸底整合与盘活利用,总额为10亿元的城市停车场建设专项债券通过国家发改委审批。实施农村综合配套改革,加大全域土地整治、流转力度,验收新增垦造水田415.07公顷,累计流转土地0.97万公顷、流转率62%。上海产业技术研究院浙江创新院挂牌,与省农科院战略合作签约,新增杭州市级以上高新技术企业28家、研发中心11家,规上工业研发经费支出、战略性新兴产业增加值分别增长10.5%和17%。出台人才强市“30条”,新引进高层次人才75人,培养高技能人才731人。抢抓“一带一路”、长江经济带等重大战略机遇,融入全省大通道大湾区建设和杭州拥江发展行动，杭黄高铁建成通车，十里埠港开港运营，23省道改扩建全线完工，衢建高铁、临金高速等一批重大项目加快推进。举办通航推介招商、“建德人”大会主题招商等活动，共签约引进项目57个，总投资220亿元，到位浙商创新资金33.3亿元、实际利用外资1.46亿美元。

【优化生态环境】以全国文明城市创建为龙头，加快城市有机更新步伐，完成立面整治13.49万平方米，府北路、健康南路等1646户棚户区改造签约拆除率100%。桥东城市客厅、江滨公园景观配套等重点工程加快推进。小城镇环境综合整治全面推进，完成“六乱”治理1890处，第二批7个乡镇高分通过省级达标验收，乾潭、寿昌树立全省样板，承办全省农村人居环境提升暨小城镇环境综合整治现场会，寿昌成为全省首个免检通过验收的乡镇。落实省委书记车俊、杭州市委书记周江勇等省市领导批示和周江勇调研讲话精神，全面启动梅城美丽城镇建设，打造新时代美丽城镇示范区。推进2条美丽乡村精品线、11个精品村建设，新增民宿102家，乡村旅游接待数和总收入分别增长83.8%和75%。推进治水拆违，保持全域Ⅲ类以上水质和出境断面优秀考核等次，完成“三改”42.56万平方米、拆除违建142.2万平方米。推进生态修复治理，创建全省首个全国森林经营样板基地。全面完成中央环保督察68项任务整改，空气质量优良率95%。

【提升群众幸福感】全年民生支出占财政总支出比例77.8%。实施民生实事项目人大代表票决制，十大民生实事项目全面完成。加快优化教育布局，新安江职业学校迁建、洋安中心学校等项目建成投入使用，省教育基本现代化市通过评估。健康建德建设扎实推进，县域医共体试点稳步实施，家庭医生累计签约16.2万人，重点人群覆盖率78.9%。“两馆两中心”主体完工，累计建成农村文化礼堂168家，举办全省“万家农村文化礼堂庆丰收”主场活动。新增城镇就业7029人，城镇失业登记率控制在2.33%。加大困难群体兜底帮扶力度，低保标准提高至每人每月764元。推进“消薄”化债工作，125个集体经济相对薄弱村提前完成年度“消薄”任务，村级债务化解率18.0%。打好平安创建攻坚战，整合优化并有效运行764个全科网格，全面推广“最多反映一次”做法。“扫黑除恶”专项斗争取得阶段性成果，强化安全生产、消防、食品药品等公共安全领域风险隐患排查整治，全市安全生产事故、刑事发案分别下降35.1%和4.2%。

【全面从严治党】持续推进“两学一做”常态化制度化，健全完善新安夜学等制度。出台意识形态工作责任清单，加大“最美建德人”选树力度，成立全省首个跨区网信联盟“兰德龙”，牢牢把好意识形态工作主动权。制定领导干部履职尽责管理办法，深化“赛场赛马”“互学互比”机制，选派160名优秀年轻干部到协作区县以及招商、维稳、征迁等一线锻炼。出台规范公职人员“八小时以外”行为规定，完成89个“五小”工程项目建设，改善干部驻镇工作条件。出台建设清廉建德的意见，落实“两个责任”。开展党风廉政巡查、正风肃纪检查和重点领域“三不”问题专项督查，开展检查525次、问责67人。保持惩治腐败的高压态势，共立案197件、党纪政纪处分177人。（叶志宇）

市委重要会议

【市委十四届三次全体（扩大）会议】1月5日召开。会议的主要任务是学习贯彻中共十九大精神，落实中央经济工作会议、省委十四届二次全会、省委经济工作会议和杭州市委十二届三次全会精神，回顾总结2017年工作，分析当前形势，部署2018年任务，市委书记童定干代表市委常委会向全会作报告，审议通过《中共建德市委关于认真学习贯彻党的十九大精神，加快实现新崛起的决定》，动员全市上下拥抱新时代、践行新思想，以中共十九大精神为引领，加快实现建德新崛起。

【市委十四届四次全体（扩大）会议】8月2日召开。会议的主要任务是高举习近平新时代中国特色社会主义思想伟大旗帜，学习贯彻习近平总书记对浙江工作的重要指示和省委、杭州市委全会精神，回顾总结过去15年“八八战略”在建德的实践，动员全市广大干部群众坚定不移沿着“八八战略”指引的路子走下去，拥抱高铁时代，聚焦“六大行动”，因势而谋、乘势而上、应势而为，弘扬建功立德精神，打响宜居建德品牌，在“打造重要窗口、当好排头兵”征程中扛起建德责任。市委书记童定干代表市委常委会向全会作报告并就贯彻全会精神提出要求。

◎6月27日，建德市举行“不忘初心 牢记使命”建德铁军忆初心展风采文艺报告会

【市委常委会议】 2018年，召开市委常委会议共计次39次

1月2日，十四届市委常委会召开第30次会议，会议听取并研究十四届三次全会筹备工作相关事宜。听取残联换届工作相关事宜。

1月4日，十四届市委常委会召开第31次会议，会议传达学习杭州市《关于进一步落实全面从严治党主体责任的意见》精神，听取2018年经济指标安排情况、重点项目建设计划的汇报。

1月9日，十四届市委常委会召开第32次会议，会议听取2018年春节前后重要会议活动安排情况的汇报，听取并研究市十六届人大第二次会议、市政协十四届第二次会议筹备工作相关事宜。会议听取常委班子成员“一岗双责”履行情况专题汇报。

1月11日，十四届市委常委会召开第33次会议，会议听取全市美丽乡村建设大会筹备情况汇报。会议听取并研究2018年政府工作报告及民生实事候选项目相关事宜。会议听取2018年法院工作报告筹备情况以及2018年检察院工作报告筹备情况的汇报。会议听取并研究建德市不驻会人大常委会副主任、政协副主席生活待遇落实情况及待遇。

1月26日，十四届市委常委会召开第34次会议，会议传达学习中共十九届二中全会精神及学习贯彻习近平总书记在十九届中央纪委二次全会上的重要讲话精神。

1月31日，十四届市委常委会召开第35次会议，会议听取市“美丽经济”发展扶持细则的汇报，听取关于调整市委人才工作领导小组组成人员的建议。

2月8日，十四届市委常委会召开第36次会议，会议传达省委书记车俊在参加省“两会”杭州代表团审议时的讲话精神，会议听取关于“扫黑除恶”专项斗争工作情况的汇报，传达学习《中共中央、国务院关于实施乡村振兴战略的意见》，听取关于成立美丽乡村建设工作领导小组的汇报，听取关于“拥江发展”工作的汇报，会议传达学习省纪委十四届二次全会精神，会议听取并研究关于进一步落实全面从严治党主体责任的实施办法，听取并研究关于新时代建德市加强村干部队伍建设的意见，听取关于全省组织部长会议和杭州市组织工作会议主要精神的汇报。研究干部人事相关事宜。

2月11日，十四届市委常委会召开第37次会议，会议听取关于市纪委十四届三次全会暨全市深化作风建设大会方案的汇报，听取关于市纪委十四届三次全会工作报告相关事宜，听取关于2017年度综合考评和各类专项考核情况汇报，听取关于《贯彻落实中央八项规定实施细则的办法》

相关事宜，听取并研究关于机构编制事项及机关事业单位编外用工相关事宜，听取关于2017年度市管领导班子和领导干部考核情况的汇报，听取关于省、杭州市宣传思想工作会议主要精神的汇报，听取关于全市工业经济暨“三招三引”大会方案及相关政策的汇报，听取关于建德市环境能源(垃圾焚烧发电)项目推进情况的汇报。

2月14日，十四届市委常委会召开第38次会议，会议学习传达省委书记车俊在杭州市委常委会2017年度民主生活会的重要讲话和杭州市委书记赵一德在杭州市纪委十二届二次全会上的讲话精神。

2月27日，十四届市委常委会召开第39次会议，会议听取关于2018年市党建工作会议方案的汇报，听取关于2018年深化创建“平安建德”暨全市政法信访工作会议方案的汇报，听取杭州市维稳会议精神及“中共十九届三中全会暨全国‘两会’维稳安保工作方案”的汇报，传达学习《中共浙江省委、浙江省人民政府关于全面开展扫黑除恶专项斗争的通知》。

3月6日，十四届市委常委会召开第40次会议，会议听取关于2018年度市领导“六个领衔”安排方案的汇报，听取关于建德市部分车改车辆处置问题建议方案的汇报，听取并研究《关于规范公职人员“八小时以外”行为的规定》，研究相关案件事宜。

3月26日，十四届市委常委会召开第41次会议，会议传达学习《中共浙江省委办公厅关于严明机构改革纪律规矩切实抓好当前各项工作落实的通知》，会议听取关于2017年度年终考核奖方案的汇报，听取并研究全国文明城市创建相关事宜，听取关于建德市落实杭州市低保标准调整机制改革实施情况的汇报，听取关于建德市国有资产管理工作的汇报，听取关于高铁新区整体开发项目相关情况的汇报，传达省“两新”工委书记会议精神，听取并研究乡村振兴特派员选派及管理考核办法。

4月9日，十四届市委常委会召开第42次会议，会议听取并研究关于招商引资相关事宜的汇报，听取关于建德市“最多反映一次”工作方案的汇报，传达学习《中共中央办公厅关于印发〈中央巡视工作规划(2018—2022年)〉的通知》，传达十四届省委第三轮巡视工作动员部署会、杭州市巡察工作动员会暨市县两级巡察业务培训会精神，研究市管干部退休相关事宜。

4月17日，十四届市委常委会召开第43次会议，会议传达杭州市委农村工作会议及对口支援领导小组扩大会议精神，传达学习全省农村人居环境提升暨小城镇环境综合整治行动现场推进会精神，传达学习全省基层宣传文化工作暨农村文化礼堂建设工作推进会主要精神，听取关于开展市领导大调研活动方案的汇报，听取关于第十八届中国·17℃建德新安江旅游节方案的汇报，听取关于防范化解地方性债务工作的汇报。

4月28日，十四届市委常委会召开第44次会议，会议听取并研究关于周友红工作分工相关事宜，传达贯彻全省县(市、区)委书记工作交流会精神，听取关于安全生产工作部署的汇报。

5月8日，十四届市委常委会召开第45次会议，会议学习传达杭州市党委(党组)履行全面从严治党主体责任情况汇报会精神并审议通过《中共建德市委关于落实党风廉政建设主体责任方面存在问题整改方案》，听取关于小城镇环境综合整治工作总结表彰暨农村人居环境提升工作部署会议方案的汇报，听取关于市农村人居环境提升三年行动计划方案的汇报，听取关于高铁旅游建德行动计划及“迎高铁”旅游推进暨创建省级全域旅游示范市动员大会方案的汇报，听取关于赴岑巩帮扶相关事宜的汇报，听取关于在市管领导班子和领导干部中深入开展“四提一争”活动实施意见的汇报，研究市管干部退休相关事宜。

5月21日，十四届市委常委会召开第46次会议，会议传达学习省委书记车俊到建德调研讲话精神，传达学习中共中央办公厅关于加强调查研究提高调查研究实效通知精神并审议通过《中共建德市委关于开展“拥抱新时代加快新崛起”大学习大调研大抓落实活动的通知》，传达学习全省对外开放大会精神，听取关于杭州市消除集体经济薄弱村工作会议精神的汇报，听取关于实施“塔基工程”推进乡村振兴意见的汇报，关于省、杭州市统战部长会议精神的汇报，传达上级关于党政机构改革工作的主要精神，听取关于加快开发区(航空小镇)、高铁新区(高新园)发展的实施意见的汇报。

6月6日，十四届市委常委会召开第47次会议，会议传达学习全省生态环境保护大会暨中央环保督察整改工作会议精神并部署建德市相关工作举措，听取关于市生态文明建设示范市创建实施方案的汇报，传达学习全省深化“亩均论英雄”改革工作电视电话会议精神，传达学习杭州市委常委会有关议题精神，传达学习省委书记车俊对《浙江日报》推出的“来自大调研一线的报告”专栏作出的批示精神，听取并研究关于2018年度综合考评相关事宜，听取关于鼓励青年人才返乡创业助力乡村振兴的意见的汇报，听取关于鼓励青年人才返乡创业助力乡村振兴的意见的汇报，听取关于建立鼓励改革创新支持履职担当容错免责机制的实施办法的汇报，听取关于市群团组织领导班子成员挂职、兼职管理实施办法的汇报，听取关于加强和规范干部挂职工作通知的汇报，听取建德市市管领导干部履职尽责评价办法的汇报，听取关于加强全市组织员制度建设的意见的汇报，听取关于领导干部个人有关事项核查情况的汇报，研究市管干部退休相关事宜。

6月20日，十四届市委常委会召开第48次会议，会议传达杭州市委常委会有关议题精神，听取关于中央环保督察反馈意见整改有关情况的汇报，听取关于住建部农村人居环境提升现场推进会筹备工作方案的汇报，传达学习全省追逃追赃工作培训班及省委书记车俊重要讲话精神，传达学习全省市县纪委书记会议精神并汇报建德市上半年纪检监察工作情况，听取关于“建功立德大比拼”活动实施方案的汇报，听取关于加强和改进新闻舆论工作的实施意见的汇报，听取关于杭州市基层党建重点任务推进暨深化“争做‘四种人’、争当排头兵”主题实践活动现场会精神的汇报，听取关于安全生产工作分管领导调整相关事宜的汇报，研究挂职干部人事调配相关事宜。

7月2日，十四届市委常委会召开第49次会议，会议听取关于习近平总书记对打赢脱贫攻坚战三年行动重要批示和全国打赢脱贫攻坚战三年行动电视电话会议精神及进一步加强建德市对口帮扶工作情况的汇报，传达学习杭州市《关于“一带一路”建设统领全面开放进一步提升城市国际化水平的实施意见》，听取建德市贯彻落实意见的汇报。会议听取关于杭州市2017年度落实意识形态工作责任制检查情况、整改提高工作建议以及建德市贯彻意见的汇报，听取关于习近平总书记在十九届中央政治局第五次集体学习重要讲话精神的汇报，听取关于杭州市对台工作会议精神的汇报，听取关于《浙江党委(党组)网络安全工作责任制实施细则》文件精神的解读，关于市监察委员会向乡镇（街道）派出监察办公室设立工作的汇报，听取关于市级机关事业单位编外人员清理及2016年以来自聘编外人员问责处理建议的汇报，听取关于2016—2017年政府投资工程建设项目“应招未招”情况的汇报，听取关于加强城市基层党建工作实施意见的汇报，听取关于明确领导干部兼职规定的通知，听取关于开展建德市“跨越赶超好团队好干部”推选活动的汇报，研究干部人事调配和市管干部退休相关事宜。

7月4日，十四届市委常委会召开第50次会议，会议传达省委有关工作会议精神并研究部署建德市相关工作举措，听取关于2018年度建德市重点单项工作考核办法的汇报。

7月16日，十四届市委常委会召开第51次会议，会议听取并研究杭州市综合考评目标任务分解相关事宜，传达学习杭州市十二届市委常委会第46次会议有关议题，听取关于建德市贯彻落实中央环境保护督察反馈意见整改方案的汇报，听取并研究全市营商环境建设工作推进大会相关事宜，听取关于建德市人民政府与省农业科学院共同推进乡村振兴合作协议及推动建德市农业产业转型升级和乡村振兴工作的汇报，传达杭州市“最多跑一次”改革专项巡察工作动员会议精神，听取建德市“最多跑一次”改革专项巡察工作情况的汇报，研究国地税改革组建联合党委相关事宜。

7月20日，十四届市委常委会召开第52次会议，会议传达全省区县市委书记工作交流会精神和省委十四届三次全会精神，传达杭州市委巡察发现问题交办暨整改工作部署会议精神，听取并研究建德市巡察整改工作情况及下步工作举措，传达杭州市"争当排头兵坚决打赢平安创建攻坚战"会议精神。

7 月 31 日，十四届市委常委会召开第 53 次会议，会议传达全省"千万工程"15 周年纪念大会暨实施乡村振兴战略现场推进工作会精神，传达杭州市委十二届四次全会精神，听取并研究建德市全面推进"六大行动"工作分工相关事宜，听取关于出台实施乡村振兴战略系列文件的汇报，听取关于深化"最多跑一次"改革推动重点领域改革实施意见的汇报，听取关于建德市志愿服务实施意见的汇报，听取关于建德市拥江发展工作情况的汇报，听取关于"'八八战略'再深化，改革开放再出发"解放思想大讨论活动方案的汇报，听取关于市委十四届四次全会方案及报告的汇报，会议传达学习省纪委十四届三次全会精神，研究相关案件事宜及终止沈玉枝市党代表资格事宜。

8 月 7 日，十四届市委常委会召开第 54 次会议，会议传达相关事宜。

8 月 22 日，十四届市委常委会召开第 55 次会议，会议传达学习《中共浙江省委办公厅、浙江省人民政府办公厅关于我省在东西部扶贫协作工作中存在问题及处理情况的通报》，听取关于高水平建设人才强市的实施意见的汇报，听取建德市金融风险防范及网络借贷风险应对有关情况的汇报，听取建德市"最多跑一次"改革有关情况的汇报，听取关于开展人民调解参与信访矛盾化解专项活动和实现"无信访积案市"目标实施方案的汇报，听取并研究关于贯彻落实省委决定、推进清廉建德建设的实施意见，传达学习杭州市纪委十二届三次全会主要精神，听取并研究 2018 年党风廉政建设和反腐败工作组织领导和责任分工相关事宜，听取关于召开共青团建德市第二十三次代表大会相关事宜，研究干部人事相关事宜。

9 月 7 日，十四届市委常委会召开第 56 次会议，会议传达学习十二届杭州市委常委会第 50 次会议有关议题精神，传达全省小微企业园建设提升暨"低散乱"整治推进会精神，听取建德市相关工作开展情况的汇报，听取并研究"建德人"大会相关事宜，听取关于杭州市农村文化礼堂建设工作现场推进会主要精神和市农村文化礼堂"建设全覆盖"工作情况的汇报，会议传达学习修订后的《中国共产党纪律处分条例》，听取关于加强市政协机关建设的汇报，听取关于市镇两级妇联换届情况的汇报。

9 月 10 日，十四届市委常委会召开第 57 次会议，会议听取关于梅城镇"美丽城镇"建设推进情况及建德市"美丽城镇"建设行动计划的汇报，听取建德市"六大行动"任务分解情况的汇报，听取关于 2018 年 1—7 月建德市综合考评目标任务进展情况的汇报。

9 月 14 日，十四届市委常委会召开第 58 次会议，会议传达学习杭州市深化"美丽乡村"建设推进乡村振兴工作现场会精神，传达学习杭州市委政协工作会议精神，传达学习杭州市组织工作会议精神，听取关于深化殡葬改革全推行节地生态葬法意见及在全市开展"寿坟"专项整治的汇报，听取关于深化专职社区工作者队伍建设实施意见的汇报，听取建德市平安创建三年行动方案的汇报，听取关于 2018 年以来建德市平安形势分析的汇报，听取建德市邪教问题专项整治的汇报，听取关于改设中共国家税务总局建德市税务局委员会的汇报，研究市管干部退休相关事宜。

9 月 25 日，十四届市委常委会召开第 59 次会议，传达学习北京大学历史系和考古文博学院教师关于梅城建设有关意见建议及杭州市委书记周江勇批示精神，听取建德市"兜底办"做法的汇报，传达学习省、杭州市主要领导批示精神，听取关于贯彻落实新时代党的建设总要求不断提高党的建设质量的意见的汇报，研究相关案件事宜，听取关于深化干部关心关爱工作的若干意见的汇报，听取 2018 年市管干部个人有关事项报告随机抽查核实情况的汇报，研究杭州市委有关决定事宜，研究干部人事相关事宜。

10 月 18 日，十四届市委常委会召开第 60 次会议，传达贯彻省公安厅《关于全国公安机关涉军维稳工作视频调度会精神及贯彻落实措施的报告》及省、杭州市主要领导批示。

10月22日，十四届市委常委会召开第61次会议，传达学习杭州市委、市政府经济形势分析会精神，听取关于2015年省委巡视反馈意见整改落实“回头看”和持续深化落实中央巡视反馈意见十大整改行动情况的汇报，传达学习政治巡视巡察重点内容，传达学习中纪办《关于贯彻落实习近平总书记重要指示精神，集中整治形式主义、官僚主义的工作意见》，传达学习全省强化基层公权力监督、社会共建清廉浙江大促进推进会精神，传达学习全省深化扶贫领域腐败和作风问题专项治理电视电话会议精神，研究相关案件事宜。

11月8日，十四届市委常委会召开第62次会议，传达习近平总书记关于民营企业座谈会重要讲话精神并听取建德市贯彻落实意见的汇报，听取关于全省、杭州市宣传思想工作会议精神的汇报，传达省委组织部有关领导到建德调研讲话精神，听取关于加快数字经济发展行动方案的汇报，会议研究关于“152”工程推进机制相关事宜，听取关于“三江”河道水面保洁工作建议的汇报，听取关于建立建德市产业兴旺等乡村振兴十个重点工作推进小组相关事宜的汇报，听取关于《健康建德2030行动纲要》及2018年度“健康建德”建设考核评分细则的汇报，会议听取关于“最多跑一次”改革工作评议情况的报告，听取全省机关党建工作会议精神及建德市贯彻落实意见的报告，研究机构改革相关事宜，听取2018年度市管领导班子和领导干部考核实施意见的汇报，研究市管干部退休、试用期满市管干部任职事宜。

11月21日，十四届市委常委会召开第63次会议，听取并研究关于《建德市“十三五”规划纲要中期评估报告》相关事宜，传达学习《中共杭州市纪委办公厅印发〈关于集中整治形式主义、官僚主义的实施方案〉的通知》精神，听取并研究第17届中国(建德)草莓文化旅游节暨第11届新安江草莓节方案相关事宜，听取关于“扫黑除恶”专项斗争工作开展情况的汇报，听取关于禁毒工作暨创建禁毒示范城市工作的汇报，听取关于反恐怖工作的汇报，听取并审议《关于实现跨越赶超发展，大力发现培养选拔优秀年轻干部的实施意见》，研究相关案件事宜，研究干部人事相关事宜。

12月10日，十四届市委常委会召开第64次会议。会议审议《建德市机构改革方案》，听取建德市“大棚房”专项整治工作情况的汇报，传达学习中共浙江省委办公厅、省人民政府办公厅《关于认真学习宣传贯彻习近平总书记在民营企业座谈会上重要讲话精神、促进民营经济稳定健康发展的通知》精神，传达学习《关于当前杭州市意识形态领域情况的通报》主要精神，研究关于建德城市品牌发布相关事宜，传达学习杭州市“枫桥经验”纪念大会和“扫黑除恶”会议精神，传达学习中央、省委巡视工作最新部署精神和十四届省委第五轮巡视动员部署会议精神，传达学习中共浙江省委办公厅关于认真学习贯彻《中国共产党支部工作条例(试行)》的通知精神，听取关于激励广大干部新时代新担当新作为打造保障建德跨越赶超发展铁军的实施意见的汇报，听取关于规范干部抽调选派、加强干部抽调管理工作的实施办法的汇报，研究建德市工会第16次代表大会相关事宜。

12月18日，十四届市委常委会召开第65次会议，研究干部人事相关事宜。

12月24日，十四届市委常委会召开第66次会议，传达学习习近平总书记在庆祝改革开放40周年大会上的重要讲话精神及省委相关通知精神，听取建德市非洲猪瘟防控和“大棚房”问题专项清理整治情况的汇报，传达学习杭州市道路交通安全综合治理动员部署会议精神，传达学习“12·15”杭州涉军维稳专题会议精神，听取关于下岗失业转业志愿兵就业帮扶工作方案的汇报，传达学习全省开发区工作会议精神及航空领域央企高校走进浙江大湾区专题对接会议精神，听取关于市医疗卫生服务共同体建设实施方案及市卫生健康大会方案的汇报，听取关于进一步加强和改进离退休干部工作的实施意见的汇报，听取关于建功立德标兵评选结果的汇报，研究相关案件事宜。

12月27日，十四届市委常委会召开第67次会议，传达学习中央经济工作会议和省委经济工作会议精神，传达学习省、杭州市领导对梅城镇“美丽城镇”建设的批示精神并听取关于梅城“美丽城镇”示范区建设工作情况的汇报，听取关于“服务企业服务群众服务基层”活动方案的汇报，听取并研究市十六届三次人代会相关事宜，传达学习上级巡视巡察相关会议精神。

12月29日，十四届市委常委会召开第68次会议，宣读杭州市委对建德市部分领导干部职务任免的通报，听取关于干部考察、干部调配相关情况的汇报。

【市委常委会(扩大)会议】3月2日召开。会议的主要任务是传达学习中共十九届三中全会精神，研究建德市贯彻落实意见。市委书记、市人大常委会主任童定干主持会议并讲话，市委副书记周友红以及其他市委常委、市人大、市政府、市政协领导参加会议。会议指出，中共十九届三中全会研究部署事关新时代党和国家事业发展的重大问题，展示以习近平同志为核心的党中央须臾不忘的初心使命，对党、国家和人民高度负责的历史担当，时不我待、只争朝夕的工作精神。

8月29日召开。会议的主要任务是传达贯彻省委书记车俊等省、杭州市主要领导对梅城“美丽城镇”建设的重要批示精神，以及省委常委、杭州市委书记周江勇在专题调研梅城“美丽城镇”建设时的重要讲话精神，研究部署建德市贯彻落实意见，强调全市上下要坚决扛起主体责任和使命担当，奋力建设新时代“美丽城镇”的典范，再现“千年古府”新貌。市委书记、市人大常委会主任童定干传达精神并讲话。

【全市农村工作会议暨“美丽乡村”建设大会】2月1日召开。会议的主要任务是回顾总结2017年工作成效，研究部署2018年农业农村工作和美丽乡村建设。市委书记、市人大常委会主任童定干在会上讲话。市委副书记、市长朱欢主持会议。市委副书记周友红通报2017年度“三农”工作各项考核结果，会议以视频形式召开，在各乡镇(街道)设分会场。会议肯定2017年“三农”工作取得的成绩，同时指出，习近平总书记在十九大报告中明确提出坚持农业农村优先发展，实施乡村振兴战略，为做好新时代“三农”工作明确重点和方向。

【市纪委十四届三次全会暨全市深化作风建设大会】2月22日召开。会议的主要任务是回顾2017年建德市党风廉政建设和反腐败工作，部署2018年工作任务，动员全市党员干部迅速进入工作状态，凝心聚力，创新实干，从紧从快从实推进新一年各项工作，加快实现建德新崛起。市委书记、市人大常委会主任童定干在会上讲话，市委副书记、市长朱欢主持会议并作会议小结，市委副书记周友红通报2017年度全市综合考评结果和重点单项工作考评结果、重点科室(站所)满意创评结果，部分单位作交流发言。审议通过市纪委十四届三次全会工作报告和决议。会议肯定2017年取得的成绩，同时强调要不断加强执行力，要以一往无前的奋斗姿态，推动执行力落地生根，要持之以恒强化执行，久久为功打造铁军，以新时代新作风为加快建德新崛起提供坚强保障。

◎2月28日，建德市工业经济暨“三招三引”大会召开

【工业经济暨“三招三引”大会】2月28日召开。会议的主要任务

总结回顾2017年度工作，深入分析当前形势，部署2018年度任务，动员全市上下深入实施“工业强市”“人才强市”战略和“招商引资”一号工程，全力打造杭州经济新的增长极。市委书记、市人大常委会主任童定干在会上讲话，市委副书记、市长朱欢主持会议并作会议小结，市领导周友红、王江、夏喜生宣读2017年度各类表彰奖项，大会对先进单位和个人代表进行现场表彰。副市长夏喜生代表市政府分别与高铁新区(高新园)和乾潭镇签订重大项目推进责任状，与建德经济开发区(航空小镇)和新安江街道签订招商引资责任状，与新化化工和南方水泥签订传统制造业改造提升责任状。市经信局、市国土资源局、下涯镇、洋溪街道、建德经济开发区(航空小镇)、沈氏节能、市环保科创中心分别作表态发言。会议肯定2017年建德市工业经济发展取得的成绩。会议指出要咬定目标、突出重点，加快工业经济发展的举措和行动要更加有力；要精准发力、主动出击，狠抓“三招三引”的劲头和成效要更加明显；要强化责任、狠抓落实，加快工业经济发展和“三招三引”的氛围和合力要更加强大。

【全市党建工作暨巡察工作动员部署会】3月1日召开。会议的主要任务是深入贯彻落实中共十九大以及省委、杭州市委一系列党建工作会议精神，深刻领会习近平总书记关于管党治党系列重要论述，回顾总结2017年党建和巡察工作，安排部署2018年工作任务，推动全市党建工作再上新台阶，压实全市各级党组织管党治党主体责任，为实现建德新崛起提供坚强保证。市委书记、市人大常委会主任童定干在会上讲话，市委副书记周友红主持会议并通报2017年度全市党建工作考核结果，市委常委、纪委书记、监委主任柴国庆通报2017年巡察工作开展情况以及2018年巡察工作安排部署，市委常委、统战部部长叶万生，市委常委、组织部部长王江，市委常委、宣传部部长周萍英分别就统一战线、组织人事、宣传思想工作进行具体部署。会议肯定2017年党建工作取得的成绩，同时强调各级党组织都要切实把抓好党建作为重大的政治责任、份内责任、刚性责任，以“翻篇归零”的心态再出发，以“拉高标杆、争先进位”为主题词，做到锁定责任抓落实、创新方法抓落实、从严考核抓落实，确保以更高标准、更严要求抓好党建各项任务落实，以党建工作的实际成效，为加快建德新崛起提供坚强政治保证。

【半年度经济形势分析会】7月23日召开。会议的主要任务是全面分析上半年经济运行情况，动员全市上下进一步认清形势、把握趋势，全面吹响“决战三季度，冲刺四季度，实现‘全年红’”的号角。市委书记、市人大常委会主任童定干在会上强调，全市上下要坚定信心、克难攻坚、顺势而为、乘势而上，坚持绿色发展、巩固良好局面，全面开启建德高质量发展之路。(叶志宇)

调查研究与政策制订

【概况】2018年，建德市委办公室(政研室)以推动党委、政府各项决策部署落地见效为工作重心，主动作为、精思善谋、参谋辅政，为全市经济社会发展提供智力支撑。全年起草各类综合材料360多篇，完成调研报告、起草和修改政策意见30多个。

2018年，在杭州市级以上媒体发表新闻稿件200多篇，其中省级以上发表50多篇，逾百篇稿件被人民网、新华网、凤凰网等国家级网站和部分新媒体客户端转载。上报上级党委各类信息1200多条，共编辑《建德信息》147期，其中《工作要情》63期、《领导参阅》37期、《调查研究》32期、《专报》15期。市领导在建德级信息刊物上的批示达130多条，批示总量和批示率均创新高。

【构建大调研工作格局】发挥在全市调研工作中的“龙头”作用，以重大调研课题为纽带，抓好调研工作的组织、联络、协调和指导，在全市形成密切配合、互相支持、资源共享、协调攻关的调研工作网络。印发《关于开展“拥抱新时代加快新崛起”大学习大调研大抓落实活动的通知》，市领导带头深入基层一线开展走访调研工作，围绕建德市经济社会发展中突出的重点、热点和难点问题，累计形成调研成果100多篇。应对下半年中美贸易摩擦带来的不利影响，第一时间启动“聚焦企业聚力发展”大走访活动，做到“三个全覆盖、五个必须问”（四套班子领导全覆盖、规上企业全覆盖、机关部门全覆盖，经营情况必问、税费情况必问、涉美贸易情况必问、投资计划必问、企业诉求必问）。7月，省委政研室专程到梅城开展“解剖麻雀”式的调研，市委政研室配合形成《关于开展“美丽城镇”示范建设的建议——“千年古府”建德市梅城镇调查及启示》专报。8月19日，省委书记车俊在专报上批示，要求“由杭州市为主，市市联手共同研究推动规划、建设、管理，建设新时代美丽城镇，再现千年古府新面貌”，之后在9月和12月下旬又先后两次作出批示，要求省级相关部门和杭州市加大梅城美丽城镇建设的支持力度，加快保护建设步伐。8月28日，杭州市委书记周江勇到梅城专题调研，要求梅城在建设新时代美丽城镇上把握好“城与乡、新与旧、破与立、建与惠、统与分”五个关系，为全省全国“美丽城镇”建设提供杭州样板。

【以大调研促进工作大提升】将调研成果及时体现到决策部署中去，转化为推动工作的举措和办法。出台《中共建德市委关于认真学习贯彻党的十九大精神，加快实现新崛起的决定》，强调学习贯彻中共十九大精神就是要突出“生态立市、创新活市、工业强市、服务业兴市”发展路径，在更深层次、更高水平上加快实现建德新崛起，为全省实现“两个高水平”奋斗目标贡献建德力量。并分“从现在到2020年，从2020年到2035年，从2035年到本世纪中叶”三个阶段，对加快实现建德新崛起作出战略安排。结合建德实际思考谋划，协助市委确立“以高质量发展为根本要求，干好‘266’、加快新崛起”的发展思路，即围绕“两大目标”（打造展示新时代中国特色社会主义的重要窗口，当好“八八战略”再深化、改革开放再出发的排头兵），对标“六大行动”（“拥江发展”“三化融合”、文化兴盛、民生福祉、改革攻坚、强基固本六大行动），实现“六个突破”（在振兴实体经济、加快乡村振兴、积蓄发展动能、提升文化软实力、创造美好生活、锤炼建德铁军上实现新突破）。

发挥市委全面深化改革领导小组办公室牵头职能，协调推进全市深化改革有关工作，制定下发《2018年度重点改革课题》《关于深化“最多跑一次”改革推动重点领域改革的实施意见》等文件，并做好组织协调、进度督查、成果总结等工作，及时研究协调解决相关问题。

【参与重要政策意见制定】贯彻落实新时代党的建设总要求，会同组织、纪检等部门先后起草关于提高机关党的建设质量、全力推进清廉建德建设等工作的实施意见。调研开发区（航空小镇）、高铁新区（高新园）两大平台发展建设，参与起草《关于加快开发区（航空小镇）、高铁新区（高新园）发展的实施意见》。抢抓“高铁时代”到来的历史性机遇，谋划推进“拥江发展”和全域大花园建设，会同市拥江办、市农办分别起草《关于实施“拥江发展”战略的意见》《建德市实施乡村振兴战略五年行动计划（2018—2022年）》，着眼建德全市域，聚焦主轴新安江—富春江，推动城乡融合发展，加快大花园建设进度，全力打造全省乡村振兴示范县（市）。（谢芳）

对台工作

【概况】2018年，建德市对台工作围绕市委市政府中心工作、人民群众关心关注的热点难点问题开展，收集台胞台属和群众的意见建议，帮助解决一些生产生活实际问题，促进各类民生问题的落实。组织市台办干部、市台联会常务理事召开学习交流会，研究对台工作举措。强化“反独”宣传教育，鼓励台胞台商通过脸书、微信等方法在岛内宣传和平统一的主张。

【拓展基层交流交往工作】发挥对台工作的独特优势，通过建德台联会等各种载体和渠道，以及传统节日走访慰问，加强与台胞台属的沟通与交流，扩大对台交往与合作。9月，副市长张早林一行11人赴台参访农业及南投县名间乡交流。先后接待南投县民宿协会、南投县名间乡共200多人到建德市开展交流访问。

【推进经贸融合】2018 年，建德市对台办工作人员定期走访台资企业、重点台属企业 20 多次，了解台资企业发展状况，协助企业解决相关难题，协调相关部门关系。完善对台项目的服务机制，维护台胞台属的合法权益，帮助协调 2 起台胞拆迁安置问题。（章睿）

保密工作

2018 年，建德市委保密委加强保密工作的领导，及时调整和充实组成人员，指导全市各单位调整保密工作领导小组。组织召开市委保密委全体扩大会议，强调新时期保密工作的重要性，总结 2017 年工作，部署 2018 年任务。

加强宣传教育，组织有关单位参加省级“三员”培训。组织机关单位保密干部、涉密人员 78 人赴浙江保密学院开展为期 3 天的保密培训。印发保密宣传物品 3000 多份，督促全市各单位落实保密承诺书签订工作。

组织开展自评自查专项督查，会同杭州市保密协会对建德市 20 家单位开展监督检查，共检查 162 台非涉密计算机、12 台涉密计算机。完成高考试卷保密室保密检查，落实好机关单位互联网门户网站保密检查和互联网政务邮箱保密自查等工作，配合相关单位做好涉密视频会议保密管理工作，利用现有保密三大监管平台提升泄密信息的发现和处置能力。配合杭州市对建德市的监督检查。

做好重大会议活动保密工作，落实党政专用通信保障服务，做好涉密领域国产化替代工作，组织开展涉密文件资料集中销毁工作。（叶志宇）

宣传思想工作

【概况】2018 年，全市宣传思想战线贯彻全国、省、杭州市各项工作部署，围绕“举旗帜、聚民心、育新人、兴文化、展形象”任务，大力弘扬“建功立德”精神，完成基层宣传思想工作。

制定实施《建德市党委（党组）理论学习中心组学习实施细则》。举办“红船驶进新时代”专题讲座。发放《习近平新时代中国特色社会主义思想三十讲》《读懂“八八战略”》等学习资料 2 万册。

组建由农村党员干部、离退休老教师、大学生村干部、道德模范等组成的“乡音宣讲队”，建立“一月一主题、一季一例会、一年一评比”的工作制度，全年累计开展宣讲 3000 余场次。

完成 2018 年度省社科联“四个强省实践的基层典型案例”专项课题及“优化营商环境”等课题 20 余个。强化社科普及，成功创建省级社科普及基地 1 个、杭州市级 2 个、建德市级 12 个；举办社会科学普及周，推出科普品牌“乡愁·记忆”。创办市委机关刊物《建德》杂志，累计刊出 6 期。出台《建德市社科联课题管理办法》，建立优秀成果奖励机制。

开展“八八战略”15 周年、改革开放 40 周年、

◎12 月 25 日，举行建德市道德模范健康关爱基金成立揭牌仪式

◎12 月 25 日，举行建德市第六届道德模范颁奖典礼

“‘最多跑一次’改革”等主题宣传，推出相关专题专栏 30 余个，刊播各类主题报道 1900 余篇。开展“‘八八战略’再深化，改革开放再出发”大讨论，刊播“拥抱新时代、践行新思想、实现新崛起”新闻面对面大型访谈节目 12 期；推出“我为创建全国文明城市加分”新闻圆桌论政节目 8 期。整合设立“文明创建”新闻曝光台，累计刊播 60 余期，问题整改率达 100%。

对接新华社、《人民日报》、中央电视台等中央级媒体聚焦建德，新华社推出“‘天空之眼瞰祖国之美丽乡村’走进建德”及“宜居建德”等融媒体专题报道，总阅读量达 1500 万人次+；央视大型纪录片《中国影像方志·浙江卷建德篇》为杭州地区率先完成摄制并播出。全年在上级主流媒体刊播建德市重要新闻稿件 1800 余篇，其中中央级媒体报道 200 余篇、《新闻联播》4 条。

开通“市委书记民情 e 站”，开辟市民意见建议收集新平台。组织“最多跑一次”改革、文明城市创建、乡村振兴等网上重大主题宣传。开展“国旗升起来、国歌唱起来”“快闪”“海外人士拜大年”等短视频和《文明建德，邀你助力》等 H5 动画，参与网民 80 余万人次。做大做强“建德发布”网络平台，粉丝总量达 38 万+，比上年增长 104%，获澎湃新闻 2018 最佳政务传播奖县(市、区)。

出台《关于进一步加强和改进新闻舆论工作的实施意见》，建立“1+2+2+N”大宣传工作机制，完善外宣联席会议制度，召开专题研判会 50 余次，收集宣传线索 800 余条。推进媒体融合工作，开展外学调研、平台对接、摸底研判，形成具有建德特色的融合方案。

成功入选全国文明城市提名城市，推进第一批 15 项重点任务，下发工作交(督)办单 1305 份，编发督查专报 14 期，问题销号整改率 95%。开展网格“文明出行”志愿劝导、“三弯腰、四必管”网格巡查活动，对标完成公益广告设置 5 万余处。2018 年度创建测评建德市获全省 15 个提名城市中第 6 名。

推进“最美建德人”选树宣传，推选产生建德好人 20 例，其中 3 人入选浙江好人榜、6 人入选杭州好人榜。“最美女孩”刘静芝、徐紫樱等获得超百万关注和点赞，“一元村医”吴光潮获评“最美杭州人”。评选表彰汪国云等第六届建德市道德模范 10 人，成立道德模范关爱基金。开展文明创建，助力“最多跑一次”改革主题实践活动。

举办建德市第 13 届社区邻居节，全年开展邻里交流活动 230 余场，参与群众达 5.3 万人次。新创建建德市文明村 20 个、建德市文明单位 5 家、社区文化家园 5 家（其中杭州市四星级 2 家）、企业文化俱乐部 2 家。实施小城镇文明行动，推进移风易俗，推广好家风“信用贷”、志愿者“美德贷”、村庄“道德贷”。加强未成年人思想道德建设，开展“新时代好少年”评选、“婺剧进校园”等活动，新增航空小镇、德文化传承馆为建德市级第二课堂。

建德文化新地标博物馆、图书馆新馆等“两馆两中心”建设主体工程完工，双江街“智慧建德”24 小时自助图书馆建成开放。开展“百姓纳凉大舞台”活动 21 场次、送戏下乡 200 余场次、送书下乡 2.7 万册、送电影下乡 3432 场，举办第五届农村文化节、第 6 届“新安读书节”“文化四季行”等系列活动。汪国云、叶志忠 2 个家庭入选第 3 届全国“书香之家”，梅城镇严陵社区等 3 个社区入选杭州市第12届西湖读书节“十大书香社区”。配合梅城镇美丽城镇建设，开展古城保护与开发利用工作。承办实施乡村振兴战略中杭州市“非遗”保护工作现场会。

开展“纪念改革开放40周年”系列文艺活动，举办美术作品展、文艺晚会、书法展等。举办“大美建德 水墨新安江”全国万人摄影大展和“知名作家新安江行”活动。打造文艺精品，全年共116件作品在国际、国家及省、杭州市获奖入选展演，9名会员加入中国文艺家协会。建德市婺剧团受邀参演土耳其第九届谢菲卡·库特鲁埃尔国际艺术节，婺剧《大洋埠》获2018“西湖之春”艺术节暨杭州市新剧(节)目会演一等奖。举办杭州、金华等四地婺剧进校园精品展演，首个乡村婺剧实践场在乾潭镇幸福村挂牌。

修订文创资金扶持细则，全年累计拨付文创扶持资金600余万元。加强文创集聚区建设，洋溪文创园建设完成建德首个动漫主题文化体验中心，心安创客打造首个设计师联盟。推进“吃在杨村桥一条街”、寿昌水街、梅城老街、航空小镇“6006”创意街等文创街区建设。参展第12届杭州文博会，建德馆连续4年获“最佳人气奖”“最佳策展奖”。优化创智家交流平台和文创智囊团，完成20款文创伴手礼设计，举办文创沙龙10场，惠及文创人才500余人。

加大对“世界互联网大会”“上海进博会”等重点敏感时期的舆情管控，成功处置重大突发敏感舆情3起。开展“泛娱乐化整治”等专项整治10余次，编发网络舆情抄告单192期、周报43期、月报12期、阶段性分析报告3期，发布舆情预警80余次。加强社会类新媒体管控，开展政治性标语、广告和展陈宣传专项督查。

【新安夜学+“三型”课堂】 依托“新安夜学”平台，坚持每周一学、每月一讲、两月一请、每年一评“四个一”的基本要求，构建理论讲堂、实践课堂、指尖课堂等“三型课堂”，全年共组织市级“新安夜学”12期，各级党组织“新安夜学”4000余期，受众10万人次。

【“宜居建德”城市品牌推介】 5月10日，在北京举行的国家气候标志评估报告专家评审会上，建德市通过“中国气候和气候变化标准化委员会”评审，成为我国首个“气候宜居城市”。以此为契机，建德市举办“第18届中国建德新安江旅游节开幕式暨全国气候宜居城市高峰研讨会”，编纂《改革开放40年——镜头中的建德》《心安之处是建德》画册等宣传品，通过“宜居建德城市品牌”的发布推介会，向外宣传“宜居建德”城市新名片。

【“德文化”乡音讲习堂】 2018年，全市围绕“理论大众化”要求，创新打造“德文化乡音讲习堂”140余个。建立“一月一主题、一季一例会、一年一评比”的工作制度，以“乡音+小故事”“乡音+微党课”“乡音+走村入户”等宣讲模式开展宣讲。

【出台意识形态“正负双十二条”】 出台《建德市意识形态工作责任清单》，将关于意识形态的各项“刚性要求”归纳整理形成“正面清单”和“负面清

◎12月21日，举办2018“宜居建德”城市品牌推介会

◎12 月 14 日，全新设计的建德城市形象视觉识别系统启用

单”“双十二条”，完善意识形态领域分析研判、情况通报、督查问责等长效机制，守护意识形态领域“绿水青山”。

【省内首个跨区网信联盟——兰德龙】5 月 29 日，在“安德庐”联合战队基础上，牵头兰溪、龙游打造省内首个跨区网信联盟——兰德龙，从搭建组织架构、创设工作平台、开展实战练兵等入手，探索跨区联动网络治理新模式，打造“清朗网络空间”。

【“38 分钟时代——下一站建德”主题宣传】围绕杭黄高铁开通的发展机遇，推出“38 分钟时代——下一站建德”主题宣传，以市委书记童定干的一封公开信《38 分钟时代，建德准备好了吗》为切入点，在全市主流媒体开设“建德速度”“建德品质”“建德工匠”“建德担当”“建德骄傲”等子栏目，宣传全市个呈面涌的“建功立德”典型，营造比学赶超新风尚。

【建德外宣“萌态代言人”】取材三国时期“建德侯”孙韶，以“智慧勇猛、屡战屡胜将军”为基本人设计，将“建德侯”塑造为“软萌”的 Q 版形象，以生动形象易于传播的微信表情包、H5 等衍生形式，发挥“网络正能量大使—建德侯”作用，打造建德外宣“萌态代言人”。

【建德城市形象视觉识别系统启用】12 月 14 日，建德市正式启用城市形象视觉识别系统。该系统囊括办公用品、会务用品、城市公共设施及风貌等诸多体系，在内容上，融合“新安奇雾”“三江交汇”等建德山水元素；在色彩上，以江绿、雾白为主色，以山青、水黛等为辅助色；在表意上，采用范仲淹等名人书法和诸多建德文化符号，并将标志与“心安之处是建德”等城市宣传语进行组合，打响“宜居建德”城市新名片。

【推动全国文明城市创建】制定《建德市创建全国文明城市三年行动计划(2018—2020)》及年度实施方案，围绕市容市貌、城乡环境、公益广告、文明出行、窗口行业等方面开展“奋战 90 天”首轮攻坚 12 大专项行动。

推进“以网治城”，将城区划分为 32 个街道(社区)网格，梳理创建系统性问题 15 个，明确由市领导担任“网格长”，推进“网格化”管理；出台《建德市创建全国文明城市工作责任追究办法(试行)》，以“正向引领+反向倒逼”方式，推动创建工作开展。

围绕破解“一把扫帚扫到底”等“两大”难题，组建“市民帮帮团”等“三个团队”，组织“万个楼道竞文明”等“四万”活动，深化“文明出行提升”等“七大”行动，以“精准‘滴灌’‘靶向’导引”理念，推动全国文明城市创建发展。

【“德文化”标准体系建设】强化与省标准化研究院合作，以“德文化”标准体系列入省级标准化试点为契机，完成德文化村、德文化校园、德文化志愿组织、美德家庭等 4 个标准制定。“美德驿站”标准成功申报杭州市地方标准制定项目。依托“美德家园”建设项目，打造多个全民参与“德文化”系列示范点：在明镜小学建设德文化传承馆；围绕“家训育人、村规育民、文化育村”主题，打造17个“德文化”示范村；围绕“基层文明创建”，培育一批社区文化家园、“德文化”校园、“德文化”示范园(点)和特色文化街区，凝聚全市“建功立德”意志，让建德“处处见德”。

◎“浙江省第一万家农村文化礼堂”三都镇镇头村文化礼堂(朱永标 摄)

【“建功立德大比拼”活动】 围绕“建功新时代 立德在当下”主题，发动全社会开展“比境界，拼格局”“比理念、拼创新”“比专业，拼业绩”“比实干、拼担当”“比作风、拼服务”等5项活动，强化“建功立德”自信自觉，实现建德新崛起。

【打造“遇见你的美”志愿服务品牌】 出台《建德市优秀志愿者守信联合激励实施细则（试行)》，举办浙江省志愿者证首发仪式，启用全国文明城市创建“志愿汇”APP指挥系统。至年末，全市注册志愿者人数突破6.3万人，服务时长累计70万余小时。

【打造乡村振兴“文化综合体”】 围绕“建设全覆盖、管理全星级”要求，建设改造礼堂50家；启动2018年、2019年104家礼堂建设，推出“背书制”“作战制””通报制”，确保全市文化礼堂谋划”一盘棋”、推进“一幅图”、协同“一张网”，打造乡村振兴“文化综合体”。

【“百家文化礼堂喊你来当经理人”活动】 以“文化礼堂+文化产业”为核心，面向全国公开招募“礼堂建造师”“礼堂设计师”“礼堂运营师”“礼堂创意师”等文化礼堂建设运营人才和单位，通过引入民间资本和社会力量，提升文化礼堂“文化附加值”和“长效运营力”。

【“我们的家园——万家农村文化礼堂庆丰收”省主会场活动】 9月21日，由省委宣传部、浙江省文化厅、浙江省农业厅、浙江日报报业集团主办，浙江在线新闻网站、浙江省文化馆、中共建德市委、建德市人民政府承办的“我们的家园——万家农村文化礼堂庆丰收”活动省主会场活动在建德市三都镇镇头村文化礼堂举行。

【培育文创领军企业】 培育“玺匠文化创意(铜师傅)”等成长型文创企业。5月20日，举办第二届“铜粉英雄大会”，协助企业达成与国家博物院、中国美院、六小龄童合作，赴日本注册高冈铜师傅铜器制作株式会社。启动《中国传统文化IP的活化实践》，打造建德“文创新势力”。

【“文创客厅”助力乡村振兴】 制定下发《建德市文创客厅建设标准》，采取政府引导、乡镇助力、企业运作、群众参与的模式，围绕酒文化、石头文化、茶油文化、茶文化等乡村文化内核，打造集文创体验、文化休闲、创业创新、产品展销等功能于一体的“文创客厅25个，助推乡村文创产业发展。

【“初见书房” 乡村连锁文创品牌】 选取乾潭胥岭、瑞坑唐诗小镇、新安江双江特色街等区块，布局以“启智、行旅、见或者不见”为品牌主张的“初见书房”文旅概念集成书店，通过引入“1+X”经营模式，将实体书店、美学生活、人文精神、文化创意、多元

休闲融于一体，打造乡村连锁文创品牌。(俞侃)

组织工作

【概况】2018年，市委组织部以新时代党的组织路线为根本遵循，推进高素质干部队伍建设、组织体系建设，汇聚引领建德发展的各方面人才，为加快建德跨越赶超发展，提供组织保证和人才支撑。

聚焦政治建设，做到“两个坚决维护”。推动习近平新时代中国特色社会主义思想学懂弄通做实，分批组织党政干部、村(社区)干部和企业家参加中共十九大精神集中轮训，实现党员干部学习培训全覆盖。开展“重温入党日”活动，引导党员干部悟初心、常警醒。严格执行新形势下党内政治生活若干准则，党员市领导以普通党员身份参加支部组织生活。根据“5+2”考核要求，完善大党建考核办法，设置党建工作“进位奖”和排名靠后综合考评减分等。

聚焦跨越发展，锻造忠诚干净担当的高素质干部队伍。开展“四提一争”，实施对标看齐、提升专业素养、“赛场赛马”“争先夺标”4大专项行动，围绕小城镇综合整治等重点工作设置7大赛场，开展担当有为好团队、好干部评选。坚持“走出去”办学、派下去历练，实施“干学融合、实战历练”两年行动计划，共举办各类专题培训班29期，培训2934人次。深化“走村不漏户、户户见干部”工作，配合杭州18家机关单位“百千万”蹲点调研，承办杭州“百千万”活动现场会，“组团包干”机制获评杭州双十佳机制第三名。完善领导干部经常性提醒教育机制，核查领导干部个人报告事项75人，因申报不实等原因，函询56人次，谈话提醒107人次，诫勉10人次，清理不符合兼职规定95人，审批市管干部因私出国(境)41人次。完善干部容错免责机制，出台深化干部关心关爱意见12条。出台《关于实现跨越赶超发展大力发现培养选拔优秀年轻干部的实施意见》，分职务层次和年龄梯次确定优秀年轻干部255名，面向“双一流”大学招考党政储备人才16名。

◎11月6日，省委常委、组织部部长黄建发(前排左二)在建德调研

聚焦“双全”“双整”，全面加强基层党组织组织力建设。分机关、农村、社区、两新组织、老干部5个领域制定党支部工作标准30条，完成全市1800多个党支部标准化评审。分层分类分期安排村社党组织书记、党务工作者开展业务大轮训，实施互看互学互比3轮，交叉互查4轮，新建两新党组织11个，指导成立物业管理协会党委，制定物业行业党支部工作规范。推进农村“塔基”工程，落实村干部队伍管理20条意见，优化6大机制，明确村干部“十要十不要”履职清单。开展村社换届“回头看”。选派131名市管干部担任乡村振兴特派员，组建16支乡村振兴工作队、10支科技人才服务队，市级成立乡村振兴有限责任公司，实施高新园科创中心孵化器和移民创新创业小微企业园项目。125个集体经济经营性收入相对薄弱村全部摘帽，提前2个月完成任务。

聚焦人才强市，营造“热带雨林”式的人才生态。制定人才强市意见30条，完善高新园(高铁新区)、开发区(航空小镇)两大园区专项政策，形成“1+2+X”政策体系。开展知识分子“弘扬爱国奋斗精神，建功立业新时代”活动，强化对人才的政治引领吸纳。解决好人才的“关键小事”，兑现资金1500多万元，审批人才专项住房131套，落实人才租赁住房80多套。入选省“海外工程师”计划4人，立项杭州市“115”引智计划项目19项，入选杭州市“521”人选2人，申报和入选人数为历年最高。首次开展科技人才合作月活动，承办第20届中国科协年会分论坛等一系列活动15场。推动杭电建德军民融合产业创新创业中心等高校、科研平台落户建德，新增院士专家、博士后工作站4家，杭州市级技能大师工作室1家，新安集团入选省级院士工作站并获评全国模范院士工作站。围绕乡村振兴，制定培育乡土人才三年行动计划和鼓励青年人才返乡创业三年行动计划，挂牌成立乡土人才银行，推进乡土人才“十支队伍”建设。

聚焦组工质量，着力打造优秀而不优越的组工干部队伍。带头开展“两学一做”学习教育常态化制度化，带头推进最强支部创建。严格遵守政治纪律和政治规矩，常委部长以普通党员身份参加支部生活会，引导组工干部增强“四个意识”、坚定“四个自信”。

【重温入党日活动】 1月开始，率先在机关党员中开展“重温入党日”活动，结合每月主题党日，通过送上一张政治生日贺卡、开展一次组织谈话、重温一次入党誓词、讲述一个入党故事、上好一堂生日党课、兑现一句工作承诺、提出一条工作建议、开展一次志愿服务等“八个一”，以直抵人心的方式激励党员忆初心、悟初心、亮初心、守初心、践初心，增强党员的身份感、归属感、责任感，营造“不忘初心、牢记使命”主题教育氛围。

【习近平新时代中国特色社会主义思想轮训】 2018年，分批组织党政干部、村(社区)干部和企业家参加中共十九大精神集中轮训，结合冬训春训，实现党员干部学习培训全覆盖。先后组织37名市管正职领导干部赴南湖参加党性锻炼，强化党员干部“四个意识”，坚定“四个自信”，做到“两个维护”。

【“四提一争”主题活动】 4月12日，杭州市“四提一争”活动部署会后，建德市以提高融入杭州都市圈能力为主要内容迅速开展相关活动。实施对标看齐、提升专业素养、“赛场赛马”“争先夺标”四大专项行动，围绕小城镇综合整治等重点工作设置7大赛场，实施市领导破难项目31个，建立“大学习、大练兵、大攻坚”载体，推进市管领导干部领衔攻坚项目700多项。出台《关于进一步激励广大干部新时代新担当新作为打造保障建德跨越赶超发展铁军的实施意见》，强化对干部担当作为的保障激励，评选跨越赶超好团队10个、好干部10名。

【“干学融合、实干历练”行动】 全面落实《“干学融合、实战历练”干部培养计划》，坚持“走出去”办学，共选派440人参加“美丽建德”建设、转型发展、乡村振兴等高层次专题研讨班。坚持在“一线”摔打，有160多名优秀年轻干部经过3个月以上实践锻炼，并首次将中青班培训从一个半月提升至半年，通过“理论学习+挂职锻炼”提升培训实效。2018年，共举办各类专题培训班29期，培训2934人次。

【“百千万”蹲点调研活动】 2月8日，在“走村不漏户、户户见干部”经验地寿昌，举办新时代干部走访再出发仪式，拉开全市蹲点调研走访序幕。3月9日，全市召开2018年度“百千万”蹲点调研活动暨“六个领衔”动员部署会，推进走村访户工作。配合杭州18家机关单位蹲点调研，解决各类问题1300多件，10月22日，承办杭州“百千万”活动现场会，“组团包干”工作机制获评杭州“双十佳”机制第三名。

【培养选拔优秀年轻干部】 落实中央、省、杭州市对优秀年轻干部选拔任用的要求，出台《关于实现跨越赶超发展大力发现培养选拔优秀年轻干部的实施意见》，确立2612常态化目标，分职务层次和年龄梯次确定优秀年轻干部255名，面向“双一流”大学招考党政储备人才16名，采取“思想动员+分层帮带+目标管理”的方法，以“4+X”工作任务为目标，帮助年轻干部成长成才。选派53名优秀年轻干部赴萧山区、江干区、下沙区等地挂职锻炼。

【支部标准化建设】 3月8日，在新安江街道正式发布机关、农村、社区、两新组织、老干部5个领域党支部工作标准30条，推进支部标准化建设。举办全市党支部标准化评审员培训班，18名基层党员干部同台竞技、以讲促学，培训党务工作者110多名，完成全市1800多个党支部标准化评审。开展互看互学互比3轮，交叉互查4轮，发现问题392条次，下发整改清单32份，约谈分管领导4批次。分层分类分期安排村社党组织书记、党务工作者开展业务大轮训，开班59班次，覆盖3270多人次。

【推进"塔基"工程】落实村干部队伍管理20条意见，明确村干部"十要十不要"履职清单，开展村社换届"回头看"，查摆问题271个，调整村干部46名。全年新培育市级党建示范点48个，补助资金20万元，完成17个软弱落后村党组织整转，评定业绩优秀村27个，向上级推荐8名省"千名好支书"，3人获评首批省级农村社区工作领军人才，入选人数位列全省第二。巩固新一轮"整乡推进、整县提升"，下发深化"双整"推进"双全"三年行动计划（2018—2020年），制定"全域提升、全面提质"行动规划图。

【集体经济"消薄"增收】4月2日，市委召开消除相对薄弱村推进会暨乡村振兴特派员誓师大会，部署落实2018年集体经济"消薄"工作。选派131名市管干部担任乡村振兴特派员，组建16支乡村振兴工作队、10支科技人才服务队，将全市229个行政村分为5团10组，实行"小班化"指导，累计到村指导7000多次，协调解决问题1520多个，评选每周之星51人，评选表彰优秀调研报告20份。市级成立乡村振兴有限责任公司，投资1.7亿元，实施高新园科创中心孵化器和移民创新创业小微企业园项目。161家企业与125个薄弱村联姻。建立消薄工作分片例会制度，定期汇报进度、交流经验做法、强化加压比拼。出台《关于领导干部抓消除集体经济相对薄弱村工作专项考核办法》，125个集体经济经营性收入相对薄弱村全部摘帽，提前2个月完成任务。

【高层次人才引育】制定人才强市意见30条，完善高新园（高铁新区）、开发区（航空小镇）两大园区专项政策，形成"1+2+X"政策体系。推荐申报"省千"人选9人、"国千"人选4人；入选省"海外工程师"计划4人，立项杭州市"115"引智计划项目19项，入选杭州市"521"人选2人，申报和入选人数为历年最高。全年新引进各类紧缺专业人才722人，其中硕士以上高层次人才75名。累计兑现资金1500多万元，审批人才专项住房131套，落实人才租赁住房80多套。承办第20届中国科协年会分论坛等一系列人才活动15场，举办青年人才创业创新全国大赛，首次在德国设立分赛场，建立香港人才工作联络站。开展知识分子"弘扬爱国奋斗精神，建功立业新时代"活动，评选"重才爱才单位"5家、"优秀人才奖"10人，加强对人才的政治引领和吸纳。

◎3月22日，2018年度首次基层党建例会与会人员参观考察航头镇灵栖村

【平台建设取得新成效】推动杭电建德军民融合产业创新创业中心、上海产业技术研究院浙江创新院、杭师大新安硅谷研究院、北京民干院通航重点实验

室、传媒学院航空学院等高校5家科研平台落户建德。新增院士专家、博士后工作站4家。新安化工集团入选省级院士工作站，获评全国模范院士工作站。建业化工获批博士后科研工作站“先设站、后授牌”单位。推进中国技术市场协会技术转移人才培养基地建设，有在线机构单位91家，实现网上技术交易2900万元。

【乡土人才培育】制定《建德市乡土人才培育三年行动记挂》和《建德市吸引青年人才返乡创业助力乡村振兴三年行动计划》，全力推进以农村电商、草莓师傅、美食师傅、种养能手、农业业主、农村经纪人、能工巧匠、民间艺人、农旅服务、乡村治理等为主的乡土人才“十支队伍”建设。9月13日，召开全市乡土人才推进大会，与市邮政储蓄银行合作挂牌成立乡土人才银行，为乡土人才创业提供资金支持。全年举办建筑工匠、竹篾匠技能大赛19场，开展技能培训119期，乡土人才库入库人才1.39万人，新增大学生创业企业24家，青年人才返乡创业企业840家，实现产值5.85亿元。（卢林平）

统一战线工作

【概况】2018年，市委统战部以党的领导为根本，取得政治引领新成效；以组织建设为抓手，树立基层组织新标准；以助力“消薄”为载体，凝聚振兴乡村新力量；以乡贤联谊为平台，彰显基层统战新作为。

建德“两会”期间，各民主党派工商联和无党派人士的提案、议案133件，大会发言8件；举办“双月座谈会”5期，共收集意见建议230余条次；编发《统战专报》12期，获得杭州市领导批示肯定2件、建德市主要领导批示2件。

指导党外人士中共十九大精神同心宣讲团深入各民主党派基层支部宣讲，实现各基层支部全覆盖；指导各统战组织开展主题教育活动，举办党外知识分子培训班、党外骨干培训班、统战干部培训班、非公有制经济人士培训班共7期。组织各民主党派、工商联和无党派人士开展专项监督活动10余次；推荐6名党外干部担任市纪委特邀监督员；各民主党派与对口联系部门开展政情通报活动4起，提出意见建议70余条次。各民主党派依托自身优势，开展各类社会服务活动30余场。民革的“同心博爱”基地、民盟的“烛光行动”、民建的“光明行动”、民进的“同心服务”基地已具备一定的社会影响力。2018年民盟中央全国社会服务工作会议在本市成功举办。

开展民族团结活动，指导洋溪街道团结村、大同镇举办“三月三”畲族文化节，开展民族团结教育“六进”活动。强化宗教事务规范管理，建立健全宗教工作三级网络两级责任制，将宗教和民间信仰事务纳入全科网格管理，86家宗教场所财务信息化管理上线运行，启用平安宗教活动场所创建管理系统实现平安巡查全覆盖，宗教领域反邪教宣传工作实现全覆盖。落实宗教政策法规“三进”工作，深化宗教界“寻梦中国、正言正行”主题教育实践活动，全面完成宗教活动场所升挂国旗工作。

【杭州地区首个“同心”服务基地落户梅城】3月27日，杭州市统一战线“凝心聚力建名城”主题活动暨“同心”服务基地授牌仪式在梅城镇举行，标志着杭州地区首个“同心”服务基地正式落户梅城。

◎3月27日，杭州市首个统一战线“同心”服务基地授牌

该基地发挥杭州市统一战线人才荟萃、智力密集、资源丰沛、联系广泛的优势，根据梅城镇提出的需求有针对性组织杭州统一战线各成员单位的专家学者开展服务活动。2018年，“同心”服务基地共为梅城镇募集捐赠资金物资合计40余万元，召集各类专家学者50余人次参与梅城镇“美丽城镇”建设，提出意见建议20余条次并在助力乡村振兴工作中发挥积极作用。指导好统战组织派出的乡村振兴特派员队伍，由统战成员担任特派员的集体经济薄弱村全部提前完成2018年“消薄”任务。推进“党派+”活动，开展各类帮扶活动30余次，抓好“百企助村小康行”活动，2018年实现捐资捐物捐项目30余个，帮助筹措资金360余万元。

【创新“五有五化”工作制度】在指导各民主党派、市知联会、新联会加强自身建设过程中，创新“五有五化”（坚持有组织，推进科学化；坚持有制度，推进规范化；坚持有场所，推进标准化；坚持有平台，推进系统化；坚持有保障，推进实效化）工作制度，支持各统战组织加强自身建设。该做法得到杭州市委领导的批示肯定。以统一战线基层组织建设现场观摩会为载体，开展互学互看互比活动，全年开展观摩活动3期。

【建设乡贤联谊平台】针对重点乡贤人士开展市镇村三级大走访，将乡贤联谊会与基层统战阵地建设相结合，推广规范化乡贤联谊会建设。倡导乡贤关爱家乡，参与慈善公益活动，浙江爱德医院董事长江上组建在杭建德籍知名医护专家团队回乡开展义诊活动。开展乡贤助力“三招三引”活动，推动资金回流、项目回归、信息回传、人才回乡，2018年香港建德同乡会先后邀请11批次企业家80余人次组团回乡考察洽谈项目；钦堂乡退休回乡老领导范生土帮助钦堂乡争取三农产业扶持项目3个，补助资金1000余万元，帮助招商引资项目签约2个，总投资1.63亿元；大洋镇乡贤洪立根回乡投资6000余万元创办枸杞茶叶生态农业产业园，带领村民致富增收。

【拓展基层统战新阵地】建立海内外乡贤信息数据库，有人员1306名。制定下发《关于加强新时代乡贤统战工作助力乡村振兴的指导意见》指导性文件。建立镇、村两级乡贤联谊会和市级建德人大会的三级乡贤组织模式，成功举办首届“建德人”大会，完成镇村两级乡贤联谊会试点工作，引导乡贤参与村级事务的协商、监督，镇村乡贤联谊会每年举办中秋茶话会和新春联谊会，通过寄送工作报告、微信群展示发展成果、电话联系征求意见等方式，传递乡音乡情乡事。2018年市委统战部共向海内外知名乡贤邮寄市委、市政府工作报告200余份，收集意见建议50余条次。（吴学鹏）

机构编制工作

【概况】2018年，市编委办围绕行政管理体制改革和机构编制管理两条主线，提升机构编制管理水平，启动机构编制实名制系统台账电子化工作，完成2012年以来各部门机构编制历史文档上传至实名制系统工作。开展机构编制督查，督促各部门比对核实实名制系统人员编制信息，确保为机构改革调研提供准确的基础数据。

年末，全市共有行政单位69个，其中党委部门11个、人大1个、政府工作部门26个、杭州市级部门派出机构1个、政府派出机构1个、政协1个、法院1个、检察院1个、民主党派4个、群众团体6个、街道3个、乡镇13个，事业单位286个（含参照公务员管理的事业单位和群团组织45个）；行政编制（含专项编制）2486人、事业编制（含参公事业编制）8180人。

【党政机构改革】6—12月，梳理全市部门、乡镇（街道）及所属事业单位机构设置、人员配置等基本情况，编制形成《建德市机构编制情况汇编》；会同市委组织部对全市59个部门、16个乡镇（街道）进行调研，形成《建德市党政机构改革建议方案》和工作计划。至年底，完成12个乡镇（街道）政协工委摘牌工作。

【事业单位规范化管理】全年办理事业单位设立

登记4家,变更登记35家,督促完成事业单位法人年度报告公示工作。做好全市登记在册单位(77家党政机关、群众团体、部分垂直驻建德机关单位)的统一社会信用代码赋码与日常管理工作。重点开展事业单位法人清理工作,督促21家事业单位及时办理设立登记,完成25家撤销或未正常开展工作的事业单位的注销登记工作。

【清理规范编外用工】制定出台清理规范实施方案和管理办法,统一规范编外人员管理。指导督促全市53家机关事业单位1292名编外人员的分类清理工作。至10月底,全市115名新进自聘人员全部清理规范到位,另有16家单位按规定完成清理规范任务。

【推进“最多跑一次”改革】根据省“八统一”清单,督促33家部门梳理公布办事事项清单646项,明确相关部门延伸至乡镇(街道)的办事事项61项,调整乡镇(街道)级法定事项14项,完成政务服务体系网点便民服务手册编制。完成28家部门“一单两库一细则”的动态调整及公布。

【优化教育领域资源配置】结合建德市教学规模,重新核定全市各学校教职工编制及领导职数。设立洋安中心学校,填补洋安区块公办初中、小学空白。按照建德市职业教育结构调整和优化资源配置的要求,将乾潭职业高级中学并入新安江职业学校。

【保障医疗卫生事业发展】以市一院、市妇幼保健院备案制管理为基础,推进市二院、市中西医结合医院和市四院的公立医院备案制工作,强化医疗卫生事业人员力量保障。11月1日,将市“120”急救分中心更名为市医疗急救指挥中心,并核定人员编制。

【保障产业转型发展】立足市委、市政府产业转型创新发展战略,主动服务高铁、通航两大平台,对杭黄高铁建德站前区域所需公安、城管、交通等管理人员予以保障。以打造我国首个民航业与地方政府联合建设的浙江省和国家级通用航空重点实验室为目标,设立浙江建德通用航空研究院,破解建德千岛湖通用机场低空运行实际困难。

【强化退役军人服务保障】建立退役军人三级服务网络,在市镇两级分别设置退役士兵服务中心和退役军人服务站,提高符合政府安排工作条件退役士兵定向招聘事业人员比例,强化退役军人服务保障工作。(徐鹏)

史志工作

【概况】2018年,市史志办围绕中心,开门办史,党史三卷编写取得阶段性成果,地方志编纂工作有序推进,红色场馆建设取得新进展,史志宣传教育形式精彩纷呈。

编撰改革开放和现代化建设新时期(1978—2002)建德党史专题75篇,出版《党史专题集》(三)(四),县委、市委重要文件和中共建德历史大事记的收集整理工作基本完成,出版《中共建德市历次代表大会及全会重要文件选编(2006.12—

◎7月11日,召开全市编外用工清理规范工作布置会

2016.10)》,《中共建德历史大事记(1978—2018)》送中央党史出版社审稿,《党史三卷》纲目稿,《党史三卷》初稿撰写工作完成全书的60%。

调整年鉴编辑部人员，细化年鉴工作考核细则,《建德年鉴(2018)》按计划出版发行。加大对《关于贯彻落实全国地方志事业发展规划纲要(2015—2020年)的实施意见》文件精神的宣传和贯彻,加强对镇(乡)志、村(社区)志、部门志编修的业务指导,《广电志》《安仁村志》正式出版,《钦堂乡志》《富塘村志》《甘溪村志》《幸福村志》定稿进入出版程序,《建德市文化志》《梓洲村志》《乌石村志》《戴家村志》基本形成初稿。在10月30—31日召开的第八届中国地方志学术年会上,《建德地名志》《寿昌镇志》《安仁村志》作为浙江省方志成果代表参加展出。

9月12日,寿南农民暴动纪念馆开馆,在开馆仪式上，建德市首个红色旅游联盟成立。更楼"合作化模范邓家乡"纪念馆、李家知青文化展陈馆、三都红色寿峰纪念馆、莲花郭村暴动纪念馆和乾潭江西县民主政府纪念馆有新进展。

《建德往事》第9辑、"建德史志"《走在前列的建德"三农"典型》《建德家谱序文精选》《建德剿匪》先后出版,《建德往事》第10辑、《建德知青》《老照片中的建德》完成正稿。2013年《建德往事》和"建德史志"丛书创刊以来,累计发行3万余册,成为建德市传承历史、联结乡情的重要平台。

开展口述史征集，采访中国原子能专家马善贤、建德杂交水稻推广第一人洪德芳、"建德九间棚精神"代表人物夏成林、金萧支队女战士范春香等,并在《钱江晚报》建德生活版继续开辟"口述建德"栏目,每月一期,说人叙事,讲述建德历史,宣扬建德精神。

举办"新安集团杯"纪念改革开放40周年征文活动,共收到征文144篇,经多轮评审,评出一等奖3篇、二等奖6篇、三等奖12篇,部分获奖作品在《今日建德》上刊发。撰写的调研文章《关于加快我市红色旅游发展的调查与思考》被《建德信息·调查参考》录用送呈市领导参阅,分别得到市委书记童定干和分管副市长何亦星的批示。围绕"德文化"建设和全国文明城市创建工作,为社区居民、学校学生、机关党员开展国学文化、红色文化宣讲活动30余场次,受教育人数2000余人;开展面向基层党员群众宣传地方党史、严州历史、家谱文化和"德"文化等内容的活动累计9场次。为机关、乡镇、学校、宾馆、社区免费赠送《建德往事》《建德年鉴》《史志新苑》《建德红色旅游》和"建德史志"丛书等书籍5000余册。印发"红色旅游联盟"宣传册1万份,介绍11家红色场馆的概况、地址、联系人及电话等信息,并制作《建德红色旅游联盟成员单位公约》,方便联系参观。

【"重要文献选编"完成出版】 11月,《中共建德市历次代表大会及全会重要文献选编(2006.12—2016.10)》出版。新中国成立以来,建德先后召开13次党的代表大会,形成的文献资料记录了历届建德县(市)委在不同历史条件下完成伟大任务所积累的宝贵经验及教训，以及建设新建德的艰辛历程,是一笔宝贵的政治和精神财富。2013年,市史志办开始分卷整理历届建德县(市)委的重要文献资料,至2018年11月完成,共分4卷出版"重要文献选编"。其中,2014年出版《中共建德县委、寿昌县委重要文献选编(1949.5—1955.12)》,收录建德县委文献36篇、寿昌县委文献35篇;2015年出版《中共建德县历次代表大会及全会重要文献选编(1956.5—1993.1)》,收录建德县委第一至第八次代表大会重要文献94篇,包括唯一的一次中共寿昌县委代表大会文献9篇、中共建德地委直属新安江区委重要文献3篇;2017年出版《中共建德市历次代表大会及全会重要文献选编(1993.2—2006.7)》，收录建德市委第九至第十一次代表大会重要文献56篇；收录建德市委第12至第13次代表大会重要文献42篇。

【建德市首个红色旅游联盟成立】 9月12日,建德市首个红色旅游联盟成立。中共建德小组纪念馆、建德抗日自卫队纪念馆、严州中学校史馆、千鹤妇女纪念馆、"双童"烈士纪念馆、蒋治烈士故居、新安江水电站展览馆、寿昌南浦革命斗争史纪念馆、寿南暴动纪念馆、建德家风馆、横钢纪念馆等11家红色场馆成为首批成员单位，这也是杭州地区成立的第一个县级红色旅游联盟。市委书记童定干专门批示:“联盟方向是好的,下一步线路设计要合理,重点是每个点上要精心设计、挖掘史料,有吸引力、有教育意义,真正成为有吸引力的景点。”组合推出东线、西线两条精品红色旅游线路,全市所有红色旅游景点全年共接待游客约40万人次。

◎位于寿昌镇的横钢纪念馆

【“寿南农民暴动纪念馆”开馆】9月12日,“寿南农民暴动纪念馆”在大慈岩镇李村村正式开馆。1928年6月中共寿昌县委成立,7月建立寿南区委,在负责人邵桂根的领导下,与兰溪县委共同领导了寿南西区暴动。8月,寿南农民暴动军数百人与兰溪西乡的农军共同攻打兰溪永昌镇,暴动失败,10余人牺牲。寿南农民暴动是中国共产党领导下在浙西开展的最早的暴动之一。暴动纪念馆建于李村村李汝宾故居,通过实物、图文等形式,展示“寿南暴动”的革命历史和英雄事迹。主要是为纪念中国共产党1927年在李村建立党支部和农民协会,通过播散火种、红色暴动、前赴后继、抗日战争与解放战争时期、社会主义建设时期、寿南地区党组织的建立和发展、改革开放时期等七大展示内容,讲述革命先烈的感人事迹。

【《安仁村志》正式出版】10月19日,乾潭镇安仁村编纂的《安仁村志》由方志出版社出版发行并举行首发式。《安仁村志》全篇共20章,90目,65万字,刊用照片486张,其中收集了全村每一户家庭的全家福照片,是一部反映安仁历史和现状的综合性村域文献,是传承和普及该村地域文化知识的一部史书。该志以翔实可靠的史料,对安仁自古以来,尤其是新中国成立以来的历史变迁和当今日新月异的新农村建设,以及经济社会发展等都作了详尽的记载,是了解安仁历史和现状的一部小百科全书。(杨忠平)

党校教育

【概况】2018年,市委党校按照市委市政府“加快发展、赶超发展、科学发展”总体思路,以新校区建设为中心,立足党校主业,创新思路,凝心聚力,开展各项工作。

党校新校区建设结合新安江综保工程黄饶路建设规划,用地面积、建设进度、功能布局、投资总额等进一步优化调整,“一主团(以服务学员为中心的学员楼、教学楼、综合楼主体建筑群)二环线(内部主干道环线和沿龙门坎水渠休闲游步道环线)三区块(教学、办公、运动休闲)四广场(主广场、次入口广场、教学楼课间小广场、主题公园广场)”等基础建设按计划初步完成。

【教育培训多元化】2018年,党校主体班现场教学率达到100%,异地教学(外出办班)达到85%,全市各级领导到党校上课达22人次。现场教学基地在原有15个基础上,新建5个,其中乾潭幸福村、三都新和村等2个基层党建示范点被列入省委党校现场教学基地建设名单,省委党校中青一班连续3年到建德开展现场教学活动,新安江水力发电厂、沙墩头村、红群草莓文化创意园、钦堂乡葛塘村等4个教学点被命名为杭州市委党校“红绿蓝”现场教学基地,基本建成“红+绿+蓝+X”4条现场教学基地品牌线路。全年举办主体班30期

(33 个班次)，培训学员 5120 人次；社会办班 27 期，参训人员 1983 人次。

【科研资政】全年完成杭州市委党校系统社科联课题 13 项，其中《乡村振兴战略中乡贤作用发挥的研究——基于建德市的实践调研》被评为杭州市委党校优秀课题。撰写资政文章、理论文章 23 篇，完成校级重点课题 4 项，其中《市委组织部强化教育管理加大挂职干部锻炼力度》《关于玺匠文化的调研》《关于农业品牌的调研》3 篇文章获市委书记童定干批示。完成《我市“德文化”建设的实践探索》《乡村振兴背景下发展智慧农业的实践探索》《加强我市营商环境的调研与思考》《建德市下涯镇“三措并举”，提前打赢“全面消除集体经济薄弱村”攻坚战》等合作课题 4 项。注重加强主体班学员科研调研能力的培养，中青班、中层干部和市管副职异地挂职班共完成学习心得体会 87 篇、调研文章 137 篇。

【宣传宣讲扩影响】围绕实际抓备课，组建宣讲备课小组，出台《流动党校管理办法》，完善教师外出参加社会宣讲党课的有关制度。研究制定社会宣讲“专题课菜单”，解答党员干部群众关注的新观点、新举措、新要求。全年开展宣传宣讲 216 场次（含老年大学、寿昌镇基层党校等固定宣讲 70 场次），受众达 1.54 万人次，2 次走上市委学习中心组、新安夜学讲台讲课。与建德市对口帮扶的贵州省岑巩县委党校结为友好党校，并到思旸镇岑峰村开展公益活动，为岑巩县中青班讲课。11 月，与建德市“山海协作”的开化县县委党校签订合作共建框架协议，为开展“山海协作”工程做出有益尝试。（陈志宏）

老干部工作

【概况】2018 年，市委老干部局制定出台《关于进一步加强和改进离退休干部工作的实施意见》，遵循更加注重加强教育引导工作的原则，将集中学习教育与经常性学习教育有机融合，增强离退休党员干部政治意识、大局意识、核心意识、看齐意识，引导离退休干部在政治上、思想上和行动上与党中央保持一致。

组织离休干部集中学习 18 次，开展“走基层、看变化、促发展”活动 2 次，150 多人次参加。春节期间，上门走访慰问 138 位离休干部（含遗孀）和 30 位市级老领导；7—8 月，开展“夏日送清凉送慰问”活动；老人节期间慰问市级老领导和离休干部。对居住在北京、上海、杭州、宁波、衢州等地的离休干部一年上门慰问 2~3 次。为 14 位 90 岁离休干部举办集体生日。举办离退休干部党支部书记培训 2 期。

至年末，全市共有离退休干部党支部 81 个。有离休干部 124 人。其中：抗日战争时期 9 人、解放战争时期 115 人，党政机关 42 人、事业单位 31 人、企业单位 51 人，处（县）级政治和生活待遇 55 人（含地专级医疗、乘车待遇 2 人）、科局级政治和生活待遇 69 人。另有安置托代管的离休干部 25 人，其中外来易地安置 5 人、受托管理杭州市属在建 7 家企业的 20 人。代管浙江省杭州市属在建单位的 10 人。市级离退休领导 30 人（含离休 1 人）。

2018 年，市老年大学共开设 27 个专业，招收学员 51 个班、1297 人 。开展红船精神、新《宪法》《宪法与宪法修正案》学习、乡村振兴战略、中国共产党纪律处分条例等大型专题讲座 7 场。

【离退休干部“最强支部”争创活动】按照“一切工作到支部”的导向，遵循支部班子强、组织生活强、政治功能强、机制保障强、正能量作用强的“五强”要求，制定政治建设、思想建党等 10 条正向标准，理想信念缺失等 3 条反向标准。在全市离退休干部党支部探索开展“最强（最美）党支部”争创活动，至年末共命名 18 家最强（最美）党支部。

【纪念改革开放 40 周年系列活动】2018 年，市委老干部局面向全市征集老同志投身改革开放建设大潮的感人故事，记录家庭生活变化和社会发展的鲜活事例，讲述老党员投身和见证改革开放伟大事业故事，以小见大反映改革开放巨大成就，编印反映建德改革开放历程的书籍——《春潮》。组织市级退休干部、离休干部、离退休干部党支部书记等不同层面的老同志，围绕拥抱“高铁时代”、打造“通航样板”、推进“拥江发展”、实现建德新崛起等内容，参观考察市重点园区、重点项目、重点工程等。

【全省第一个县级老党员驿站】依托“两个阵地”优势，在建设全省第一个县级老党员驿站——“五心”老党员驿站(位于新安江街道月坪路2号)。通过不忘初心、重视关心、用情用心、银亮红心、信仰信心5个功能厅，全面展示老干部红色足迹和离退休干部党建工作，为全市离退休干部党员开展组织生活、学习教育等提供保障。

【“聚焦项目促发展”主题活动】组织全市离退休干部聚焦市委、市政府中心工作，引导老同志为党和国家事业发展加油点赞、建言献策。市级老领导一季一次“聚焦项目促发展——走看促”活动，先后参观考察全域旅游、健康建德、高铁新区、特色小镇、小城镇改造、新型产业、特色农业、文化礼堂、养老产业等，发挥老同志资政谏言作用；离休干部一年两次“走看促”活动，4月和10月，组织近百名离休干部先后参观小城镇环境综合整治、全域旅游、新安江综合保护工程等改革发展成果。

【编印《星光灿烂(三)》】与市委组织部、市机关工委、市人社局联合评审，评出50名“五星老干部”暨“最美老干部”(学习之星、关爱之星、环保之星、健康之星、文明之星)和5个“最美老干部工作室”(特爱工作室、曹贵工作室、老法官工作室、大同书院、薄核桃工作室)。并将“最美”事迹汇编成册，编印《星光灿烂(三)》。

【“新安夕阳”银色人才志愿行动】全年开展治水“剿劣”、垃圾分类、文明劝导、社区调解、科技下乡等服务130多场。4月11日，举行建德市千名离退休干部助力环境整治暨全国文明城市创建大行动誓师大会，近千名离退休干部、“新安夕阳”银色人才志愿者参加活动。组织27个离退休干部党支部以文明城市创建为主题开展大型宣传，开展文明出行劝导、垃圾分类宣传、社区环境巡查等十项主题活动。

【落实助老员“每周上门”制】深化社区“四就近”(就近参加学、活动、照顾、发挥作用)服务，落实助老员“每周上门”制，老干部局干部每人联系20名左右离休干部。在市一医院开通离休干部医疗绿色通道，组织全市离休干部健康体检1次，开展大型综合性名医专家医疗咨询活动2场。(饶亦晨)

信访和“12345”

【概况】2018年，建德信访工作以打造阳光信访、责任信访、法治信访和创建“无信访积案市”为目标，推进信访生态体系建设，实现全年“零”非访，全市信访形势稳中趋好。

全年共受理信访电网5.02万件次，比上年增长110.4%。其中，来信(网上信访)1443件，增长89.4%；来市上访977批2461人次，批次增长2.1%，人次下降11.3%；集体访100批1306人次，批次和人次分别增长19.4%和19%；来电4.63万件，增长121.64%。

【“最多反映一次”工作创新】实施“最多反映一次”机制，村级组织接到群众反映问题后，实行“专窗登记、专人梳理、专题研究、专责落实、专项反馈”，变“群众跑”为“干部跑、部门跑”，做到“群众有所呼、干部有所应”“小事不出队组，大事不出镇村”。4月，按照“试点先行、稳步推进、有效扩面”的原则，在全市各乡镇(街道)的16个中心村、矛盾重点村进行试点；6月，出台《建德市“最多反映一次”工作意见》；8月，召开全市“最多反映一次”推进会。2018年，“最多反映一次”窗口共受理群众来访事项8115件，解决件数8037件，解决率99.04%，满意件数8031件，满意率98.96%。

【“三不”问题督查】2月，主动与市纪委群众信访领域专项督查组对接，共同研究群众信访领域“三不”问题的主要表现、解决办法和督查方法，出台《群众信访领域“三不”问题专项督查工作方案》，

◎档案日开展小学生走进档案馆宣传活动

在群众信访领域成立“三不”问题专项督查工作组，对信访件办理和“最多反映一次”工作中存在的问题，通过听取汇报、查阅资料、明察暗访、谈话了解方式搜集资料，确定是否存在落实不力、处置失当、效率不高、推诿扯皮等“三不”问题。实行分析研判周例会制，固定每周五为联合研判分析日，对疑似存在“三不”问题的疑难信访件，从信访事项诉求、办理过程、办理结果、督促情况等环节逐一分析，确定为存在“三不”问题的，由市纪委群众信访领域专项督查组按程序进行督查问责。召开分析研判会 14 次，研判疑似件 159 件，其中对查实的 3 起“三不”问题进行严肃问责，相关责任人员受到处理。

【推进积案化解】依托省统一政务咨询投诉举报平台，实行“谁交办、谁跟踪”“谁办理、谁负责”的原则，提高初信初访办结率。6 月，在前期重点领域、重点群体、重点问题、重点人员大排查的基础上，根据全省关于开展人民调解参与信访矛盾化解暨无信访积案县（市）工作会议精神，深入排查梳理本地重点信访人员 34 名，做到“底数清、情况明、无漏排”，并于每月初上报矛盾纠纷排查表，纳入年度考核。做好市领导领衔包积案、定点接访和下访约访活动，推动信访积案清仓见底。6 月起，在市领导每周一坐班接访基础上，实行每日坐班接访，面对面接待群众，现场解决群众诉求。同时，对历年积案进行梳理，落实包案化解。（翁美倩）

档案管理

【概况】2018 年，市档案局（馆）共接收 21 家单位的档案进馆，接收入库档案 1.05 万卷、1.64 万件。接收 2016 年婚姻档案 7187 件、出生医学证明档案 1320 卷、严州中学两校区 2005 年之前档案共 626 卷 6690 件，入库民间家谱 6 姓氏 25 册、图书资料 32 册。完成馆藏纸质档案数字化扫描 120 万页，至年末，馆藏纸质档案数字化率超过 60%。全年接待档案查阅人数 6861 人，复印 6320 份、2.03 万页。开展异地查档服务 43 次。

助力“乡村振兴”，实施“党建+民生”档案共享建设，指导乾潭镇、钦堂乡党员档案纸质档案数字化 3020 卷、8.16 万页，实现党员档案在线查阅。与钦堂乡合作编纂《葛塘村乡村振兴图文档案》。对农村土地承包经营权确权登记颁证档案进行指导，并多次参与土地确权工作省级验收。7 月，对大洋镇全体村镇干部开展村镇档案工作培训 1 场，宣传《村级档案管理办法》。开展 2016—2017 年建设的文化礼堂电子资源数据收集工作。按照 5 个大类，收集 38 个村的文化礼堂电子档案。

将“最多跑一次”改革事项中的 8 大类行政权力事项纳入电子归档范围之内，根据省档案局要求对涉及的 35 家单位的 8 类行政权力事项归档范围和保管期限表进行审批，共审核归档事项 1691 项。

强化档案执法监管。对列入 2018 年建德市政府投资重点建设项目实行档案登记制，动态化管理。推进档案“双随机”执法检查，按照要求建立“一单两库”。开展档案年检，对建德市 90 家立档单位进行书面检查，并对市委办和 4 个民主党派进行实地检查。结合年检工作，开展机关单位和档案服务企业执法检查，抽查市民政局、新安江街道等6家单位及2家档案服务企业。

参与编撰《改革开放40周年·镜头中的建德》图片集，并公开发布。

【完成“千村档案”数据库建设】2016年，建德市启动全市26个历史文化村落“千村档案”数据库建设工作，收集千村故事、传统村落、“非遗”等材料。2017年，完成2个重点村和12个一般村的建档任务，收集“千村档案”相关资料13.1G，包括文字、照片、视频、音频及扫描件。2018年，完成12个历史文化村落“千村档案”数据库建设工作，共形成数据837条，附件1559件，导出数据2.77G。

【完成“最多跑一次”电子化归档平台建设】9月，完成统一审批平台归档模块的升级及“最多跑一次”电子化归档平台建设。开始接收“最多跑一次”事项电子档案，并接收市文广新局、市公安局、市环保局、市农业局、市气象局、市城管局6家单位的363条电子事项归档进馆。2018年，电子归档平台共预归档1.27万条，对接14家单位，事项113个，正式归档6571条。

【建成数字档案室11家】2018年，全市机关单位建成数字档案室11家。向杭州市推荐市林业局、市水利水产局、市气象局、市红十字会、市资产经营投资有限公司、市新安旅游投资有限公司5家单位为规范化数字档案室。至年末，全市共创建数字档案室55家，其中规范化数字档案室25家、示范数字档案室7家。

【建设柳村村级规范档案室】6月，在大洋镇柳村试点打造村级规范档案室。指导柳村村整理文书、无违建、林权证、基建、实物、家庭6大类档案，共126卷1677件，组建391户家庭档案，完善相关制度，同时配备必要的档案装具。12月，通过市档案局验收。

【编印《葛塘村乡村振兴图文档案》】与钦堂乡合作编纂《葛塘村乡村振兴图文档案》，印制200册。图文档案共分领导关怀、村情概况、党建引领、产业兴旺、生态宜居、乡风文明、治理有效、生活富裕八个方面，详细记录葛塘村在钦堂乡党委的领导下，由后进村转变成为优秀先进村的过程，被省委书记车俊赞誉为“三年干成了三十年的事”。（王近）

建德市人民代表大会

Jiande people´s Congress

综　述

【概况】 2018 年，建德市十六届人大常委会召开常委会会议 7 次，听取和审议“一府两院”专项工作报告 17 项，作出决议决定 9 项，发出各类监督意见书 11 件，任免国家机关工作人员 45 人次，审查市政府报备的规范性文件 49 件。

着力贯彻落实市委重大决策部署，推动改革发展。在 2017 年开展专题调研、专题询问的基础上，继续围绕“最多跑一次”改革主题开展专项工作评议，打好监督组合拳。抓住规划、平台、项目等事关全市发展战略顺利实施的关键事项开展监督，助推全市经济高质量发展。组织各类监督活动，助力打造全省乡村振兴示范区。

积极回应人民群众重大关切，增进民生福祉。深化财政预决算监督，审议财政决算和同级审报告、预算半年执行情况报告，推进预算联网监督工作，持续关注国有资产管理和国有公司运营，听取 2017 年债务管理工作情况和 2018 年债务计划汇报。视察农民饮用水保障、乡镇卫生院和村级卫生室建设、农合联公共服务中心、养老服务设施建设、土壤修复、土地整治等工作，听取职业教育发展情况报告，专题调研院前急救工作、城镇和农村生活垃圾分类收集及处置情况。

深入推进宪法法律贯彻实施，加快法治建设。听取建德市“七五”普法规划实施情况、少数民族村发展情况、市法院民商事案件执行情况和基本解决执行难工作情况、刑事案件认罪认罚从宽处理工作开展情况汇报，开展固体废物污染环境防治“一法一条例”及《浙江省少数民族权益保障条例》《中华人民共和国工会法》《浙江省工会劳动法律监督条例》《宗教事务条例》等执法检查。不断改进人大信访工作，在“小事不出社区、大事不出乡镇街道”等方面作有益的探索。探索建立和完善街道居民议事制度。

立足更好发挥代表主体作用，强化服务保障。完善议案建议督办机制，市十六届人大二次会议代表提出的 176 件建议得到较好办理，当年能解决或基本解决的 114 件，总体满意率为 100%。全市代表联络站接待选民活动深入开展，14 名市级领导代表分赴代表联络站参加活动。开展“破解城区停车难”代表主题实践活动。多次组织市人大代表或代表小组全程参与法院案件执行工作。邀请代表列席常委会会议，参与视察调研、执法检查、工作评议等活动。出台代表小组定向视察办法，不断完善代表履职量化考核办法。

持续加强常委会及机关自身建设，提升履职能力。学习贯彻习近平总书记关于坚持和完善人民代表大会制度重要思想，强化理论指引，提高政治站位。设立人大机关党组，把党的领导贯穿人大常委会及机关依法履职全过程。组织开展一系列学习培训活动，推进“两学一做”学习教育常态化、制度化。重视调查研究，提升议决水平。重视制度建设，专门修订完善、审议通过七项规范性文件。重视上下联动，加强对乡镇人大工作的指导，加强人大街道工委建设，完善街道人大工作机制。

重要会议

【建德市第十六届人民代表大会第二次会议】 1 月 16—19 日，建德市第十六届人民代表大会第二次会议在市文化中心召开。大会应到代表224人，实到222人，列席人员211名。会议听取和审查市人民政府市长朱欢所作的市人民政府工作报告，市发改局所作的《建德市2017年国民经济和社会发展计划执行情况》与《2018年国民经济和社会发展计划草案的报告》、市财政局所作的《建德市2017年财政预算执行情况及2018年财政预算草案的报告》(书面)、市人大常委会副主任童文扬所作的市人大常委会工作报告、市人民法院院长毛志军所作的市人民法院工作报告、市人民检察院检察长高翔所作的市人民检察院工作报告，并通过相应决议。大会票决产生2018年市政府民生实事项目。会议期间，收到代表议案、建议176件。

【"一府两院"工作报告会】8月6日，市人大常委会组织召开"一府两院"工作报告会，市长朱欢代表市政府报告建德市上半年经济社会发展情况和下半年工作安排。会议书面通报市法院和市检察院的半年工作汇报。

【市十六届人大常委会会议】2018年，市十六届人大常委会共召开7次常委会会议。

1月8日，市十六届人大常委会召开第10次会议，听取和审议市政府《关于2018年市政府民生实事候选项目形成情况的报告》；初审《建德市2017年财政预算执行情况和2018年财政预算(草案)的报告》《建德市2017年国民经济和社会发展计划执行情况和2018年国民经济和社会发展计划(草案)的报告》；票决通过2018年政府重大投资项目；审议通过建德市第十六届人大常委会代表资格审查委员会关于代表变动情况的报告；通过市监委有关人事任免事项；讨论提出市十六届人大二次会议日程(草案)，讨论决定市十六届人大二次会议列席人员名单，讨论提出市十六届人大二次会议各项建议名单(草案)；讨论并原则通过建德市人大常委会工作报告。

3月20日，市十六届人大常委会召开第11次会议，听取和审议建德市生态文明建设示范市规划编制情况报告，作出《关于同意建德市生态文明建设示范市规划(2017—2025)的决议》；听取和审议2017年度环境状况和环境保护目标完成情况的报告；通过市法院、市检察院有关人事任免事项；讨论通过市人大常委会2018年工作要点。

5月24日，市十六届人大常委会召开第12次会议，对"最多跑一次"改革评议工作进行动员部署；审议政府重大项目投资新增和调整的议案，作出《关于批准调整部分政府重大投资项目投资计划的决议》；听取和审议固废污染防治法律法规贯彻实施情况的报告；通过市政府、市法院有关人事任免事项。

7月30日，市十六届人大常委会召开第13次会议，听取和审议市政府《关于2017年市本级财政决算草案和2018年上半年财政预算执行情况的报告》、市审计局《关于2017年度市本级财政预算执行和其他财政收支情况的审计工作报告以及审计发现问题整改情况报告》，作出《关于批准建德市2017年财政决算的决议》；听取和审议市政府《关于建德市2018年上半年国民经济和社会发展计划执行情况的报告》。

9月28日，市十六届人大常委会召开第14次会议，评议市审管办、环保局、人社局、国土资源局、市场监管局"最多跑一次"改革工作，并进行满意度测评，测评结果均为满意；审议政府重大投资项目新增和调整的议案，作出《关于批准调整部分政府重大投资项目投资计划的决议》；审议市法院关于提请确定人民陪审员名额的议案，作出《关于确定建德市人民法院人民陪审员名额的决定》；通过市政府、市法院、市检察院有关人事任免事项，举行宪法宣誓仪式，7名新任命的国家机关工作人员参加宣誓。

11月30日，市十六届人大常委会召开第15次会议，视察桥东江滨景观公园、梅城棚户区改造安置房、杭黄站前广场及连接线、下涯镇和美家园安置房三期建设工程、新安江综合保护工程等政府重大投资项目实施情况；听取和审议市政府《关于建德市2018年财政预算调整方案(草案)的报告》，作出《关于批准调整建德市2018年度财政预算的决定》；听取和审议市政府《关于建德市2018年地方政府债务限额的议案》，作出《关于批准同

◎10月25日，杭州市人大常委会党组书记、主任于跃敏（中）在建德调研（朱永标 摄）

意建德市2018年地方政府债务限额的决议》；听取和审议《2018年政府重大投资项目实施情况的报告》《建德市“十三五”规划纲要中期评估报告》；通过主任会议有关人事任免事项；审议通过《建德市人民代表大会常务委员会工作评议办法》等7个规范性文件，对部分条文进行修订。

12月29日，市十六届人大常委会召开第16次会议，听取2018年市政府民生实事项目实施情况的报告；专题评议市十六届人大二次会议代表议案建议办理情况，并进行满意度测评，测评结果均为满意；听取部分在建杭州市人大代表的述职报告，并进行满意度测评，测评结果均为满意；审议通过《关于召开建德市第十六届人民代表大会第三次会议的决定》；通过市检察院有关人事任免事项；听取和审议童文扬提交的辞去杭州市第十三届人大代表职务的报告，作出《关于接受童文扬辞去杭州市第十三届人民代表大会代表职务的决议》，补选叶万生为杭州市第十三届人民代表大会代表。

【主任会议听取专项工作汇报】2018年，市人大常委会共召开10次主任会议，听取专项工作汇报。

3月28日，主任会议专题听取国有资产管理和国有公司运营情况汇报。

4月27日，主任会议视察杭州富春开元芳草地乡村酒店、姚坞旅游码头、七里扬帆码头、双江休闲街、综保工程旅游项目（彩绘田园）、江南秘境项目、南山福邸雷迪森酒店、莲花镇戴家民宿及九仙铁皮石斛基地等全域旅游相关点位，专题听取建德市全域旅游工作情况汇报。

5月29日，主任会议视察新安江综保工程，专题听取新安江综保工程工作情况、高铁新区规划编制和项目推进情况汇报。

6月11日，主任会议视察重大工业项目推进、产业转型升级情况，实地视察东方雨虹新型建材生产研发基地、德爱威新型建材生产基地、五星生物科技增塑剂建设项目、新化化工项目等6个重大工业项目，专题听取全市重大工业项目推进和传统制造业改造提升转型升级工作情况和开发区（航空小镇）相关情况汇报。

7月10日，主任会议专题听取建德市职业教育发展情况汇报。

7月31日，主任会议专题听取市法院关于刑事案件认罪认罚从宽处理工作开展情况和民商事案件执行情况汇报。

8月23日，主任会议专题听取建德市“七五”普法规划实施情况汇报。

10月24日，主任会议视察杨村桥、洋溪、更楼的小城镇环境综合整治项目现场，专题听取建德市第二批小城镇环境综合整治工作汇报。

11月1日，主任会议视察乾潭镇下梓村美丽乡村、洓市村美丽庭院、高铁新区移民创业创新小微企业园项目、莲花镇齐平村特色村、戴家村民宿等建设情况，专题听取建德市乡村振兴战略实施情况汇报。

12月21日，主任会议专题听取市公安局2018年工作情况汇报。

重要活动

【全面落实环境报告制度】 3月底，市人大常委会首次听取和审议2017年建德市环境状况和环境目标完成情况的报告。指导乡镇人大落实好该项制度，全市13个乡镇在人代会上听取环境报告，提前实现市镇两级政府环境报告制度全覆盖。

【推进民生实事项目代表票决制】 1月19日，市十六届人大二次会议首次采用代表票决的方式，确定2018年度十件市政府民生实事项目。市人大常委会建立全员全程持续监督机制，将全体市人大代表分成10个监督小组，分别负责监督1个项目。代表们积极参加各种层面监督活动，及时发现项目推进中存在的困难和问题，有的放矢提出建议，反复持续督促落实。通过市政府及有关责任单位的努力工作，十件民生实事项目全部完成。

【专题评议“最多跑一次”改革工作】 对市审管办、人社局、国土资源局、环保局、市场监管局开展“最多跑一次”改革工作评议，全年召开各类座谈会20多次，征集各类意见建议240多条。评议会后，分别形成对市政府和五个部门的评议意见，提出进一步改善行政服务中心的场地条件、推动改革深化和审批流程优化、推进数据共享和网络信息建设、加强涉及上级部门审批的协调力度、优化和规范中介机构服务、加强舆论宣传等评议意见。

【助力打造全省乡村振兴示范区】 1月19日，在市第十六届人大二次会议上作出《关于全力打造全省乡村振兴示范区的决议》。专题视察全域旅游工作，召开主任会议听取乡村振兴五年行动计划及“美丽乡村”建设工作汇报，提出意见建议。人大机关积极参与乡村振兴工作，常委会领导担任乡村振兴工作队队长，相关工委负责人担任副队长，4名干部担任“乡村振兴特派员”，赴镇村一线开展工作。全市各级人大代表就近就便开展监督活动，积极助力乡村振兴。

【建立“点线面”议案建议督办模式】 突出重点议案建议的督办，建立委办分线督办机制，推行全过程跟踪督办，形成督办的闭环。召开不满意件专题督办会，对办理态度不满意、办理结果不满意的议案建议进行专项督办。撤销320国道于合收费站、解决大洋镇饮水难题、加快梅城历史建筑保护和利用等重点议案建议得到较好落实。

【执法检查】 5月8—14日，市人大常委会组织部分人大代表分3个检查小组，对“固废”污染防治法律法规执行情况开展执法检查，先后就建德市生活垃圾分类收集处置、循环经济产业园建设、畜禽养殖污染物处理、资源再利用产业等方面开展实地检查。提出要进一步提高对垃圾危害的认识，明确相关责任，加大宣传力度；要进一步增强法律意识，强化执法能力，加强处置管理；各部门要加强配合，加大对资源再利用产业的扶持力度，抓好垃圾处理薄弱环节，科学评估垃圾处置能力等意见建议。

8月23日，市人大常委会对《中华人民共和国工会法》《浙江省工会劳动法律监督条例》(以下简称“一法一条例”)的落实情况开展执法检查，实

◎9月28日，市人大常委会第十四次会议专题评议“最多跑一次”改革工作

地检查安伴急救、罗龙科技、佳泓工具等公司关于“一法一条例”的贯彻落实情况，听取市总工会关于贯彻落实“一法一条例”工作汇报。要求加强对“一法一条例”及工会相关政策的宣传力度；完善基层工会的组织架构、阵地建设；各级工会组织要增强中心意识，服务大局。

【8次视察检查】5月18日，市人大常委会组织部分市人大代表视察建德市养老服务设施建设情况。代表们实地察看寿昌镇钱江缘养老院、更楼街道黄畚村老年食堂以及正在建设的市福利中心等项目，听取近年来建德市养老工作的相关情况汇报，提出完善养老产业相关规划，注重资源和力量的整合，不断创新服务方式，提升管理服务水平等意见建议。

7月27日，市人大常委会组织部分市人大代表专题视察建德市土壤修复工作。代表们实地察看下涯镇平坡谷蓝莓基地和红姬草莓专业合作社育苗基地，听取建德市耕地质量管理与土壤地力修复改良提升工作的相关情况汇报。

8月10日，市人大常委会视察建德市土地整治工作。视察组实地视察大同镇劳村村垦造水田项目、航头镇航景村茅草坞垦造水田项目和溪沿村大山畈张家垦造水田项目，以及寿昌镇周村村垦造水田项目，听取建德市水田垦造和全域土地综合整治工作进展情况汇报。

8月21日，市人大常委会督查建德市重点(大)项目。督查组实地视察桥东江滨景观公园建设项目、原南山福邸开发工程、移民创新创业小微企业园、旦洋无纺、贝兴环保、江南秘境—江南渔村和三都镇小城镇环境综合整治项目，听取2018年建德市重点(大)项目安排及进展情况汇报。

9月27日，市人大常委会组织部分市人大代表专题视察农民饮用水保障工作。代表们实地视察大同镇石郭源自来水厂、航头镇白岭坑自来水厂，听取农民饮用水保障工作汇报。

10月26日，市人大常委会专题调研建德市重点建设项目档案管理工作。调研组实地查看市资投公司、市水利水产局的档案室建设、日常管理等情况，听取重点建设项目档案管理情况和存在问题的汇报。

11月26日，市人大常委会组织部分市人大代表视察高铁新区及场站建设。代表们实地查看杭黄高铁建德站候车大厅、站前广场和连接线等地，听取有关情况介绍，建议要加快推进旅游集散中心和公共交通接驳建设，完善基础配套；尽快出台富有建德特色的旅游政策；加大对内对外的宣传力度；加强沿线道路的环境整治。

12月13日，市人大常委会组织部分在建杭州市人大代表督查2018年度杭州市政府民生实事项目(建设农村文化礼堂和公共文化场地WiFi设施)。督查组实地视察大同镇潘村、管村桥村、富塘村、高桥村等村文化礼堂建设情况，听取有关项目建设等情况介绍。(赵亚光)

建德市人民政府

Jiande City People's Government

综 述

【概况】2018年，建德市坚持以习近平新时代中国特色社会主义思想和党的十九大精神为指引，坚持高质量发展要求，攻坚克难，真抓实干，全市经济社会发展总体呈现“稳中有进，进中提质”的良好态势。

全市生产总值(GDP)比上年增长7.6%，第三产业增加值增长12.1%，规上工业增加值增长7.6%，农业增加值增长2.5%，固定资产增长18.6%，社会消费品零售总额增长10.2%，自营出口增长25.9%，到位浙商回归资金33.3亿元，实际利用外资1.45亿美元；财政总收入首次突破50亿元，其中地方财政收入增长15.9%；城镇居民和农村居民人均可支配收入分别增长8.8%和9.6%。

【项目平台有力推进】签约引进项目57个，总投资200多亿元，置信集团小微创业园、心安悦容度假村等一批大项目签约落地。新增省重点建设项目4个、省重大工业项目3个、省重大外资项目2个、省服务业重大项目1个、杭州市重点建设项目21个。江南秘境国际旅游度假区、恒大温泉小镇等5个“152”项目开工建设4个。杭州港建德港区十里埠综合作业区一期工程开港运行。23省道航头至界头段改建、320国道至杭黄高铁建德站连接线等工程建成通车。开发区(航空小镇)获评省级优秀特色小镇，省机场集团通航总部、上海产业技术研究院浙江创新院等项目落户，华奕无人直升机等通航制造业项目正式落户，德扬航空首架大棕熊100系列Ⅱ飞机下线运行。高铁新区(高新园)创建省级功能性新材料高新技术产业园，与北控集团正式签订PPP合作协议，新安江综保工程实现滨江景观路全线贯通。成为杭州地区唯一入围全省小微园建设提升工作县市。

【产业结构持续转优】获评“两化深度融合国家示范区”称号，首获全省经济和信息化工作优秀县市称号。设立3亿元产业发展引导基金，强化安全、环保和亩均效益“三倒逼”，碳酸钙行业全部实现上规模目标。开展省全域旅游示范市创建，航空小镇创成国家AAAA级景区，乾潭镇创成省级旅游风情小镇，举办第十八届中国·17℃建德新安江旅

◎土地协商发布会

游节系列活动。全年接待游客1117万人次，首次突破“千万”大关。跨境电商上线企业增至200家，出口额2.2亿美元。跻身首批国家有机食品生产基地建设示范市试点。杨村桥草莓小镇创建全省首批特色农业强镇。承办第17届中国(建德)草莓文化旅游节，获全国茶叶品牌影响力十强县(市)。

【改革创新焕发活力】“最多跑一次”改革实现率和满意率位列全省前三十，在杭州地区首创“兜底”服务机制。开展“标准地+承诺制”改革，工业标准地出让占比居杭州地区首位。实现“零上门”事项173项，不动产交易登记实现全流程最快60分钟领证。落实“三去一降一补”任务，为企业减负16.8亿元。实施农村综合配套改革，完成农村承包地确权颁证。推进“坡地村镇”建设，项目数居全省县(市)首位。创建全省信用县市，获全国首批守信激励创新奖。引进创新资源，科技大市场正式启用，上海第二工业大学建德技术转移中心落户。新增杭州市级以上高新技术企业28家、杭州市级以上高新技术研发中心11家，新增入孵企业15家。

【城乡环境日益优化】获评首个“中国气候宜居城市”、美丽浙江建设优秀县市，创建全省首个全国森林经营样板基地。环境空气优良天数346天，优良率94.8%。通过中央环保督察反馈问题整改省、杭州市“回头看”检查。获评农村生活污水处理设施运维管理优秀县市。推进“双清”工作，完成征地495.8公顷，拆迁1959户，安置1781户。获全省小城镇环境综合整治优秀县(市)，承办全省农村人居环境提升暨小城镇环境综合整治现场会，寿昌、大洋、杨村桥被评为省级样板镇，其中寿昌成为全省首个免检通过验收的乡镇。完成拆违142.2万平方米、“三改”42.6万平方米，杨村桥、下涯、莲花成为“无违建乡镇”。获评全省农村生活垃圾分类处理工作优胜县(市)。推进农村文化礼堂“全覆盖、全星级”建设，承办全省“万家礼堂庆丰收”主场活动。全面完成“消薄”年度任务。

【民生保障稳步改善】市人大票决确定的城乡公交惠民、农村公路提升、养老服务扩面、管道天然气延伸、便民办事等10件民生实事项目全面完成。创建省教育基本现代化市，完成教育项目建设投资2.2亿元，新安江职业学校、城东实验学校、月亮湾小学及幼儿园、洋安幼儿园等10所学校投入使用，全面实施中小学教师“县管校聘”和奖励性绩效工资分配改革。推动医共体建设，深化公立医院综合改革。杭州市第七医院浙西院区一期工程开工建设。获评全国老年体育先进县(市)。创建全国、全省综合减灾示范区各1家。完成320国道新安江收费管理所撤站工作。(余益忠)

重要会议

【市政府全体成员(扩大)会议】 3月8日召开，部署落实2018年政府主要目标任务和重点工作。市委常委、常务副市长吕平主持会议，市委常委、副市长孟关良，副市长张早林、俞朝辉、何亦星、柯汉根、夏喜生、钱晓华参加会议。市委副书记周友红、市人大常委会副主任童文扬、市政协副主席程旭应邀出席会议。

会上，吕平通报《政府工作报告》目标任务分解情况；孟关良、张早林、俞朝辉、何亦星、柯汉根等围绕各自分管线上的工作，总结2017年工作成绩，并就2018年重点工作和人物进行具体部署。

◎3月29日，副省长陈伟俊(中)在建德调研指导小城镇环境综合整治工作

市长朱欢在会上要求，全市各级各

部门要紧紧围绕“实现新崛起”的目标和“浙江大花园建设排头兵、杭州新的经济增长极和杭州西部门户城市”的定位，正视挑战，抢抓机遇，鼓足干劲，确保各项工作夺取“开门红”，实现“全年红”。会上，俞伟通报《政府工作报告》目标任务分解情况；何亦星、陈文岳、柯汉根、夏喜生、郑志华等围绕分管线上的工作，总结2017年工作成绩，并就2018年重点工作和任务谈思路、谈举措。市长朱欢在会上要求确保各项工作勇夺“开门红”、实现“全年红”。

【市政府第十六届十次至二十七次常务会议】

1月11日，召开市政府十六届第10次常务会议，市长朱欢主持会议。会议审议并原则通过《关于2017年国民经济和社会发展计划执行情况与2018年国民经济和社会发展计划草案》《关于2018年政府工作报告（送审稿）》《关于2017年财政预算执行情况和2018年财政预算草案》《关于建德市茶业区域公共品牌建设三年行动计划》《关于建德市高铁新区PPP项目实施方案》《关于进一步深化退役士兵社会化服务工作的实施方案》《关于推进适度普惠型儿童福利制度建设的意见》《关于提高我市城乡居民最低生活保障标准的方案》《关于建德市节地生态安葬专项补助资金使用管理暂行办法》《关于2018年职工基本医疗保险部分政策调整方案》《关于进一步规范被征地农民基本养老保障政策》，研究并通过《关于建德市土地储备运行机制改革实施意见》《关于促进建德市美丽经济发展的扶持细则（试行）》。

1月24日，召开市政府十六届第11次常务会议，市长朱欢主持会议。会议审议并原则通过关于建德市十六届人大二次会议、市政协十四届二次会议期间审议意见建议办理答复工作相关事宜，研究并通过高铁新区杨村桥门户区块征迁政策和新安江城区差别化停车收费方案。

1月29日，召开市政府十六届第12次常务会议，市长朱欢主持会议。会议审议并原则通过《建德市实施乡村振兴战略三年行动计划（2018—2020）》《建德市创建浙江省美丽乡村示范县行动方案》《关于明确建德市美丽乡村示范县创建市级部门工作职责分工的通知》《关于培育“乡土人才”推进乡村振兴的三年行动计划》《关于完善农村土地“三权”分置推进农业适度规模经营的实施意见》《建德市农村宅基地审批管理办法》《关于加快推进农村宅基地使用权及房屋所有权确权登记发证工作的通知》《关于农村闲置房屋盘活利用的若干意见》《关于做好集体经营性建设用地入市前期工作的通知》，研究并通过府前路区块旧城改造规划方案和实施方案以及新安江大城区慢行系统EPC招标事项。

2月8日，召开市政府十六届第13次常务会议，市长朱欢主持会议。会议审议并原则通过《建德市生态文明建设示范市规划》《2018年新安江街道义务教育段学校学区调整方案》《2018年新安江街道义务教育段学校招生工作细则》《建德市产业发展引导基金管理办法》《新安硅谷产业投资基金合作框架协议》《关于加快建德市通用航空产业发展的扶持意见》《2018年全市工业经济暨“三招三引”大会方案》，研究并通过公办幼儿园保教费标准调整方案。

3月21日，召开市政府十六届第14次常务会议，市长朱欢主持会议。会议审议并原则通过《关于加快开发区（航空小镇）、高铁新区（高新园）发展的实施意见》《新安江城区差别化停车收费方案》，研究并通过建德市高铁新区PPP项目竞争性磋商文件及合同相关事宜。

4月9日，召开市政府十六届第15次常务会议，市长朱欢主持会议。会议审议并原则通过《建德市既有住宅加装电梯工作的实施意见》《建德市第二次全国污染源普查方案》《十八届中国·17℃建德新安江旅游节方案》，研究并通过建德市移民小微企业创新创业园项目相关事项，会议原则同意建德市金盛置业发展有限公司按照相关规定直接配置小客车指标。

5月2日，召开市政府十六届第16次常务会议，市长朱欢主持会议。会议审议并原则通过《建德市工业项目准入审查办法》《建德市工业项目履约监管办法》《关于加快小微企业创业园建设的若干意见》《建德市盐业体制改革实施方案》《建德市城市（城镇）规划区范围内农房和拆迁安置规划审批相关意见》《关于进一步落实土地管理有关审批权限委托下放相关事项的通知》《2018 年度“美丽建德”建设工作计划》，审议，创建浙江省全域旅游示范市和新安江景区创建国家 AAAAA 级旅游景区的工作方案，研究并通过建德市环境能源项目招标文件相关事宜。

5 月 8 日，召开市政府十六届第 17 次常务会议，市长朱欢主持会议。会议审议并原则通过《高铁旅游建德行动计划（2018—2020 年）》《建德市农村人居环境提升三年行动方案（2018—2020 年）》《建德市生态文明建设示范市创建实施方案》《建德市消防安全工作岗位职责规定》《落实消防安全责任实施办法》《关于加快小微企业创业园建设的若干意见》《建德市化工产业改造提升试点实施方案（2018—2020）》，研究并通过 2018 年政府投资项目建设计划调整事宜和贯彻市委招商引资工作“新七条”相关工作。

5 月 30 日，召开市政府十六届第 18 次常务会议，市长朱欢主持会议。会议审议并原则通过关于新安江府北、健康南区块棚户区改造项目国有土地上房屋征收补偿方案和社会稳定风险评估报告，要求统筹考虑补偿标准，坚持“阳光”征收，严格执行相关法律法规和政策，做到公开、公平、公正。

6 月 20 日，召开市政府十六届第 19 次常务会议，市长朱欢主持会议。会议审议并原则通过《建德市政府投资项目竣工（综合）验收管理办法》《建德市农村饮水安全巩固提升工程规划》《“建德草莓”公共品牌建设三年行动计划》《建德市农村公厕综合整治工作实施方案》《关于实施教育综合改革促进教育现代化的意见》。

7 月 12 日召开市政府十六届第 20 次常务会议，市长朱欢主持会议。会议组织专题学习《中华人民共和国监察法》，听取 2018 年市政府十件民生实事项目半年度工作情况的汇报，审议并原则通过《关于深化“亩均论英雄”改革的实施意见》《关于推进政策性融资担保体系建设的实施意见》《建德市营商环境建设暨深化“亩产论英雄”改革工作推进大会方案》《关于进一步优化营商环境的实施意见》《高铁新区（洋溪片区）征收集体所有土地房屋补偿安置实施细则》《建德市贯彻落实中央环境保护督察反馈意见整改方案》《关于全面建立乡镇（街道）生态环境状况报告制度的意见》《关于公布建德市创建全国文明城市第一批重点任务清单的通知》。会议还听取关于贯彻上级国地税征管体制改革会议精神、与省农业科学院推进乡村振兴合作协议和 2018 年退休人员调整基本养老金的测算情况汇报，研究并原则同意杭州北控建德江投资有限公司按照相关规定直接配置 2 个小客车指标。

8 月 9 日，召开市政府十六届第 21 次常务会议，市长朱欢主持会议。会议审议并原则通过《康庆渔家灯火休闲农庄收购补偿方案》《梅城镇征收集体所有土地房屋补偿安置实施细则》《新安江街道江村埠区块集体所有土地房屋征收补偿安置实施细则》《建德市非金属矿物制品业改造提升实施方案》《橡胶和塑料制品制造业改造提升试点实施方案》《酒和饮料制造业改造提升试点实施方案》《建德市新墙材产业发展规划（2018—2025 年）》《建德市中小企业转贷资金管理办法》《关于高水平建设人才强市的实施意见》，研究并通过关于高铁新区 PPP 项目补充协议（5 年投资计划）及三个存量项目纳入 PPP 项目合同范围、高铁建德站站前区域综合管理相关事宜、建德千岛湖通用机场扩建项目采用 EPC 模式建设事宜。

8 月 30 日召开市政府十六届第 22 次常务会议，市长朱欢主持会议。会议审议并原则通过《关于贯彻杭州创建“中国制造 2025”国家示范区若干意见的实施细则》《进一步加强高技能人才队伍建设的意见》《建德市领军型人才创业扶持资金、贷款贴息管理办法（试行）》《建德市治污水暨水污染防治行动 2018 年实施计划》《建德市 2018 年大气污染防治实施计划》《关于进一步深化殡葬改革全面推行节地生态葬法的意见》《关于在全市开展“寿坟”专项整治的通知》《建德市预拌混凝土企业绿色转型升级三年行动计划》《建德市再生资源回收实施方案》《关于进一步规范征收非住宅房屋补偿管理工作的通知》《浙江省公共信用信息管理条例》《建德市洋溪街道大明化工区块房屋征收项目国有土地上房屋征收补偿方案》，研究并通过航空小镇通航运行重点实验室项目建设事宜。

9 月 25 日，召开市政府十六届第 23 次常务会议，市长朱欢主持会议。会议审议并原则通过《全市“消薄”增收平台项目实施方案》和建德市扶贫领域腐败和作风问题专项治理工作情况汇报，研究并通过 2018 年建德市政府投资项目建设计划调整事宜。

10 月 19 日，举行市政府十六届第 24 次常务会议，市长朱欢主持会议。会议审议并原则通过《“健康建德”2030 行动纲要》《2018 年度“健康建德”建设考核评分细则》《建德市养老服务业资金补助实施细则》《建德市临时救助实施办法》《建德市食品安全党政同责实施办法》《建德市矿山安全发展规划》《关于进一步加快服务业发展的若干意见》《建德国有企业公务用车制度改革实施意见》。会议组织学习《网络安全法》，研究并通过公务用车保障工作有关事宜和建德海螺水泥寿昌粉磨站搬迁事宜。会议还研究并原则同意建德置信置业有限公司、浙江铁凝汽车用品有限公司、建德市万固房地产开发有限公司按照规定分别直接配置小客车指标 1 个。

11 月 6 日，举行市政府十六届第 25 次常务会议，市长朱欢主持会议。会议审议并原则通过《建德市建设高品质“四好农村路”三年行动实施方案》《建德市“十三五”规划纲要中期评估报告》《关于加快推进数字经济建设的实施意见》《建德市加快数字经济发展行动方案》《农夫山泉五期项目投资协议》。会议组织学习《中华人民共和国科学技术进步法》，研究并通过停止浙人社发〔2011〕221 号文件一次性补缴部分政策，会议还研究并原则同意建德中电建新能源有限公司、建德市十里埠港发展有限公司按照相关规定各直接配置 1 个小客车指标。

12 月 6 日，举行市政府十六届第 26 次常务会议，市长朱欢主持会议。会议审议并原则通过《关于保持外贸稳定增长的实施意见》《建德市客运出租车运行价格调整方案》《杭黄铁路建德站公共客运对接方案》《关于实施 320 国道收费站处置工作的意见》《建德市“名教师、名班主任、名校长、名学校”工程实施意见》《更楼街道岩源村石马头区块征收集体所有土地房屋补偿安置实施方案》《杭州市基本医疗保障办法建德实施细则的修改意见》《关于提高我市城乡居民最低生活保障标准的方案》，会议还组织学习习近平总书记在首届中国国际进口博览会开模式上的主旨讲话精神和习近平总书记在民营企业座谈会上重要讲话精神。

12 月 27 日，举行市政府十六届第 27 次常务会议，市长朱欢主持会议。会议审议并原则通过《2019 年建德市政府投资项目建设计划》《建德市小微企业三年成长计划》《建德市国家高新技术企业“亩产效益”综合评价办法》《建德市特困人员救助供养实施办法》，研究并通过浙江省教育现代化发展水平监测情况(建德)和全国教育大会精神汇报。

【市长办公会议】 1 月 11 日召开第 1 次会议。市长朱欢主持会议。会议研究并原则通过《建德市美丽经济发展基金合作框架协议》《建德市参保适龄妇女免费“两癌”检查项目实施方案》，浙江建工水利水电建设有限公司合作协议。

1 月 24 日召开第 2 次会议。市长朱欢主持会议。会议研究并原则通过建德市 2018 年规划编制计划，听取关于对残疾人就业保障金实行临时性减征的建议的汇报。

2 月 8 日召开第 3 次会议。市长朱欢主持会议。会议研究并通过给予纳税上规模企业表彰奖励，2017 年度建德市重点单项工作考核结果，建德市公车改革后部分车辆处置的建议方案，心安悦榕度假村项目投资协议及补充协议，与省机场集团有限公司通航项目合作协议及补充协议，并听取航空小镇孵化中心、浙江省航空护林站项目采用 EPC 总承包方式、卓达项目地块收回、事业单位实施绩效工资调控资金政策等事宜。

2 月 27 日召开第 4 次会议。市长朱欢主持会议。会议研究并通过关于 2018 年《政府工作报告》任务分解的汇报。

4 月 9 日召开第 5 次会议。市长朱欢主持会议。会议听取关于调整建德市特定群体治疗方案及相关费用测算说明的汇报、关于“银医合作”建设建德市卫生信息化项目的汇报、供应链物流项目合作协议、关于对盛德国际广场给予财税扶持政策相关意见的汇报、中策橡胶(建德)有限公司春秋厂区改扩建及仓储配套项目协议、置信工业地产项目投资协议、建德红狮环保产业园项目投资协议的汇报。会议同时研究明确部分市领导工作分工调整事项。

4月16日召开第6次会议。市长朱欢主持会议。会议研究并原则通过《严州古城综合保护与开发战略合作框架协议》,听取关于防范化解地方性债务工作的汇报。

5月2日召开第7次会议。市长朱欢主持会议。会议研究并原则通过《建德市2018年度节能降耗目标责任评价考核办法》和致中和生物工程有限公司招商引税项目协议。

6月20日召开第8次会议。市长朱欢主持会议。会议研究并原则通过2018年度重点单项工作考核办法、麦克莱恩国际集团及香港同乡会相关项目协议、心安悦容度假村项目补充协议、中文在线数字出版集团战略合作框架协议。

8月30日召开第9次会议。市长朱欢主持会议。会议研究并原则通过2018年度民生实事项目财政资金保障事宜、南方水泥绿色建材产业园项目投资协议、省交投公司对桥东区块商旅综合体项目的投资框架协议、天忆国际养生旅游度假区项目投资框架协议、杭州禹泰生态农业旅游休闲综合体项目投资协议,听取建德市创建省教育基本教育现代化市评估认定反馈意见整改任务分解、申报2019年度历史文化村落保护村等事宜。

10月19日召开第10次会议。市长朱欢主持会议。会议研究并原则通过《第17届中国(建德)草莓文化旅游节暨第11届建德新安江草莓节方案》、华奕无人直升机飞控平台及整机研发制造项目协议和德扬大棕熊系列Ⅱ飞机制造基地项目协议。与杭州灿越网络科技股份有限公司补充协议。会议同时明确常务副市长俞伟的工作分工。

12月6日召开第11次会议。市长朱欢主持会议。会议研究并原则通过左中右汽车分时租赁项目投资合作协议、国际香料香精(杭州)有限公司扩建项目投资协议、高铁新区PPP项目合同前期费用确认补充协议、微反应化学工程中心合作协议。(刘锴)

外事工作

【概况】2018年,建德市共办理因公出国(境)报批31批76人次,其中自行组团出国(境)7批48人次,主要形式为出访交流、招商引资等。审查企业邀请外国人员来华发邀请函电申报6批9人次。

【主要出访】4月19—23日,市委书记童定干带队赴德国参加国际通航展和通航产业招商。重点走访法兰克福通用机场、腓特烈港AERO展会集团、吕德斯海姆小镇、罗特韦尔小镇,借鉴欧洲通航产业发展、特色小镇建设的经验,推进建德市航空小镇在通航领域与国际间的交流合作。

5月30日至6月6日,副市长张早林带队赴日本、斯里兰卡调研草莓、茶产业和养老产业发展。重点探讨静冈草莓小镇农旅结合发展模式,商谈建德草莓小镇对接项目,就引进节水灌溉设备和大数据管理指导建德草莓发展达成意向并建立联系机制。

9月18—26日,副市长夏喜生带队赴美国、墨西哥调研相关企业并开展经贸招商,推进在谈项目进度及落地企业增资扩股。访问团走访美国IFF公司总部,商谈IFF(浙江)公司搬迁建德和扩大对建德投资事宜。调研建德勇华电器美国海外仓建设情况。

【主要来访】5月25日,由中国科学技术协会和浙江省人民政府主办、中国科协军民融合学会联合体和建德市人民政府承办的“新时代军民两用关键技术研讨会暨建德军民融合产业发展论坛”在建德市召开,国际航空科学理事会(ICAS)主席、美国及英国国家科学院院士嬴淑娴,国际宇航科学学院院士、意大利航天局国际部部长Gennaro Russo等多位国际顶级专家出席论坛。

7月28日,2018中国·17℃建德新安江“夏日冬泳”万人挑战赛在建德举办。3000名参赛者中有来自美国、俄罗斯、白俄罗斯、马来西亚、蒙古、土库曼斯坦、摩洛哥、坦桑尼亚、津巴布韦 9 个国家共 19 人组成的“国际达人泳士队”参加比赛。

10 月 24 日，建德市委常委、副市长孟关良会见来自德国阿尔特多夫莱布尼茨一级文理中学的师生代表。孟关良介绍建德概况并作答学生提问，双方互赠礼物、合影留念。2018 年德国客人的来访，是继 2008 年后双方的第六次交流。

10 月 26 日，建德市第三届“稻舞田间”稻香节暨杭州建德国际田园农耕体验活动在钦堂乡举办，来自尼日利亚、厄瓜多尔、加拿大驻沪总领馆的外交官，中非民间商会和浙大、杭师大留学生等 40 多位外宾应邀参加活动。

12 月 20 日，德扬航空建德基地首架大棕熊 100 系列Ⅱ飞机下线交付仪式在建德千岛湖通用机场举办，省市相关部门领导、美国 QUEST 飞机公司副总裁、美国驻沪总领馆高级商务专员等 100 多位通用航空领域专家、通航企业代表出席活动。

【民间交流】12 月 16—21 日，建德市婺剧团一行 21 人前往土耳其安卡拉参加第九届谢菲卡·库特鲁埃尔国际艺术节，开展为期 6 天的文化艺术交流活动，精湛的演出赢得当地观众的喜爱。(宋莹)

◎12 月 20 日，建德市婺剧团赴土耳其安卡拉参加国际艺术交流表演

侨务及对港事务

【概况】2018 年，建德市人民政府侨务办公室坚持为侨服务理念，在“凝聚侨心、汇集侨智、发挥侨力”上下功夫，服务海外华侨华人、留学人员、港澳同胞及其家属，联系海外重点人才，加强与香港建德同乡会的联谊，引导侨界捐资助学，开展引资引智引才工作，为建德经济社会发展贡献力量。

引导台侨界政协委员开展调研，撰写提案和社情民意，共提交调研文章 1 篇、提案 6 件、社情民意 5 件。开展污水处理设备运维、垃圾分类等调研督查活动 3 次。

【引资引智引才】对接香港同乡会，副会长汤志成先后 9 次分别带领盈石控股集团、美国麦克莱恩国际集团等到建德考察，经过多次对接交流洽谈，成功注册浙江麦克莱恩股权投资基金管理有限公司，注册资金 8000 万元。联系中国联通浙江分公司，在建德航空小镇落地通航产业数据中心项目，总投资 2 亿元，年内到位资金 5000 万元。服务建德市环保科技创新创业中心，引进、培养“省千”“省 151”“杭州市 521” 等各类高层次人才 12 人次。联系招商项目 5 个，引进税收 243 万元。9 月 21 日，15 位海外华侨华人、香港同胞代表到建德参加首届“建德人”大会，现场签约科技创新、“智美建德”、人才工作站 3 个项目。12 月 21 日，建德市委、市政府在杭州电视台 1 号演播厅举行“宜居建德发布推介会”，汤志成作为“宜居建德”城市品牌唯一的推广大使。

【联谊服务工作】春节前夕向 60 位海外重点对象发邮件、微信祝福新春，收到美国、加拿大、法国、德国、新加坡、日本等国家和地区的 20 位海外华侨和留学人员发来的祝福视频。4 月 23—27 日，组团赴港联谊团参加香港建德同乡会两周年庆典活动，与香港建德同乡会、美国麦克莱恩国际集团分别签约 3 个项目；香港建德同乡会为新安江中学宏毅基金会捐款 100 万元。在港期间，联谊团拜访中联办、港区省级政协委员联谊会，并进行座谈交流，走访慰问重点归侨、侨眷26户，接待香港同胞和海外华侨华人50多人，走访服务侨资、侨属、留学人员企业22家。全年处理侨务及涉港信访6件。(练月珍)

行政审批服务管理(最多跑一次)

【概况】2018年，建德市围绕“审批事项最少、办事效率最高、政务环境最优、群众和企业获得感最强”的改革目标，推出“标准地+承诺制”改革，设立“兜底办”服务专窗，组建“投资项目一站式服务中心”，启用24小时自助服务厅，推动“最多跑一次”改革。至年末，按母项计算，全市申请事项664项，除省规定可以不列入跑一次事项清单的2个公安的事项外，实现“最多跑一次”全覆盖，其中173项实现“零上门”；按子项统计，一证通办事项378项，其中358项实现一证通办。

1月8日，建德市行政审批服务管理办公室印发《关于全面开展“微笑服务”专项活动的通知》，在建德市行政服务中心窗口全面开展“微笑服务”专项活动，实行领导班子成员“微笑服务”责任片区包干制度。2月27日，印发《建德市行政审批服务管理办公室“微笑之星”“十佳微笑之星”评选办法(试行)》，深化机关作风建设，推行“2211”服务标准化。9月2日，印发《推进“最多跑一次”改革实现率和满意率双提升的实施方案》，加强窗口服务人员配备，督促窗口人员结构调整，窗口在编人员比例由45%上升至50%以上。10月8日，印发《关于进一步加强部门自建大厅管理的通知》，加强政务大厅标准化建设，营造五星级政务服务环境。

【设立“兜底办”服务专窗】建德市在推进“最多跑一次”改革过程中，发现群众和企业在办事过程中仍存在一些合理、合情但因历史遗留问题而导致的“疑难杂症”。经充分调研分析后，于5月在杭州地区首创“兜底服务”机制，即在建德市行政服务中心设立“兜底办”专窗，配备专职受理和办理人员，明确办理流程，专门受理需要政府帮助协调解决的“疑难杂症”，破解办事过程中的痛点、堵点、难点，倒逼改革提速。对于可以马上办理的事项，工作人员在最短的时间内办理解决；对于需要召开协调会解决的事项，在3个工作日内召集相关部门一同协商，对复杂事项进行“庖丁解牛”，明确解决方案，并做好任务分解；对因政策等原因，不具备办理条件的，则做好说明，待条件成熟后再启动办理；对不符合法律法规及政策规定的，做好解释工作。至年末，“兜底办”帮助群众解决疑难事项24个，其中历史遗留5年以上的办件占83.3%，平均办结时间25.2天，跟踪回访满意率100%。

◎5月3日，市委常委、常务副市长吕平(右三)坐班市场监管窗口。

【推行“标准地+承诺制”改革】3月16日，《建德市企业投资项目“标准地+承诺制”改革实施方案(试行)》制定出台，依据“标准地明确地块标准，承诺制细化项目标准，过程中强化监管责任，验收时践诺对标”的原则，推行“标准地+承诺制”改革试点。通过开展区域评价、构建出让指标体系、明确出让承诺履约要求、结合代办制和承诺制等举措，推动企业投资工业项目“标准地”改革，企业项目平均审批时间从

"最多100天"压减至80天以内。至年末,22个签订承诺书项目均实现半年投产目标,其中,实现承诺事项110件,数量为杭州地区最多;25宗工业用地按"标准地"进行挂牌,工业用地"标准地"出让占比100%,位列杭州市首位。

【"一窗受理"改革】9月始,建德市开展市行政服务中心政务大厅区域整合改造,重构窗口布局为"5+2"模式,即搭建综合受理服务区,按业务类型设置综合受理A、B、C、D、E 5个区,为实现窗口业务受理从专科向全科转变打好基础,其中不动产登记、企业投资项目、公安服务、税务办理、商事登记区域实现无差别受理,分区域"一窗通办"。建立投资项目一站式服务中心,通过前台受理咨询、后台事项审批、疑难现场协调、VIP代办服务模式,实现投资项目一站式办结。启用24小时自助服务厅,实现政务服务24小时不打烊。做好建德市级系统与"一窗受理"平台的对接,其中由建德市自行开发完成的社保系统,以"全流程"的办理模式及对接人力社保自建业务系统的形式,全部纳入"一窗受理"平台。做好"一窗受理"平台向乡镇(街道)、村(社区)延伸工作,梳理14项乡镇(街道)和56项村(社区)"最多跑一次"事项清单及具体办事指南,为系统延伸打好基础。实现自助服务乡镇(街道)全覆盖,分两个批次投入综合自助服务机44台,其中市政府、市行政服务中心、市社保中心、双江步行街各1台,梅城、寿昌、大同、乾潭4个中心镇和新安江街道11个社区均安装于对应便民服务中心,其他乡镇(街道)通过在建德农商银行布点,为基层百姓提供就近服务。至年末,综合自助服务机上线事项152项,其中个人办事高频事项100项。

【不动产抵押登记向银行延伸】7月25日,市国土局与建德农商银行签署"最多跑一次·就近办"银土共兴战略合作协议,率先在杭州地区试点开展不动产抵押登记与抵押贷款"一窗受理·延伸服务",将不动产信息查询、抵押登记延伸至建德农商银行网点一窗受理,由原来的银行抵押贷款和市行政服务中心不动产抵押登记两件事通过银行网点合并为一件事来办理,从而实现"让数据多跑路,让群众少跑腿"。至年末,共办理查询5500笔、抵押登记184笔。

【强化项目代办协作机制】深化"一次不用跑,有事我来跑"改革,将全市90多个重点代办项目进行分解督办,形成全方位立体代办审批服务模式。每月编印《项目推进通报》,倒逼项目代办服务提效。组织住建、国土、市场监管、经信、发改等部门相关负责人、代办员,对60个批次288件的餐饮、娱乐场所、矿山、制砂迁建新建等项目选址以及工业项目土地招拍挂进行现场踏勘、前期会审。牵头三都桥头安置房权证办理、中保钢球土地分割、寿昌环境保护项目配套安置房、三都工业功能区企业技改投入落地等项目的综合协调工作,加速项目审批进程。与高铁新区、乾潭镇深入合作,开展6个批次的入园企业集中上门服务对接会。完善市政府签约重大投资项目领衔代办机制,由代办服务中心全程代办,落户乡镇(街道)、园区协办。

【中介服务提速】6月14日,建德市深化行政审批制度改革领导小组办公室印发《建德市中介机构综合评价体系实施意见(试行)》,健全以服务对象、行业主管部门、市审管办、第三方监管四位一体的综合评价体系,完善部门管理中介服务、中介督促部门审批的双方考核模式,统一服务事项、服务时限、收费标准,量化服务职责,捆绑事项35项,服务效率提升20%。9月,完成杭州网上中介超市平台对接、中介机构库和服务事项库梳理工作,提升中介信息透明度。深化"多测合一"改革,扩大"多测合一"试点范围,规范中介机构参与"多测合一",培育具备规划、地籍、房屋测绘等综合资质的中国结机构参与"多测合一"工作,落实规划、土地、房产等测绘成果共享互认,共计完成新安江综合保护工程、乾潭杭派民居、北控集团杨村桥景观大道等30个项目的"多测合一"工作,为项目业主节约审批成本180多万元。(邓艳芳)

住房制度改革

【概况】2018年,建德市完成第八批廉租住房实物配租申请及选房工作,新增廉租住房租金补贴10户,年末在保118户,其中实物配租58户、租金补贴30户、租金核减30户。审批使用房改房维修资金52个单位、443户,维修面积1.48万平方米,支付维修基金利息46.01万元。核批住房补贴108户,面积6805平方米,金额130.38万元。完成43户公有住房出售审批,出具房改档案查询证明937份。

【安置房建设】2018年,全市建造安置房1.56万套,总面积202.5万平方米。其中,安置1.46万套、待安置1050套(待安置总面积8.68万平方米)。市级层面建造安置房共8902套,总面积112.2万平方米。其中,安置8432套、待安置470套(待安置总面积3.65万平方米)。乡镇建造安置房共6783套、总面积90.3万平方米。其中,安置6203套、待安置580套(待安置总面积5.03万平方米)。

【公有住房管理】完成43户公有住房出售审批工作。配合新安江街道府北、健康南路区块征收指挥部,做好征收户房改工作,完成府北区块征收户房改1户。配合梅城棚改指挥部做好征收户房改工作,共受理审核236户。完成寿昌小城镇整治寿昌水务公司房改审批4户。(陈卫东)

机关事务管理

【概况】2018年,市机关事务管理局以"主题教育年、制度完善年、管理加深年、服务优化年、队伍提能年"五个年建设主题活动为主线,打造"用心、热心、细心、尽心、舒心""五心"后勤服务品牌,为机关部门有序运转提供保障。

坚持"人防"和"技防"并举,完善应急联动、信息互通、常态化安保三项机制,加强机关大院进出管控。开展大院消防安全专项检查14次,安保巡逻4320次,接待来人来访4129人次,实行24小时安保巡逻智能监督,安装防冲撞装置,实现机关安全"零事故"。加强对会议中心、文印室的日常管理,规范服务流程,提升服务质量,全年保障会议1002场,服务参会人员4.9万人次,提供文印服务9.16万份、139万页,实现服务保障"零差错"。推进机关大院垃圾分类工作,实施机关食堂面馆提升改造,推进大院厕改工程,安装电动车充电桩,实现服务保障"零距离"。

【规范党政机关房产管理】全面统筹党政机关房产管理,完成市新闻传媒中心办公用房装修工程、市检察院大楼维修改造工程、寿昌法庭改造工程及白南山研发楼改造项目等重点项目建设工作,累计维修改造总面积1.7万平方米,总投资1270万元。完成市"美丽办"办公场所装修工程、市新闻传媒中心办公用房装修工程、市政园林管理局办公用房装修工程等工程结算审计工作,审定造价230.25万元。开展全市办公用房清理整治及自查自纠工作,统计核实全市党政机关办公用房底数,清理整改办公用房220多间、清理腾退办公面积1890.57平方米。实时掌握全市党政机关办公用房使用现状和需求,整合现有办公用房资源,完成市人社局、团市委、市科技局、市工商联、市纪委、市新闻传媒中心、市市场监督局等20多家部门单位的办公场所调配保障工作。深化机关闲置资产"公物仓"管理,调配使用各类闲置资产128件(台),节约办公经费17.8万元。

【严格政务接待工作】严格执行《建德市党政机关国内公务接待管理办法》,加强公务接待程序化、标准化建设,提高接待工作质量。全年累计接待297批次、1.28万人次,其中省部级领导9批、副厅级领导90批,代表团33批,大型会议活动25次,招商引资活动38批。承担全省农村人居环境提升暨小城镇环境综合整治现场会、省委书记车俊到建德调研、第十二届中国科协年会建德分论坛、2018中国气候宜居城市高峰论坛暨第十八届中国17℃建德新安江旅游节开幕式、浙江省"我们的家园—万家农村文化礼堂庆丰收"活动、首届

“建德人”大会、未来地球与生态文明论坛、杭州市百千万工作现场会、杭州市农村小城镇规划建设现场推进会、德扬航空建德基地首架大棕熊系列Ⅱ飞机下线交付仪式、2018“宜居建德”城市品牌推介会等大型会议活动的后勤接待保障工作。

【公共机构节能工作】推广节能新技术、新产品，做好空调、照明和机房等重点用能系统及部位的节能改造。健全节能联络员管理网络，利用能耗统计监控平台，实时督促和指导一级、二级公共机构的能耗统计。2018年全市列入能耗统计的公共机构305家，覆盖率90%，单位面积耗电量25.67千瓦时/平方米，比上年下降3.7%；人均用水量21.93吨/人，下降3.6%。开展节能宣传周、世界低碳日等宣传活动，发放节能减排宣传手册500多册、节能标签3000多张，发送节能短信9万条次。完成15家机关单位和13家事业单位的水平衡测试工作，创建市级节水型单位28家。市政府机关大院创建2017—2018年省级节约型公共机构示范单位，实现建德市公共机构节能领域省级荣誉“零的突破”。

【公务用车管理】5月，完成第一轮车改租赁给两家公务用车社会化定点服务公司的40辆车辆收回、租赁费用收缴、重新分配过户工作；更新公务用车8辆，解决第一轮车改遗留问题。完成公务车辆北斗系统及调度管理系统政府单一来源采购招标和设备安装工作。实行新一轮公务出行车辆租赁定点服务采购工作，公开招标确定4家公务用车租赁定点服务机构，出台《建德市车改单位公务用车租赁服务实施意见》，明确租赁服务内容、流程、限价等。出台《建德市机关事务管理局公务用车服务保障管理制度》，完善日常管理机制，规范工作流程，严控费用开支，强化队务公开，保障各类公务用车1.5万趟次，保障大型会议活动用车350多趟次。（方梅）

政协建德市委员会

Jiande City Committee of the Chinese People´s Politica Consulative Conference

综 述

【概况】2018年,建德市政协常委会将“乡村振兴”作为履职主线,整合职能,建言献策,助推乡村振兴示范区建设。组织委员围绕乡村产业发展开展专题调研,全年共提交常委会调研报告3篇、大会发言7份、提案21件。常委会关于“建德草莓”可持续发展、乡村旅游、农村互联网经济等调研成果,形成建议案报送市委、市政府,得到市委童定干书记批示,要求将政协的建议分解落实到有关责任部门。关注农业特色小镇建设,围绕“草莓小镇”“稻香小镇”项目规划、招商引资、产业培育议政建言。召开农业区域公共品牌建设专题咨询会,助推“建德草莓”“建德苞茶”公共品牌建设。针对建德市“美丽乡村”建设发展不平衡、长效管理不足和可持续性不强等现状,开展视察监督,提出意见建议。召开主席会议专题建言国家森林城市创建工作,推动政协十四届一次会议《关于创建国家森林城市建议案》的落实。落实杭州市政协关于小城镇环境综合整治专项民主监督工作要求,开展视察监督活动40多次,提出建议70多条。结合“百千万”蹲点调研活动,对美丽村庄建设、美丽庭院打造进行视察,开展环境整治、植树绿化主题活动。结合“组团包干”大走访大调研活动,开展村级集体经济运行情况专项调查。关注乡风文明建设,将“移风易俗”作为常委会年度重点调研课题之一,开展调查问卷和陈规陋习分析。面对高铁时代建德发展面临的机遇和挑战,先后4次组织开展视察议政活动,提出意见31条。贯彻市委“聚焦企业,聚力发展”大走访活动要求,走访企业83家,召开座谈会48次,协调化解问题140多个。配合杭州市政协抓好“深化最多跑一次改革,打造移动办事之城”专项监督活动,提出监督建议。以香港建德同乡会为平台,密切与在港建德人的联系,推动其为新安江中学弘毅基金会捐款100万元。

◎10月31日,建德市政协书画院在双江街成立

针对2016年民生保障工作专项民主评议监督意见落实情况开展“回头看”,对教育、民政、卫计、交通运输等部门负责的民生保障工作开展视察调研20多次,提出评议意见40多条。关注高速寿昌出口的交通枢纽问题,将政协寿昌镇工委关于“完善320国道交通设施,畅通建德西部交通枢纽”的大会发言转化为

重点提案，并召开主席会议协商督办。

落实省政协“城乡生活垃圾分类处理三级政协联动”专项民主监督的工作要求，开展联动视察活动45次，实地查看村（社区）96个、垃圾处置终端27家，提出意见建议187条。开展“农村生活污水处理设施运维”专项调查活动，对全市226个村的880个农村生活污水处理终端进行普查，政协委员参与调查活动300多人次，提供调查材料37份。按照市委“组团包干”“四提一争”、文明城市创建网格化管理、“河长制”管理等工作要求，全年政协机关干部共走访村企、社区170多个，群众300多户，完成调研报告8篇，结对慰问困难群众52人次，开展网格志愿服务400多小时。

2018年，《（光绪）建德县志》《建德婺剧丛谈》《冶校梅城三十年》等文史资料出版发行。配合建德“德文化丛书”编纂工作，参与《建德历代诗选注》的编写。10月31日，成立建德市政协书画院，举办书画作品展示交流活动。

2018年，开展重点提案办理工作专题协商14次。委员们共提交各类意见建议290件，审查立案217件，全部办结。全年共收到委员们反映的社情民意信息146条，向市政府编报40期，其余信息转至市长信箱予以办理答复。

【协商建言】5月25日，市政协主席吴铁民主持召开市政协十四届第31次主席会议，对全市2017年集中开工重点（大）项目推进情况进行协商议政。市委常委、常务副市长吕平应邀参加。吴铁民指出：全市重点（大）项目建设取得明显成效，但项目推进中还存在不足和困难。下一步，要攻坚克难，及时化解项目建设中存在的问题，对未能及时开工的项目要促进尽早开工，对推进中遇到困难的项目要千方百计强化要素保障，对进度缓慢的项目要加大督查考核。要强化管理，确保在进度、质量、安全上并行并举，实现质量第一。对未开工项目要关注开工时间，对开工项目要加快项目进度，并加强项目质量管理，确保工程质量。同时，要强化安全管理，时刻绷紧安全生产这根弦，把安全生产责任落实到工程建设管理全过程。

7月25日，市政协主席吴铁民主持召开市政协十四届第34次主席会议，就市委十四届四次全会工作报告（征求意见稿）进行专题协商建言。市委常委、宣传部部长周萍英应邀参加。吴铁民指出：市委全会报告立足于践行“八八战略”、全面拥抱“38分钟时代”，主题鲜明、客观全面、创新务实，为下半年全市上下奋发干事指明方向。下步，要全面聚焦工业经济建设，进一步突出“工业强市”战略，进一步加快工业经济转型升级，进一步优化工业平台建设，进一步突出重大工业项目建设。要全力实施乡村振兴战略，以特色农业打造为重点，推进农业产业加快发展；以农旅融合为方向，加快新农村建设；以债务化解为重点，夯实农村发展基础。要全面拥抱38分钟高铁时代，全面加快配套性工程建设，全面保障发展性工程建设，全力以赴推进畅通性工程建设。

9月14日，市政协主席吴铁民主持召开市政协十四届第38次主席会议，对建德市“移风易俗”推进乡风文明建设工作进行协商议政。会议指出：“移风易俗”是一项顺应人民期盼、减轻群众负担的民心工程，也是加强精神文明建设、创建全国文明城市的应有之义。要强化认识，加强组织，制定指标化政策，开展长效整治行动，形成长效化的工作机制。要突出重点，把握关键，找准“移风易俗”的突破口，以寿坟整治为重点突破口，发挥党员干部的带头作用，加强对婚丧从业人员教育引导。要落实责任，强化参与，形成全方位的工作合力，压实压紧部门乡镇的责任，发挥基层组织作用，强化考核力度，发动群众参与，真正让“移风易俗”接地气、得民心、见实效。

12月13日下午，市政协主席吴铁民主持召开市政协十四届第44次主席会议，对2019年政府投资重点项目安排进行专题协商。副市长张早林应邀参加。吴铁民提出：要以重点项目建设保障和促进产业发展。重视壮大产业基础的关键项目，关注产业提升的配套性项目，重视平台基础设施建设项目。要以重点项目建设完善规划布局。优化行政副中心布局，优化综合交通布局，优化区域发展布局。要以重点项目建设推进民生发展。围绕“民生保障”谋划政府项目，进一步关注教育、医疗和全民健身。要进一步提升政府投资项目绩效。深化市“六个领衔”工作机制，强化项目各项保障，切实提升项目绩效。

【民主评议】4月20日，市政协主席吴铁民主持召开市政协十四届9次常委（扩大）会议，部署市政协常委会民主评议民生保障工作“回头看”“城乡生活垃圾分类处理三级政协联动”专项集体民主监督、“农村生活污水处理设施运维”专项集体民主监督等三项工作。市委常委、统战部部长叶万生，副市长张早林应邀参加会议并讲话。市政协副主席程旭主持会议，副主席严凌云作工作部署，副主席吕勇、叶志高、徐亚娟、秘书长蒋华以及其他常委出席会议。市政协常委会民主评议民生保障工作“回头看”的内容为市交通运输局、市民政局、市教育局、市卫生计生局有关民生保障工作；“城乡生活垃圾分类处理三级政协联动”专项集体民主监督的主要内容为城乡垃圾分类的法规实施、机制完善、分类投放现状、前端减量、末端处置、再生资源回收利用等方面；“农村生活污水处理设施运维”专项集体民主监督的主要内容是运维机制的完善落实、处理设施运行、运维经费保障、群众意见建议等情况。吴铁民指出：“城乡生活垃圾分类处理三级政协联动”专项集体民主监督工作是省政协部署的重点履职工作，开展常委会专项民主评议是建德政协的一项亮点品牌工作，开展“农村生活污水处理设施运维”专项集体民主监督是当前的现实需要，三项工作都是省、杭州市各级共同关注的工作，都是市委、市政府的重点工作。我们务必要高度重视，提高站位、拉高标杆，坚持学习与实践并举，坚持“高标准”与“严要求”并重，坚持问题导向与效果导向并行，确保三项监督评议工作能够高水平、高质量推进。

10月19日上午，市政协主席吴铁民主持召开市政协十四届第11次常委会议，对教育、民政、交通、卫计等四个部门牵头实施的民生保障工作进行民主评议“回头看”。市委副书记吕平应邀参加会议。市政协副主席程旭、严凌云、吕勇、叶志高、徐亚娟和秘书长蒋华以及其他常委出席会议。根据市政协常委会工作安排和《市政协常委会民主评议民生保障工作“回头看”实施方案》的要求，从4月开始，各监督评议小组在市政协正、副主席的带领下，深入调研、走访、视察、讨论，分别形成评议调查报告。本次市政协常委会议听取四个评议部门关于民生保障工作整改落实情况的汇报，听取四个监督评议小组的调查报告，部分常委进行发言。随后，市政协常委会组成人员对民生保障工作民主评议“回头看”进行现场测评，会议现场宣布测评结果。吴铁民指出：2016年，市政协常委会对交通、民政、教育、卫计等四个部门牵头的民生保障工作进行民主评议，提出具体的意见建议，并向部门进行反馈。两年来，各部门高度重视政协的评议意见，落实整改积极主动，整改措施有力有效，民生工作扎实推进，并取得良好成效。但是，保障和改善民生是一项长期工作，希望政府及有关部门坚定、持续地推进民生保障工作，突出重点，补齐短板，夯实基础，统筹推进，形成体系，结合实际，科学实施，稳步推进民生保障工作更高水平发展。针对民主评议“回头看”的意见建议，市政协将继续强化跟踪监督，开展系列民生履职活动，充分发挥政协助推民生事业的作用。

【专题议政】3月22日上午，市政协召开十四届第26次主席会议，再次对建德市小城镇环境综合整治工作开展视察议政。市政协主席吴铁民，副主席严凌云、吕勇、叶志高、徐亚娟和秘书长蒋华出席会议。副市长钱晓华应邀参加。视察组一行首先来到下涯镇实地察看亲水平台、背街小巷和展示厅等整治成果，到寿昌镇实地察看南门外广场、西湖水街等环境整治项目进度，听取市小城镇办、寿昌镇、下涯镇关于小城镇环境综合整治工作进展情况及下一步工作打算的汇报。吴铁民指出：小城镇环境综合整治是乡镇建设和发展的重大机遇，不仅要造福当地老百姓，还要成为外地客商到建德投资的窗口。做好小城镇环境综合整治工作要坚持目标导向，倒排计划，全面落实各项整治任务。在具体推进过程中要注重全面统筹，善于总结，深入交流，促进小城镇环境综合整治水平全面提升。要坚持问题导向，创新举措，有针对性解决突出问题。充分发挥创新精神，合理解决资金、杆线治理“上改下”、长效管理等难题，最大限度调动各方面积极因素和力量，推动形成“政府主导、部门联动、公众参与、共建共管”的长效管理机制。要坚持效果导向，精益求精，不断展示整治工作实效。注重需求体现人本，注重文化彰显内涵，注重核心打造亮点，强化布局推动产业发展。

4月9日上午，市政协召开十四届第27次主席会议，对乡镇电网建设工作进行议政建言。市政协主席吴铁民，副主席程旭、严凌云、吕勇、叶志高、徐亚娟和秘书长蒋华出席。副市长夏喜生应邀参加。与会人员听取国网建德市供电公司关于电网建设工作情况汇报后，围绕规划审批、建设手续办理、政策处理、项目协调、电力设施保护等方面，对乡镇电网建设发表意见和建议。吴铁民指出：建德市供电公司有效地推进建德市电网建设工作，建设力度不断加大，项目质效不断提升，服务保障更加有力。下一步，要抢抓战略机遇，实现电网建设与社会进步的统筹协调，推进主网、城网、农网建设的统筹协调，推进电网建设与资源环境的统筹协调，全面实现全市电网建设的统筹发展；要聚焦工业平台建设、城市发展趋势、重大项目建设，合理规划布局，以电网建设服务建德经济社会发展；要强化全局观念，强化责任，加强考核，营造氛围，齐心协力切实打好电网建设攻坚战。

4月16日上午，市政协召开十四届第28次主席会议，对建德市国家森林城市创建工作进行专题议政。市政协主席吴铁民，副主席程旭、严凌云、吕勇、叶志高、徐亚娟和秘书长蒋华出席。副市长俞朝辉应邀参加。建德市基本明确2018年启动创建国家森林城市，到2021年6月通过检查验收，2025年通过复查。成立市委书记、市长挂帅的创建工作领导小组，明确各部门工作职责，着手编制《创建国家森林城市总体规划》，争取创建国家森林城市批复。吴铁民指出：通过持续不懈努力，建德市创森工作组织领导不断加强、向上对接积极有效、创建基础更加扎实，创森工作优势明显，要进一步增强信心、坚定决心、统一思想、形成共识，切实增强使命感和责任感，自觉投身到创建工作中去。创森工作目标具体、任务艰巨，要突出工作重点，切实加快前期进度，切实补齐创建短板，切实提升创建实效，扎实推进创建国家森林城市八大工程建设。

4月28日上午，市政协召开十四届第29次主席会议，对建德市传统制造业改造提升工作进行视察议政。市政协党组副书记、副主席程旭主持会议，副主席吕勇、叶志高、徐亚娟和秘书长蒋华出席会议。市政府领导张有强应邀参加。会议指出：建德市传统制造业规模总量大、综合效益佳、技术水平高，在全市经济社会发展中占有重要地位。无论是提高建德经济发展质量和效益，还是破解建德面临的资源环境约束难题，都必须依靠传统制造业的改造提升。因此，要全面增强传统制造业升级的责任感和紧迫感。会议建议：要明确目标，理清思路，科学推进建德市传统制造业改造提升工作。抓平台优化，夯实传统产业改造提升的基础。抓项目建设，支撑产业的改造升级和结构调整。抓扶优扶强，以龙头带动传统产业的改造提升。抓创新驱动，以技术引领传统产业的改造提升。抓服务保障，科学发挥政策“指挥棒”作用。

5月8日上午，市政协召十四届第30次主席

◎5月8日，梅城古城综合保护工程专题调研

会议，对梅城古城综合保护工作进行专题议政。市政协主席吴铁民，副主席程旭、严凌云、吕勇、徐亚娟出席。市政协委员代表、社会贤达人士代表、严州文化研究会、杭州运河集团相关负责人应邀参加。近年来，市政府、梅城镇围绕“重振雄风”“梅开二度”的古城振兴目标，实质性开展梅城古城综合保护工作。由同济大学完成梅城古城综合保护规划融合稿，与杭州运河集团签订梅城古城综合保护战略合作框架协议。吴铁民指出：建德市对于梅城古城综合保护开发工作是高度重视的，梅城在推进古城综合保护与开发方面做了大量工作，取得的成效有目共睹。就加快问题破解，推进梅城古城综合保护开发工作，吴铁民强调：要着眼长远，拉开框架，全面深化梅城古城综合保护规划。古城规划范围要从新安江北面拓展到新安江南面，同时注重城门的布局，还要做好江、城、湖、衙门、巷、名人六篇文章。要科学推进，坚持原则，全力打造梅城古城综合保护精品。坚持科学推进项目建设，坚持品质至上，坚持有机更新，坚持完善功能。要求真务实，群策群力，推进梅城古城综合保护工作。

6月11日，市政协召开十四届32次主席会议，对建德市2018年重点工业项目建设情况进行专题视察议政。市政协主席吴铁民，副主席程旭、严凌云、吕勇、叶志高、徐亚娟和秘书长蒋华出席。副市长夏喜生应邀参加。吴铁民指出：2018年以来，建德市工业项目的谋划和建设有新的进展，平台建设稳步推进、项目招引成效显著、重大项目落地有声，为“工业强市”注入新的活力。但还有一些问题亟待重视和解决，如土地等要素制约、园区容量和配套设施、审批服务方面问题等。下一步，要把握机遇，抓好梯度转移、传统产业升级、上下游产业链等项目，增强工业经济发展的潜力；要乘势而上，推动园区提档升级、提高园区承载能力、提升园区产业集聚水平，发挥高新园区的龙头作用；要克难攻坚，在项目进度、要素保障、考核管理上求突破，加快项目建设；要转变观念，优化投资环境，提高行政效能，做好企业服务。

6月27日上午，市政协召开十四届第33次主席会议，对高铁时代综合交通建设与运营管理进行专题议政。市政协主席吴铁民，副主席程旭、严凌云、吕勇、徐亚娟和秘书长蒋华出席。副市长钱晓华应邀参加。市政协主席会议组成人员先后前往杭黄高铁建德东站、新安江汽车东站、府前路公交车首末站，实地视察重大交通项目建设进展和场站运营的情况。座谈会上，与会人员听取市交通运输局、市交通投资发展有限公司关于高铁时代综合交通建设与运营管理工作情况的介绍，并就高铁客流接驳、公交换乘中心建设、交通拥堵治理等问题作深入分析和探讨。吴铁民指出：建德市交通区域定位的不断提高，给综合交通的规划建设提出更高要求。下一步，要完善规划，做好主要道路、区域交通、站点布设的规划布局，全力打造方便快捷的市内交通体系；要加快高铁场站、配套交通设施、道路工程建设，满足高铁时代百姓出行的现实需要；要科学运营，突出以公共汽车客运为主的运输方式，推进汽车租赁等新型接驳方式，加强游客疏散秩序管理，科学安排公共交通运力的接驳。

◎6月13日，传统村落开发与保护专题调研

8月21日上午，市政协召开十四届第35次主席会议暨“美丽乡村”建设专题视察议政会，对建德市“美丽乡村”建设工作进行专题议政。市政协主席吴铁民，副主席严凌云、吕勇、叶志高、徐亚娟和秘书长蒋华出席。副市长张早林应邀参加。近年来，建德市紧扣乡村振兴战略主题，围绕打造“美丽建德”大花园、村落景区化的总目标，创新推进美丽乡村建设，向着“产业兴旺、生态宜居、乡风文明、治理有效、生活富裕”的目标砥砺前行。2018年，全市通过竞争性评审确定创建杭州市级精品村11个、风情小镇1个和市级示范村3个、特色村13个、达标村31个。吴铁民指出：建德市美丽乡村建设总体呈现平稳较快发展的态势，生态环境不断优化，农村产业加快发展，基础设施全面完善，“美丽”典型持续涌现，但依然存在不少困难和问题。下一步，要把握趋势，全面把握美丽乡村建设的重要性、机遇性和长期性，增强美丽乡村建设的责任感和使命感，做好美丽乡村建设工作；要理清思路，牢牢把握美丽乡村建设的关键环节，坚持规划引领，强化产业支撑，坚持统筹发展，落实长效管理；要突出重点，推进美丽乡村示范县的创建，发挥优势体现特色，强化布局体现整体，加强乡风文明建设，强化自治形成合力。

8月27日上午，市政协召开十四届第36次主席会议，对建德航空小镇建设进行专题视察议政。市政协主席吴铁民，副主席严凌云、吕勇、叶志高、徐亚娟出席。市委常委、建德经济开发区（建德航空小镇）党工委书记尤荣福应邀参加。市政协视察组实地视察置信集团建德小微企业创业创新园项目、杭州千岛湖通航飞行服务站、浙江万丰通用航空有限公司、省通用航空产业发展有限公司、军民融合创新创业中心和生态自然城项目，听取航空小镇建设相关情况介绍，并围绕通航制造突破、要素保障、招商选资等问题建议献策。吴铁民指出：要强化定位，集中资源指标，加强产学研对接，立足先发优势，突出发展高端通航制造业，把支柱产业真正抓上去；要强化项目招引服务和要素保障，让优质项目及时落下来；要通力合作，处理好开发区（航空小镇）与三个镇街、新农村建设、寿昌新城的关系，共同促进区域协调发展。

9月10日上午，市政协召开十四届第37次主席会议，对建德市公共创新平台建设情况进行专题视察议政。市政协主席吴铁民，副主席程旭、严凌云、吕勇、叶志高、徐亚娟和秘书长蒋华参加活动。吴铁民指出：公共创新平台是科技创新的重要内容，是培育高科技企业、推进产业转型升级的重要载体，更是经济发展的助推器。希望相关部门突出科技创新重要地位，推进“创新活市”战略实施，加快科技创新平台建设，促进产学研更加紧密结合，推动产业转型升级，在经济发展中赢得主动。要加强公共创新平台建设，加强“产学研”结合，优化创新平台布局，推动企业自主创新，加强平台考核管理，发挥平台服务发展的有效作用。要汇聚创新工作合力，完善配套政策措施，深化改革探索，加大科技投入，加强人才队伍建设，加大宣传推广，发挥科技创新引领作用。

9月25日上午，市政协召开十四届第39次主席会议，对建德市职业教育发展进行专题视察议政。市政协主席吴铁民，副主席程旭、严凌云、吕勇、叶志高、徐亚娟和秘书长蒋华出席。副市长何亦星应邀参加。吴铁民指出：加快职业教育发展是经济发展的迫切需要，是民生就业的重要举措，是教育事业平衡发展的内在要求，应当把职业教育发展摆上重要位置，大力推进职业教育的发展。推动建德市职业教育科学发展，要把教育育人作为根本目的，把服务产业发展作为基本定位，把校企对接作为重要导向，把改革创新作为基础保证。要加强组织领导，加大政策力度，做好宣传引导，狠抓工作落实，不断开创建德市职业教育发展新局面。

11月5日，市政协召开十四届第42次主席会议，对农贸市场改造提升工作进行专题议政。市政协主席吴铁民，副主席程旭、严凌云、叶志高、徐亚娟和秘书长蒋华出席。副市长夏喜生应邀参加。吴铁民指出：一要统筹考虑周边人口分布、商业网点规划等因素，抓好城乡农贸市场规划建设，完善城乡农贸市场布局体系。二要抓好硬件改造，提升内外环境，提升配套设施，提升商位布局，提升安全设施，优化农贸市场各项功能。三要抓好规范管理，理顺产权关系，强化综合管理，守护好食品安全，保持市场长期良性发展。

12月25日上午，市政协召开十四届第45次主席会议，对建德市农村生活污水处理设施运维情况进行专题议政。市政协主席吴铁民，副主席程旭、严凌云、徐亚娟和秘书长蒋华出席会议。副市长张有强应邀参加。会议听取建德市农村生活污水治理、设施运维管理及新建项目等情况的汇报。随后市政协专项监督调查组主要成员汇报前期各小组分赴全市各行政村的调研情况并提出下步工作建议。吴铁民指出：要在思想上更重视，重视成果巩固、现状维护和群众获得感，一切工作都要把人民满意作为第一标准。在管理上更有效，抓紧补齐“先天”设计不足和“后天”施工破坏两个短板，严格督查考核各环节。在保障上更有力，五水办牵头制定全市污水处理工程宏观长期规划；加强资金保障，逐年落实项目资金；运用现代化科技手段，提升污水治理水平；理顺市、镇、村三级关系，强化责任落实。

重要会议

【市政协十四届委员会第二次会议】1月15—18日，中国人民政治协商会议建德市第十四届委员会第二次会议在市文化中心举行。应到委员225名，出席委员218名；应到列席人员122名，实到列席人员117名。会议听取并讨论市长朱欢所作的《政府工作报告》及其他报告。会议审议通过吴铁民代表政协建德市第十四届委员会常务委员会所作的工作报告和徐亚娟受政协建德市第十四届委员会常务委员委托所作的提案工作情况报告。并审议通过市政协十四届二次会议决议。

会议号召，全体委员在十四届政协常委会带领下要坚定立场、提高站位，在强化政治引领上有更大作为；要围绕中心、服务大局，在推动建德新崛起上有更大作为；要强基固本、开拓创新，在履职能力建设上有更大作为。全体委员要紧密团结起来，在习近平新时代中国特色社会主义思想的指引下，在中共建德市委的坚强领导下，勠力同心，携手奋进，同舟共济，共创发展，在加快实现建德新崛起的征程中发挥更大作用。

【市政协常委会会议】1月8日上午，市政协召开十四届第6次常委会议，听取2017年政府工作情况通报和市政府关于政协建议案、提案办理情况通报，协商讨论《政府工作报告》（征求意见稿），审议市政协十四届二次会议有关事项。市长朱欢通报政府工作情况。市政协主席吴铁民主持会议。副市长俞朝辉到会听取意见。市政协副主席程旭、严凌云、吕勇、叶志高、徐亚娟，秘书长蒋华以及其他常委出席会议。会议审议通过关于召开市政协十四届二次会议的决定，会议决定市政协十四届二次会议于1月15—18日在新安江召开；审议通过市政协十四届二次会议的日程（草案）和议程（草案）；审议通过市政协十四届二次会议主席台就座人员名单、邀请人员名单和列席人员名单；审议通过市政协十四届常委会工作报告和提案工作情况报告报告人名单；审议市政协十四届常委会工作报告（审议稿）和提案工作情况报告（审议稿）。

7月26日下午，市政协召开十四届第10次常委会议，交流市政协2018年重点调研课题。市委书记、市人大常委会主任童定干参加会议并讲话，市政协主席吴铁民主持会议。市政协副主席程旭、严凌云、吕勇、叶志高和秘书长蒋华出席会议。市委常委、常务副市长吕平应邀参加。会议听取《“移风易俗”，推进我市乡风文明建设》《关于推进我市乡村治理体系建设的思考与建议》《推进“建德草莓”可持续发展的调研报告》《在全域旅游中加快乡村旅游发展步伐的建议》《关于推进农村互联网经济发展的建议》《关于我市高铁时代综合交通建设与运营管理的几点思考》6个重点调研课题成果汇报。童定干对市政协重点课题调研取得的成果给予充分肯定。他指出，市政协重点课题选题精准，紧扣工作中心和履职重点；调研内容翔实，广泛学习探索并深入研究；调研成果显著，提出的具体举措精准有效。通过交流重点课题调研成果，有利于大家集中智慧、形成共识、推动发展。希望市政协继续发挥政协优势，在服务大局上做出更大贡献。拥抱“38分钟时代”，为全市经济发展作出更大贡献。秉持“两山”理论，为美丽建德建设作出更大贡献。聚焦社会民生改善,为提升人民幸福感做出更大贡献。希望市政协深化调查研究,在建言献策上扮演重要角色。紧扣中心任务,明确工作方向。不断丰富手段,提升调研质量。强化委员作用,凸显履职实效。要强化工作合力,在履职环境上创造更好条件。支持政协开展协商议政,切实把协商议政工作摆在更加突出的位置。主动接受政协民主监督,将政府各部门各项工作置于人民政协民主监督之下。认真办理政协意见建议,促进各项工作科学有序开展。吴铁民表示,要强化学习、领会精神,不断提高对新形势、新要求、新任务的把握能力;要突出重点、服务大局,努力在推进经济社会发展中体现政协作为;要持之以恒、彰显担当,为实施"乡村振兴战略"贡献更多智慧和力量。会议还审议通过市政协十四届第10次常委会议建议案。

12月13日上午,市政协主席吴铁民主持召开市政协十四届第12次常委会议暨读书会,集中学习习近平总书记关于加强和改进人民政协工作的重要思想,总结交流2018年工作,谋划2019年工作思路。市政协副主席程旭、严凌云、吕勇、叶志高、徐亚娟和秘书长蒋华以及其他常委出席。会上,市政协各位领导结合分管工作发言,"一办六委"负责人汇报2018年工作完成情况和2019年工作思路,常委会组成人员畅谈对乡村振兴、全域旅游及文明城市创建工作的学习考察体会和对常委会工作的建议意见。吴铁民指出,组织常委会组成人员学习考察其他县市先进经验做法,旨在转变观念、开阔视野、感受压力、挖掘潜力、增添动力。就做好下一步常委会工作,吴铁民要求,要加强学习,全面贯彻落实新思想、新精神。常委会组成人员要提高认识,发挥模范带头作用,全面学习、贯彻落实习近平总书记关于加强和改进人民政协工作的重要思想,提高政治站位、统一思想认识,用以武装头脑、指导实践、推动工作,切实担负起人民政协的重大政治责任,努力开创建德政协工作新局面。吴铁民强调,2019年常委会工作,要围绕"讲政治",进一步突出思想政治引领。要围绕"高质量",进一步强化政协履职实效。要围绕"同心圆",进一步做好凝心聚力工作。要围绕"高标准",进一步强化政协自身建设。(徐燕飞)

纪律检查和行政监察

Discipline Inspection and Supervision

【概况】2018年，市纪委监委落实中共十九届历次全会精神，严明政治纪律，层层传导压力，深化作风建设。落实中央八项规定精神，夯实基层党风廉政建设，强化监督执纪问责。坚守责任担当，坚持从严治党，推进党风廉政建设和反腐败工作。

建立“三单一结”制度，确保问题线索全纳管落到实处。全年处置问题线索618件，批评教育、提醒谈话262人次，四种形态占比分别为68.2%、19.2%、7%、5.6%，其中，第一种形态运用比上年增长14.5%。

2018年，全市信访举报呈现“总量大幅下降、重复访稳中有降”的势头，共受理群众信访举报479件，比上年减少83件，下降14.8%；涉农信访量下降32.4%，从上年的69%下降至46.6%；重复访133件，下降9.5%，三项指数下降率位居杭州地区第一。坚持预防与查处并重、纪检工作与群众工作并举，重信重访化解率高达78.9%。加强信访问题的分析研判，撰写调研文章，多次得到市委主要领导的批示肯定，相关做法被《中国纪检监察报》《浙江日报》刊发。

按照全面增强执政本领的要求，提高纪检监察干部履行监督、执纪、问责和监督、调查、处置职责的能力，提升队伍专业化水平。办好“业务大练兵”，健全“上挂锻炼”和协作办信机制，针对纪检监察干部业务工作的薄弱环节组织开展业务大练兵十期，参训1300多人次；举办纪检监察干部井冈山培训班、安吉余村“两山”理念培训班，增强纪检监察干部党性理论修养。每月开展“新安夜学”等活动。

【建德市第十四届纪律检查委员会第三次全体（扩大）会议】2月22日，中国共产党建德市第十四届纪律检查委员会第三次全体（扩大）会议召开。市纪委、市监委机关、派驻（出）机构、乡镇（街道）纪（工）委全体干部，共计120人参加会议。市委常委、纪委书记、监委主任柴国庆作《全面贯彻落实中共十九大精神奋力开创新时代建德全面从严治党新局面》的工作报告。市委书记童定干以“拥抱新时代，践行新思想，以十九大精神为引领，加快实现建德新崛起”为主题，就深化2018年的作风建设，提出四点具体要求。

【党组织巡察】2018年，建德市委巡察机构落实中央巡视工作方针和省市委关于巡视巡察工作部署，坚持政治巡察，以问题为导向，夯实工作基础、改进工作方法、注重成果运用，通过督查回访、抄告督办、会商协调和协作配合、加大问责等工作机制落实落细基层巡察，市委巡察工作领导小组逐一听取被巡察单位党委（党组）“一把手”汇报，确保问题不漏项、整改不打折。全年完成对24家单位的专项巡察，发现问题667个，提出整改意见86条，移交问题线索40条，追回和挽回资金1000多万元。

【落实党委（党组）主体责任】协助出台《关于进一步落实全面从严治党主体责任的实施办法》，推动制定市委及乡镇（街道）、部门党委（党组）主体责任清单、问题清单，主要负责人履行“第一责任人”责任清单，开发试运行落实全面从严治党主体责任信息化管理系统。通过每月专项督查和季度交叉检查，推动主体责任全程纪实、谈话办法、“三重一大”事项集体决策等7项责任制度落实。下发落实党风廉政建设责任制意见书51份，向市领导发送问题函告书12份。市委书记带头约谈落实主体责任不力的单位主要负责人5人,对35个部门单位“一把手”进行集体提醒谈话。市纪委约谈履行“两个责任”不力党员领导干部22人,对2起违纪问题实行“一案双查”,诫勉问责5人,批评教育1人。部署开展重点人员廉政风险防控工作,全市461家单位查找廉政风险点5461个,制定廉政防控措施5312条。

【基层监察体制改革】 按照省、杭州市纪委监委的决策部署,推进监察向基层延伸工作,完成派出监察办公室设立,任命主任16名、副主任16名、监察员46名(其中专职监察员1名),选聘村(社)监察联络员257名。制定关于基层监察“两办法”(监察办公室履职办法、监察联络员管理办法)、“两制度”(片组协作、履职月报),实施村(社)监察联络员履职清单,明确乡镇(街道)兼职监察员职责权限和需要参与的工作事项。创新实施监察办公室主任、副主任、监察员每月25日报“月度履职报告表”制度。把《中华人民共和国监察法》学习宣传贯彻作为2018年深化监察体制改革的一项重要内容,通过测试、竞赛等形式实现从公职人员到村(社)干部的监察对象学习全覆盖。

【作风效能建设】 聚焦“四风”问题新动向,健全节假日正风肃纪常态化制度化检查机制,借助科技手段强化精准监督,紧盯重要时间节点,密切关注隐形变异新动向,全年开展正风肃纪检查883次,督改问题388个,下发通报14起,处理人员32人。其中,严肃查处违反中央八项规定精神问题12起,党纪政务处分13人。

主动延伸监督时空,出台《关于规范公职人员“八小时以外”行为的规定》,开列公职人员“八小时以外”负面清单,主要做法被杭州“廉政经纬”栏目专题报道。开展政府投资工程建设项目招投标专项治理,建立“双防双控”、廉政回访等制度。严肃查处工程建设领域违纪违法问题,党纪政务处分13人,移送司法机关4人。

【组建9个重点领域“三不”问题专项督查组】 坚持“监督的再监督”定位,按照“1名市纪委监委班子成员+派驻纪检监察组+特邀监察员”模式,整合监督力量,围绕防范化解重大风险、脱贫攻坚、污染防治、重大项目、群众信访等9个重点领域,制定“一组一策”专项督查方案,建立“每周一督查、每月一汇报、每季一分析、半年一通报、全年一总结”机制,强化点评分析,营造“赛场赛马”“互比互学”浓厚氛围,督促职能部门完善机制、管人促事,对履职不力的实施问责。全年开展9个重点领域“三不”问题专项督查525次,发出整改意见书83份,查处问题67件,问责84人,其中党纪政务处分4人,下发通报11期,完善市级层面制度5项。

【开通扶贫领域和涉黑涉恶信访问题“直通车”】 大开门受理扶贫领域信访问题,制作受理公告,在全市256个村(社)进行张贴,通过微信公众号、各村党员微信工作群,发送受理范围、举报方式,受理扶贫领域和作风问题信访举报8件,向公安扫黑除恶办移送涉黑恶问题线索3条。对近3年扶贫领域信访问题进行全面回顾,建立健全扶贫领域问题线索专库,梳理汇总扶贫领域的问题线索90条,实行清单式管理,分解落实至乡镇(街道)纪(工)委,定期对账销账答复,查处李家镇诸家村、大同镇黄山头村虚报低收入农户来料加工骗取上级补助款的问题,并通报曝光形成震慑。加大扶贫领域腐败和作风问题督查力度,下发整改意见书7份,问责15人,推进医疗救助即时即报政策落地,全市1.2亿元涉农沉淀资金逐步化解。

【执纪审查】 健全完善问题线索移送机制,严肃查处扶贫领域腐败案件2件,下发通报2起。率先在杭州地区开通公共数据平台查询权限,将“大数据”服务于监委调查工作。办理全国首例将服刑罪犯解回再审案,探索完善将服刑人员解回再审的审批流程和协作机制。市监委领导每周专题听取案件查办工作汇报。2018年市监委立案29件,结案26件,政务处分10人,涉嫌犯罪移送检察机关审查起诉17件,使用留置措施7件7人,包括市建筑业管理处工程质量安全监督科负责人王某严重违纪违法案,市资产经营投资有限公司党委委员、总经理李某某严重违纪违法案件,大慈岩镇三元村党总支书记刘某某等13人贪腐窝案等大案要案。

【“扫黑除恶”查处保护伞】加强与政法机关的沟通联系,建立快速移送、查办反馈机制,将信访举报、巡察发现、公检法移送等各渠道问题线索全部归口由案件管理室集中管理。成立“惩腐打伞”专项调查组,同步介入同步核查,“深挖扫黑”除恶案件背后的腐败和“保护伞”问题。对侦破的涉黑涉恶违法犯罪案件中涉及党员、公职人员的,逐案过筛、扩线深挖,揪出背后“保护伞”和腐败分子,一查到底,确保除恶务尽,全年处置党员干部涉黑涉恶腐败和充当“保护伞”问题线索9件,查处“保护伞”1人。

【织密信息化系统化防逃追逃网络】2018年,召开全市范围的防逃追逃推进会,督促各单位落实防逃追逃主体责任,印发《关于建立基层新增监察对象出国(境)分层分级廉政预审(鉴定)制度的通知》,对全市监察对象的备案人数、持证人数、上交人数进行大摸底。成立防逃追逃办公室,与公安机关对接,确保各单位对新增监察对象的登记备案。开发建德市监察对象廉政预审预警系统,作为防逃追逃工作业务平台,全面掌握全市监察对象的证照管理和出国境审批信息,并在多个环节设置预警短信提示,防止出现越级审批、未批先办等情况的发生。

【社会共建“清廉建德”】出台落实《中共建德市委关于全面推进清廉建德建设的实施意见》,督促责任单位和牵头单位制定年度重点工作清单。推动职能部门相继出台清廉文化、清廉乡村、清廉学校、清廉医院、清廉国企、清廉非公有制企业建设实施意见。协助出台《全面推行村级小微权力清单制度实施意见》,编印下发《村级小微权力清单四十五条》“口袋书”2万册,强化小微权力监管,深化“清廉乡村”建设。实施清廉非公有制企业“红黑名单”发布制度,实行动态更新机制,促进企业加强廉洁诚信建设。市卫生计生局会计核算中心实现独立核算,启动公立医疗机构药品集中谈判采购,从源头防范医疗系统廉政风险。挖掘乾潭镇“一元廉医”吴光潮事迹,推广建德市清廉医院做法,推动全省清廉医院建设推进会在建德市召开。结合“美德家园”建设,联合市德文化办挖掘清廉文化元素,依托建德家风馆,以点串线,不断充实清廉建德家风地图,引领清廉社会风尚。

【农村党风廉政建设】规范村级“小微权力”运行,以建设“阳光村务”为方向,打造村级小微权力主题公园、远程教育广场,借助微信和村级事务公开栏等平台,实现小微权力清单、权力运行流程图、村级财务和重大事项向社会全面公开。针对村级“三资”、工程管理等重点领域,规范操作细则;通过修订村规民约和制定村民代表管理办法等制度,规范重点人员管理;推行乡村善治“5+2”工作法,即在建立村书记、村干部、党员、村民代表和群众协同合作的基础上,激励老年人协会和乡贤发挥引领作用。建立监督检查常态机制,乡镇(街道)纪委、村监会实施日常动态监控管理,及时发现、纠正问题。明确强化村级财务审计、基层作风巡查等工作,对不认真落实小微权力清单制度以及各类违法违纪行为严肃追责。推动出台《建德市“最多反映一次”工作方案》,在全市推开大洋镇“最多反映一次”经验做法,群众向村镇反映一次问题即予以受理,变“群众跑”为“干部跑”,倒逼村干部规范高效履职。相关做法得到省委书记车俊的充分肯定,并在《中国纪检监察报》等媒体刊登。

【“廉洁好家风”主题教育】开展“廉洁好家风”主题教育“八个一”活动,举办“清廉建德·你我同行”主题纳凉晚会和演讲比赛。开办市管正职领导干部“廉内助”培训班,激活家庭助廉作用,108名廉内助签订家庭助廉承诺书。专题策划人大代表谈清廉建设、清廉建德进行时等“清廉建德”微信专题,开设“清廉建德”电视访谈专栏,单位一把手、纪检监察干部在线谈责任说纪法,提升社会舆论监督效力和公众影响力。(薛屹然)

民主党派

Democratic Parties

民革建德市委员会

【概况】2018年,民革建德市委会秉承民革省委会打造“五大民革”的目标,凝聚共识,推进各项工作。全年上报信息报道38篇,被录用32篇次;上报社情民意30多篇,被省、杭州市委统战部录用4篇,杭州市委、市政府录用3篇,杭州市政协录用1篇,省、杭州民革录用10篇。有1篇得到杭州市领导的批示。

2018年,市委会获评杭州民革2018年度信息工作先进集体一等奖,2人获杭州民革信息工作先进个人。新安江五支部获民革杭州市委会2016—2018年“双争”评比先进集体一等奖,新安江一支部、新安江二支部分别获先进集体二等奖,5名党员获民革杭州市委会2016—2018年“双争”评比优秀党员,11名党员获优秀党务工作者。

全年发展民革党员5人,平均年龄为34岁。至年末,下辖支部7个,党员111人。全年选送民革党员16人次参加省、杭州市级各类培训班学习培训。

【加强思想政治建设】学习中共中央总书记习近平在民营企业座谈会上、“八八战略”、在庆祝改革开放40周年大会上等讲话精神,贯彻民革中央十三届二中全会精神。组织参加杭州统战同心基地在梅城镇举行的启动仪式,深化“凝心聚力建名城”主题活动;参加市委统战部组织赴开化中共闽浙赣省委旧址接受革命传统教育;组织7名民革市委委员参加市委统战部在重庆举办为期一周的党外骨干培训班。

【开展主题教育活动】围绕纪念中共中央发布“五一口号”70周年、改革开放40周年等活动,下发纪念中共中央“五一口号”发布70周年活动方案,并在微信群里每日转发学习“五一口号”历史知识。组织支部联合开展赴大洋“双童”烈士纪念碑缅怀先烈,组织党员在新安江畔开展纪念“五一口号”发布70周年毅行活动,联合市政协社科组在健安社区开展“纪念五一口号发布七十周年暨送医送法送金融进社区”活动。纪念改革开放40周年暨庆祝中国共产党建党97周年,民革市委会与健安社区共同为社区党龄满50年以上的中共党员开展庆祝活动;邀请省民革教育服务团与市委老干部局、市民政局联合举办“壮阔改革潮、奋进新时代”为主题的文艺演出,庆祝改革开放40周

◎纪念“五一口号”发布70周年毅行活动

年暨全国第六个老年节。组织参加纪念“五一口号”发布70周年主题征文活动,民革党员撰写文章10篇。

【议政建言】组织民革党员40多人次参加与中共建德市委书记童定干的交心谈心会、中共建德市委民主生活会征求意见座谈会、政情通报会、专题建言会、政协主席会、双月座谈会等各类会议20多场次。民革市委会以承办中共建德市委统战部双月座谈会为契机,开展对城区厕所革命进行调研,推动公共厕所改造提升,助力全国文明城市创建步伐。在2018年杭州及建德“两会”期间,市委会提交23件提议案、1件大会发言,其中集体提案4件。民革建德市委会作“把西红花产业打造成建德市最具特色乡村振兴战略性农业产业”的口头发言。民革建德市委会《关于统筹配置创新资源,加速建德发展的建议》获评2017年度政协优秀提案。

【调查研究】围绕中共建德市委、市政府关注的小城镇环境整治、产业提升、乡村振兴、古城保护、城市建设等内容,深入基层开展调查研究,形成《关于学习型城市创建的几点建议》等4篇调研报告。《以严州古府(梅城)美丽城镇建设加快杭州国际化的建议》被民革杭州市委会选为杭州市“两会”的大会发言材料,调研报告《赴镇海、奉化考察调研草莓产业报告》《建德市草莓产业发展的调查与思考》分别得到市委书记童定干的批示和被杭州市政府《调查研究》录用,调研报告《关于我市农合联“三位一体”改革建设的调研思考》在市委办《调查研究》刊出。

【结对联系工作】加强与5个部门的对口联系工作,通过上门走访增强与部门的联系交流,参与对口部门的座谈交流及专题会议、开展合作调研等。参加市财政局的全市财政地税工作暨系统党风廉政建设工作会议;市农业局邀请参加全国草莓节活动;参加市环保局组织的三都镇、航头镇新农村环境整治成果视察活动;参加市司法局举办的建德市人民调解大竞赛活动,为第二届“新安和事佬”评比活动担任评委等。市委会联合市司法局召开对口部门政情通报会,安排党员律师为全市社区矫正对象60多人上法治课。组织党员在洋溪街道团结村开展环村毅行活动。

【助力中心重点工作】2018年,3名民革党员担任乡村振兴“消薄”特派员,分别联系大慈岩镇上吴方村、大同镇田畈村及李家镇新桥村3个经济薄弱村,每周1次下村帮助促发展、优治理,全部完成消除经济薄弱任务。1名党员被聘为建德市组织工作监督员,并作为监督员监督建德招引党政储备人才面试工作。

【同心牵手社会服务】开展春节慰问寿昌镇特困精神病家庭;看望慰问黄埔抗战老兵余惠宁;夏季赴新叶村、大洋镇以及新安江街道慰问高温下作业的环卫工人。在环卫所设立民革爱心医疗站,整合民革医疗专家资源,每月定期轮流到环卫所坐诊,将社会服务长期化、制度化、固定化。联合省民革教育服务团在大慈岩中心小学设立同心服务基地,并举行授牌仪式,同时邀请昆曲专家为学生授课;邀请浙江音乐学院的专业演员为建德老年朋友奉献作表演;联合杭州民革“同心博爱”社会服务团队赴大同镇田畈村开展送春联、义务理发等活动,服务村民百余人。

【完成支部换届】民革市委会所辖7个支部相继于5月16日至6月3日,召开支部党员会议,完成换届选举工作,优化基层组织结构。支部换届共选举产生支部委员31名,其中支部主委7人、副主委6人。

【开展祖国统一联谊】贯彻习近平总书记关于对台工作的重要论述,把握对台工作的政治原则和正确方向。召开民革有台关系党员中秋茶话会,围绕促进两岸关系和平发展进行座谈。5月27日至6月2日,严凌云作为浙江省产学研合作促进会访问团团长,带领省委统战部及省民革、民进、民盟、九三学社等成员17人访问台湾社区、文创园区、科技园区,开展为期7天的交流联谊。(胡文静)

民盟建德市委会

【概况】2018年,民盟中央副主席龙庄伟、邓秀新,民盟省委会主委、副省长成岳冲等领导先后到建德指导工作。盟市委"盟员之家"获评民盟中央"优秀盟员之家",盟市委荣获2018年民盟省委会"坚持和发展中国特色社会主义学习实践活动先进集体""人才建设先进集体""助推全面剿灭劣V类水"优秀组织奖等荣誉。新安江文教支部获评民盟杭州市委会2018年度五星级支部,寿昌支部获四星级支部。有118人次获各类先进。其中,盟员徐新平获评民盟中央社会服务先进个人,胡晓华获评2016—2017年度民盟省委会思想建设和宣传工作优秀撰稿员,杨建红获评民盟省委会"坚持和发展中国特色社会主义学习实践活动先进个人",马聿浩荣获2017年度民盟浙江省委会社情民意信息工作先进个人。

发展新盟员12名,选送盟员参加各类培训80多人次。撰写各类活动信息107篇,其中被民盟中央网站录用信息13篇,盟省委网站录用信息16篇,民盟杭州市委会网站、盟讯和微信公众号录用、推送信息93篇,《建德信息》和建德新闻网各刊发盟务信息6篇。

【主题教育活动】开展"不忘合作初心,继续携手前进"主题教育活动。召开盟市委扩大会议,专题学习习近平总书记"八八战略"重要精神,组织全体盟员学习习近平总书记在庆祝改革开放40周年大会上的重要讲话精神。组织盟员参加民盟杭州市委会"见证初心"经典诵读活动,开展纪念"五一口号"发布70周年征文活动。盟市委会班子集体赴重庆社院参加市委统战部组织的专题培训。组织盟员赴丽水"中国工农红军挺进师纪念馆""浙西南革命根据地纪念馆"、苏步青故居学习考察。举办"大道同行——纪念改革开放40周年、'八八战略'实施15周年盟员艺术作品展"。

◎5月13日,民盟中央副主席龙庄伟(右三)视察新安江中学盟员之家

【参政议政】有22位盟员参加杭州和建德"两会",提交集体和个人提案、议案34件。钱晓华主委代表民盟杭州市委会在政协杭州市十一届二次会议上作题为《发挥高铁"发展引擎"作用 进一步加快杭州西部县(市)发展》的大会发言,该提案被杭州市政协确定为年度重点提案和优秀提案。盟市委向政协建德市十四届二次会议提交4件集体提案,其中《关于加快推进"一区一园"产业平台提升的建议》《关于进一步加强产学对接,构建我市大职教格局的建议》《关于重视发挥比较优势加快发展高铁经济的建议》3件提案被确定为重点提案,由中共建德市委常委领衔办理,市政协召开重点提案办理会予以督办。报送社情民意信息116条,其中11条信息被民盟省委会录用、28条信息被民盟杭州市委会录用。开展课题调研,《关于加大乡村振兴战略的金融支持力度》课题被民盟杭州市委会立项,《关于优化金融服务助力乡村振兴的几点建议》被民盟杭州市委会作为乡村振兴研讨会书面交流材料,相关建议被吸收进集体提案向政协杭州市第十一届三次会议提交。

【开展民主监督】围绕市委市政府中心工作,依托各类平台,推进民主监督工作。胡晓华、唐建锋等市政协常委参与市政协常委会对教育、民政、交通等民生实事部门工作"回头看"民主评议。盟员中的人大代表、政协委员投身到创建全国文明城市、小城镇环境综合整治、无违建市创建以及民政殡葬制度改革等工作的监督活动中。依托纪委平台，围绕行政审批改革领域的“三不”问题，开展民主监督推进“最多跑一次”改革。开展对口联系工作，组织盟员调研市城管局数字城管指挥中心，听取工作情况通报，就创建全国文明城市、垃圾分类以及垃圾焚烧项目建言。组织盟员调研市工业技校，听取人力社保工作情况通报，建言航空小镇发展，就航空学院建设开展跟进调研。

【政治协商工作】组织盟员参与市委、市政府、市政协以及市委统战部等有关部门举行的交心谈心会、政情通报会、双月座谈会、征求意见会和专项视察议政活动90多人次，分别就“两会”人事安排、政府工作报告、市委十四届四次五次全会工作报告、市纪委、市法院、市检察院等部门工作进行协商建言。民盟各基层支部组织开展与所在地党委政府的协商建言。教育系统各支部在全市教育系统党盟座谈会上，为教育发展建言献策；新安江科技支部、新安江文教支部、新安江医卫支部、新中支部、新一中支部负责人参加新安江街道居民议事会，为街道发展献计出力；梅城支部、严梅支部、杭科院严州校区支部组织盟员听取梅城镇政府政情通报并建言。

【民盟中央社会服务工作会议在建德召开】5月13日下午，全国人大常委会委员、民盟中央副主席龙庄伟，民盟浙江省委会主委成岳冲、民盟中央社会服务部部长刘圣宇，民盟浙江省委会专职副主席徐燕峰等一行到新安江中学，考察指导农村教育烛光行动示范学校建设工作。市委书记领导童定干、市长朱欢陪同视察。14日，民盟中央社会服务工作会议在建德召开。全国人大常委会委员、民盟中央副主席龙庄伟以及全国各省级民盟组织负责人参加会议，这是民盟中央首次在县级市召全国性会议。会议研讨总结过去两年的社会服务工作，部署下上阶段工作重点。会上，龙庄伟讲话、徐燕峰致辞、童定干出席开幕式并致辞。

◎5月14日，民盟中央社会服务工作会议在建德召开

【助力富塘村“消薄增收”】盟市委会特派员组织杭州、建德各类专家、技术人才60多人，赴大同镇富塘村开展“消薄”工作，全年下村35次。多次邀请浙友会企业家与富塘村开展对接，引入工商资本助推乡村产业发展。对接市财政局争取到“一事一议”补助资金40万元，市体育局资助篮球架1副价值2万元，市交通局同意村庄道路提升项目予以立项。富塘村创建为全省首批农村引领性社区，获民政福彩公益金资助项目资金7万元。10月底，富塘村提前完成全年“消薄”任务。

【社会服务工作】推进“烛光行动”示范基地建设，民盟中央副主席龙庄伟，民盟省委会主委、副省长成岳冲等领导莅临新安江中学，对“烛光行动”示范基地建设进行调研指导。民盟杭州市委会在新安江中学建立“同心民师服务站”，先后组织四批次共15名特级教师和名师到新安江中学开展支教活动。盟市委联合民盟杭州市委会到“同心”实践基地梅城镇宝华洲社区开展“送文化进社区”迎新写福送春联活动，组织华夏书画苑盟员到胡村源村写春联送祝福，经盟市委帮助争取立项的进村村道提升项目完工。联合德生眼科医院、泰隆银行到富塘村开展“送科技、送文化、送医疗、送金融”四送下乡活动。开展支部特色服务,科技支部、医卫支部联合泰隆银行开展“健康大讲堂”专题活动。医卫支部持续开展“老盟员健康结对”活动,文教支部携手爱心企业到长林小学开展“六一”慰问演出并赠送体育器材,梅城支部送法进老年大学和杨村桥假日学校,严梅支部开展捐资助学,寿昌支部开展“小小医生体验日”活动,严新支部开展“扶优补偏”活动。

【夯实基层基础工作】10 月底,将盟市委“盟员之家”搬迁至溪头社区溪头农贸市场二楼(严州大道 797 号)。先后接待民盟陕西宝鸡市委会、民盟余杭区基层委员会、民盟浙江工商大学委员会等 6 批次民盟组织参观指导。以支部考核为抓手,推进基层支部工作规范化、制度化、程序化。带领各支部负责人参加市委统战部举办的基层支部建设推进会并承办第二期会议,各支部开展互学互比。(胡晓华)

民建建德市委员会

【概况】2018 年,民建建德市委会坚持思想引领,加强政治建设;坚持强基固本,推进组织建设;立足特色优势,积极建言履职;凝聚智慧力量,服务社会发展。

组织市委委员、支部班子、骨干会员、新会员参加杭州市委会中心组(扩大)学习会、杭州市委委员培训班、新会员读书班、杭州民建纪念“五一口号”发布 70 周年座谈会、杭州市各民主党派中青年骨干培训班、市政协委员培训、政协常委读书班等,学习中国革命和统一战线理论政策等,引导会员增强“四个意识”,坚定“四个自信”。多层面召开纪念“五一口号”发布 70 周年学习座谈会。参加会史会章知识竞赛。开展纪念“五一口号”发布 70 周年、改革开放 40 周年主题征文活动。开展微信“微课堂”系列宣传教育活动。

2018 年,民建建德市委会发展高层次、高学历新会员 8 名,其中经济界 7 人、教育界 1 人;平均年龄 33 岁。年末,有会员 128 名。其中杭州市政协委员 1 人、建德市人大代表 9 人、建德市政协委员 16 人。

【“两会”建言】2018 年建德市“两会”期间,民建建德市委会围绕中共建德市委、市政府中心工作,参政议政,建言献策,提交提案、议案 25 件。市委会提交集体提案 4 件,其中 3 件提案被评为 2018 年建德市政协重点提案,分别由市委书记童定干、市长朱欢领衔督办。王拥军代表《关于打造“中华养生美食名城”,打响“吃在建德”城市品牌的议案》被评为市人大优秀建议、市委会集体提案《关于我市创建国家森林城市的几点建议》《以“小城镇环境综合整治”为抓手,全面提升全全域生态化水平》、叶鹃委员提案《关于坚持“创新活市”战略,积极打造创新型城市的建议》、陈茜委员提案《关于规划建设以杨村桥为核心的旅游集散中心的建议》4 件提案被评为市政协年度优秀提案。

【重点课题调研】开展《关于加快城南区块产城融合发展的建议》《关于更加重视传承家谱传统文化,提升建德“德文化”建设新水平的建议》《关于进一步加强农房审批管理的建议》《加快城市生活垃圾分类,全力助推文明城市创建》4 个课题的调研,形成调研报告。《关于我市创建国家森林城市的几点建议》《关于以“小城镇环境综合整治为抓手,全面提升全域生态化水平的建议》《关于加强我省珍贵树种发展的几点建议》3 篇调研成果被评为民建杭州市委会优秀参政议政成果二等奖。《关于加强我省珍贵树种发展的几点建议》被民建省委会录用,作为民建省委会集体提案,提交 2018 年浙江省“两会”。

【“民建之家”建成启用】落实民建浙江省委会《关于建设“民建会员之家”的意见》文件精神,启动“民建会员之家”建设。6 月,完成梅城支部“民建之家”建设,投入使用;7 月,完成市委会(新安江街道环城北路 66 号 5 楼,面积约 100 平方米)“民建之家”建设,投入使用;8 月,完成一支部和寿昌支部“民建之家”建设，投入使用；9月，完成四支部“民建之家”建设，投入使用。建德民建“民建会员之家”通过开展“专题议政日”“专题学习”“讨论调研报告提案议案”“开展知识讲座”等活动，先后组织10余次近120人次参加活动。11月初，建德市民主党派基层支部建设现场推进会在梅城支部“民建之家”召开，建德市各民主党派主委、专职副主委和各支部主委共计60余人参加。

【支部规范化建设】组织民建支部参加杭州市、建德市“先进支部年度考评”，根据“考评细则”，落实支部各项工作。实施“基层支部日常工作互联网录入管理”机制，及时登录互联网（全杭州地区联网）管理系统，将每一次支部活动、每一项支部工作入网记录。实施“基层支部年度工作预排计划和完成督办”“会员承办制”制度，推进支部建设有标准、有活动、有考核、有记录、有场所、有特色“六有”建设。

【专委会工作】在春节和市“两会”期间，企业家联谊会在建德电视台开展 “民建会员企业宣传展播”；组织会员企业家赴滨江学习，杭州市委会主委郭清晔到会做专题学习辅导；9月，组织会员企业家参加四川成都 “非公有制经济论坛”；11月，组织5名年轻会员企业家参加 “杭州民建青年企业家培训班”学习，在民建浙江省委会、民建杭州市委会、建德新闻网等网站全文刊登《学总书记讲话，建德民建会员企业家坚定发展信心》一文；开展“会员企业走访活动”。妇委会组织女会员赴杭州参加民建省委会、杭州市委会、余杭区基层委联合举办的 “庆三八节，展现新风采” 文艺活动；5月，与杭州妇工委联合开展学习交流活动。

【开展社会服务】3月，市委会组织支部40多名会员，先后开展珍贵树种种植活动。以社会服务活动的持续开展，推动民建建德市委会《关于我市创建国家森林城市的建议》集体提案的跟踪办理。“六一”前夕，市委会组织油画老师，到市培智学校开展油画课程教学，向学校赠送画架画板、儿童食品和书籍。全年市委会到新安江街道溪头社区、三都镇镇头村、新安江环卫所开展3次“建德民建光明行动”，为群众、环卫工人免费检查眼科疾病，免费赠送药品和治疗优惠卡。夏季，开展“夏季送清凉活动”，为消防干警送去防暑降温用品等。助力乡村振兴，完成“消薄”工作任务。陈茜会员被评为“建德市优秀乡村特派员”。叶鹃会员为企业争取上级扶持资金1220万元。洪宇锋会员向李家镇长林村捐资20万元，专项用于村级白茶种植10公顷。（王素平）

民进建德市委会

【概况】2018年，民进建德市委会开展“不忘合作初心、继续携手前进”主题教育，参加杭州统一战线在梅城镇举办的“凝心聚力建名城”主题活动。开展纪念中共“五一口号”发布70周年主题讨论和征文活动。组织会员赴杭州祭奠民进先辈马叙伦，参观“五四”宪法历史资料陈列馆。市委会班子赴重庆社院参加市委统战部组织的党外骨干培训班学习。选送会员参加省、杭州市民进联合举办的“初心·印记”经典诵读活动。开展“学会章，交会费，做民进人”活动。2018年，组织市委会机关专职干部、市委委员、各支部主委、宣传委员、社情民意信息骨干会员、新会员共62人次参加统战部、省民进、杭州民进组织的各类培训班学习。组织会员黄燕君赴湖北恩施来凤县中心医院进行为期2周的护理学科帮扶，李刚成赴贵州省岑巩县一中支教一年。

民进会员全年报送社情民意信息95条，被录用56条，其中民进中央录用1条、民进省委会录用9条。《建德民进》会刊发刊4期，刊登各类文章120多篇。向《建德政协》、杭州民进微信公众号报送基层动态、会员风采、学习心得文章60多篇。成立《姜锦书传略》编撰工作小组，至年底完成初稿。发放《中共十九大工作报告》和辅导读本，为会员举办《以十九大精神为引领，凝心聚力实现建德新崛起》专题辅导讲座报告。

民进建德市委会获2018年度民进杭州市委会先进集体称号，梅城支部获2018年民进浙江省委会优秀基层组织、文化支部获民进浙江省委会宣传思想工作先进集体称号。民进建德市委会代表队获民进杭州市委会“新时代、新作为、新风采”青年会员知识竞赛一等奖。会员徐月芳获评民进全国宣传思想工作先进个人。新发展会员7名，调出3名，至年末有会员157名。

【“民进会员之家”启用】 7月9日，建德“民进会员之家”挂牌启用。杭州市副市长、民进杭州市委会主委谢双成，中共建德市委常委、常务副市长吕平参加启用仪式并讲话。建德“民进会员之家”功能定位准确、软硬件设施到位，是杭州民进活动场所建设的样板。市委会制订出台《建德“民进会员之家”管理制度》《建德“民进会员之家”管理员工作制度》，实行支部轮值管理制度。2018年，在会员之家举办市委扩大会议、参政议政工作会议、支部生活会、座谈会、欢送会等20次；举办“开明 同心讲堂”系列讲座17期，累计320人次参加学习；接待江苏淮安民进、省民进新会员培训班、金华民进、杭州农工党暑期读书班等19批次，280人次参观交流指导。

【完成届中述职评议】 10月22日，在会员之家召开民进建德市九届委员会领导班子届中述职评议暨干部推荐会议，总结回顾2016年9月换届以来建德市委会的工作情况，市委会班子进行个人述职，与会人员对述职进行评议并对后备干部进行推荐。至年末，完成9个支部的换届工作。

【“两会”建言】 2018年，市委会向政协建德市十四届二次会议提交集体提案4件，其中《关于建设浙江始祖“建德人”遗址文化园的建议》被列入重点提案，市政协召开重点提案办理会予以督办，助推“建德人”遗址及展陈馆改造方案的规划设计。市委会集体提案《关于加快发展我市西线旅游的若干建议》和会员龚建欣提案《关于缓解我市东入城口交通“两难”问题的若干建议》被评为2018年度优秀提案。会员提交个人议案、提案26件。省政协委员潘秋梅提案《关于实施乡村振兴战略的建议》接受《联谊报》、浙视频、浙江民进网等媒体采访报道；杭州市政协委员王才洪的《在钱江新城引入“特别亮灯”，提升杭州对外交流传播能力的建议》受到浙江新闻网、《杭州日报》、杭州统一战线网、西湖之声、杭州民进网采访报道。

【政治协商和民主监督】 全年组织32人次参加各类政治协商会12场次，在市政协十四届六次常委会议、《政府工作报告》协商会议、中共建德市委常委王江与民进交心谈心座谈会、中共建德市委常委征求各民主党派工商联和无党派人士意见座谈会等会议上坦诚进言。

参与市政协常委会对教育、民政、交通等民生实事部门工作“回头看”民主评议，助推民生实事落到实处。徐月芳被杭州市国土资源局聘为行风监督员，徐月芳、谢建美被建德市纪委聘为建德市特邀监察员，履行民主监督职能。会员中的人大代表、政协委员多次参加农村生活污水治理、创建全国文明城市、小城镇环境综合整治、杭黄高铁建德场站建设等工作的视察监督。

【社会服务】 发挥民进会员在教育、卫生方面的人才资源优势，开展传统的送医送教活动，严州中学新安江校区支部到三都镇开展关爱留守儿童活动，第一人民医院支部在新安江广场、新安江街道叶家社区举办送健康活动。组织书画家36人次到大慈岩镇双泉村、寿昌镇童家村、梅城镇宝华洲社区、新安江街道罗桐社区、大同一小、育英幼儿园开展“春联进万家迎新春送祝福”活动。为建德香港同乡会集体创作书画作品30多幅，为更楼街道邓家村创作“德文化”作品40多幅，为梅城镇千鹤妇女纪念馆创作关于妇女参加劳动题材的墙画作品。

【助力乡村振兴】 2018年，民进建德市委会围绕实施乡村振兴战略贡献力量。会员董光海、倪慧芬参加航头镇彭家村乡村振兴晚会表演。徐月芳担任更楼街道许乐村乡村振兴“消薄”特派员，带领会员到一线助力乡村振兴建设；书画界会员为许乐村设计美丽庭院规划图；董光海利用党员固定活动日为许乐村党员干部作题为《不忘初心 建设许乐美好明天》的中共十九大精神主题宣讲；华泽律师事务所主任、会员邵爱秀为许乐村党员干部作《法律与生活》讲座。（徐月芳）

社会团体

Social Groups

工 会

【概况】2018年，市总工会围绕建德市经济转型升级和产业发展方向，举办市级竞赛15项，带动全市各级工会开展技能竞赛216项，参赛人数4800多人，带动岗位练兵2.6万人次。开展市重点工程、重点项目建功立业活动。开展经济技术创新活动，开展“一室一法五小”选树命名活动。以“明道立德 培植匠心 追求卓越”为主题，弘扬劳模工匠精神，认定首届“建德工匠”10名。新建基层工会50家。

开展资助优秀职工和农民工上大学活动，共有143人报名。为企业职工及其他群体提供劳动法律知识、礼仪、安全生产等讲座66场，文艺演出10场，运动嘉年华12场。举办全市第五届“五一杯”职工气排球比赛和第二届工间操比赛。开展“新时代、新女性”系列活动10期，举办青年人才交友联谊活动4期。

通过示范领路，推行工资集体协商工作，至年末，全市共创建工资集体协商示范单位113家。做好2017年劳动关系和谐指数测评工作，测评分值位列杭州各县(市)第一。举办16场与工会和劳动法律相关的知识讲座，为12家企业定制发放“法律服务包”，与浙江春秋联合律师事务所签订工会法律顾问和法律援助工作协议。

落实服务职工民生实事项目，以“四季送”关爱活动为载体，为742户困难家庭发放补助182.46万元。推进职工医疗互助保障提质扩面，2018年全市参保职工5.8万人次，补助1505人次，补助金额261.7万元。支付26起工会会员意外伤害和家财损失保障金4.5万元。为800名外来务工人员开展免费健康体检。高温期间对100家基层企业开展“送清凉”活动。服务于户外工作者和哺乳期女职工，推动民生服务工作发展，建成“爱心驿家”2家、“妈咪暖心小屋”3家。开展“小候鸟”关爱活动，共举办28个班次，参与活动的小候鸟750多名。实施中心城镇文化宫“回归”工程，投资2800万元重建寿昌工人文化宫。

通过“一行一会”组建模式，畅通和实现对小微企业“两新”组织的覆盖。推进重点企业单独组建工会，推进综合性职工之家的建设。推进智慧工会管理平台和会员实名制数据库建设及“杭工E家”APP推广工作，构建“互联网+”工会服务职工体系，推动“指尖上工会”建设。至年末，工会会员实名制录入8.79万人，“杭工E家”APP推广2.08万人。举办各类培训28场，共培训780人次。助力全国文明城市创建，创立5支工会志愿者服务队。

【认定首届“建德工匠”10人】4月，以“明道立德培植匠心、追求卓越”为主题，认定首届“建德工匠”10名，与杭州电视台合作举办庆“五一”暨工匠表彰晚会。推出15期建德工匠、杭州工匠、浙江工匠风采录，树立职业英雄，说好工匠故事，激励更多的“现代鲁班”源源涌现。开展百名小记者一线采访工匠活动，通过工匠们的现身说法，引导学生汲取正能量，将“专注基因”“执着基因”“创新基因”深植于心。

【建德市总工会劳动法律服务点成立】11月2日，浙江春秋联合律师事务所法律服务点揭牌仪式在建德市总工会举行。浙江春秋联合律师事务所派驻资深律师在市总工会劳动法律办公室，为全市

表 12　**2018 年建德市首届“建德工匠”榜单**

荣誉称号	获奖人	专业领域
建德市工匠	赵建明（建德市红姬草莓专业合作社）	草莓种植技术
建德市工匠	徐惠东（建德市下涯镇根缘雕艺工作室）	根雕艺术
建德市工匠	叶世东（浙江新安化工集团股份有限公司）	机修钳工技术
建德市工匠	胡建红（建德市五星车业有限公司）	机械制造技术
建德市工匠	李　强（杭州新安江工业泵有限公司）	工业泵研发技术
建德市工匠	徐霞军（建德市新安江长运有限公司）	驾驶技术
建德市工匠	王　建（杭州建铜集团有限公司）	机械钳工技术
建德市工匠	李建明（杭州新马电梯有限公司）	电梯研发技术
建德市工匠	张　伟【青岛啤酒（杭州）有限公司】	酿酒技术
建德市工匠	汪贤君（建德海螺水泥有限责任公司）	采矿、爆破技术

工友提供免费法律服务，主要内容包括：涉及劳动争议方面的法律咨询，代写法律文书，代理参加案件的协商、调解、仲裁、诉讼等。

【建德经济开发区（航空小镇）总工会成立】 2月5日，建德经济开发区（航空小镇）工会第一次代表大会召开，来自建德经济开发区（航空小镇）工业、商贸和党政机关等各行业48名工会代表参加会议，审议通过选举草案并采用差额选举办法选举产生建德经济开发区（航空小镇）总工会工会组织机构、第一届委员会委员、经费审查委员会委员和女职工委员会委员。首批入会会员800多名。

【建德市高铁新区总工会成立】 7月10日，建德市高铁新区总工会第一届选举大会在高铁新区报告厅举行。大会表决通过《高铁新区工会第一次代表大会选举办法》，通过投票选举产生7名高铁新区总工会委员会委员、3名经费审查委会委员、3名女职工委员会委员。

【重建寿昌工人文化宫】 2018年，在杭州市总工会和建德市、寿昌镇两级政府的支持下，在寿昌镇南门广场选址重建寿昌文化宫。文化宫为中式四合院设计，集职工服务、教育培训、体育健身等多项功能于一体，建筑面积8000平方米，总投资2800万元。（陈晓庆）

共青团

【概况】 2018年，共青团建德市委坚持服务大局，助力“中心工作”推进。动员全市团员青年投身“全国文明城市创建”“无违建市创建”“最多跑一次”等重点工作，承办“创建全国文明城市网格化管理工作启动仪式”“浙江省志愿者证首发仪式”等活动。打响“德小志”建德志愿服务形象。开展市委书记与青年面对面活动暨“青”字号系列培训工程，内容涵盖“乡村振兴”“最多跑一次”“全国文明城市创建”等。至年末，全市共有团员1.97万人。

以“中国梦、我的梦”“青年大学习”为主题，先后开展“全市共青团系统不忘初心跟党走、四提一争党团知识竞赛”等活动。以“3·5”学雷锋日、“5·4”青年节、“12·5”国际志愿者日为契机，开展“新青年拥抱新时代　新作为助力新崛起”“奋斗的青春最美丽”“红领巾心向党”等一系列主题宣教活动。

坚持多方汇聚人才，助力“人才强市”建设。依托“亲青创”“亲青恋”“青”字号品牌，举办智汇建德·17°青春2018年建德市青年人才创业创新大赛全国赛，共有150多个项目报名参赛。实施“青

◎"新青年拥抱新时代、新作为助力新崛起"主题团日活动

关注重点和薄弱领域，结合山区县市青年外流多的实际，把团的工作重点向学校源头聚焦。实施"双百双提升"计划，改善软弱涣散团组织面貌。推进"教育前置、关口前移"。规范团费收缴、使用和管理，规范团员的出入流程，加强组织生活和教育管理。结合团省委"三亮三比"亮分制管理和团杭州市委"大抓基层"工作，开展团支部规范化建设，尝试开展"一支部一品牌"和"星级团支部"评定工作。

年人才返乡创业助力乡村振兴"行动。开展"七夕缘，相约芳草地"人才交友品牌活动4场，吸引330名青年参加。发挥建德上海青年知识分子联谊会作用，吸纳建德籍在外青年人才，开展"助力乡村振兴，拥抱高铁时代"等活动。

坚持发挥生态优势，擦亮浙江建德"中国气候宜居城市"金名片。抢抓"38分钟高铁时代"历史性机遇，实施"青年林"项目，开展"共建文明城市青春护绿先行"等活动10多场，累计植树3200多棵。拓展"青年河小二"志愿护水服务队伍数量，开展"河小二护水巡河"等治水活动。

5月3日，为纪念建团96周年和五四运动99周年，团市委在市老年大学组织开展"新青年拥抱新时代、新作为助力新崛起"主题团日活动。市领导童定干等参加活动。

2018年，市镇两级团委完成换届选举工作，选优配强市级机关及16个乡镇(街道)团(工)委书记班子，建立多元化人员结构工作队伍，普遍形成由9~21名委员组成的乡镇(街道)工作委员会。经过层层筛选择优从企业青年、农创客中选拔2人任团市委兼职副书记。与市委组织部联合建立挂职干部选派交流制度，选派乡镇团干部赴团市委机关挂职。结合"走亲连心三服务""组团包干八大行动"等重点工作，完善团组织到乡镇(街道)报道制度。完善经费保障制度，2018年，通过以奖代补为37个基层团组织提供24.6万元的资金补助。

【浙江省志愿者证在建德首发】 5月28日，浙江省志愿者证首发仪式在建德举行，仪式由共青团浙江省委、浙江省志愿者协会主办，杭州市直机关工委、杭州团市委和建德市委、市政府承办，浦发银行杭州分行、中青信用管理有限公司协办。浙江省志愿者证是由"志愿汇"志愿服务信息化平台进行志愿者实名认证和数据支持，并以此证对志愿者进行信息化管理与服务。团省委副书记王慧琳，建德市委书记、市人大常委会主任童定干等领导出席首发仪式。

【"德小志"形象发布】 12月5日上午，由建德市志愿服务工作委员会、建德市创建全国文明城市工作领导小组办公室、共青团建德市委员会联合主办的"'12·5'国际志愿者日'德小志'形象发布会暨2018年志愿服务先进表彰仪式"在新安江文化广场举行。"德小志"是通过挖掘建德"德文化"地域品牌，以"建德侯"卡通形象为原型，塑造出建德自己的志愿者形象。市委常委、宣传部部长周萍英，市政府副市长张有强出席活动，动员全市6.4万名注册志愿者开展文明出行等志愿服务。"志愿汇"全年登记时数达67万小时。寻找"公益合伙人"34家，丰富"志愿汇"益币兑换商品37种，总价值50多万元。推广"青荷公益卡""志愿者证"，增强身份认同感。出台县级市层面全国首个优秀志愿者守信联合激励实施细则。

◎3 月 5 日，建德市"遇见你的美"——美德驿站启动仪式

【"美德驿站" 启动运行】3 月 5 日，团市委联合市委宣传部、市文明办在新安江广场开展"遇见你的美"美德驿站启动仪式暨 2018 年"三·五"学雷锋活动。市委常委、宣传部部长周萍英主持启动仪式，市委副书记周友红致辞。活动现场，为"遇见你的美"公益合伙人展示牌揭牌、25 家公益合伙人颁发证书。美德驿站是城市街角的爱心中转站，市民可以得到手机充电、凉热水供应、零钱兑换等暖心服务。全年累计服务市民 2 万人次，服务总时数 3000 多小时。

【共青团改革】以党政需求和青年需求为导向，改革机构设置，新增"文明创建""青春助跑"等重点工作组，形成"机关常设部门+重点工作项目组"的工作架构。选好配强团的领导班子，实行专挂兼相结合，领导班子专职成员不超过 50%。建立挂职干部交流制度，选派第一批乡镇团干部赴团市委机关挂职。以"增三性""去四化"为目标，巩固青联改革成果。出台《建德市少先队改革实施方案》。结合"大学习、大调研、大抓落实""组团包干"等活动，推进"1+100"团干部直接联系青年制度的内涵延伸。围绕"从严治团"目标，对照基层团建"三张清单"整改任务，开展"双百双提升"五年攻坚行动计划。筛选第二批改革提升团组织，发挥基层团建试验田作用，逐步铺开改革工作。指导洋溪街道、乾潭镇、航头镇 3 个试点乡镇(街道)，完成乡镇层面的《群团改革总体方案》和《共青团改革方案》。

【推进"大抓基层"工作】围绕"从严治团"目标任务，严格落实"三会两制一课"制度，把团员教育评议与团员年度团籍注册结合起来。严格组织关系转接和团籍档案管理，严肃团的纪律，及时处置不合格团员，对违反团章规定的团员依章及时处理，推进基层团组织规范化建设。坚持源头管控，培养合格接班人。树立"全团抓学校"的意识，巩固学校共青团基础性、战略性、源头性地位，严把团员入口关，实行团员发展调控制度，严控团员发展指标。建立健全入团积极分子培养教育机制，坚持"成熟一个发展一个"，推动团员及入团积极分子成为注册志愿者。严格执行"推优入党"，将政治合格、品德优良、学习上进的团员青年纳入推荐范围。坚持统筹融合，夯实团基层力量。深化团属事业单位改革，做强青少年校外教育品牌、做优志愿服务社会化职能，提高共青团事业化运转能力。巩固和深化"共青团改革""双百双提升"成果，坚持党建带群建，区域化群建，群团共建。发挥委员会班子"领头雁"作用，注重兼职副书记在社会非公领域、专业技术能力等方面的优势，逐步解决基层"四缺"问题。

【全面关爱 "弱势群体"】完善市爱心助学联席会制度，与省青基会等各类公益组织多方合作，开展走访摸底及时更新贫困学子数据库，对接社会公益基金和爱心资源，资助金额 149.2 万元。组织青联委员、农青协会员、高校学生参与精准扶贫和对口援助，结合"双百双进"工作，为贵州省黔东南州岑巩县对口援建地区捐赠助学资金 20.6 万元和价值 23 万元学习用具、体育用品。举办"新安毅行 助力全国文明城市创建随手拍"等大型活动 5 场。开展青春骑行、球类比赛等各类青年喜闻乐见的文体活动 11 场。举办第二届建德市少先队鼓乐队展示评比活动，全市 11 所学校 396 名学生参加。开展公益夏令营等青少年校外活动百余场。开展青工技能比武 3 场，创建各级青年安全示范岗 8 家，青年文明号 13 家，参与青年 870 人次。深化未保委组织建设，开展“青少年维权岗”创建、“共青团与人大代表、政协委员面对面”活动，倾听青少年权益诉求。开展心理辅导、禁毒防艾、青春期健康教育、留守儿童关爱等活动 60 多场。设立校外未成年人心理健康辅导站，开通“64512355”维权申诉平台，为青少年提供心灵导航、课外帮教、法律咨询等服务 80 多次。依托向阳花基金和“亲青筹”平台，帮助 2 名有急需的弱势青少年争取到医疗善款 12.4 万元。(陈骏)

妇女联合会

【概况】2018 年，市妇联下辖乡镇(街道)妇联 16 个、机关单位妇委会 29 个，村(社区)妇联 256 个。

深化美丽庭院创建工作，开展全市“美丽庭院示范带”PK 赛，全市市级机关各单位、巾帼文明岗等助力结对镇、村“美丽庭院”创建，全年开展庭院环境整治 560 多次，整治庭院 1.4 万户，新增“美丽庭院”示范带 18 个，评比产生百户“建德市级美丽庭院示范户”。以寻找“最美家庭”“最美邻居”为子活动，开展寻找“最美家庭”系列活动。经推荐上报、组织评定、公示确定，评选出建德市“十佳最美家庭”“十佳最美邻居”。创建省级“最美家庭”1 户、“绿色家庭”2 户，杭州市级“最美家庭”2 户，评选表彰建德市级“五好文明新家庭”20 户。

引导妇女投身民宿、农家乐等乡村旅游产业，举办农家乐、民宿、餐饮、礼仪等相关女性职业培训班次 39 期，培训从业妇女 2508 人次。发展来料加工业，培育来料加工点 554 个，从业妇女 3.1 万名，全年发放加工费 2.95 亿元；组织 217 名低收入农户参与来料加工发展。

设立“新安婆婆”家事调解室，组建“妇工+义工+社工”的社会化家事调解队伍，提供婚姻家事纠纷调解、法律咨询、心理干预、婚姻家庭辅导等“一条龙”服务。2018 年，各级妇联组织为 180 多名信访妇女群众提供专业的法律维权服务，修复 580 多例濒临解体的来访家庭。“新安婆婆”家事调解室应杭州市妇联邀请，调解 1 场婚姻家事纠纷，并在西湖明珠频道“和事佬”栏目播放。

5 月 18 日，建德市纪委、市委组织部、市妇联共同举办市管正职领导干部配偶“廉内助”培训班”，宣读“廉洁好家风”倡议书、签署家庭助廉承诺书，上廉政课、参观建德家风馆等形式，引导领导干部配偶知廉、守廉、护廉，全市 107 名廉内助参加学习。

采访省妇联原主席陆苏、省妇联原干部嵇毓贞、原建德县妇联主席胡彩薇等老同志，邀请《中国妇女报》记者赴建德梅城镇千鹤自然村采访，形成《让千鹤妇女文化在乡村振兴中闪耀》等宣传报道作品，并相继在《中国妇女报》杭州网、《今日建德》、建德电视台等媒体刊登。

【妇联组织改革】3 月 2 日，召开建德市妇联第十五届执委第 7 次会议，选举产生建德市妇联兼挂职副主席 3 名，兼挂职副主席全部配备到位。会议替补 3 名市妇联第十五届执委。启动乡镇(街道)妇联区域化妇建试点工作，指导洋溪街道、乾潭镇、航头镇 3 个试点乡镇(街道)区域化妇建，洋溪街道设立浙西跨境园、打造“伊样美”妇联工作品牌，乾潭镇以业缘、趣缘、优势资源等为纽带建立“巾帼创业联盟”，航头镇探索妇联主席轮值制度。乾潭镇妇联《组建巾帼创业联盟，唱响巾帼最强音》案例被《杭州市区域化妇建工作优秀案例选编》收录，航头镇妇联在杭州市区域化妇建工作推进会上作典型发言。

【落实妇儿民生实事项目】深化“姐妹帮扶”工作，组织女企业家、女致富带头人、巾帼文明岗及各女性社团成员结对全市 450 多名困难妇女儿童，带动 150 多名妇女就业，落实帮扶款物 37.6 万元。推进市妇女儿童活动中心场馆建设，制定完善内部功能布局设计方案和资金预算。推动出台《建德市参保适龄妇女免费“两癌”检查项目实施方案》，从 2018 年起五年内为全市参保适龄妇女提供一次免费“两癌”检查，2018 年完成 1.2 万名适龄妇女免费“两癌”检查。

【首届亲子阅读推广季暨“凯叔讲故事”建德赛区故事大赛】 5 月 13 日，市妇联、市教育局联合举办“书香伴成长”建德市首届亲子阅读推广季暨“凯叔讲故事” 建德赛区故事大赛，来自全市 17 所小学、幼儿园近千名小选手报名参与。比赛分为幼儿组和小学组，经过初赛，77 名选手进入决赛环节，分别决出一等奖 6 名、二等奖 5 名、三等奖 7 名。

【“爱丁堡”杯建德市平安家庭创建主题亲子绘画大赛】 10 月 14 日，市妇联与市政法委、市教育局联合举办“爱丁堡”杯建德市平安家庭创建主体亲子绘画大赛，全市 78 组家庭、200 多人参加活动，邀请中国美术家协会、中国书法家协会、杭州市美术家协会、杭州市美术家协会担任评委，并现场创作“平安家庭”书法作品。参赛家庭获奖作品分别在全市中小学校、幼儿园巡展。（王思群）

科学技术协会

【概况】 2018 年，市科协实施科普工作项目 14 个。申报杭州市农村科普示范项目 4 个，分别是“草莓绿色生态技术科普惠农兴村”“建德市大同桑树栽培高产高效示范基地建设”“建德苞茶科普观光基地建设”“瑞德火龙果科普观光基地建设”。实施杭州市协同创新服务项目 3 个，分别是“油茶产业精深加工技术服务”“铁皮石斛生态化栽培技术示范”“莲花新品种新技术示范推广”。

春季，组织科技志愿者到寿昌镇和大慈岩镇新叶村开展科普服务送下乡活动；组织参与 2018 年杭州市科技活动周建德站暨建德市科技人才服务周活动，举办 2018 年全国科普日暨建德市第三十二届科普宣传周活动；参与各部门组织的科普志愿服务大行动、“6·5” 世界环境日纪念活动、“12·4”国家宪法日系列宣传活动等。开展“人人争当科普员”活动，建德市民“科普中国”注册人数达 2100 多人，推动“科普中国”在建德市的落地应用。农函大全年举办莲子、草莓、水产等培训班 74 期，培训 5315 人次。申报推荐杭州市“十大青年科技英才”4 人。

以科普栏目、微信公众号、科普 E 站建设及“科普中国”落地应用等为抓手，搭建科普知识共建共享平台。2018 年共推出《科普之光》节目 13 期，发布微信公众号 34 期 103 篇。市老科协撰写调研报告 9 篇，获市领导批示 3 篇，其中工交组撰写的《建德“智能制造”探索与实践》获市委书记童定干批示。

通过对接交流高铁新区、经济开发区、环保科创中心等园区、企业与多位海外人才建立联系渠道，促进项目合作。组织“5·30”全国科技工作者日活动，邀请科技工作者代表参与活动并作引才聚才发言。建立、健全联系服务科技工作者制度，落实杭州科协驻会领导联系科技工作者和基层组织。

【省级院士工作站实现“零的突破”】 2018 年，市科协组织浙江新安化工集团股份有限公司、建德市草莓研究院和浙江耀恒光电科技有限公司 3 家单位，参与院士专家工作站的创建。经过申报推荐、实地调研、现场答辩、专家评审等环节，浙江新安化工集团股份有限公司被认定为第九批省级院士工作站，建德市草莓研究院认定为杭州市院士工作站，浙江耀恒光电科技有限公司认定为杭州市专家工作站。建德市省级院士工作站和杭州市级专家工作站实现“零的突破”，新增杭州市级院士工作站 1 家。至年末，建德市有院士工作站 3 家，其中省级院士工作站 1 家、专家工作站 1 家。

【承办第二十届中国科协年会分论坛】 5 月 25—26 日，承办第二十届中国科协年会建德分论坛—新时代军民两用关键技术研讨会，来自中国科协军民融合学会联合体成员学会的行业权威学术专家和全国及浙江知名企业代表 200 多人参加论坛，其中“两院”院士 5 名、国际院士 3 名、国外顶级专家 8 名。建德市人民政府与中国航空学会签订战略合作协议，嬴淑娴和许毅达受聘成为建德通航产业和招才引智工作顾问。通过论坛，安飞公司与航空小镇签约，计划投资电动飞机项目。中央电视台、《人民日报》、新华社等主流媒体均对此次分论坛专题报道318篇次。（周婉萍）

工商联（总商会）

【概况】2018年，市工商联贯彻落实中共十九大和中央经济工作会议精神，紧扣促进“两个健康”工作主线，围绕中心，突出“教育、引导、服务、组织建设”重点，进一步发展和壮大非公有制经济代表人士队伍，发挥工商联在政治、经济和社会生活中的作用，全面做好非公有制经济服务工作。年末，共有乡镇（街道）商会16家、行业协会1家、异地商会5家，会员1125个。

落实中央统战工作条例，注重推进“四好”商会建设，推进统战工作向商会组织有效覆盖，履行好工商联对所属商会指导、引导、服务的职责。出台《基层商会财务指导意见》，加强对基层商会财务工作的指导；组织商会秘书长培训，提升秘书长的履职能力。通过实行兼职企业副主席轮值制度，改变兼职副主席被动参与的局面，提高兼职副主席的工作积极性。

引导工商联界两代表一委员围绕全市社会经济发展热点、难点问题搞好调查研究，撰写议案和提案，发挥建言献策作用。建德市“两会”期间，非公经济人士代表共提提议案33件，其中《关于加快我市非公有制经济转型升级的建议》被市政协列为重点提案由市委领导领衔。组织工商联界别“两代表一委员”赴李家镇、大洋镇开展“农村生活污水处理设施运维”“城乡生活垃圾分类处理”和小城镇综合整治等视察工作；组织工商联界别政协委员赴常山、开化考察民宿经济。

【贯彻落实中共十九大和中央经济工作会议精神】组织企业家代表参加杭州市工商联系统“中共十九大精神宣讲会”；组织120余名企业家在杭州奥利达有限公司召开中共十九大精神宣讲会；在十届工商联三次执委会上解读中共十九大精神；工商联党组班子成员分工下到全市16个基层商会，向基层商会宣讲十九大精神，实现基层商会和工商联执常委“中共十九大精神”宣讲全覆盖；在基层商会座谈会和“非公有制经济人士素质提升班”上，引导民营企业家谈中共十九大学习体会和心得。组织新生代企业家赴福建龙岩接受红色教育，将中共十九大精神学习列为重要内容。

【非公有制经济人士素质提升】借平台组织8名新生代企业家赴福建古田接受红色教育，组织多名非公有制经济人士参加省市非公党建、杭商学堂，组织3名新生代企业家参加杭州地区新生代企业家研讨班，组织8名民营企业家代表参加“品质杭商—北大班”等培训学习，组织建德民营企业家参加杭州市联组织的杭州市工商联“百千万”乡村振兴协作推进会和民营企业家运动会；创平台组织建德市非公有制企业家参加主题为“企业股权设置”的建商大讲堂，组织56名建德民营企业家代表参加“非公经济人士素质提升班—厦大班（第二期）”学习；出政策鼓励基层商会举办“非公有制经济人士人士高级研修班”，全市10个基层商会组织200余名属地民营企业

◎7月15日，部分民营企业家赴厦门大学参加非公有制经济人士素质提升班

家进北京大学、浙江大学、厦门大学和上海交大等名校进修学习。

【引导企业履行社会责任】引导基层商会和非公有制经济代表人士践行光彩事业助力经济薄弱村消薄增收,或资金帮扶、或项目帮扶、或就业帮扶,助推村级经济社会发展,捐资捐物捐项目30余个,筹措资金360余万元;组织执常委和部分民营企业家代表赴贵州岑巩县考察学习,为当地教育事业捐款10万元;以“当好政府助手,搭建招商平台”为目标,广泛引导基层商会组织通过制定商会招商方案、搭建交流平台、走访友好商会、对接浙商外地商会、拜访建德籍在外创业人士等途径,全面推进商会招商活动。其中,市工商联对接友好商会4个、浙商异地商会3个,对接建德籍创业人士20余人,为政府推荐项目3个。

【服务经济建设】构建非公经济服务机制,就建德民营企业涉税企业与公检法开展有效沟通,依法保护非公有制企业合法权益;开展非公有制经济人士大走访,提高企业家法律意识。构建新型政商关系,通过媒体和非公有制企业大走访向全市非公有制经济人士发出《做构建“清”“亲”新型政商关系践行者》倡议,号召非公有制经济人士引领“清”“亲”风气之先,传承工商基因、弘扬工匠精神,勇担做强企业重任,为加快建德新崛起贡献力量。组织政府职能部门主要负责人与非公有制企业负责人的“联席会”“协商会”,实现政企之间“无缝隙对接”“无障碍沟通”3次。讲好“建商”好故事,推荐3名优秀企业家接受杭商故事专访,树立建商形象,提炼“建商”精神;以基层商会为载体出刊《新安商界》4期,宣传建德非公有制经济优秀事迹;创刊《建商》杂志,实现首发。(林志强)

文学艺术界联合会

【概况】2018年,市文联所属协会(院)15个,会员1546人,其中国家级会员58人、浙江省级会员176人。

围绕创建全国文明城市、改革开放四十周年、第十八届中国。17°C建德新安江旅游节、“乡村振兴”,以文艺赛事、展览、作品、惠民服务等形式开展各项活动。完成第十八届中国·17°C建德新安江旅游节“大美建德、水墨新安江”全国万人摄影大展和知名作家新安江行活动。与市委组织部、市委宣传部、市直机关工委联合举办开展“助推乡村振兴、比拼建功立德”手机摄影大赛,围绕“助推乡村振兴、比拼建功立德”主题,捕捉“美丽建德”生动景象,展示机关党员干部在乡村振兴、组团包干、“消薄”增收等方面的工作和成效,完成征稿。

组织下属9大协会,通过写、画、拍、唱、演形式开展采风创作活动。千岛画院举办“文明创建”专题书画交流笔会,现场创作30多幅书画作品;市美协和市文馆联合举办“文明城市、美丽建德”为主题的少儿绘画大赛,从400多幅稿件中,评出一等奖作品20件、二等奖作品30件、三等奖作品50件;市音协联合举办两场创建文明城市音乐晚会;市美术家协会举办纪念“改革开放40周年”美术作品展,收到稿件128件,经过评选,有40幅国画作品和37幅西画(综合)作品入选;市舞协在纳凉大舞台举办“为时代而舞、为人民而舞”纪念改革开放40周年文艺晚会;市美协组织会员参加“盛世钱塘、美好家园”庆祝改革开放40周年杭州市美术作品展,13幅作品入选;市书协举办纪念改革开放40周年暨美丽乡村书法展;市作协联合开展“乡村振兴,文学在行动”活动,7—12月,组织文联机关干部和作协会员深入乡村开展采风创作2次,作品13篇,5幅作品入选“乡村振兴—田园松阳”浙江省美术作品展。

【文艺创作成果丰硕】出版《德文化丛书》(第一辑,5册),包括:《建德先贤建功立德故事》《大义微言:议论风生说仁德》《建德市文化示范村探源》《建德文化走读散记》《建德历代诗选注》;出版《严州古今文丛》(第二辑)中的《清虚严陵》;编撰出版散文集《那年乡村》、人物传记《碧血双童》、回忆录《老蔡家书》《江海余生》等5种10册。

《畲女凤凰》获评2018年杭州市第十三届精神文明建设“五个一”工程奖婺剧;《大洋埠》参加

2018 年“西湖之春”艺术节暨杭州市新剧(节)目会演开幕式，获杭州市西湖之春艺术节优秀新剧目奖；市摄协会员范胜利的《渔歌》入选台湾国际华人摄影展、《赶市》等 6 幅作品入选国际“奥赛”摄影展，施正越《之江渔歌》等 5 幅作品入选国际“奥赛”摄影展，市摄协会员王建青的组图作品入选第二届“郎静山杯”中国新画意摄影双年展；市美协会员孟涛《崖上晨烟》入选由中国美协主办的“邮驿路运河情”全国中国画作品展，市美协会员刘巧云的作品《放大镜下的蟋蟀》获 2018 年浙江省现代民间绘画邀请展金奖；市舞协会员王国光作品《镜花水月》获第二十三届中国文化艺术交流大赛金奖；市书协会员李彩凤、吴小红的书法作品入展“唐诗之路”浙江省第五届女书法家作品展；市作协会员过承祁诗作《叶村的雁塔》，发表在《品位·浙江诗人》2018 年第 3 期，获“诗意浙江·走进中洲”优秀作品奖；市民协会员金惠玲和汪世炎合作的故事《有我无猪》，获第九届杭州市网络故事比赛一等奖。

【“大美建德 水墨新安江”全国万人摄影大展】完成第十八届中国·17°C 建德新安江旅游节“大美建德、水墨新安江”全国万人摄影大展和知名作家新安江行活动。市文联与《大众摄影》和浙江省作协等单位合作，建立 2 个活动工作小组，制定详细的工作方案。活动期间，各级媒体对 2 个活动进行宣传报道。新华社的启动仪式新闻报道浏览量近 76 万次，《人民日报》海外版以题为《新安江畔欢歌飞》进行专栏报道。《人民日报》《中国纪检监察报》《中国文艺报》《新华文摘》《新民晚报》《文学报》《人民日报》海外版等 10 多家全国主流媒体报道知名作家采风创作 15 篇作品，《浙江省散文》设立专栏进行宣传。

【文艺志愿服务活动】2018 年，市文联开展一系列由多协会联动、会员广泛参与、多种形式呈现的文艺惠民活动。“文艺轻骑兵”作为市文联助力文化礼堂的文艺惠民品牌，全年走乡入村开展各类文艺惠民活动 222 场，参与文艺家 260 人次，义务写春联 3000 多对，免费拍照片 2000 多张，完成送戏下乡演出 204 场。开展“助推乡村振兴”“新春送欢乐、奋进新时代”文化下乡系列活动，市摄协免费为 70 周岁老人拍结婚照，市音协开展敬老爱老活动，市书协为村民写家训活动。

【文艺交流】市文联采取“请进来、走出去”办法，邀请国内名家到建德讲学、召开作品研讨会、组织相互采风，促进建德市作家艺术家的创作水平。市文联与市民协承办第五届“小故事大王”选拔赛暨“杭州原故事”精英赛，市摄协邀请新华社浙江分社图片总监、省摄协副主席王小川和浙报图片总监、省摄协副主席裘志伟作摄影讲座，市戏协邀请著名昆曲小生、国家一级演员陶铁斧和中国曲艺家协会副主席、全国专业曲艺最高奖“牡丹奖”得主翁仁康授课，杭州市书画院到建德开展采风交流与作品研讨活动。组织文艺队伍的外出采风和横向交流活动，市文联和市新安文化艺术研究院联合组织各协会主席秘书长到安徽歙县、黟县开展文艺交流，市摄影家协会赴舟山和歙县采风、与当地摄影家协会进行文艺交流，市戏协赴

◎5 月 26 日，全国摄影大展启动仪式

土耳其演出。(房顺利)

残疾人联合会

【概况】 2018年,市残联推进困难残疾人生活补贴和重度护理补贴政策,为残疾人发放"两项补贴",至年末,享受困难残疾人生活补贴6609人,享受重度残疾人护理补贴6846人,"两项补贴"比上年增加900多人。为万名60周岁以下残疾人开展意外伤害保险,每人每年交20元保险费,接轨市民政局开展的老年人意外伤害保险,全市1.7万名持证残疾人全部享受意外伤害保险。发放残疾学生和困难残疾人家庭子女教育补助26.26万元,其中:残疾大学生学费和住宿费减免补助款16.2万元、残疾儿童学前教育补助款1.8万元。

开展残疾人动态更新调查工作,对全市持证残疾人在调查时间点内的调查对象开展普查。7月,建德市提供人财物,配合省残联派出的浙江大学学生开展267户残疾人的家庭收入状况监测工作。推进残疾人城乡统筹工作,杭州江干区、萧山区、杭州经济技术开发区残联对口帮扶建德市残联,签订残疾人帮扶项目协议书3个,补充协议1个,到位帮扶资金100万元。规范残疾人机动轮椅车管理工作,为77名符合条件的残疾人,发放残疾人机动轮椅车燃油补贴。

市残联实施125名"困难残疾人无障碍进家庭"项目,至年末,免费为125名肢体残疾人提供卫生间、门前坡道无障碍改造,发放政府补助60多万元。其中,中央财政补助指标35户,户均补助3500元;省级财政补助指标70户,户均补助6000元;建德市财政补助指标20户,户均补助3500元。2018年,免费验配助听器50只,免费发放辅助器具173例,申领助视器20人,申领安装假肢15人,髋关节置换术补助12例,为40名0~6周岁儿童开展抢救性康复。至年末,集中办理残疾人证1013人次,上门办理残疾人证67人次,0~6周岁儿童办理残疾人证2人次。开展十年有效期到期残疾人证复评2845人次。

3月6日,举办残疾人就业招聘会,来自杭州、萧山、海盐及建德市共35家企业进场设台,摆摊设立600多个就业岗位。做好临时救济和慰问,春节集中走访慰问特困残疾人家庭250户,发放慰问金19.9万元。夏季开展送清凉慰问,慰问136户残疾人。配合住建部门做好残疾人危旧房改造工作,80户困难残疾人享受危旧房改造,得到住房救助补助。建德市残疾人徐惠东在省技能竞赛上获得根雕项目第二名。建德市残疾人电商就业创业孵化基地建设居杭州名列前茅,省、杭州市残联领导一行考察建德市残疾人电商就业创业孵化基地。2018年,杭州市在各县(市、区)推广建德市残疾人电商就业创业孵化基地先进经验做法。有3家残疾人企业入驻电商就业创业孵化基地,组织残疾人免费电商培训班2期,覆盖更多的残疾人参与电商就业。

10月,建德残疾人运动员王春花在亚加达亚残运会上,获得女子盲人门球银牌1枚。在省第十届残疾人运动会上,王春花获得女子盲人门球、唐旋获得男子盲人门球、俞康成获得集体舞轮舞金牌各1枚。7月,组队参加杭州市第十届残疾人运动会,建德市28名运动员通过参加集训和比赛,获得1金7银8铜。组织建德市残疾人趣味运动会和聋人登山比赛,共有150名运动员参加。市残联与市总工会、团市委、市妇联联合举办市首届残疾人联谊交友大会,共有80多人参加。

推进市残疾人托养中心(楼)项目附属设施建设,完善1个停车场、新建1个室外健身活动场和规划农疗基地,做好大门及围墙的美化工作。市残疾人托养中心运营方案上报市政府并批复,做好市康复中心和托养中心资产的评估工作。推荐人员参选杭州市第二届"最美杭州人—十佳残疾人"和第三届"最美助残志愿者(助残人)"。建德市推荐的残疾人季建洪获杭州市第二届"最美杭州人—十佳残疾人"称号。

9月,建德市残联公开招聘的1名残疾人任职为公务员,至年末,市残联共有2名残疾人公务员。

【省无障碍社区创建工作位列杭州首位】 2017年,建德市启动浙江省无障碍社区创建工作,至2018年末共投入资金160多万元,完成195个道路盲道、提示盲道、缘石坡道点位改造建设。4月16—27日,市创建工作领导小组组成两个检查验收小组,对全市16个无障碍社区创建工作开展检查验收。5月2日,杭州市创建浙江省无障碍社区领导小组办公室《关于杭州市首批创建浙江省无障碍社区检查验收结果情况的通报》,建德市无障碍社区(溪头社区)被杭州市创建浙江省无障碍社区领导小组办公室评为一类单位,综合成绩97分,位列杭州地区首位。6月4日,省政协党组副书记、副主席孙景淼带领调研组,在建德市调研《浙江省实施〈无障碍环境建设条例〉办法(草案)》立法协商工作。10月17—18日,杭州市残疾人维权工作会议暨省无障碍社区创建培训班杭州市在建德市举办,与会人员参观建德市第一批省无障碍社区新安江街道溪头社区。

【市残疾人联合会第六次代表大会】1月10—11日,建德市残疾人联合会召开第六次代表大会,总结过去五年全市残疾人工作和提出今后五年全市残疾人目标任务。大会选举产生市残联第六届主席团主席、副主席、委员共35名,副市长张早林当选为主席;聘请市委副书记周友红为市残联第六届主席团名誉主席;推举产生市残联第六届执行理事会理事长、副理事长、理事共10名;选举产生出席杭州市残疾人联合会第七次代表大会的代表11名。

◎1月10日,市残疾人联合会第六次代表大会召开

【落实残疾人免费乘车】3月1日起,杭州市持证残疾人和全国的持证一、二级重度残疾人,在杭州市内免费乘坐公共交通工具。包括免费乘坐市内普通地铁、市内普通公共汽(电)车和公交水上巴士。至年末,建德市1.7万名持证残疾人都可以享受杭州市这一优惠政策。在建德持证一、二级重度残疾人可免费乘坐城市公交车,从8月起可免费乘坐农村客运班车。(翁朝晖)

红十字会

【概况】2018年,市红十字会落实新修订的《中华人民共和国红十字会法》,履行“三救三献”法定职责,促进社会和谐文明进步。全年开展持证救护员培训1536人,占全市人口的0.3%;普及培训1.44万人,占全市人口的2.9%。募集救助款54万元,发放各类救助慰问款物35.6万元,救助困难群众2000多人次。新增123人造血干细胞采样入库,18人填写捐献志愿书,实现遗体捐献1例、器官捐献4例,造血干细胞初筛流失率、器官捐献、造血干细胞捐献分别位列杭州市一、二、三名。全年有4663人次参加无偿献血,献血量1557.72千毫升,基本满足建德市临床用血。

2018年,3所学校新创建为建德市红十字示范校,2所学校创建为杭州市红十字示范校,全市累计有省级红十字示范校2所、杭州市级红十字示范校11所、建德市红十字示范校28所。全市18所初中学校红十字救护培训课程开课率100%。搭建各类载体丰富学校红十字会工作,牵手教育部门举办第8届红十字青少年夏令营。

举办全市红十字基层干部培训班,修订出台《建德市红十字志愿服务管理规定》,对所属红十字志愿服务队进行规范管理。新增红十字健康服务队。发挥社区服务、

水上救援、心理救援等纯社会化民间组织优势,参与各类突发事件救援救助工作,专业开展备灾救灾规模演练。社区服务队常态化为老人送爱心便民服务、提供“助老爱心餐”,红十字水上救援队开展“防溺水安全教育进校园”主题活动,在全市53所中小学中实现全覆盖。红十字心理疏导队被杭州市七院建德社会心理服务博士工作站吸收为主要力量。

【开展人道主义救助】春节前夕,市红十字会整合社会爱心资源,对全市303户因病、因灾、因祸或失独造成生活特别困难的家庭展开慰问,发放款物20.54万元,其中杭州市级慰问43户,发放款物4.94万元。对6户因意外失火造成重大损失的家庭,第一时间上门慰问,分别给予解困资金和物资的救助。组织红十字工作者赴乡镇、学校、社区、养老院,送博爱、送温暖、送知识,特别组织市级医院红会优秀医疗师资赴偏远乡镇开展健康义诊,赠送2.8万元药品,服务群众1200多人。加强与爱心人士的交流互动,架设爱心桥梁,接收爱心人士捐赠款物,设立刘静芝“优秀学子奖学金”,11万元定向资助2名学生。

【救护培训】利用有限资源,开展救护培训进农村、进社区、进学校、进机关、进企业“五进”系列活动,持证培训率和普及培训率分别超过要求指标。严格执行16课时培训标准,举办救护员培训班服务外贸企业、社会公益志愿者,扩大培训覆盖面。联合市教育局组织中小学校开展现场急救知识竞赛,增强学生自我防护意识,开展在职教师全员化救护员培训,力争达到三年全覆盖。携手市直机关工委举办“建功立德讲奉献·四提一争铸铁军”机关干部应急救护知识大奖赛,提升社会文明指数、健康指数和幸福指数。

【红十字阵地建设】冠名妇幼保健院为红十字医院,携手浙江省红十字会设立“母婴平安”救助项目,对非浙籍困难家庭妇女在建德市分娩生产提供救助。在全市中小学全部建立学校红十字会的基础上,推动省市县三级红十字示范校创建项目,推进青少年在校期间的德育教育。联合红十字社区服务队开展“情暖建德·守护夕阳”关爱空巢老人项目,向行动不便的孤寡老人提供免费“银丝爱心餐”。在部分村(社区)建立“爱心屋”“救护技能演练馆”“博爱家园”,为市民提供心理咨询、急救技能学习的平台。设立红十字公益项目,对突发自然灾害、“失独”、器官捐献等特殊群体中的困难家庭进行救助。(许倩)

【建德第七位造血干细胞捐献者游久青】6月30日,建德市民游久青接到市红十字会通知,被告知与河南郑州一名白血病患者配型成功。游久青,1970年3月10日出生,中共党员,新安江街道社区工作者协会秘书长。他从2004年3月起参加过10次无偿献血,献血3300毫升。2015年,加入中国造血干细胞捐献者资料库队伍。2018年8月13日,浙江省造血干细胞捐献中心通知游久青入院注射动员剂、采集造血干细胞。采集造血干细胞从9月17日8点40分至13点40分结束,5个小时共采集260毫升造血干细胞混悬液,成为建德第七位造血干细胞捐献者。

◎建德第七位造血干细胞捐献者游久青

法　治

Rule by law

政法委工作与综合治理

【概况】2018 年，市委政法委以创建“平安建德”“法治建德”为主线，维护社会稳定，防范邪教活动，发展枫桥经验，创新基层社会治理，强化社会治安防控，推进司法体制改革，为全市提供良好的社会组织协调环境。建德市在浙江省平安考核名列第 42 名，比上年上升 9 位。

成立检查小组开展专项执法检查，共抽查 100 件检察机关不起诉案件，对有瑕疵的 39 个案件 43 个问题进行整改。开展案件评查，在组织自查的基础上，抽取 8 个案件与淳安县政法委进行交叉互评。开展案件协调，根据政法各部门申请，对涉及黑恶势力、涉法涉诉等 11 个案件的打击处理、适用量刑等事项进行协调，确保执法的公正性。全年共接收各类书面信访件 21 件，办结 21 件。办理救助案件 26 起，31 人次，发放司法救助资金 44.23 万元。

按照“属地管理”“谁主管谁负责”原则，建立领导责任制、部门责任制和单位责任制，将省、杭州市平安考核评审条件及其解释 100 项细化分解为 179 项，落实到各职能部门，形成“问题、责任、整改、督查”4 张清单，推进平安创建。建立信息收集、督查暗访、问题通报、督办交办、整改反馈、责任追究工作机制，推进平安创建三级暗访体系建设，落实“日关注、周小结、月通报、季分析、年考评”工作机制。抽调市教育局、市公安局、市司法局、市住建局、市市场监管局、新安江街道 6 家单位，组建平安创建工作专班，推动平安各项工作落细落小，全年共开展专项督查 12 期，发现问题 2692 个，下发书面交办督办单 126 份。

【平安宣传】制定全年平安宣传工作方案，深化“三级书记大宣讲，基层网格固平安”做法，组织“共建平安 共享文明”主题晚会等系列主题宣传活动。“平安网格故事”被《杭州日报》等市以上主流媒体采用 46 篇，洋溪街道的姜吉权、乾潭镇的王小、大洋镇的唐荣 3 名网格员获“第二届全省优秀网格员”称号。实施“平安三率”线上调查，提交问卷 10.3 万份，提升平安创建知晓率、满意率、参与率，平安“三率”测评成绩位列杭州第三。

【推进全科网格建设】将全市 256 个村（社区）优化调整为 764 个网格，选聘专兼职网格员 2292 人，形成市、镇、村、网格四级管理体系。建立日周月旬工作机制，确保全科网格落地生根，7 月在杭州基层治理推进会议上作典型发言。抓好三支队伍建设。平台管理员队伍采取政府购买服务的方式，为乡镇（街道）指挥中心派驻平台管理员 26 名；网格员队伍规范选任 764 名专职网格员，统一手册、工作证、着装，每周视频连线，各级组织基层治理系统、信息采集、“四平台”业务等培训近 120 期；平安巡防队伍指导镇街开展群防群治活动，组建专职巡逻队 292 支 9168 人，招募志愿巡防人员 4.35 万人。

【形成共建共治共享社会治理新格局】2018 年，建德市成立“枫桥经验”工作专班，“枫桥经验”十大项目成立相应工作小组，加强雪亮工程、心理服务体系、全科网格、在线矛盾纠纷、“三治融合”等重点工程推进。总结提升“道德银行”“最多反映一次”等治理创新做法，完善“和事佬”调和、物业纠纷多元调解机制和制度，推进“在线矛盾纠纷多元化解平台”等做法，培育与现代社会治理结构相适应的公益性、互助性、专业性社会组织。杨村桥镇“巡回调解”、乾潭镇“和为贵”调解均列入杭州“枫桥经验”“菜单式”参观点，展示建德市“三治”到“善治”的经验。

【涉稳风险项目评估】 围绕市委、市政府中心工作，牵头做好环境能源项目、飞灰项目、综保工程等一系列重大项目工作；做好杭黄高铁、千岛湖配水工程项目推进中的涉稳事件处置。年初立项监管的30件涉稳问题，全部申报化解，71件重大决策风险评估项目，除市城管局牵头的生鲜厨余垃圾问题因选址未确定外，其他均为稳评，全年稳评项目无较大涉稳事件发生。

【开展邪教防范专项行动】 针对市“8·25”全能神专案新涉案人员，通过转审结合、进所办班、封闭办班等形式开展教育转化，教转率100%。突出反邪警示教育，以党员固定活动日为载体，开展“五个一”党内反邪教警示教育活动，印发《致全市共产党员的一封反邪公开信》3.8万册。市、镇、村三级组织开展反邪教宣传讲座121场次、播放反邪微电影158场次、发放各类反邪教宣传资料18万份。

【落实司法体制改革】 抓好一体化办案系统的推广运用，建立会商制度，定期会商研判系统运用过程中存在的各类问题，组织相关人员到余杭区参观学习，全面推进一体化办案系统的应用。至年末，逮捕协同100%，起诉协同100%，审判协同100%。制定《建德市涉案财物管理办法（试行）》《建德市涉案财物处置实施细则（试行）》，实行涉案财物集中管理，仓储量为1196件。（沈梦飞）

法治政府建设

【概况】 2018年，市政府落实《法治政府建设实施纲要（2015—2020年）》和《浙江省人民政府办公厅关于印发县乡法治政府建设行动计划（2018—2020年）的通知》，围绕中心、服务大局、履职尽责、狠抓落实，为建德经济社会发展创造良好的法治环境。

市委、市政府出台《建德市党政主要负责人履行推进法治建设第一责任人职责实施方案》，明确要求党政主要负责人要对法治政府建设工作认真部署，对重大问题及时过问、协调解决，落实法治政府第一责任人建设责任。

2018年，市政府新收复议案件57件，受理56件，中止3件，结案52件。其中：依法不予受理1件、驳回复议申请10件、确认违法7件、依法撤销3件、责令履行7件、终止6件、维持18件。收案数比上年增长14%，未发生无正当理由不予受理的情况。履行行政复议审理职责，未发生超期决定的情况。行政复议决定书均按省、杭州市要求在市政府门户网站公开。

出台《关于开展2018年度行政规范性文件专项清理工作的通知》，对市政府及其部门制定的与《浙江省公共信用信息管理条例》规定不符的、涉及“黑名单”制度的所有行政规范性文件进行清理。清理6件市政府部门规范性文件，其中继续有效3件、拟废止2件、拟修改1件。下发《关于开展涉及产权保护的行政规范性文件专项清理工作的通知》，清理出1份《关于印发〈建德市教育系统资产管理办法〉的通知》规范性文件，且继续有效。

11月20日，市政府召开法治政府建设工作领导小组暨府院联席会议，就法治政府建设工作情况和行政案件司法审查情况进行分析研究，并部署重点工作。会议通报2017年法治政府建设考核情况和2018年法治政府建设推进情况，对法治政府建设存在的问题进行分析并提出相关对策。

【政府信息公开】 出台《2018年建德市政务公开工作要点》，以深化“最多跑一次”改革为主线，坚持需求导向、问题导向、效果导向，推进决策、执行、管理、服务、结果“五公开”，提升政务公开的质量和实效，推动转变政府职能、深化简政放权、创新监管方式。2018年，市政府工作部门及乡镇（街道）纳入统一平台管理，共发布政府信息2.24万条。50件市政府行政规范性文件及配套政策解读均在市政府门户网站公开。市政府全年收到信息公开申请15件，其中通过网上平台提交5件、书面提交10件，全部办结，并在法定期限内向申请人作出答复。

【推行法律顾问制度】全面推行法律顾问制度，把法律服务和法律保障覆盖到全市乡镇(街道)和部门，基本建成政府法律顾问网络。2018年，市政府重新聘请5名法律顾问，其中3名建德市籍法律顾问常年为市政府提供法律服务，工作内容涉及规范性文件审查、合同审查、复议和诉讼案件办理、重大涉法案件协调等方面，全方位参与市政府的法律事务。

【行政执法监督】开展对2017年6月1日至2018年5月31日期间的行政执法案卷评查，查出评查期间内办结行政处罚案件（包括行政强制案件）2.0万件、行政许可2.26万件。对29家主要执法部门的行政许可、行政处罚、行政强制案卷进行抽查，抽查76卷行政执法案卷，发现3大类、20多个问题，未发现不合格案卷，未发现违法或明显不当案件。开展《浙江省行政程序办法》实施情况检查。下发《关于开展〈浙江省行政程序办法〉实施情况检查的通知》。全年开展4次行政执法监督员专项监督，重点对城管执法、农业执法、环保执法等多领域开展监督，对行政执法过程中发现的问题提出的合理意见和建议。

【证明事项专项清理】按照“对法律、行政法规、国务院部门规章和国务院部门行政规范性文件设定的证明事项，分别提出保留和取消建议；对浙江省、杭州市地方性法规设定的证明事项，分别提出取消或保留的建议；对地方政府规章、地方政府及其部门行政规范性文件设定的证明事项一律取消”的原则，全年清理证明事项165项，其中取消62项、暂时保留95项、待定8项。建议修改法律6项、行政法规12项、部门规章12项、地方性法规5项、地方政府规章2项。(马聿浩)

公 安

【概况】2018年，市公安局突出“人民、审判”两个中心，通过驱动“维稳安保高效化、服务保障实效化、基础管理精细化、打击整治纵深化、执法建设规范化、队伍管理活力化”六轮并转，推进“扫黑除恶”、治爆缉枪等九大专项行动，高效运转社会综合治理“2611”工程，实现“社会稳定有序、服务保障有力、打防稳中有进、公共安全有底、执法传承有升、争先创优有位”六大目标。

全市共接报警8.98万起，日均246.1起，比上年下降0.2%，其中黄赌毒警情下降34.7%。立各类刑事案1264起，破案718起，立案下降4.2%；刑事拘留787人、增长0.8%；移诉813人，下降5.2%；其中扫黑除恶专项斗争刑拘197人、移诉156人，分别增长44.7%、59.2%。受理治安案件3437起，查处2729起，治安查处违法人员2947人，受理数增长28.3%，查处数增长26.5%，查处人数增长8.5%。

◎12月4日，香港警队员佐级协会到建德参观访问和交流

通过“科学评估、精细方案、合理布警、优化处突”等举措，完成2018中国最美绿道建德新安江徒

步大会、之江杯国际皮划艇邀请赛等大型活动安保工作及全省小城镇综合整治现场会等共50多场次大型活动安保及“五一”“十一”等节假日安保工作。

开展企业园区周边治安秩序整治,深化“服务保障八大举措”,处置千岛湖配水工程、杭黄铁路、建金高速等重点工程建设过程中涉及的爆破震动、渣土外运、征地补偿、欠薪讨薪等不稳定因素。2018年,全市共查处涉及重点工程项目建设的违法犯罪案件22起,采取刑事强制措施18人,行政拘留26人。

开展治安整治、护校安园、文明劝导活动,每天早晚安排130名党员志愿者、驾考人员开展文明劝导。完善交通设施,调整城区主干道斑马线53处,增设机动车道中央隔离、中央绿化带隔离和机非隔离设施13千米,新挖掘道路停车泊位312个,查处违法停车14.4万起、不礼让交通违法8825起、电动自行车违法5.4万起。全力打击整治城区“牛皮癣”乱象,会同城管、法制办等部门,共查处案件9起,行政拘留7人,罚款5人。

2018年,市公安局设有综合管理机构2个、执法勤务机构14个、监管场所2个、下辖派出所10个,有民警457人、辅警473人。连续7年蝉联市级机关单位综合考评“(优胜)满意”单位,连续9年蝉联省优秀执法单位,连续十年命案和五类案件破案率100%,共有6个集体荣立集体三等功,22人荣立个人三等功,26人荣立个人嘉奖。

【重点群体应急处置】通过树立“党政主导、部门联动、源头管控”理念,落实“3+X”的管控模式、“三级”信息报送机制,成功处置多起重点群体涉稳事件。严格落实“135”快速反应要求,完善应急警力、专业警力、预备警力等应急力量梯队建设,加大街面、路面巡逻警力投入,提高快速设卡能力,确保各类突发性、群体性事件处置及时到位。11月,先后开展全市应急处突梯次调警演练、组织反暴恐模拟实战演练。2018年,共妥善处置群众上访、阻工、医闹等突发警情(事件)40多起。

【公安“最多跑一次”改革】梳理“最多跑一次”事项69大项192小项,推进“网上办”“移动办”“就近办”等和“一所受理、集成服务”改革,建成乾潭派出所分中心和3个“四合一”窗口,完成6个无所无队乡镇警务室窗口建设。推广网络“交管12123”补牌补证、支付宝处理违章等移动办理举措。重点推出“热心办”,建成26个偏远村代跑点,依托网格力量,实现就近办事。与农商银行达成“警银”协作框架协议,依托农商行“丰收驿站”,建成202个“公安驿站”,将“最多跑一次改革”代跑点、居住证申办、出租房信息查询、电信网络诈骗防范宣传等服务有机融入,延伸公安服务触角。

【破大案打要案】2018年,市公安局快侦快破故意杀人案1起,五类案件破案率100%,实现连续十年命案和五类案件破案率100%。48小时内告破唐某某杀人抛尸案,24小时破获梅城“11·29”故意伤害致1人死亡案。侵财案件破案率上升5.1%,采取强制措施221人、移诉242人。通过DNA技术,破获寿昌、航头等地发生的多起夜盗

◎11月1日,抓捕贩毒人员

◎5月8日，杭州市"一标三实"建德现场会

案件，抓获湖南凤凰籍犯罪嫌疑人6名，串并全省案件70多起，涉案价值70余万元。破获部督"8·6"侵犯公民个人信息案，采取刑事强制措施48人，定为公安部督办。依法开展调查取证，对梅城镇抢夺公交司机方向盘的米某，以扰乱公共交通秩序的违法行为作出行政拘留8日的处罚。

【开展"扫黑除恶"专项斗争】2018年先后召开4次"大三长"会议、10次专题研究分析会、6次全局推进会，明确7大领域、30小项具体内容，下发《建德市局扫黑除恶线索排查小手册》，规范排查方法与范围，提高案件侦办能力。共刑拘9类涉恶案件犯罪嫌疑人197人，移诉155人，打处涉恶团伙11个，移诉黑社会组织1个，法院审判阶段犯罪集团1个，在侦犯罪集团2个。

【扫黄赌除毒瘤整治】2018年，市公安局共查处涉黄赌案件190起。其中，刑事立案35起，采取刑事强制措施92人，移送起诉103人；治安查处155起，治安处罚644人(其中行政拘留451人)。破获服食药丸类案件14起，采取刑事强制措施17人，移诉25人，治安处罚5人，涉毒人员移诉43人。

【严打涉众型经济犯罪】全年侦查终结15起虚开发票案件，移诉人员22名。排摸全市小额贷款公司、从事高利放贷人员，发现存有风险隐患公司13家，其中立案查处1家、风控3家、改变业态1家、停业整顿3家，堵住涉众型经济案件引发不稳因素的源头。"猎狐"行动中抓获新增境外逃犯1名，抓获新增在册逃犯1名，缉捕率达100%。

【"一标三实"信息采集】开展"一标三实"(标准地址和实有人口、实有房屋、实有单位)基础信息采集与维护工作，掌握全市乡镇(街道)地址和房屋、人口、单位底数。5月8日，杭州市局"一标三实"现场会在建德召开，实地参观梅城派出所两个"一标三实"信息采集工作示范点。至年末，全市共采集房屋地址总数14余万个，采集单位地址3700余家，访查人员54余万人，建房率、访查率分别达到99%、95%。

【严防电信网络诈骗】通过反诈骗平台，查询、冻结电信网络涉案账户信息200多条，破获案件191起，刑拘犯罪嫌疑68人。开展防诈骗宣传，组建新型违法犯罪宣讲团队，对2000多家企业开展上门宣传服务，推广"钱盾"APP，提升群众自防意识。

【铺建"双频系统"】拓展"双频监控系统"应用领域，在网吧、寄递、反恐重点目标单位、爆破单位等400余家场所特业，全面铺开"双频监控系统"建设，当场纠正违规行为39起，教育约谈46人，查处旅馆未按规定登记案件165起，处罚场所52家、从业人员192人。

【出租房"旅馆式"管理】推动全市出台出租房屋"旅馆式"管理工作方案，在全市34个村(居)、企业设置居住出租房屋"旅馆服务总台"，实现16个乡镇(街道)全覆盖。明确出租房屋"旅馆式"管理"五个一"建设标准，制定居住出租房屋"旅馆式"管理"星级化"管理标准，通过项目化、任务清单等方式整体推进。至年末，全市建成出租房屋"旅馆式"点位32个，超额完成杭州市局下达的任务数11个。

【实践"枫桥经验"】深化四方参与的"警调衔接"机制，配齐 217 名专职调解员，打造以"中间人""和为贵"等驻所调解室，实现全市各乡镇(街道)、各派出所及主要行政村调解机构"全覆盖"，全年共调解各类矛盾纠纷 4000 余件。借力 4 万余名平安志愿者，开展平安巡防，实施"驻村协警"工作模式，结合"四个平台"建设，全力打造村警"人口协管员、情报信息员、法治宣传员、治安巡逻员、纠纷调解员、全科网格员""六员"建设目标。

【实施"雪亮工程"】根据《杭州市"雪亮工程"三年行动计划(2018—2020 年)》，明确"三个 100%、一个 90%"工作目标，在全市范围内新建 500 余个视频监控点位、20 个道路智能卡口、58 个人脸抓拍卡口。将全市范围各乡镇(街道)、城管、环保、卫计等 200 余家单位部门的××××余个监控点位接入视频监控共享平台，确保视频监控专网共享平台运行。

【"智慧"公安建设】2018 年，投入总资金 1045.16 万元，建成城区"警用地理图，交通违法平台、交通诱导平台、非现场监督台""一图三平台"，新增卡口监控 18 个、违停球机 32 个、监控球机 85 个，斑马线不礼让点位 18 处，增设 10 块诱导屏。建立"公安警情联动处置、"诊察"行动联动开展、交通秩序联动整治、防范宣传联动铺开、群体性事件联动应对"5 个长效联动机制。组织成立自卸车运输协会，将全市 22 家运输企业，1200 余辆货运车辆纳入协会管理，建成并启动运行工程自卸车 4G 车载监控中心。

争取建设资金 1752 万元，推进智能门禁、视频监控、双频监控、人脸识别系统、智慧安防小区建设等智能化设施和电动车充电桩、微型消防站等基层基础设施建设。

制发《关于印发建德市全面推进"智慧消防"建设工作实施方案的通知》和《建德市推进落实杭州市政府民生实事项目消防工作实施方案》组织召开"智慧消防"建设工作现场会。2018 年，全市共建成电动车智能充电桩 187 处、远程监控系统 52 个、独立式感烟探测报警器 4682 个，建成微型消防站 372 个。

【《新安警界》专题宣传报道】2018 年，市公安局发布《局长表扬令》9 期，通报表扬 2 个集体、47 名民警、32 名辅警。1 名辅警及其家属分别被评为杭州市公安机关 "优秀警辅人员""优秀警辅人员家属"，13 名辅警被评为杭州市季度优秀辅警。全年走访慰问因公受伤、因病住院等民警、辅警 41 人，慰问困难民辅警 25 人。每天推送建德公安微信 289 条、微博近 400 条，每周制作《新安警界》电视专题 48 期，每月报纸专版《新安警界》15 个版面，每季度面向全市推出《新安警界》杂志 5600 册，正面宣传报道事迹被中央级主流媒体宣传报道 67 次，被省级媒体 152 次。(叶毅勤)

检 察

【概况】2018 年，市检察院共受理提请批准逮捕 383 人，受理移送审查起诉 804 人，经审查，批准逮捕 354 人，提起公诉 606 人，起诉案件均被法院作出有罪判决。严惩危害食药安全、电信网络诈骗、"黄赌毒"等严重侵害公共安全、民生民利的犯罪，依法批捕 120 人，起诉 193 人。加强与市纪委监察委沟通衔接，完善检察环节职务犯罪案件办理工作机制，共依法提前介入、审查起诉监察委移送的职务犯罪案件 21 人。

出台服务民营经济十二条举措，优化法治营商环境。严惩扰乱市场秩序犯罪，对强迫交易、合同诈骗、串通招投标等犯罪，批捕 28 人，起诉 49 人；对破坏企业生产经营、阻碍项目建设等犯罪，批捕 18 人，起诉 29 人。依法严惩涉税违法犯罪的非法中介和"皮包公司"，批捕 5 人，起诉 15 人；对犯罪情节显著轻微、数额较大但具有自首、补缴税款等从宽情形的 18 家实体企业及 23 名责任人员，依法作出不起诉决定。构建"亲""清"新型检企关系，加强与市工商联的联系协作，制作涉企案例宣传手册，为企业提供预防咨询、风险防控等法律服务 90 多次。

◎12月11日，建德首例恶势力犯罪集团案件开庭

组织“两代表一委员”、人民监督员、群众代表参加“检察开放日”、观摩公诉庭审等活动，编发《建德检察》宣传册。强化“每月一练”岗位练兵，与兄弟院开展“江湖论道”论辩赛、观摩庭评比等活动。全年获得杭州市级以上荣誉21人次，员额检察官林芳被评为“全省刑事执行检察业务标兵”和“杭州市最美检察人”。

【严惩“黑恶”犯罪】开展扫黑除恶专项斗争，加强与公安、法院的协作配合，对重点个案同步介入，重点线索全程跟进，依法批捕涉黑涉恶犯罪78人，起诉41人。依法起诉陆某某等32人因讨债、赌博多次实施寻衅滋事、敲诈勒索等违法犯罪的恶势力犯罪集团。对6件犯罪团伙案件依法改变定性为普通刑事犯罪。

【未成年人司法保护】坚持“捕、诉、监、防一体化”工作机制，落实心理疏导、案后帮教等未成年人刑事案件特别程序，开展全省刑事执行、民事行政检察业务统一集中试点，办理杭州地区首例未成年人羁押必要性审查案件。关注因刑事案件导致监护缺失的未成年人，及时办理变更监护权支持起诉案件，联合市民政局、市教育局等部门出台《关于建立未成年人监护侵害、监护缺失情况联动机制的意见》，推动形成未成年人权益综合保护社会化工作体系。改造完成集法治教育、宣告训诫、心理疏导、讯问和谈话等功能于一体的专门工作区，推进未检办案规范化专业化建设。深化“卫蓝”品牌创建，在团市委、教育等部门及社会公益组织支持下，成立法治志愿者服务队。重点围绕留守儿童等群体，定期举办“法治夏令营”“法治宣讲进校园”等系列活动。

【诉讼制度改革】推进以审判为中心的刑事诉讼制度改革，发挥检察机关审前主导和过滤作用。深化认罪认罚从宽制度改革，对383人适用认罪认罚从宽制度，适用率达63.2%，其中对98人适用速裁程序。完善庭前会议制度，组织证人、鉴定人、侦查人员、有专门知识的人等四类人员出庭作证28人次。加强检律良性互动，畅通辩护律师意见反馈渠道，依法听取辩护意见182件次，为律师提供电子阅卷、诉讼信息咨询等服务205次。

【司法体制改革】坚持“以案定额”“以职定岗”相结合，完善检察人员分类管理，择优遴选第三批员额检察官4名并全部配备办案一线。落实司法责任制，入额院领导带头办案、员额检察官成为司法办案责任主体的新型办案机制基本形成，87%的案件由员额检察官独立决定。完善绩效考核办法，加强案件监督管理和质量评查，健全检察官司法档案，推进司法规范化。深化内设机构改革，探索“捕诉一体”，优化检察职能。推进单独职务序列改革，引导各类人员科学规划职业发展路径。

【“智慧检务”建设】强化“互联网+检察”理念，促进信息技术与司法办案、检务公开深度融合。加大政法一体化办案系统应用力度，实现公检法之间刑事案卷网上流转、文书数据共享，全年一体化流转办案433件。建设“12309”检察服务中心，运用门户网站、案件信息公开系统及两微平台，公开法律文书 285 份、案件程序性信息 1006 条，推送工作动态信息 1305 条，为人民群众提供便捷高效的“一站式”法律服务。

◎“814”公益诉讼

【公益诉讼】以环境保护、食药安全等民生领域为重点，推进公益诉讼。分别与市纪委监察委及市国土局、市环保局等单位会签协作文件，在市环保局、市森林公安局设立检察官办公室，建立线索移送、巡回检察等机制。开展专项监督活动，联合市市场监管局加强网络餐饮食品安全整治，督促整改餐饮商户 23 家。全年发出行政诉前检察建议 13 份，全部得到回复整改。提起刑事附带民事公益诉讼 2 件，其中何某某生产、销售假药案为杭州地区食药领域首例，行为人何某某承担刑事责任的同时，在全国性的报刊媒体上公开赔礼道歉并召回销售的假药。

【强化法律监督】强化侦查活动和刑事审判监督。在市公安局设立检察官办公室，加强刑事侦查与刑事检察工作协作配合，全年监督立案 6 件 8 人，追诉漏罪漏犯 17 人，建议侦查机关撤回 6 人，书面纠正侦查活动违法 10 件次。对不构成犯罪或证据不足的，依法不批准逮捕 22 人，决定不起诉 8 人。深化破坏环境资源及危害食品药品安全犯罪 2 个专项立案监督活动，监督立案 3 件 6 人。加强刑事审判活动监督，发出书面量刑建议 428 份。

拓展民事行政检察监督渠道，完善内部协作机制，共办理民事诉讼、虚假诉讼申请监督等案件 44 件。加强行政执法检察监督，依法提出行政执法监督建议 7 件。开展助力农民工讨薪专项行动，帮助 50 多名农民工获付工资 90 多万元。

落实“监督维护在押人员合法权益专项活动”，对监管场所和监管设施开展检查 12 次，发出书面检察建议 3 份，落实检察官谈话制度，与在押人员谈话 300 多人次。发挥驻看守所法律援助工作站作用，为在押人员提供法律咨询 100 多人次，为家庭确有困难的在押人员申请法律援助 4 人次。联合市公安局、市司法局开展集中清理判处实刑罪犯未执行刑罚专项活动，清查所有判实未执案件并将全部涉案罪犯收监执行。规范羁押必要性审查案件办理，依法建议变更强制措施 29 人。1 件财产刑执行监督案获评全省检察监督精品案件，1 件刑罚交付执行监督案及 1 件羁押必要性审查案获评全省检察监督优秀案件。

【推行“枫桥经验”】坚持宽严相济，开展“少捕慎诉、保障权益”专项检察活动，对犯罪情节轻微的初犯、偶犯、未成年犯、老年犯等无逮捕必要不捕 8 人，相对不诉 111 人。实行检察长接待日制度，以案释法，引导群众理性表达诉求。深化涉法涉诉信访机制改革，接待群众来访 87 批 110 人次，受理举报控告申诉线索 48 件，全部依法妥善处理。以合法权益受到侵害且生活确有困难的案件当事人为救助重点，做好国家司法救助工作，共办结司法救助案件 7 件，发放救助金 9.3 万元。

（傅凡轩）

法 院

【概况】2018 年，市人民法院受理各类案件 1.34

万件，办结1.38万件，分别比上年增长5.2%和9.4%；未结案1417件，下降23.3%。一线法官人均结案292件，人均增加50件；当事人服判息诉率95.7%，在杭州地区法院位居第一。

推进法官员额制，完成第三批员额法官遴选。坚持院庭长办案常态化，入额院庭长共办理案件4260件，占总结案数的30%。推进以审判为中心的刑事诉讼制度改革，严格把握案件事实关、证据关、程序关和法律适用关，确保刑事办案质量。

围绕“基本解决执行难”工作目标，加强执行联动，加大执行力度，规范执行行为。至年底共执结案件5345件，执行到位资金6.9亿元，分别增长13.4%和50.6%。17项执行质效指标中，10项位居杭州地区法院前五，“基本解决执行难”4项核心指标位居前三，其中有财产可供执行案件实际执结率杭州第一、全省第二。

落实市人大关于法院工作的决议，向市人大常委会专题报告执行、认罪认罚从宽试点工作。坚持向市政协、民主党派、工商联、无党派人士通报工作情况，听取意见建议。编发《法院资讯》，邀请旁听庭审、视察执行，方便代表、委员了解和监督法院工作。落实检察长列席审判委员会制度。坚持人民陪审员制度，人民陪审员参与审理案件1468件，占普通程序案件的99%。在互联网直播庭审1073件次，公布裁判文书9824份。开展“法院开放日”“执行开放日”活动8次，邀请在校学生、村(社区)干部等200多人走进法院。

审结行政机关申请强制搬迁、拆除违法建筑案件95件。审结梅城古城保护开发、影剧院区块拆迁等房屋产权、租赁纠纷案件27件，以调解、撤诉方式结案23件。联合公安、检察机关设立驻环保联络室，依法支持环保行政执法，审理、执行环保行政案件6件，审结污染环境犯罪案件1件，判处被告人2人。

【打击刑事犯罪】 2018年，共审结刑事案件376件，判处被告人645人。开展扫黑除恶专项斗争，审结黑恶犯罪案件2件，判处被告人41人。依法审理被告人陆某平等32人恶势力犯罪集团案件，依法查处1名被告人伪造证据企图逃避刑罚的行为。依法惩处扰乱社会秩序、侵犯人身财产安全的犯罪行为，审结寻衅滋事、聚众斗殴犯罪案件24件，判处被告人81人；审结赌博、毒品犯罪案件37件，判处被告人102人；审结故意伤害、非法拘禁犯罪案件34件，判处被告人39人；审结电信网络诈骗犯罪案件8件，判处被告人78人。依法惩治腐败行为，审结贪污、受贿等职务犯罪案件6件，判处被告人19人。惩罚犯罪和保障人权相统一，为214名被告人指定辩护人，对5名未成年人封存犯罪记录。

【保护公民产权】 审结民商事纠纷案件7509件，比上年增长16.5%。审结机动车交通事故、医疗损害等侵权纠纷案件507件。处理房地产纠纷，审结商品房预售、房屋买卖等纠纷案件210件。处理民间借贷纠纷，审结民间借贷案件2787件。建立“职业放贷人名录”工作机制，加大对借贷事实和证据的审查力度，对超出法定标准的高额利息依法不予支持，对虚假陈述、伪造证据等违法违规

◎11月12日，陆某平恶势力犯罪集团案件宣判(姚樟婷 摄)

行为依法予以惩处，共罚款4人，向公安机关移送涉嫌犯罪线索15件。审结买卖、承揽、租赁等合同纠纷案件3194件。审结物权、股权等涉财产权案件149件。

【依法行政】审结行政诉讼案件87件，审查非诉行政案件123件。依法监督、支持行政机关严格执法，判决行政机关赔偿或履行法定职责3件，撤销行政行为或确认行政行为违法21件，驳回行政相对人起诉和诉讼请求35件。联合市政府设立“建德市行政争议调解中心”，通过协调和解化解行政纠纷28件。规范和促进行政应诉，行政机关负责人出庭应诉率100%，居杭州地区首位。

【综合治理执行难问题】健全和完善“党委领导、政法委协调、人大监督、政府支持，法院主办、部门配合、社会参与”的综合治理机制。与相关单位形成信息共享、执行联动工作常态。把生效裁判履行情况纳入“两代表一委员”、村级组织换届候选人资格审查，把失信被执行人信息嵌入“信用建德”成员单位的工作系统，强化联合惩戒，让“一处失信、处处受限”成为常态。制定实施案件流程管理、强制及惩戒措施管理、终本案件后续管理等7项规程。利用网络查控系统和人员协控机制，提高查人找物效率、效果。共查询并冻结被执行人银行存款6100万元、查封房产255处、扣押车辆134辆，通过公安协助机制布控被执行人1040人。加强信用惩戒，曝光失信被执行人1380人，限制高消费5900人，纳入失信名单3290人，禁办护照1368人。组织“执行攻坚百日会战”活动，集中开展强制搜查、腾退房屋、涉民生案件执行、小标的案件执行等行动，执结案件556件，执行到位3460万元。严厉打击规避执行、抗拒执行行为，罚款18人，司法拘留274人，以涉嫌拒执犯罪移送公安立案侦查7人，判刑3人。

◎8月14日，市法院集中执行出征动员(姚樟婷 摄)

【保障企业转型升级】围绕供给侧结构性改革，推进“僵尸企业”司法处置，共受理企业破产案件18件，审结12件。通过执行和破产，盘活企业存量资产2.3亿元，释放土地资源24.9公顷、厂房16万平方米。与经信部门建立联动机制，加强沟通协调、信息共享，优化工业企业资产处置，助推“亩均论英雄”改革。围绕金融风险防控，妥善审理金融纠纷案件603件，执行到位金融债权2.2亿元，化解金融不良资产3.8亿元。

【改善营商环境】12月7日，出台《优化营商环境、服务保障民营企业发展的20条意见》，化解商事纠纷、维护交易安全、全力救治涉困企业、加强胜诉权益兑现。开辟涉企案件绿色通道，审理、执结企业催讨欠款案件654件，帮助企业实现债权9700万元。妥善处理困难企业涉案纠纷，采取和解履行、担保履行等柔性司法措施。2018年，执行的建设工程施工合同纠纷案件，通过“和解履行、分段解封”，保留企业资金周转空间，实现共赢，被评为杭州法院“提升司法服务、优化营商环境”十大典型案例之一。

【民生司法保障】妥善审理事关群众切身利益的案件，审结教育、医疗、社会保障等与民生密切相关的案件97件。畅通劳动者维权绿色通道,执结拖欠工资案件326件,帮助劳动者实现工资债权624万元。加强刑事案件受害方权益保护,妥善审理刑事附带民事赔偿案件,被害人及其家属及时获得赔偿、补偿970万元。加大司法救助力度,对因遭受犯罪侵害或民事侵权而导致生活困难的15名当事人,给予救助18.5万元,为经济确有困难的286名当事人缓、减、免收诉讼费187万元。(翁瑞成)

司法行政

【概况】2018年,全市各类人民调解组织开展排查172次,预防纠纷120件,调解纠纷12384件,调解成功12384件,涉案金额4.7亿元。

市法律援助中心共接待群众来电来访3494人次,其中来电644件、来访2850件;受理审核指派法律援助案件389件,其中刑事253件、民事134件、行政2件,避免和挽回经济损失1362万元。完善法律援助案件庭审旁听机制,共指派司法行政干部24人次参加62件法律援助案件庭审旁听。

市公证处共办理各类公证案件2322件,其中国内公证1755件(含涉港澳台公证20件)、涉外公证567件。开展“为年满70周岁老年人免费办理遗嘱公证”的公益服务活动,共办理免费公证遗嘱36件。

全年接收社区矫正对象215名、期满解除矫正217名、收监执行4人、治安处罚2人、警告处罚60人次、居住地变更16人(10人迁出、6人迁入),实现全年无脱管、无漏管。完成审前调查235件,接收监狱刑满释放人员146人,均落实帮教措施,完成重点人员“必接必送”9人。

开展省级民主法治村(社区)创建,提升基层依法治理水平,新安江街道溪头社区、乾潭镇幸福村成功创建省级民主法治村(社区)。

寿昌镇人民调解委员入选全省优秀人民调解委员会。市司法局基层工作管理科、杨村桥镇人民调解委员会被评为杭州市人民调解参与信访矛盾化解专项活动先进集体,寿昌司法所、杨村桥司法所被评为杭州市级“文明规范公正”司法所,建德市矫正办被授予“杭州市社区矫正工作特级安全单位”称号。

【“七五”普法】“七五”普法启动以来,至2018年底,全市共开展各类法治宣传活动1012场次,各类法治讲座1112场次,发放普法“大礼包”、《以案说法读本》等各种宣传资料13.7万份。8月7日,杭州市“七五”普法中期督导检查现场会在建德召开。杭州市人大常委会副主任许勤华率杭州市“七五”普法中期检查督导第三组,对建德开展“七五”普法中期检查督导工作。新安江街道府东社区被评为浙江省“七五”普法中期成绩突出集体。

◎8月7日,杭州市“七五”普法中期督导检查现场会(郑思 摄)

【市人民调解大竞赛活动】4月底至11月23日,市司法局联合市委政法委、市委宣传部、市新闻传媒中心、建德广播电视台,开展建德市人民调解大竞赛活动。全市共有232名调解人员报名参赛,通过公众投票、综合测评、案例评选、风采展示四个环节,考核参赛人员综合能力素养,最终评选出十大“新安和事佬”、20名“人民调解能手”和 11 个“最佳案例奖”。

表 13

2018 年建德市新安和事佬一览表

姓名	单位	姓名	单位
吴素琴(女)	新安江街道	舒建云	梅城镇
俞元坤	下涯镇	吴良俊	李家镇
李长青	更楼街道	熊雪勇	钦堂乡
占万松	杨村桥镇	叶秋荣	大洋镇
汪水荣	莲花镇	刘国生	杨村桥镇

表 14

2018 年建德市人民调解能手一览表

姓名	单位	姓名	单位
李伟民	下涯镇	罗荣照	乾潭镇
叶国忠	更楼街道	邱龙锦	大洋镇
江志高	航头镇	谢建忠	乾潭镇
赵李春	乾潭镇	周志明	寿昌镇
周雪峰	新安江街道	储文松	大洋镇
周裕生	杨村桥镇	朱月星	新安江街道
李益清	杨村桥镇	徐俊平	杨村桥镇
叶庆芳	大慈岩镇	方正俭	大慈岩镇
李亦平	杨村桥镇	金关良	杨村桥镇
翁建华	寿昌镇	陈建军	大洋镇

表 15

2018 年建德市最佳案例奖一览表

姓名	单位	姓名	单位
占万松	杨村桥镇	熊雪勇	钦堂乡
舒建云	梅城镇	吴素琴(女)	新安江街道
刘国生	杨村桥镇	吴良俊	李家镇
江志高	航头镇	徐俊平	杨村桥镇
姚震华	新安江街道	周国红	寿昌镇
夏邦洪	大同镇		

【设立“访调对接”工作室】6 月 14 日,市司法局指导建德市人民调解委员会在市信访局设立建德市“访调对接”工作室,6 月底实现市、镇、村三级“访调对接”工作室全覆盖。在市、镇、村三级信访调解工作室,落实 296 名专、兼职人民调解员承接、参与和协助信访部门开展案件调处工作,成立由 15 人组成的“访调对接”工作法律服务专家团,根据需要参与重大疑难信访案件调解或提供相关法律支持。三级“访调对接”工作室全年共调解信访纠纷 60 件,化解 57 件。

【市人民调解协会成立】8 月 22 日,建德市人民调解协会成立大会在新安江街道召开,市司法局、市民政局、各团体会员代表及个人会员共 53 人参加会议。大会表决通过《建德市人民调解协会章程

◎8 月 22 日,建德市人民调解协会成立大会(孙瑶祺 摄)

（草案）》《建德市人民调解协会第一届理事会理事选举办法（草案）》《建德市人民调解协会财务管理办法（草案）》等5项草案，选举产生建德市人民调解协会第一届理事会理事及会长、副会长、秘书长等协会负责人。

【三级公共法律服务平台全覆盖】2018年，市司法局整合市公共法律服务中心和市矛盾纠纷多元化解中心两大主体，推动司法鉴定机构入驻中心，打造集法律援助、法律服务、法治宣传、人民调解、公证、司法鉴定等司法行政职能于一体的“窗口化”服务平台，为人民群众提供“一扇门进入、一站式办结、一条龙服务”。推进镇、村两级公共法律服务平台建设，在16个乡镇（街道）设立公共法律服务站、256个村（社区）设立公共法律服务点，覆盖率100%，形成以市公共法律服务中心为龙头，乡镇（街道）公共法律服务站为枢纽，村（社区）公共法律服务点为延伸的三级服务平台。

【实现“一村一法律顾问”】落实“一村（社区）一法律顾问”制度，在全市256个村（社区）公共法律服务点派驻律师，每月固定时间进村（社区）为群众提供“面对面”服务，变送法“进村”为法律驻村。依托“e法律服务微信群”实现网上解答群众咨询、化解矛盾纠纷、破解信访难题。“e法律服务微信群”全年共开展法治宣传3666次，解答法律咨询1547人次，为群众解决具体问题836人次。

【营商环境法律服务专项行动】组织律师、基层法律服务工作者为全市222家民营企业开展法律体检，重点了解企业在合同管理、劳动人事管理、诉讼与仲裁方面可能存在的问题和风险，发现法律问题260个，出具法律意见书或风险提示函140份。全市新增企业法律顾问单位20家，有16个商会、157家企业聘请法律顾问。市公证处服务民营企业发展，共办理法人授权委托书、法定代表人身份证明、声明书等公证200件，涉及企业股权转让的继承公证10件、知识产权相关公证业务14件、非知识产权类保全证据公证50件，企业现场监督公证2件。

【法律服务行业管理】出台《2018年度建德市律师事务所、律师“双百分”考核办法》《2018年度建德市基层法律服务所、基层法律服务工作者“双百分”考核办法》，加强对律师事务所、律师和基层法律服务所、基层法律服务工作者日常工作的量化考核。按照“一人一档”建立法律服务行业诚信档案，准确反映律师、基层法律服务工作者的执业状态。根据群众投诉，查处基层法律服务工作者在代理法律援助案件过程中收取受援人财物的案件1件，对责任人依法给予行政处罚。

【完善市社区矫正中心功能】11月13日，市社区矫正中心宣告室建成投入使用，对新“入矫”社区矫正人员举行“入矫”宣告仪式。30日，社区矫正远程视频督查系统安装调试完毕，接入全国系统，实现国家、省、市、县、乡五级社区矫正指挥平台的互联互通。

◎举行社区矫正“心向阳光”关爱帮教活动启动仪式

【推进“三治融合”建设】7月11日，市司法局牵头市委组织部、市委宣传部、市委政法委、市民政局等部门，制定《自治、法治、德治“三治融合”工基层社会治理体系建设项目方案》，作为《关于印发总结提升推广新时代“枫桥经验”工作的实施方

案》的附件下发。至年末,全市共有18个村(社区)参与创建“三治融合”示范村(社区)。(章琦)

案 例

【破获“12·17”系列盗窃车内物品案件】2017年12月17日，建德市公安局新安江派出所接群众报案：在新安江街道焦山新村路边有一辆路虎越野车车窗玻璃被砸,车内“苹果”电脑、普拉达箱包等物被盗,价值数万元。接警后,视频组、现场勘查人员同步上案，通过视频侦查发现有3名藏族高危作案嫌疑人员，且该3名藏族嫌疑人驾驶一辆四川成都牌照的嫌疑车辆。从人到车,视频组立即开展对该车辆进行轨迹追踪和布控，嫌疑车辆直奔四川成都。后侦查人员前往四川成都进行抓捕,先后将3名嫌疑人抓获。后通过嫌疑车辆行驶轨迹、话单轨迹等信息,串并安徽、湖南、湖北省份案件,并最终破获4起案件,涉案价值1万余元。

【破获“12·26”通信网络诈骗团伙案】2017年12月,有群众网络申请办理信用卡时,被人以办卡需要交纳“人工费、保证金”等理由要求其汇款,几日之内其通过手机银行转账分6次汇款3.46万元。经1个多月的线索排摸、调查取证,侦查人员从取款嫌疑人入手,挖掘线索,查明以何某为首的诈骗团伙,通过网上购买客户信息、冒充代办信用卡公司业务员等身份给被害人打电话实施诈骗。2018年2月7日,在市局刑侦大队配合下,在湖北仙桃等地抓获诈骗嫌疑人7名，串并外省同类案件10余起,共计诈骗10余万元。

【成功破获2018年杭州地区首起省级目标毒品案】1月3日,建德市局对前期深挖发现立案侦查并被确立为“省级目标毒品案件”的一起贩卖毒品案进行分阶段收网抓捕,调集80余名警力,在技、网侦部门的大力配合下,分22个抓捕小组对涉案成员进行定点抓捕,分别在绍兴、杭州、余杭、富阳、桐庐、建德等地抓获包括全部骨干在内的该吸贩毒团伙成员20名,缴获疑似毒品10余克,扣押涉案轿车1辆，吸毒工具若干，刑拘贩毒嫌疑人10名,查处吸毒人员6名,并摧毁贩毒团伙2个,实现对该贩毒团伙全链条打击，斩断一条四川泸州至杭州的贩毒通道。

【成功铲除涉黄一条街的社会毒瘤】3月初，建德市局根据情报线索通过侦查发现，乾潭镇安仁村后山一条街多家音乐茶座仍存在暗地涉黄违法经营行为。鉴于几家音乐茶座的经营者曾多次被公安机关打击处理,存在一定的反侦查意识,且场所内部结构复杂,又紧靠320国道,地域空旷,抓捕难度较大，市公安局多次对抓捕方案进行修改完善。4月12日根据统一部署,对涉黄一条街开展集中收网。共先后抓获违法犯罪嫌疑人54名,其中场所经营者6人、涉嫌卖淫嫖娼者48人,净化辖区社会治安环境,并被列为2018年度第二批省厅督办案件。

【破获“4·24”故意杀人案】4月24日,建德市局新安江派出所受理一起失踪警情时，通过视频侦查中发现极有可能系故意杀人案件，但被害人尸体不知去向。建德市局立即成立专案组,对嫌疑人唐某进行刑事拘留并开展突击审查。25日,专案组在一山林中找到被害人尸体并成功破案。

【破获重点工程盗窃团伙案】5月,建德市乾潭镇前陵村柏塘垅杭黄高铁施家隧道下航杭黄高铁工程项目部1400余米电缆线被盗，损失价值10余万元。民警通过现场走访、连续24小时的视频追踪、阵地控制、蹲点守候、重点人员前科排查等工作,于5月23日锁定犯罪嫌疑人张某、高某、李某、霍某等人,通过审查抓获收赃人员邵某。一举打掉该盗窃重点工程电缆线团伙。

【成功破获“7·12”开设赌场案】6月,建德市局获得城郊接合部有人开设赌场的线索。经一个多月现场秘密踩点、走访调查等,基本摸清赌场组织结构、运营模式、团伙成员落脚点等情况。由于赌场位置频繁更换、赌场内部结构复杂，有专职的望风、看护人员,流动性、随意性较大,市公安局决定开展外围即非现场抓捕。7月12日,集中收网行动中,共抓获涉案嫌疑人20余人,经过彻夜审讯,对其中6人采取刑事强制措施,13人被行政处罚。成为市公安局对涉赌刑事案件进行非现场抓捕的成功案例。

【成功破获李某图为首的恶势力犯罪集团案】8月,建德市局对市监察委提供的一条涉嫌串通投标的线索进行立案侦查。在案件办理期间,专案组成员辗转杭州、宁波、温州、台州、衢州、合肥等地,行程8000余千米。在前期掌握的两条线索的基础上,共收集涉案串通投标、强迫交易、敲诈勒索、寻衅滋事、非国家工作人员行受贿线索20余条,成功破获以李某为首的恶势力犯罪集团案件。该案共采取强制措施12人,查封房产10余处、冻结银行卡50余张,价值人民币5000多万元。成为市公安局首次与市监察委联合侦办打掉保护伞和腐败分子的成功案例。

【成功破获部督“806”系列侵犯公民个人信息案】8月6日,建德市局根据公安部“净网2018”专项行动部署,多警联动,主动出击,集中警力破获“806”系列侵犯公民个人信息案件,一举摧毁一个在浙江杭州、金华等地范围内电话轰炸营销团伙和黑色利益链条。至年底立案23起,刑事拘留涉嫌侵犯公民个人信息犯罪嫌疑人51名,查获公民个人信息30万余条。一定程度遏制本地房地产市场侵犯公民个人信息类案件高发的势头。被公安部确定为2018年挂牌督办案件。

【成功破获“11·1”网络P2P非法吸收公众存款案】8月20日,建德市局在建德市新安江街道东洲商务3楼排查时,发现一家名为浙江德太投资管理有限公司,在互联网上注册一个名为“金多子”P2P平台。经2个月多月的线索排摸、调查取证,在全面查清犯罪团伙组织结构、运营模式及主要犯罪事实的基础上,于11月1日组织技侦、网监等部门40余名警力,在建德市新安江街道金马中心展开集中抓捕行动,一举抓获涉案嫌疑人7名,缴获用于作案的电脑15台,查扣车辆1部,查封房产1处。初步查明该案涉及受害群众500余名,涉案金额高达7000余万元。

【成功开展“1825”专案统一收网行动】9月11日,根据省公安厅、杭州市局的统一部署,建德市局组织开展打击“QNS”“1825”专案统一收网行动,当天共抓获“QNS”骨干成员33名,捣毁窝点27处,刑事拘留11人,当场进行训诫教育转化22人,查缴“QNS”资料450余份、物品60余份(其中用于作案的电脑5台)。

【成功打击假药诈骗团伙】2018年10月起,建德梅城接连接到4起报警称,被人以卖假药的方式骗取钱款。民警经过走访排查、监控追踪、蹲点守候,锁定违法犯罪嫌疑人,先后抓获全部嫌疑人员。

【成功破获建德系列农村夜盗案】10月,建德寿昌、航头等地农村连续发生夜盗案件,引起群众恐慌。通过串并省内其他同类案件达10余起,被盗总额达七八十万余元,该团伙作案轨迹遍布全省,曾在多地作案被抓获。案发后,民警通过现场走访、视频追踪、阵地控制、蹲点守候、重点人员前科排查等工作,于11月3日至2019年2月17日期间分别在龙游、台州、湖南等地抓获系列盗窃案嫌疑人8名。

【破获“11·30”故意杀人案】11月29日凌晨,建德市局梅城派出所接到辖区报警称一棋牌室门口发生持刀杀人,现场1死1伤。通过现场勘查和视频侦查,发现一可疑男子骑摩托车逃离现场,后建德市局组成专案组,开展侦查,锁定犯罪嫌疑人王某,并连夜开展搜山围捕。11月30日2时许,嫌疑人迫于压力,向公安机关投案自首。(叶毅勤)

军 事

Military

人民武装

【概况】2018 年,市人武部落实杭州警备区第八次党代会和党委扩大会议精神,贯彻政治建军、改革强军、依法治军重大战略思想,遵循讲政治、顾大局、守纪律,促改革、保稳定的思想,坚持党管武装,突出调整改革主题、聚焦国防动员主业,压紧压实全面从严治党主责,被警备区评为安全管理工作先进单位。

【国防形势报告会召开】3 月 6 日,建德市召开国防动员委员会第 15 次全体会议暨国防形势报告会,落实中央军委有关会议精神,学习习近平主席关于国防和军队建设一系列重要论述。会上,市“国动委”主任、市委副书记、市长朱欢通报 2017 年度武装工作先进单位和先进个人。市“国动委”常务副主任、市人武部政委留正部署 2018 年武装工作。市“国动委”第一主任、市人武部党委第一书记、市委书记童定干对全市武装工作提出要求。

【完成征兵工作】3 月,开展“征兵宣传兵役登记进校园”活动,利用“家校通”短信平台发送征兵短信 2 万余条,完成兵役登记任务。5 月,结合民兵连长集训,学习征兵政策法规、工作流程及网上登记报名方法,做到适龄大学生人人见面、家家宣传。7 月,召开全市征兵工作会议,组织各乡镇(街道)目测初检,,确定初检合格人员。经体检政审,圆满完成征兵任务。在批准入伍义务兵中大学生学历新兵占 78.6%。9 月 9 日,在新安江广场举行隆重的新兵欢送仪式。

【民兵整组点验】2 月 28 日,市人武部召开兵役登记和民兵整组任务部署会。3 月 12 日,召开民兵调整改革兵役登记工作推进会,部署民兵调整改革任务。3—4 月,全市 16 个基层武装部编实建强各类基干民兵××人,组织点验 33 批次,到点率 100%,物资装备齐全、“七率”达到规定要求。4 月 10 日,建德市召开 2018 年民兵整组点验暨开训动员大会,全市××名基干民兵参加大会。

【军民融合座谈会】9 月 23 日,建德市召集全国各地建德籍军方代表和商、企业精英人才,专题召开“军民融合”座谈会。与会人员对建德市军民融合产业未来的发展提出意见和方案。建德籍军方代

◎9 月 9 日,新广场新兵欢送仪式

表和企业人士表示：加强军地双方沟通合作，探索、打造与建德相匹配的军民融合产业；向外推介市航空小镇军民融合示范区，争取多引进与通用航空产业相关产业及配套设施。市政协主席吴铁民，市委常委、寿昌经济开发区(航空小镇)管委会书记尤荣福和市人武部部长留正等参加会议。

【基层规范化建设二期项目建设】1月，市人武部向市发改局提交基层规范化建设二期项目的可行性研究报告以及初步设计。9月中下旬工程开工建设，至年末，完成大楼电路改造、一楼作战值班室安防系统、电脑机房改造，二楼办公室改造，三楼、四楼训练用房、五楼库房改造，完成投影仪、电视、空调及音响等设备的采购工作，完成电梯、LED屏的招标采购，库室安防系统的招标工作。

【杭州市防汛防台应急演练在建德举行】4月27日，杭州市人民政府防汛抗旱指挥部在建德市梅城镇举行防汛防台应急演练。现场演练以兰江流域“6·25”洪水防御为背景，开展人员转移安置、水上抢险救生、漂移船只拦截、堤防险情抢护、危化品打捞处置、应急排涝抢险等6个科目演练。

【建德市武警中队】2018年，市武警中队围绕“听党指挥、能打胜仗、作风优良”的目标，提炼“建功、建业、建德”爱岗奉献精神，完成各项任务。

6月，在武警杭州市支队组织“群众性大练兵”军事比武中，中队长徐敏畑夺得干部组第二名。12月，指导员王涌荣立三等功1次。2018年，市武警中队被武警支队评为“执勤先进单位”；党务工作获评“先进党支部”；后勤工作获评“先进食堂”，从1999年至2018年连续20年被武警浙江总队评为“基层建设先进中队”。(林靖程)

人民防空

【概况】2018年，市人防办推进工程建设、宣传教育、指挥通信等工作落实，完成各项任务。

全市15台电声和电动警报控制器完成升级改造，在×企业厂房顶层新装1台电声警报器，在双江街安装首个多媒体防空防灾警报展示大屏，在市教育局和市公路段安装两种规格的警报器应急电源。5月12日，对全市警报进行试鸣，警报鸣响率和完好率均达100%。在新安江街道明珠社区、新安化工集团马目园区、新安江中学同时进行防空应急疏散演练，学生、居民、职工1000多人参加。

建德市主城区及寿昌、梅城两个重点镇全年共征收人防易地建设费499万元。分别完成年度人民防空地下室工程竣工审批、验收。

“3·1国际民防日”和“5·12”防灾减灾日，在全市中小学开展“我身边的人防”主题月系列活动，参观防空防灾体验馆，组织防空防灾疏散演练，举办绘画、手抄报、随手拍等比赛。9月18日，组织部分学校师生在大洋镇“双童”烈士纪念馆，开展“牢记历史、警钟长鸣传承红色基因”实践活动。10月30日，在全市校园开展“人防杯”微课大赛。

◎5月12日，市人防办开展学校疏散演练(陈帅 摄)

【建德市中小学防空防灾体验馆开馆】5月4日，建德市中小学生防空防灾体验馆在市新安江第一小学开馆，市府办（人防办）主任郑志华参加启动仪式。至年末，共接待 10 所学校、40 多批、700 多名中小学生和老师前往开展现场教学。市中小学生防空防灾体验馆由 7 个主题展区（序厅、人防微课堂、应急预案与疏散演练区、空袭与自然灾害逃生自护体验区、火灾逃生演练区、我身边的地下长城、创建美好未来）和 26 个展项组成。每个展区的内容相对独立，通过声、光、电多媒体交互技术，智能化自动控制，达到国内领先水平。

【人防“最多跑一次”改革】通过比对省人防系统群众和企业到政府办事事项指导目录和三次申报，梳理“最多跑一次”事项 12 主项、20 子项，做到设区市权限群众和企业到政府办事事项 100%“最多跑一次”。按照浙江省人防办要求，做到事项“八统一”。通过调整、申报、梳理、调试，做到群众和企业申报事项 100%网上受理。贯彻省办等八施工图联合审查文件要求，与市住建局对接，确保施工图联审过渡。6 月初，建德市投资项目一站式服务中心成立，人防办进驻其中。11 月初，杭州市工程建设项目审批系统上线，人防办配合住建部门做好审批系统的培训学习和指导业主的申报工作。

【举办全省人防创新研讨班】7 月 9—13 日，全省人防创新发展研讨班在建德市举办。省人防办党组书记、主任肖培生作题为《改革创新、提质增效，推动浙江人防继续走在前列》的重要讲话。军事科学院、陆军工程大学及陆军指挥学院等人防专家、教授给学员们讲授人防创新发展、新时代组织指挥等方面的课程。学员们围绕人防“改革创新、提质增效”的主题进行分组讨论和大会交流。省人防办、各设区市人防办领导班子成员以及相关处长，各县（市、区）人防办主任共 160 人参加研讨培训。

退役军人事务管理

【概况】2018 年，市退役军人事务管理局建立退役军人三级服务网络，市、乡镇（街道）、村（社区）共建立退役军人服务管理中心（站）273 个，全部挂牌运行。开展退役军人和其他优抚对象信息采集工作和悬挂光荣牌工作，共完成信息采集录入和悬挂光荣牌 1.8 万余人。

完成接收安置退役士兵工作。其中对符合政府安排工作条件退役士兵，按照 40%事业编制，60%省属、国有企业等劳动性合同用工安置到位，安置率 100%。对自主就业退役士兵发放自主就业退役士兵一次性经济补助金。举办 2018 年退役士兵返乡欢迎仪式、退役士兵专场就业推荐会 2 场，××名退役士兵达成就业意向。开展××名退役士兵免费职业技能教育培训。年末，全市有复退军人××万余人。

【退役士兵专场招聘会】12 月 18 日，建德市在市体育馆举行 2018 年度退役士兵欢迎仪式暨专场招聘会。市委常委、市人武部部长留正，市府办、市民政局、市人社局等单位领导、全体专武干部以及 100 多名退役士兵参加会议。会上 29 家招聘单位

◎12 月 18 日，退役士兵欢迎会暨人才招聘会

提供578个岗位，现场报名及初步达成就业协议63人。

【新一届“省级双拥模范城”创建】春节期间，发放优抚年画4万张，悬挂“光荣之家”军属牌400多张；“八一”期间，市镇两级共召开退役军人座谈会20次，在《今日建德》上发布“八一光荣榜”“八一慰问信”。全年走访慰问驻建德部队、“建德舰”官兵、退役军人1.5万余人次，发放慰问金（品）143.59万元。发放义务兵家庭优待金536户、1167.38万元，发放义务兵立功奖励金67人、6.37万元，大学生入伍一次性奖励金98人、196万元。投入27万余元，整修市革命烈士纪念碑上山辅道，设置烈士纪念设施场所文明标识标牌。清明节、烈士纪念日，有2万余人在各烈士纪念设施向烈士敬献鲜花。在新安江街道明珠、叶家、罗桐等社区成立“光荣之家”“老兵之家”，开展“慰问老兵”“迎春茶会”“平安家园守护”等活动，服务优抚对象和退伍军人400多人次。

【优抚安置】全年共发放抚恤补助5715人次、2420万元，发放农村籍60周岁以上军龄补助3571人（2018年新增256人）、725万元。为优抚对象“一站式”实时结算医疗补助181.19万元，其中门诊补助1190人、126.7万元；住院医疗补助399人次、78.61万元。认定在乡复员军人、带病回乡退伍军人5人，残疾军人抚恤关系转移4人，取消102名自然减员人员待遇。发放“三属优待证”“抚恤优待证”23本（次）。开展“关爱功臣，永葆光荣”活动，为150多名重点优抚对象和退役军人开展优抚短疗和上门巡诊活动。（饶敏捷）

人力资源管理和保障

Human Resource Management and Security

综 述

【概况】2018年，市人力社保局以党建为引领，以"最多跑一次"为抓手，推动全面深化改革，参加建德市全国文明城市创建，创新用人和人才培养机制，推进就业创业、社会保险、劳动保障、工业技校建设等各项工作。

【"贴心人社360"党建品牌建设】通过微党课、微平台、微竞赛突出廉政教育，建立完善"两单两书两述"工作机制，压实各级责任。狠抓内部防控规范权力运行，开展扶贫领域腐败和作风问题专项治理。党建品牌"贴心人社360"与服务民生职能紧密结合，提升党建引领作用，成为杭州市建设清廉机关创建模范机关暨机关党建质量提升工程推进会、建德市机关党建第三季度例会参观学习点。12月，"贴心人社360"党建品牌入选建德机关党建十佳品牌。

【"杭州人社一体化经办平台"启用】2018年，"杭州人社一体化经办平台"纵向打通"市、区(县)、街道(乡镇)"层级、横向打破县域行政辖区，实现"异地收件、属地办理、同城通办"，实现杭州市范围内"一窗受理"和"就近跑一次"受理(办理)人力社保事项。10月24日—12月24日，实施并完成系统平台建设，建德所有事项(130项)全部上线运行。

人力资源管理

【概况】7月，建德市发布《建德市2018—2020年企业紧缺急需专业目录(试行)》和《建德市2018—2020年重点产业紧缺人才目录(试行)》。9月，建德市率先在杭州地区出台《关于进一步加强高技能人才队伍建设的意见》。10月，出台《建德籍人才"智力回归"工程实施意见》。

2018年，建德市入选杭州市"521"人选2人，国外智力引进计划23项。获高层次留学回国人员(团队)在杭创业创新项目资助1项。新建博士后科研工作站2家，新引进博士后研究人员2人。举办省级重点高研班1项，实施杭州市级知识更新班9项、建德市级知识更新班10项。新入选省"151"二层次培养人选1人，享受杭州市政府特殊津贴1人，选拔新一轮"282"人选148人，全市新增高级职称166人(含正高15人)。评选第一届建德首席技师10人，入围杭州市"百千万"高技能领

◎2018年高校毕业生招聘会

◎市委常委、组织部部长王江(前右)在介绍建德人才政策

军人才2人，遴选建德市优秀技能人才15人、培养高技能人才731人。

全年兑现应届高学历毕业生一次性生活补贴117万元,人才安家补助、购房补贴407.5万元,发放各类高层次人才资助232.6万元。办理外国人来华工作许可业务19件，办理杭市级人才认定151人次、建德级37人次,发放人才参观卡及旅游券305件3050份，组织92名高层次人才疗休养,578名高层次、高技能人才参加健康体检。

公开招考招聘全过程零投诉。2018年招录公务员108名，公开招聘教育和卫计系统事业人员312名。其中,到师范类院校和医学院校专场公开招引紧缺型专业教师40名、航空专业教师5名、紧缺专业医技人员31名。

【发布“两个目录”】7月,建德市首次同期发布《建德市2018—2020年企业紧缺急需专业目录（试行)》和《建德市2018—2020年重点产业紧缺人才目录(试行)》。《目录》选取通用航空、医药化工、信息经济、文化创意、旅游休闲等16个重点产业100家样本企业展开重点产业紧缺人才岗位、紧缺人才专业需求调查,最终确定管理、技术研发、高技能3类109个人才需求岗位列入《重点产业紧缺人才目录》,航空航天、化工与制药、生物工程、电子信息等49个类别120个紧缺专业列入《企业紧缺急需专业目录》。

【外出集中引才】1月,市人力社保局开展2018年企业人才需求及外出招聘意向情况摸底工作,根据48家企业提出的航空、生物医药、化工、机械制造、外贸英语、动漫设计等紧缺专业技术岗位人才需求情况,制定《建德市2018年外出招聘工作计划》。6月30日，联合杭州人才市场举办“全城热聘·2018杭州夏季人才招聘大会暨建德市企业专区招聘会”。全年组织各类企业赴杭州、成都、南昌、芜湖、金华等地人才市场和高校引才14场次,161家企业提供紧缺岗位2196个,达成初步意向507人,为企业兑现展位费、宣传费等补贴10.36万元。组织近60家次企业参加中国国际人才交流大会、杭州国际人才交流与项目合作大会等人才项目对接活动,与海业必达公司签订引进海外专家战略合作协议。

【人才培养】2018年，建德市立项省级高研班1项、杭州市知识更新班9项。完成99名“282”培养人选考核工作,选拔新一轮建德市“282人才培养工程”培养人选148名。入选享受杭州市政府特殊津贴人员1人,入选省“151”培养人选1人。推荐格林生物科技股份有限公司申报国家级博士后科研工作站,浙江建业化工股份有限公司、浙江深蓝新材料科技股份有限公司获批博士后科研工作站先设站、后授牌单位。全市新增高级职称人员166名,其中正高15名。申报初级职称431人、中级职称351人、高级职称182人。

2018年,建德市多措施培养建德技能人才领军性人物,评选许寨红、王建、陈土良等10名“建德首席技师”。组织申报杭州市级技能大师工作室3家,推荐申报享受国务院政府津贴1人、享受杭州市政府津贴2人。首次开展建德市高技能人才直接认定工作,认定技师6人、高级工3人。技能提升“展翅行动”为197名企业职工发放技能补贴36.25万元。至年末，建德有高级技术人才2.08万人。

2017年国家公布最新的职业资格目录后，建德市大部分本土农业及化工类工种职业资格证书被取消，技能培训受众急剧萎缩。市人社局结合地方特点开展餐饮食品安全管理、草莓种植、老人护理、母婴护理、青绿茶炒制等市场急需的技能人才培训，全年1153人通过培训考核取得专项能力证书。

【汪家人才专项住房完成配售】2016年3月30日，市十五届政府2016年度第6次市长办公会议讨论通过并明确：将汪家保障性住房综合项目中11幢、15幢、19幢、23幢4幢高层218套住房，作为人才专项住房，其中，企业人才用房173套、教育系统人才用房26、卫计系统人才用房19套。自当年5月20日起，经申报、审核、抽签等程序后，至2018年底共完成审批并办理购房手续131套(其中企业购房49套、个人购房82套)，剩余房源87套作为人才租赁住房。

【流动人员档案管理】2018年，全市接收流动人员人事档案3571份(含组织部档案室移交的企业职工档案1311份)，转出流动人员人事档案866份，为流动人员依据档案记载出具各类证明283份，收集流动人员人事档案材料450多份，为符合相关规定的单位提供档案查(借)阅和政审(考察)服务320人次。至年末，全市流动人员人事档案总量2.61万册。

【公务员“学法用法三年轮训行动”】6—7月，组织全市各部门760多名公务员开展脱产3天的学法用法培训，培训分理论讲座、案例分析、知识竞赛、网上测试4大板块进行，邀请省委党校、省属高校、省公务员管理局、市律师事务所等部门的专家学者授课。建立学员轮训量化考核评价和培训登记备案制度，轮训测试结果作为公务员年度考核重要内容之一，测试不合格的公务员，取消年度考核评优秀资格。

【招引优秀党政储备人才】创新选拔机制、创新政策举措、创新选聘方法，首次面向北京大学、清华大学、浙江大学、复旦大学等知名高校招引优秀党政储备人才。通过资格筛选和择优比选等程序，从近800名报名人员中确定82名硕博研究生入围面试考核对象。8月起，首批12名研究生及以上学历的党政储备人才赴乡镇(街道)锻炼。

【公开招录公务员】2018年，全市计划招考录用公务员109名，因报名不足，核减大学生村官定向招录计划1名，实际招录公务员108名。其中，党群口20人(含人武专干学员1人)、政府口88人，机关部门78人、乡镇30人(定向优秀大学生村干部招录4人、定向优秀村干部招录2人、专职人民武装干部学员1人、选调生村干部岗位8人)，面向建德生源招录11人。4057名考生通过省公务员录用考试平台报名，3972名考生通过网上资格初审，3479名考生参加公务员笔试考试，经笔试排名277名考生入围面试，综合笔试面试成绩108人获体检资格，108名考生进入考察程序。

【公开招聘事业人员】2018年，全市教育系统和卫计系统公开招聘事业人员312名，其他一般单位招聘工作因机构改革原因暂停开展。到师范类院校专场公开招聘高中教师，招引专业紧缺型高中教师人才，通过报名审核、两轮面试、体检考核等程序，18名优秀高中教师进入建德市高中学校任教，5名航空专业教师进入市工业技术学校任教。公开招聘中小学和幼儿园教师137名，报名人数978名；卫生系统招聘事业人员152名，核减取消职位41名，实际招聘111名，报名人数490名。

【国有企业公开招聘】1—6月，完成杭州两山建设开发有限公司招聘6名工作人员，最终5人到岗上班。7—12月，组织国有企业公开招聘24名工作人员，经过公告发布、现场报名、集中笔试等工作，经笔试排名65名考生入围面试，最终录用21人为国企工作人员。

劳动保障

【概况】2018 年，建德市城镇新增就业人数 7029 人，引导和帮助 2706 名失业人员（其中就业困难人员 708 名）实现再就业，城镇登记失业率控制在 2.33%。召开招聘会 49 场。推进公共招聘平台管理，杭州就业网有效会员 2152 家，发布岗位信息 7.48 万个，求职登记 3467 人次，职业介绍 3085 次。帮扶全市就业困难人员，发放各项创业就业补贴 1500 多万元，惠及 5000 人次。

基本养老保险参保率 95.11%，基本医疗保险参保率 99.49%，均完成上级考核任务。为 16.2 万人发放各类养老金 27.51 亿元。“两定”单位医保结算 8.27 亿元，医保、特药、生育、工伤、救助、公务员医疗补助手工结报 3.76 万人次 1.37 亿元。工伤认定 828 件，结案率 92.7%，工伤职工劳动能力鉴定 347 人次，病退鉴定 72 人次。

1 月 1 日起，失业保险实现城乡一体化，失业保险金标准由原来最低工资标准的 70%上调到 80%。开展“展翅行动”，全年，发放失业保险支持参保职工提升职业技能补贴 214 笔 38.25 万元。开展援企稳岗“护航行动”，为 20 家符合条件的企业发放补贴 67.45 万元。继续实施阶段性降低失业保险费率政策，全年为企业减负 3600 多万元。

处置各类劳动纠纷案件 563 件，为 1903 名劳动者挽回损失 1890.9 万元。仲裁院受理劳动争议案件 157 件，比上年增长 38.9%；涉及劳动者 700 多人；经济标的 1677.04 万元，增长 4.9%。结案 151 件，结案率 96.2%，其中裁决 14 件，调解等方式结案 137 件，调解率 90.7%，为近五年最高。10 人以上集体案件 4 件，均得到妥善处置，未引发群体性事件。

【“社银联通 4.0”启动】2008 年，市人力社保局首次与农商行开展“社银联通”合作，至 2018 年底农商行代扣代缴业务 84 万笔，涉及参保人员 76 万人(次)，代收超过 16 亿元。7 月 20 日，市人力社保局与农商行联合举行“建德市社银共兴战略合作暨社银联通 4.0 版”启动仪式，在原有个体灵活就业、城乡医保、城乡养老等 10 多项相关业务基础上，新增退休证办理、职工医保报销结算单打印等 21 项合作业务。借助农商行的“丰收驿站”将社保业务延伸到各村，实现市民在家门口办理社保业务，建德市社银联通业务进一步升级。9—12 月，农商行在城乡医保签约代扣外，办结 1.49 万件社保业务。

【建立退休联办专窗】5 月，市人力社保局主动改革创新、升级服务，优化流程、重组窗口，成立退休联办专窗，19 个事项一窗受理。全面实施综合窗口，统一前台受理，后台流转。首次推出乡镇（街道）劳动保障站派发退休证、快递送达退休证服务。群众办理退休时，只需在填写《退休联合办理审批表》时勾选“快递送达”，实现退休办理“最多跑一次”。全年为群众减少出行和窗口等待时间 9000 小时以上。

【提前完成 2018 年退休人员调资工作】7 月 26 日，退休人员 1—7 月的增资补款项发全部提前发放到位。这是企业和机关事业退休人员第三次同步调整基本养老金，也是国家连续第 14 年调整企业退休人员基本养老金，共惠及全市 7.72 万名退休人员，其中企退人员 6.94 万人、机关事业退休人员 7769 人。调整后，全年共增加养老金支出 1.36 亿元。

【精准化就业服务】与新安化工、农夫山泉、大润发、半岛凯豪等企业联系沟通，收集适合高校毕业生及就业困难人员就业的岗位 100 多个，为就业困难人员提供精准化就业援助，帮扶就业 20 多人次。杭州新安雷迪森酒店新开业，面临用工短缺难题，市就业处奔走联系，制定招聘会方案，为其举办专场招聘会，完成招聘 50 多人，同时为该企业提供企业吸纳就业、职业培训补贴等各项精准化政策宣传服务。

【养老保险审核】2018 年，审核符合退休档案 1151 份，审核新申请特殊工种认定 167 人，合并计算工龄审批（含农村籍退伍军人军龄视同、工龄证明)138人,供养直系亲属生活补助费审核联合办公认定69人,退休人员基础信息更改20人,审核符合省221号文件参保人员197人、省223号文件参保人员2人,特殊待遇审核12人,女职工延期退休审核2人。

【创建“无欠薪”建德】4月,建德市主动申创“无欠薪”县(市、区),成为浙江省2018年度39个重点创建单位之一。市领导吕平、俞伟带头推动,分类管理、分层督查70家在建项目,重点推动“六项制度”落地。全年,处置各类劳动纠纷案件563件(其中“12345”市长公开热线和“110”联动458件,占81.3%),为1903名劳动者追偿被拖欠工资等待遇1890.9万元。行政处理11件,行政处罚2件,公安立案侦查1起,公布重大违法案件2件。开展“春雷”等专项行动6次,结合日常巡查共监察各类用人单位1848家,比上年增长25.4%。全年劳动关系和谐稳定,未发生突发性重大群体性事件。

【建德市工业技校】2018年,建德市工业技校强化“党建+服务企业”的特色党建活动,与超细粉末国家工程研究中心浙江分中心进行课题合作;拓展“党建+服务乡村振兴”服务,深化与乡镇企业合作,大同镇、乾潭镇企业走进学校招聘会。其中,大同镇3家,提供岗位40人;乾潭镇22家,提供岗位410个。共达成就业意向学生26人。

2018年,承办省、国家级航模赛2次,校队在各类航空顶级公开大赛中获一等奖14个。1月,省模型无线电运动协会与市工业技术学校达成后备人才基地合作协议。

成立航空学院,跃升办建德学层次。3月16日,浙江传媒学院航空学院揭牌,浙江传媒学院在市工业技校设立的二级学院——浙江传媒学院航空学院正式成立。首届招生205人,计划2020年开展全日制本科、研究生招生。

全年开展各类培训119期,人数5003人。其中,技能鉴定19期,人数465人;安全培训27期,人数1020人;移民政策培训23期,人数2033人;航空模型裁判员培训1期,人数40人;ASFC无人机培训1期,人数26人;市供电局岗前培训7期,人数29人;浙江机场安检员培训12期,420人;上岗证培训55期,人数1973人;继续教育(大专本科函授)17人。

开展省级课题《技工院校在服务地方经济产业,助推特色小镇建设工作中的探究》工作,申报2018年省级课题《技工院校学生心理健康状况及对策研究——以建德市工业技校为例》。

在浙江省2018年单考单招考试中,2015级化工(环保)专业叶蕙、叶百慧分别取得527、525的高分,位列全省第53名、第59名,均被绍兴文理学院录取,该专业其他51名学生全部上专科分数线,上线率100%。

2017年5月,学校与新安化工集团签订“冠名订单班”合作协议,2018年,学校开办由新安集团牵手云南省金平县贫困学生二期“新安雏鹰”订单班,学制三年,与学生签订定向培养技术工人协议书,实现真正的现代学徒制培养。

3—4月,学校调研25家企业用工需求,5月,邀请37家企业进校园开展12场宣讲会、2场建德企业专场招聘会,提供工作岗位450个,全部学生完成实习推荐工作,就业率100%。学校首批无人机学生38人(2016级无人机班)在无人机飞手、无人机组装、无人机教员、无人机科普教育等岗位全部落实就业实习。(赖冬碟)

医疗保障

【概况】2002年8月,建德市建立城镇职工基本医疗保险制度,2003年开展新型农村合作医疗试点工作和医疗救助工作,2008年建立城镇居民基本医疗保险制度。同年,建德市按照“先归口,后整合”的路径,将城乡养老办公室、新农合办公室、机关事业养老办公室整合并入原市劳动局社保中心统一管理,2010年按照杭州市要求统一基本医疗保险制度框架,将城镇居民基本医疗保险和新型农村合作医疗制度整合为城乡居民基本医疗保险制度,实现统一筹资标准、统一保障待遇、统一管理服务。

2018年,建德市第四次提高城乡居民基本养老保险基础养老金，由150元/人·月调整为160元/人·月，惠及6.8万人。完成社会保险精准扶贫工作，其中困难群体参加城乡养老5519人，参保率93.4%；应参加城乡医保而未参保或漏参保的302名低收入农户直接纳入参保，参保率100%。

2018年，建德市全面推广城乡医保银行代扣代缴。通过以会代训的形式，召集各乡镇（街道）、社区劳动保障站（室）工作人员进行业务培训。至年末，建德市医疗保险参保率达99.5%；职工医疗、生育新增参保人数分别为7851人、4520人，共筹集城乡医保基金3.94亿元。

6月1日，建德市协议医药机构电子外配处方系统上线，协议定点零售药店处方量下降90%以上。

2018年，组织相关部门联合开展医保专项整治，根据医保服务协议共暂停医保服务协议16家零售药店、4家医疗机构，追回死亡人员医保多支出费2万余元。

【医疗困难救助即时刷卡结算系统启用】2018年，市人力社保局会同市财政局、市卫计局、市民政局多部门合力推进，明确医疗困难救助结算流程。7月1日，建德市范围内统一医疗救助即时结算信息化服务网络正式启用，救助对象可在定点医疗机构"随来随治、随走随结"，出院结算只需交纳个人负担部分的医疗费用。医疗救助由病后救助变为病前、病中救助；惠及建德市城乡低保、残保五保、因病致贫及因病致残的生活困难群众近1.5万人。

【跨省就医刷卡结算显初效】2017年市社保中心完成跨省与省内异地就医系统的升级改造和接入测试，2018年建德市与省外10590家医院实现跨省异地就医平台对接。至年末，建德市共有125人次通过跨省异地就医平台在省外实现刷卡结算，医疗费用283.93万元，其中医保基金支付143.8万元，比例为50.7%。另有省外41人次，通过跨省异地就医平台在建德市实现刷卡结算，医疗费用69.06万元，其中医保基金支付44.09万元，比例达63.8%。

【实现生育保险参保人员生育医疗费即时结报】9月，开通生育保险医疗费即时结报（以往病人刷卡只享受生育医疗费待遇，不享受生育津贴，需先全额支付，再提交资料到中心申请待遇支付，现在直接刷卡结算后病人就不需再办其他手续），至年末，有446人刷卡结算，支付金额138.1万元。落实产假生育奖励，生育津贴二次发放1944人次，支付639.73万元。

【实施慢性病长处方政策】实施省、杭州市慢病门诊医保政策（慢病病种由原来4种疾病增加到16种），由社区卫生服务机构的签约家庭医生为在本社区卫生服务机构签约的、患有特定慢性病的签约病人一次最多开出12周的慢性病长期处方，慢性病患者一次处方可配最多不超过12周的慢性病药品。

【新增17种抗癌谈判药品纳入医保】11月，根据国家、省统一部署，将阿扎胞苷等17种抗癌药谈判药纳入医保支付范围。省第二轮大病保险特殊药品谈判的28个药品中，有9个特殊药品纳入医保支付范围。（郎倩枝）

教 育

Education

综 述

【概况】2018年，建德市教育总投入10.91亿元，其中预算内教育经费拨款（含预算内其他经费拨款)9.97亿元、教育费附加2265万元、各项事业收入4500万元。人员经费支出7.01亿元(含社保经费支出本年起个人家庭补助调整到人员经费),公用经费支出2.17亿元。至年末,全市中小学校电脑总拥有量1.49万台,生机比2.56:1;多媒体教室装备2302套,其中多媒体进普通教室1460套;中小学建有图书馆(室)的学校63所(含11个教学点)，拥有率100%，在课外活动期间开放图书馆(室)的学校数49所,中小学馆藏纸质图书197.66万册,学生人均册数51.49册,当年学生人均添置纸质图书1.07册。

2018年,教育段学生享受营养餐2863人次,享受寄宿生生活补助173人次。普通高中免学费292人次,享受国家助学金1474人次,在园幼儿教育补助197人次，职业高中免学费4660人,享受国家助学金725人。全年资助学生1.03万人次,资助金额847.86万元。

【"最多跑一次"工作】梳理"最多跑一次"权力事项和公共服务事项,梳理出行政许可事项2项,行政确认事项6项，其他行政权力6项,公共服务事项2项,"最多跑一次"事项开通网上受理。并且根据市政府要求,派人进驻市行政服务中心社会事务综合窗口办理"最多跑一次"工作。

【创建成为浙江省基本实现教育现代化市】近年来,建德市委、市政府优先发展教育事业,把创建浙江省基本实现教育现代化市作为重要民生实事。2012年11月,建德市启动创建浙江省基本实现教育现代化市工程。制定《建德市创建浙江省教育现代化市实施方案》,成立由市长任组长,分管副市长任副组长的市创建省教育现代化市工作领导小组。2015年11月15日,建德市提交创建省教育基本教育现代化市申报材料;2016年11月,建德市第二次申报材料;2017年5月17日,通过省政府的预评估;2018年6月1—13日，建德市创建省级基本实现教育现代化市工作通过省政府正式评估;11月5日,《浙江省教育厅 浙江省人民政府教育督导委员会办公室关于公布第五批基本实现教育现代化县(市、区)名单的通知》发布,建德市成为浙江省第五批基本实现教育现代化县(市、区)。

◎成功创建浙江省基本实现教育现代化市

【推进教育项目建设】2018年，建德市在建续建教育项目21个，其中重点项目7个，总投资5.77亿元(其中当年计划投资2.01亿元)。新安江职业学校迁建、叶家小学、叶家幼儿园、洋安幼儿园、新安江中心幼儿园玉兰园区及李家坞园区、机关幼儿园改扩建，乾潭中心幼儿园二期、大同中心幼儿园劳村园区教学楼、新安江成人文化技术学校教学楼投入使用；梅城初级中学迁建、洋安小学、寿昌第一小学教学楼、航头中心小学综艺楼、桥南幼儿园、明珠幼儿园、下涯中心幼儿园等项目建设如期推进。完成暑期维修和零星工程项目51个，投入资金1990万元。

【两件民生实事全面完成】“大鼻子”专用校车扩面工程和学校门禁系统建设列入2018年建德市“十大民生实事”。全年投入资金780万元，完成新增“大鼻子”学生专用校车16辆，新增受益乡镇(街道)9个，新增受益学生1149人，乘坐专用校车上放学学生达1719人，占总乘车人数的50.6%。投入150万元，完成65所学校校园访客机、封闭式校园门禁管理系统建设。

【实施教师“县管校聘”改革】2018年，建德市实施中小学校教师“县管校聘”管理改革扩面工作和奖励性绩效工资改革。全市51所中小学校3166名教师参与竞聘，其中跨校交流47人，构建起“多劳多得、优劳优得、重责重得”的绩效分配机制。

【2018年教育系统党员冬训春训】2月5—6日，建德市召开2018年教育系统党员冬训春训暨中共十九大精神专题学习会。学习会上，市直机关工委书记林立围绕学校党建品牌建设，从打造校园“一校一品”、加强学校党建文化建设等方面论述开展特色党建品牌创建活动。市教育局党委副书记、副局长李萍以《学习十九大精神，建强基层组织》为主题分析加强基层党建工作的背景与方法、强调现阶段党建工作主要任务，邀请中共杭州市委党校柯红波教授作《新时代中国特色大国外交》专题讲座。副市长何亦星出席专题学习会。

【教育系统“七一”表彰暨党员先进事迹宣讲会】6月29日，市教育局召开“七一”表彰暨党员先进事迹宣讲会。对2017年度建德市直机关优秀党务工作者、市教育局机关党支部等3个四星级党建示范点、新安江中学党委等12个教育系统2017年度先进基层党组织、严州中学陈志红等23个教育系统2017年度优秀党务工作者、严州中学吴国土等18个2017年度市直机关优秀共产党员、严州中学梅城校区陈瑞等89个教育系统2017年度优秀共产党员进行表彰。会上，5名教师代表分别宣讲大同一小叶美珠、梅城初中方燕青、更楼中心幼儿园李红、寿昌中学陈杏芳、实验小学张志明等党员先进事迹。

【举办改革开放40周年知识大奖赛】12月12日，市教育局开展以“践行新思想、开启新征程”为主题的庆祝改革开放四十周年知识大奖赛（决赛）。大奖赛于10月启动，81个基层党组织经过片区选拔，产生16支代表队参加11月12日的全市初赛，其中6支代表队进入最后决赛。决赛通过必答题、抢答题、风险题三轮现场答题，新安江三小代表队获一等奖，严州中学新安江校区、新安江一中代表队获得二等奖，新安江一小、安仁中心学校、航头初中代表队获得三等奖。

【建德市第二届“市长杯”青少年校园足球联赛】5—12月，建德市举办第二届“市长杯”青少年校园足球联赛，有73支队伍1100多名运动员参加，总场次达200多场，参与学生、教师达4万人次。寿昌二小、洋溪小学、航头小学、新安江二小、乾潭二小、新安江一小、实验小学、明镜小学获得小学男子甲组前八名，寿昌二小、乾潭二小、航头小学、洋溪小学、明珠小学、明镜小学、新安江二小、杨村桥小学获得小学男子乙组前八名，新安江一小、杨村桥小学、新安江二小、李家小学、大慈岩小学、梅城小学获得小学女子组前六名，新世纪实验学校、大慈岩初中、新安江一中、新安江二中、寿昌初中、乾潭初中、大同初中、大洋初中获得初中组前八名，新安江职业学校、严州中学梅城校区、寿昌中学、新安江中学获得高中男子组前四名。

学前教育

【概况】2018年,全市共有注册幼儿园40所。其中,教育部门、其他部门和集体主办幼儿园22所(另有分园、教学点31个),社会力量举办幼儿园18所。在园幼儿总数1.25万人,其中公办幼儿园在园幼儿人数9202人,占全市在园幼儿总数的72.1%。省一级幼儿园(分园)5个、省二级幼儿园(园区)36个、省三级幼儿园(园区)25个,全市新评省二级幼儿园4所。省级幼儿园覆盖率98.3%,其中省一、省二在园幼儿1.0万人,优质资源覆盖率79.49%。3~5周岁幼儿入园率96.9%。43个幼儿园(分园)创建为杭州市标准化建设达标幼儿园(其中36个公办幼儿园),杭州市标准化建设达标幼儿园比例74.1%。全市有特色幼儿园15所,占37.5%。名园集团化覆盖率42.5%以上,城乡幼儿园互助共同体覆盖率100%。普惠性幼儿园在园幼儿1.19万人,普惠率为95.1%。认定16家民办园为普惠性幼儿园,全市学前教育普惠率95.1%。

全市非编有证教师补助标准为人均5.3万元/年,为在编教师平均工资的60%。民办园补助资金4692.7万元,奖补资金用于民办园非编教师工资补助、安保设置、教学仪器用具添置,校舍维修改造等。全市幼儿园教师持有资格证比率97.6%,园长持有上岗证比率100%;全市幼儿园教师学历合格率100%,其中大专及以上学历95.2%。

【开展"一园一品"创建活动】推进"一园一品"及"园本化课程"建设,全市特色幼儿园从8所增加到15所。"一园一品"特色品牌创建成为建德学前教育的一张新名片,各幼儿园根据自身资源,梳理出适合本园发展的办园特色开发园本课程,如大慈岩中心园的"纯·乐"特色课程、杨村桥中心园的"萌于本真,共创'莓'好"特色课程、下涯中心园的"竹乐"特色课程、航头中心幼儿园的"节气民俗"特色课程"、大洋中心幼儿园"乡情美育"、大同中心幼儿园的"同童野战"游戏特色课程等。梅城幼儿园的"农乐"特色课程获得浙江省精品课程。

义务教育

【概况】2018年,全市初中学校19所(含民办1所、九年一贯制学校3所),比上年增加1所中心学校(洋安中心学校),在校学生数1.01万人,增加163人。小学学校29所,增加1所(月亮湾小学),在校学生数2.16万人,增加913人。全市初中、小学适龄儿童入学率及巩固率100%,初升高比例99.7%。全市义务教育阶段省标准化学校97.8%。

【义务教育阶段课程改革】推进义务教育阶段课程改革,结合学校特色开设拓展选修课程。在明镜小学、新三中承办全市"轻负高质"暨"课程改革"第十四次现场交流培训;明珠小学、大同初中等10所学校在明镜小学举办义务教育段课改成果展。

【举办2018年中小学生艺术节】3—6月,开展建德市2018年中小学生艺术节活动,全市53所中小学校、8000多名学生参加2大类别16个项目的比赛。11月,参加2018年杭州市中小学艺术节获得各类别奖项65个,获奖率84%,其中明镜小学的舞蹈、大慈岩小学的昆曲表演、新安江三小的婺剧等9个节目获一等奖,大慈岩小学的昆曲受邀参加杭州市艺术节闭幕式表演,李家中心小学、大慈岩初中、乾潭二小、三河小学、大同初中、航头中心小学的学生代表参加杭州市中小学生艺术节综艺大舞台的展演。

【试点开展学后托管服务】在新安江第三小学和月亮湾小学试行学后托管服务,建立相应工作机制,明确申报流程,规范工作模式,确定内容形式,严格管理要求,组建托管班级5个,参与托管学生72人,占年段学生总人数的8.7%,参与管理的教职工80人。

【中小学教学管理现场会】12月,在李家初中、李家中心小学召开全市义务教育段学校教学管理工作现场推进会,全市48所学校校长、教务主任参加,推进《中小学教学管理十项要求》落实。

【开展语言文字规范化乡镇(街道)创建】2018年,新安江街道、洋溪街道、更楼街道、寿昌镇、航头镇、下涯镇、杨村桥镇、梅城镇8个乡镇(街道)创建为杭州市语言文字规范化乡镇(街道)。

【德育主题实践活动】开展第五届经典诵读大赛、“四礼八仪”主题教育活动、社会主义核心价值观教育、“红船领航”主题演讲比赛、“我们的节日——春节、元宵节”教育活动、“宪法走近你我”主题征文、“安全乘梯·幸福万家”主题征文评选等主题实践活动。推进“德文化”进校园,建设首批德文化示范校8所,明镜小学建成建德市德文化传承馆。开展文明校园建设,认定建德市文明校园37所,其中获杭州市文明校园9所。创建杭州市绿色学校4所、全国青少年校园足球特色学校1所、全国青少年校园篮球特色学校1所;明镜小学、大洋初级中学等2所学校被命名为浙江省绿色学校。

【第四十五届中小学生田径运动会】11月7—9日,建德市第四十五届中小学生田径运动会在严州中学新安江校区举行。54支代表队、740多名运动员,在5个组别19个田径项目上展开角逐。明珠小学、大慈岩中心小学、新安江第三初级中学、航头初级中学、严州中学梅城校区获得各组别团体总分第一名。明珠小学徐语韩在小学女子A组60米栏决赛中,以10"8的成绩打破11"7的建德市最高纪录。航头中心小学的吴万胜在小学男子A组400米决赛中,以58"3的成绩打破59"8的建德市最高纪录。麻车小学、马目中心学校、月亮湾小学、更楼初级中学、杨村桥初级中学、新安江职业学校获体育道德风尚奖。更楼中心幼儿园幼儿足球操、李家中心小学断龙、大同第一小学畲族特色项目、大同初级中学花样跳绳、梅城初级中学严州虾灯、严州中学新安江校区跑操获特色项目展示奖。

◎举办建德市中小学生经典诵读大赛

【实施初中教育教学质量行动】成立新安江第一初级中学、新安江第二初级中学、新安江第三初级中学城乡学校互助共同体。围绕教育教学常规管理主题,蹲点调研初中学校8所。召开建德市2018年初中教育教学研讨会,全市18所初中校长、教务主任等130多人参加会议。培训初中语文、数学、英语、科学、思想品德与社会、班主任等骨干教师195人。

高中段教育

【概况】2018年,全市初中毕业生升入高中段学校学生3193人,初升高比例99.7%,其中升入普通高中1893人、升入职高(含工业技校)1300人。普通高中在校学生7381人,比上年减少492人;职业高中在校学生1307人,减少99人。

【2018年高考成绩】2018年,建德市一段线上线644人,比上年增加49人。其中,严州中学新安江校区一段线上线429人、新安江中学128人、寿昌中学43人、严州中学梅城校区37人、育才高级

中学7人。严州中学新安江校区严国灿以总分699分获建德市高考第一，位列全省第55名，被清华大学录取；方馨悦以总分694分位列全省第136名。新安江职业学校参加财会、旅游、数控、电子等4个专业考试上线87人，上线率93.5%；乾潭职高参加学前教育专业考试上线30人，上线率71.4%，其中本科上线2人。

【完善现代学徒制试点工作】2018年，建德市学前教育、旅游服务与管理、烹饪专业与17家企业、行业协会、幼儿园开展联合试点培养工作，参与试点的学生609人，占学生数的48.9%。联合建德市学前教育专业指导委员会和建德市中职旅游专业指导委员会，开展新安江职业学校旅游专业2017级学生与企业师傅签订师徒结对协议活动、乾潭职高学前教育专业2017级学生师徒结对活动，开展三方论坛、现场教学、企业课堂、上岗等多形式的教学合作活动。

【中职教育管理】全市中职学校开设选修课75门，开发校本教材15门，课改学生覆盖率100%。在2018年杭州市中职选修课校本课程评比中，阮莹琦校本教材《爱上口金包》获优秀校本教材二等奖；张娟课程方案《旅游英语——建德旅游》获优秀课程方案三等奖。7月，新安江职业学校旅游品牌专业、职普融通和乾潭职高学前教育的现代学徒制3个项目通过杭州市“十三五”中职质量工程项目的现场实地核查，在2018年杭州市中等职业教育质量提升工程建设项目中立项。

【新安江职业学校迁建工程】8月，新安江职业学校与乾潭职高合并，整体迁建到洋溪新校区，校名为新安江职业学校。9月10日，新安江职业学校新校区正式开学。新学校占地7.13公顷，建筑面积4.1万平方米。2018年，投入4000多万元建设实践培训大楼1.02万平方米、宿舍楼4282.5平方米以及学校文化广场，投入实训设备984.71万元。

【开展职业教育活动周宣传】5月6—12日，举办以“深化产教融合，推进校企合作——喜迎改革开放40周年”为主题的职业教育活动周。活动期间，集中开展第七届“五星杯”中职(技工)学校师生技能大赛、初中学生职业体验活动、全市初中学生人生规划教育和招生宣传、职业教育成果图片展等活动。4月初至6月初开展全市初中生职业体验活动，全市1054名初三学生在活动周期间走进新安江职业学校、乾潭职高、工业技校进行服装、旅游、烹饪、数控、园林、键盘、舞蹈、农民画、手工、剪纸“N+1”技能、航空模型飞行表演等职业体验活动。

【举办师生职业技能大赛】各职业学校(技校)以中职师生技能大赛为载体，进行21个项目的竞赛，其中教师教学能力类2项、学生职业素养类4项、学生职业技能类15项，比赛内容涉及普通车工、导游词讲解、Flash动画制作、经典诵读、数学解题等。在2018年杭州市中职师生技能大赛中，获二等奖1人次、三等奖5人次，其中新安江职业学校烹饪1班季冬获全国中小学电脑制作比赛二等奖、方晓春获2018年杭州中等职业学校师生职业能力大赛旅游教师专业技能比赛三等奖、严晓萍获浙江省创新杯说课比赛三等奖。

成人(社区)教育

【概况】2018年，全市共有省标准化乡镇成人文化技术学校16所，社区学院1所、社区教育中心5所、社区教育教学点11个。梅城成校被评为浙江省现代化成校。全年16所乡镇(街道)成校开展SYB创业培训、莲子加工培训、美丽庭院培训、应急救护培训、母婴护理员专项能力培训、茶叶种植和管护技术培训、老年人健康讲座、民宿培训、企业法律知识等社会培训5.17万人次，占当地常住人口总数(44.5万人)的11.6%。其中家政服务培训量为本区域常住人口0.5%，扫除文盲1169人，全年培训实用技术人才6521人次。

【社区教育纵贯横联综合效应初显】2018年，市教育局先后出台《建德市区域性成人文化技术学校设置及奖励性绩效工资分配指导意见(试行)》、

《关于印发〈建德市成人文化技术学校教职工30%奖励性绩效工资考核实施办法〉的通知》《关于加强老年教育开展共学养老社区建设的意见》文件。新安江成校与新安江11个社区、4个村共同培育156个不同类别的学习共同体，新安江成校在校园内培育和养护"新安旗袍社""艺苑婺剧社"2个精品社团，组织部分优秀学习共同体进校园、进企业、进农村文化礼堂展演。梅城成校在实践中探索"游古府、学茶艺、品小吃、赏古韵"综合培训学习体系建设。11月19—23日，在梅城成校举办建德市2018年全民终身学习活动周暨万名市民游古府系列活动启动仪式，全市中小学校开展社区教育开放日活动。活动周期间，各类学校和教育培训机构资源向社区开放，各成校结合当地实际开设文化大讲堂，推出系列讲座，为市民提供手工技艺、休闲娱乐、历史文化、家庭教育、科普知识、营养保健等教育培训。在梅城社区教育中心举行第二届建德"严州小吃"制作大赛、沙画梅城、诗话梅城、"虾"画梅城、茶话梅城、吟唱梅城等活动。

【承办两次全国性会议】6月26—27日，由联合国教科文组织国际农村教育研究与培训中心和中国成人教育协会主办的"教育2030与全民背景下的农村发展研讨会"在建德市举行；7月10—12日，"2018新时代社区学习共同体暨社区共学养老研讨会"由建德市承办，来自全国各地200多位嘉宾与会，分享社区教育经验。

【民办培训学校规范办学】建德市教育局出台《关于印发建德市开展中小学文化类学科培训机构专项检查整治方案的通知》《建德市教育局关于进一步做好民办培训学校规范办学工作的通知》等文件、成立由副局长为组长的民办教育考核评估工作领导小组，规范民办培训学校办学工作，全年拨付民办教育发展专项资金834.05万元。

【开展民办培训机构整治】2018年，开展民办培训机构整治，整治期间召开各类相关会议20多次，各乡镇(街道)、部门出动180多人次，走访培训机构60多家，政策宣讲60多次，发放行政指导意见书18份、整改通知书16份，约谈举办者5人次。2018年，通过专项治理，约谈32家培训机构，关停21家培训机构，转型8家培训机构，整改到位审批10家新培训机构。至年末，共有持证民办培训机构38家。9月，建德市麻园小区幼儿园终止办学。

师资队伍

【概况】2018年，全市有专任教师3631人(其中幼儿园373人、小学1346人、初中1072人、高中771人、培智学校及成人教育46人、电大23人)，幼儿园、小学、初中、普通高中专任教师的学历合格率分别为100%、100%、100%、99.8%；小学专任教师专科及以上学历和初中专任教师本科及以上学历的比例分别为98.7%和94.5%。面向普通高校本科及以上应届毕业师范生公开招聘和面向社会公开招聘，录用教师164人，其中高中9人、初中10人、小学90人、幼儿园35人、定向培养幼儿园教师20人。完成3665名教职工的考核工作，其中优秀490人、占教职工比例13.4%，合格3175人、占86.6%。

【义务教育学校教师交流】实施《建德市义务教育学校教师交流实施意见》，2018年义务学校教师交流134人，其中县管校聘交流47人，骨干教师交流18人，占符合交流条件骨干教师总数的26.5%(省要求比例为15%)，普通教师参与交流116人(小学77人、初中39人)，义务学校校长(含副校长)交流12人，推广城区学校的骨干中层直接交流到农村学校任校级干部。

【教师专业技术职务评审和资格认定注册】对照教师岗位设置管理，评聘结合原则，实行教师职称结构比例控制。对学校中高级职称评审指标实行控制，确保取得中高级职称的人员全部得到聘任。2018年一级教师通过65人，高级教师通过43人。接受教师资格认定网上报名245人，经审核，符合条件并送杭州市教育局申报高中教师资格人数31人；市教育局予以认定214人，其中初中教师资格33人、小学教师资格118人、幼儿园教师资格63人。

【教师招引又添新政策】出台招引教育人才新政策，对引进本科系教育部直属师范大学或“211工程”院校高考第一批录取的全日制硕士研究生等给予2万元~8万元的安家补助。对引进学科竞赛金牌教练给予50万元的安家补助。

【师德师风主题教育】推行教育系统师德师风“七条禁令”，教师签订拒绝有偿家教承诺书，开展有偿家教治理巩固工作。严格师德考核，实行师德考核“一票否决制”。表彰宣传高尚师德典型，开展建德市第五届十佳美丽教师、建德市优秀教师、优秀班主任、优秀校（园）长、首届十佳班主任评选工作，评选出10名美丽教师、10名十佳班主任、10位优秀校长、119名优秀教师、72名优秀班主任，授予王征和陈志红“建德市教育突出贡献奖”。2018年共有浙江省省师德楷模1人、浙江省农村教育突出贡献奖1人、浙江省春蚕奖3人、浙江省绿叶奖1人、浙江省三育人先进个人1人。

【培育培养骨干教师】实施新一轮教师全员培训计划，全年教师进修学校开设各种类型的培训班共24个，培训教师1800多人次，选派12名优秀教师出国研修，参加杭州市“新锐教师”培养工程55人。杭州市21个“名师乡村工作室”落户建德，共招收学员254人。建德市共设立10个特级教师和名师工作室，招收学徒78名，采取师徒结对等形式，指导培养学科骨干教师。

【倾情支教行动】深化与岑巩县教育和科技局扶贫协作对口支援帮扶，派出援贵援疆支教教师11人；派出心理健康教育专家团队、特级教师工作室等教育教学骨干、专家40多人；岑巩县骨干教师110多人赴建德开展挂职锻炼和业务培训，委托培养职校生10人。建德市12所中小学幼儿园建立“一对一”协作帮扶对子，开展双方交流活动。

【举行2018学年中小学教师业务知识比武】9月1日上午，市教育局开展2018学年中小学教师业务知识比武，全市所有小学、初中、普通高中、职业高中相关学科男55周岁以下、女50周岁以下共2661人参加本次比武活动。通过比武活动，强化落实《建德市中小学教学管理十项要求》，提升教师专业技能和学科核心素养，推进教育事业高质量发展。（舒新华）

高等教育

【概况】2018年，驻建德市高等教育院校2年分别从事学前教育专业、电力技能专业教育，分属杭州市、浙江省电力公司管辖。

【杭州科技职业技术学院严州校区】2018年，杭科院严州校区（严州师范学院）下设综合办公室、后勤科等科室，在编教工14人、非编人员33人，教育学院派驻严州校区教学和管理人员8人。校区承担教育学院学前教育专业一年级学生的教育培养工作，上半年有2017级学生229人，下半年有2018级学生413人。

修订并层层签订校园安全目标管理责任书；落实安全防控措施，安全排查整改常态化；调整更换3名校卫队员，队员持证上岗率58%。组织校卫队员开展常态化消防拉练活动；做好省平安暗访迎检工作；配合校保卫处开展学生逃生演练，举行消防知识讲座和灭火演练；对监控系统进行全面维修、改造和升级，视频清晰度和保存期达标；落实每日防火巡查，学生公寓粘贴安全出口指示地标，更换部分失效应急灯和到期的灭火器。

配合巡察巡视，对杭州市委巡察组和浙江省委巡视组以及学校纪检监察室检查中发现的财务管理、物品采购、仓库管理等问题，进行整改落实，按规定时间上报整改结果。

对2009年前整理归档的文书档案，按时间顺序重新进行整理并编制目录，对2009年并入杭科院后产生的档案，进行整理、分类；对教职工医药费记账凭证、食堂会计账簿、原附小和校办工厂的会计档案，按时间顺序进行整理后列出清单。

根据学前教育专业特点，开展“班级文化建设”“寝室文化建设”活动，举办校园“十佳歌手”大赛、“一二·九”合唱比赛，组织学生参加校唯才杯辩论赛、校大学生职业生涯规划大赛和“阳光·成长”心理文化节宣传设计大赛，多名学生获一、二、三等奖。

落实校园树木和草坪的常规维护，对严州府孔庙遗址(存有府学遗训)景观处周边500多平方米进行整治和绿化，为校区办公场所、学生公寓提供花卉盆景并做好日常养护。对女生公寓寝室地下管网渗水情况进行检修，对教室、公寓、招待所及教育学院教师住房进行装饰装修，完成6组多媒体设备和教室14台空调的安装。配合国资处完成生活区23套住房房产证的更换工作，对校区可经营性资产进行清查，整理统计待报废物品上报公管处，完成2018年度校区资产清查工作。

与梅城镇政府联合举办杭州市职校工美类教师梅城古镇写生作品评比活动。配合做好杭州市委书记周江勇梅城美丽城镇建设调研的准备工作，负责参观校园景观和校史陈列室等活动的接待陪同工作。

组织校友同学会10次，落实活动场地，做好氛围营造、接待服务、宣传推介等工作；落实校史陈列展日常管理和开放工作，接待校友及社会人士参展近300人次；完成校史陈列展一楼展厅部分展板的更换和整修。(钱志翔)

【国网浙江省电力有限公司培训中心浙西分中心】 浙西分中心位于新安江街道新安路241号，由东、西两个校区组成，总占地面积7.7公顷。至年末，有教职工112人。

2018年，浙西分中心举办各类培训班279期、1.37万人次。完成技能鉴定47批、1658人的鉴定考核工作，培训计划完成率100%，培训质量测评113.55分、后期服务测评112.81分、项目综合测评113.34分。组织红船共产党员服务队参与建德市创建全国文明城市活动，与新安江街道、岭后社区、建德城管和罗桐社区等部门开展志愿者服务活动。培训师方向晖荣获国网浙江省电力有限公司2018年劳动模范称号。

浙西分中心编写的《高压电工作业》培训教材被选为浙江省特种作业人员安全技术取证培训教材，开发“导地线压接”题库1项，网络大学微课件25个、标课4个、案例188个。获发明专利1项、实用新型专利3项，完成实训装置、软件等4项。

浙西分中心以高分通过浙江省安全生产宣传教育中心新增电工作业考试项目验收，成为全省首家获得新增三项目考试资质的安全培训考试点。浙西分中心具备电工作业除防爆电工外所有项目的培训考核资格，成为全省电工作业考试项目最齐全的安全培训考试点，助力省公司依法依规治安，为促进浙江电网长治久安和全省安全生产形势持续稳定好转提供支撑。高质量完成无人机巡检取证培训工作，108名学员全部通过国家民航局认可的无人航空器驾驶员合格证，合格率100%，远超国家电网公司和地方培训机构，为省公司人机协同巡检工作提供人才保障。(王磊)

文化 体育

Culture & Sports

文化事业

【概况】2018 年,市文广新局出台《公共文化机构管理规范》。至年末,下辖文化市场行政执法大队、市图书馆、市文化馆、市文物保护管理所(建德市非物质文化遗产保护中心)、大慈岩文物保护管理所和严州文化研究院共 6 个事业单位。

全市有文化经营单位 372 家,其中网吧 41 家、娱乐场所 38 家、娱乐游艺场所 3 家、印刷企业 106 家、出版物 62 家、电影院 10 家、文艺表演团体 15 家、打字复印 44 家、美术品 6 家、网络文化 14 家、地面卫星接收设施 1 家、其他 32 家。文物保护单位 91 家。

全年送戏下乡 200 多场次、送书下乡 2.7 万册、送电影下乡 3432 场,开展“送培训”活动 300 多场次。4 家影院共放映电影 4.23 万场,观众达 65.29 万人次,收入 2166 万元。减免 9278 户低保户收视费和 294 户低保户初装费 96.14 万元。全年开展广播电视安全播出演练 2 次、技术预演 3 次,组织对广播电视台、华数公司进行安播检查 3 次。赴湖北恩施、新疆阿克苏、浙江温州、丽水等地开展文化交流活动 20 多场次,与开化、泰顺、西安市长安区等地开展文化走亲 8 场次。

市图书馆总购书经费 120 万元,新增图书 4.27 万册,总藏量达 73.42 万册。订阅各种报刊 527 种 568 份,征集地方文献 367 种 498 册。全年接待到馆读者人数 58 万人、接待重点读者咨询 240 人次,提供资料 750 册次,提供数码照片 1500 张。全市各级图书馆(室)外借图书 43 万册次,其中“一证通”系统外借图书 29 万册、农家书屋外借图书 14 万册。全年访网站问量 3.66 万人次,微信发文 96 篇、阅读量 1.3 万,开展新书推荐 12 期。围绕“书香建德”开展猜谜、讲座、培训、展览、书展、宣传栏图片展、阅读推广等各种读者活动 122 场,参与人数达 6.8 万人次。汪国云、叶志忠 2 个家庭入选第三届全国“书香之家”。

【文艺创作】2018 年,市文化馆开展文艺演出活动 40 多场、辅导培训 300 多场次、展览 4 场、文化走亲 8 场,各项赛事 4 场,人数达 10 万余人次。承办建德铁军“忆初心展风采”报告会、百姓纳凉大舞台、农村文化节之农村文艺调演、排舞大赛、文化礼堂精品展演等系列活动。举办小城镇整治成果

◎4 月 22 日,第六届“新安江读书节”全民阅读活动

◎1月24日，组织文化志愿者赴乾潭镇幸福村开展“文化暖冬行”活动——书写春联

书画作品展、建德文化交流中心书画艺术作品展；开展排舞师资培训、摄影基础及后期制作培训等辅导活动。参加浙江省第二十届公共文化论坛征文获二等奖1人；参加杭州市第九届网络故事大赛获一等奖1人，杭州市第二十五届群众文化论文比赛获二等奖1人、三等奖1人。歌曲（作曲）《好一个新安江》发表于《歌曲》2018年第4期，歌曲（作曲）《月亮圆了》发表于《音乐天地》2018年第8期。

【文化市场管理】2018年，受理文化类行政审批事项114件，其中新设立19件、变更23件、到期换证72件，办结114件。文化市场行政执法大队全年出动检查493次1225人次，检查场所2286家次；开展部门联合检查20多次，立案查处案件33件，办结33件，停业整顿4家次，没收违法物品468件。召开网吧、娱乐场所等文化经营场所负责人会议10次。开展“文明上网”“扫黄打非”各类宣传活动7次，发放“绿书签”及宣传资料1000多份。

【文物保护】完成13处2017年度历史建筑保护工程项目，推进14处2018年度历史建筑维修工程，建立2016—2017年历史建筑保护工程施工档案。梅城镇正大街22号、大慈岩镇新叶村崇仁堂获评杭州市农村历史建筑最佳修缮单位，大同镇溪口村翁氏宗祠获评杭州市农村历史建筑最佳利用单位。

【“非遗”传承评审】完成第七批建德市“非遗”代表性项目的申报、评审、公示公布工作，完成第三批建德市“非遗”代表性传承人的申报、评审及公示公布工作。承办实施乡村振兴战略中杭州市非物质文化保护工作现场推进会及“非遗”展示展演活动。组织建德市天罡拳协会参加“非遗薪传”——浙江传统体育展演展评活动获最佳展演奖，参加杭州市非遗传统体育大会获优秀展演奖。推荐作品《福满堂》参加“安吉杯”2018最美中国年·浙江年俗微摄影作品大赛，获每周佳作奖。

【戏曲展演】组织新叶昆曲参加2018“浙江好腔调”全省传统戏剧展演启动仪式，梅城虾灯参加全省“传承运河文化、建设文化浙江”展演活动，新安江第三小学、大慈岩小学参加浙江好腔调全省传统戏剧展演，严东关五加皮酿酒技艺、蛋雕项目参加全省民族乡村发展论坛暨民族“非遗”展活动，推荐省级代表性传承人潘秋梅参加浙江省“百工百匠——非遗传统工艺传承人匠心故事”宣传活动，提线木偶和农民画项目参加互联网+杭州传统手工艺活动，剪纸、杨坞面塑、麻糍制作技艺、倒笃菜制作技艺参加“非遗互联网+”线下推广·武林市集活动参展。

【公共文化场所开放】2018年，市文化中心剧院完善免费开放服务模式，对外提供免费服务119场次。双江街24小时自助图书馆“17℃书房 一起读吧”向市民开放。以更楼街道、航头镇为重点开展文化站提升工程，建设2家农村电影室内固定点。245家公共文化场所安装无线WiFi，实现市、镇、村（社区）三级场所全覆盖。建成大同镇镇源村婺剧展陈馆、田畈村煤矿展陈馆以及杨村桥镇十里埠村埠头文化展陈馆。

【婺剧团展演】2018 年,《畲女凤凰》获评杭州市第十三届精神文明建设"五个一"工程奖。《大洋埠》参加 2018 "西湖之春"艺术节暨杭州市新剧(节)目会演开幕式，获杭州市西湖之春艺术节新剧目一等奖。开展杭州、金华、衢州、丽水四地婺剧进校园精品展演，展示传承优秀地方文化成果。首个乡村婺剧实践场在乾潭镇幸福村挂牌。市婺剧团入选第七届全国服务农民、服务基层文化建设先进集体。

◎红色婺剧《大洋埠》剧照

【文化培训】完成县级公共文化机构从业人员脱产培训 15 天,组织乡镇(街道)综合文化站站长集中培训 4 期 60 学时、村(社区)基层文化专兼职人员业务培训 4 期、村文化礼堂管理员培训 2 期。市文化馆、市图书馆分别举办摄影、图书管理员等文艺骨干培训班。组织参加省级农村文化礼堂业务知识培训班(乡镇文化站长轮训班)4 期、杭州市公共文化机构负责人培训班 1 期。全市群众文化业余文艺骨干培训近百期,1.3 万余人次参加各类培训。

【浙江省第 10000 个文化礼堂在镇头村揭牌】9 月 21 日,"我们的家园——万家农村文化礼堂庆丰收" 主场活动在建德市三都镇镇头村文化礼堂举行，庆祝浙江农村文化礼堂建设的丰硕成果和全国首个"中国农民丰收节"。同日,镇头村文化礼堂作为浙江建成的第 10000 家文化礼堂正式揭牌启用,来自全省各地的文艺节目参加演出。

【建德市首届全民才艺大赛】8 月 16—20 日,建德市首届全民才艺大赛——"我的舞台我来秀"在纳凉大舞台举行。才艺秀分为声乐、器乐、戏曲、舞蹈、综合五大类进行。来自各乡镇(街道)的文艺爱好者 400 多人参加预选、初赛,经过层层选拔,106 名选手进入决赛,分别评出一等奖 2 人、二等奖 3 人、三等奖 3 人、优秀组织奖 3 人、先进个人 6 人。

【《留住乡愁》出版】6 月,《留住乡愁》一书由浙江古籍出版社出版。全书集中选取建德市近 6 年间维修的 137 处农村历史建筑,涉及 13 个乡镇(街道),配有彩图 1600 多幅,分为建筑"基本情况"与"维修前中后"两部分。

【书画艺术作品展】3 月 29 日,由建德市委、市政府主办,西泠印社艺术品鉴定评估中心、市文广新局和市文化交流中心共同承办的 "建德文化交流中心书画艺术作品展" 在市文化中心开幕。展期 10 天,画展展出作品多为当代名家捐赠给建德市文化交流中心的书画艺术作品。

【农村历史建筑综合保护工程成果展】6 月,结合"文化和自然遗产日",总结建德市 2009—2017 年农村历史建筑综合保护工程成果,在市文化中心举办为期 1 个月的"家在钱塘——建德市农村历史建筑保护工程九年成果展",通过近 90 幅维修前后对比图文,展示建德市农村历史建筑综合保护成果。央视《国宝档案》栏目专门到大慈岩镇新叶村取景拍摄《国保档案——家在钱塘》系列节目。

【唐诗之路及“拥江发展”沿线文物资源调查】8月，结合第三次全国文物普查数据开展唐诗之路及拥江发展沿线文物资源调查，涉及8个乡镇(街道)，共有各类文物点计646处(各级文保单位38处)，其中全国重点文物保护单位1处、省级文物保护单位3处、市级文物保护单位34处、列入历史建筑保护名录450处。调查结果报送杭州市园林文物局，作为钱塘江唐诗之路沿线文物资源专题调研课题基础性资料。

【梅城古城保护工程】初步完成梅城古牌坊及石构件考古调查，共收集到各种石构件3021件，其中素面的石板、石条和残断石块共1396件、带纹样的石构件1554件、带铭文的石构件71件。蔡家塘东北、东南岸和蔡家塘至后历桥之间的玉带河岸完成勘探工作，完成部分玉带河沿岸地块考古勘探，启动市民桥以东和三板桥附近的玉带河考古工作。(雷婕)

【建德市新华书店有限公司】2018年，公司稳定主业发展，做好文教用书发行工作。完成销售4100万元，实现利润达399万元，比上年增长11%。

开展第13届学生暑假读好书活动，完成全市59所学校的流动供应，销售码洋为37.6万元，增长56%。组织“新生报到日专题读书”送书到学校活动。做好政治读物征订工作，征订《习近平谈治国理政》《2018年党员必修课》《政府工作报告》等，实现销售码洋64.12万元。抓好招投标业务，中标市图书馆、教育装备、学校图书室等多个项目，实现销售码洋280万元。加强多元业务拓展，中标幼儿园多个项目，实现销售码洋290万元。

开展名家进校园，全民阅读专家巡讲活动。与建德市作家协会联合开展“文学大咖暨《而已》《中国书写二十四节气》新书发布会。邀请著名儿童文学作家黑鹤到3所学校进行阅读讲座。

2018年，公司全省业务竞赛获得一等奖、9类店型第一名，业务竞赛门市考核获得9类店第二名。获省店集团文教书营销奖、省店集团2018年度创新业务优秀单位奖、2018年译林出版社全国码堆大赛最佳创意奖、“书香浙江博集相伴”销售竞赛优秀奖。(王伟民)

文化创意

【概况】2018年，市文创办以文创产业“十三五”规划为发展目标，加强文创元素在钱塘江唐诗之路建设、乡村振兴中的催化融合作用，绘就建德文创产业的“诗与远方的田野”。全市文化创意产业实现增加值26.14亿元，比上年增长9.8%。

推进洋溪逸龙文创园区内文创元素的打造提升，逸龙文创园5楼核心圈建设完成建德动漫主题文化体验中心，展示中外动漫文化历史，知名动漫人物形象、国内外动漫大师等丰富内容；依托新安创客企业集聚平台，提升文创客厅内涵，组建设计师联盟，入驻文创企业32家。推进三江口九姓渔民文创小镇建设，新造九姓渔民水上婚礼表演船2艘，全年演出110次，以三都镇九姓渔民水上婚礼而生缘的美好爱情故事为主线，策划举办“101场水上婚礼”，点击量超百万。

举办文创沙龙12场、线上风暴50多次，惠及企业人员500多人。以文创智囊团为基础，组建乡村振兴服务队，下乡培训宣讲10次，做好“一对一”项目指导20多次，助力乡村文创产业发展。

加大对重点企业的扶持，从资金、政策、人才、宣传等方面，集中资源培育玺匠文创、雨歌动漫、建德婺剧团等一批领军型、骨干型、成长型文创企业。协助铜师傅举办第二届“铜粉英雄大会”，通过浙江在线、《都市快报》等媒体平台开展宣传，点击量超过50万；助推企业与著名工业设计机构汉度设计集团、漫画巨头漫威公司等达成战略合作，在日本成立铜师傅铜器株式会社。完成由凯辉基金领投的3.1亿元B轮融资，总融资额度4.1亿元，成为小米生态链中优秀企业，并获第三届“文化产业学院奖”提名奖。雨歌动漫打造的第一款动漫原创IP《屹塔》在腾讯等各大漫画平台上线，点击量突破1亿，原创作品《奔跑吧足球》项目获“新光奖”国际漫画大赛入围奖。建德婺剧团赴土耳其参加谢菲卡·库特鲁埃尔国际艺术节，获中宣部第七届全国服务农民服务基层文化建设先进集体;《大洋埠》在杭州市“西湖之春”艺术节开幕式演出,获得杭州市新剧目会演优秀剧目大奖。

【打造建德城市品牌】开展“建德城市品牌视觉形象识别系统建设”设计工作,打造“宜居建德”城市 IP。制作“城市品牌解读”MG 动画多平台传播,以杭州为主会场,梅城、寿昌为分会场联合举办“下一站建德” 城市品牌发布推介会,制作首批“宜居建德”伴手礼,让城市 IP 形象化。完成 20 款涵盖 16 个乡镇(街道)风物特产的建德城市品牌文创伴手礼设计,其中“方顺和”、建坤大米、宜居建德主题笔记本等落地,策划出品“建德侯”形象宣传品。

【打造“镇头大队”文化 IP 新风貌】引导全市乡村深入挖掘地域文化资源,以特色树形象,以文化筑 IP,打造镇头村“镇头大队”文化 IP。镇头村挖掘“水库文化”历史人文精神,创作“小镇头”文化形象,打造“小人书图书馆”“我们的故事长廊”、水库文化展馆等文化载体,推出“辣得有味”(辣椒酱)和“脆得够劲”(翠冠梨)等品牌伴手礼。

【玺匠文化参展第十二届杭州文博会】以“宜居建德——久炼成器、造化入铜”为主题,组织文创领军企业杭州玺匠文化创意有限公司参加第十二届杭州文博会。以居室、客厅、书房组成的家的形式,展示玺匠“铜木主义”品牌中的塞尚系列作品,组合搭配铜师傅工艺品摆件,将玺匠的匠心产品渗透进整体布局。在展馆内展示由宣传部、文创办创意策划的“建德侯”动漫形象,共接待观众超 15 万人次;现场加线上销售超 35 万元,达成合作意向 2000 多万元。(徐艺)

体育

【概况】2018 年,建德市加强“体育+旅游”产业融合,推进“健康建德”建设,助力全国文明城市创建,促进体育事业的发展。新成立俱乐部 1 个。至年末,登记注册的市级单项体育协会 28 个、乡镇级单项体育协会 6 个、体育俱乐部 37 家、健功气功站点 23 个。建德市冬泳协会被杭州市民政局评为 AAAA 级社会组织。全年体育彩票销售完成 5962 万元。

开展四层面赛事交流活动 186 场,承办和举办体育培训 148 次,参加人数 1.75 万人次。参加上级组织的体育竞赛 109 次,参加人次 1824 人,其中国家级以上比赛 28 次、省级比赛 45 次、杭州市级比赛 36 次,共获金牌 284 枚、银牌 248 枚、铜牌 211 枚。开展三级社会体育指导员培训,完成 126 名培训任务,全市有社会体育指导员 1800 多名。按人口比例完成 1896 人国民体质监测检测任务,占辖区总人数的 4.7‰。完成建德市老年体育健身活动中心建设任务,完成 2018 年省政府民生实事之一的小康体育升级工程 21 个建设任务,完成率 100%。至年末,全市体育场地累计 1892 个,体育场地面积达 117.3 万平方米。

【阳光运动】承办 2018 年杭州市小学生阳光体育排球锦标赛,并取得双冠军。市明珠小学组队参加

◎铜师傅参加 2018 年杭州文博会

◎承办杭州市中小学生阳光体育排球锦标赛

浙江省青少年阳光运动会跆拳道比赛夺得第七次冠军，2018 年杭州市中小学生阳光体育跆拳道锦标赛中获 8 个第一名，获金牌榜第一、团体总分第二。2018 年杭州市中小学生阳光体育散打锦标赛团体第三，2018 年杭州市中小学生阳光体育摔跤锦标赛团体第四。2017—2018 年“立祥杯”浙江省第十二届大众跆拳道公开赛总决赛获 15 金 5 银 5 铜、团体竞技第一名、最佳男子品势奖等佳绩。市博凯跆拳道训练中心获 2018 年浙江省优秀道馆称号。参加杭州市“市长杯”青少年校园足球联赛获小学男子甲组亚军。寿昌第二小学、航头中心小学、新安江第二小学创建全国青少年校园足球特色学校，另有 9 所小学校被评为浙江省青少年校园足球特色学校。

【老年体育活动】市老体协组织 25 项次，有 378 名运动员分别参加全国、省和杭州市的柔力球、佳木斯操、健身球操和体育舞蹈等 17 个项目的比赛和交流活动，共获奖牌 179 枚，其中金牌 62 枚、银牌 68 枚、铜牌 31 枚。市老年体协和寿昌镇老年体协获全国老年体育先进单位。洪浩明获全国老年体育贡献奖，穆先堂、洪青清、朱友妹获省级老年体育贡献奖，刘杭生获 2013—2017 年度浙江省“百名优秀社会体育指导员”称号。

【建德市第 45 届中小学生田径运动会】11 月 7—9 日，举办建德市第 45 届中小学生田径运动会，54 个代表队 744 名运动员在 5 个组别(小学 A 组、小学 B 组、初中 A 组、初中 B 组和高中组)18 个田径项目上展开角逐。有 2 人破 2 项全市最高纪录，其中明珠小学徐语韩以 10 秒 8 打破 11 秒 7 的小学女子 60 米栏记录、航头小学吴万胜以 58 秒 3 打破 59 秒 8 的小学男子 400 米纪录。

【省运会获奖】做好浙江省第十六届运动会排球比赛运动员在建德市集训工作。建德市运动员代表杭州市参加浙江省第十六届运动会收获团体 2 项冠军 1 项亚军，分别是男子沙滩排球冠军，女子排球甲组冠军、乙组亚军；在单项比赛中，皮划赛艇、帆船、帆板比赛获得 2 金 1 银 5 铜，跆拳道获得 1 金 3 铜，乒乓球 1 金 1 银，射击 1 金，摔跤 2 银。在全国 U21 青少年射击锦标赛中，刘畅以国家运动健将级别的成绩夺得个人和团体双料冠军。

【武术项目进校园】2018 年，建德市按计划分期推进武术项目学校活动，太极拳走进大洋中心小学、三都中心小学、三都中心幼儿园、寿昌中学、麻车小学、实验小学、莲花小学、三河小学、乾潭第一小学、航头初中、寿昌幼儿园等 14 所学校，天罡拳走进寿昌中学等 4 所学校开展教学。

【城乡公共体育设施提升】2018 年，大同镇潘村体育健身中心(丙类)、新安江街道新蓬村体育健身广场、杨村桥镇岭源村和李家镇诸家村体育健身公园等杭州市级公共体育设施提升工程（一中心一广场二公园)建设全部完成。至年末，全市累计建成体育公园 18 个、体育健身广场 13 个、体育健身中心 4 个、新安江运动健身长廊 1 处、门球场 29 片、健身点(苑)662 个、篮球场 317 个、乒乓球室 528 个。

【体育设施向社会免费开放】全年组织相关部门单位 4 次对全市学校体育设施对社会开放情况进行

检查。至年末,符合条件开放中小学校体育场地设施学校达 34 所, 全年进校健身锻炼人数达 50 多万人次。市体育馆先后承接各类活动和比赛 68 次,有规模的(千人以上的运动员或观众或省级以上的比赛)比赛和活动 9 次, 全年对外开放 361 天(除春节放假 4 天), 每周对外开放时间平均 84 小时, 体育馆室内接待健身爱好者 3.6 万人次以上,室外健身场所接待健身爱好者 7.8 万人次以上。

◎8 月 24—26 日,浙江省科研类航空航天模型锦标赛

【“三上”品牌赛事】大力发展航空、水上等特色运动项目,举办万人品牌性体育活动。6 月 2 日,举办生态骑行—杭州市第十一届骑游大会;6 月 3 日,举办山水毅行——2018 年中国最美绿道建德新安江万人徒步大会;8 月 24—26 日, 举办 2018 年中国国际飞行器设计挑战赛选拔赛(建德站)暨浙江省科研类航空航天模型锦标赛;10 月 27 日, 举办 2018 年环浙江自行车公开赛第五站建德乾潭爬坡赛暨悦动乾潭骑游大会。

【承办限高篮球四国挑战赛】4 月 29 日至 5 月 1 日, 限高篮球四国挑战赛在建德新安江体育馆举办。来自中国队、美国队、菲律宾队、澳大利亚队 4 个国家的 48 名篮球选手参加比赛。美国队由前 NBA 火箭队队员卢瑟·海德领衔,中国队由前中国大学生国家队球员建德籍刘子豪领衔。(陈启浩)

传 媒

Media

广播电视

【概况】2018年，建德广播电视台电视新闻节目《建德新闻》播出新闻3198条，播出电视专题节目《真诚面对面》131期、《建德先锋》52期、《重点关注》10期、《我是建德人》39期、对农电视专题节目《三江两岸》149期、《新安警界》52期、《新闻圆桌会》7期、《清廉建德》10期。广播新闻节目《建广新闻》播出365期、广播对农栏目《农家春秋》播出261期、《小周看乡村》52期、各类广播专题节目1064期；调频广播每天播出16个小时，对农有线广播每天播出7个小时。

广播电视节目在中央台播出稿件18篇，中国之声4篇，在浙江卫视、浙江之声等省级广播电视媒体播出近60篇，在杭州电视台等市级广播电视播出近200篇。央视新闻频道《新闻直播间》用6分钟的时长对建德市的人居环境建设进行专题报道，《第一万家文化礼堂庆丰收》在央视新闻频道《新闻直播间》和《新闻联播》中播出，报道三都镇镇头村文化礼堂庆丰收活动以及建德市文化礼堂建设。

完成调频广播同频发射覆盖的设备及网络改造，实现建德调频广播92.6兆赫同频全境覆盖，结束建德东北、南部区域的听众需要换频88.6兆赫接收广播的历史。

推动广电新媒体融合，开启“我的建德”APP运营，发挥“建德广电（我的建德）”微信平台宣传，全年完成各类直播35场次（其中新安江旅游节相关大型活动直播12场次），收看人数达280多万人次；建德发布与建德广电（我的建德）融合办公后，在微信平台共制作推送消息3650条，推送视频26条，粉丝数量达到32万多。建德网（www.jiandetv.com）发挥互联网+作用，广播节目传送至所有网民在线观看和移动端收看。加大安播监管力度，细化广播、电视播出机房、非编媒资机房、无线发射等重要机房巡检工作流程和内容，执行机房24小时值班制及零事故报告制，完善安全管理相关制度，实行重大节日领导带班制度，确保安全播出。完善广播电视节目阅评制度和监听监看制度。聘请5名监听监看员。广播、电视共审核播出广告265条。上新公益广告26条，播出公益广告7394多条次。

【主题宣传】开设《学习贯彻十九大精神——新时代新征程》《聚焦乡村振兴 建设美丽乡村》和《聚焦高质量发展》专栏，共播出相关稿件160多篇。建德市“两会”期间，共播发“两会”专题报道35篇。开设《深化“最多跑一次”服务效能再提升》专栏，对市行政服务中心推出的“兜底办”“一窗服务”“标准地+承诺制”改革等做法进行宣传，制作播出多期《真诚面对面》节目，其中《急事难事兜底办 群众办事不再难》获2018年度杭州市创新重大主题报道优秀新闻作品三等奖。推出《“拥抱新时代、践行新思想、实现新崛起”新闻面对面》电视访谈节目，各乡镇（街道）相关部门单位主要责任人围绕主题畅谈计划思路、工作举措，共播出12期节目。开设《创建全国文明城市，做文明有礼建德人》《文明创建，我们在行动》《文明建德 感动力量》等专栏，播出创建新闻200多条。《重点关注》《我是建德人》《新安警界》等栏目分别以文明创建为主题采写播出30多期节目。推出“我为创建全国文明城市加分”新闻圆桌会，邀请相关部门、市民代表走进演播室。围绕垃圾清运、烟蒂不落地、文明出行、“扫黑除恶” 等现象查摆问题、建言献策。开设《建功立德大比拼活动》专栏，分“建德速度、建德品质、建德工匠、建德担当”4 个板块，报道建德市各行各业干部职工比学赶超、建功立德的新热潮，播出 20 多期节目。开设《“八八战略”在建德 改革开放再出发》专栏，对“八八战略”指引下建德的体制机制创新、城乡协调发展、乡村振兴战略、“两山”理论实践、产业转型升级、行政审批制度改革进行集中报道。开设《学习贯彻市委全委会精神》专栏，播出新闻稿件 40 多篇。开设《智汇建德 助力高质量发展》《凝聚建德人力量，共创建德新未来》《建德好人》等专栏，共播出稿件 50 多篇。推出《纪念改革开放 40 周年》《四十年，看巨变》等栏目。《纪念改革开放 40 周年》栏目，报道市委、市政府纪念改革开放四十周年的动态活动。推出《新安江旅游节》《市领导六个领衔》《开展新安夜学 增强发展动力》《五水共治，我们在行动》《实施旧城改造，改善人居环境》《巾帼风采》《奋战四季度，冲刺全年目标》《聚焦企业、聚力发展》等 10 多个专栏，推动建德经济社会发展。

【新闻监督】《重点关注》栏目围绕水利工程建设进度、农村饮用水安全问题、古村落保护、竹木制品行业整治、交通路况、礼让斑马线等内容展开报道。开设《无违建市创建》《美丽建德曝光台》《小城镇环境综合整治曝光台》等专栏，以及“整治城乡环境，打造美丽建德”新闻专栏，对各乡镇(街道)小城镇综合整治的动态情况进行全面跟踪报道。开设《文明创建曝光台》专栏，对楼道乱堆乱放、小区毁绿种菜、乱张贴小广告、“牛皮癣”等行为进行曝光。

【民生专栏宣传报道】《真诚面对面》栏目围绕小城镇环境综合整治、春节我在岗、新春走基层、聚焦乡村振兴、《乡村振兴，青年在行动》《同享一份爱，共圆一个梦》等内容展开。《我是建德人》栏目围绕“建功立德”主旨，报道题材涉及建德市重点行业、志愿者队伍、以及各领域普通劳动者创业创新奉献的精神风貌。《建德先锋》先后开设《蹲点走访大脚掌》《百千万走访—访民情、知民意》《春风吹绿山水间，乡村振兴正当时》等栏目。电视对农栏目《三江两岸》围绕乡村振兴主题，多视角宣传市委、市政府“三农”工作重点。电视对农节目《她叫荒村焕新生》获 2018 年度浙江省广播电视对农节目政府奖三等奖。广播对农栏目《农家春秋》主打《记者走乡村》和《乡村点赞榜》两档子栏目，报道“三农”工作的新变化和新鲜事以及农民的新需求。开辟《农事大集合》《我帮你吆喝》《农技帮帮忙》等板块，开通热线电话、短信、微博、微信等平台，接受农民咨询，传授农业技术，助力美丽乡村建设。《戏好要靠唱戏人》获得杭州市广播对农节目二等奖，《她让荒村焕新生》获得杭州市广播对农节目三等奖，《农家春秋》《三江两岸》分别获得杭州市广播、电视对农栏目三等奖。

【对接高铁时代】12 月，广播电视新闻推出《38 分钟高铁时代，我们准备好了》栏目，对 16 个乡镇(街道)、10 个部门进行专访。旅游部门、航空小镇、三都镇等推出多项举措打好“旅游牌”，播出有关稿件 30 多篇。12 月 25 日，外宣记者从第一列动车进站、“首日首列首批”游客接站，体验建德人对高铁开通的兴奋与憧憬，与央视、省卫视、杭州

◎“我为创建全国文明城市加分”新闻圆桌会电视访谈节目录制

台联系，上送建德杭黄高铁开通的情况，配合浙江之声、杭州电视台做好直播。（胡雅琪）

【建德华数数字电视有限公司】2018 年，建德华数把满足人民群众的美好生活需要作为企业的价值追求，着力向智慧广电综合运营商和数字经济发展主体转型。至年末，全市建制村有线电视覆盖率 100%。公司拥有光纤总长 2500 多千米，中心机房和乡镇以及小区骨干机房增至 62 个，有线电视在线用户 15 万户，其中互动电视用户 1.6 万户、华数宽带用户 4 万户。公司固定资产原值 9000 多万元。

公司设新安江、梅城、大同、寿昌、乾潭 5 个中心站，在全市各行政村（社区）建立网格化运维管理制度，按照“客户服务八项规范”“十个一服务承诺”开展业务受理、安装、维护。“96371”服务热线 24 小时开通，实施城区 3 小时、农村 24 小时服务响应流程，为用户提供报修、资费查询以及华数产品业务受理。

公司承担全市有线广播电视“村村通”“村村响”的维护和市域范围内有线广播电视一、二、三级网络的日常维护，确保网络传输安全和有线广播电视节目播出安全；履行广电惠民工程职责，城乡低保家庭免收有线数字电视初装费和视听维护费，对全市重点优抚对象实施有线数字电视视听费减半收费政策；为政府、教育、医疗、学校、金融等系统提供信息化网络应用平台和技术服务；推进华数电视信息化综合平台深化应用，升级乡村智慧网络项目，及时发布各类预警信息、“三务”公开等信息，提供政策法规、就业招聘、市场供求等信息查询；助力平安建设，推进智慧家庭、智慧社区、智慧安防等业务发展，完善农村应急广播体系，开发智能化数据监控平台。

华数“最多跑一次”政务自助服务平台为市民打造 24 小时便民服务圈。完成三都、大洋、杨村桥、寿昌、莲花、洋溪、航头、更楼等 8 个乡镇（街道）集镇的杆线迁移和“上改下”工程，完成“美丽乡村”建设 26 个村覆盖 1.2 万农户的线路整治。完成新电路、白小线、新安东路等沿线的线路“上改下”，以及罗桐社区、沧滩社区等覆盖 1.5 万住户的“空中飞线”“空中蜘蛛网”的专项整治。利用华数综合信息平台宣传平安建设，开展“十佳优秀专职平安网格员”评选及讲平安活动，实现全市公安监控平台升级联网。（翁文忠）

新闻传媒

【概况】2018 年，市新闻传媒中心按照“举旗帜、聚民心、育新人、兴文化、展形象”15 字任务要求，秉持“让舆论有高度、让新闻有温度”的办报理念，讲好建德新故事，传播建德好声音，助推建德新崛起。

中心记者在杭州市级以上媒体刊发稿件 350 多篇，其中《人民日报》《光明日报》《经济日报》《农民日报》《中国组织人事报》《精神文明报》等国家级媒体 60 多篇。至年末，《今日建德》微信、微博公众号粉丝逾 25 万，建德新闻网《私房话》《看》等栏目腾讯视频点击率均在 1 万人次以上。

围绕创建全国文明城市、“建功立德”大比拼、乡村振兴（美丽建德）、组团包干八大行动、深化“最多跑一次”改革等中心工作做好主题报道，开设专题专栏 50 多个，刊发各类主题报道 900 篇左右。对建德市“两会”、浙江省小城镇环境综合整治现场会、“万家礼堂庆丰收”全省主会场活动、首届“建德人”大会以及新安江旅游节等重要会议、重大活动等进行宣传。

【开展舆论监督】深化“重点关注”“三改一拆曝光台”“五水共治曝光台”“文明创建曝光台”“作风建设曝光台”“环境整治零点行动”等舆论监督栏目，对“不担当、不作为、不落实”、工作推进不力的现象和问题进行曝光，强化舆论监督，公布整改时限。全年共刊发监督类稿件 130 多篇。

【民生报道】发布民生信息资讯内容 300 多条。发现并宣传身边的道德模范和感人事迹，掀起“最美建德人”新一轮宣传高潮。中心记者第一时间采写的“柑橘滞销背后的爱心现象”“21 岁姑娘徐紫樱车祸去世捐献器官”“24 岁姑娘刘静芝突发脑溢

血捐献器官”等新闻。(王正伟)

市委报道工作

【概况】2018年，市委报道组坚持服务中心大局、聚焦内容质量、贴近社会民生、传播优秀文化、讲好建德故事。全年在杭州市级以上媒体发表新闻稿件150多篇，其中省级以上发表90多篇(除图片新闻)，含《浙江日报》头版10篇(其中头版头条2篇)、《今日浙江》专稿6篇，创历年新高。多篇报道被人民网、新华网、凤凰网等国家级网站和各大新媒体客户端转载。市委报道组获评全省先进报道组。

【报道重大主题和重点工作在上级媒体据道】立足建德发展进程中取得的成绩、经验，深入挖掘特色性、亮点性和创新性工作，多形式、多角度开展宣传，集中在上级党报党刊推出一批重大主题和重点工作的系列典型报道。在《浙江日报》头版头条刊发《再现“千年古府”新面貌—建德梅城镇打造新时代美丽城镇》《小镇里，有诗和远方——建德寿昌镇推进新型城镇化纪事》《瞄准通航产业，带动全域转型—建德航空小镇蓄势起飞》等稿件；在《今日浙江》杂志登载《从“花开几枝”到“百花齐放”——建德市以党建示范带提升全域党建》《山坡上的美丽乡村》《梅城镇城西村蹲点调研手记》等多期专稿；反映建德全年重点工作、重大项目、书记动态等核心内容的一系列稿件在《杭州日报》头版及专版见报，数量再创历年之最。

【新媒体宣传报道】报道组加大“浙江新闻”APP、“杭+新闻”、省市党报主流媒体微信号等新媒体平台的发稿力度，打造高频、立体的多维度宣传模式，以新媒体宣传平台奏出美丽建德建设的“媒体最强音”。在舆论引导中，注重前期策划，先期梳理亮点工作、创新特色、鲜活案例，并邀请省市媒体现场遴选新闻素材，研究挖掘最佳报道角度，形成选题需求的双向对接。《就为38分钟！建德市委书记时隔一年又写了一封信》及后续报道等引起强烈反响，转发量超30万次；“下一站建德”和“建德面孔”系列专题报道，内容涵盖面广且更具多样性和互动性，提升了建德的知名度和美誉度。(陈迁)

卫 生

Public Health

综 述

【概况】2018 年，建德市各级各类医疗卫生机构 395 所，其中三级乙等综合性医院 1 所、二级甲等医院 1 所、二级乙等医院 5 所、疾病控制中心 1 所、建制乡镇卫生院(街道社区卫生服务中心)15 所、社区卫生服务站 25 家、一体化管理村卫生室 191 家、民营医院及门诊部和个体诊所等机构 155 家。每千人口床位 6.81 张，每千人口执业(助理)医师 2.79 人、注册护士 3.44 人。全年卫生事业投入 2.3 亿元，比上年增长 1.8%，卫生支出占财政支出的 4.3%。医疗机构门诊 376 万人次，住院 7.75 万人次，手术 2.59 万人次。

全年全市医疗机构校验 340 家，新注册 15 家，注销 16 家。注册执业医师(含助理医师)1647 人，其中新注册 87 人、变更注册 294 人；注册护士 1700 人，其中新注册 63 人、变更注册 240 人、延续注册 93 人。

【推进健康建德建设】成立"健康建德"领导小组，下设"健康办"，抽调人员集中办公。按照《健康建德 2030 行动纲要》和任务要求，制定印发 2018 年度机关部门"健康建德"建设个性化考核细则，并纳入建德市综合考评办法。实施全民健康促进行动，全年开展健康教育讲座、活动 274 场，普及健康知识 1.89 万人。全市 6 家二级以上医院全部申报浙江省健康促进医院，航头镇小学通过省健康促进学校(金奖)验收，新安江第一小学等 3 家学校通过银奖验收，11 家学校通过铜奖验收。

【公立医院综合改革】2018 年，先后启动抗生素、化学药品等两批药品价格谈判，据测算降价金额分别为 1357 万元、1100 万元，11 月启动第三批药品价格谈判。4 月 15 日，在 5 家市级公立医院正式实施住院诊查费、护理费的价格调整，提高医疗服务性收入。乡镇卫生院 557 万元的降价空间全部让利于民。将医院运行指标与院长薪酬、单位绩效工资总量和单位资金补助相挂钩，实行"月度通报、季度点评、年度考核"。2018 年建德市公立医院医疗总费用比上年下降 0.4%，门诊均次费用下降 2.7%，住院均次费用下降 5.3%，药品下降 4.9%，百元医疗收入耗材下降 6.7%，完成情况在杭州 7 县市区（余

◎8 月 17，建德市举行庆祝首个"中国医师节"颁奖晚会

杭、萧山、临安、富阳、桐庐、淳安、建德)排名第二。

【医疗服务领域"最多跑一次"】把"最多跑一次"向医疗服务领域延伸,以市一院"最多跑一次"为试点,主动梳理分析流程、创新便民服务形式,依托信息化技术支撑,做到惠民利民。完善预约诊疗服务平台,实现号源开放率100%;开设"一站式服务中心""集中预约检查中心";推行"医信付"智慧医疗结算服务,实现看病少排队、付费更便捷。患者在市一院等5家市级公立医院挂号排队时间控制在3分钟以内,实现放射、超声、内镜、检验等项目"当天出报告"、在线动态查询结果。推进市域内"五大中心""云诊室"建设,开展远程会诊、慢性疾病在线复诊等远程医疗应用,通过信息化手段让居民在家门口享受优质、便捷的医疗服务。在5家市级医院推出惠民医院即时结算服务及用血费用"一站式报销",实现惠民医院和用血报销"随走随结、即用即免"。

【提升基层医疗服务能力】全面实施乡镇卫生院"双下沉,两提升"工程,通过重新规划下沉结对方案、明确下沉协作机制、制定下沉督查考核。7月,全市15家乡镇卫生院每周都有市级医院的中高级职称专家坐诊,全年共下派专家433人次、会诊221人次。投入2813万元推进基础建设,寿昌镇卫生院于8月完成搬迁并投入使用,医疗业务收入比上年增长10%;乾潭镇中心卫生院完成综合楼新建及门诊楼的CT室、中央供氧系统改造;杨村桥镇卫生院完成中医馆及公厕改造,院区内就医环境改善。加大对乡镇卫生院的资金拨付倾斜,投入248万元采购2台DR、4台彩超、3台五分类血球仪,补齐基层硬件短板,规范化配置率达到87%,实现常规检查检验项目不出镇。

【健康服务保障能力建设】推出高血压、糖尿病等16种慢性病长处方服务,全年共为2.62万人开具慢性病长处方2.99万张。通过调整签约主体,增加部分村(社区)医疗机构为签约主体,在部分镇、村试点计生服务员队伍融入签约服务工作,避免出现"被签约"和"签而不约"的情况。全年共签约16.17万人,常住人口覆盖率35.3%,重点人群覆盖率78.9%。全年完成建德客运中心、杭新景高速公路建德服务区、市妇幼保健院、青岛啤酒厂等15家独立母婴室建设。

【卫生信息化建设】制定《建德市卫生信息化建设方案(2018—2020)》,7月完成《建德市区域卫生信息化(2018—2020)》项目招标。创新筹资渠道,采取"银医合作"方式,与银行签订合作协议,落实2000万元建设资金,与阿里、联众等互联网公司开展合作,利用阿里等平台的智能引擎和大数据分析能力,对医疗大数据进行分析和管理,打造"智慧医院"。5月,建德市一院与阿里合作的智能病历质控系统(一期)正式上线,该项目是杭州市政府与阿里重点推进的30个战略合作项目之一,也系全国唯一。

【"清廉医院"建设】把打造"清廉医院"工作融入卫生健康所有工作中,通过定制度、建机制、抓落实,推进党风廉政建设,提升就医满意度和获得感。9月,乾潭镇中心卫生院作为先进典型,在全省"清廉浙江"大促进推进会作交流发言;10月,全省"清廉医院"建设推进会在建德市召开。梳理全市各医疗卫生单位小微权力清单126个,排查风险点210条,制定防范措施240条。对建德市一院等8家局属医疗卫生单位开展作风巡查,发现问题193条,督促被巡查单位逐一整改落实。(林逸)

【国家电网公司职业病防治院】该院占地面积2.75万平方米,建筑面积1.81万平方米,核定床位300张。拥有职工166人,其中中高级以上卫生专业技术人才60多人。设有一级学科13个、二级学科34个,其中职业病科、康复医学科、呼吸内科、健康体检为职防院重点发展特色专科。2018年,实现总收入1.59亿元,其中医疗业务收入6314.3万元,全年无安全生产、重大医疗差错、纠纷和医疗事故发生。

以"服务社会、服务企业、服务员工"为宗旨,为当地电力职工和社会人群提供优质服务。严格执行首诊负责制,实行医技检查电子开单,推动医疗开单无纸化。对原有的预检分诊功能进行改造提升，建立门诊综合服务站，将各类便民服务“一站式”解决。完成血库管理系统的升级，与建德市血站实现互通。7月中旬，推出门诊针灸理疗冬病夏治项目。2018年，接诊门诊患者8.56万人次，收治全国电力行业职业病人566人次。

4月3日，牵头组织修订的行业标准《电力行业紧急救护技术规范》(DL/T692-2018) 正式发布实施，并获中电联2018年度全国电力职工技术成果奖一等奖。参与国家职业卫生标准《职业健康监护技术规范》(GBZ188-2014)、电力行业标准《电力行业劳动环境监测技术规范》(DL/T799.1-799.7-2017)的修订，完成报批稿。

探索健康管理新模式，与国网杭州供电公司签订健康管理协议。完成公司系统内健康体检5831人次，对体检中发现的恶性肿瘤进行密切跟踪随访。与253家单位签订职业健康体检协议，完成建德当地职业健康检查和健康体检2.38万人次，分别通过浙江省、杭州市卫生监督行政管理部门联合质量专题检查。完成首届联合国世界地理信息大会、灵绍直流输电工程年度检修等重大保电医疗保障任务44次，服务9600人次。(鲍传勇)

公共卫生

【概况】2018年，建德市有公共卫生专业机构5家、乡镇卫生院13家、社区卫生服务中心3家、村卫生室(服务站)210家。每千人城市常住人口公共卫生人员数1.22人。以城市常住人口为基数，全市基本公共卫生人均经费为61.25元，在杭州市基本公共卫生年度考核中，得分为930.68分(千分制)。

2018年居民电子健康档案建档率89.5%，动态使用率59.5%；新生儿访视率96.0%，0~6岁儿童健康管理率95.1%，0~6岁儿童系统管理率95.2%；早孕建册率97.0%，孕产妇系统管理率94.4%。老年人健康管理率59.6%，老年人电子健康档案建档率98.3%；高血压患者健康管理率34.6%，规范管理率53.9%，Ⅱ型糖尿病患者健康管理率30.1%，规范管理率50%；重性精神疾病患者管理率96.5%，重性精神疾病患者稳定率90.2%；传染病疫情报告率100%，卫生监督协管信息报告率100%。

推进家庭医生签约服务工作，全年常住人口签约15.46万人，常住人口签约覆盖率34.1%，其中10类重点人群签约13.31万人，签约覆盖率73.9%，其中65岁以上老年人签约5.8万人，签约覆盖率84.4%。

2018年，全市报告死亡3724例，粗死亡率7.29‰。前五位死因依次为循环系统疾病(2.31‰)、恶性肿瘤(1.96‰)、呼吸系统疾病(1.14‰)、损伤与中毒(0.86‰)和内分泌营养和代谢疾病(0.26‰)。居民平均期望寿命为81.74岁，其中男性79.76岁、女性83.96岁。

2018年，全市脑卒中报告年发病率404.10/10万，冠心病急性事件报告年发病率49.90/10万，糖尿病报告年发病率298.23/10万，肿瘤报告年发病率365.36/10万。

2018年，全市城乡居民参保人数为30.92万人，完成健康体检人数为15.73万人，检出高血压1.65万人、糖尿病5143人、高脂血症者8415人、肝功能异常3357人、肾功能异常3092人、恶性肿瘤及良性肿瘤384人、胆囊炎(胆石症)3291人、泌尿生殖系统疾病3327人、慢性阻塞性肺疾病418人、精神疾病530人、肺结核31人、其他疾病278人。

开展医疗机构专项检查，检查各级医疗机构300多家。开展校园卫生健康行动，监督中小学校数42家、幼托机构48家；开展环境卫生、饮用水监督监测，其中对6家集中式供水单位、9家二次供水单位进行卫生监督监测，监测件数44件。组织开展新安江街道所属沧滩、明珠、溪头3个社区生活饮用水卫生监测示范项目。

【疾病预防控制】2018年，全市无甲类传染病报告，乙类传染病报告11种937例，报告发病率为183.43/10万，比上年下降14.71%。报告因传染病死亡8例(肺结核6例，艾滋病2例)。丙类传染病报告6种1955例，报告发病率为382.71/10万，上升 55.9%。

全年接到疑似传染病突发应急事件报告 32 起,派出应急小分队和流调人员 36 次,应急处置人员 86 人次,采集标本 89 件,消杀面积 1.3 万平方米,应急事件调查率 100%,时处置率 100%。全年上报突发公共卫生事件件数为 0。

【免疫规划】 2018 年基础接种率分别为:卡介苗 99.73%、脊灰 99.83%、麻苗 99.83%、百白破 99.81%、乙肝疫苗 99.70%,乙肝首针及时率 99.37%,流脑 99.81%、乙脑 99.74%、甲肝 99.73%。全市各接种点共上报疑似接种不良反应 97 例,及时调查处置率达 100%,无接种差错事故发生。

【传染病防治】 登革热防治:3—11 月在全市开展伊蚊幼虫密度调查,调查 3900 户居民房屋,阳性户数 103 户;调查容器 3150 个,阳性容器 199 个。幼蚊指数分别为:布雷指数(BI)5.1%,容器指数(CI)6.3%,房屋指数(HI)2.6%。与 2017 年布雷指数(BI)13.62%,容器指数(CI)24.6%,房屋指数(HI)5.8%相比有所下降。4—11 月在上述监测点同时开展双层叠帐成蚊帐诱指数监测,每个监测点布帐 2 顶,间隔 100 米以上。布帐 140 顶,捕获白纹伊蚊 12 只,帐诱指数为 0.17%。报告 1 例境外感染的输入性登革热病例,采取隔离治疗、蚊媒应急监测、环境灭蚊控制后,全年未发生本地病例和二代病例。

艾滋病防治:筛查 HIV 抗体 7.87 万人次,新发现报告艾滋病病毒感染者和病人 23 例,按现住地址新增管理 27 例。至年末,登记在册管理的艾滋病感染者和病人 149 例,接受艾滋病抗病毒免费治疗患者 132 例,治疗覆盖率 88.59%。全年重点人群监测 5425 人,检出并确证 HIV 感染者 4 例。

结核病防治:新发现活动性肺结核 269 例,结核性胸膜炎 48 例,其他肺外结核 31 例,发现病原学阳性肺结核病人 182 例,其中新病原学阳性病人 155 例,病原学阳性患者密切接触者均进行筛查。全年非定点医院转诊肺结核 471 例,转诊到位 461 例,转诊到位率 97.88%;转诊追踪 290 例,追踪到位 280 例,追踪到位率 96.6%。系统管理率 99.6%,涂阳病人治愈率 84.0% (100/119),肺结核病人治疗成功率 90.3%(243/269)。中盖结核病项目三期应用电子药盒进行肺结核患者治疗管理社区随机试验(CRT),登记筛查 293 例病例,使用 GeneXpert 试剂 300 多份,其中 68 例病例纳入项目进行管理。纳入管理的病例中,正在治疗 14 例、停止治疗 30 例、无效病例退组 15 例、中途退组 9 例。新安江中学等 7 所学校发生结核病 9 例,5 例涂阴肺结核、3 例病原学阳性肺结核、1 例结核性胸膜炎病例。至年底,全市犬伤门诊接诊人数 6668 人。

【地方病防治】 “三热病人”血检 708 人,血检率为 0.13%,发现输入性疟疾病例 2 例。开展人体土源性线虫现状调查,完成粪便和土壤检验 1035 份。完成血吸虫病血清学查病 1005 人,发现 1 例血清学阳性,粪检结果为阴性。查钉螺总面积 74.86 万平方米,未发现有螺地区。

【卫生监测】 四害”常规监测:成蚊密度为 0.96 只/小时,蝇平均密度为 0.52 只/笼,鼠平均密度为 0.6 只/夹·夜,蟑螂平均密度为指数 0.45 只/张。消毒隔离监测:对全市 6 家市级医疗机构及 16 家乡镇(街道)社区卫生服务中心开展消毒监测,采样 389 件,合格 370 件,合格率 95.1%。建德为浙江省登革热监测点,按照监测方案,3—11 月,设 2 个固定点、2 个流动点,每月监测 2 次,每次监测 200 户,按时上报监测数据。

水质监测:生活饮用水卫生监测 100 件,其中城市生活饮用水合格率 100%,农村生活饮用水合格率 71.6%。在省内率先完成两家农村饮水安全工程卫生学评价项目。

食品安全风险监测:完成食品中化学污染物及其有害因素和微生物及其致病因子监测采样 251 件,样品中污染物检出率 74.6%,污染物项次检出率 48.8%,样品超标率 0.7%;完成微生物及其致病因子监测 120 件,检出问题样品 21 件。全市 5 家二级以上医疗单位开展食源性疾病病例监测工作,报告食源性疾病病例 448 例,可疑食物暴露信

◎位于寿昌镇的杭州市七院浙西院区一期工程开工

息填报448例,填报率100%。开展食源性疾病病原体监测,全年报告病例198例,采样检测198例,检出沙门氏菌阳性4例,副溶血性弧菌2例,阳性率3.0%,可疑食物暴露信息填报198例,填报率100%。

职业卫生网报:上报报告卡729张。重点职业病应报个案卡7755张,录入个案卡6818张,录入率87.9%。开展用人单位职业病危害风险进行分类,其中危害严重企业169家、较重208家、一般66家,接触重点职业病危害因素13711人。

【精神卫生】 2018年,建德市严重精神障碍患者(精神分裂症、情感性精神障碍、偏执性精神病、分裂情感性精神障碍、癫痫所致精神障碍、精神发育迟滞)在册2491人,在管2403人,管理率为96.5%,规范管理率95.8%。加大精神障碍患者救治救助力度,将严重精神障碍纳入基本医疗保险门诊特殊病种保障范围,2018年新增102人,累计962人纳入保障范围。困难严重精神障碍患者住院补助87人,计13.2万元。森林防火收治潜在肇事患者54人,补助费用29.6万元。"三无"人员在院48人,补助费用31.3万元。开展重性精神障碍患者专项排查5次,对在册且长期不服药、有肇事肇祸倾向、疑似病人成立复核诊断专家组,进行复核诊断与排查379人次,全部纳入社区个案管理,并及时与公安系统重点名单对接上报。

【健康教育】 为学生、社区居民开展健康素养讲座274场,受益1.86万人次;利用报纸、广播、电视开设健康专栏传播健康知识,《今日建德》刊登健康文章190篇,与多家广告公司合作开展文化广场电子屏、长运车站电子屏、公交车视频、开展健康知识宣传,全年更换公交等视频25次;自制印刷资料19种、4.36万份,包括8类画报、8类三折页、2类单页、1类"素养66条"工作笔记本。开展健康教育活动11次,发放资料8050份,设立展板76块,悬挂横幅13条,受益2750人次。对17所申报健康促进学校开展培训与工作指导。

【学生口腔窝沟封闭】 建德市口腔窝沟封闭医疗队对全市38所小学、19所初中的4690名二至八年级学生开展口腔检查,筛查出符合适应征应封人数3402人,并给予封闭学生3397人,封闭率99.9%。封闭牙齿1.07万余颗,平均封闭牙数3.2颗/人。学校覆盖率100%。

【公共卫生监督】2018年，全市持证公共场所968家，集中式供水单位6家，二次供水单位9家，学校59家，持证各类医疗机构394家，持证放射诊疗机构30家，持证消毒产品生产企业8家，持证餐饮具集中消毒单位2家。受理处理各类事项审批办件1434件、各类卫生监督投诉举报17起；行政处罚案件308件，罚没款44.33万元，其中罚款40.04万元，没收违法所得4.28万元。全年无突发公共卫生事件发生。

妇幼保健

【概况】2018年，全市孕产妇系统管理率95.0%，住院分娩率100%，高危孕产妇住院分娩率100%，产后访视率96.3%，孕产妇死亡率0/10万。7岁以下儿童保健覆盖率95.3%，0~3岁儿童当年系统管理率93.99%，新生儿疾病筛查率99.3%，新生儿出生缺陷发生率7.4‰，婴儿死亡率1.77‰，5岁以下儿童死亡率2.88‰。新生儿破伤风发生率为0。婚登婚检实行“一站式”服务，婚检率51.9%。全年发出婴儿出生医学证明4189份，办理补证165份。

【孕产妇管理】设置5个高危孕产妇筛查点，定时定点开展筛查工作。全年县级水平筛查率为96.6%，全市本地户籍4462名产妇参加产前筛查4259人，筛查率95.5%；380名流动人口产妇自愿接受产前筛查339名，筛查率89.2%。建立危重孕产妇抢救视频系统，实现与省、杭州市专家的现场视频实时对接。全年未发生孕产妇死亡。

【托幼机构管理】全市托幼机构保教人员体检1674人，体检率100%，合格率100%，14名保健教师取得杭州市妇幼保健院颁发的上岗资格证，保健人员提高班培训22人。5家甲级幼儿园卫生监测合格率100%，45家乙级幼儿园合格率96.8%，其他8家幼儿园合格率86.3%。

【计划生育管理】组织16个乡镇（街道）300多名村计生服务员及16个乡镇（街道）22名乡镇药具、国免管理人员国免与药具业务培训。全市9台自助发放机发放计生药具3096人次。孕前优生检查6608人，确诊高危人群560例，孕前优生检查率96.8%，追踪随访指导1200多次，随访率100%。发送新婚读本及孕前优生宣传资料3000多份，发放免费避孕药具4.08万人次。

【“艾梅乙”母婴消除】加强预防艾滋病母婴传播宣传和管理，根据省市文件精神制定《建德市消除艾滋病、梅毒、乙肝母婴传播实施方案》，对7803名服务对象进行艾滋病检测，阳性0例；4643名梅毒检测对象，检出阳性14例；4643名乙肝检测对象，检出阳性183例，分娩新生儿184例，全部接受免费乙肝免疫球蛋白针注射，乙肝母婴阻断率100%。

【“两癌”筛查】重新制订“两癌”（宫颈癌、乳腺癌）筛查方案。乾潭、梅城、大慈岩、航头4个镇1.12万名育龄妇女免费接受“两癌”筛查（其中国家级宫颈癌筛查6257例、省级宫颈癌筛查4943例；国家级乳腺癌筛查1500例、省级乳腺癌筛查9700例），发现宫颈高度癌前病变58人，确诊宫颈癌6人、子宫内膜癌1人、乳腺癌9人，均进行临床治疗。（叶莉锋）

爱国卫生

【概况】2018年，建德市爱国卫生围绕国家和浙江省卫生乡镇创建等重点工作，落实杭州市下达的各项目标任务，深化国家卫生城市创建成果，开展各类卫生单位创建，提升病媒生物防制水平，推进全民健康促进行动。

【卫生乡镇创建】更楼街道、大洋镇、寿昌镇、梅城镇、大慈岩镇、下涯镇、钦堂乡开展国家卫生乡镇创建，均通过杭州市级评估，并向省爱卫办申报省级考核。大同镇、李家镇、航头镇创建省级卫生乡镇，确保每年2个乡镇完成创建任务。3个创省卫乡镇及莲花镇、大慈岩镇、钦堂乡于10月接受浙江省爱卫办暗访，进入资料审核、公示命名阶段。组织乡镇（街道）对辖区内的省级卫生村达标村进行初审和上报，有8个乡镇（街道）的24个村进行了审核上报。

【改水改厕】完成杭州市下达的改厕任务，新增无害化户厕206座，其中预制式134座，无害化卫生厕所普及率为98.8%；开展病媒生物防制工作市场化运作，16个乡镇（街道）均由专业PCO公司实施专业化“四害”消杀，推进病媒生物防制技防设施建设，委托专业消杀公司在新安江城区重点单位及场所周边新增1000座毒饵站，委托第三方评估公司对3个街道“四害”防制效果评测与密度调查，重点是公共外环境、“五小行业”、农贸市场、“四害”控制效果的调查、分析评估以及群众满意度测评，对评估效果进行发送抄告单到3个街道。做好防蚊灭蚊工作，6—10月，每月21—27日在全市范围内统一开展集中灭蚊行动，降低登革热的发生和传播可能性，对首例输入性登革热病例启动疫情防控应急措施，组织浙江洁洁环保科技有限公司对核心区域和警戒区域进行四轮的成蚊及蚊蚴灭治，未发生本地登革热病例。

【健康教育】以“健康建德”建设为载体，培育健康村镇及健康单位建设，制定健康镇村实施方案，培育乾潭镇申报浙江省健康镇建设，2018年申报杭州市健康村6家、杭州市健康社区4家，组织参加杭州市培训，开展建德市健康家庭的评选，选送两家参加杭州市健康家庭大赛，获得大赛风采奖。1—6月，组织三都中心小学等11家健康促进学校（铜奖）进行培训和考核并命名。7—12月，教育局11家学校申报浙江省健康促进学校（铜奖）。组织6家二级以上医院申报创建浙江省促进医院。

【控烟工作】结合全国文明城市创建，开展“烟头不落地、建德更美丽”控烟系列活动，5月31日，在新安江广场召开“烟头不落地，建德更美丽”暨“5·31”世界无烟日专题活动启动仪式。联合市直机关工委、市场监管局、烟草局及卫生监督执法人员进行控烟集中执法，检查机关单位、网吧、学校、超市、饭店、车站、医院等12家单位，对检查发现的问题，责令各单位限期整改。开展烟草与肿瘤防治巡讲活动，覆盖16个乡镇（街道）。7—12月，联合其他部门开展控烟专项监督检查38次，出动监督检查人员220人次，检查1510家公共场所，处罚35家，通过媒体曝光182家。印制禁烟标识3万份，发放至各企事业单位及饭店、酒店、网吧等公共场所。运用微信、公交视频、大型电子广告屏、健康教育宣传栏、宣传折页等载体开展形式多样的控烟宣传工作。开展无烟单位建设，申报杭州市无烟单位4家，建德市无烟单位38家。（廖爱军）

中医中药

【概况】2018年，建德市卫健局按照杭州市卫健委统一部署，以“全国基层中医药工作先进单位复评”为契机，以“医疗质量安全大排查大整治”为抓手，以“贯彻宣传中医药法”为路径，全面提升中医药服务能力。2018年，市中西医结合医院新增临床路径病种27个，全院临床路径管理率30%以上，11月启动电子病历，12月起执行临床路径信息化管理。

【强化医疗质量管理】系统整理各级各部门中医药考核要求，制定质控标准以及目标责任制考核标准，对市中西医结合医院、中医院开展《医院中药房基本标准》《医院中药饮片管理规范》《医疗机构中药煎药室管理规范》的执行情况进行督查。组织中医药质控考核2次。落实中医公立医疗机构和民营医院每季度上报中药饮片报表制度。开展自我中药处方点评活动。

【中医品牌建设和传承】通过整理、总结、继承、发扬和创新名老中医的学术思想、临诊经验和技术专长，培育中医药继承和创新人才。5月，在市中西医结合医院设立“朱彩凤、张志娣、詹强”3名省市级名中医工作室，坐诊36次，服务1171人次。制定中医传承考核，编辑“中医跟诊手册、中医医案笔记”,制定3年一周期的传承考核表,落实中医学徒师承模式。

【推广中医药技术】以市中西医结合医院为推广基地，开展中医药适宜技术培训。选择部分常见病、多发病、慢性病,用火罐、刮痧、针灸、推拿等适宜技术对乡镇卫生院和村卫生室医务人员进行指导、推广和运用。11月,邀请杭州市针推协会开办中医药适宜技术培训班,辐射周边县市,培训人数130多人,有125人取得不同项目的技术上岗证。

【中医特色优势服务】开展“端午灸”“冬病夏治”“中医养生讲座”等治未病服务;在健康体检中,开展中医体质辩证,推动中医“治未病”。市中西医结合医院定期派驻医师到基层医疗机构坐诊，定期下乡现场指导中医服务质量和开展公共卫生中医药服务检查,2018年,市中西医结合医院长期派驻基层医疗机构坐诊医师6名，下乡指导10次,巡回讲座14次,健康义诊5次,适宜技术体验4次。

【中医科研科教项目建设】市中西医结合医院1名中医专业人员获得“浙江省基层名中医”称号,1—6月,参与申报杭州市科技计划项目,其中2项中医类项目申报立项成功。9月,市中西医结合医院承办杭州市级继续教育培训项目“中西医在内分泌代谢相关性疾病中的应用”,全市100多人参加培训。(徐锦)

职业安全

【概况】2018年,全市新增申报企业211家,累计完成655家用人单位申报，比上年增长47.5%。334家企业完成作业场所职业病危害检测评价,检测点2138个,合格点1842个,合格率86.2%。346家企业组织4.73万人次接害劳动者进行职业健康检查，其中岗前体检5032人次、在岗体检4.17万人次、离岗体检517人次，发现职业禁忌174人。收到疑似职业病人报告2例、职业病人报告2例。全年未发生群体性职业病危害事件或一次性3人以上确诊职业病。

【尘毒职业病危害治理】开展金属冶炼、船舶修造、电焊烟尘、汽修、水泥行业、职业病报告企业专项整治及回头看行动,检查企业22家,责令限期改正12家,罚款1家、罚款1万元。开展“职业健康执法年”活动,出动职业健康执法检查人员120人次,检查企业114家次,责令限期改正71家、复查68家、行政处罚14家,其中警告处罚3家、罚款11家,罚款金额10.8万元。

【职业病防治】落实建设项目职业卫生事中事后监管措施，收到建设项目职业病防护设施验收方案16件、验收工作过程报告6件。对6件严重职业病危害建设项目验收进行100%监督核查,对10件职业病危害较重及以下建设项目监督抽查6件。做好防暑降温监督检查,对16个乡镇(街道)的高温作业企业及建筑施工、道路施工高温天气作业企业防暑降温、职业病防治、劳动用工开展落实情况进行抽查,检查高温作业企业33家,发现违法行为134条,责令限期整改21家,实施行政处罚2家,罚款2万元。联合市总工会、人社局、安监局和各乡镇(街道),结合重点行业、重点工作开展2018年职业病防治宣传活动,250多家用人单位、1000多人次参加培训，发放职业病防治宣传画册2400份、宣传资料100份。(徐志明)

社会生活

Civil Life

民政工作

【概况】2018年，市民政局树立“民政为民、民政爱民”理念，修订完善临时救助和特困人员救助供养政策，出台建德市推进适度普惠型儿童福利制度建设意见、养老机构考核办法、大中型水库移民困难临时救助实施细则（暂行）、节地生态安葬专项补助资金管理暂行办法、加强社会工作人才队伍建设的实施意见、激发社会组织活力促进社会治理工作意见等一系列政策，拓展“党建+”开展“同筑五心民政”“福·爱驿站”“温情始终”“阳光微公益”“民政夕阳红”等服务，打造“为民勤政·大爱同行”党建服务大品牌，民政各项事业全面完成。

开展低保集中核查，全面整治“人情保、关系保”，打造“阳光”救助。1月起，城乡低（残）保标准提高到734元/人·月，实现城乡一体化；12月起，再次提高到764元/人·月，全年发放保障金8600余万元。全年新增1171人、退出2348人。至年末，全市在册享受低残保人员9705户1.26万人，占全市总人口的2.9%。开展低保边缘家庭认定在册3050户6460人。建立低保经办人员和村（居）委会成员近亲属享受低保备案制度，简化社会救助审批程序，以“网上跑、数据跑、干部跑”，让困难市民“不用跑”。

完善社会救助体系。对建德市临时救助和特困人员救助供养政策进行修订完善，细化救助标准和操作程序，提高救助标准。充分发挥临时救助“救急难”功能，全年发放困难家庭临时救助金2648户378.15万元。落实残疾人“两项补贴”制度。发放特定人员生活救助金759万元、原国民党抗战老兵生活困难救助金36.6万元、困难群众物价补贴62万元、水电气补贴246万元。第18次“春风行动”筹集资金713万元，发放困难群众、困难学生救助款868万元。启动第19次春风行动。累计建成20家“邮善邮乐”网上慈善超市、1家慈善组织孵化基地和4家慈善文化建设基地。做好城乡生活无着流浪乞讨人员的兜底救助工作，全年救助131人次。做好无名氏等重点救助人群的寻亲护送工作，护送48人次。

“多元发展”提升养老服务水平。建成8家乡镇级居家养老服务照料中心和25家老年食堂并运行，建成新安江街道府西社区、乾潭镇幸福村2家示范型居家养老中心，新安江街道府西社区、府东社区2家示范型医养结合居家养老中心。40%以上照料中心实现社会化运营，256个村（社区）实现助餐服务基本全覆盖。乾潭幸福村等5家老年食堂确定为示范性老年食堂。80%以上社区按每百户20平方米要求配足居家养老服务配套用房，农村居家养老服务照料中心正常运行率达80%以上。获评居家养老服务照料中心五星级5家、四星级7家。确定260张床位待办证，大洋镇农村五保供养服务中心与联众集团签订公建民营协议。20家养老机构安装75套可实时预警的“智慧用电”系统，养老机构“阳光厨房”实现全覆盖。

落实老年人权益保障工作。落实高龄津贴发放“不用跑”工作，发放80周岁以上老人高龄津贴1200万元。老年人意外伤害险参保人员12.55万人，支付保费251万元。养老服务机构综合责任险投保机构270家保费20.6万元。“敬老月”期间累计走访慰问全市百岁老人、特困人员供养对象、失能老人、困难老人870人，发放慰问金23万元。开展广场为老服务活动，发放各类宣传册1500余册,服务老年人500余人次。老年电大注册学员累计9800余人。市社会福利院接收休养老人130人次,在院休养老人101人。

加强儿童福利工作,出台《关于推进适度普惠型儿童福利制度建设意见》。1月1日起,福利院集中供养的孤儿基本生活费从每人每月1200元调整为1467元,社会散居孤儿和事实无人抚养困境儿童基本生活费从每人每月720元调整为880元。4月1日起,建立贫困家庭重残、患重病、罕见病儿童基本生活补贴制度和低保家庭儿童生活补贴制度,全年发放基本生活费129万元。至年末,全市共有孤儿和事实无人抚养困境儿童73人、低保家庭儿童622人。开展农村留守儿童“合力监护、相伴成长”关爱保护专项行动、首批全国农村留守儿童关爱保护和困境儿童保障示范县(市)创建活动。市社会福利院抚养社会孤儿、弃婴22人次,在册孤儿、弃婴10人。

广泛开展拥军优属活动。“八一”建军节大走访退伍军人1.52万人,发放慰问金、慰问品144万元。建立“一对一”联系结对制度,30位市领导与退役军人结对走访,联系慰问退伍军人470人次,解决就业、生活、医疗、教育困难85人次。开展新一届“双拥模范城”创建复评,投入资金27万元设置烈士纪念设施场所文明标识标牌,全年有2万余人在各类烈士纪念设施处参加不同形式烈士纪念活动。

调整部分优抚对象抚恤和生活补助标准,发放抚恤补助5715人次2420万元、农村籍60周岁以上军龄补助3500人680余万元、退役士兵自主就业经济补助277人1024万元。优抚对象“一站式”实时结算医疗补助181万元。完成××名退役军人信息采集工作。新安江街道明珠、叶家、罗桐等社区“光荣之家”“老兵之家”推行“党建+”带动群团拥军服务模式,服务优抚对象和退伍军人400余人次。

接收2018年春和秋冬季退役士兵×××名,符合政府安排工作条件退役士兵定向招聘事业人员比例从30%提高到40%,完成××名退役士兵按序选岗。×××名退役士兵申报免费职业技能教育培训。

推进城乡社区建设。与西湖区开展农村社区区域结对活动,涉及帮扶合作和产业互动资金90余万元。编制《村级小微权力清单》,深化农村基层党风廉政建设和民主法治建设。开展村规民约、社区公约新一轮修订工作,成功举办“第八届社区工作者节”。争取杭州市2个公益创投项目,项目总资金46万元,引进杭州市AAAAA级社会组织“滴水公益”入驻寿昌镇桂花村,开展乡村治理。组织参加省农村示范社区创建活动并代表杭州市参加验收,7个村被评为浙江省首批示范型农村社区,26个村(社区)被评为杭州市和谐(文明、平安)村(社区),12个村入选杭州市第二批“田园社区”建设名单。出台加强社会工作人才队伍建设的实施意见,通过社会工作考试74人,创历年新高,全市持证社工达到182人。寿昌镇桂花村蒋益民、钦堂乡葛塘村黄向阳、乾潭镇幸福村徐益民被评为省农村社区领军人才,新安江街道明珠社区蔡科军被评为杭州市最美社工。

推进社会组织健康有序发展。全市登记注册社会组织480家(其中公益类20家、救援类4家、社区治理类15家、农村生产技术服务类21家),获得AAAAA级社会组织2家、AAAA级15家、AAA级22家。激发社会组织活力,引导社会组织参与社会治理和服务农村,实现支持型、枢纽型社会组织市镇村三级全覆盖。完成43家行业协会商会和行政机关脱钩。超额完成每个城市社区16个以上、农村社区5个以上备案类社区社会组织,建成300多平方米市级社会组织党群服务中心,实现乡镇级社会组织党群服务中心全覆盖。把党组织活动与社会组织健康发展紧密结合起来,依托党建+章程、党建+固定活动日、党建+服务、党建+公益、党建+治理等方式,创建“大爱建德—暖心公益行”“遇见你的美”“把爱带回家”等治理服务品牌。组织敬老助残协会、健康志愿者协会、基层法律工作者协会等协会广泛开展志愿服务活动,开展大型志愿活动30场次,覆盖面超过6万人。加大政府购买社会服务力度,市财政安排100万元以上用于社会组织发展专项资金。新安江街道社区工作者协会、德生眼科医院创建成“杭州市成长型社会组织”品牌。

全年办理结婚登记3786对、离婚登记1602对、补办婚姻登记1351对。推行节地生态安葬，出台节地生态安葬专项补助资金管理暂行办法，建立骨灰跟踪登记制度，对全市范围内遗体火化后骨灰实行跟踪登记。组织党员干部和“两代表一委员”签订“遵守殡葬规定承诺书”。开展“寿坟”专项整治，拆除寿坟1803座。整治“四边三化”青山白化散坟576穴，建设生态公墓68处。组织3例骨灰撒江、1例撒山活动。全年火化遗体3520具，减免殡葬惠民基本费用227.56万元。桃坞公墓开辟树葬专区设立22个骨灰安放点，入葬19例。

推进地名公共服务工程。做好日常性区划服务管理和平安边界工作，有序推进地名命名、地名标志设置规范工作，住宅区设置地名标志1.6万余块，办理门牌证1.2万本，处理数字城管案卷160件。完成地名普查涉界自然地理实体97处地名的补查工作和查漏补缺。新安江水电站入选浙江省红色地名。

做好避灾安置场所规范化建设。全市建有市、镇、村三级避灾场所203处，市镇级覆盖率达100%，村(社区)覆盖率达72.6%。15家全国综合减灾示范社区与救援类社会组织签订结对共建协议。创建全国和全省综合减灾示范社区各1家。

推广应用社会组织登记管理“一窗受理”平台，实现民政登记部门与各业务主管单位信息无缝对接，社会组织登记管理服务全流程网上联合审批。民政窗口全年受理各类便民事项24300件。

【创建全国综合减灾示范社区1家】落实《中共中央国务院关于推进防灾减灾救灾体制机制改革的意见》，创建综合减灾示范社区。做好城乡社区综合减灾工作，开展减灾工作制度建设、预案制定和演练、减灾设施和避难场所建设、减灾宣传教育活动。通过乡镇(街道)申报和核实，确定梅城镇严陵社区为“全国综合减灾示范社区”创建对象，上报杭州市民政局、省民政厅审核、民政部。2018年，经民政部批准，严陵社区获评全国综合减灾示范社区。

【敬老孝老爱老“最美系列”评选】2018年，市民政局会同市委宣传部、市老龄委牵头开展敬老爱老助老“最美”系列推选活动。通过群众推荐、组织推荐、综合评定、市推选活动领导小组审议，产生建德市“最美敬老爱老示范社区(村)”10个(新安江街道罗桐社区、府东社区、府西社区、乾潭镇幸福村、更楼街道黄岙村、下涯镇春秋村、三都镇新和村、李家镇沙墩头村、杨村桥镇绪塘村、大同镇大同村)、建德市“最美农村基层老年协会”10个(新安江街道健安社区老年协会；洋溪街道朱池社区老年协会；大洋镇江东村老年协会；钦堂乡葛塘村老年协会；寿昌镇东门村老年协会；梅城镇龙溪村老年协会；三都镇三都村老年协会；乾潭镇幸福村老年协会；莲花镇齐平村老年协会；杨村桥镇杨村桥村老年协会)、建德市“最美敬老家庭”11个(新安江街道府西社区朱孝瑞家庭、新安江街道健安社区夏亚军家庭、更楼街道邓家村邓云康家庭、更楼街道洪宅村邓福根家庭、更楼街道张家村徐和生家庭、洋溪街道团结村雷坤家庭、下涯镇大洲村吴柏春家庭、下涯镇施家村查小香家庭、乾潭镇幸福村陈明丰家庭、航头镇航头村彭兆康家庭、寿昌镇东门村陈根才家庭)、建德市“最美敬老爱老助老模范人物”10名(新安江街道罗桐社区李慧兰、更楼街道黄岙村周云开、大洋镇江东村徐素云、莲花镇林茶村赖雪祥、李家镇沙墩头村程玉明、下涯镇大洲村吴雪娟、下涯镇施家村邱木良、莲花镇莲花村何爱娇、大洋镇杨桥村周燕清、洋溪街道朱池社区李建军)、建德市“最美长者”10名(新安江街道府西社区夏树奎、寿昌镇望江社区乐水花、大洋镇里黄村胡有才、莲花镇林茶村徐永兰、下涯镇大洲村吴锡亭、航头镇航头村方锦芝、钦堂乡庄丰村余秀英、李家镇三溪村吴春盛、乾潭镇马鞍岭社区陈刚、大慈岩镇新叶村叶昭标)、建德市“最美养老护理员”5名(新安江街道府西社区诸葛仙、下涯镇农村五保供养服务中心严素萍、寿昌镇农村五保供养服务中心邓锡香、航头镇农村五保供养服务中心王元娣、建德市康复医院胡丽花)。

【3个百年古村落收录杭州市地名文化遗产名录】2018年，根据省民政、住建、文化、文物、旅游等单位《关于开展“浙江省千年古镇(古村落)地名文化

遗产"认定工作的通知》及《建德市地名文化保护工作实施方案》等文件精神，市民政局组织开展建德市地名文化遗产保护名录编制工作。由各乡镇(街道)申报，专家论证，相关部门审核和上报杭州市民政局批准，航头镇航头村、大店口村、珏塘村梅岭自然村3个村在列为建德市第二批地名文化遗产保护名录的同时，也被纳入《杭州市第二批地名文化遗产保护名录》。

【浙江省首批省级农村社区工作领军人才】根据《关于进一步推进农村社区建设的实施意见》和《关于开展省级农村社区工作领军人才推荐活动的通知》文件精神，经个人申报和乡镇推荐，市民政局综合考察确定，推荐并上报省民政厅批准，寿昌镇桂花村党总支书记蒋益民、乾潭镇幸福村党委书记徐益民和钦堂乡葛塘村党总支书记黄向阳获"浙江省首批省级农村社区工作领军人才"。

【7个村被评为浙江省首批示范型农村社区】根据省民政厅《关于开展农村社区建设示范评估活动的通知》文件要求，市民政局组织各乡镇(街道)进行申报核实，并上报省民政厅批准，寿昌镇桂花村、大同镇富塘村、乾潭镇幸福村、乾潭镇下梓村、三都镇新和村、李家镇沙墩头村、钦堂乡葛塘村7个村获评省首批示范型农村社区。

老龄工作

【概况】2018年，全市60周岁及以上老年人口12.32万人，占户籍总人口24.1%，老龄化程度高于全国、全省和杭州市平均水平。其中，60~69周岁7.07万人，占老年人口的57.4%；70~79周岁3.41万人，占27.7%；80周岁及以上1.84万人，占15.0%；百岁(虚岁)老人33人。各乡镇(街道)的老年人口均超过辖区总人口的20%，其中新安江街道、大同镇、梅城镇、寿昌镇、乾潭镇的老年人口超过万人，分别为1.75万人、1.35万人、1.14万人、1.13万人、1.1万人。梅城镇老龄化程度最高，老年人口占比达27.9%。

全年办理老年优待证9073本，为12.55万人支付保费251.01万元，保险理赔赔付2252件315.98万元。老年电大注册学员9800多人。依托市福利中心项目、浙西国际心脏中心项目和市残疾人康复医院二期项目，启动洋溪健康产业集聚区建设。

开展重阳节慰老人、"五下乡"雷锋角等慰老志愿服务活动35场(次)，服务老年人7万人次。为老年人提供法律援助案件51件，法律咨询1000人次，调解各类矛盾纠纷1500人次。按市、镇、村三级走访慰问老年人5万人，发放慰问金(慰问品)300多万元。广场服务老年人1000多人

◎浙江省首批示范型农村社区——幸福村

表 16

2018 年建德市百岁老人统计表

姓名	性别	出生年月	乡镇	村
陈彩英	女	191805	新安江街道	沧滩社区
许秀珍	女	191809	新安江街道	沧滩社区
王彩珠	女	191806	新安江街道	府西社区
张金燧	男	191910	新安江街道	沧滩社区
鄢竹清	男	191912	新安江街道	梅坪村
王爱香	女	191905	新安江街道	沧滩社区
王德莲	女	191708	新安江街道	罗桐社区
陈春妹	女	191804	新安江街道	新蓬村
金卸妹	女	191310	新安江街道	叶家社区
沈雪芹	女	191512	新安江街道	罗桐社区
许子如	女	191809	洋溪街道	友谊村
许纪根	男	191908	洋溪街道	高岭村
孙裕花	女	191901	洋溪街道	朱池村
俞金水	男	191706	大同镇	枫树岭村
梅柏富	男	191804	大同镇	黄垅村
孙德高	男	191611	大同镇	竹源村
肖根英	女	191910	大同镇	盘山村
童冬兰	女	191912	大同镇	管村桥村
罗招弟	女	191810	梅城镇	洋程村
羊田凤	女	191803	梅城镇	总府社区
徐金花	女	191810	乾潭镇	安仁村
章耕夫	男	191705	乾潭镇	方家村
顾秀英	女	191811	寿昌镇	西湖社区
黄兰英	女	191610	寿昌镇	东门村
陈冬花	女	191909	寿昌镇	桂花村
叶满林	男	191805	寿昌镇	望江社区
夏菊花	女	191906	大慈岩镇	三元村
叶小妹	女	191910	航头镇	黄木岗村
曾有余	男	191911	下涯镇	江湾村
郑根英	女	191807	杨村桥镇	杨村桥村
汪秋菊	女	191506	三都镇	下钱村
朱火英	女	191901	三都镇	和村村
陈菊花	女	191905	莲花镇	齐平村

次，发放宣传册3000多册。

【医养融合改革】2017年底，市卫计局和市民政局联合出台《建德市进一步做好医养结合工作的实施意见》，明确了全市养老服务机构医养结合全覆盖的目标，全市20家养老机构中，2家为兼具医疗卫生和养老服务资质、能力的医养结合机构，其余18家养老机构与医疗机构签订服务协议，以不同形式为入住的老年人提供医疗卫生服务。全市15家基层医疗机构与256家居家照料中心签订服务协议，主要依靠社区卫生服务网络，通过推行家庭医生模式，为包括老年人在内的城乡居民提供连续、综合、便捷、个性化的健康管理服务，实现医疗机构与养老服务机构医养融合发展全覆盖。2018年度家庭医生签约服务常住人口覆盖率为35.2%(常住人口签约157211人/常住人口447000人)，10类重点人群签约覆盖率为79.7%。(杨黛蔚)

◎寿昌镇桂花村重阳节敬老活动

移民工作

【概况】2018年，市移民局按照“维护稳定、保障权益、提高绩效、夯实基础”的工作思路，坚持改革创新发扬钉子精神，抓好任务落实，促进社会和谐稳定。全年共争取到位资金9461万元。

出台《建德市大中型水库移民困难临时救助实施细则（暂行）》，建立健全低收入移民户信息库。全年安排移民专项资金项目78个，涉及各类移民专项补助资金8010.8万元。全年举办培训活动24期4260人次，其中移民政策培训10期1120人次、劳动力素质技能培训14期3140人次。

【移民直补人口复核和直补资金发放】完成2017年度大中型水库(在册)直补移民人口复核工作。通过村、乡镇(街道)两级复核，核减2017年度直补移民248人。至2018年末，全市有在册直补移民2.39万人。发放直补移民资金1435.32万元，发放率100%。

【实施建德市移民创新创业小微企业园项目】7月24日，“建德市移民创新创业小微企业园”项目开工建设。该项目位于高铁新区马目区块，总投资1.2亿元(其中移民资金1.08亿元)，拟建11幢厂房，配套办公楼、宿舍、食堂等综合楼，总建筑面积5.6万平方米。(毛贤龙)

人口与计划生育

【概况】2018年，全市出生人口5000人，计划生育率98.2%，男女出生性别比106.6。为4160对夫妇办理生育服务登记，免费孕前优生健康检测目标人群覆盖率为84.9%，发放奖扶金609.22万元、特扶金441.96万元、计生社保补贴343.13万元、计生手术并发症补助金176.07万元。全面落实计生特殊家庭三项制度，(即“计划生育特殊家庭双岗联系人、全科医生签约服务和计生特殊家庭就医绿色通道制度”)。为全市计生特殊家庭建立电子信息档案，并配有1~2名镇村联系人和家庭医生。开展各类关心关爱主题服务活动180多次、举办流动人口健康讲座等各类宣传咨询服务 50 多场。

深化流动人口基本公共服务均等化，新安江街道社区卫生服务中心创建为省级示范窗口。杭州市流动人口服务现场会在洋溪街道跨境电商园流动人口服务示范点召开。

【融合卫生计生管理服务】 2018 年,将部分计生工作纳入到市级医疗单位、乡镇卫生院院长目标管理考核,将部分公共卫生工作纳入到乡镇(街道)计生考核,促进卫生和计生融合。乡镇(街道)成立卫计志愿者服务队，联合乡镇卫生院等开展计生家庭扶助、“两癌”筛查、家庭医生签约以及登革热疫情防控等工作。

【推进国标母婴设施建设】 1 月，建德市第一家国家标准化母婴室在新安江客运中心建成并投入使用。11 月 23 日,市府办召开全市母婴设施建设工作推进会。市人口与计划生育领导小组出台《关于加强母婴设施建设的实施方案》,明确相关部门职责及三年建设任务。至年末,全市完成 15 家标准化母婴室建设,为孕期、哺乳期妇女以及携带婴幼儿的妇女提供便利。

【生育服务登记 “零跑路”】 通过精减流程和证明,实行婚育情况承诺,采取网上办理、委托代办等措施,深化生育服务领域“最多跑一次”改革。编写“一纸清”贴心便条,让服务对象全面了解业务流程。全面启用生育登记网上办理和手机“浙里办”APP 自主办理。通过上门、QQ、微信等方式指导帮助部分特殊困难人群办理生育登记,将“就近跑一次”变为 “零跑路”。2018 年,办理生育服务登记 4160 对,其中一孩 2065 对、二孩 2095 对。

【开展计生特殊家庭关心关爱活动】 在全市 49 周岁以上计生特殊家庭中开展暖性慰问，保证重大节假日、生日、生病住院时获得关心关爱;发放杭州市计生公益金 13.25 万元，发放建德市计生公益金 30.88 万元。为全市每户计生特殊家庭建立电子信息档案，配备 1~2 名镇村联系人和家庭医生。以市第四人民医院专家为骨干,成立计生特殊家庭心理援助团队，全年为计生特殊家庭提供心理疏导服务 50 多次。

【青春健康教育】 在全市中小学重点推进青春健康基地建设，城东实验学校青春健康教育基地被评为浙江省级青春健康教育示范基地。邀请国家级师资诸晓敏，对青春健康教育骨干成员进行专题培训,开展“青春健康沟通之道家长课程”30 多场,覆盖 6 家学校 1000 多名家长。“八一”建军节前,开展“青春健康教育进军营”活动。(叶昕)

民族与宗教

【概况】 2018 年末,全市有畲、苗、布依、壮、土家、侗、满族等 33 个少数民族、5630 人,占建德总人口的 1.1%。其中,畲族 4061 人,占少数民族人口的 72.1%;超过 100 人的有畲、苗、布依、壮、土家、侗、满族等 7 个民族;有团结、双泉、高桥、胡村源、小溪源村等 5 个少数民族村,19 个少数民族自然村,1 所民族小学。

【市基督教“两会”换届工作】 1 月,完成市基督教“两会”换届工作。8 日,建德市基督教第四次代表会议召开,来自全市 76 个基督教堂点的 99 名代表参加大会。会议选举产生建德市基督教“两会”新一届领导班子和常委、委员。吴潮来当选为建德市基督教三自爱国运动委员会第四届委员会主席,徐有成当选为建德市基督教协会第四届委员会会长。

【宗教及民间信仰规范化管理】 建立健全会议制度、议事规则、堂点财务管理制度、神学生规章、圣职人员按章推荐办法、交通会制度等各项规章制度。建立健全宗教工作三级网络两级责任制的典型做法,3 月在杭州市宗教工作领导小组全体(扩大)会议上作经验交流,5 月在杭州市宗教反邪工作经验交流会议上作经验介绍并进行推广。

【宗教活动场所平安建设】 11 月,启用平安宗教活动场所创建管理系统对场所开展平安巡查。全市宗教活动场所全部升挂国旗，反邪教宣传工作实现全覆盖。加强宗教和民间信仰活动场所安全隐患排查整治，完成 1 处基督教聚会点危房改造并重新投入使用，关停整改 1 处存在山体滑坡、泥石流等重大安全隐患的基督教活动场所，检查场所消防安全 64 处，整改消防安全隐患 60 多个。

◎建德市关心下一代基地挂牌仪式

【规范少数民族村扶贫资金使用】 以乡村振兴战略为抓手，推进少数民族特色村寨建设，全年向上争取少数民族发展资金 50 万元、宗教慈善资金 20 万元。开展扶贫领域“三不”问题专项督查，制订《建德市少数民族发展专项扶持资金使用管理办法》，强化对专项扶持资金使用的全程监管，规范少数民族发展资金使用。

【培育少数民族文化品牌】 培育和展示畲族文化品牌，利用畲族传统节日开展民族团结进步创建活动。4 月，举办洋溪街道团结村“静觅畲乡——走进团结‘春’主题“三月三”畲族民俗文化节，大同镇“稻香小镇·书香大同”第八届“三月三”畲族文化节。

【民宗领域“最多跑一次”】 2018 年，对民宗类事务办理项目进行再梳理，明确属于“最多跑一次”范围的行政许可 5 项、行政确认 2 项、其他权力事项 5 项。对 12 项重新编制办事指南，完善办事流程，缩减办事时间。（金洵）

关心下一代工作

【概况】 2018 年，市关工委组织“五老”宣讲 125 场次，受教育人数 5.1 万人次。围绕“平安建德”“小城镇环境综合整治”“文明城市创建”等重点，组织学生开展法治宣传、环境整治、垃圾分类、创文宣传等活动 152 场次。创办“假日学校”106 所。累计帮助创建和扶持建德市级青少年教育基地 37 家、杭州市级青少年教育基地 10 家。

组织开展“弘扬红船精神 争做时代新人”主题教育，深入学校、社区、企业、假日学校、文化礼堂等开展红色主题教育活动。收集《弘扬红船精神 做新时代好学生》《青少年如何为创建全国文明城市献份力》《见贤思齐 崇学向善》《改革开放 40 年看家乡变化》等宣讲稿 26 篇，受教育青少年 5 万人次。

开展“福彩牵手·助圆大学梦”公益活动，资助 2018 届困难大学新生；争取杭州关工委“奋飞助学”资助困难学生、举办市级领导“关心下一代”等各项助学活动，筹措助学金 468 万元，资助农村困难大学新生 1093 人次、中小学生 3680 人次。举办第三届“爱心眼镜·闪亮校园”德通捐赠活动，为 100 多名孩子捐赠价值 5 万元的眼镜。实施“心手相牵困境儿童（孤儿）关爱”项目，对全市 33 名儿童以“手拉手、心连心、门到门、月月红、处处有”五个机制实现立体式帮扶关爱。

完善关工委组织网络，实现市、镇、村、企业、学校全覆盖。规范和完善基层“五好”关工委创建活动，对“五好”关工委标准进行量化和细化。按照“配强核心层、壮大骨干层、扩大参与层”的总要求，把有专业特长的老同志吸收到“五老”队伍中，成为“五老”的主力军。

【“弘扬红船精神 争做时代新人”主题教育活动】 5 月 14 日，市关工委联合市教育局在更楼小学启动“弘扬‘红船精神’争当时代新人”暨创建文明城市主题教育，在全市各中小学开展“三个一”（即一次报告会、一次国旗下讲话、一期黑板报）主题宣教活动。新安江街道新三中学生徐乐轩在中共杭州市委宣传部、杭州市教育局联合举办的杭州市中小学生“红船领航”主题演讲比赛和中共浙江省委宣传部、浙江省教育厅、浙江出版联合集团联合举办的全省中小学生“红船领航”主题演讲比赛中分别荣获第一名。依托12个红色教育基地，组织青少年瞻仰革命先烈遗址，祭扫革命烈士墓。举办全市“小手拉大手、共建文明城”动员大会，围绕“平安建德”“小城镇环境综合整治”“文明城市创建”，组织学生开展法治宣传、环境整治、垃圾分类、创全国文明城市宣传等活动150多场次，服务群众8000多人次。

【设立“新雨关心下一代基金会”】9月16日，市政府批复由市财政出资400万元设立建德市“新雨关心下一代基金会”，规定每年的基金收益用于基金会章程规定的公益事业支出。该基金正在筹备当中。关工委基金会将严格执行基金会章程和相关制度，确保基金会规范运作。

【留守儿童管理教育】在“四型”代理家长工作机制基础上，实施留守儿童心理健康教育工程。发挥建德心安驿站心理健康“五老”服务队（固定成员14人）作用，实行“五老”志愿者与学校1对1或1对多结对，完成全市留守儿童心理健康动态建档，把握留守儿童个体心理特征（性格柔弱、自卑、自负、孤僻、叛逆），实现留守儿童教育关爱精准化。全年开展心理健康进校园、进假日学校、进社区等活动25场次，单独进行心理辅导100多人。各级关工委开展“真情真爱守护希望”留守儿童交流活动和留守儿童迎新年活动，给留守儿童家长短信发送招聘信息，开展回归创业就业活动等方式，形成全社会关心留守儿童健康成长的良好氛围。与市妇联、团市委、市教育局、市民政局等部门联动，整合关爱资源，开展各类关爱活动76场次，惠及留守儿童、困境儿童8268人次。组织关工委干部和“五老”在春节、“六一”前后慰问510人次，发放慰问金48.3万元、慰问品6386份。以《建德市关工委“三三三”模式打通服务留守儿童成长成才“最后一公里”》为题，市关工委在省关工委工作会议上作典型发言。

【普法宣传教育和帮教】市关工委与市司法局联合开展“心向阳光”社区矫正帮教活动，对全市300多名矫正对象，分新安江、寿昌、大同、乾潭、梅城等5个片区进行集中帮教。市“五老”三团正、副团长分别授课。与市禁毒办在新安江街道溪头社区禁毒教育基地，举办“建德市‘五老’结对帮扶戒毒康复人员禁毒知识培训会”，29名“五老”人员与新安江街道辖区内29名吸毒康复人员进行“一对一”结对，全市各乡镇（街道）禁毒结对帮扶工作相继展开。各级关工委开展各类法治宣传、交通道路安全、防骗防拐、“不让毒品进我家”“自我保护，拒绝性侵害”等各类法律讲座和青春健康教育专题讲座68场次，教导青少年远离犯罪，增强学生的安全防范意识和自我保护技能，受教育学生5万人次。

【“假日学校”实现乡镇（街道）全覆盖】2018年，建德市创办“假日学校”106所，有3289名中小学生参加学习和实践体验活动，其中留守儿童1144人、外来务工人员子女543人。“五老”参与126人，大学生和在职老师志愿者等474人，投入经费57.85万元，实现16个乡镇（街道）全覆盖。（张小平）

◎举行“大手拉小手 共创文明城”暨感恩校园主题教育活动

乡镇(街道)

Towns and Community

新安江街道

【概况】新安江街道是建德市政治、经济、文化中心。2018年,该街道行政区域面积110.89平方千米(上年度为101平方千米,根据建德市第一次地理国情普查结果更新),辖11个社区、4个村,年末户籍总人口81136人。全年出生856人,死亡442人,人口自然增长率5.12‰,当年计划生育率98.67%。全年完成社会消费品零售总额72.72亿元,比上年增长6.4%。财政总收入8.50亿元,其中地方财政收入2.40亿元,分别减少7.0%、17.2%。城镇居民人均可支配收入49026元,增长8.8%;农村居民人均可支配收入33264元,增长10.1%。

有规模以上企业总数26家(新增建德市政新食品有限公司、杭州金迎新材料有限责任公司共2家),其销售产值65.10亿元,比上年增长18%。全年自营出口2407万美元,增长6.7%。全社会固定资产投资28.83亿元,增长40.1%,其中工业生产性投入5.48亿元,减少21.5%。全年核准备案工业项目8个,其中规模以上工业项目8个(500万元以上)。工业功能区盘活存量厂房8428平方米,盘活存量土地2.27公顷,新建标准厂房3000平方米,旧厂房改造面积1万平方米;创建建德市美丽厂区示范企业2家——浙江远力健药业有限公司和农夫山泉建德基地。

◎新安江晨曦

全年完成招商引资浙商创业创新资金3.19亿元;完成5000万元以上创新产业项目2个:浙江省“152”工程重大投资项目——农夫山泉项目和农夫山泉仓储及生产线项目(概算投资5亿元以上)、天骄健康管理有限公司大健康产业项目。完成外资600万美元,比上年减少14.3%。全年实现招商引税5832万元,减少7.59%。

有耕地473.3公顷,林地5200公顷。农业总产值1.74亿元,比上年增长1.7%。农作物播种总面积836.5公顷,增长1.96%。其中粮食作物171.93公顷,总产量825吨,与上年基本持平;油菜籽等油料作物播种面积45.6公顷,总产量124吨,面积和产量分别减少2.6%、8.4%。特色经济作物甘蔗面积4.6公顷、总产量355吨,分别增长27.8%、28.5%。蔬菜(含菜用瓜)面积443.87公顷、总产量2.16万吨,分别增长1.7%、9.3%。果用瓜面积103.6公顷、总产量2727吨,分别增长7%、

9.17%。花卉园艺35.93公顷,出售盆栽31万盆。庭院绿化及村庄美化等零星植树4.8万株,造林面积5公顷,森林抚育面积136公顷,封山育林面积3149.07公顷。新种珍贵树种浙江楠、浙江樟和红豆杉等12.34公顷。

社保体系不断完善,城乡基本医疗保险参保率达98.92%,新增失地农民保险25人,完成农村住房改造45户。加大对弱势群体和困难群众帮扶救助力度,发放各类救助款和优抚金237万元。新安江二小、三小等5所学校暑期改造项目投资90万元。至年末,有街道所属九年制义务教育阶段学校8所(小学3所、初中2所、职业教育机构1所),有专任教师698人(小学173人、初中167人、职业教育机构9人);幼儿园经整合,组建公办新安江街道中心幼儿园1所、保留民办幼儿园1所,教职员工186人。街道所属社会卫生服务中心1个,有卫生技术人员99人。

【旧城改造】全年完成府北、健康南区块、江村埠城中村改造项目等8个项目的征迁任务。府北、健康南区块15小时完成100%签约,江村埠区块10天内第一阶段完成100%签约。

【重点项目建设】农夫山泉四期新建2条咖啡生产线和2条饮用水线项目,至年末完成投资3.1亿元。恒大林溪郡、碧桂园望江台、绿城综合体等项目房屋主体建设均已结顶,开始销售。金融便民中心、奥鑫4S店建设等重点项目正在按计划推进建设中。

【全域旅游】开展新安江AAAA级旅游景区创建,推出6条旅游精品线路,结合新安江街道投资环境推介会、建德苞茶品牌创建推介活动、新安江街道旅游节等活动的开展,全年累计接待游客108.2万人次,旅游经营总收入1146.8万元。岭后社区和白沙社区成功创建AA级和A级景区村。7月23日,成功举办旨在展示建德市城市的根源和水文化的“17℃寻源”活动,100名从杭城征集组成的17℃寻源纳凉团,参观新安江水电站、农夫山泉建德生产基地、新安江龙舟漂游基地。新华社、人民网、《浙江日报》、浙江电视台等主流媒体作专题报道,活动当日点播量达26.48万人次。

【继续实施主城区烟花爆竹“双禁”】继续实施新安江街道全年、全域禁止销售、燃放烟花爆竹工作。共计投入120余万元,在原有563个视频监控的基础上新增38个视频监控,达到重点区域全覆盖,并新增42个音频监控,重点部署公墓、林区进行音频控听,第一时间掌握一线情况。实行24小时联网监控,出动网格化配置值守各村(社区)工作人员2000余人次,制定“一三五”反应机制。春节期间,辖区未发生一起违反“双禁”案例。市环保部门监测数据显示,2017年以后连续三年春节期间,PM2.5呈逐年下降趋势,分别为44微克/立方米、27微克/立方米、24微克/立方米,空气质量明显改善,空气质量优良天数在保持稳定的基础上,略有增加。

【社区建设】罗桐、健安、溪头、新安社区成功创建省级五星级居家养老服务照料中心。加大资金等扶持,推进府东、明珠、沧滩、新安、溪头五个社区“文化家园”建设,群众精神文化生活日趋丰富,罗桐社区和府东社区文化家园被评为杭州市四星级文化家园,同时,罗桐社区积极开展水电文化展陈馆建设。10月,街道文艺团队在浙江省第五届乡镇艺术团队文艺会演中获戏曲类金奖。强化卫生计生服务与管理,纵深推进“一次不用跑”生育登记改革,办理线上线下生育登记623人次,满意率达100%。12月,成功创建杭州市语言文化规范化乡镇(街道)。

【环境综合整治】以“无违建街道”创建为目标,加大治危拆违力度,连续40天日拆除量达1000平方米以上。全年依法拆除各类违建11.88万平方米,完成拆除任务的148%。打造明珠社区停车场、叶家社区汪家环境提升、320国道绿化精品线等拆后利用工程。4月,协助市政府承办全省农村人居环境提升暨小城镇环境综合整治现场推进会。5月,以全国文明城市创建为抓手,开展生活小区楼道整治专项活动,整改楼道“私装门”等各类问题

1000余项,推进老旧小区改造提升、拆迁安置小区综合整治、小区充电桩安装等美丽城区建设、主城区外立面整治等项目。以特色村、精品路线为抓手,实施各类农村(社区)"美丽"项目,主要有丰产村美丽乡村特色村、梅坪村美丽乡村达标村,梅坪、白沙社区章家等4条美丽庭院示范线路等。实施河长制长效管理制度,推进农村污水网络截污纳管建设、运行维护和等工作,巩固"五水共治"成果。

【举办第一期母婴护理培训班】6月20—24日,新安江街道牵头组织市移民局、市农培中心、市明珠培训学校,在明珠社区举办建德市2018年第一期母婴护理培训班。全市共55名妇女参加。培训内容有新生儿日常护理、潜能开发、产后生活护理、营养搭配、心理指导等母婴护理技术培训和科学育儿知识,并进行理论和实践考核。考核结束通过后颁发母婴护理证书,执证上岗。通过培训,帮助适龄妇女掌握一技之长,拓展其就业和自主创业的能力,促进灵活就业。

【拓展城市党建】制定本街道《城市基层党建两年行动计划》,积极探索城市社区管理新模式,实施街道、村社党群服务中心建设与提升工程,推进盛德广场、新安大厦商圈党建联盟、商圈党群服务中心建设。打造党建志愿服务品牌60余个,志愿服务队100余支,全年开展党员志愿服务活动1100余次。打造红色业委会,建立业委会临时党支部,17个,以党建引领基层社会治理。

【建立街道统战之家】建立街道统战之家,助力首届"建德人"大会,丰产、新蓬、黄泥墩、梅坪、叶家、白沙成立首届乡贤联谊会。引进企业高端人才项目2个、海外人才项目2个、高层次人才26人、青年人才返乡创业23人,深度挖掘乡土人才890人,助力乡村振兴。(陈萌)

◎更楼集镇新貌

更楼街道

【概况】2018年,更楼街道行政区域面积82.19平方千米,辖14个村、2个社区(更楼、更化社区),年末户籍总人口23101人,全年出268人,死亡187人,人口自然增长率3.51‰。全年完成社会消费2.77亿元,比上年增长11.7%。年内新增限上服务业企业2家(建德市诚岭物资有限公司、杭州全程物流有限公司)。财政总收入1.60亿元,增长28.5%;其中地方财政收入5081万元,增长23.5%。农村居民人均可支配收入27587元,增长9.6%。

有规模以上工业企业13家,销售产值16.90亿元,比上年增长53.9%。完成全社会固定资产投资4.71亿元,其中工业生产性投入2.21亿元,分别减少48.0%、47.1%。完成工业招商引资重点项目3个(南方绿色建材产业园项目计划投资20.5亿元、浙江赛文水业科技有限公司的新型负压式桶装水生产销售项目计划投资6.5亿元、北京楚峰科技有限公司的摇一摇制罐及饮料生产销售项目计划投资1.6亿元)。至年末,实到浙商回归资金1.1亿元。实现自营出口交货值434万美元,增长91.8%。

耕地面积728.46公顷,林地面积6144.26公顷(上年数据分别为649.86公顷、5173.33公顷,有误,造成本年度增减幅度变化过大,此处予以更新)。农业总产值2.0亿元,减少与上年基本持平。

全年农作物播种面积2364.9公顷，其中粮食作物播种面积859.7公顷，粮食总产量5302吨；油菜种植面积313.4公顷，油菜籽产量669吨。高山西瓜138.6公顷，产量4564吨；甘蔗6.4公顷，产量391吨。过浴山自然村新强家庭农场发展鲜摘浆果和药材两用水果覆盆子约6公顷，品种4个。至年末，生猪存栏443头、家禽1.08万羽，均呈减少趋势。

至年末，有街道所属初中、小学各1所，在校学生1060人，教职工104人；幼儿园2所，在园幼儿625人，教职工83人，有卫生院1所，卫生技术人员37人。参加城乡居民新型医疗保险15106人，参保率达98%以上。全年完成困难户住房改造51户，发放市、街(道)二级专项补助资金101.26万元。开展特殊家庭帮扶活动4次，慰问救助特殊家庭9户，开展各类志愿服务12次，新办低保家庭86户，动态调整取消已脱贫家庭23户，办理困难救助证298人，完成对558名退役士兵的优抚、双拥工作，全年累计发放各类救助款和优抚金80余万元。

【重点项目建设】至年末，建德更楼矿业有限公司砂岩矿建设项目已建成投产，完成投入约2亿元；总投资5000万元的全程物流项目和杭州砚然生态农业开发有限公司总投资5200万元的中华蜜蜂生态园旅游休闲项目，年内已开工建设；浙江赛文水业科技有限公司投资1.6亿元的新型负压式桶装水生产销售项目，已完成土地转让过户手续；建德农商行后勤保障中心大楼，总投资9702万元，正在建设中；国大阳光星辰二期即将完成，年内完成投资9912万元；富力地产的御江山商品房项目已开盘销售。年度新签约的心安悦容度假村项目(计划投资20亿元)前期工作启动。

【水利基础设施建设】完成美丽河道建设项目，涉及邓家溪、石岭溪、甘溪，长度21.6千米，总投资108万元；完成水利标准化建设，总投资170万元；完成于合堰坝修建项目，总投资139万元；完成于合花塘建设，总投资170万元；完成洪宅节水灌溉项目，投资10万元；2018年甘溪小流域治理1320万元的工程项目，于7月进场施工，年内基本完工。

【城乡道路交通建设】年内完成商贸街整治提升工程，浇筑路面1.2千米，总投资约1200万元。完成后塘铁路口平改立工程，投资约600万元。启动工业功能区主干道提升工程、支线道路改造项目(改造道路2200米、总投资约1500万元)、汪黄公路提升改造项目(改造道路300米、总投资约430万元)。

【“美丽乡村”建设】完成2017年石岭达标村验收、许乐达标村整改、后塘特色村建设，张家村、桥岭村、骆村、于合村分别列入建德市2018年“美丽乡村”示范村、特色村、达标村创建计划，至年底基本完成于合、新市、岩源的生态修复项目申报，共争取资金2855万元。实施农村“厕所革命”，完成29座农村公厕综合整治。推进农村生活垃圾分类全覆盖，新增分类垃圾桶约2000只。实施全域村庄景区化建设，建成后塘AA级景区村1个，洪宅、邓家、于合等A级景区村3个。12月下旬，于合村承办中华畲族总群走进建德山哈文化交流联谊大会。

【环境综合整治】全年在集镇和各村共拆除违法建筑789处，面积6.0万平方米，拆后利用率78.45%；开展“污水零直排区”创建工作，投入1560万元完成更楼街道主城区雨污管网建设工程，总埋设雨污水管网26千米；健全并落实好“河长制”，建立自我巡查与群众监督相结合的河道管理制度，全年累计开展巡河1304次，协调落实问题数22个。完成新建后塘、湖岑畈、新市等6个村微型消防站，升级改造完成2个社区微型消防站，更楼初中学生宿舍楼安装联网式烟感探测器共60只。指导创建3家阳光厨房，完成69家餐饮店改造升级。

同步“全国文明城市”“国家卫生城镇”创建工作，在更楼集镇高标准开展小城镇综合整治，以“一街、三桥、五节点”作为整治重点，总投资7200万元，推进九大项目的实施，高质量顺利通过省小城镇环境综治专项考核验收。其中立面整治共完成店招提 305 户,外立面粉刷清洗墙面 5000 余平方米,更换卷闸门 288 扇,拆除废弃广告牌 38 余处,安装空调外罩 462 个、安装玻璃门 296 扇;强弱电改造,全域整治线乱拉,强电上改下管网建设 6.5 千米, 改造线路 36.2 千米, 整理入户线 960 户, 弱电上改下管网建设 20 千米, 改造线路 5.2 千米,整治入户线 1700 户;道路配套提升,浇筑路面 1.2 千米,铺设人行道 1.4 万平方米,新增道路绿化面积 4600 余平方米,安装隔离护栏 2200 米,新增果壳箱 800 余个,划设机动车停车位 350 个;节点公园建设,新增公共活动场地 19627 平方米,新增公园绿化面积 13137 平方米; 新增三星级公共厕所 2 处, 新增小型停车场 1 处共 120 个停车位。通过整治,集镇环境、秩序、风貌焕然一新,至年底,国家卫生镇创建初步通过验收、全国文明城市创建顺利通过年度第三方机构的测评。

【社会文化事业】实施“最多跑一次”便民服务改革,洪宅村便民服务中心被评为优秀示范点;新建更楼社区、岩源等 3 个村的村级公墓。全年自主举办歌咏联谊、精品展演、篮球比赛、主题宣传会演、排舞大赛等各类活动 6 次, 参加文化走亲等各类活动 9 场;完成石岭村、桥岭村、骆村村文化礼堂建设工程,总投入 250 余万元;投入 30 万元完成建设新市村天罡拳展陈馆; 启动更楼街道综合文化站建设工程(概算投资 400 万元)。

【建德“花果沟”项目建设】该项目位于更楼街道邓家区块,涉及 6 个建制村,建设目标位为:串联沿线 5 个果蔬采摘点、1 个现代养殖体验园、2 个休闲农庄和 2 个主题性观光农业园区, 打造一条集观光、采摘、农作参与、农产体验、农业教育等多种类型的山谷地乡村生态旅游带。项目总投资 3200 万元,包括“花果沟”沿线部分村庄民居美化、交通干线和乡村道路改造、溪流和环境治理及休闲度假旅游服务相关配套设施建设。至年底完成投资 2700 万元,完成骆村至石岭村道路拓宽和白改黑 7.0 千米,沿线绿化 2.1 万平方米,停车场建设 2 处,完成石岭村民居立面改造 15 处和道路两侧环境整治。

【甘溪村德文化示范村建设】甘溪村拥有丰富的石塝类型,石塝广泛应用于道路、堤岸、建筑、景墙等村庄建设环节,“石磡文化” 已融入村民日常的生活之中。该村在德文化示范村建设中,围绕“石磡文化”,以“乡愁体验”为主题,将“石心石意、方得始终”作为村庄发展核心精神,修复或重构村内石磡景观 8 个和各种韵味的石磡文化墙、景观小品等,再现了甘溪人吃苦耐劳、勤劳肯干的美德。同时改造提升文化礼堂和文化长廊, 对部分农户庭院进行美化绿化。编纂《甘溪村简志》,对村民开展村史、村情教育。该项目总投资 128 万元。至年底,通过验收并被建德市授予“德文化示范村”。

【开展急救知识培训】5 月 11 日,为提高村(社区)相关人员避险自救和互救的基本技能, 更楼街道红十字会邀请建德是红十字会专家, 对各村 (社区)志愿者开展急救知识培训,受训人员 80 余人,培训主要内容现场心肺复苏和应急救护知识。(纪苏雯)

洋溪街道

【概况】2018 年,洋溪街道行政区域面积 74.71 平方千米(上年度为 76.62 平方千米,根据建德市第一次地理国情普查结果更新), 下辖 4 个居民区、2 个村,年末户籍总人口 15142 人。全年出生人口 170 人,死亡 107 人,人口自然增长率 4.2‰,当年计划生育率 99.37%。全年实现社会消费品零售总额 3.74 亿元, 比上年增长 11.1%。财政总收入 2.48 亿元,其中地方财政收入 7722 万元,分别减少 20.5%、25.3%。农村居民可支配收入 27181 元,增长 9.3%。

有规模以上工业企业 14 家, 其销售产 19.21 亿元, 减少 7.0%; 规模工业企业亩均税收 10.78 万元/亩。全社会固定资产投资 15.94 亿元 (增长 11.5%),其中民间投资 13.34 亿元,高新技术产业投资 1.3 亿元。工业投资 8904 万元,减少 43.1%。

◎洋溪街道洋安新城的市行政服务中心

招商引资年末实到浙商创业创新项目到位资金8075万元。实到外资2347万美元，增长1.2倍。企业专利申请量达210件，新增国家高新技术企业1家，浙江省科技型中小企业8家。

有耕地163.27公顷，林地5899.2公顷。农业总产值7892万元，增长1.7%。粮食播种面积115公顷，粮食总产量548.3吨；总产量42吨；玉米26.6公顷，总产量144.24吨。油菜播种面积54.3公顷，油菜籽总产量123吨。蔬菜种植面积69公顷、产量1804吨；特色经济作物山核桃种植面积66.7公顷，产值30万元。开展畜禽养殖污水治理专项行动，全年关停拆除养殖场2家，拆除面积936.7平方米。全年生猪出栏2583头，家禽出栏8.99万羽，年末生猪存栏886头、家禽存栏4.86万羽；畜禽养殖业产值1896万元，减少19.2%。造林抚育面积35公顷、森林抚育面积70公顷。完成珍贵树种造林10公顷，完成林区道路3千米。

全年实施并完成水利工程项目5个：洋溪街道洋溪社区莲花溪流域环境整治（包括洋溪社区合坑口道路拓宽、新建沥青路面及该道路沿线河道挡墙新建、河道清淤，和莲花溪、新安江交汇断面江边公园建设，总投资460万元）、莲花溪友谊村洪坑段河道整治、洋安溪团结村方家段河道整治、大坞水库及塘坞口山塘标准化建设、美丽河道建设，投入资金600万元。

年末有街道所属小学2所，在校学生1021人，专任教师65人；幼儿园3所，在园幼儿640人，专任教师55人。全年发放各类临时救助、困难救助、医疗救助89万元，累计救助人次130人次。新型农村合作医疗保险参保人数14144人，参保率达98%。注册设立洋溪街道、洋溪社区、洋安社区、朱池社区、青龙头社区等5家社会组织服务中心。为6个村（社区）80余户孤寡老人安装100余个独立烟感报警器。团结村被评为2018年度村级便民服务示范点，获得补助资金10万元。完成朱池社区街道级综合照料中心建设和老年食堂并投入运行。打造杭州市流动人口示范点，成功地在浙西电商跨境园承办了杭州市流动人口服务现场会，12月，中国计生协、浙江省计生协等级领导到洋溪调研计生协工作。年末有医疗卫生机构6个：卫生院（骨伤科专科医院）1所、村（社区）卫生室5个；医疗卫生技术人员80人。

【"非遗"项目建设】 7月，团结村畲族"三月三"民俗项目被列入第七批建德市非物质文化遗产代表性项目名录。此为继严东关五加皮酿酒技艺、倒笃菜制作技艺、"莲花板"曲艺和团结畲族民歌命名为"非遗"代表性项目后第五个建德市级非物质文化遗产代表性项目。同时，潘秋梅（倒笃菜腌制技艺）、钱建华（严东关五加皮酿酒技艺）、王拥军（严州府菜点制作技艺）3人被列入传统技艺类第五批浙江省非物质文化遗产代表性项目代表性传承人。

【新华拆迁安置房二期公寓楼工程全面完工】 10月，新华拆迁安置房二期公寓楼工程全面完工。该工程为全面推进高铁新区科技创智片区建设的配套项目，位于洋溪街道青龙头社区，雅鼎路以东、320国道以南，规划总用地面积为18128平方米，建筑面积约29396.91平方米，总投资9850万元。

共建成安置房 197 套。

【获评杭州市小城镇环境综合整治样板小镇】该街道列入建德市第二批(2018 年)小城镇环境综合整治达标考核乡镇(街道)名单。按照“一加强、三整治”总体要求,实施背街小巷改造、道路改造提升、景观提升、建筑立面改造、数字城市管理五大建设项目,以民生+环境、产业+环境、社会+环境、X+环境 “4+X” 模式强力推进小城镇环境综合整治。累计整治庭院 300 余户,美化墙体 1.5 万平方米,改造人行道 4000 余平方米,新建道路 1 条,改造道路 2 条, 新增绿化 1.5 万平方米、绿道 1500 米,截污纳管实现全覆盖,结合“三改一拆”拆后利用建设高速桥下空间利用 3 处, 新增停车位 100 余个。顺利通过省级验收并获评杭州市样板小镇。

【玺匠文化完成文创企业最大额战略融资】玺匠文化依托“互联网+传统创新”,与顺为资本、小米科技、锦元翰飞等 5 家投资机构达成融资合作协议,完成超过 1.1 亿元的 A 轮战略融资,为旗下“铜师傅”和“铜木主义”2 个品牌的发展提供资金保障。也成为全市迄今为止最大额的文创企业战略融资,推进了文创产业实现“二次腾飞”。

【浙西数据中心启用】浙西数据中心是建德市首个数据中心项目, 由市政府与中国电信杭州分公司合作共建,位于洋溪街道科技工业园沿口区块。项目占地面积 2 公顷, 规划建设 2.2 万平方米机房,用以部署新一代互联网数据中心、云计算中心及容灾备份中心, 基础设施投资约 5 亿元。至年底,项目一期完成建设并如期投入运营,包含 1 幢 9800 平方米机房和 1090 平方米动力中心, 机柜数量 1100 个,可满足 2.2 万余服务器上架。浙西数据中心启用并入驻客户, 标志着建德市在推进信息经济发展和“智慧建德”建设迈出坚实一步,也为建德市产业转型升级和经济社会发展注入新的动力。

【建德市洋安中心学校正式启用】9 月,小学、初中九年一贯制学校——洋安中心学校正式启用,首届一年级 4 个教学班 160 名新生入学。学校建设规模为 36 个班, 总用地面积 32227.6 平方米,总建筑面积为 19509.7 平方米, 其中地上建筑面积 15882 平方米、地下建筑面积 3626 平方米,共有 4 幢建筑,包括 1 幢 4 层综合楼、建筑面积 5633 平方米,2 幢 4 层教学楼、 建筑面积 6786 平方米,1 幢 3 层食堂(三楼为体育馆)、建筑面积 3431 平方米。室外操场建有 250 米环形跑道,3 个篮球场和 1 个排球场,以及道路、绿化、停车(地下停车位 80 余个)等配套设施,总投资达 7500 余万元。

【举办中式烹调培训班】9 月 12—22 日,为进一步提升辖区闲置劳动力素质,提高就业创业能力,洋溪街道妇联联合建德市农办、建德市育英文化学校在洋安社区家长学校开展为期 10 天的中式烹调培训班。主要培训内容有:饮食营养卫生知识、安全生产知识、烹饪原料知识、冷菜制作方法、热菜制作工艺等内容,该街道及附近乡镇共有 70 余人参加培训, 并对经考核合格者颁发中式烹调初级证书。(张瑞华)

莲花镇

【概况】2018 年,莲花镇行政区域总面积 86.11 平方千米(上年度为 86.13 平方千米,2018 年开始根据第一次地理国情普查数据作修正), 下辖 6 个村、1 个居民区,年末户籍总人口 10645 人。全年出生 109 人、死亡 84 人,人口自然增长率 2.35‰。当年计划生育率 98.2 %。全年实现社会消费品零售总额 6301 万元,比上年增长 12.5%。财政总收入 1934 万元,比上年减少 0.72%;其中,地方财政收入 774 万元,减少 9.17 %。农村居民人均可支配收入 31399 元,增长 9.1%。

经企业整合,全镇工业企业从上年的 38 家减至 22 家,主要涉及家纺、母料农产品加工等行业。年度新增规模以上企业 1 家 (浙江拓新高分子材料股份有限公司), 规模以上工业企业达到 5 家, 其销售产值 1.84 亿元, 减少 15.6%; 规模企业增加值 1.84 亿元, 增长 257%。全年实现自营出口

1294 万美元，同比增长 16.0%。完成全社会固定资产投资 7807 万元，减少 60.42%，其中工业性投资 4452 万元，减少 48.59%。招商引资新增签约项目 6 个，其中亿元以上项目 1 个；年末实到浙商创业创新资金 3300 万元，减少 42.11%。年末，浙江拓新高分子材料股份有限公司一期建成投产。

全镇有耕地 367.7 公顷，林地面积 7443 公顷。农业总产值 2.69 亿元，与上年基本持平。全年粮食播种面积 103 公顷、总产量 1100.2 吨。蔬菜种植面积 120.7 公顷。特色经济作物铁皮石斛种植面积 18 公顷、产值 2050 余万元。全年人工更新造林 36 公顷、森林抚育 472 公顷。年末无商品生猪存栏，家禽存栏 50.5 万羽。

全年水利建设总投资 500 万元，完成水利河道建设新建挡墙 400 米、美丽河道游步道建设 200 米、水库标准化建设 1 座。

全镇全年参加城乡居民新型医疗保险人数 7672 人，参保率 99.09%；落实各项优抚救助政策全年新增低保 32 户 34 人，办理残疾证 40 人，发放残疾人创业补助金 2 万余元；救助各类困难家庭 81 万元，发放临时救助款 5.55 万元；对 62 对生育对象免费孕前优生健康检查，对参加医疗保险农民实施免费健康体检 3744 人；开展家庭医生签约服务，签约总人数 3072 人。保障困难建房 26 户，市镇两级补助资金约 45 万元，完成农房改造 40 户。

◎莲花镇戴家村新农村建设

年末有镇属学校 2 所，其中小学 1 所，在校学生 242 人、专任教师 24 人；幼儿园 1 所，在园幼儿 180 人、专任教师 19 人。有卫生院 1 所、卫生技术人员 17 人；有规范化卫生室 5 个、乡村医生 6 人。

【招商引资新项目】依托莲花镇生态资源和特色产业，引进美象集团大健康特色小镇项目，计划总投资 5 亿元，打造涵盖种植区域、院士工作站、体验中心、产品深加工产业园、垂钓园、生态大健康养生园区等多个功能区。

引进浙江长庚生态农业发展有限公司投资的田园莲花综合体项目，计划总投资 1000 万美元，建设田园野花组合区、戴家生活休闲区及后坞慢生活度假区；其中由北海龙旭投资有限公司计划投资 5000 万元建设的昴畈村后坞慢生活度假区，总占地约 20 公顷，分 3 期实施，建设内容包括新建四合院、改建农家小院，配套养生娱乐设施以及观赏型中药材种植等

引进杭州曼芳庭花艺制品有限公司投资的“花艺基地+花艺旅游制品”项目计划总投资 2000 万元，打造干花加工基地、观赏花草种植基地、干花展示中心。

引进山屿海集团定向捐资 100 万元，在戴家村实施康养镇域合作项目，开发铁皮石斛、玉米饼、米粉皮等特色农品，打造“山屿海康养幸福公社”乡村度假养老综合体。

同时，签约预计新增年税收 1000 万元的杭州客商投资的商贸服务业项目和 500 万元的鑫宏技术服务引税项目。

【小城镇环境综合整治】全镇完成小城镇环境综合整治总面积 0.48 平方千米，总投资 3600 万元。共拆除违建 4.3 万平方米，其中，小城镇环境综合整治范围内拆除违建涉及 131 户、150 处，共计10420.6 平方米。公共场所、农户庭院补植绿化面积 2000 余平方米；拆除电冰箱配件厂老旧

厂房腾出土地1800平方米，建设52个车位的标准化停车场1处；拆除背街小巷中心区域破旧房屋6处，腾出土地520平方米，打造村民休闲广场1处。

打通断头路2条，新建广元路与岩山路连接桥梁，将盛华路延伸至沿江大道，完善集镇路网。建设停车场7个、增加停车位271个。推进拆围墙让道路工程，拓宽背街小巷道路3条，整改背街小巷道路5600余米，其中通过“白改黑”、铺石板等重点改造2000余米。

小城镇综合整治范围内新增村民休闲场所5个(集镇中心公园、莲花村文化长廊、岩山森林公园、郭村中心广场、莲花溪景观公园)，改造综合文化站1个，提升星级农贸市场350平方米，新建4千米岩山绿道、标准化公厕3座。

实施集镇主街沿线整治，改造房屋立面102栋(统一更换改造店招、老旧卷帘门，规整安装空调保笼)，改建人行道3千米，强弱电“上改下”4.3千米，梳理杆线6.5千米，入户线改造500余户，采用“四合一”弱电箱100余只。

实施背街小巷清理，共清理乱堆放200余处、农户庭院500余户，清运垃圾380余吨，提升垃圾中转站1座，积极推进农户垃圾分类，粉刷赤膊墙5000余平方米，重点打造美丽庭院152户。

【全面开展沟渠污水整治】结合“污水零直排区”、“美丽城镇”“美丽乡村”建设，全面开展小微水体整治工作，清理整治区域内沟渠13条，新建污水管网350米，新增截污纳管22户，修补破损污水管网400余米。深化河长制工作，落实河长责任，镇级河长每旬一巡，村级河长每周一巡，选聘民间河长2名，实施智慧河道系统管理项目，新安装河道监控49个，手机终端可以实时查看河道水面情况，及时交办相关整改工作，随时实现河道、塘库、渠道等水体长效管理。共接待山东、安徽、广西、广东等地党政考察团28批次到莲花学习河长制工作经验。

【莲花溪获得“杭州美丽河湖”称号】结合莲花溪综合提升工程、杭州美丽河湖建设工程、建德市美丽河道建设工程等项目建设，对莲花溪昴畈至戴家段河道实施镇级“美丽河道”项目，总投资约800万元，新建生态公厕1座、休闲驿站3座、休闲游步道200余米、安全护栏200余米、配设景观路灯30余盏、提升河道两岸绿化点位3处、清淤河道5千米。经考核验收，莲花溪获得“杭州美丽河湖”称号。

【推行党员“爱心车”服务】由全镇党员自愿组成“爱心”车队，通过“预约+应急+顺路”三种方式配备车辆，印制并对6个村、33个自然村的弱势群体家庭发放“家门口·爱心车联系卡”，并组建“党员爱心车队”微信群，以微信群内预约或电话预约方式，为老弱病残孕等困难群体上门提供免费接送服务。

【郭村暴动纪念馆落成开放】2018年，结合莲花镇小城镇综合整治的契机，莲花镇新建“郭村暴动纪念馆”，并特设莲花镇小城镇综合整治展厅。1930年7月13日，为贯彻中共中央和浙江省委有关精神，建德县委领导人童祖恺等人在莲花郭村发动农民暴动，有200余人参加暴动。暴动先后波及洋溪、淳安茶园、下涯大洲等地，打击了恶霸地主、土豪劣绅，宣传了中国共产党的主张。至20日前后暴动失败，一批暴动队员被捕、惨遭杀害。郭村暴动是中共建德地方历史上一件重大事件。该纪念馆以翔实的史料，通过图、文、照片、模型、简画、遗物等多种形式，直观形象地反映建德莲花人民在党的领导下，为赢得革命胜利而进行艰苦卓绝斗争的重要画面。该纪念馆占地面积205平方米，总投资40余万元。该馆建成后，成为莲花镇各级党组织、全体党员以及青少年一代进行革命传统教育的红色教育基地。(邵慧婷)

梅城镇

【概况】2018年，梅城镇行政区域面积154.95平方千米(上年度为154.9平方千米，根据建德市第一次地理国情普查结果更新)，辖13个村、5个社

◎梅城南大门——澄清门

区，年末户籍总人口41233人。全年出生392人，死亡330人，人口自然增长率1.50‰，当年计划生育率99.7%。全年实现社会消费品零售总额11.71亿元，比上年增长12.5%。财政总收入2.82亿元，其中地方财政收入8452万元，分别比上年减少8.1%、14.7%。农村居民人均可支配收入29625元，增长9.6%。

规模以上企业46家(新增4家，退出10家；亿元以上企业16家)，销售产值55.77亿元，增长8.4%，占全镇工业销售产值的55.7%。规上工业增加值11.7亿元，增长6.7%。完成外贸自营出口2.06亿美元，增长19.9%。全社会固定资产投入13.96亿元，其中工业生产性投入6.81亿元，分别减少27.3%、36.1%。全年实到省外资金1.06亿元，到位外资684万美元；招引产业个性化项目4个（均为第三产业项目），总协议投资额34.2亿元。推进高铁新区梅城区块扩容提升，做好新安江综合保护工程、临金高速等重点项目的征收和施工保障，全年完成征地70.73公顷。加大园区项目招引力度，旦洋无纺布、禾太生物、茂元环保等9个重点工业项目全面落地并开工建设。推进闲置土地盘活利用，累计盘活东浩塑业、耐可司等“腾笼换鸟”项目10余个。

耕地面积1022公顷（上年度记载1660公顷有误，实为1032公顷)，林地面积9300公顷。农业总产值4.03亿元，增长2.6%。农作物播种面积2124公顷，其中粮食作物1014公顷，粮食总产量5009吨；水稻播种面积277公顷，产量2311吨。油菜种植面积252公顷，油菜籽产量548吨。高山蔬菜30公顷，茶叶370公顷，渔业养殖面积260公顷。年末生猪存栏3774头、家禽9.64万羽。全年共落实帮扶资金1208万元。

全年累计拆违21.36万平方米，完成四边三化督办点位整治40处，处置拆除涉土积案13件，复耕复绿7.5万平方米。完成葛家、姜山、望山、龙溪等村截污纳管整治项目和姜坞山塘、芥菜坞水库除险工程，完成桐溪溪整治及万家坞、觅塘坞山塘清淤。推进“美丽乡村”全域建设，完成2个特色村、6个达标村、3个景区村创建。滨江村成为市级美丽乡村示范点，累计接待参观考察团60余批300余人。深化“厕所革命”，完成27座农村公厕提升，新(改)建旅游厕所4个；完成10个垃圾分类提标村任务。完善农村基础设施，完成滨江至突沙、洋程至落山等“四好农村路”建设12.6千米。

辖区有杭州市属大专院校1所，在校学生421名(学前教育专业)，教职工23名；市属高中1所，在校学生1400人，教师142人；镇属初中1所(含2个校区)，在校学生874名，教师84名；小学

1所(含3个校区),在校学生2131名,教师124名;幼儿园2所,在园幼儿1271名;入园率、入学率均达到100%。

全镇城乡居民医疗保险参保率98.5%。全年新增低保户45户,临时救助生活困难农户89人次,救助金额共计9.01万元。为全镇1246户残疾人家庭建立档案;审核办理残疾人护理补贴525人、生活补贴389人,为2名困难残疾人家庭申请助学金。

【美丽城镇建设获批示】8月19日,省委书记车俊作出重要批示,认为梅城建设美丽城镇具有典型性、代表性,要求梅城"建设新时代美丽城镇,再现千年古府新面貌"。8月28日,浙江省委常委、杭州市委书记周江勇专题到梅城调研,提出梅城"要成为美丽城镇建设的典范,为全省全国美丽城镇建设提供杭州样板"。

根据领导批示和指示精神,梅城镇全面启动和推进美丽城镇建设。至年底,完成《严州(梅城)古城保护开发利用概念性规划与城市详细设计》编制及报批,《三江口片区概念规划》《严州古城(梅城)核心区控制性详细规划》形成初步成果,"严州古府·梅城景区"旅游概念性规划完成方案征集。府前街、总府街、西湖、东湖、玉带河等一批核心项目整治提升方案通过专家论证。以"两口两路两湖一带"为重点的美丽城镇建设项目全面开工,东、西入城口整治提升工程完成60%,府前街、总府后街示范段路面开展老旧石板铺装,东、西湖水域景观整治工程启动建设,玉带河水系连通工程挖通河道300余米,梅花中路、严东关西路立面整治工程收尾。新镇区路网市政工程稳步推进,北半城背街小巷整治工程进展顺利。实施古城历史文化遗产考古工作,发掘收集古牌坊石构件3021件,浙大西迁竺可桢旧居完成修缮,大清严州邮局等3处古建筑样板修缮进场施工,《严州文化全书》启动编撰。

【转型升级成效明显】推进传统产业转型,加快老城区"低散乱"整治,累计外迁承租企业52户,征收企业7家。规划建设南峰小微企业创业创新园并完成项目准入和土地摘牌。落实"机器换人"项目8个,加快存量提质增效,龙驹新材料、斯洛玛格等一批新建新投产项目实现高速增长。培育大健康、文旅、农旅、地产等新产业新业态,全年累计接待客商150余批次,达成合作意向项目10余个。开元芳草地乡村酒店建成营业,怡康医院一期主体工程完工,中视影视基地项目启动建设,商贸综合体项目完成土地摘牌,天忆国际养生旅游度假区项目正式签约。全年累计接待游客114.4万人次,增长150%,实现旅游收入4200万元,比上年增长2.7倍;跨境电商出口额达4200万美元。

【招才引智取得新突破】坚持招才引智,推进创业创新,五星车业胡建红被评选为"建德首届工匠",建业有机设立浙江省博士后工作站,澳赛诺杨璐博士入选"国千"人才申报计划。浙江星联电动自行车零件有限公司的专业团队成功开发核心零部件"新型中置电机",一年时间单个产品实现产值突破亿元大关。

【创国卫通过杭州初验】全域推进国卫创建,先后开展棚厕、露天粪坑整治及鸡鸭散养、犬只规范、占道经营、牛皮癣、乱堆乱放、小餐饮整治等攻坚行动25次,累计整治菜地粪坑310余处,清理各类垃圾950余吨,查处违法经营小餐饮22家,组织各个社区开展健康讲座,发放宣传资料4500余份,登革热、禽流感等传染性疾病得到有效防控。6月13—过杭州市级初步验收。

【梅城初中迁建项目主体完工】梅城初中迁建项目选址新城农职中旧址,规划用地4.2公顷,总投资8000余万元,拟建省一级标准中学,规划36个班,建筑面积约2.7万平方米,为梅城首个开工的PPP项目。至年底基本完成教学楼、办公综合楼、宿舍楼等主体结构,总建筑面积2.5万平方米;同时启动室内装饰及新增的体育馆项目,根据规划,该项目2019年8月投入使用后将实现全市省级标准化学校的全覆盖。

【新城安置房B区块完成主体结构】新城安置房B

区块项目位于梅城新城区块，主要用于梅城农村住房改造农户住宅安置。项目用地面积35690平方米，共有18幢530套房屋建筑，其中多层楼11幢、小高层7幢，建设规模共80066平方米，估算投资2.01亿元。至年底，18幢楼的主体结构全部完成并实施室内装修工程。

【与运河集团签订严州古城综保开发战略合作框架协议】4月16日，建德市与杭州运河集团就严州古城综合保护与开发项目签订战略合作框架协议，旨在通过对严州古城的综合整治和保护开发、严州文化的挖掘、大严州区域的更新与开发，以重现严州千年府城风貌，实现严州文化的复兴。根据协议，双方将在一年内完成主要道路界面的肌理修复，拉开古城建设的框架；用三年左右时间，推进古城综合保护，导入相关旅游文化产业；五年内，争取基本恢复严州古城，重现千年府城风貌。

【举办古城保护论坛及诗词大会】9月27—28日，2018中国州府(严州·梅城)文化保护与利用论坛暨钱塘江诗词之路—严州古城·梅城诗词大会在梅城举行。此次活动是新安江旅游节分会场活动之一，也是梅城美丽城镇建设主题宣传之一，有100余名文化名人、古城保护业界专家参加活动。长啸、于芳等多位文化名人及广电知名主主持人咏诵关于梅城的先贤名作和诗词名篇，马胜荣、曹景行等业界专家学者和知名古镇代表共同探讨古城共生发展新模式，解读古城保护开发新规律，分享古城文化传承新经验，并成立严州古城保护与利用智库，发布《严州古城保护与利用宣言》。浙江卫视、新华社浙江分社、人民日报社浙江分社、钱江台等50余家知名媒体对此进行深度报道。

【成功创建“浙江省诗词之乡”】依托丰厚的诗词文化，推进诗词进学校、进企业、进机关、进社区、进农村“五进”工作，将诗教结合进教学规划，在村社文化礼堂、农家书屋开辟“诗词之角”。以新安诗社为载体，发展壮大诗词阵地，创办《严陵清韵》诗刊，按季定期刊发10期。深化严州诗词文化研究，陆续出版《陆游严州诗文笺注》《李频诗集编年笺注》等书籍10余册。将创建工作纳入拥江发展项目库，强化组织、资金保障，成功被评为“浙江省诗词之乡”，为全市唯一。

【杭州“拥江发展”大型直播走进梅城】3月30日，杭州市“拥江办”联合各区县(市)、杭州电视台，开展“春来江水绿如蓝”拥江发展主题大型电视直播活动。活动邀请市“拥江办”、市规划局专家走进演播室，并设建德梅城、桐庐杭黄高铁、富阳江南新城等共8个室外直播点，全方位展示拥江发展战略。梅城作为首个直播点位，以三江口神奇秀丽的自然风光和1800年历史文化，为拥江发展版图添上浓墨重彩的一笔。(徐惠珠)

杨村桥镇

【概况】2018年，杨村桥镇行政区域面积134.16平方千米，辖13个村、1个居民区，年末户籍总人口21591人，全年出生211人、死亡143人，人口自然增长率3.15‰；当年计划生育率99.06%。全年实现社会消费品零售总额2.70亿元，比上年增长9.8%。财政总收入6341万元，增长14.6%；其中地方财政收入2463万元，增长10.9%。农村居民人均可支配收入31850元，增长9.2%。

有规模以上工业企业14家，销售产值10.5亿元，减少30.5%。全社会固定资产投入3.32亿元，减少66.3%；其中工业投资8036万元，减少80.0%。自营出口1124万美元，增长77.3%，主要出口产品有家纺、五金电器等大类。招商引资年末实到浙商回归资金3646万元；实到外资373万美元，减少35.2%。全年共盘活工业闲置土地3.5公顷、闲置厂房1.9万平方米。杭州奥立达电梯有限公司投资1500余万元扩建货梯生产线，新增电梯产能5000余台。德市重大产业项目之一的通易仓储项目开工建设，计划总投资5500万元。中奥电梯产业园项目正式签约，计划总投资2亿元，年产高性能电梯7500台。

有耕地面积836.73公顷，林地面积1.13万公顷。农业总产值4.47亿元，减少3.5%。农作物播

◎杨村桥集镇“建德老味道”一条街

种面积2491公顷，其中粮食作物播种面积1191公顷、总产量6866.5吨。油料作物油菜籽播种面积214.5公顷、总产量548.1吨。完成种粮直补发放，计5386户、资金79.41万元，涉及补贴面积1050公顷。全镇草莓种植户2481户、种植面积1400公顷、产值6.3亿元，其中本地453户333.3公顷产值1.3亿元、异地2028户1066.7公顷产值5.0亿元。蜜梨种植面积150公顷，产值2210万元，分别增长87.5%和4.3倍。茶园面积120公顷(减少28%)，茶叶产量124.5吨(增长1.5倍)，其中白茶种植面积100公顷、产量38吨、产值460万元，与上年基本持平。西红花、铁皮石斛、蓝莓种植面积21.33公顷，产值640万元。年度流转土地558.53公顷。完成高标准农田建设81.3公顷，造林133公顷。实施水利项目6个，总投资603万元。向长宁溪河道投放鱼苗100余万尾，并严加管理，全流域仅每月最后的周日允许垂钓。9—11月，完成里何源溪“美丽河道”生态提升工程，实施13.6千米河道清淤，新建修建生态堰坝5座，河道两侧加设景观绿化、游步道等。

至年末，清溪安置房工程(220套、总建筑面积30448.7平方米)全面完工，梓源安置房工程开工建设。集镇新建5座公厕、5处停车场、1个滨水公园等公共基础设施。迁建龙源村老年食堂暨“九三老年爱心食堂”。有在册低(残)保327户，纳入保障体系总人口433人，总发放金额290.4万元。发放农户危房改造资金57户17.1万元。完成全年“消薄”增收任务，13个村经营性收入达425.96万元，村级债务下降10%。

年末有幼儿园、小学、初中、成人学校各1所；在校师生人数1326人，有村级文化礼堂11家，十里埠村文化礼堂被评为浙江省四星级文化礼堂，埠头文化展陈馆竣工开馆。有卫生院1所，村(社区)卫生室12个；有卫生技术人员35人。农村居民参加城乡居民基本医疗保险参保率98%。12月，杨村桥镇卫生院提升改造项目完成并交付使用，该项目总投资145万元，改建后新设以中医诊疗、养生保健为主的中医馆占地面积120平方米，为患者提供纯中医诊疗和代煎中药服务。

【获得多项重要荣誉】2018年，杨村桥镇获得多项重要荣誉，其中主要有：杭州地区唯一的第八批全国“一村一品”(草莓)示范村镇(7月)、杨村桥草莓特色农业强镇被评为浙江省首批暨杭州市首个特色农业强镇(10月)、草莓小镇入选浙江省100个“最美田园”(9月)；杭州市“无违建镇”(11月)、2017年度杭州市“剿灭劣V水”工作先进集体(7月)、共青团杨村桥镇委员会被评为“杭州市五四红旗团委”(6月)、杨村桥中心幼儿园被评为“2017年度杭州市级青年文明号集体”(5月)、杨村桥镇食安办被评为“规范乡镇(街道)食安办”(3月)、建德市草莓研究院被认定为杭州市院士工作站(11月)。龙源村党总支书记方志元入选新时代浙江省“千名好支书”；梓源村赵建明荣获2018年度浙江乡村振兴带头人金牛奖，成为享受杭州市政府特殊津贴人员。

【草莓小镇(新安江田园综合体核心区)建设】经过3年建设，至2018年底，累计投入9000余万元，建成33.3公顷高标准连栋大棚草莓基地、5000平方米玻璃温室、智慧农业示范园、现代化草莓精品示范基地等项目，形成田园式草莓高效种植核心区。累计在全镇引进推广先进适用技术10项，建立30余种新品种示范基地，制定生产技术规程2套。全年草莓亩均1851千克，亩产值2.6万元，总效益1.3亿元，创历史新高。同时，拓展种植模式，延伸草莓产业链，提高综合经济效益：探索出“草莓+甜玉米、小香薯”等5种农作制度创新模式，亩增收益6000元；开发草莓酒、草莓酱、草莓干等10余种草莓衍生产品，与中华老字号“致中和”酒业合作，生产草莓酒30余万瓶，产值达4720万元；发展旅游做活第三产业，推动草莓采摘、休闲、观光旅游发展，全年接待“采摘游”游客4.5万人次，营业收入480万元，比上年增长60%。2019年1月，草莓小镇成功举办了第十七届中国(建德)草莓文化旅游节考察活动。

【成功创建小城镇环境综合整治省级样板镇】该项整治持续两年，投入资金7200余万元，突出产业业态、公共服务、秩序管理、面貌改善、文化内涵、百姓参与“六大重点”，打造草莓小镇、“吃在杨村桥”饮食街、滨水公园“三大亮点”。整治提升15家“低散乱”企业，收储土地6.7公顷。打通阻隔四年之久的断头路，贯通集镇百旗西路和商贸街，建造滨水公园。新建停车场5处，增加机动车停车位736个，新建标准公厕5座，改建文化礼堂，提升集镇农贸市场。打造5条特色小巷墙绘，还原杨村桥地名由来、百旗山传说、靖安传奇等历史传说。开展“五乱”(房乱建、线乱拉、道乱占、摊乱摆、车乱开)整治，拆除违法建筑3.2万平方米，改造杆线8千米，整理入户线1632户，整治立面3千米，改造提升道路8千米，绿化街面2万平方米，常态化开展主要道路文明劝导活动。建立“杨树”式管理、巷长制、“三型”庭院入户结对等制度，精心打造背街小巷，集镇面貌焕然一新。2019年1月，被省政府公布为2018年度小城镇环境综合整治省级样板镇。

【成功创建杭州市“无违建镇”】该镇自2013年开展“拆违”工作，至2018年底，共拆除违法建筑2980处49.6万平方米，拆后利用面积27.51万平方米，利用率93.98%。其中2018年度拆除存量违建560处、9.15万平方米，拆后利用面积4.91万平方米，利用率91%。拆后土地优先用于村文化礼堂、老年食堂、道路等基础设施建设。不断完善防违控违长效管理机制，巩固“无违建镇”创建成果。2019年1月，杨村桥镇成功创建为杭州市“无违建镇”。

【“吃在杨村桥”地域餐饮文化品牌复建】20世纪90年代，320国道穿杨村桥集镇而过，以百旗街为核心的国道线两旁经营有120余家餐饮店，以物美价廉、公平交易赢得往来食客“吃在杨村桥”的美誉。2018年，结合小城镇环境综合整治工作，提炼出“吃在杨村桥，建德好味道”地域餐饮文化品牌。整治提升“老味道一条街”，制作个性化餐饮店招，投放趣味型景观小品，举办首届“吃在杨村桥”厨艺大赛。创新推出以“棍子鱼”为代表的10余种特色菜品，打响小白兔、定阳楼等一批餐饮名店。

【重点项目配套建设】2018年，继续推进重点项目征收保障工作。杭黄高铁门户区、新安江综保工程、清溪地质灾害点整体搬迁、衢建铁路等4个项目，共征收土地37.3公顷、房屋252户。妥善处理杭黄高铁、临金高速、杭州第二水源千岛湖配水工程、十里埠综合作业区等6个项目建设过程中涉及的600余户1300余个问题，确保项目无障碍施工。

【朝美电商产业园成立】1月，朝美电商产业园建成投入使用，成为全国首家口罩类电商产业园。该园区由建德市朝美日化有限公司投资2000余万元建成，拥有1幢6层的独立电商楼，建筑面积4200平方米。园区以口罩生产、销售、服务类全产业链电商发展为目标。至年底共入驻电商企业5家，引进电商运营人才70余名，在天猫、亚马逊、京东等10余个网络销售平台建立商铺；其中朝美公司电商实现网上销售额翻一番，电商销量位居全国前列。

【杨村桥初中“志祥书苑”落成】6月，杨村桥初中

"志祥书苑"落成并投入使用。该书苑由杨村桥初中1983届校友、浙江大佳实业有限公司董事长洪江鑫捐资30余万元筹建,为纪念该校老师黄志祥(洪江鑫班主任)而取名。书苑由教室改建而成,占地面积150平方米,设开放式阅览室2间、多功能电子阅览室1间、"阳光书吧"1间,有藏书1万余册、电脑5台、书桌10张、座位60个,是截至2018年底全市初中、小学中硬件设施最好的图书室。

【全域旅游初步发展】7月,举办杨村桥镇全域旅游集中签约仪式,现场签订7017味道工厂(致中和厂区)旗舰店、民宿发展、水上嘉年华3个项目。8月,水上嘉年华项目开园营业,至年底共接待游客5300余人次,填补了草莓小镇在草莓产出空档期的游客空白。10月,建德市永展旅游文化有限公司旅游休闲度假项目签约,计划总投资5亿元。12月,牧舟·十里埠民宿项目启动前期建设。全镇有"美丽乡村"特色村1个、"美丽乡村"达标村2个、A级以上景区村6个。全年共接待旅游人数10.4万人,实现旅游收入751万元。(王赛)

下涯镇

【概况】2018年,下涯镇行政面积161.81平方千米(上年度为161.78平方千米,根据建德市第一次地理国情普查结果更新),辖11个村、1个居民区。年末总人口27584人,全年出生363人,死亡192人,人口自然增长率6.22‰。当年计划生育率99.08%。全年完成社会消费品零售总额4.47亿元,比上年增长12.9%。财政总收入1.96亿元,增长7.7%,其中地方财政收入5238万元,减少12.50%。农村居民人均可支配收入23231元,增长9.8%。

年度新增东方雨虹、励德有机硅、鼎新电容器、结加4家规上企业,规模以上企业达到22家,其工业销售产值85.27亿元,增长45.5%。外贸自营出口万9558万美元,增长95.6%。全年固定资产投资14.77亿元,其中工业性投资13.47亿元,分别减少26.0%、20.0%。招商引资项目2个,至年末招商引资到外资300万美元。7月,杭州结加改性材料项目(年产5万吨沥青改性粉和2吨塑料包装材料产品)一期工程完成建设并试生产,该项目总投资1.5亿元,占地面积4公顷,一期项目主要生产改性胶粉。8月,杭州众新新型建材有限公司年产30万吨沥青砼项目(主要通过购置国际一流品牌的沥青搅和站、LNG点供气化站等,对回收的沥青废旧砼进行再加工,变废为宝,有效解决废旧沥青砼处置问题)完成建设并试生产,总投资达1.18亿元。

有耕地1038.3公顷,林地12432公顷,园地662公顷。农业总产值5.72亿元,减少3.7%。全年农作物播种面积2078公顷,其中粮食播种面积861公顷,粮食总产量5703吨。油菜籽等经济作物播种面积413公顷,总产量734吨。年末全镇生猪存栏2266头,蛋鸡存栏16.35万羽。全年造林面积60公顷,幼林抚育166公顷,审批林木蓄积采伐量7600立方米。全镇草莓种植面积61.4公顷,产值1380万元;莓农异地种植1654.7公顷,产值5.18亿元。

积极推进民生实事工程,马目渡口道路完工,溪上园区道路基本完工,乡道下涯—北坞线公交

美丽下涯(叶飞 摄)

站台工程完工，丰和、金洲文化礼堂完工，春秋文化礼堂开工建设，联和村文化礼堂及乡创园通过杭州市四星级验收，成为下涯镇首个高星级文化礼堂；全年投入5000余万元，开展美丽环境等基础设施项目14个，重点做好施家村、乌驹市村、江湾村等“美丽乡村”建设，下涯村、乌驹市、江湾村成功创建省级卫生村，大洲溪成功创建杭州市“美丽河道”；推进农村危旧房整治，大洲新村建设初具规模，完成125户建房审批和15户困难建房救助申请；完成下(涯)山(峰)线、大洲村地质灾害点整治；争取“区域统筹”“联乡结村”资金230万元，用于农田水利、美丽河道、低收入农户增收等。

强化低保对象动态管理，年度新增53户，注销78户；落实残疾人两项补贴，共惠及580人(次)；办理困难家庭补助、医疗救助、临时救助386人(次)，投入金额200余万元；完成乌驹市村、丰和村居家养老照料中心建设提升；投入15万元完成门球场建设，并成功举办下涯镇首届门球比赛；加大教育投入力度，全年投入200余万元用于下涯小学校舍维修、学生接送车等，开工建设下涯中心幼儿园(项目占地面积约1公顷，建筑面积约6450平方米，拟建3层教学大楼，预算投资2500万元)。至年末，有幼儿园1所、小学(含初中)2所，在校学生793人；专任教师94人；有卫生医疗机构1处，新型农村合作医疗参保率99%。

【东方雨虹新材料项目一期投产】该项目位于高铁新区下涯马目区块，总投资15.78亿元，其中固定资产投资10.78亿元，用地面积23.9公顷，总建筑面积24.2万平方米；项目规划建设年产4800万平方米改性沥青防水卷材、年产8万吨防水涂料、年产20万吨砂浆类产品、年产80万立方米石墨聚苯板、年产2万吨沥青涂料产品，项目全部达产后预计每年可实现销售收入32亿元，税收总额2.59亿元。6月，项目一期建成投产，至年底，实现产值3.94亿元。

【全面完成经济薄弱村“消薄”增收任务】自2017年开始实施“消薄”工程以来，下涯镇建立“百千万”“组团包干”单位、乡村振兴特派员、镇联系领导、联村干部“四位一体”的联系保障机制，组成11个工作小队，明确乡村振兴工作队职责，指导各村制定“消薄”作战图；出台资金、土地、营销、保障等方面的“制度供给”，累计整合2000万元，用于美丽乡村、精品民宿、田园综合体等项目建设；每年安排不少于200万元用于扶持草莓种植、特色餐饮、民宿等种植大户、农业龙头企业的发展；落实“千企结千村、消灭薄弱村”专项行动要求，通过投资捐助、发展租赁经济等多种方式支持村级建设。通过有效拓展“输血、活血和造血”功能，至2018年底，高标准完成全镇经济薄弱村“消薄”任务，11个村经营性收入达299万元，增长215%。

【大洲溪成功创建杭州市“美丽河道”】大洲溪为新安江一级支流，干道全长23.2千米，河宽29~70米，流域面积96.14平方千米，共有大小支流8条。近年来，下涯镇结合“五水共治”等工作，加大大洲溪流域整治力度，全线建有具有景观、亲水、娱乐等功能的游步道8千米、堰坝35处、清水平台6处；同时，积极打造“河道经济”，发展水上运动、滨水休闲、餐饮民宿等为主的美丽经济，流域内有建德精品草莓园、湿地摄影基地、滨河“森林氧吧”水文化公园、体育健身广场、为农服务中心等场所。根据《浙江省“美丽河湖”评定管理办法》，经省市有关单位考核，大洲溪成功创建杭州市“美丽河道”。

【下涯之江“彩绘田园”对外开放】下涯镇征收房屋44户，征用土地791.3公顷，流转土地230公顷，确保新安江综合保护工程的滨江景观道路、绿道、防汛道路打通及“彩绘田园”等分项目顺利完成。其中，新安江综保工程一期工程的景观节点——“彩绘田园”于“五一”小长假期间开放面积12公顷，“十一”国庆长假期间开放67公顷。该项目以“四季有彩、田园花海”为主题，种植蓝色矢车菊、向日葵、百日草、杭白菊等不同品种的花，沿栈道搭配点植春花及秋色叶乔木，形成疏朗开阔的乡间空间和极其富有自然野趣的田园风。自开放后，千亩花海绿廊成为展现下涯风貌的新名片，并迅速成为建德市最热门的旅游休闲景观点，仅中秋节游客即达到2000余人。

【乡村旅游建设】 完成醉渔唱晚、龙湾叠浪、黄饶津渡等6处摄影景观基地建设并挖掘创作渔夫模特、茶山舞曲等6个摄影表演节目,6处摄影基地均入选建德市第一批十佳摄影点位，全年累计接待摄影游客12万人次,被中国摄影网评选为“国家级摄影创作基地”。同时,整合6千米游步道、15家民宿、7家特色餐饮、5家采摘基地、1处森林氧吧、1个旅游接待中心等资源要素,推进乡村旅游产业快速发展和农民增收致富，全镇全年接待旅游人次33.7万人次、旅游收入2883万元,分别比上年增长72.57%、60%。下涯之江村与莲花齐平村在2018年第十四届杭州·浙西旅游峰会上被评为“浙西风情旅游乡村”。

【成功通过国家级卫生镇初验】 2018年,根据创建国家级卫生镇标准,制定《下涯镇创建国家级卫生镇实施方案》,将创建工作任务分解落实到相关领导、责任单位和各村,明确完成时限,实行目标管理,严格考核奖惩;组织市场监管、卫生、城管等单位,开展了30余次集中整治,全面落实“门前三包”的环卫责任制,确保清扫保洁时间主干道不低于12小时,次干道8小时,垃圾日产日清,密闭储存运输,垃圾中转站设施完备、规范运行,垃圾无害化处理率达100%。通过一系列扎实工作,成功通过国家级卫生镇初验。

(郑益华)

大洋镇

【概况】 2018年，大洋镇行政区域面积223.77平方千米(上年度为223.936平方千米,根据建德市第一次地理国情普查结果更新),辖19个村、3个居民区。年末户籍总户数35078人,全年出生360人,死亡310人，人口自然增长率1.47‰,当年计划生育率96.3%。全年完成社会消费品零售总额2.34亿元,,比上年增长7.8%。财政总收入7510万元,与上年持平,其中地方财政收入2452万元,减少6.1%。农村居民人均可支配收入22829元,增长14.1%。

全镇7家规模以上企业（年度新增规上企业旭阳墙材1家)销售产值20.15亿元,增长9.1%;实现自营出口6625万美元,增长0.7%。实现全社会固定资产投资4.1亿元，其中工业投资2.47亿元,均比减少55.6%(上年度9.24亿元,2018年固投统计口径改变,减幅较大)。全年投入科研经费6000万元,专利申报50件。年末招商引资实到内资0.75亿元,减少72%。完成新化化工5万吨/年有机胺项目和2万吨/年电子级双氧水项目设备调试工作；完成大洋生物科技2.2万吨/年新型农药原料碳酸钾生产线“机器换人”自动化改造项目试生产工作。11月,由镇政府出资1026万元收购原建德市杭丝工贸有限公司约6000平方米旧厂房改造的小微企业创业园区落成，有经营面积3000多平方米,可容纳25户商户入驻。

全镇有耕地面积1264.1公顷（比上年减少136.2公顷),林地面积820.24公顷。农业总产值4.86亿元,比上年减少3.8%;农业增加值3.14亿元。全年农作物播种面积3160.8公顷,减少4.1%,其中水稻等粮食作物播种面积1634.2公顷、总产量10065.7吨(增长6.3%),油菜籽等油料作物播

◎大洋镇农民安置区联体式民居

种 504.4 公顷、产量 1154.3 吨(增长 3.1%)。花卉苗木种植面积 243.3 公顷，销售额产值753.5 万元。茶园面积 411.9 公顷,总产量 322.7 吨。橘园面积 535.7 公顷(减少 64 公顷),总产量 8183 吨。枇杷园面积 426.2 公顷,产量 2291 吨,产值 4351 余万元,单价为上年度的 63%。杨梅园面积 520.1 公顷,产量 458.3 吨(受天气等因素影响,总产锐减至上年度的 26%)。年末生猪存栏891 头,家禽存栏 50.5 万羽,其中蛋禽 44.3 万羽。新建温室枸杞大棚 40 亩,成功培育枸杞苗 10 万株。完成星空绿谷小镇项目 3600 平方米高科技温室大棚以及旅游码头建设;完成立杨生态农业枸杞南移项目 2.7 公顷枸杞大棚新建、2000 平方米厂房及展示中心建设。

全年实施西湾坑水库除险加固项目、件头坞塘坝除险加固工程等 8 座水库、5 座塘坝标准化建设,实施麻车村、江东村、庆丰村等 4 处高效节水灌溉项目,辐射、受益面积 95.3 公顷。完成主集镇"污水零直排区"建设,实现大洋集镇污水管网全覆盖,工业企业截污纳管、雨污分流。12 月 10 日，开工建设市政府 2018 年新增重点实施项目——大洋镇城市自来水管网延伸工程，规划日供水量 3900 立方米,管道全长 11 千米,概算总投资 3497 万元。

全面提升农村居住环境。全年消除存量违建 700 余处 11 万余平方米,于全市率先完成存量违建销号。打造精品庭院 285 户,利用中央财政专项资金 300 万元，修复建南村章家自然村部分古建筑。投入 480 万元,购置分类清运车 25 辆、垃圾分类桶 18 只、智能投放设备 26 台,在全市率先实施垃圾分类智能投放，切实推进辖区生活垃圾的减量化、资源化和无害化,在 2018 年度农村人居环境卫生长效管理工作和清洁乡村工作两项考核中均排名全市第一。

全年对各类困难户 121 人发放各类困难救助、临时救济 19.16 万元,落实杭州市"联乡结村"帮扶资金 390 万元。截至年底，城乡医保参保率 98.9%,城乡养老保险参保率 96.5%,特困人员养老保险参保率 91%。

年末全镇有初中 1 所,在校学生 398 人,专任教师 57 人。有小学 3 所,在校学生 928 人,专任教师 64 人。有幼儿园 1 所,在园幼儿 489 人,专任教师 18 人。全年兑现教育先进奖励 50 余万元,大洋镇三河村严国灿以 699 分取得全市高考第一名成绩。有卫生院 1 所,卫技人员 48 人。

【农村土地综合整治】全年实施垦造水田项目 23 个,合计面积 180 公顷。完成垦造水田 93.3 公顷,旱地改水田 7.34 公顷,建设用地复垦 5.7 公顷,完成 10 公顷建设用地立项工作,拆除危旧房屋 295 户,完成"三主四辅"安置区块(以兰苑新村、清苑新村、和苑新村为主,恒德家苑、上源新村、麻车内湖、麻车桥头等为辅)建设,总建筑面积 35 万平方米,安置农户 1700 余户、6000 余人。

【完成大洋五保供养服务中心迁建项目】2 月,位于大洋镇高垣村的大洋五保供养服务中心迁建项目完工,该项目是大洋镇 2017—2018 年度重要民生工程之一,主要包括新(改)建 1 幢综合楼、3 幢住宿楼（总建筑面积 9650 平方米），绿地建设(2605 平方米）以及相关外部装饰设施，总投资 1000 万元。该服务中心有居室 98 间及标准阳光厨房,配设标准的消防系统和呼叫系统,可供 150 名"五保"供养人员入住。至年底,已有 22 名五保户入住。

【获评小城镇环境综合整治"样板镇"】3 月,大洋镇启动小城镇综合环境整治工作,总投资 9000 余万元、历时 9 个多月实施 11 个大项目、25 个子项目。完成对大洋集镇主要道路各类缆线"上改下"工程、34 个背街小巷点位整治以及市政基础设施提升工作,共计粉刷清洗墙面 3 万余平方米,拆除违建点位 235 处,整治脏乱庭院 500 余户;改造道路 10 条,改造停车场 7 处、增加车位 400 个,改造或新建公厕 7 处,新增标示标牌 200 余处。活动紧扣"花小钱、多动脑、巧装扮"理念,以点带面,突出"拆后利用""节点打造"和环境秩序提升,把彰显"美丽大洋"的特色优势做深做透,整治模式受到浙江省、杭州市、建德市等上级部门的高度认可。12 月 22 日，大洋镇通过小城镇环境综合整治验收,获评省级“样板镇”荣誉称号。

【成立全市首家“道德银行”】5 月 15 日,大洋镇杨桥村“道德银行”正式启动,在全市率先推出乡村善治新举措。该“银行”由杨桥村与建德市农商行协作成立,全村农户设立“道德”账户,村两委、党员代表、村民代表组成评委会,依据农户平时的文明行为进行评分存入“道德”账户,每季度评选“道德之星”,“道德之星” 可享受建德市农商行高额度、低利息、免担保的贷款惠农政策,以此引导村民形成勤劳友善、孝老爱亲、互帮互助的良好氛围。至年底,该做法推广至全镇所有村,农商行共授信 8 个村 1.6 亿元,210 户农户、407 人享受下浮利率优惠,共计发放贷款金额 3657 万元,平均利率下浮 8%,为农户直接节省支出 21.32 万元。

【乡村旅游建设】3 月,镇政府印发《关于促进大洋镇全域旅游发展的扶持细则(试行)》,推进星空绿谷小镇、立杨生态农业、米粒牧场以及 AAA 级旅游村落等旅游重点项目建设,新增“石塘江月”“ 第一家”等 10 家特色农家乐。全年接待游客 15 万人次,旅游总收入超过 1500 万元。

为了展现大洋镇土地流转成效显著,促进发展镇域综合型农业观光旅游产业,9 月 29 日,在高垣村高垣梯田上举办第十八届新安江旅游节组成内容之一——“观最美梯田、赏万人太极”活动。该活动由杭州市国土资源局、建德市人民政府主办,建德市全域旅游办、杭州中建农业综合开发有限公司,建德市大洋镇人民政府承办。活动内容包括千亩梯田风景欣赏,观看 2018 名太极爱好者的太极拳表演,学习国学行孝礼,欣赏传统中式婚礼,体验编稻草人、草鞋等手工艺,品尝大洋风味小吃等,活动当天吸引央视新闻网、杭州日报、钱江晚报等 10 多家媒体的现场报道,央视新闻网直播点击量破 60 万,仅国庆长假期间就吸引游客近 3 万人次。

【“独流入海”一期主体工程完工】受地势低洼影响,大洋镇境域因地势低洼,汛期屡屡遭受兰江洪水淹没,严重影响沿江 3.4 万居民和企业的生产、生活,并造成巨大的经济损失。为此,从 2017 年开始实施省级重点项目——大洋镇“独流入海”一期工程,该项目主要在大洋境内兰江修筑防洪大堤(分为集镇段、鲁塘段、麻车段 3 段),堤防治理长度 4.98 千米(按 20 年一遇标准新建及加固堤防 4.08 千米,护岸整治 0.9 千米,新建防洪墙 5 处,排涝闸 3 处,挡洪闸 1 处,沿线预埋排水管 13 处),工程征迁房屋 66 户,征用土地 6.53 公顷。总投资 9474 万元。12 月 22 日,一期工程完工,从根本上提高了该镇防御洪水、减少水患、保障民生的能力。(陈琪)

寿昌镇

【概况】2018 年,寿昌镇行政区域面积 155 平方千米(根据建德市第一次地理国情普查结果更新;上年度数据为 146 平方千米),辖 23 个村、4 个社区,年末户籍人口 45755 人(其中农业人口 36715 人)。全年出生 479 人、死亡 339 人,人口自然增长率 3.06‰;当年计划生育率 98%。财政总收入 3.6 亿元,比上年增长 87.6%;其中地方财政收入 1.22 亿元,增长 61.4%。农村居民人均可支配收入 26300 元,增长 10.0%。

全镇规模以上工业企业 22 家(年度新增 2 家),销售产值(含开发区)29.36 亿元,增长 37.8%(按上年度基础值计算为增长 5.6%,本年度统计口径发生变化)。自营出口 1892 万美元,增加 55.6%。固定资产投资额 12.25 亿元,其中工业投资 5.04 亿元,分别减少 44.9%、46.4%(统计口径变化导致减幅较大)。全年招商引资实到内资8500 万元,外资 306 万美元。

12 月,建德市环境能源项目开工建设,计划总投资 3.8 亿元。重点项目红狮飞灰项目全年完成投资达 1.1 亿元,投入试运行。红狮矿山二期项目签订矿山出让协议,开始矿山征用。12 月 29 日,由浙江工业大学设计,采用国内最先进的飞灰处置技术——“飞灰水洗+水泥窑协同处置工艺”及德国进口 Piller 压缩机机组的红狮水泥窑协同处置固体废物项目竣工并投入使用,该项目利用

◎寿昌集镇中山路新貌(陈小平 摄)

存量土地新建标准厂房一栋(建筑面积9766平方米),设计处理能力200吨/天,总投资1.1亿元。

有耕地1210.87公顷,林地9406.73公顷。农业总产值3.69亿元,减少3.7%。粮食播种面积1299.3公顷,粮食总产量8851.6吨。油菜播种面积547.5公顷,产量1230.5吨。果用瓜种植面积57.1公顷,产量1149.1吨。蔬菜种植面积561.6公顷,产量8482.2吨。生猪存栏793头,出栏519头。家禽存栏13.97万羽,出栏6.32万羽。

全年实施低收入农户奔小康工程、寿昌一小教学楼建设工程、绿荷塘村楠木文化展示厅建设项目、十八桥村乡村旅游产业提升配套工程等“联乡结村”项目18个,总投资1920万元,其中帮扶资金投入445万元。

完成十八桥村浙江省"一村万树"示范村建设任务。通过建德市寿昌镇森林城镇建设方案的专家评审。

永嘉桥村、石泉村、童家村、绿荷塘村、南浦村、大塘边村、陈家村的171.1公顷垦造水田项目,永嘉桥村、石泉村、童家村、绿荷塘村、南浦村、陈家村、周村村、余洪村的42.3公顷旱改水项目均已入库,并且完成清表,通过清表验收,等待两山公司组织专家论证和设计规划。土地整理项目资金总量5.49亿元,其中镇村可用3.24亿元。完成南浦溪小流域水土流失综合治理工程,治理面积12.1平方千米,有效治理水土流失覆盖面达到90%以上。

完成会通桥、湖心亭、南溪桥等步行桥、亭、街的建设,新建状元廊桥。完成宋公园、屏山公园、艾溪公园、江枫公园、320国道和330国道入城口公园7万平方米的修建,新建约2000平方米的“海绵生态”停车场1处。此外,充分利用东昌北路320国道桥下空间,打通东昌北路与横山社区通道,形成环镇道路无障碍通行。

全年完成A级以上景区村庄创建9个,其中河南里村、桂花村成功创建为AAA级景区村庄。11月,浙江省文化和旅游厅对双马生物工业旅游示范基地(省级)进行现场验收。

全年完成低(残)保人员870户1593人信息核查,发放临时救助15.4万元,发放困难群众医疗救助资金264.48万元。完成困难群众住房救助工作25户任务,80户农户享受到农村住房改造政策。镇五保供养服务中心实行公建民营。新开办周村村、西华村农村等老年食堂2个。全年参加城乡居民基本医疗保险人数28063人,参保率为99.22%。

文化体育事业取得较大成就。完成乌石村、石泉村杭州市历史文化古村落保护重点村、一般村项目。全面推进十八桥村等14个村文化礼堂建设,童家村成功创建为四星级文化礼堂。桂花村创建成为建德市德文化示范村,周宣灵王庙孝文化教育基地正式对外开放。举办桂花节、丰收节等文化活动160余场次。积极推进天罡拳申报国家级非物质文化遗产项目。镇老年体协获得浙江省老年体育先进协会称号。

年末,有镇属中小学校4所,中心幼儿园1所及其分园5所,民办幼儿园1所,在校学生3596人,教师344人(含幼儿园学生及教师)。2018年中考寿昌初中达到严州中学新安江校区上线人数,居全市农村初中第一,教学质量创建校以来历史性突破。寿昌一小创建“全国青少年篮球特色学校”,寿昌初中创建省级足球特色学校。寿昌镇第一小学教学大楼建设项目(总投资700万元,计划建设四层框架结构的教学楼,建筑面积2800平方米)完成主体工程,计划2019年9月投入使用。

全镇镇属基层医疗机构有卫生院1所,社区卫生服务站3所,分别为横山社区卫生站、童家社区卫生服务站、城北社区卫生服务站,一体化村卫生室16所,非一体化村卫生室3所,牙科等个体诊所10所,养老院1所。至年底有职工102人,医技人员89人,其中副高职称2人、中级职称16人。杭州金都集团投资2.2亿元的河南里康养项目开工建设。完成杭州市第七人民医院浙西院区项目镇级财政配合投资500万元(计划总投资1200万元)。

【全市首家特色小镇总工会成立】2月11日,建德经济开发区(航空小镇)总工会成立大会暨第一次代表大会召开,正式成立全市首家特色小镇总工会。

建德经济开发区(航空小镇)是浙江省第二批通过验收命名的省级特色小镇之一。截至2018年2月,小镇累计入驻企业44家,职工1200余人,入驻企业多为三产服务性企业,具有企业职工少、职工流动性大的特点。小镇总工会的成立,对维护广大职工的合法权益,调动广大干部职工的工作积极性,增强职工凝聚力,推进和谐企业建设将起到重要作用。

【横钢纪念馆建成开放】2月,位于建德航空主题乐园(原横钢工人文化宫)内的横钢纪念馆正式对外开放。横山钢铁厂是20世纪60年代初浙江省第一座特种钢铁厂,后成为冶金工业部铁合金生产重要企业,为部、省双重领导的生产国家战略物资的保密工厂,为国家经济建设做出了杰出的贡献。该企业经改制后成为从事有色金属冶炼的私营企业。该纪念馆占地面积400余平方米,总投资约500万元,以“岁月重逢,再现横钢”为主题,综合运用动态影像、主题雕塑、沙盘模型、图文实物等技术手段,展出各类原始文献、珍贵老照片和200余件珍贵实物,全方位记录横山钢铁厂的发展历程和人文风貌,再现当年“穿草鞋、披蓑衣、戴笠帽、推土车、拿铁铲”的横钢建设工地场景,展现“团结一致、艰苦奋斗”的横钢精神。

【航空小镇荣获浙江省级优秀特色小镇】9月,主体位于寿昌镇的建德市航空小镇获得“省级优秀特色小镇”称号。

自2015年实施创建工作以来,航空小镇充分整合建德千岛湖通用机场、横钢工业遗存等优势资源,初步形成集通航制造、通航服务、通航旅游等完整的产业体系和产业集群,特别是2017年开始,航空小镇以构建“全省1小时通用航空交通圈”为目标,正式启动机场二期改扩建工程,将机场跑道延伸至1200米,预留1800米,新建机坪2万平方米、机库4500平方米、航站楼5000平方米,以及塔台、平行滑行道、助航灯光系统、联络道等基础设施,并成功与省机场集团合作,在小镇成立省通航产业发展有限公司,联合谋划全省乃至长三角地区的通航产业投资及布局。截至2018年9月初,累计完成固定资产投资28.22亿元,其中特色产业投资完成18.63亿元,实现税收2.3亿元;引进5000万元以上项目41个,总投资186.3亿元,1—8月接待游客人数40余万人(次)。

【小城镇环境综合整治完成验收】2018年,以“千年古城、航空乐城、温泉暖城”三大发展主线为综合整治基点,高标准开展并完成小城镇环境综合整治各项建设任务,总投资约4.5亿元(含开发区)。开展线乱拉整治,采用多箱合一技术,解决空中蜘蛛网现象,共完成强电部分上改下19.4千米;杆路整治4.23千米;入户整治1225户;弱电部分上改下14.98千米;杆路整治12.62千米;入户整治3213户。新建、改造公共厕所16座。完成120间沿街老旧商铺改造及1298间店招店牌改造,改造房屋外立面651幢17.4万平方米,改造老式卷闸门858处。设置公共停车位6处,停车位736个(其中地下停车位201处);在溪边路、东昌北路、中山东路、西昌路、桥东路等两侧新划820

个停车位,有效缓解停车压力。设置道路视频监控点位 191 个,交通违法自动抓拍系统 33 个。探索出台《寿昌镇犬只限养管理办法》《寿昌镇环境秩序管理办法(暂行)》,长效管理机制初步形成。全力推进“三改一拆”,全镇全年完成 9.1 万平方米拆除任务,其中集镇范围拆除 5 万多平方米,为集镇建设发展腾出空间。加速开展中山路、西湖水街负面业态清退,邀请专业运营公司以打造浙西旅游目的地新标杆为标准,谋划步行街、西湖水街和解放南路等核心街区产业布局。

【小城镇环境综合整治打造样板成为全省第一个免考乡镇】 4 月 11 日,寿昌镇承办全省小城镇环境综合整治现场会,获得与会领导的一致好评,被列为建德市级党建双月例会示范点,先后在《人民日报》《中国社区报》《今日浙江》《浙江日报》《杭州日报》等媒体上广泛宣传,被列为全省免考对象。9 月,省考核组复核考核时获得高度肯定,成为小城镇环境综合整治的“浙江样板”。至年末,共有省内外县(市)、乡镇(街道)180 余批次约 1.5 万人到寿昌镇参观考察学习。

【镇调解委员会获全省优秀人民调解委员会称号】 近年来,随着辖区内各类项目推进,特别是小城镇环境综合整治深入的开展,各类矛盾纠纷时有发生。寿昌镇人民调解委员会结合实际,认真贯彻“调防结合、以防为主”的方针,坚持矛盾苗头“早发现、早控制、早处置”,推行“干部代跑制、治保主任坐班制和上门调解制”三项新举措,努力将各类矛盾发现在基层、控制在萌芽,牢固构筑矛盾纠纷调解防线,有效地维护了辖区的社会稳定。近三年来,调委会深入乡村、社区,共化解矛盾纠纷 290 余件,涉及各类人员 600 余人,协议涉及金额达 1000 余万人民币,对市级以上信访案件 28 件、市长公开电话 778 件的回复、办结率均达 100%。12 月,寿昌镇人民调解委员会被省司法厅授予全省优秀人民调解委员会称号,成为杭州市 3 家入选单位之一。

【全面推进乡村保洁和垃圾分类】 投资 500 余万新建全市首个垃圾分类科普馆,增配压缩作业车等环卫专业设施。完成 48 座农村公厕改造任务,其中 1 座为旅游公厕。

桂花村首创“人人都是保洁员”的村庄保洁包干自治模式。将全村划分为 12 个片区,每个片区聘请正、副片长各 1 名,各片区按户头分配卫生包干区域。出台片区考核办法,实行定期督查制度,每月对考核结果进行公示,形成“村两委—片长—农户”三方监督体系;建立村民卫生信用档案,详细记录每个农户的保洁考核情况,并逐步与村民待遇挂钩,倒逼村民增强保洁的责任意识。该经验做法在 7 月 10 日中央电视台新闻频道《新闻直播间》栏目播出,同时引来安徽省、福建省、湖北省等省外省内多批次到该村参观学习,接待近万余人次,获得了省市领导的肯定批示。

【新安江自来水厂童家片供水工程竣工】 新安江自来水厂寿昌镇童家片管网延伸工程,是杭州市长徐立毅在“百千万”蹲点调研活动中领衔解决的“帮助推进解决村民饮水问题”重点民生工程。该项目总投资约 1950 万元,工程主要包括敷设供水管线 30 千米(主供水管线长约 23 千米),设有加压泵站 6 座,通过三级提升两次消毒,范围覆盖寿昌镇绿荷塘村、童家村、西华村、周村村 4 个村以及沿线余洪村等 7 个自然村,受益人口近万人。该工程 9 月 1 日开工,12 月底实现主管通水,2019 年 1 月 29 日正式通水,彻底解决童家片群众饮水困难问题。

【承办杭州市农村小城镇规划建设现场推进会】 全面完成山峰村特色村项目建设,10 月 22 日,在该村举行杭州“百千万”活动农村小城镇规划建设现场推进会,得到杭州市领导批示和肯定,其中,杭州市市长徐立毅批示“变化喜人、成绩鼓舞人心,望继续努力,朝着美丽乡村建设‘新山峰’目标迈进”,副市长缪承潮批示“建德市寿昌镇山峰村不但打赢‘消薄’仗,而且整治提升了环境,走上了富美之路,值得充分肯定”。

【桂花村举办第三届桂花节暨“知青回家”活动】 10月14日,寿昌镇桂花村举办第三届桂花节暨“知青回家”活动,来自美国及北京、安徽、河北等十个省市和杭州、建德本地的120多名知青齐聚桂花村,赏桂之余,在该村文化大礼堂举行座谈会,为该村的发展出谋划策。(王洁瑕)

大慈岩镇

【概况】 2018年,大慈岩镇行政区域面积86.59平方千米,辖12个村、1个居民区。年末总户数6545户,户籍总人口20987人。全年出生206人,死亡174人,人口自然增长率1.52‰,当年计划生育率98.8%。全年完成社会消费品零售额9232万元,比上年增长11.2%。实现财政总收入7993万元,比上年增长75.5%,其中地方财政收入2610万元,增长55.5%。农村居民人均可支配收入20136元,增长11%。

有规模以上工业企业20家,实现销售产值7.56亿元,比上年减少63.1%。至年末,完成固定资产投资2.70亿元(年度计划的135.1%,其中民间投资2.2亿元),其中工业投资1.91亿元(其中高新技术产业投资5745万元),非工业性投资7943万元(其中生态环境及公共设施投资5043万元,为年度计划的296%)。共计盘活土地10公顷、闲置厂房(办公用房)5万平方米,引进立度织造、新约包装、依玲织造、金添高分子材料、筑扬建筑、兰祥建材等项目,总投资超过3亿元,其中浙商回归项目资金9500万元,3个项目投资在5000万元以上。实现招商引税1400万元。外贸自营出口交货值316万美元,增长17%。

有耕地面积993.13公顷,林地面积5525公顷。农业总产值2.21亿元,减少3.5%。全年粮食作物播种面积1238公顷、总产量8848.43吨(增长6.9%)。其中水稻播种面积750.2公顷、总产量5995.8吨,豆类播种面积248公顷、总产量932.8吨,薯类种植面积239.6公顷、总产量1919.9吨。油料作物(油菜籽为主)种植343.3公顷,总产量910.6吨。主要经济作物有白莲、西瓜、香瓜、柑橘、茶叶、蚕桑等,其中白莲种植507公顷(“十里荷1号”种植面积253公顷),莲子产量494吨,产值3952万元。

全年落实困难家庭医疗救助资金153.15万元,困难家庭临时救助资金11.3万元,帮扶结对资金(含物资折合)27万余元,各类助学金7.7万元。成立镇退役军人管理服务站,采集退役军人等优抚对象信息750余份。全年累计上报困难群众危旧房救助75户,申领补助资金124万。建立残疾人信息数据动态更新平台,推进残疾人两项补贴,覆盖率达95.6%。对接杭州市“联乡结村”第十二帮扶集团,实施帮扶项目12个(低收入农户增收项目1个、村集体经济发展项目4个、科教文卫项目2个、基础设施水平提升项目5个),落实帮扶资金359万元。基本完成新叶“杭派民居”安置房、石柱源管网延伸工程,完成白山后、岳家自然村饮水工程和解放水库备用水源泵房工程,完成檀村村节地生态公墓建设并通过市级验收,完成3个村级老年食堂和1个镇级居家养老照料中心建设,实施解放水库标准化建设(概算投资300万元)。

至年末,有九年制一贯制学校(大慈岩镇中心学校)1所,公办幼儿园1所,乡镇卫生院1所。

◎大慈岩镇荷塘音乐会

【文化惠民工程】继续实施文化惠民工程，投资100万元完成上吴方村“家风馆”及4个“童眼看古村”特色教学点，推进镇域“产”“学”“研”相结合的特色教育。举办上吴方村“正月廿”民俗文化节、李村“二月二”、新叶“三月三”等大型传统民俗文化活动，承办各类文艺会演14场，组织参加各类文化走亲21次。双泉村被评为德文化示范村，李村村被评为建德市文明村，《淳化乡风文明，打造“德润大慈岩”精神文明IP》获2018年度全市宣传思想文化工作“创新项目”名单。至年底，全镇12个村均实现农家书屋全覆盖，10个村建成文化礼堂。其中双泉村新建成文化礼堂畲族广场，村文化礼堂被评为杭州市四星级文化礼堂，并通过省五星级验收，成为建德市在同一年度内完成四星、五星连评的2家文化礼堂之一。

【“美丽乡村”建设】美丽乡村大慈岩村特色村项目、檀村村和吴山村达标村完工并通过验收，大慈岩村被评为优秀村；新叶等5个村本年度美丽乡村“村庄生态修复”项目完工并通过验收；“杭州市精品村”陈店村项目、建德市特色村上吴方村项目均开工并有序推进。

【国家级卫生乡镇创建】积极开展国家卫生乡镇创建工作并通过了省级暗访。建立小城镇环境综合整治长效管理机制，完成背街小巷、道路建设等项目扫尾工作，规范各类商户经营行，查处无证无照摊，查处违法交通行为。进一步巩固“无违建”创建成果，累计拆除违建5.1万平方米，推行新违建防控登记报告机制，严防新增违建，对历史积案全部依法合理处置。在全镇开展彩钢棚清零行动，28个自然村拆除完成该工作。继续推进“四边三化”整治，完成年度任务点位整治31处，严格执行路长制，确保辖区道路干净、整洁、有序。持续深化“五水共治”工作，对12个村的13条河道、114个池塘、36个山塘及、10个小㈠、小㈡型水库、重点对6家养殖企业开展污染源大排查，招募“民间河长”，提升城乡居民参与积极性，加大对农村生活污水管网运行维护的实时监控，及时处置新问题。全镇居民居住环境质量得以提升。

【全域旅游建设】2018年，镇政府出台《大慈岩镇美丽经济发展政策实施细则》，制作《春来慈岩旅游指南》《夏游慈岩旅游指南》和《大慈岩镇全域旅游地图》，推动发展旅游产业。里叶村、双泉村等5个村列入全省传统村落保护利用项目名录，争取到上级资金1500万元。开展5个A级景区村创建工作；西山人家、飞凤心灵庄园谷掌民宿实施改造提升，睦慈民宿引进“途家欢墅”合作经营，“爱浙里”民宿建设完工。年内先后举办《燃烧吧，麦克风》浙江少儿歌唱大赛建德赛区总决赛、《村长喊你来过年》大型儿童真人秀节目。对外宣传取得新的成就：新叶村登上央视四套《国宝档案——家在钱塘》栏目；新叶村连续第五年被评为华东十大油菜花观赏胜地、浙江旅游休闲示范村，李村寿南暴动纪念馆、上吴方村建德家风馆被评为建德旅游联盟成员单位，建德家风馆获评杭州社会资源国际旅游访问点、中共建德市委党校现场教学基地，大慈岩“山风岚”被评为2018杭州·浙西特色民宿，“古村落发现之旅二日游”线路被杭州市旅游委员会列为向外推荐的十条乡村旅游精品线路。全年镇域接待游客68.7万人次，实现旅游总收入4858万元，其中乡村旅游接待游客36.5万人次，实现乡村旅游收入2928万元。

【首届大慈岩陈店桃花节】3月24日，在大慈岩镇陈店村桃花坡举办首届大慈岩陈店桃花节，该活动以“漫坡桃花美，起舞待君赏”为主题，活动现场有正值盛开的桃花林近千亩，活动内容包含特色小吃农产品展销、赏花摄影大赛、青年植树、古筝演奏、文艺表演、旗袍走秀等内容，吸引了近万本地居民和游客参与。

【第十届十里荷花节】7月9日，第十八届中国·17℃建德新安江旅游节重头戏之一——第十届十里荷花节暨“万人赏荷”活动在十里荷花景区开幕。整个活动由农家乐厨艺大赛、文艺晚会、送戏下乡、毅行—体育嘉年华等内容组成(持续3个月)。开幕式上举办“荷塘月色”乡村音乐会，成功吸引新华网、人民网等50余家媒体广泛关注。

【重组镇消防专职队】 9月，大慈岩镇重组镇属消防专职队，建立檀村、上吴方村两个微型消防管理站。该消防队组建后，在檀村村湖塘工业园区等地开展消防实战演练活动，对全镇消防安全隐患单位进行排查整治，累计检查各类企业、单位517家，历史建筑368处，排查消防安全隐患3479处，整改3473处，整改率99.83%。至年底，该镇消防体验馆完成建设投入使用，192名独居老人住处安装有烟感报警器。

【乡贤统线工作】 9月，配合市委、市政府做好首届“建德人大会”前期嘉宾邀请、会务筹备，邀请叶建林等9名大慈岩镇在外乡贤参加首届大会，并在吴山村飞凤心灵庄园设立首届大慈岩镇分会，邀请各条战线上的乡贤聚会畅谈，为家乡发展出谋划策。以里叶村为试点，召开村级乡贤联谊会，并在年内完成村级乡贤联谊会全覆盖，切实发挥乡贤统战在乡村振兴中的作用，同时为做好“后建德人大会时期”的乡贤统战工作打下基础。

【葆元农场被评为“浙江省美丽标杆生态牧场”】 杭州葆元家庭农场有限公司位于大慈岩镇檀村村湖塘自然村，2013年7月注册成立，主要从事山羊养殖、乳制品(巴氏杀菌乳、鲜羊奶)加工、生鲜乳(羊乳)收购、地产中药材(国家禁止种植的中药材除外)及水果种植与销售、种植(养殖)技术服务。近年来，该公司加大投资建设基础设施，将企业发展与大慈岩镇的全域旅游发展相结合，着力打造生态观光型农业，走出“一产增收、三产出彩”的特色农业产业路子。12月，该农场(公司)被评为浙江省美丽标杆生态牧场。(沈恒阳)

航头镇

【概况】 2018年，航头镇行政区域面积157.74平方千米(上年度为157.79平方千米，根据建德市第一次地理国情普查结果更新)，辖18个村、1个居民区，年末户籍总人口35124人，全年出生409人，死亡273人，人口自然增长率1.71‰，当年计划生育率97.57%。完成社会消费品零售总额2.02亿元，比上年增长12.2%。财政总收入1.44亿元，增长174.6%，其中地方财政收入5950万元，增长166.6%。农村居民年人均可支配收入24965元，增长9.8%。

完成固定资产投资4.16亿元，比上年减少32.9%；其中完成工业投资2.63亿元，减少26.8%。13家规模以上工业企业销售产值8.37亿元，比上年减少5.1%；自营出口1744万美元，增长22.9%。盘活园区闲置厂房和土地开展招商引资，引进投资1.3亿元、年产8000台新能源汽车非车载充电设备的项目和投资7300万元、年产700万件新能源汽车配件及汽车发动机部件的项目；引进年产70万只的瑞沃德制冷压力容器和30万件热交换器生产项目，为换热配件制造产业“补链”“延链”夯实基础。至年末，工业功能区内有签约项目9个，投资概算8.38亿元。

有耕地面积1610.13公顷，林地面积1.15万公顷。农业总产值3.59亿元，减少3.5%。全年粮食播种面积1610.1公顷，粮食总产量10747.6吨，其中，水稻种植面积882.6公顷，总产量7042.35吨；粮食功能区最高亩产达到935千克。油菜种植面积687.8公顷，总产量1524.7吨。甘蔗种植面积49.7公顷，总产量3694吨。茶园面积90.4公顷，总产量54.8吨。油茶、果园种植面积211.2公顷，总产量6877.2吨，其中桃园101.8公顷，总产量912吨。继续扩大草莓种植面积，增长40.5%，达46.8公顷，面积为历年最多。

全面实施标准农田整治提升工程，完善农业基础设施，提高农业生产条件。完成高标准农田建设提升1533公顷。完成垦造水田、旱改水、工矿用地复垦等各类土地整治项目34个。全面完成溪沿、东村、千源山改田项目，新增优质耕地33.3公顷，立项垦造水田200公顷。利用世行贷款的公曹水库除险加固工程开工，3条生态沟渠已先行开工建设。制定土地流转扶持政策及奖励办法，加快推进土地流转，提高土地利用率，为主导产业向优

◎航头镇深氏节能广交会展台风采

势区域集中和农业资源向规模经营集中提供土地平台。

年末有初中1所、小学3所、幼儿园3所(航头初中教职工65人、在校生449人;航头小学本部教职工数51人、在校生760人;大店口校区教职工9人、在校生79人;石屏校区教职工9人、在校生66人;航头镇中心幼儿园教职工40人、在园幼儿293人;石屏园区教职工7人、在园幼儿69人;大店口园区教职工17人、在校幼儿110人)。投资200余万元对航头初中中、航头小学、航头幼儿园进行暑期维修提升,新增一批硬件设施。全年新增办理低(残)保115人,办理、续办困难家庭72户149人,实施医疗救助524人次,临时救助151人次。办理大病救助、各类助学42人次。发放各类救助金共计263.36万元。农村居民城乡居民基本医疗保险参保率99.19%。建成航头初中体艺楼并投入使用,投资960万元;新建村级文化礼堂3座(曹源村、南屏村、石屏村),升级改造2座(大店口村、航头村),大店口村成功创建“德文化示范村”,为创建浙江省文化强镇打下硬件基础;举办“最美航头人”、“灵栖洞天·文化航头”农民文化节等系列文化活动。年末有卫生院2所:航头镇卫生院和石屏卫生院。其中,航头镇卫生院职工51名(在编人员36名,临时人员13名,借入人员2名);石屏卫生院职工8名。设有村级卫生室16个,村医16名。

【重点工业项目以科技创新加快发展】刚信科技、瑞沃德机电两家公司通过创新驱动企业发展,全年申请各类专利56件。沈氏节能集成式微通道及制冷系统打入军工市场,被工信部、国防科工局授予首届军民两用创新大赛优胜奖;宏兴钙业淘汰7座机立窑,新增3座节能钢窑,产能提升50%,单位能耗降低15%;云峰钙业新建全市最大20蒸吨锅炉,单位能耗降低20%。全力做好项目落地服务工作,进一步推动产业升级、拓展发展空间。4个5000万元以上重大工业投资项目年内全部开工建设。投资7300万元的刚信科技项目竣工投产,至年底实现产值4000余万元,顺利实现企业上规模;年度投资5000万元的建航新能源建设项目已完成5000平方米办公楼和2万平方米生产厂房建设;瑞沃德机电投资5500万元的制冷压力容器和热交换器项目完成生产线的调试并顺利投产;投资2亿元的建伟矿业项目已完成道路扩建等基础配套建设,临时生产线开始生产。

【全域旅游建设】2018年,以农旅结合为方向,编制细分农业科技示范区、康养休闲体验区、滨江慢生活体验区、森林氧吧体验区、珏塘古村落产业园“5区块”规划。充分利用灵栖洞和江南大冰洞两个景区资源,与果蔬采摘基地、农家乐进行深度整合,以“桃莼节”、江南大冰洞“挑战零下10℃”等活动为载体,集中展示、推广航头农旅产品,展现“别有洞天地、果香醉航头”的特色小镇魅力。加快推进珏塘村古村落的保护与开发利用,深挖传统文化内涵。积极开展民宿培训交流,学习先进运营管理经验。全年接待游客55.9万人次,比上年增长24%,全镇门票、采摘、餐饮等旅游收入3309万元,增长95%。

【特色农业产业新发展】养殖业实现数量型向质量型转变,全镇建有省级美丽牧场7家,市级美丽牧场1家,为全市提供“菜篮子”保障。粮食生产再创新高，全镇种植水稻867公顷，亩产达到600千克以上。西湖莼菜优质种质资源保护基地和优质甜玉米设施高效栽培示范基地相继落户航头。园旺桃园与安厨公司合作线上销售，成功对接网商平台；农夫山泉入股瑞德农业合作经营，绿谷星空入驻珏塘粮食基地开发富硒大米，建伟矿业和倚天农业合作盘活闲置资产，千龙农业与知味观、楼外楼合作成品直销，产品利润率大幅提高；西红花稻米、西红花餐饮等下游产业发展较快，“两西”产业已经成为航头新名片；航头蜜桃、水果玉米、有机火龙果、建德草莓、里洪坑红茶等农产品的种植、包装、销售走向高端成熟，产品以“全域旅游”为平台，打入杭州、上海等大市场。

【集镇面貌明显改善】23省道及沿线工程顺利完工交付，自来水管道改建新建工程、溪沿安置房、溪沿村便民服务中心、溪沿农贸市场及配套设施均完成工程建设。完成集镇污水管网改建工程、新街上改下和路灯安装、寿昌江航头段绿化提升项目。溪石线航头村段建设工程基本完工。“三改一拆”控新违工作继续走在全市前列，拆后利用4.4万余平方米。高标准完成400余处“四边三化”点位整治，完成落实路段长制度及常态化考核机制。

【“美丽乡村”提标攻坚】大力开展“三创一整”工作，集中进行城乡环境综合整治，累计投入专项资金450万元。推出“美丽乡村示范带”创建大比武活动，集中打造“美丽乡村”示范线路，完成2期共32条“美丽乡村”示范带验收，250余户“五美庭院”建设、80余处小品小景打造，实现“美丽全覆盖，村村有亮点”。建立垃圾分类长效管理机制，设立“绿色账户”，探索实行“积分兑换”机制。灵栖村、乌龙村分别成功打造“美丽乡村”示范村和特色村，航头、彭家等5个达标村创建也顺利通过验收。

【“五水共治”全面深化】建立镇村河湖长责任制，推进“美丽河湖”建设。对镇域范围内水体保洁、入河排口、涉河非法行为进行集中整治，共树立各类入河排口公示牌、排口信息汇总牌、涉河工程公示牌共200余块。开展电毒鱼专项“零点行动”，处理非法电毒鱼8起，全镇河道水质和生态环境明显改善。完成杨坞水库等3个水库清淤，完成富源坑等9个项目的水利工程标准化创建和标准化维修养护。完成乌龙溪、白岭坑溪、下官山溪共20.7千米“美丽河道”生态提升工程。完成灵栖村级供水站提升改造和饮水工程标准化创建工作。全面开展“污水零直排乡镇”摸排工作，对集镇建成区500余户村民排水情况，5000余米排水管道进行摸排和梳理，为下一步创建“污水零直排”乡镇打下扎实基础。(唐潇　朱文婷)

大同镇

【概况】2018年，大同镇行政区域面积172.27平方千米(上年度为162平方千米，根据建德市第一次地理国情普查结果更新)，辖34个村、3个居民区，年末户籍总人口56074人，全年出生586人，死亡458人，人口自然增长率2.28‰；当年计划生育率98.4%。全年完成社会消费品零售总额6.62亿元，比上年增长11.5%；财政总收入首次突破1亿元大关，达到1.29亿元，增长58.4%；其中地方财政收入4997万元，增长50.6%。农村居民可支配收入21466元，增长9.2%。

有规模以上工业企业16家，销售产值10.64亿元，减少47.5%。规上工业增加值2.23亿元，增长6.6 %。高新技术产业实现增加值总量8798万元。实现外贸自营出口165万美元，增长52.8%。招商引资总签约项目11个（5亿元以上项目1个、2亿元~5亿元项目1个、5000万元~2亿元项目1个，2000万元~5000万元项目8个），协议资金12.5亿元。年末实到内资2.32亿元，其中浙商回归年末实到资金1.61亿元。新招引企业涉及新材料、家纺、机械制造、农旅综合体等行业，项目涵盖一、二、三产，加快了镇工业功能区内企业转型升级、亩均效益提升、实现产业数字化等。全年完成固定资产投资4.29亿元(减少64.8%)，其中工业性投资3.59亿元(减少43.9%)，均为任务总数的102%。高新技术产业投资1.23亿元，为任务总数的721%。总投资1.35亿元的正发药钙项目完

大同镇稻香小镇(张军 摄)

成一期主体工程建设；杭州中兴绿色建筑科技有限公司、杭州佳辉工具有限公司、杭州朗晶创意家居有限公司等新进项目有序推进。

有耕地3926公顷，林地1133公顷。农业总产值3.96亿元，比上年减少3.9%。全镇粮食播种面积2867公顷，粮食总产量2万吨；其中水稻播种面积1365公顷，总产量1.2万吨。开展水稻绿色防控示范面积667公顷，推广推广甬优15、嘉丰优2号等优质米品种水稻等良种，良种覆盖率达到100%。百亩高产示范方平均产量达到969.27千克/亩，攻关田产量达到1001.38千克/亩，均为2018年度杭州市最高纪录。“忠心义”牌“稻花香米”获2018浙江好稻米金奖产品。油菜籽播种735公顷，总产量1389吨；粮油生产继续保持全市龙头地位。年末家禽存栏51.6万羽，生猪存栏3550头。新引进白茶、黄金茶种植大户3户，建设“建德苞茶”种植基地，推进发展茶叶产业。

引进总投资5.2亿元的禹泰生态休闲综合体项目，实现了农旅招商的新突破。开展省级“机器换人”示范乡镇创建工作，创建2个机械换人示范基地：建德市大同镇鸿业家庭农场有限公司（畜牧），建德杭州千里岗农产品有限公司农业“机器换人”示范基地。积极推广农村“互联网+农产品销售”，实现农产品线上与线下销售同步运行，销售额突破3000万元。

完成黄金坞、石塘、后垄塘水库建设项目，投资800余万元；完成2009—2015年历史遗留水库(9个标准化水库创建、16个水库维护)竣工验收，基本完成劳村溪潘村段河道整治工程(整治长度1千米，投资120万元)、美丽河道建设(河道建设21.2千米，投资110万元)工程。牙坑、山楂坞、吴山坑水库除险加固工程全面开工，计划投资3000余万元。

实施大长线、劳田线、东高线大中修工程，潘村桥、万兴桥、黄家桥危桥改造项目和丰畈、清潭、黄垄农村公路改造提升，完成永平至胡村源1.2千米联村联网工程。概算总投资2000万元。

全年参加城乡居民医疗保险38854人，参保率88.76%。对全镇低(残)保户1519户、共计2085人，月发放低(残)保金111.71万元，做到应保尽保。办理临时救助和医疗救助1445人次，发放救助款项473万元。困难群众建房救助70户，发放救助金160余万元。全面采集退役军人信息1658条，严格落实各项优抚政策。对376户D级危旧房、17户C级危旧房全部按要求处置到位。完成70户困难户建房救助，到位建房补助资金160万元。新建盘山村老年食堂，全镇老年食堂共计8家。实施大同镇省示范型综合性居家养老照料服务中心项目，及丰畈村、黄垄村、清潭村、枫树岭村、高桥村、管村桥生态公墓建设项目。

至年末，有镇属学校5所，其中中学1所，在校学生729人，在编教师92人；小学3所，在校学生1533人，在编教师108人；幼儿园4所(含分园)，入园幼儿774人，教师97人。完成劳村幼儿园主体及配套工程(525万元)、大同中心幼儿园室内粉刷等项目，共完成投资697万元。有卫生院1所，乡村卫生室等医疗卫生机构个数34个。大同镇中心卫生院组织省市专家28人次送医下乡，组织大型义诊4次，投入16万元开展农民健康体检工程，受惠群众达1万余人次。

【成立大同镇电子商务产业园】引进12家互联网和软件服务企业,9月,成立大同镇电子商务产业园,与浙江省互联网推广协会合作举办“第四届华东互联网应用峰会”,填补大同镇数字经济建设的空白。

【“稻香小镇·多彩大同”品牌建设】全年投资约1.2亿元,实施万亩农田高效节水灌溉、田间排渠改造、溪流生态治理、田间路网改造、生态防护林、现代农业科技服务中心、智能化控制系统、观景台等项目建设。完成朝阳等7个A级旅游景区村庄创建,完成高桥村AA级旅游景区村庄创建。新增民宿14家(申报总数达到26家)。全年举办稻香小镇年味节、千里岗苞茶节、知青忆芳华、牡丹开园节、畲族风情节、稻香小镇开镰节等系列活动,组织旅游线路、旅游景点推介活动,特别是推出“10种米系列特色旅游农产品”活动,极大地提升了大同镇的知名度。全年接待游客10.4万人次,实现旅游收入784.5万元。

【小城镇环境综合整治】该整治工程包括环境景观提升工程、市政工程、建设工程,总投资1.29亿元。至年底,完成府东等区块的土地征收,完成新昌路区块和农贸市场北侧区块的房屋征迁45户。府东区块及入镇口区块安置房基本建成,开工建设古城山区块和文化广场区块农民安置房工程。成功创建省级卫生乡镇。继续推进拆违治水工作,按“四必拆”标准全年累计拆除存量违建1019处共13.4万平方米,拆后利用面积9.54万平方米,利用率达84.7%。国土历史积案和城管立案处置率达100%;完成杭州、建德两级下达的“两路两侧”“四边三化”“三改一拆”等督办点位近500个;完成集镇住宅小区空中违建28处整治工作。集中开展村内乱搭乱建、乱堆乱放专项整治;积极推进大棚房专项整治工作。严格落实河长制,巩固“五水共治”整治成果;制定全镇“一河一湖”治理计划,排查更新排污水口104处,完成江滨路雨污混流口改造。

【特色文化活动】依托全镇已建成的镇源、寻芳、田畈等20个村级文化礼堂,开展戏曲演出、“我们的村晚”“文明城市创建”专题文艺演出等活动21场;镇文化站举办各种大型文化活动18场。积极开展各类主题的大型文化活动,展示大同镇地方文化特色,先后举行稻香小镇书香大同第八届“三月三”畲族风情节(4月)和稻香小镇首届牡丹园开园活动(4月)、首届采茶节活动(5月)、第二届稻香小镇开镰节活动(10月)、稻香小镇第三届菊花节活动(11月)、大同镇第四届文化周(10月),镇村两级开展各类文体活动180余场,参与群众3万余人次。

【传统村落及历史建筑保护】实施第五批中国传统村落(劳村村、上马石郭源自然村)各类建设项目,计划投入专项补助资金300万元。2017申报的第一批浙江省传统村落(盘山村、溪口村、富塘村)完成规划方案并公示。上马、徐韩、禹甸3个村共9处建筑,列入2018年第三批历史建筑保护名单。

【大同镇成人学校开办中式面点培训班】满足城乡居民日益增长的生活需求和技能提升需求,5月31日至6月24日,由市农办、镇妇联主办,大同成校开办“中式面点培训”(共2期),来自全镇34个村(自然村)180多名村民参加培训,在大同刮起了一股学做面点“包子、饺子风”。

【泰隆银行建德大同小微支行开业】7月18日,泰隆银行建德大同小微支行正式开业。该行主要服务对象为大同镇种粮大户,重点解决其在经营过程中资金短缺的问题。开业仪式上,大同镇10位种粮大户获得该行专门为其量身定制的金融产品——“顺农卡”授信。(傅庆玲)

李家镇

【概况】2018年,李家镇行政区域面积104.94平方千米(上年度为104.99平方千米,根据建德市

◎李家镇举办乡土人才石艺盆景制作技能培训班

第一次地理国情普查结果更新)，辖10个村、1个居民区，年末户籍人口20363人。全年出生217人，死亡157人，人口自然增长率2.94‰。全年完成社会消费品零售总额1.13亿元，比上年增长11.9%。财政总收入1.87亿元，增长69.7%；其中地方财政收入6052万元，增长58.4%，农村居民人均可支配收入25858元，增长9.5%。在全市16个乡镇(街道)中率先完成消除集体经济相对薄弱村工作。

有规模以上工业企业11家，销售产值19.33亿元，增长3.1%。固定资产投资3.86亿元，其中工业生产性投入3.43亿元，分别减少8.5%、2.3%。重点项目健丰钙业年产20万吨氢氧化钙、3万吨纳米级多功能碳酸钙、3万吨氧化钙建设项目，海拓钙业年产10万吨氢氧化钙、5万吨纳米钙项目，全部建成投产。宏鑫钙业特种氢氧化钙生产线技改项目、荣光钙业的氧化钙技改等项目均完成，荣光钙业等3家企业被评为科技型中小企业，华宇、荣光、鑫帝、明鑫等4家企业被认定为国家级高新技术企业，新认定杭州市高新技术企业2家，全镇高新技术企业总数达到9家，占规上企业的75%，居全市各乡镇第一。

有耕地面积683.8公顷，林地面积817.47公顷。农业总产值2.01亿元。粮食播种面积1091.13公顷，粮食总产量6827.36吨；其中水稻播种面积455.73公顷，总产量3827.1吨。以油菜籽为主的油料作物播种面积319.53公顷，总产量816.14吨，其中油菜籽产量767.67吨。全年种粮大户个体流转土地400余公顷；沙墩头、新联村集体流转土地33.4公顷，实施斐济园、沃柑园、甜叶覆盆子园等田园综合体开发建设。完成珍贵树种造林50公顷、生态公益林抚育100公顷，发展林下经济26.7公顷。新增古树名木挂牌建档保护1株（位于三溪村、树种银杏树、树龄1000年左右）。累计油茶基地1266公顷，油茶产量1000吨，产值2000万元。油茶产业新增“雨花源”品牌，“江南亲”山茶油古法榨油受到全国媒体关注。万鸣家庭农场创建建德市“美丽牧场”，发根家庭农场被评为浙江省规范性家庭农场，“华农农稻香”牌嘉丰优2号稻米获得杭州市“十大好味稻”优胜奖稻米。发放各类涉农补贴206.9万元，组织各类涉农培训近980人。

实施乡村旅游规划，逐步开发北坑源、西坑源等生态景区资源，完成旅游固定资产投入8000万元；完成李家塘底自然村AA级旅游景区及三溪村A级旅游景区创建工作。新增民宿1家。制作李家镇旅游指南。全年接待游客1.8万人次，实现旅游收入108万元。

继续实施小源里水库及部分山塘水库除险加固工程。完善工业废水处理系统，全部进入截污纳管、经污水处理厂达标排放。10个村农村生活污水运维继续采用第三方运维方式，保证了治理后的长效管理。镇域内河道水质均达到Ⅲ类水以上，“五水共治”工作连续两年评得杭州市“五水共治”先进集体称号，农村生活污水治理长效运维工作连续两年获得建德市级考核优秀乡镇。

全年新增低保65户83人，全镇491户低保629人的基本生活得到有效保障。城乡居民参加新型城乡医疗保险参保登记率98%。2017—2018年实施危房改造108户，2018年发放专项改造资金(农村困难家庭住房救助)53.46万元。积极推进乡村文化建设工程，沙墩头村获评“德文化示范村”,诸家知青馆、沙墩头王根凤纪念馆建成对外开放。举办首届塘底邻里节等各类文化活动52场,石鼓村、诸家村文化礼堂获评四星级文化礼堂。

年末有学校5所,其中初中1所,在校生220人,教师37人;小学2所,在校学生共467人,教师39人;幼儿园2所,在园幼儿274人,教师49人。有卫生院1所,副主任医师1名,主治医师7名,床位19张,基本用于骨伤科。

【城乡环境综合整治】2018年,以小城镇环境综合整治(包括城镇秩序整治、集镇环境改造提升,投资总概算3600万元)、美丽乡村建设为重点,实施城乡环境综合整治。

至年底,集镇邮政路道路建设和低小散企业整治完成,集镇背街小巷整治完成违建拆除(127处违建面积6200平方米)、污水管网及杆线整治,完成邮政路垃圾分类箱15个和垃圾分类点2处,完成曙光溪河道整治和修建绿道,完成城建路路口和新城路全线路面水稳层、道路两侧侧石及人行道浇筑、强弱电管网埋设及穿线、外立面整治,完成曙光溪绿道320米修建和护栏安装,镇区景观得以进一步提升。车站改造提升、公安基层基础设施建设等项目正在建设中。

在农村开展鸡棚、庭院、棚厕、围墙、附房“五大革命”,取得明显成效。完成三溪达标村、诸家特色村打造,完成沙墩头等村生态修复和石鼓等村移民项目建设。开工建设沙墩头特色村、新联杭州市精品村和新桥达标村项。拆除违建54871.6平方米,拆后利用35002.5平方米,拆后利用率74.0%。

【全面推进垃圾分类】近年来,李家镇高度重视垃圾分类工作,扎实做好村级垃圾分类工作硬件基础。至2018年底累计投入88万元,新建农村生活垃圾资源化减量化处理站点1个;投入55万元,配设垃圾分类收集点337个;投入32万元,采购、配设垃圾分类大桶约1500只;投入33万元,为农户配置垃圾分类小桶。发放垃圾分类宣传手册5000余本,张贴垃圾分类海报、宣传标语,营造浓厚氛围。同时,开展垃圾分类业务知识培训班:5月下旬,10个村的村“两委”成员、村妇联干部全体参与培训;11月,镇政府召开垃圾分类工作推进专题会,并邀请建德市清洁办王卫红主任为大家做垃圾分类业务培训,各村书记、主任、分管垃圾分类工作人员及镇美丽办成员参加会议。

【杭州市文联和建德市文联联合开展送文化下乡活动】2月5日,杭州市文联、杭州市摄协、建德市文联和建德市摄影协会一行20余人,到李家镇白马村开展迎新春文化下乡活动,为该村36对婚龄50年的老人拍摄“金婚”照,并制作装裱成品送到老人手中,受到村民的热烈欢迎。

【李家镇举办乡土人才石艺盆景制作技能培训班】5月,李家镇妇联、李家镇成人文化学校邀请建德市市政园林管理局工程师、新园园林绿化公司工程师,到李家塘底自然村开展石艺盆景制作技能培训班,30多名土工匠接受石艺盆景制作技巧、如何打造农村美丽庭院等专题培训。

【王根凤纪念馆建成开放】11月,位于沙墩头村的王根凤纪念馆建成开放。该馆占地面积300平方米,总投资32万元。该馆成为开展青少年“爱国家、爱家乡”教育的新场所。

王根凤,1939年出生,李家镇沙墩头村人。1968年9月18日,李家公社沙墩头大队社员在村边“溪滩改田”,因突发山体滑坡,王根凤为了抢救13岁的曹根花光荣牺牲。她的事迹从大队、公社、县一直报到省里,1969年5月25日浙江省革命委员会作出决定,在全省开展向“一不怕苦、二不怕死的共产主义战士”王根凤学习的活动。她的事迹被编进浙江省小学语文教材,改编成连环画发行。

【开展乡土人才摸底】12月,为发展本土文化,发掘本土人才,李家镇开展“乡土人才”摸底调查工作,建立文艺人才、致富能手、技术专长等乡土人才数据库,为乡村振兴提供人才支撑。通过入户调查,初步认定全镇有各类乡土人才300余人。根据规划,该镇将邀请旅商、农业、林业等部门专业技术人员，开展电商、种植、养殖等技术技能培训，采取授课与田间地头实地操作相结合的方式，帮助农村人才收集和掌握市场信息，着力培养一批“留得住、用得上”的实用型乡土人才。同时，结合发展“打工经济”，鼓励有一技之长的外出务工人员回乡创业，用外地先进技术和经验带领本地群众共同致富。(周有仙)

乾潭镇

【概况】2018 年，乾潭镇行政区域面积 368.48 平方千米(上年度为 368.46 平方千米，根据建德市第一次地理国情普查结果更新)，辖 24 个村、1 个社区，年末户籍总人口 45023 人。全年出生 482 人，死亡 354 人，人口自然增长率 2.84‰。当年计划生育率 97%。全年完成社会消费品零售总额 12.78 亿元，比上年增长 12.3%。财政总收入 1.71 亿元，比上年减少 12.2%；其中地方财政收入 6105 万元，减少 18.2%。农村居民人均可支配收入 33660 元，增长 9.5%。

有规模以上企业 98 家(比上年增加 6 家)，销售产值 36.72 亿元，减少 29.8%。实现自营出口额 1.79 亿美元，增长 10.3%。全社会固定资产投资 4.59 亿元，其中工业生产性投入 1.44 亿元，分别增长 23.4%、37.1%。全年招商引资引进 5 个重点项目，年末实到外资 508 万美元，其中完成浙商创业创新投资 1.59 亿元。工业功能区入园企业达到 193 家；完成土地征用 2.17 公顷、土地平整 1.93 公顷；盘活杭州汉普斯生物有限公司、杭州超俊工艺品有限公司等企业土地总面积 3.11 公顷、厂房总建筑面积 1.66 万平方米。开展辖区内竹木制品行业的全面整治，对 119 家企业关停或异地搬迁 111 家，保留提升企业的 8 家，盘活存量土地共 12 公顷、厂房建筑面积 4.74 万平方米。

有耕地 1479 公顷，林地面积 26133 公顷，其中公益林 12778.93 公顷。农业总产值 4.89 亿元，增长 6%。全年粮食播种面积 2140 公顷(增加 193 公顷)，粮食总产量 12405 吨。油料作物播种 414 公顷，其中油菜籽 410 公顷、总产量 818 吨。草莓种植 15 公顷。完成下包、王岩、邵家、骑龙 4 个水稻省级示范方及前陵、施家 2 个本市级水稻高产示范方建设，面积 200 公顷。完成涉及安仁、后山、施家、幸福等村 179.3 公顷高标准农田建设。全镇共有 65 个农民专业合作社。全年流转土地 776.6 公顷。继续开展“五水共治”等环境综合整治，对规模畜禽养殖进行规范化管理，年末生猪存栏 350 头，家禽存栏 9.6 万羽。完成潘型塘、荷花塘、青公塘、大垄、大有塘、施家垄 6 座水库和羊毛坞、里坞 2 座山塘及幸福水站的标准化创建，总投资 350 万元。完成清渚溪、小源溪、十里长垄“美丽河道”建设，总投资 150 万元。完成东坞山塘、重源塘清淤工程，清淤量 4800 立方米。全年完成森林抚育 666.7 公顷，新建山地抗旱水池 6 座，建设林区道路 11 条、总里程 18.4 千米。

◎乾潭镇杭派农居(叶飞 摄)

在上年度已通过验收的基础上，全面完成 6.2 平方千米的小城镇环境综合整治，4 月，乾潭镇被浙江省政府授予 2017 年度浙江省小城镇综合整治样板镇称号。

民政工作有条不紊。低保动态管理落实到位，全年新增低(残)保对象 18 户、低保边缘户 16 户，核销低(残)保 41 户。帮扶就困救助 452 人次，发放救助款项 243 万元。严格抓好临时救助,申报救助4户,着力缓解困难群众突发性、临时性生活困难。乾潭镇幸福村获评年度省级民主法治村,为全市首个也是唯一获此荣誉的村。

有各类文化队伍有50余支,积极参加文化活动的活跃人员3300余人。年底文化礼堂实现全镇覆盖,全镇万乐节持续开展。3月31日,建德市首家精品乡旅图书馆——胥岭初见书房正式对外营业,该图书馆位于邵家村胥岭自然村,建筑面积287平方米,拥有藏书597册,报纸杂志12种。总投资额160万元。

年末共有学校8所(含3所等级幼儿园),在职教师270名,其中中高级以上职称教师180名,具有中高级职称教师占比为66.7%。有乡镇甲等卫生院1所、卫生室(站)23个,有在职卫技人员111名、乡村医生24名,其中中高级职称以上23人。有民投公助养老机构1个,床位200张。

【成功创建为浙江省第二批省级旅游风情小镇】 近年来,乾潭镇以"寄情山水、悦动乾潭"为主题,通过编制和实施《乾潭旅游总体发展规划》《乾潭旅游风情小镇创建专项规划》《旅游风情小镇规划》,开展总面积约12.8平方千米(以胥溪沿线国家AAAA级旅游风景名胜区为核心,辐射集镇及周边幸福村、胥江村等AAA级景区村落)的浙江省级旅游风情小镇建设。先后引进33个旅游项目,项目总投资约37亿元(其中浙西唐诗小镇、胜奇山水度假酒店、牌楼村农业观光园、达曼云栖等10余个为超亿元项目,均已建成),至2018年底,完成生态环境治理和配套旅游公建投资8亿元。包括:投入3.5亿元完成25个小城镇环境综合整治项目;投入1.8亿元配套建设旅游接待中心、旅游公厕、旅游专用停车场、公园景观提升、集镇夜间景观、乌龙山脚慢行绿道等项目,完善和省级乾潭旅游智慧导览系统、旅游指南、旅游特产风物设计;投入5000余万元提升改造幸福村、胥江村等4个村庄景区村落;投入6000万元提升改造镇北入城口320国道、国际乡创旅游精品线路,基本形成以"两轴一线"乡村旅游格局(320国道、杭千高速等公路沿线的"大众化乡村旅游产业轴",富春江、胥溪流域沿线的"精品化运动休闲和文化休闲产业轴",大(畈)罗(村)线为主干道的"国际乡创精品旅游线路"),建成艺术采风之旅、运动休闲之旅、静修研学之旅、避暑清凉之旅、冬日祈福之旅5条旅游线路,可满足不同层次游客的消费需求。

同时,围绕"山水、运动、风情"核心,先后主(承)办了万人登乌龙山大赛、万人绿道毅行活动、首届(2018)之江杯国际皮划艇大赛、2018环浙自行车公开赛(第五站)建德站乾潭坡赛暨悦动乾潭骑游大会4场大型赛事,共吸引运动员和游客4万余人次。加入G60科创走廊乡村旅游联盟,主动对接杭州、上海、安徽、江苏外地旅游市场。2018年共接待游客502万人次,实现旅游收入3678万元,分别比上年增长72%和34%。2019年2月,经考核,乾潭镇成功创建为浙江省第二批省级旅游风情小镇。

【乾潭镇被授予"中国慢生活休闲体验小镇"称号】 乾潭镇以发展旅游、康养、民宿、茶叶等产业,制定《乾潭有机运动休闲发展规划》等规划,加快唐诗小镇、漫栖溪轻生活度假区、胜奇山水运动酒店、华龄智能养老等慢生活休闲体验设施建设,至2018年底建成相关产业项目29个,总投资3.5亿元;另有皮划艇水上运动基地、勇峰山地骑行公园"划、骑、跑"品牌运动赛事基地等在建项目10个,概算总投资36.2亿元。同时推进国家森林公园建设,公园规划总面积6172公顷,其中森林面积5763.52公顷(其中天然林1027公顷),至年底完成人工林4735公顷,森林覆盖率达93.38%。经中国林业产业联合会专家评审,2019年1月,乾潭镇被授予"中国慢生活休闲体验小镇"称号,成为浙江省唯一获得该项荣誉的乡镇。

【美丽乡村"前陵样板"在全市推广】 2018年,前陵村在"美丽乡村"建设中,以"沛市经验"为工作基础,党群同心,全力推进的本村建设,迅速实现由"脏乱差"到"洁绿美"转变,受到市委的高度肯定,为全市"美丽乡村"建设提供样板。该村的经验主要有:一是干部担当有作为。支部出思路,群众出智慧。通过对标先进,激发全体村民在"美丽乡村"

建设中“坐不住、等不起、慢不得”的危机感和紧迫感，充分发挥其创造性和能动性，召开“诸葛亮”会，献计献策，确定符合实际的建设主题（以农耕文化、乡土文化、德文化三大主题相结合的“耕读传家”）。二是实行农户自建与村集体共建相结合。对每户拍照成册，制定一户一档方案，明确农户与集体分工实施范围。营造党员带头示范、群众积极参与的工作氛围，建立网格宣传群和前陵自然村美丽乡村示范改造工作群，通过群里晒进度、晒创意、曝问题，兴起全体村民参与美丽乡村建设的热潮。三是开源节流。在资金使用上，坚持从实际出发，不搞平均主义，以“美丽庭院”评选活动为载体，通过“以奖代补”的方式，鼓励群众先动手、后伸手。结合村情实际、因地制宜，充分挖掘本村可利用资源，对景观打造进行二次加工。

【乾潭电商园开业】7月26日，乾潭电商园举行开业仪式，浙江省电子商务促进会会员部部长卢荣荣授牌，阿里巴巴商学院研究员、浙江省人工智能学会副理事长吴吉义博士致辞。该电商园以推动建德“传统企业+互联网”为核心服务导向，由电商产业园、建德青年众创空间（大学生创业园）、大众创业孵化基地三大特色板块组成。整个电商园涉及电子商务、第三方服务、网络运营商、创业培训、网络外包等诸多类型企业，全力助推建德电商产业升级发展。通过政府牵头，市场化机制、专业化服务和资本化途径构建起低成本、便利化、全要素、开放式的新型创业服务平台。

【胥岭开发建设】11月19日，乾泰农业与乾潭镇、邵家村签订三方合作协议，正式落户胥岭。

胥岭自然村距今已有3000多年历史，除了丰富的自然资源，还有以农耕文化为核心的深厚文化底蕴，具有典型的江南山村古村落特色，被全球梯田保护与发展联盟授予“浙江省梯田保护与共享推荐”荣誉（2018年6月），为杭州市唯一。先后被评为华东“十大油菜花观赏地”“华东最美油菜花村”“浙江最美赏花胜地”“浙江省十大古村落”，每年吸引数万游客观光旅游，是乾潭镇开发乡村旅游的重要节点。乾泰农旅公司胥岭农业旅游开发项目，总占地面积约34公顷，其建设目标位：通过“农业+文化+旅游”的开发模式，将胥岭建成以生态种植、文化休闲、健康养生为主题的度假胜地，使之成为享誉浙西地区的“农旅”金名片。（陈彬）

三都镇

【概况】2018年，三都镇行政区域面积186.04平方千米，下辖19个村、1个居民区，年末户籍总人口25175人；全年出生225人、死亡227人，人口自然生长率-0.08‰，为全市唯一人口负增长乡镇。全年实现社会消费品零售总额1.65亿元，比上年增长7.1%。实现招商引税1243万元。财政总收入4471万元，其中地方财政收入1634万元，均与上年持平。农村居民人均可支配收入21735元，增长9.2%。

规模以上工业企业15家，其销售产值7.28亿元，比上年减少23.9%。实现自营出口4663万美元，增长3.7%。完成全社会固定资产投资3.48亿元，减少49.3%；其中工业性投资1.76亿元，减少52.3%。招商引资年末实到内资0.71亿元，为上年度的18%%。盘活工业功能区内瑞达电器存量土地2公顷、存量厂房2万平方米，新增入园企业4家。完成传统竹木行业、家纺行业、低散乱整治提升，关停落后企业3家，提升整治并完成上规模企业1家，完成20家“低小散”企业整治工作。

全年招商引资签约重大项目5个（浙江省汽车行业协会省汽车行业培训中心建设项目、杭州经纬创意园沿江高端酒店项目、上海友臻旅游发展有限公司自然学校项目、杭州翠沁斋食品有限公司馅料加工项目、杭州新蔓贸易有限公司纸制品商标加工及商标电商运营项目），意向总投资7亿元。12月，杭州特斯林网业年产1500万米防渗膜项目建成投产，完成总投资1.03亿元。

全镇耕地面积1198公顷，林地面积1.75万公顷。农业总产值5.44亿元，比上年减少3.7%。粮食播种面积1300.7公顷、总产量6967.5吨，其中水稻播种面积295.3公顷、总产量2359.6吨，小麦播种面积5.8公顷、总产量5吨。油菜籽等油料

◎三都镇三江口渔村

作物种植面积270.8公顷、总产量486.7吨。年末生猪存栏1300头,家禽存栏15万羽。以珍珠为主的水产养殖面积112.8公顷,产量3480.1吨。

垦造水田36.7公顷、旱改水11公顷,建设用地复垦3.7公顷。全镇19个村均提前完成“消薄”任务。完成土地确权省级验收工作,确权农户7164户,耕地1200公顷,农户发证率90%。全镇完成流转面积733公顷,流转率60%。

继续保持三都镇中国优质柑橘之乡、中国高山蔬菜之乡、中国西红花之乡的特色农业优势地位,强化品牌建设。2018年三都“橘子小镇”建设入选浙江省农业厅特色产业强镇创建项目,“松蜜”柑橘荣获浙江省气象地理标志认证产品,三都西红花完成农业部颁发的国家地理标志认证。全镇宫川、椪柑等优质柑橘种植面积1868.5公顷(其中年度新增300公顷,栽植沃柑、由良、红美人等新品种9万株)、总产量7.0万吨(与上年基本持平),总产值3.50亿元,为杭州市最大柑橘基地。西红花种植面积194.6公顷,年产西红花干丝1460千克,产值4380万元(收购价为每千克3万元)。高山蔬菜种植面积267.7公顷、总产量0.6万吨。

特色林业产品、珍稀干果——香榧有基地1600公顷,年产量28吨(受气候等因素影响,比上年锐减80%),干果(商品)市场售价高达250元/千克。为杭州地区最大的香榧产区。总投资1000万元的新和村油茶、中药材种植基地项目(面积35公顷),完成年度建设任务。

投资500万元实施后源溪、上姜溪美丽河道建设。启动山塘、水库确权发证工作,完成全镇8个水库、81个山塘的图纸测绘和情况汇总,为明确水利设施产权管理,盘活集体资产做好铺垫。

重点交通和旅游设施项目——桔香映柳绿道三期工程征收土地3.5公顷,完成一标段景观、浮桥和二标段主体工程建设,总投资4500万元。入镇口风情大道项目建成使用,完成总投资1200万元。建成梅梓线至徐坞湾道路,提升改造三(都)下(陈)线至尖竹山、方坞自然村,唐家至大库自然村错车道等项目。

社会养老保险参保率97.2%。完善低保救济和困难救助机制,发放最低生活保障金530余万元、残疾人生活补贴246万余元,困难户慰问金328户42.8万元(其中困难群众临时救助98户、12.8万元)。补助78万元实现村级老年食堂全覆盖,投入20万元完成三都镇居家养老照料改造提升,新建省级农村家宴中心2个。梓里新村三期建成,安置房屋110余户。完成1018户危房整治验收工作,补助困难户建房98户。完成羊峨村地质灾害治理工程。

补助200余万元实施小学食堂及围墙改造、初中塑胶跑道、宿舍热水供应等工程。至年底,有镇属初中1所学生278人、中心小学1所学生

586 人、幼儿园 2 所在园幼儿 73 人，有教师 9 人。有卫生院 1 所及村卫生室 17 家，有卫生技术人员 43 人。农村居民新型医疗保险参保率 99.24%。年末，三都卫生院被评为全国群众满意乡镇卫生院。

【全域旅游建设】围绕全域景区化的目标，创建镇头村 AAA 级旅游景区、大唐村 AA 级旅游景区和羊峨村、乌祥村、新和村 A 级旅游景区。云漫松间精品民宿项目完成投资 2000 余万元并正式营业(5 月)，该项目荣膺浙江省民宿最高荣誉——白金宿级民宿，至年底累计接待住客 3000 余人次，入住率达70%以上，营业总收入 200 余万元。与杭州市江干区采荷街道签订战略合作协议，进一步推进旅游产品进城区。开展了云漫松间高山之巅抖音大赛、千人团游三都渔村、十里樱花节等活动。中央电视台、《浙江日报》新华社等多家国家、省市级媒体宣传报道三都乡村旅游工作。组织参加“了不起的乡村市集”、高铁旅游推广等营销活动。全年兑现民宿奖励扶持资金 5.1 万元，新增民宿 6 家，农家乐 4 家，民宿、农家乐等业态培育日益成熟，获得杭州·浙西十佳风情小镇荣誉称号。

全年全镇累计接待游客 41.1 万人次，实现旅游总收入 3288.5 万元。位于“江南渔村”、投资 30 亿元的“江南秘境”旅游综合体年度完成征地 38.7 公顷并有序实施各项建设。年内启动投资 1000 万元的东方村大库湾国家级香榧基地建，目标为建成香榧观光基地 67 公顷。

【开展三大活动，改善城乡环境】在三都集镇开展小城镇环境综合整治，完善基础配套，新增文化广场 3 个、公厕 2 座、停车场 3 处、充电桩 3 处、绿化 3.5 万平方米，改建道路 5 千米，整治沿街商铺立面和店招 300 余家；集镇 90%区域内完成杆线上改下，开展“六乱”专项整治，集镇清理背街小巷的“脏乱差”3 万余平方米、卫生死角 3500 余处、沟渠 2200 米、垃圾 300 余吨。完成年度投资 7200 万元，提前完成集镇污水零直排工作，并通过省考核组验收。集镇环境得以提升。

在各村开展“美丽乡村”建设，以突出自然村落特色挖掘和业态提升为着力点，实施松口“美丽乡村”示范村，圣江杭州市精品村，和村、新和美丽乡村达标村，乌祥村传统村落保护建设，春江源、凤凰村环境综合整治项目。完成绿源、三江口等 8 个村生态修复项目，实现生态修复项目全覆盖。寿峰村通过浙江省美丽宜居示范村验收。推进“醉美庭院”创建，松口村示范带被评为市一级示范带，为全市唯一。推进“厕所革命”，完成 3 座旅游厕所建设、39 座农村公厕综合整治。樟村畈等 17 个村开展垃圾分类工作，新建凤凰村等垃圾处理站 2 个。

继续推进“拆违治水”行动，全年累计“拆违”720 处、占地面积 7.2 万平方米、建筑面积 11.4 万平方米，拆后利用面积 6.5 万平方米，拆后利用率 90.2%，初步通过杭州市“无违建”乡镇考核。关停生猪养殖场 4 家、蛋鸡养殖场 10 家，退养生猪 200 余头、减少蛋鸡存栏 15 万羽，拆除养殖管理用房 1.8 万平方米。拆除网箱 1175 只，拆除管理房 57 处 7654 平方米，整治清理水面 7.5 公顷。农村生活污水运维有序，10 月，在春江源村召开全市污水零直排现场会。

【省级文明乡镇建设】继续实施“德文化”地域品牌建设，推进省级文明乡镇创建。创建浙江省五星级文化礼堂 1 家、四星级文化礼堂 2 家、三星级文化礼堂 5 家。完成松口、镇头村德文化示范村创建。开展建功立德大比拼活动，开展“最美家庭”“最美婆媳”等创建活动。组织文化走亲、家风建设、最美人物评选等活动 70 余次。实现全镇文明村全覆盖。1 月，浙江省政府授予三都镇浙江省文明乡镇称号。

【举办全镇电焊技能大赛】11 月 9 日，三都镇举办全镇电焊工电焊技能大赛，浙江华电智能电站设备股份有限公司等镇工业功能区的三家企业 17 名选手参加平板件立焊、平板件对接焊、管件焊接 3 个项目的竞赛。杭州开扩农业设施有限公司陈爱民获得第一名，浙江华电智能电站设备股份有限公司陈东超荣获第二名，建德市旭强车架厂童剑荣获得第三名。

【日本专家到三都交流西红花种植技术】11 月 12

日，日本九州保健福祉大学西红花研究团一行到三都镇实地调研西红花种植情况，围绕西红花种植的气温、土壤及烘培(温室加温培养)温度、时长等种植技术，与三都根发西红花专业合作社进行经验交流，探讨如何进一步挖掘西红花的价值。双方还就日本九州福祉大学在根发西红花合作社挂牌调研达成一致意向。(钱灵洁)

钦堂乡

【概况】2018 年，钦堂乡行政区域面积 57.38 平方千米，辖 7 个建制村、1 个居民区，年末总人口 8980 人；全年出生 80 人、死亡 53 人，人口自然增长率 3.0‰，当年计划生育率 100%。全乡完成社会消费品零售额 5595 万元，比上年增长 10.3%。财政总收入首次超过 1 亿元，达到 1.02 亿元，增长 29.4%；其中地方财政收入 4282 万元，增长 41.0%。农村居民人均可支配收入 30051 元，增长 9.7%。

境内碳酸钙近期储量 1.5 亿吨以上，矿石含钙量普遍高于 98%，白度超过 90 度，年开采量100 余万吨，为华东地区规模最大的优质重质碳酸钙基地，形成工业主导产业主要有碳酸钙系列产品母料、织带、橡胶制品、塑料、家纺、铸造、五金工具等，其中重质碳酸钙为该乡支柱产业。规模以上工业企业 17 家，其销售产值 10.56 亿元，比上年减少 25.0%。完成自营出口 2063 万美元，增长 44.2%。固定资产投资 2.14 亿元，其中工业技改投入 1.12 亿元，分别减少 8.5%和 68.7%。通过外出招商、产业招商、乡贤招商等方式，综合利用各类招商资源，举办义乌推介招商、田园综合体专场招商等系列招商活动，傅氏集团文旅、国丰融资租赁等一批重大项目签约落户。招商引资年末实到浙商回归创新"资金 5000 万元。引进新广供应链物流项目，优化祥达运输、扬子江药业服务，实现招商引税 3615 万元，完成年度任务 516%。10 月，在重点项目集中开工及招商引资项目集中签约仪式上，共签约项目 24 个，总投资近 8 亿元。

工业企业深化产学研战略合作，加大科技创新投入，有效促进企业的良性有序发展。耀恒光电成为杭州市专家工作站。规上工业研发经费(R&D)1169.9 万元，比上年增长 30%，新产品产值率达 40.4%。全年专利申请量 30 个，其中发明专利 3 个。

有耕地 621.7 公顷，林地 4095.3 公顷。全年农业总产值 1.11 亿元，与上年基本持平。全年粮食种植面积 394.7 公顷，总产量 2933 吨；其中水稻播种 246 公顷，总产量 2043 吨。油菜籽播种面积 88.9 公顷，产量 167 吨。完成维好多猕猴桃基地(6.9 公顷)、中草药基地(32 公顷)喷灌工程和粮食功能区管道灌溉工程(管道 1 千米)，基本完成"美丽河道"、庄丰溪河道整治、山塘水库标准化创建、跃进水库清淤等建设项目，全乡农业灌溉网络基本建成。

推进全域土地综合整治项目，涉及钦堂等 6 个村 19 个项目，其中旱地改水田项目 10 个 22 公顷、垦造水田项目 9 个 28 公顷。7 月，钦堂乡在葛

◎钦堂乡绿色葛塘(王丽华 摄)

塘村承办了省国土系统和杭州市委市政府的全域土地整治现场会,并在会上作典型交流发言。

年末共有林增林区道路 12 千米，珍贵树种造林 10 公顷,森林抚育 86.7 公顷,森林消防水池 3 个。完成钦大线 800 米改造,完成庄林线 2 千米改造。

年末有学校 3 所（小学 1 所，在校学生 105 人、教师 16 人。幼儿园 2 所,其中钦堂中心幼儿园在校学生 176 人,专职教师 21 人,谢田分园在校学生 36 人，教师 23 人。全面实施文教卫提升工程,并取得较好成绩:葛塘村编印全市第一本乡村振兴图文档案,该村和谢田村分别创建为五星级、四星级文化礼堂,省级非物质文化遗产“跳净童”参加建德市“非遗”展演获得好评,乡文化站编排的《我在等一个人去钦堂》节目获建德市农村文艺调演银奖。新出台《钦堂乡教育扶持奖励办法(试行)》，规定从 2018 年度开始每年补助教育资金 100 万元。乡卫生院新设立中西医结合科，针灸科,购进并投入使用彩超机、中频脉冲理疗仪、除颤仪、雾化器等设备，完成老旧机房改造并安装 DR 设备,实现与市第一人民医院的检验共享。全乡居民城乡基本医疗保险参保率、精准扶贫养老保险参保率分别达 99.6%、100%,均居全市第一;同时整乡推进城商结合保险,参保率 77.2%。全年办理低保 32 人,救助困难群众 513 人,救助资金 139 万元。完成农户建房审批 66 户,困难住房救助 20 户。投入 30 万元基本完成乡居家养老照料中心和谢田村老年食堂建设，老年人服务功能得以提升。落实家庭医生签约宣传、走访和调查摸底,常住人口签约覆盖率为 32.0 %,重点人群签约覆盖率 81.8 %。

【车俊等多位领导到钦堂调研】 5 月 17 日,浙江省委书记车俊,在省委常委陈金彪,省委常委、杭州市委书记周江勇等陪同下，到钦堂乡葛塘村调研“美丽乡村”建设工作。5 月 18 日,浙江省政协副主席、省国土资源厅厅长陈铁雄,在建德市委书记童定干的陪同下，到钦堂乡葛塘村调研全域土地综合整治工作。5 月 30 日,自然资源部副部长曹卫星,在杭州市委常委、副市长刘国洪和建德市市长朱欢的陪同下，到钦堂乡葛塘村调研全域土地综合整治工作。

【全域旅游品牌建设】 按照“一村一品”“一村一韵”建设思路,完成乡境入口处—葛塘村精品线路提升,及大溪边村、庙前村、葛塘村的“美丽乡村”达标村(特色村)项目。大溪边村、葛塘村、蒲田村分别获得国家首批绿色村庄、浙江省 AAA 级景区村、杭州市田园示范社区称号。以乡村民俗、果蔬采摘农业园区观光、农耕文化体验等为主要内容,推进乡村旅游产业,全年接待游客 5 万余人次,实现旅游收入 400 余万元,增长 100%。葛塘村建成民宿 25 家(有床位 150 张),全年接待上海、杭州等地游客 2000 余人次。实施溪西飞渡山庄、大溪边—庙前、谢田等区块的旅游招商,其中大溪边田园综合体项目达成投资意向。9 月举办果蔬采摘活动、10 月举办第三届“稻舞田间”稻香节系列活动，吸引 4 个驻沪总领馆官员、32 个国家在杭国际学生代表等外宾参与，钦堂全域旅游知名度进一步提高。

【城乡人居环境综合整治】 实施环境整治月攻坚行动,深化“国家卫生乡”创建工作并顺利通过杭州市初验,钦堂村、葛塘村创建为浙江省卫生村。继续巩固“无违建乡”创建成果,全年拆除各类违建 6 万余平方米,拆后利用率达 80%,并通过杭州市“无违建乡”复评。

纵深推进“五水共治”,完善农村治污长效运行维护机制,清渚溪、葛塘溪、庄丰溪、宦塘溪等主要溪流水质稳定在Ⅲ类。整乡推进垃圾分类,完成新一轮环卫外包工作,推进生活垃圾分类减量化。完成葛塘村、庄丰村生态公墓建设，并全面完成“寿坟”专项整治工作任务。

同时,不断加强人居环境基础建设,优化集镇功能,提升集镇品位,基本完成徐七线集镇段夜景景观工程、钦大线路面大中修、乡养老服务中心道路等项目。全面完成乡综治指挥中心和警务室规范化设置,新增 15 个视频监控点,提升城乡社会治安管控能力。全年新建微型消防站 5 处,安装感应式烟雾报警器 150 只、联网烟感 43 只,新建电瓶车充电桩2处，推进2家企业落实安装智慧用电系统。治安环境日趋完善。

【葛塘村获得多项荣誉】 葛塘村“两委”坚持党建引领发展、实干造福百姓,以改造提升村、企党群服务中心为活动载体，提升村级组织力，推出了“三年干成三十年事”的“葛塘做法”,受到省委书记车俊3次点赞,被《浙江日报》头版宣传,吸引了省内外160余批团队到该村考察学习。该村成为全市首批德文化示范村、浙江省AAA级旅游景区村、省级卫生村、省委党校中青班现场教学点和杭州市“红绿蓝”基层党建教学基地。村党总支书记黄向阳被评为建德市道德模范，并当选浙江省首批农村社区工作领军人才，在全省第二届基层党建论坛作交流发言，村委会主任周顺法被评为杭州“双百”优秀村社干部。全年多次接待省、杭州市及本市部门单位前来考察学习。

【举办“多彩钦堂、美丽乡村”摄影大赛】 2017年7月开始钦堂乡首届“多彩钦堂美丽乡村”摄影大赛作品征集,至2018年7,共征集摄影作品1000余幅(组)。7—9月,对参赛作品进行公开展览,并于9月下旬经浙江省摄影家协会和部分国家级专家6轮评选,评选出100幅(组)精品。其中赵雄军《多彩钦堂(组图)》获特等奖,汤峥嵘《收割大赛》、雷叶琴《山花烂漫(组图)》、张军《山清水秀绕钦堂》获一等奖,黄兆钧《钦堂—创业天堂(组图)》等6幅获二等奖,其余为三等奖和入围优秀作品奖。获奖作品在10月的第三届“稻舞田间”稻香节系列活动予以展出,并印制成画册,公开发行。

【建坤农业公司与台湾专家开展水稻领域技术合作】 2018年，市建坤农业公司利用省级粮食功能区蒲田基地176.5公顷水田，与台湾专家徐嘉鸿博士合作，借鉴台湾休闲农业与精致农业的发展经验,重点建设“一台二带三区”(登高揽胜台,龙飞凤舞景观带、蝶舞景观带,龙腾中国稻香区、葵海天香花坞区、啾啾童玩区）稻舞田间农耕文化园。与台湾专家林罗生博士合作引进台湾优质水稻生产种植先进技术和理念，制定适宜建德的稻米生态优质生产技术,打造“天添”健康稻米品牌。同时,拓展电子商务等经营方式,提升市场知名度和产品占有率。(戴馨妤)

人　物

People

建德市第六届道德模范

马啸天，男，1996年1月出生，共青团员，建德新安山地救援队队员。2017年10月，马啸天接到省红十字会电话，他与一名患者配型成功，当即同意捐献造血干细胞，并以最快的速度办好相关手续。为保持身体最佳状态，他戒烟戒酒、坚持锻炼身体，终于在2018年1月成功捐献造血干细胞，完成了这场生命的接力赛。作为一名救援队队员，他还不畏艰险，积极参与大洋抗洪、寻找走失老人等救援行动。

叶玉珍，女，1964年10月出生，群众，莲花镇徐家村村民。2016年8月，叶玉珍丈夫意外摔伤，导致重度残疾，基本生活不能治理。叶玉珍任劳任怨，每天陪伴左右，为丈夫按摩翻身、洗衣喂饭，帮助丈夫恢复行走能力，成为丈夫的精神支柱。她家中还有80多岁的老母亲和16岁上初中的儿子需要照顾，平时家中事情忙完她就出门打工补贴家用，用自己的一言一行诠释了亲情、孝道、责任的含义。

刘朝忠，男，中共党员，新安江中学教师。他曾扎根农村初中多年，任劳任怨、兢兢业业。2017年，他响应组织号召，“舍家报国，倾情援疆”，远赴新疆阿克苏支教，他援疆一年半，任教班级学生高考成绩优异，深得学校与学生认可，阿克苏市委市政府、阿克苏地委行政公署先后授予其“优秀援疆人才”、阿克苏市优秀共产党员称号，杭州市委、市政府亦授予其“优秀援疆教师”称号。

刘静芝，女，1994年7月出生，群众，航头镇溪沿村个体经营户。2018年2月15日，刘静芝因突发脑溢血去世，其家属根据其本人生前意愿，决定捐献器官。4名器官功能衰竭的患者成功接受器官移植手术，重获新生。刘静芝去世后，母亲将其生前节余6万元全部捐出，并追加5万元成立助学基金，帮助家庭生活困难的学生完成学业。刘静芝热心公益、孝顺父母、尊敬长辈，给社会带来了正能量，诠释了助人为乐、舍己为人的高尚品德。

吴光潮，男，1946年6月出生，中共党员，乾潭镇梅塘村卫生室乡村医生。他是看病只收一元钱的“赤脚”医生，五十年来，村里的病人来找他看病，草药一律免费。自行医以来，他每天起早摸黑、随叫随到，基本上做到了小伤、小病不出村。他被评为“全国优秀乡村医生”。年过七旬的他，仍坚持早上4时~5时出门诊，下午去野外采草药，几十年如一日，风雨无阻。他说：“既然选择当医生，就选择了奉献。”

汪国云，男，1958年7月出生，中共党员，市文广新局正局级干部。2011年初，他将个人近万册藏书搬到大同乡下，创办起纯公益民办非企业单位——建德市大同书院，免费为农村读者和留守儿童提供阅读服务。8年来，他以书院为平台，开展形式多样的读书活动，接待读者3万余人次。几乎每个周末，他都会驱车到书院，组织当地孩子开展“读书轮谈会暨作文点评会”活动，帮助农村孩子提高写作能力。他还设立“流动讲堂”，到偏僻山村给孩子们讲课，得到社会广泛认可。

邵玉香，女，1939 年 10 月出生，群众，建德市新安江街道明珠社区居民。20 来岁时她就和福利院有个"照顾被丢弃的孩子"的约定，从那时开始她把一个又一个被遗弃的孩子领到家里，用六十载无私母爱，倾情守护 300 多个弃婴，其中长期抚养照顾 3 个残疾孩子。在经济条件拮据、寄养家庭补贴不足的情况下，她从不让孩子们受半点委屈，甚至为了他们忽略 4 个亲生子女，她的亲生大女儿曾无奈中止学业。2018 年，老人已 79 高龄，疾病缠身，无法继续抚养孩子。而在老人潜移默化的影响下，她的儿子媳妇决定继续延续这份大爱。

徐霞军，男，1967 年 6 月出生，中共党员，新安江长运有限公司快客班车驾驶员。从事驾驶工作 30 多年，徐霞军始终严格要求自己，热情礼貌服务乘客，曾背行动不便老人下车，拾金不昧寻找失主。他时刻紧绷安全这根弦，已累积安全行驶里程 300 余万千米。被评为"建德市劳动模范"、"建德工匠"。作为市党代表，2013 年他提出"斑马线前车让人，提高城市新品质"的代表提案，被市政府采纳。

黄文斌，男，1981 年 9 月出生，中共党员，建德市公安局寿昌派出所副所长。曾获个人二等功 1 次，个人三等功 2 次，获得嘉奖 7 次，获得第五届"最美杭州人"提名人物等荣誉称号。2017 年 8 月 19 日晚，黄文斌出警处置一起酒后滋事行凶警情时，面对持刀嫌疑人挺身而上，身中数刀，脸部、脖子、手臂均受伤，其中脸部伤情极为严重，嘴部几乎贯穿，伤口长达 9 厘米，更惊险的是脖子处的 2 处刀伤就在颈动脉上，鲜血直流，但他仍奋不顾身地坚持与嫌疑人展开搏斗，最终将其制服，用忠诚和担当保护了人民群众。

黄向阳，男，1967 年 12 月出生，中共党员，建德市钦堂乡葛塘村党总支书记。2013 年，在商场打拼多年的黄向阳当选葛塘村党总支书记，在他的带领下，昔日村庄杂乱、经济薄弱的后进村，逐步成了庭院精巧、道路宽敞、生活富裕、邻里和谐的先进村，获得了省级文明村、秀美宜居示范村、零上访村等称号。自然资源部、农业农村部领导和省市主要领导多次到葛塘实地调研，给予肯定，群众赞誉"三年干成了三十年的事"。

◎12 月 25 日，第六届建德市道德模范颁奖典礼在市文化中心举行。马啸天、刘静芝、汪国云、吴光潮、叶玉珍、邵玉香、刘朝忠、黄向阳、徐霞军、黄文斌被评为第六届道德模范

名 录

Lists

新任市领导简历

俞 伟：男，汉族，1971年9月生，浙江建德人，1995年5月加入中国共产党，1990年8月参加工作，中央党校大学学历。现任中共建德市委常委、副市长。

曾任：建德市檀村镇党委委员，石屏乡党委副书记、纪委书记，大同镇党委副书记、副镇长、镇长，新安江街道党工委副书记、办事处主任、书记，中共临安市委常委、组织部部长，中共杭州市临安区常委、组织部部长等职。

张有强：男，汉族，1978年11月生，甘肃民勤人，2008年10月加入中国共产党，2004年4月参加工作，大学学历。现任建德市副市长（挂职）。

曾任：青海省海西州经济和发展改革委员会投资科副科长、科长，发展和改革委员会正科级干部、投资科科长、副主任等职。

留 正：男，汉族，1976年4月生，浙江青田人，1995年6月加入中国共产党，1990年9月参加工作，在职大学学历。现任中共建德市委常委、人民武装部部长。

曾任：南京军区司令部办公室机要局译电办报处副处长、处长，天台县人民武装部政治委员，建德市人民武装部政治委员、部长等职。

2018年建德市组织机构及负责人名录

【市委和市委工作部门、直属单位】

中共建德市委员会

书　记：童定干

副书记：朱　欢　周友红　吕　平（9月任）

常　委：吕　平　叶万生　尤荣福　俞　伟（9月任）　王　江　柴国庆　胡海龙（10月免）　周萍英（女）　孟关良（挂职）　包亚斌（10月免）　留　正（10月任）　张早林（12月任）　何亦星（12月任）

中共建德市纪律检查委员会（监察委员会）

书　记：柴国庆

副书记：章健梅（女）　徐建新

常　委：邵永明　吴建军　樊江平　黄园凤（女）

监委主任：柴国庆

监委副主任：章健梅（女） 徐建新
监委委员：邵永明 樊江平 王光辉（1月任）
吕 坚（1月任）
办公室主任：钱海山
案件审理室主任：王光辉
宣传教育室主任：章菊芳（女）
案件监督管理室主任：吕 坚
纪检监察一室主任：吴建军
纪检监察三室主任：黄 翔
市纪委、监委派驻第一纪检监察组组长：乐照明
市纪委派驻第一纪检组副组长：王志强
市纪委派驻第二纪检组组长：朱春福
市纪委派驻第二纪检组副组长：徐建明
市纪委派驻第三纪检组副组长：孙宁春（女）
市纪委派驻第四纪检组组长：范秋华
市纪委派驻第四纪检组副组长：陈永平
市纪委派驻第五纪检组组长：孙施伟
市纪委派驻第六纪检组组长：季建平
市纪委派驻第七纪检组组长：胡志斌
市纪委派驻第八纪检组组长：林坤荣
市直机关纪工委书记：范红杰
市纪委派驻市教育局纪检组组长：罗志光
市纪委派驻市财政局纪检组组长：刘金文
市纪委派驻市卫生和计生局纪检组组长：雷庆红
市纪委派驻市法院纪检组组长：饶冬良
市纪委派驻市检察院纪检组组长：钱保卫
市纪委派驻市公安局纪检组组长：娄卫星
巡察办主任：陈小龙
第一巡察组组长：徐 强
第一巡察组副组长：张建楠
第一巡察组副局级巡察专员：朱 军
第二巡察组组长：周爱花（女）
第二巡察组副组长：何其卫
第三巡察组组长：谢伟东
第三巡察组副组长：巫伟农
第三巡察组副局级巡察专员：曾向阳
第四巡察组组长：李海芳
第四巡察组副组长：韩铁峰
第四巡察组副局级巡察专员：赖江平
副局级纪检员：王柏洪 王毅生

市委办公室（政策研究室、保密局、台办、综合考评办）
主 任（保密局局长）：杨福泉
副主任：叶孝富 倪浩群 傅 欣
办公会议成员：乐照明 张 蕾
台办主任：杨福泉
综合考评办专职副主任：倪浩群
机要局局长：张 蕾
保密局副局长：张 蕾

组织部
部 长：王 江
副部长：何来信（兼） 钱一军（兼） 余小途
叶宏清
部务会议成员：赖艳芬（女） 郑芳华 黄晓庭
人才办主任：余小途（1月免） 王 江（1月任）
人才办常务副主任：余小途（1月任）
人才办副主任：郑芳华
两新工委副书记：赖艳芬（女）
党建办专职副主任：黄晓庭

宣传部
部 长：周萍英（女）
常务副部长：鲁 斌
副部长：刘自强 朱 言
部务会议成员：方永章（兼） 范秋华
吴元标（兼） 严卫华 王 波
文创办主任：鲁 斌
文创办副主任：王献萍（女）
文明办主任：王 波
网信办主任：朱 言
社会科学界联合会
主席：严卫华（兼）
专职副主席：蒋秀英（女）

统战部
部 长：叶万生（12月免） 张早林（12月任）
常务副部长：陈友明
副部长：邵国金 钟利平（兼）
部务会议成员：戚秀娟（女） 龚志坚
民族宗教事务局局长：邵国金
民族宗教事务局副局长：龚志坚
侨办主任（侨联主席）：陈友明
侨办副主任（侨联专职副主席）：戚秀娟（女）

老干部局

局　长:钱一军

副局长:傅卫红　吴　琴(女)

政法委(综治办、维稳办、市委防范和处理邪教问题领导小组办公室)

书　记:周友红(兼,9月免)　吕　平(兼,9月任)

副书记:吕　平(兼,至9月)　俞　伟(兼,11月任)
包亚斌(兼,11月免)　留　正(兼,11月任)
洪树华　高旭芳

委　员:柯汉根(兼)　毛志军(兼)　高　翔(兼)
杨福泉(兼)　王建雄(兼)　饶建平
许柏生　沈　龙　何武军

综治办(维稳办)主任:洪树华

综治办副主任:饶建平　沈　龙　何武军

维稳办专职副主任:许柏生

市委防范和处理邪教问题领导小组办公室
主　任:高旭芳
副主任:饶建平　沈　龙

市委农业和农村工作办公室

主　任:高建军

副主任:沈光炎　陈春芬(女)　邹宗根
章光亮(挂职)

办公会议成员:孙施伟　余　明

市编委办

主　任:章　明

副主任:赖裕生

市直机关工委

书　记:林　立

副书记:诸葛益龙　卢　萍(女)

委员(纪工委书记):范红杰

纪工委副局级纪检员:阎洪伟

副局级组织员:李　佳(女)

信访局

局　长:黄　炜

副局长:刘建成　朱文献　陈　钢

【市人大和人大机关】

市人大常委会

主　任:童定干

副主任:童文扬　徐建华　赵志荣
吕建月(女)　吴岳炎　徐拥军

市人大常委会办公室

机关党组书记:赵银松(9月任)

主　任:赵银松

机关党组成员:王　煦(9月任)　黄福明(9月任)
刘新奎(9月任)　黄宣人(9月任)
何根华(9月任)　林大宏(9月任)

副主任:周　明　吴　霞(女)

法制和内务司法工作委员会

主　任:王　煦

副主任:赵礼义

财政经济工作委员会

主　任:黄福明

副主任:何国良

教科文卫和民族宗教工作委员会

主　任:刘新奎

城建环保工作委员会

主　任:黄宣人

代表工作委员会

主　任:何根华

副主任:汪建勋

农业和农村工作委员会

主　任:林大宏

【市政府和政府工作部门、直属单位】

市人民政府

市　长:朱　欢

副市长:吕　平　孟关良(挂职)　张早林
俞朝辉(挂职,6月免)　何亦星
柯汉根　夏喜生　钱晓华(女)
朴永戈(挂职,5月免)

市政府办公室

主　任(党组书记,法制办、应急办、外事办、人防办主任,民防局局长):郑志华

副主任:蔡新春　陈　新(女)　骆旭华　王路达
吴勇富　杨志瑜　徐晓路(2月任)

党组成员:周爱花(女)　黄卫平　蔡新春
陈　新(女)　骆旭华　王路达
周　治　吴勇富　杨志瑜　徐晓路

法制办副主任:周　治

行政审批服务管理办公室
党组书记:吕 平(兼,9月免) 俞 伟(兼,9月任)
主 任(公共资源交管办主任):王 田
党组副书记:王 田
副主任:金鹏飞 刘水泉 方红月(女)
党组成员:金鹏飞 方红月(女) 张胜良
公共资源交管办副主任:刘水泉
公共资源交易中心主任:张胜良

发展和改革局

局 长(党委书记兼粮食局局长、物价局局长、金融办主任):徐 俊
党委副书记(副局长):程建军
副局长:程 霄 杨 强 胡 敏
党委委员:程 霄 杨 强 季建平 胡 敏
副局级组织员:洪连坤

经济和信息化局

局 长(党委书记):姜建生
党委副书记(副局长):骆志春
副局长:叶 鹃(女) 许文权 吴 勇
党委委员:许文权 吴 勇

教育局

局 长(党委书记):包海洋
党委副书记(副局长):李 萍(女)
副局长:陈向阳 赖忠林 李林山
党委委员:罗志光 陈向阳 赖忠林 李林山

科学技术局

局 长(兼知识产权办主任、地震局局长):叶 强
党组书记:王奕鑫
党组成员(副局长):金建桥 蒋富华

公安局

局 长(党委书记、督察长):柯汉根
政 委(党委副书记):翁磊松
党委副书记(常务副局长):汪永刚
副局长:冯慧超 叶志平 赵 斌
党委委员:冯慧超 叶志平 赵 斌 娄卫星 陆 勇
市纪委派驻市公安局纪检组组长:娄卫星
政治处主任:陆 勇
交警大队大队长:赵 斌
交警大队教导员:吴 竣
刑侦大队大队长:吴中华
刑侦大队教导员:饶应忠
巡(特)警大队大队长:钭志强
巡(特)警大队教导员:陈明芳
经侦大队大队长:胡秋法
治安大队大队长:吕 晶
治安大队教导员:颜 宾
国保大队大队长:翁益明
国保大队教导员:夏卫诚
禁毒大队大队长:方建标
指挥中心教导员:周 伟
森林警察大队大队长:陈建平
森林警察大队教导员:潘 弘
正局级组织员:蒋文忠
副局级组织员:马有生

民政局

局 长(党委书记):娄樟锡
副局长(党委委员):胡建明 徐志强 舒小青(女)
副局长:俞利海
副局级组织员:朱月琴(女)

司法局

局 长:巫海武
党组书记:王建雄
党组副书记(副局长):张成仁

财政(地税)局

局 长(党委书记):金 革(女)
党委副书记:封纪祥
副局长:孟 洁(女)
党委委员:刘金文 孟 洁(女) 陈 刚(12月免) 郭少伟(12月免)
地税局局长:高建军(1月免) 金 革(1月任)
地税局副局长:陈 刚(7月免) 郭少伟(7月免)
预算局局长:陈 善
预算监督局局长:方明明
预算执行局局长:方丽强

人力资源和社会保障局

局 长(党委书记):何来信
党委副书记(副局长):王志洪
副局长(党委委员):夏献军 徐 斌 蓝建荣

住房和城乡建设局
局　长(党委书记兼规划局局长):周献锦
党委副书记:吴元福
副局长:黄　伟　倪宪红　周向阳
党委委员:黄　伟　倪宪红　胡志斌
　　周向阳(12月免)
总规划师:邵　炯
交通运输局
局　长(党委书记):唐晓良
副局长:潘向阳　何建松　吴红忠　王晓静(女)
党委委员:潘向阳　何建松　汪建平　吴红忠
　　王晓静(女)　吕建清　徐　强(兼)
总工程师:唐建锋
道路运输管理处处长:吕建清
公路段段长:汪建平
农业局
局　长(党委书记兼农业技术推广中心主任):
邱剑娟(女)
副局长:潜建军　谢林伟　卢梅富
党委委员:潜建军　谢林伟　卢梅富　王毅锋
总农艺师:何建红
畜牧兽医局局长:王毅锋
正局级组织员:郎　栋
林业局
局　长(党委书记):蒋智鸿
副局长:王志平(2月免)　宣永培　唐良忠
党委委员:陈建平　唐良忠
总工程师:夏根清
森林公安局局长:陈建平
森林公安局教导员:潘　弘
水利水产局
局　长(党委书记):金　斌
副局长:钱向军　李　成
　　曹红蕾(女,挂职,1月免)
党委委员:钱向军　李　成
总工程师:赖建军
旅游商务局
局长(党委书记兼招商局局长、经合办主任、
风景名胜管理局局长):龚　鑫
副局长(党委委员):刘光星　孙　巍　孙　健
　　蒋华平
文化广电新闻出版局
局　长(党委书记):陈建芳
副局长(党委委员):李友彬　许宏斌　李　俊
党委委员(文化市场执法大队大队长):邵永忠

卫生和计划生育局
局　长(党委书记):郑泽挥
党委副书记:王雪霖
副局长:徐军潮　王　珏(女)　俞早荣
党委委员:徐军潮　雷庆红　张　鲲
审计局
局　长(党组书记):吴水星
副局长(党组成员):刘晓鸿　宁卫珍(女)
总审计师:余银良
经济责任审计工作联席会议办公室主任:
　　黄国英(女)
统计局
局　长(党组书记):倪国芳
副局长:徐晓路(2月免)　严　俊　赖文武
党组成员:严　俊　赖文武
总统计师:郑建霞(女)
社会经济调查队队长:徐晓路(2月免)
环境保护局
局　长(党组书记):黄朝光
党组副书记(副局长):洪介明
副局长(党组成员):王永宏　陈　宁
总工程师:琚志华
市场监督管理局
局　长(党委书记兼食品药品监督管理局局长、
工商局局长、质监局局长、食安办主任):占志忠
副局长:楼凤琴(女)　胡早明　江　涛　郑子清
党委委员:胡早明　江　涛　郑子清　邵亦宏
　　林坤荣
食品安全委员办公室副主任:邵亦宏
城市管理局
局　长(综合行政执法局局长):赖红芳
党委书记:赖红芳(12月免)　方新卫(12月任)
党委副书记:胡俊成
副局长:楼春棋　李海芳(2月免)　胡俊成

陈根良　罗清武
党委委员：楼春棋　陈根良　罗清武
安全生产监督管理局
局　长(党组书记兼安全生产办主任)：吕一华
党组副书记(副局长)：夏金庚
副局长(党组成员)：余志林　张成刚
经济开发区(航空小镇)
党工委书记：尤荣福(兼)
主　任：程星火
党工委副书记：程星火　孙　斌
副主任：孙　斌　陶国强　吴瑞华　郎贤平
徐锡平
党工委委员：陶国强　李　炜
纪工委书记：李　炜
高铁新区(高新园)
党工委书记：胡海龙(兼，11 月免)
何亦星(兼，12 月任)
主　任(党工委副书记)：张国潮
党工委委员：金富炎　严　华　饶　斌　方　向
陈　赟(女)　徐　净　余志军
副主任：严　华　饶　斌　方　向　余志军
徐　净　陈　赟(女)
纪工委书记：金富炎

【市政协和政协机关】

市政协
主　席：吴铁民
副主席：程　旭　严凌云　吕　勇　叶志高
徐亚娟(女)
秘书长：蒋　华
副秘书长：胡文静(女)　徐新平　陈　茜(女)
徐月芳(女)　周伟清　林志强
市政协办公室
机关党组书记：蒋　华(9 月任)
主　任：蒋　华(兼)
机关党组成员：厉红寿(9 月任)　胡伟钰(9 月任)
邵益文(9 月任)　许维元(9 月任)
方　韦(9 月任)
副主任：陈立刚
政治协商工作委员会
主　任：厉红寿
民主监督工作委员会
主　任：胡伟钰
参政议政工作委员会
主　任：邵益文
提案工作委员会
主　任：许维元
副主任：穆亚琴(女)
文史工作委员会
主　任：方　韦
委员工作委员会
主　任：金伟媛(女)

【人民武装】

人武部
部　长：(略)
政　委：(略)

【检察、审判机关】

检察院
检察长(党组书记)：高　翔
常务副检察长(党组副书记)：许　勇
副检察长：张碧林　胡　明　周伟清
党组成员：张碧林　钱保卫　胡　明
范艳春　夏育宏(5 月免)
政治处主任：范艳春
纪检组组长：钱保卫
反渎局局长：王光辉(12 月免)
检察委员会专职委员：叶建强　徐红春
法院
院　长(党组书记)：毛志军
常务副院长(党组副书记)：胡建强
副院长：刘国平　洪锦平
党组成员：邹向东　刘国平　洪锦平　饶冬良
仇　盛　张　振
政治处主任：邹向东
纪检组组长：饶冬良
执行局局长：仇　盛
审判委员会专职委员：张　振　沈小明　章荣生

寿昌法庭庭长:刘展宏
乾潭法庭庭长:胡永红
梅城法庭庭长:黄曙光
大同法庭庭长:吴建辉

【事业单位】

党史研究室(地方志办公室)
主　任(党组书记):吴康福
副主任(党组成员):张永祥　李寿根
市委党校
校　长:周友红(兼,9月免)　吕　平(兼,9月任)
常务副校长(党委书记兼社会主义学院副院长):仇康君
副校长(党委委员):王　平　钟德智
社会主义学院院长:钱晓华
新闻传媒中心
总编辑(党组书记):吴元标
副总编辑(党组成员):吴　鹏　吴时力　余　锋
广播电视台
台　长(党委书记):方永章
副台长(党委委员):沈友君(女)　钟清鸿
体育局
局　长(党组书记):姜自力
副局长(党组成员):郎忠魁　唐晓东
机关事务管理局
党组书记(局　长):胡卫明
党组成员(副局长):刘爱莲(女)　黎　源
档案局(馆)
局(馆)长(党组书记):曹剑波
副局(馆)长(党组成员):徐　健(女)　方建黎
杭州市住房公积金管理中心建德分中心
主　任:陈淦涛
移民局
党组书记:钟樟军(2月免)　张国潮(2月任)
局　长:钟樟军(4月免)　张国潮(4月任)
副局长(党组成员):廖文平　蒋建强

【社会团体】

总工会
主　席:徐建华
党组书记(常务副主席):傅定辉
副主席(党组成员):蔡剑毅　汪为骏
团市委
书　记(党组书记):何洪宇
副书记(党组成员):郑　雄(女)
周义盼(12月任)
妇联
主　席(党组书记):童志云(女)
副主席(党组成员):褚建英(女)　叶　晔(女)
科协
主　席(党组书记):童国方
副主席(党组成员):丁江桥　姚士军
工商联
主　席:潘余明
党组书记:钟利平
副主席:钟利平　王利民　李永祥　包江峰(兼)
吴康孟(兼)　胡益飞(兼)　项建平(兼)
徐竹清(兼)　吴利钢(兼)　张　毅(兼)
傅水芳(兼)
党组成员:王利民　李永祥
文联
主　席(党组书记):丁能权
副主席:周建兵　余子龙(兼)
残联
理事长(党组书记):钱志明
党组成员:刘金坤　王培森
副理事长:刘金坤　唐晓东(1月免)
王培森(1月任)
供销总社
主　任(党委书记):郑希平
副主任(党委委员):孙博伟　韩建强
红十字会
会　长:俞朝辉(兼)
常务副会长(党组副书记):方撮富
副会长:赖艳芬(女,兼)　叶孝富(兼)
郎　栋(兼)
计划生育协会
会　长:徐亚娟(女,兼)
常务副会长:郑泽挥(兼)
专职副会长:张　鲲

【企业单位】

城市建设发展投资有限公司
董事长(党委书记):吴小龙
总经理:徐旭飞
副总经理:徐京山
党委委员:徐旭飞　徐京山　吴　峰
新安旅游投资有限公司
董事长(党委书记):项智东
总经理:朱红霞(女)
副总经理:蒋祖云(10月免)
党委委员:朱红霞(女)　欧阳晓仙(女)
资产经营投资有限公司
董事长(党委书记):王建廷
总经理:李寿良(11月免)
副总经理:王建强
党委委员:李寿良(11月免)　王建强　滕益芳
交通发展投资有限公司
董事长(党委书记):汪德文
总经理:黄志良
副总经理:夏炳华
党委委员:黄志良　夏炳华　许有平

【双重和垂直管理单位】

建德市国税局(7月撤销)
局　长(党组书记):杨尚燚(7月免)
国家税务总局建德市税务局(7月新建)
党委副书记(第一责任人):陈　刚(10月任)
建德市国土资源局
局　长(党委书记):韩　勇
杭州出入境检验检疫局建德办事处
主　任:刘　强
建德市邮政局
局　长:焦　冰(1月免)　潘羽华(1月任)
建德市烟草专卖局
局　长:朱土夏
建德市气象局
局　长:丁卫华
建德市供电公司
执行董事:操吴兵(2月免)　孙志鹏(2月任)
书　记:孙志鹏(2月任)
中国人民银行建德市支行
行　长:楼　华
浙江银监局建德监管办事处
主　任:童小芳
中国工商银行建德市支行
行　长:何　静(女)
中国银行建德支行
行　长:唐小健(2月免)　王　浩(2月任)
中国农业银行建德市支行
行　长:罗正进
中国建设银行建德市支行
行　长:陈文贵
交通银行杭州建德支行
行　长:宋家强
建德市农村商业银行股份有限公司
董事长:李云峰
行　长:王锦芳(女)
中国农业发展银行建德市支行
行　长:金可为(6月免)　杨　敏(6月任)
中国邮政储蓄银行建德市支行
行　长:吴永超(8月免)　胡光红(8月任)
杭州银行建德支行
行　长:陈　骏
浙江建德湖商村镇银行
行　长:张　立
浙江民泰商业银行杭州建德支行
行　长:李功林(5月免)　江鹏花(5月任)
中国民生银行杭州建德支行
行　长:刘　扬
泰隆商业银行建德支行
行　长:徐　葳
上海浦发银行建德支行
行　长:叶欢庆(9月任)
中信银行杭州分行建德支行
行　长:汪建康
台州银行建德支行
行　长:朱凌霄
中国人民财产保险公司建德支公司
总经理:陈　烈

中国人寿保险公司建德支公司

总经理:汪中智

中国电信股份有限公司建德分公司

总经理:陈吉祥

中国移动建德分公司

总经理:林　海(4月免)　胡晓东(4月任)

中国联通建德分公司

总经理:方　伟

建德华数数字电视有限公司

常务副总经理(主持工作):苏　卫

【乡镇(街道)】

新安江街道

党工委书记:刘国金

党工委副书记:陈　健

党工委委员:雷国军　汤志文　蒋一新　徐国平　宋国平　邱伟军　汪丽君(女)　章红兵

纪工委书记:章红兵

派出监察办主任:章红兵(7月任)

人大工委主任:陈　刚

人大工委副主任:余新荣　何　凯

办事处主任:陈　健

办事处副主任:雷国军　汤志文　傅胜英(女)

更楼街道

党工委书记:陈观宝

党工委副书记:游国平　郑朝红

党工委委员:邵卫明　徐进荣　黄松霖　李献忠　宋良宏　吴海华　阮镇江　邵丽娟(女)

纪工委书记:邵丽娟(女)

派出监察办主任:邵丽娟(女,7月任)

人大工委主任:鲁连忠

人大工委副主任:余小群　江　徽

办事处主任:游国平

办事处副主任:邵卫明　徐进荣　谢双明　傅　宇(女)

洋溪街道

党工委书记:林益平

党工委副书记:王一叶　程　璐(女)

党工委委员:张建平　徐序红(女)　徐爱芳　陈伟强　张　宏　钱航军　王　新

纪工委书记:徐爱芳

派出监察办主任:徐爱芳(7月任)

人大工委主任:姜炳水

人大工委副主任:周国林(11月免)　邵仪鹏

办事处主任:王一叶

办事处副主任:张建平　徐序红(女)　范铁锋　吴燕婷(女)

梅城镇

党委书记:何瑞洪

党委副书记:方　华　叶晓敏(女)　周向阳(12月任)

党委委员:夏育宏　邱锦平　张建明(10月免)　张晓勇　李建军　詹铁凡(12月免)　唐　辉　程小波(12月任)

纪委书记:李建军

派出监察办主任:李建军(7月任)

人大主席:施树康

人大副主席:章秋松　胡建芳

镇　长:方　华

副镇长:夏育宏(1月任)　彭思远(女)　何海斌(1月免)　吴　杰　唐黎明(1月任)

副镇级组织员:于书印

寿昌镇

党委书记:吕鹏云

党委副书记:邹　泉　苏晓明　李可大

党委委员:章晓行　王金郎　陈　飞　黄玉琴(女)　程晓晖　夏成毅　江海波

纪委书记:夏成毅

派出监察办主任:夏成毅(7月任)

人大主席:宋有军(1月任)

人大副主席:徐国友　叶筱寅

镇　长:邹　泉

副镇长:张建平(1月免)　章晓行　王金郎　程晓晖(1月免)　方　鸣　关　诚(1月任)

大同镇

党委书记:蔡爱珍(女)
党委副书记:蒋建成 应永江 杨成军
党委委员:吴建新 董 风 傅 佳(女)
方 聪 何 明 黄光辉 饶 军
纪委书记:何 明
派出监察办主任:何 明(7 月任)
人大主席:翁祝青
人大副主席:苏雪平 方荣良
镇 长:蒋建成
副镇长:吴建新 董 风 程小波 钟小娟(女)

乾潭镇

党委书记:王百金
党委副书记:唐正彪 黄伟斌(12 月免) 徐利平
党委委员:章万林 徐卫军 吴建军 余 岩
沈 灵(女) 唐明杰 封菊珍(女)
纪委书记:唐明杰
派出监察办主任:唐明杰(7 月任)
人大主席:吴晓峰
人大副主席:傅建明 程志红
镇 长:唐正彪
副镇长:章万林 徐卫军 沈晓东 包 韩(女)

三都镇

党委书记:胡国正
党委副书记:官建强 叶 莲(女)
党委委员:郭顺洪 黄丽芳(女) 胡正洪
张仲建 钱 媛(女) 汪 栋(女)
纪委书记:张仲建
派出监察办主任:张仲建(7 月任)
人大主席:程新炉
人大副主席:李晓清
镇 长:官建强
副镇长:游佩芝(女,1 月免) 郭顺洪 谢跃红
张 勇 张奕涛(1 月任)

杨村桥镇

党委书记:方新卫(12 月免) 蒋哲远(12 月任)
党委副书记:程 斌 肖 虎
党委委员:兰胜平 方国东 华爱民
徐玲莉(女) 朱旭敏(女)
乐军飞 曹 健
纪委书记:华爱民
派出监察办主任:华爱民(7 月任)
人大主席:吴学东
人大副主席:许来友
镇 长:程 斌
副镇长:兰胜平 方国东 余卫刚 麻建强

下涯镇

党委书记:叶胜平
党委副书记:吴 雯(女) 吴 峰
党委委员:刘正中 江远新 王晓慧
蒋羽剑(女) 诸葛林 舒志强
纪委书记:王晓慧
派出监察办主任:王晓慧(7 月任)
人大主席:王 坚
人大副主席:吴建卫
镇 长:叶胜平(1 月免) 吴 雯(女,1 月任)
副镇长:刘正中 江远新 陈为新 姜勇军

大慈岩镇

党委书记:程星火
党委副书记:谢黎琴(女) 赖如平
党委委员:盛 夏(女) 邓建江 郑勇军
吴 炜 姚 飞(女)
纪委书记:郑勇军
派出监察办主任:郑勇军(7 月任)
人大主席:李 刚
人大副主席:徐射宏
镇 长:谢黎琴(女)
副镇长:盛 夏(女) 邓建江 胡卫勤 方 玮

航头镇

党委书记:李 俊(女)
党委副书记:蒋哲远(12 月免)
黄伟斌(12 月任) 方 睿
党委委员:刘复文 诸葛杰成 毛晨婴 郑广明
陈黄琴(女) 蒋小伟
纪委书记:蒋小伟
派出监察办主任:蒋小伟(7 月任)
人大主席:周继发
人大副主席:林黎明
镇 长:蒋哲远
副镇长:刘复文 诸葛杰成 俞利海(1 月免)
周小堂 黄英杰(1 月任)

李家镇

党委书记：马永红

党委副书记：章晓腾　游佩芝（女）

党委委员：吴志兵　方建卫　刘晓鹏　王建辉　李建伟　吴成梁

纪委书记：李建伟

派出监察办主任：李建伟（7月任）

人大主席：翁炳昌

人大副主席：翁仙红（女）

镇　长：章晓腾

副镇长：吴志兵　方建卫　王素平（女）　方　睿（1月免）

大洋镇

党委书记：陈正清

党委副书记：沈小来　吕建忠

党委委员：谢作华　鲁益祥　王剑飞　李锡斌　叶　萌（女）　袁　红（女）　张建辉

纪委书记：李锡斌

派出监察办主任：李锡斌（7月任）

人大主席：蒋　华

人大副主席：姚根伟

镇　长：陈正清（1月免）　沈小来（1月任）

副镇长：谢作华（1月任）　鲁益祥　许明净　徐晓刚　潘丽萍（女，1月任）

莲花镇

党委书记：谢照昌

党委副书记：叶　姣（女）

党委委员：李伟锋　吴宽宏　唐晓晖　叶月玲（女）　童孝廉　胡益标

纪委书记：胡益标

派出监察办主任：胡益标（7月任）

人大主席：金鹏飞（1月免）　傅殿红（1月任）

镇　长：叶　姣（女）

副镇长：李伟锋　吴宽宏（1月任）　谢作华（1月免）　滕新春

钦堂乡

党委书记：王　鑫

党委副书记：王志平　练　超

党委委员：王卫华（3月免）　杨红军　许来富　朱　锐　杨建红　朱志成

纪委书记：杨建红

派出监察办主任：杨建红（7月任）

人大主席：许珍红（女）

乡　长：王　鑫（1月免）　王志平（1月任）

副乡长：王卫华（7月免）　杨红军　朱志成（1月免）　翁　玲（女，1月任）

说明：1.该“名录”收录2018年各单位在任市管领导干部（未包括挂牌机构）。

2.任免职时间（月份）已经注明，凡未标明时间的，均系职务未变动。如有差错，以任免文件为准。

重要文件选录

Documents Selection

重要文件目录

【中共建德市委文件】

市委〔2018〕1 号　关于认真学习贯彻党的十九大精神加快实现新崛起的决定

市委〔2018〕2 号　关于深化市管企业负责人薪酬制度改革的实施意见

市委发〔2018〕9 号　关于开展“拥抱新时代加快新崛起”大学习大调研大抓落实活动的通知

市委发〔2018〕11 号　印发关于《加快开发区(航空小镇)、高铁新区(高新园)发展的实施意见(试行)》的通知

市委发〔2018〕12 号　关于印发《2018 年度乡镇(街道)综合考评办法》和《2018 年度市级机关单位综合考评办法》的通知

市委发〔2018〕17 号　关于印发《建德市关于培育和践行社会主义核心价值观的实施意见》的通知

市委发〔2018〕20 号　关于实施“拥江发展”战略的意见

市委发〔2018〕26 号　关于深化“最多跑一次”改革推动重点领域改革的实施意见

市委发〔2018〕29 号　关于印发《建德市实施乡村振兴战略五年行动计划(2018—2022 年)》的通知

市委发〔2018〕32 号　关于贯彻落实新时代党的建设总要求不断提高机关党的建设质量的意见

市委发〔2018〕33 号　关于进一步加强城市基层党建工作的 实施意见

市委发〔2018〕34 号　关于高水平建设人才强市的实施意见

市委发〔2018〕37 号　关于印发《建德市加快数字经济发展行动方案(2018—2022 年)》的通知

市委发〔2018〕47 号　关于开展质量提升行动的实施意见

【市委办公室文件】

市委办发〔2018〕3 号　关于印发《建德市党政储备人才引进培养实施意见》的通知

市委办发〔2018〕7 号　关于印发《关于促进建德市美丽经济发展的扶持细则(试行)》的通知

市委办发〔2018〕13 号　关于印发《建德市机关事业单位编外用工管理办法》的通知

市委办发〔2018〕14 号　关于印发《关于进一步落实全面从严治党主体责任的实施办法》的通知

市委办发〔2018〕15 号　关于印发《关于规范公职人员“八小时以外”行为的规定》的通知

市委办发〔2018〕28 号　关于印发《建德市农村人居环境提升三年行动实施方案(2018—2020 年)》的通知

市委办发〔2018〕32 号　关于印发《建德市食品安全“党政同责”实施办法》的通知

市委办发〔2018〕33 号　印发《关于实施村级组织“塔基”工程助力乡村振兴的实施意见》的通知

市委办发〔2018〕37 号　关于印发《建德市“最多反映一次”工作意见》的通知

市委办发〔2018〕42 号　关于印发《建德市鼓励改革创新支持履职担当容错免责机制的实施办法(试行)》的通知

市委办发〔2018〕43 号　关于印发《建德市群团组织领导班子成员挂职、兼职管理实施办法(试行)》的通知

市委办发〔2018〕70 号　关于印发《建德市“‘八八战略’再深化，改革开放再出发”解放思想大讨论活动方案》的通知

市委办发〔2018〕78 号　转发市农办《关于发展壮大村级集体经济消除薄弱村(2018—2022 年)实施方案》的通知

市委办发〔2018〕79 号　关于印发《建德市创建全国文明城市工作责任追究办法(试行)》的通知

市委办发〔2018〕103 号　印发《贯彻落实〈关于建立和完善街道居民议事制度的指导意见〉实施办法》的通知

市委办发〔2018〕105 号　关于构建亲清新型政商关系的实施意见

【市政府文件】

建政函〔2018〕15 号　关于适当调整被征地农民基本养老保障待遇标准的通知

建政函〔2018〕21 号　关于调整职工基本医疗保险部分政策的通知

建政函〔2018〕36 号　关于印发《建德市全面改造提升传统制造业行动计划（2017~2020 年)》的通知

建政函〔2018〕49 号　关于农村闲置房屋盘活利用的若干意见

建政函〔2018〕62 号　关于新安江城区实施差别化停车收费的通知

建政函〔2018〕82 号　关于印发建德市盐业体制改革实施方案的通知

建政函〔2018〕109 号　关于推进教育综合改革的意见

建政函〔2018〕125 号　关于印发建德市加强政务诚信建设实施方案的通知

建政函〔2018〕128 号　关于推进政策性融资担保体系建设的实施意见

建政函〔2018〕176 号　关于印发建德市建立完善信用联合奖惩制度加快推进社会诚信建设的实施意见

建政函〔2018〕190 号　关于印发建德市建设高品质“四好农村路”三年行动计划实施方案的通知

建政函〔2018〕194 号　关于调整建德市城乡居民社会养老保险基础养老金标准的通知

【市政府办公室文件】

建政办函〔2018〕4 号　关于对《建德市户口迁移暂行规定》部分条款进行修改的通知

建政办函〔2018〕15 号　关于贯彻《杭州市爱国卫生条例》进一步加强爱国卫生工作的通知

建政办函〔2018〕21 号　关于推进适度普惠型儿童福利制度建设的意见

建政办函〔2018〕25 号　关于印发建德市参保适龄妇女免费“两癌”检查项目实施方案的通知

建政办函〔2018〕34 号　关于印发建德市 2018 年“餐桌安全治理”工作方案的通知

建政办函〔2018〕33 号　关于印发建德市 2018 年“农贸市场提升”工作方案的通知

建政办函〔2018〕38 号　关于印发建德市农村宅基地审批管理办法的通知

建政办函〔2018〕24 号　关于印发《建德市居住出租房屋“旅馆式”管理实施方案》的通知

建政办函〔2018〕42 号　关于进一步加强旅游市场综合监管的通知

建政办函〔2018〕47 号　关于公布建德市 2018 年度政府集中采购目录和限额标准的通知

建政办函〔2018〕54 号　关于开展既有住宅加装电梯工作的实施意见

建政办函〔2018〕58 号　关于印发落实消防安全责任实施办法的通知

建政办函〔2018〕61 号　关于加快小微企业创业园建设的若干意见

建政办函〔2018〕64 号　关于印发建德市工业项目准入审查办法的通知

建政办函〔2018〕65 号　关于印发建德市化工产业改造提升试点实施方案（2018—2020 年）的通知

建政办函〔2018〕66 号　关于进一步落实土地管理有关审批权限委托下放相关事项的通知

建政办函〔2018〕73 号　关于加快土地流转推进农业适度规模经营的实施意见

建政办函〔2018〕78 号　关于印发建德市畜禽养殖废弃物高水平资源化利用工作方案的通知

建政办函〔2018〕85 号　关于深化“亩均论英雄”改革的实施意见

建政办函〔2018〕87 号　关于印发建德市城乡客运惠民工程实施方案的通知

建政办函〔2018〕110 号　关于印发建德市中小企业转贷专项资金管理办法的通知

建政办函〔2018〕111 号　关于进一步加强高技能人才队伍建设的意见(暂行)

建政办函〔2018〕112 号　关于印发《建德市 2018 年大气污染防治实施计划》《建德市治污水暨水污染防治行动 2018 年实施计划》的通知

建政办函〔2018〕115 号　关于印发建德市预拌混凝土企业绿色转型升级三年行动计划(2018—2020 年)的通知

建政办函〔2018〕120 号　关于印发建德市再生资源回收实施方案的通知

建政办函〔2018〕123 号　关于印发建德航空小镇“区域环评+环境标准”改革实施方案的通知

建政办函〔2018〕131 号　关于印发建德市临时救助实施办法的通知

建政办函〔2018〕133 号　关于进一步加强食用农产品质量安全入市管理工作的通知

建政办函〔2018〕137 号　关于印发建德市重大会展活动备案办法的通知

建政办函〔2018〕138 号　关于印发建德市领军型创新创业团队扶持资金管理办法(试行)的通知

建政办函〔2018〕148 号　关于加快推进数字经济发展的实施意见

重要文件辑录

中共建德市委关于认真学习贯彻党的十九大精神加快实现新崛起的决定

市委〔2018〕1 号

中国共产党建德市第十四届委员会第三次全体会议,深入学习贯彻党的十九大精神,按照省委十四届二次全会、杭州市委十二届三次全会的决策部署,紧密结合建德实际,就加快实现建德新崛起、夺取新时代中国特色社会主义伟大胜利,作出如下决定。

一、深入学习贯彻党的十九大精神

1.增强学习贯彻党的十九大精神的政治责任感。党的十九大是具有划时代意义的历史性盛会,是引领全党全军全国各族人民满怀信心、为决胜全面建成小康社会、夺取新时代中国特色社会主义伟大胜利而奋斗的历史性大会。党的十九大把习近平新时代中国特色社会主义思想确立为党必须长期坚持的指导思想，开辟了马克思主义中国化的新境界，实现了党的指导思想又一次与时俱进，对于党和国家事业发展具有极其重大而深远的影响。全市各级党组织和广大党员干部要把深入学习贯彻党的十九大精神作为当前和今后一个时期的首要政治任务,迅速掀起学习贯彻高潮,在学懂弄通做实上下功夫，切实把全市人民的思想统一到党的十九大精神上来。

2.深刻领会和全面把握十九大精神实质。在全面系统学习贯彻的基础上突出重点、抓住关键,把着力点聚焦到习近平新时代中国特色社会主义思想是党必须长期坚持的指导思想上，聚焦到 5 年来党和国家事业取得历史性成就和发生历史性变革上,聚焦到中国特色社会主义进入新时代、我国社会主要矛盾已经转化为人民日益增长的美好生活需要和不平衡不充分的发展之间的矛盾等重大政治论断的深远影响上，聚焦到贯彻落实党的十九大的重大决策部署上，聚焦到以习近平同志为核心的新一届中央领导集体是深受全党全国各族人民拥护和信赖的领导集体上，聚焦到习近平总书记是全党拥护、人民爱戴、当之无愧的党的领袖上。真正把学习宣传贯彻的过程，变成深化认识、凝聚力量的过程,变成解放思想、促进发展的过程,将思想和行动统一到中央、省委、杭州市委的决策部署上来，切实将党的十九大精神转化为加快实现建德新崛起的强大动力。

3.认真贯彻落实省委“两个高水平”建设决定的精神。“两个高水平”建设,是省委学习贯彻十九大精神和习近平新时代中国特色社会主义思想的实际行动,是“五位一体”总体布局和“四个全面”

战略布局在浙江的具体体现，是满足全省人民日益增长的美好生活需要的目标追求，是浙江在“强起来”历史进程中继续走在前列的责任担当。整个目标既保持与以习近平同志为核心的党中央描绘的宏伟蓝图相一致，又充分体现浙江发展的基础和特点；既有定性要求，又有定量标准；既与时俱进、鼓舞人心，又立足现实、稳中求进，从而为浙江在实现“两个一百年”奋斗目标进程的关键节点上标注了历史方位、确定了发展方向。全面理解和准确把握“两个高水平”建设这一发展目标，对于我们深刻领会并认真贯彻落实好十九大精神具有十分重要的指导意义。

4. 奋力推进习近平新时代中国特色社会主义思想在建德的生动实践。改革开放以来，建德人民始终坚持解放思想、实事求是、与时俱进的思想路线，在众多方面、众多领域进行了一系列的改革和探索。建德的改革发展历程，实质就是中国特色社会主义在建德的具体生动实践。在新的时代条件下，我们一定要更加自觉地把习近平新时代中国特色社会主义思想贯彻到全市经济社会发展的全过程、体现到党的建设各方面，把十九大精神落实到转变经济发展方式、推动科学发展上来，落实到保障和改善民生、促进社会和谐上来，落实到解放思想、改革开放、凝聚力量、攻坚克难上来，切实把十九大精神转化为加快实现建德新崛起的生动实践。

5.充分认识加快实现建德新崛起是贯彻落实十九大精神、省委“两个高水平”建设决定的实际行动。加快实现建德新崛起，是学习贯彻十九大精神、省委“两个高水平”建设决策部署的实际行动，是彰显建德发展特色的现实选择，是满足人民群众新期待新需求的重大举措，是改革开放以来历届市委提出的发展战略在新时期的传承延续和“十三五”发展规划的深化推进。加快实现新崛起的基本内涵、指导思想、目标任务同十九大精神、省委“两个高水平”建设决定是一致的。我们一定要把它作为贯彻落实十九大精神、省委“两个高水平”建设决定的最大实践，贯穿于全面建成小康社会和现代化建设的全过程，奋力使美好蓝图付诸实现。

二、进一步明确加快实现建德新崛起的总体要求

6.加快实现新崛起的总体要求。高举习近平新时代中国特色社会主义思想伟大旗帜，全面贯彻党的十九大精神，不忘初心、牢记使命，深入践行“八八战略”和“两山”重要思想，主动融入全省“两个高水平”建设和杭州世界名城建设，深入实施“生态立市、创新活市、工业强市、服务业兴市”四大战略，坚持开放融入、谋求跨越赶超，加快实现建德新崛起，为决胜全面建成小康社会、高水平全面建设社会主义现代化，夺取新时代中国特色社会主义伟大胜利、实现中华民族伟大复兴的中国梦做出新的更大贡献。

7.加快实现新崛起的奋斗目标。根据党的十九大关于决胜全面建成小康社会和分两步走建成富强民主文明和谐美丽的社会主义现代化强国，以及省委奋力推进“两个高水平”建设的精神，我市加快实现新崛起的战略安排是：

——从现在到2020年，围绕全面建成小康社会各项目标任务，全面落实党的十九大提出的新要求，突出抓重点、补短板、强弱项，高质量完成“十三五”规划任务，努力在解决发展不平衡不充分问题上实现新突破，在实现高质量发展上取得新进展，在满足人民日益增长的美好生活需要上取得新成效，使高水平全面建成小康社会得到人民认可、经得起历史检验。

——从2020年到2035年，在高水平全面建成小康社会基础上，再奋斗15年，力争实现高质量发展走在全省前列，城市核心竞争力不断提高，城乡治理体系和治理能力现代化稳步提升，人民群众的获得感幸福感安全感持续增强，全面从严治党水平显著提升，高水平完成基本实现社会主义现代化的目标。

——从2035年到本世纪中叶，在高水平完成基本实现现代化目标的基础上，再奋斗15年，把建德建设成为经济实力强劲、发展方式科学、社会发展和谐、城乡面貌靓丽、人民生活幸福、党的建设有力的县域，在杭州和全省实现争先进位、提升形象，为浙江在建成富强民主文明和谐美丽的社会主义现代化强国的新征程中继续走在前列、勇

立潮头作出积极贡献。

三、扎实推进实现建德新崛起的各项工作

8.构建区域创新体系。全面贯彻新发展理念，坚持创新驱动发展，加大重点领域创新，推动发展方式转变，全力构筑科技、教育、人才集聚高地。加快科技创新平台打造，放大浙江工业大学成果转移中心优势效应，抓好逸龙文创园、浙大环保科创中心、心安创客等科技孵化器、众创空间的管理和培育，加快公共技术平台、检测平台和各类实验室、研究院建设，充分发挥科技大市场作用，加快推进科技成果落地转化。积极培育创新主体，厚植建德企业家“建功立德”精神，引导和支持创新要素向企业集聚，支持有条件的企业建设研发中心，加快形成产业联动、产学研结合的技术创新体系。加大对龙头骨干企业的技术创新扶持力度，加快落实一批重点技术创新和产业化项目，对企业参与行业关键技术标准制定、技术改造等科技创新行为给予奖励补助。推动构建“大职教”格局，加强与大专院校合作办学，为企业培育输送一批急需人才和高级技工。全面实施高层次人才引育、建德籍人才智力回归、百项国外智力引进、建德工匠培育、乡土人才提升等工程，实行“人才+项目+资金”的招才引智策略，不断完善“人才新政”，营造各类优秀人才引进、留住、发挥作用的平台和环境，为实现建德新崛起注入人才活力。

9.强化投入支撑体系。投入是支撑建德实现跨越赶超的强大动力，必须强化政府主导型投入，带动全社会投入，以大投入改善大环境促进大发展大提升。全力推进经济开发区(航空小镇)、高铁新区(高新园)两大平台建设，完善政策机制，深入推进基础设施配套，加快园区环境提档升级，提升平台项目承载力，促进重大项目招引落地。完善大项目谋划、形成和推进机制，加快建立健全大项目库，做深做细项目前期，在公共服务、基础设施、城市综合体、休闲旅游、现代农业等领域谋划一批大项目。加大招商引资力度，创新招商引资工作机制，全面营造亲商安商良好环境，以产业链项目作为招商主攻方向，做好产业“延链、补链、强链”工作，以世界500强、央企国企、上市企业作为重点招引对象，用好在外建德人、北上广产业招商推介会等媒介，招引一批大好高项目。深化投融资体制改革，加强政银企对接，创新融资模式，破解融资难问题。加快供地步伐，大力推进土地复垦、坡地村镇等项目建设，深化“批而未供、供而未用”和城镇低效用地清理，破解土地要素制约。制定实施“最多跑一次”改革行动方案，加快打破“信息孤岛”，推进数据归集共享，不断优化企业投资项目在线审批监管平台，促进项目建设提速提效。

10.建设现代产业体系。牢牢把握发展实体经济这一坚实基础，以大产业大平台大项目建设为抓手，以高质量发展为根本要求，加快建设以现代农业、现代工业、现代服务业为主体的现代产业体系。大力发展现代农业，加快推进农业“两区”和果蔬乐园、草莓小镇、稻香小镇等项目建设，加强特色产业区域公共品牌打造，扶持特色高效农业发展，推动农业生产与休闲旅游等产业融合。加强农业公共服务体系建设，提高农业综合生产能力、抗风险能力和市场竞争能力，实现农业大市向农业强市的跨越。大力发展现代工业，以转型升级为主线，以“两化”融合和“四换三名”为主抓手，全面启动竹木制品、家纺、五金工具、低压电器等传统产业改造提升。积极对接“中国2025杭州行动纲要”，主动承接杭州城市国际化的溢出效应，大力发展全域旅游、大健康、通用航空、水产业等新兴产业。加强企业培育，深入实施“凤凰行动”，鼓励企业通过上市、联合、兼并、重组等方式做大做强，形成一批具有核心竞争力的大企业，支持中小企业争做行业“隐形冠军”，鼓励引导个体户升级为企业，形成大中小微企业协调发展格局。大力发展现代服务业，提高服务业规模化、专业化、市场化程度，使服务业占经济总量比重上升。挖掘丰富优质的山水人文资源，打响“17度新安江”旅游品牌，进一步整合全市旅游资源，完善旅游配套服务，推进观光度假、休闲旅游、民宿、文化体育等产业融合发展，提升旅游整体竞争力。积极培育盛德国际广场、双江特色街等一批特色商圈，加快推进喜来登、雷迪森、开元等酒店项目实施，打造多元化住宿接待体系。大力扶持电子商务、文化创意等新型业态发展，培育现代服务业新型增长极。

11.建设乡村振兴体系。坚持以乡村振兴为引领，深入实施美丽建德三年行动计划，推动城乡统筹大发展，全力打造全省乡村振兴示范区和杭州西部门户城市。深入实施市域总体规划，加快形成功能互补、相互支撑的“一心两翼、一主两副两组团”的城市发展格局。加快主城区有机更新，推进实施城中村和棚户区改造，加强交通、能源、环保、水利和防灾减灾等重大基础设施建设，完善城市功能配套。加强城市地下空间的开发利用，促进城市的有机生长。加快中心镇建设，打造乾潭小城镇环境综合整治镇域样板，加强梅城、寿昌、大同中心镇培育力度，提升承载辐射能力，其余乡镇立足自身区位优势、产业特点、自然风貌，打造“一镇一品”“一镇一特”的精品小镇。加快“美丽乡村”建设，深化乡村整治工程，完善村庄布局，加大农房规划建设管理力度，加强历史文化村落的保护和利用，擦亮生态底色，提升农村颜值，打造一批新时代美丽乡村精品村，促进城乡形象改善、布局合理、功能提升、一体化发展。

12. 深化经济体制改革和构建开放型经济体系。深化经济体制改革和扩大开放，促进要素自由流动，实现资源优化配置，增强经济发展的动力和活力。推进金融综合改革、现代企业制度建设、区域资本市场建设、金融服务创新等工作，构建与国有银行相匹配、与实体经济相互支持的金融体制机制。深化农村产权制度改革，推进征地、土地流转、宅基地空间置换、林权制度、村集体经济产权制度等改革，提高农民在土地增值收益中的分配比例。把握国家“一带一路”、长江经济带、浙江“大湾区大花园大通道大都市区”建设、杭州拥江发展等多重叠加的战略机遇，实施更加积极主动的开放战略，完善境外投资促进机制，优化对外贸易结构。深化区域合作，积极开展对外合作交流，加强内外建德人互动，促进“建德人”和“建德经济”融合发展。加快推进杭黄高铁、金建铁路、衢建铁路、临金高速、23省道改建等一批重大项目的建设力度，完善“公铁水航”立体化交通网络，打通市域对外联通发展的交通血脉。

13.构建现代治理体系。完善“党委领导、政府负责、社会协同、公众参与、法治保障”的社会治理体制，打造共建共治共享社会治理格局。加强社会治理创新，深化基层治理体系“四个平台”建设，抓好全科网格队伍建设，深化“互联网+社会治理”行动，推动社会治理重心下移。推进村（社区）建设，以党组织为核心整合各项基层社会治理资源和公共服务功能，提升城乡居民自治水平。大力培育发展服务性、公益性、互助性社会组织，促进居民增强社会归属感。深化“平安建德”建设，完善重大决策社会稳定风险评估机制和矛盾预防化解机制，从源头减少社会矛盾。加强社会公共安全管理和突发事件应急管理体制建设，确保重大突发事件和公共安全事件得到及时有效处置。健全立体式治安防控体系，综合整治社会乱点，严厉打击和惩治各类违法犯罪活动。深化安全领域改革发展，落实安全生产责任制，坚决遏制重特大安全事故。扎实抓好治危拆违、除险安居、防汛防台等工作，提升防灾减灾救灾能力。强化“法治建德”建设，深化依法行政，推进依法治市，不断提高行政质量、效率和政府能力、公信力。全面落实司法体制综合配套改革任务，强化司法责任制。构建社会“大普法”工作格局，完善公共法律服务体系，促进全社会尊法学法守法用法。

14.完善公共服务体系。坚持以人民为中心，既尽力而为，又量力而行，坚守底线、突出重点、完善制度、引导预期，不断满足人民日益增长的美好生活需要。深化教育领域综合改革，提升学前教育水平，高质量普及15年基础教育，全力争创全国义务教育均衡市。继续深化公立医院改革，健全基层医疗卫生服务体系和分级诊疗体系，加强医疗质量安全体系和公共卫生体系建设。发展体育运动事业，健全妇女儿童、未成年人、老年人、残疾人合法权益保障体系，统筹做好人口和计划生育工作。坚持就业优先战略和积极就业创业政策，加强全方位公共就业服务，开展多层次职业技能培训，实现更高质量和更充分就业。促进城乡居民收入较快均衡增长，大力实施低收入群体收入倍增计划，拓宽收入渠道，促进分配公平。推进城乡社会保障并轨，扩大养老、医疗、失业、工伤、生育保险覆盖面，健全社会保险、福利、救助、优抚、慈善相衔接的社会保障体系。继续开展农村危旧房改造，加快保障性住房建设,促进社会保障公平。

15.建设文化软实力体系。全面落实意识形态工作责任制,牢牢掌握意识形态工作领导权,把学习宣传研究习近平新时代中国特色社会主义思想作为重中之重,开展面向全社会的宣传教育。深化媒体融合,加强互联网内容建设,建立网络综合治理体系,营造清朗的网络空间。深入实施社会主义核心价值观宣传普及行动,挖掘浙江始祖“建德人”文化,总结和弘扬新时代“建功立德”精神,深化“德文化”地域品牌建设,凝聚社会共识,激发干事创业热情。深入实施公民道德建设工程,大力推进群众性精神文明创建活动,全面开展移风易俗、弘扬新风活动,推进好家风建设、诚信文化建设和志愿服务制度化,提升全社会文明程度。加大文化事业投入力度,抓好城乡基层文化阵地和公共文化服务设施建设。推进文化惠民工程,打响建德婺剧、纳凉大舞台等文化活动品牌。深入开展历史文化街区、历史文化村落整治保护,加强重点文物和名胜古迹保护,重视非物质文化遗产传承,延续城市历史文脉。完善文化产业发展规划,积极鼓励民间资本进入文化产业,培育一批文化龙头企业。

16.建设现代生态体系。牢固树立和深入践行绿水青山就是金山银山的理念,坚持“生态立市”首位战略,把生态文明建设贯穿发展全过程,为人民创造良好生产生活环境,促进人与自然和谐共生。狠抓环境综合整治,继续大力推进“五水共治”,巩固提升剿灭劣Ⅴ类水和农村生活污水治理成果,全域水质确保长期稳定在Ⅲ类以上,彰显大江大河韵味、小微水体风貌。打赢蓝天保卫战,推动空气质量优良天数持续稳步提高。统筹抓好治土、治固废等工作,加强农业面源污染防治,推行城乡生活垃圾分类化减量化资源化无害化处理,实现城区生活垃圾总量“零增长”和农村生活垃圾分类处理全覆盖。深入开展小城镇环境综合整治和治危拆违,全力争创全省“无违建市”,深化“四边三化”“两路两侧”,全面提升城乡人居环境。强化节能减排,大力发展节能环保、清洁生产、清洁能源产业和生态循环农业,倡导简约适度、绿色低碳的生活方式,形成保护生态的社会风尚。深化环境污染治理,严格实行环境准入制度,严厉打击污染环境行为。完善重大项目环境评估机制,加快淘汰重污染高能耗的落后产能。

四、进一步强化加快实现建德新崛起的组织保障

17. 突出抓好党的政治建设。旗帜鲜明讲政治,牢固树立“四个意识”,坚定“四个自信”,严格遵守政治纪律和政治规矩,自觉在思想上政治上行动上同以习近平同志为核心的党中央保持高度一致。以党章为根本遵循,更加自觉地学习党章、遵守党章、贯彻党章、维护党章,坚持和加强党对一切工作的领导。严格执行新形势下党内政治生活若干准则,坚持和落实民主生活会和组织生活会制度。严格执行民主集中制,完善和落实各级党委(党组)集体议事规则、决策程序和责任追究制度。加强党员干部特别是领导干部党性锻炼,不断提高政治觉悟和政治能力,强化对党忠诚、为党分忧、为党尽职、为民造福的根本政治担当。

18. 用习近平新时代中国特色社会主义思想武装头脑。全面开展专题学习和集中轮训,发挥党委(党组)理论学习中心组示范带动作用,推动习近平新时代中国特色社会主义思想进农村、进社区、进企业、进学校、进网站,推动马克思主义中国化最新理论成果入脑入心,使习近平新时代中国特色社会主义思想成为认识和改造主观世界、指导各项工作的行动指南。把深入学习习近平新时代中国特色社会主义思想与学习习近平总书记在浙江工作期间的重要论述结合起来,切实做到学深悟透、深谋实干。强化理想信念教育,教育引导广大党员干部牢记党的宗旨,保持对共产主义远大理想和中国特色社会主义共同理想的不懈追求。推进“两学一做”学习教育常态化制度化,认真抓好“不忘初心、牢记使命”主题教育。

19.建设高素质专业化干部队伍。坚持党管干部原则,坚决贯彻“20字”好干部标准,打好“上下管育爱”干部工作组合拳,全力打造一支能征善战、实干担当的建德铁军。突出政治标准,强化实干实绩和基层导向,以更宽的视野选干部、配班子。大力推进干部专业化建设,优化领导班子结构和功能,增强各级干部的专业素养、专业能力和专

业精神。更加注重在急难险重岗位考核选用干部，真正把政治强、敢担当、善破难、作风正的干部选起来、用起来。健全完善干部选用管理机制，畅通干部流通渠道，推动形成能者上、庸者下、劣者汰的有效机制，不断营造风清气正、崇尚实干的良好政治生态。坚持严管与厚爱结合、约束和激励并重，完善和落实容错纠错机制。

20.以提升组织力为重点加强基层组织建设。压实党委(党组)抓基层党建工作责任，强化政治功能，整顿转化软弱落后党组织。加大两新组织党建工作力度，加强和改进流动党员教育管理服务，扩大党组织和党的工作覆盖面。坚持“三会一课”制度，深化支部主题党日活动，推进党的基层组织设置和活动方式创新。扩大党内基层民主，推进党务公开，注重从产业工人、青年农民、高知识群体和“两新”组织中发展党员。增强党员教育管理针对性有效性，稳妥有序开展不合格党员组织处置工作。健全城乡统筹基层党建工作机制，完善资源有效整合、经费稳定投入的基层组织建设保障机制。

21.扎实推进党风廉政建设和反腐败斗争。坚持党的群众路线，健全完善“走村不漏户、户户见干部”等密切联系群众制度，大兴调查研究之风，增强群众观念和群众感情。高标准落实中央八项规定实施细则精神，着力破解“三不”顽疾，严肃查处“四风”问题和发生在群众身边的不正之风，着力整治形式主义、官僚主义新表现，坚决整治懒政怠政，推动党风政风持续好转。严格运用监督执纪“四种形态”，强化监督执纪问责。加强党风党性党纪教育，引导广大党员干部特别是领导干部讲党性、守纪律、作表率。坚持无禁区、零容忍、全覆盖，始终保持惩治腐败的高压态势，重点查处线索反映集中、群众反映强烈的问题。深化监察体制改革试点工作，更好发挥巡察“利剑”和派驻“探头”作用，不断健全完善制约监督体系，坚决用制度管人管权管事，推动形成不敢腐、不能腐、不想腐的有效机制，实现干部清正、政府清廉、政治清明。

全市各级党组织和广大党员干部群众要更加紧密地团结在以习近平同志为核心的党中央周围，高举习近平新时代中国特色社会主义思想伟大旗帜，始终牢记时代使命，坚决扛起历史责任，锐意进取、苦干实干、善作善成，把加快实现建德新崛起奋力推向前进。

中共建德市委办公室
2018 年 1 月 9 日印发

关于实施“拥江发展”战略的意见

市委发〔2018〕20 号

各乡镇(街道)党(工)委、政府(办事处)，市级机关各单位：

为学习贯彻党的十九大精神和习近平新时代中国特色社会主义思想，坚定不移落实创新、协调、绿色、开放、共享的新发展理念，围绕加快建德新崛起的战略目标，抢抓"高铁时代"到来的历史性机遇，深入谋划推进“拥江发展”，全面融入全省“两个高水平”和杭州世界名城建设，全力打造乡村振兴示范区、浙江大花园建设的展示窗口、杭州新的经济增长极和杭州西部门户城市。现就实施“拥江发展”战略提出如下意见。

一、背景意义

(一)推进“拥江发展”是融入杭州主城区的有力举措。有利于建德更好地落实省、杭州市重大战略部署，抢抓全省大湾区大都市区大通道大花园建设机遇，主动融入杭州城市国际化进程，加快全面接轨步伐，提升区域开放发展水平，强化城市发展的集聚和辐射带动能力，更好融入杭州都市圈和都市区建设，成为杭州西部门户城市，有效增强建德城市综合竞争力。

(二)推进“拥江发展”是转向高质量发展的必由之路。新安江是钱塘江流域自然生态最佳、山水风景最美、人文底蕴最深、发展后劲最足的区域，实施“拥江发展”战略可以将这些优势资源有效转化为最强大的发展动力，实现从粗放式发展向高质量发展的根本性转变，把建德真正建设成为具有“生态之美、时代之美、人文之美”品质杭州的美丽样本。

(三)推进“拥江发展”是优化城市空间的战略

选择。从建德来看,钱塘江及其支流贯穿全域,形成一江春水穿城过的城市格局。实施“拥江发展”战略,深入实施城市品质提升工程和小城市试点培育,加快硬件建设和软件提升,有助于充分发挥独特的山水环境优势,依托资源禀赋和特色文化,进一步优化城市发展空间和功能布局,增强城市产业活力。

(四)推进“拥江发展”是市域统筹发展的内在要求。实施“拥江发展”战略,有助于进一步强化城乡区域统筹发展,体现了以人民为中心的发展思想、以全域发展为目的的大局意识,以共享发展为根本的先进理念,是落实党的十九大报告提出的实施乡村振兴战略、区域协调发展战略、可持续发展战略的具体行动,有利于进一步加大以城带乡力度,培育经济新增长点,加快新型城市化和城乡一体化步伐,在更大力度上提升建德城乡统筹发展水平。

二、总体要求

(五)指导思想。深入学习贯彻党的十九大精神,以习近平新时代中国特色社会主义思想为指引,认真落实市第十四次党代会“开放融入、跨越赶超、实现新崛起”的战略部署,坚持新发展理念,按照高质量发展的要求,深入谋划推进“拥江发展”,加快推动“两山”高水平转化,奋力谱写建德高质量发展新篇章。

(六)战略定位。优化保护利用,强化功能提升,推动共建共享,促进生产空间集约高效、生活空间宜居适度、生态空间山清水秀,以“五个新高地”为抓手,把建德建设成为长三角旅游目的地、宜居宜业幸福城、乡村振兴示范区。

(七)基本原则

1.保护优先,合理利用。准确把握保护与利用、城市建设与生态建设的关系,坚持保护优先、生态优先、绿色发展,在保护中合理利用、科学利用。统筹区域产业发展、文化建设、社会建设、人居建设,完善功能布局,提升经济社会发展和生态环境质量。

2.城乡融合,统筹推进。按照“产业兴旺、生态宜居、乡风文明、治理有效、生活富裕”总要求,坚持科学规划、注重质量、从容建设,提升城乡融合发展水平,努力争当全省乡村振兴示范区。不断完善公共服务体系,切实加强民生保障,努力创新社会治理方式,持续提升人民群众幸福感和获得感。

3.开放合作,创新发展。持续加大重点领域、关键环节的改革探索力度,以改革创新激发县域发展新活力。坚持高水平规划、高标准建设、高效能管理、高品位生活的要求,注重与建德各项重大战略布局紧密结合,推动整体协调发展,以实干担当加快建德新崛起。

(八)阶段目标

1.近期(到 2021 年):到 2021 年,市域经济社会总体发展水平进位争先,生态环境质量持续改善,城市功能布局优化,以生态、绿色、可持续为特征的休闲旅游、健康养生、会议会展、农业创意等产业成为经济发展的重要驱动,主城区、高铁新区(高新园)、开发区(航空小镇)一心两翼格局逐步成型,新安江综保工程等一系列重大项目全面建成,基础设施和功能配套进一步完善,更好地满足建德人民日益增长的美好生活需要,拥江发展展现新形象。

2.中期(到 2035 年):基本形成市域“拥江发展”格局,基本建成生态带、文化带、景观带、交通带、产业带、城市带,成为独具韵味、别样精彩世界名城的重要板块。

3.远期(到本世纪中叶):“拥江发展”战略深入推进,自然和人文生态魅力进一步彰显,杭州西部门户城市、长三角旅游目的地、宜居宜业幸福城、乡村振兴示范区战略定位全面实现。

三、工作抓手

(九)坚持规划牵引。坚持以人为本、尊重自然、传承历史、绿色低碳的理念,增强规划前瞻性、严肃性和连续性,实现一张蓝图干到底。坚持规划引领,推进“多规融合”,尤其要加强对高铁新区(高新园)、开发区(航空小镇)等重要节点的规划统筹,为高品质开发建设提供保障。

(十)坚持改革牵引。坚持深化改革、创新引领,进一步增强“拥江发展”活力和动力。加强产业协同发展、重点区域开发建设和投融资体制创新,推动重点产业发展、重点区域建设。探索建立多元化生态保护补偿机制，有效调动全社会参与生态环境保护的积极性。

(十一)坚持项目牵引。坚持以项目为抓手，推进项目目标化、目标责任化，明确路线图、时间表和责任制，围绕生态优化、功能提升、产业转型，规划实施一批重大生态保护项目、公共文化服务项目、交通基础设施项目和产业项目。坚持市级领导“六个领衔”、乡镇部门"四项机制"等制度，及时解决项目建设过程中的各类问题，加快项目进度。

四、近期主要任务

按照战略定位和阶段目标，以推进新安江综合保护与开发利用工程为突破口，采取“控、治、修、建、调、优”综合措施，“六位一体”打造生态带、文化带、景观带、交通带、产业带、城市带。

(十二)加强保护治理，打造山清水秀的自然生态带。坚持生态保护优先，加强红线控制、环境治理、生态修复，构筑点线面结合的钱塘江流域生态格局。

1.构建钱塘江流域(建德段)生态系统。以保护生态系统完整性为目标，推进主体功能区和环境功能区规划落地，严守生态保护红线、永久基本农田、城镇开发边界三条控制线。加强新安江、富春江、兰江等主要江河的保护，严守生态环境敏感区和重要生态功能区保护红线。以风景名胜区、饮用水源保护区、湿地保护区、森林公园等区域为重点，保育关键生态节点，保留永久生态空间。

2.加大环境综合治理力度。加强钱塘江流域上下游和跨界水体水环境治理，协同完成兰江、寿昌江、长宁溪、大洲溪等干支流及中小流域综合治理，加大沿线地区化工、造纸、印染、冶炼等污染型企业淘汰转型力度，消除流域环境风险隐患，优化区域经济结构。

3.实施岸线修复与生态修复。加强沿线山体、河岸、湿地、沙洲的生态修复，对沿江可视范围内的废弃矿山、施工场、废弃堆放场，实施清理、复垦或生态化改造。加强钱塘江干流和主要支流防洪排涝设施建设，推进沿江坡耕地及林地水土流失综合治理，提升涵水保土功能。

牵头单位：市环保局；配合单位：市农办、市住建局、市国土资源局、市经信局、市林业局、市水利水产局、市公安局、市城管局、市农业局、市交通运输局以及相关乡镇(街道)。

(十三)加强传承利用，打造特色彰显的魅力文化带。坚持纵深历史观，加强建德传统文化保护与利用，注重传承与创新，弘扬勇立潮头、大气开放的钱塘江文化。

1.深化传统文化保护和传承。深入挖掘严州文化、山水文化、商埠文化和浙西唐诗之路等文化资源，丰富建德历史文化内涵。加强非遗项目传承和保护，推进非物质文化遗产普查、传承、研究、展示体系的构建与完善。

2.加强历史遗存保护与合理利用。加强沿江文保单位(点)、历史建筑、历史街区、工业遗产、历史文化名镇名村保护，做好历史遗存修缮与保护，更好延续历史文脉。通过功能延续、升级或置换，实现历史文化遗存综合价值提升。

3.加快沿江公共文化设施建设。加强公共环境整体策划与设计，新建、改建一批大型公共文化设施，注入历史文化元素，实现城市与文化衔接、历史与现代交融。推进严州文化展示区等文化展示载体建设，不断丰富建德文化时代精神。

4.提升文化影响力。发挥建德人文及文化优势，加快推进新安江文化产业带建设，带动逸龙文创园区建设，大力发展文化创意产业。积极开展国际国内文化交流活动，通过新安江旅游节、草莓节等活动，塑造建德文化品牌，将建德打造成杭州文化交流重要载体。

牵头单位：市文广新局；配合单位：市政协(文史办)、市委宣传部、市农办、市住建局，相关乡镇(街道)。

(十四)加强整合提升，打造风貌独特的公共景观带。以新安江、富春江、兰江为轴，串联沿江的独特风景资源，打造“名城名湖名江名山”中的“名江”世界级景观长廊，进一步彰显建德山水特色风貌。

1.打造新安江滨水区域城市景观。推进沿江地区绿地及公共开放空间建设，形成较为完整的滨江公共空间体系。引导新安江两岸建筑高度布局，优化天际轮廓线，从结构、形态、风貌、底蕴、色彩、夜景等多角度提升城市设计水平，美化沿江建筑立面，丰富沿江城市景观层次，提升滨水生态景观。

2.完善“三江两岸”景观生态廊道。以“江南韵味、东方品质”为精髓，以梅城古镇、寿昌古镇和古村落保护等为重点，打造新安江自然与文化交融的特色生态廊道。以保护好千岛湖一湖秀水为重点，提高流域水资源保护能力，推进全域旅游休闲大景区和国家绿色生态发展示范区建设。

3.完善公共空间服务设施。进一步完善新安江流域公共服务设施建设标准，优化设施布点、合理配置总量，推进沿江绿地、广场建设，为市民提供运动、休闲、观景、亲水等活动场所，提高滨江公共空间的活力。依托沿江堤塘、滨江绿地和公共空间，打造具有休闲、观光、健身等服务功能的绿道系统，提升滨江慢型空间品质。

牵头单位：全域旅游办；配合单位：市住建局、市农办、市林业局、市水利水产局，相关乡镇（街道）。

（十五）加强互联互通，打造便捷顺畅的综合交通带。以提高基础支撑和保障能力为重点，统筹推进沿江跨江和水上交通体系，形成多元复合、多向通达、快慢结合的现代化综合交通网络。

1.加强快速连接通道建设。加快杭黄、金建、衢建等高速铁路以及320国道改建、城市快速路建设，构建市域快速交通圈，积极融入杭州主城区。

2.加快黄金水道复兴。加快推进钱塘江生态经济带等重点工程建设，优化沿江水上交通、旅游码头的布局和功能，构建完善水上巴士交通系统，提升钱塘江中上游航运能力，提高沿江区域水陆联运基础设施配套水平。

3.完善公共交通服务。加快沿江快速路网建设，完善公交枢纽建设和线网布设，消除近江交通“断点”和“盲点”，深化智慧交通建设，提升公共交通的通达性和便捷性。

牵头单位：市交通运输局；配合单位：市住建局、市旅游商务局，相关乡镇（街道）。

（十六）加强转型升级，打造绿色高效的现代产业带。坚持绿色发展、低碳发展、循环发展，加大科技创新和产业转型力度，推进产业高端化、低碳化、集约化发展。

1.优化产业空间布局。以构建集约紧凑生产空间为目标，坚持生态隔离、规划留白，加快主城区和高铁新区、航空小镇等平台建设。

2.加快创新产业和绿色产业发展。坚持创新驱动，加强基础研究和应用基础研究，推动科技创新载体建设，提升原始创新能力。大力发展信息服务、金融服务、会议展览、人工智能、高端装备制造等现代服务业和战略性新兴产业，推动产业高端化发展。突出“生态+”“文化+”，大力发展文化创意、休闲运动等产业。以沿江生态岸线为重点，加快农村一、二、三产融合发展示范园建设，大力发展休闲旅游、观光农业、乡村民宿、健康养生等产业，实现绿色发展。

3.加快传统产业转型升级。明确产业发展负面清单，加大对高耗能、污染型企业的淘汰转型力度，为新经济发展预留充足空间。深入实施《中国制造2025杭州行动纲要》，加大工业技术改造力度，推进"两化"深度融合，继续推进“互联网+”“标准化+”“品牌+”“机器人+”等行动，推动传统产业转型升级。

牵头单位：市经信局；配合单位：市发改局、市科技局、市农办、市旅游商务局、市农业局，相关乡镇（街道）。

（十七）加强融合集成，打造功能完备的宜居城市带。坚持城乡统筹、功能联动、协调发展，结合新一轮城市规划修编，统筹城乡空间布局，优化市域城镇体系，全力打造一体两翼的城市框架。

1.提升中心城市功能品质。顺应现代城市绿色、智慧、人文发展的新理念，推进城市有机更新，打造高度集约化、品质化、国际化现代都市区，引领整个城市发展方向。

2.加快特色小镇建设。以提升小城镇集聚带动能力为重点，完善市政基础设施建设和公共服务设施，推动优质教育医疗等公共资源向小城市、中心镇配置，因地制宜发展航空小镇、草莓小镇、稻香小镇等一批特色鲜明、产城融合、充满魅力的小城镇。

3.优化美丽乡村建设。实施乡村振兴战略，以美丽乡村、风情小镇、精品村落为载体，强化沿江环境整治和景观带打造，形成特色鲜明、生态优美、文化深厚的乡村风情带和精品旅游区块。

牵头单位：市发改局；配合单位：市住建局、市农办、市旅游商务局、市教育局、市卫生计生局，相关乡镇(街道)。

五、保障措施

实施“拥江发展”战略，是一项系统工程，全市上下必须提高思想认识，加强组织领导，完善工作机制，强化支撑保障，形成科学实施、协同推进的整体合力。

(十八)健全组织领导体制。为加强组织领导和统筹协调，建立以市委、市政府主要领导为组长，相关市领导为副组长，相关部门和乡镇为成员单位的建德市“拥江发展”领导小组，负责研究确定全市“拥江发展”战略的重大规划、重要政策、重大项目和年度实施计划，协调跨乡镇、跨部门重要事项。高铁新区(高新园)管委会承担市“拥江发展”领导小组办公室职责，主要负责统筹制定“拥江发展”重大规划和实施计划、谋划重大政策和工作举措、推进实施重大项目和重要区块开发建设，协调解决重点难点问题，履行对各实施主体目标任务考核和检查督办等职能。

(十九)健全统筹推进机制。坚持统分结合，按照“统一规划、统一重大基础设施建设、统一重大产业布局，分别筹资、分别建设、分别营运”原则，建立健全联动机制，落实目标责任制，形成推进合力。各乡镇、相关部门作为“拥江发展”实施主体，要牢固树立“一盘棋”思想，强化大局意识和全局观念，深化“最多跑一次”改革，提高办事效率，形成推进“拥江发展”强大合力。

(二十)健全支撑保障体系。加强政策支持，市政府设立专项资金，支持各类重大基础设施建设和重点项目建设。加强创新合作，创新投融资机制，推进政府与社会资本合作，鼓励各开发主体及金融机构、民营企业等社会力量积极参与沿线建设；鼓励不同实施主体共同开发建设，做到风险共担、利益共享。加强人才支撑，建立与“拥江发展”相适应的人才引进培养交流和管理机制，推进高层次和紧缺急需人才队伍建设，强化智力支持。加强法治保障，强化刚性约束，推动“拥江发展”依法实施。

有关部门和各乡镇（街道）要根据本意见精神，共同完成“拥江发展”年度重点工作任务和“拥江发展”四年行动计划，推动“拥江发展”战略各项目标任务落到实处。

附件：1. 建德市“拥江发展”四年行动计划 2018—2021 年
2. 建德市拥江发展 2018 年重点工作任务(略)

中共建德市委
建德市人民政府
2018 年 8 月 27 日

表 17

建德市"拥江发展"四年行动计划（2018—2021 年）

序号	工作任务	六大行动类别	任务年度期限	总投资（万元）	牵头单位	配合单位	任务来源
79	总　计			5011486			
一	生态带			99660			
（一）	**构建生态体系**						
1	推进生态保护红线实地勘界定标	控	2018—2021	300	环保局	住建局、发改局、水利水产局、国土资源局、全域旅游办，各乡镇（街道）	杭州市拥江办2018 工作任务
2	推进钱塘江流域建德段重点行业和工业园区土壤污染调查工作，建立土壤环境监测网络，督促开展场地污染排查工作，推进编制污染地块和污染耕地修复治理规划，推进污染地块和污染耕地修复治理和风险管控工作	治	2018—2021	400	环保局	经信局、国土资源局、高铁新区（高新园）、开发区（航空小镇）、有关乡镇（街道）	杭州市拥江办2018 工作任务
（二）	**环境综合整治**						
	提升水环境质量						
3	根据杭州市要求，按时完成新建和改造污水管网任务	治	—	—	住建局	各乡镇（街道）	杭州市拥江办四年行动计划
4	根据杭州市要求，按时完成河湖库塘清淤任务	治	—	—	水利水产局	各乡镇（街道）	杭州市拥江办四年行动计划
5	根据杭州市要求，按时完成农村河道综合整治任务	治	—	—	水利水产局	各乡镇（街道）	杭州市拥江办四年行动计划
	保障土壤环境质量						
6	建德飞灰水泥窑协同处置项目（150 吨/日）	治	2018	5000	环保局	寿昌镇	杭州市政府2018 工作任务
	改善环境空气质量						
7	积极开展钱塘江流域建德段大气整治专项行动。开展 VOCs 等重点工业污染源废气提标或深度治理，推进 VOCs 综合整治体系建设	治	2018—2021	5000	环保局	各乡镇（街道）	杭州市拥江办2018 工作任务
（三）	**岸线修复与生态修复**						
8	水土流失治理面积 12.1 平方公里（寿昌镇南浦溪小流域水土流失综合治理工程）	治	2018	819	水利水产局	寿昌镇	杭州市拥江办2018 工作任务

续表 17-1

序号	工作任务	六大行动类别	任务年度期限	总投资（万元）	牵头单位	配合单位	任务来源
9	建德市新安江、兰江治理一期工程	治	2018—2020	17157	大洋镇	水利水产局	杭州市政府2018 工作任务
10	建德市新安江、兰江治理二期工程	治	2018—2021	32300	综保指挥部、城投公司	水利水产局、高铁新区（高新园）、洋溪街道、下涯镇、杨村桥镇、梅城镇	杭州市拥江办四年行动计划
11	建德市富春江国家森林公园提升工程	治	2017-2018	2076	林业局	建德林场	杭州市拥江办2018 工作任务
12	完成珍贵彩色森林建设 67.6 万株、3666.7 公顷（5.5 万亩）	治	2017—2018	1650	林业局	有关乡镇（街道）	杭州市政府2018 工作任务
13	千岛湖及新安江流域水资源与生态环境保护项目	治	2018—2023	34958	新水公司	有关乡镇（街道）	
二	**文化带**			**93415**			
（一）	**传统文化保护和传承**						
14	开展钱塘江流域建德段文化调研，对其进行挖掘、梳理、研究，协助编制钱塘江流域建德段文化发展规划，配合构建钱塘江流域文化体系	优	—	—	文广新局	宣传部、各乡镇（街道）	杭州市拥江办2018 工作任务
15	开展本区域文化调研，10 月底前完成本区内钱塘江文化发展调研报告	优	2018.10	—	文广新局	宣传部、各乡镇（街道）	杭州市政府2018 工作任务
（二）	**历史遗存保护与合理利用**						
16	推进非遗+旅游工作，在三都镇三江口村每月举办九姓渔民婚俗常态化展演工作	优	2018	35	三都镇	文广新局	杭州市拥江办2018 工作任务
17	梅城严州古城保护与开发利用工程（具体建设内容待定）	优	—	—	梅城镇	文广新局	杭州市拥江办四年行动计划
18	新叶古村文物保护与利用工程（具体建设内容待定）	优	—	—	大慈岩镇	文广新局	杭州市拥江办四年行动计划
19	寿昌古镇保护与发展工程（具体建设内容待定）	优	—	—	寿昌镇	文广新局	杭州市拥江办四年行动计划
（三）	**沿江公共文化设施建设**						
20	桥东江滨景观公园建设项目	修	2017—2019	90300	城投公司	新安江街道	杭州市拥江办2018 工作任务
21	梅城镇文博馆	修	2019—2021	3000	梅城镇	文广新局	

续表 17-2

序号	工作任务	六大行动类别	任务年度期限	总投资（万元）	牵头单位	配合单位	任务来源
（四）	**提升文化影响力**						
22	持续举办建德农村文化节；完成戏曲周，婺剧演唱比赛，农村文艺汇演，百姓纳凉大舞台 20 场	优	2018	80	文广新局	各乡镇（街道）	杭州市拥江办 2018 工作任务
23	举办建德新安江旅游节	优	—	—	全域旅游办	宣传部、农办、公安局、财政局、住建局、交通运输局、文广新局、卫生计生局、市场监管局、城管局、安全监管局、体育局、新闻传媒中心、广播电视台、团市委、旅投公司、各乡镇（街道）	
24	举办建德新安江“夏日冬泳”挑战赛	优	—	—	体育局	公安局、卫计局、市场监管局、市住建局、城管局、全域旅游办、城投公司、新安江街道	
三	**景观带**			**369805**			
（一）	**滨水景观及公共空间服务设施**						
25	新安江综合保护工程（钱塘江生态经济带建德段）	修	2017—2020	277010	综保指挥部	高铁新区（高新园）、有关乡镇（街道）	杭州市拥江办 2018 工作任务
26	江滨公园（洋溪段）景观及配套工程	修	2017—2018	40360	城投公司	洋溪街道	
27	天石湾公园项目	修	2018—2020	16000	城投公司	洋溪街道	
（二）	**沿线景观亮灯工程**						
28	新安江主城区夜游灯光秀一期工程	修	2017—2018	5248	旅投公司		杭州市拥江办 2018 工作任务
29	新安江主城区夜游灯光秀二期工程	修	2018—2019	9354	旅投公司		
30	三江口区域夜游灯光秀工程（具体建设内容待定）	修	—	—	旅投公司	梅城镇、三都镇	
（三）	**沿线景观及绿道建设**						
31	高标准建设，高水平打造一条集环保、运动、旅游、休闲等功能于一体的国际最美景观廊道。	修	—	按要求完成绿道建设	住建局	全域旅游办、国土资源局、林业局、环保局、交通运输局、水利水产局、综保指挥部、城投公司、有关乡镇（街道）	杭州市拥江办四年行动计划

续表 17-3

序号	工作任务	六大行动类别	任务年度期限	总投资（万元）	牵头单位	配合单位	任务来源
（1）	2018 年绿道建设 27 公里（新安江综合保护工程 19.5 千米绿道、新安江大城区慢行系统一期工程 3.5 千米绿道、三都镇桔香映柳精品示范线建设工程约 4 千米绿道）	修	2017—2018	14808 投资额不含新安江综保工程绿道部分	住建局	全域旅游办、综保指挥部、城投公司、三都镇	杭州市政府 2018 工作任务
（2）	2019 年绿道建设，建设里程另定	修	—	—	住建局	全域旅游办	
（3）	2020 年绿道建设，建设里程另定	修	—	—	住建局	全域旅游办	
（4）	2021 年绿道建设，建设里程另定	修	—	—	住建局	全域旅游办	
（四）	**旅游线路及项目建设**						
32	配合杭州市旅委整合沿线旅游资源，推进钱塘江至新安江水上旅游开发	修	—	—	全域旅游办	住建局、国土资源局、交通运输局、水利水产局、旅投公司、综保指挥部、有关乡镇（街道）	杭州市政府 2018 工作任务
33	根据旅游线路开设的需求，增设和提升改造相应码头	修	—	—	全域旅游办	住建局、国土资源局、交通运输局、水利水产局、旅投公司、综保指挥部、有关乡镇（街道）	杭州市拥江办 2018 工作任务
（1）	2018 年改建风月轩旅游码头和城东集散中心旅游码头（水上旅游线路开发项目）	修	2018	5500	全域旅游办	旅投公司、新安江街道	
（2）	2019 年新建旅游码头 2 个（梅城七郎庙旅游码头、云梦渡旅游码头）	修	2018—2019	1525	全域旅游办	旅投公司、新安江街道、梅城镇	
（3）	2020 年新建旅游码头 2 个（黄饶、岱头旅游码头）	修	—	—	全域旅游办	综保指挥部、下涯镇	
（4）	2021 年旅游码头建设，任务另定	修	—	—	全域旅游办		
34	新安江景区创建为国家 AAAAA 级旅游景区	修	2018—2021	—	全域旅游办	旅游产业推进委员会成员单位、相关乡镇（街道）	
四	**交通带**			**3083066**			
（一）	**加强快速连接通道建设**						
	铁路						
35	杭黄铁路建德段	—	2014—2018	46000	交投公司、交通运输局	沿线乡镇（街道）	杭州市政府 2018 工作任务

续表 17-4

序号	工作任务	六大行动类别	任务年度期限	总投资（万元）	牵头单位	配合单位	任务来源
36	杭黄铁路建德东站站前广场综合工程	—	2017—2018	22600	交投公司、交通运输局	高铁新区（高新园）、杨村桥镇	杭州市拥江办2018 工作任务
37	建衢铁路建德段	—	2018—2022	720000	交投公司	发改局、交通运输局、沿线乡镇（街道）	杭州市拥江办四年行动计划
38	金建铁路建德段	—	2019—2022	430000	交投公司	发改局、交通运输局、沿线乡镇（街道）	杭州市拥江办四年行动计划
39	320 国道至杭黄铁路建德东站连接线工程	—	2017—2018	15860	交投公司、交通运输局	交通运输局、高铁新区（高新园）、杨村桥镇	杭州市拥江办2018 工作任务
	高速						
40	临金高速建德段	—	2017—2020	448000	省交投公司	交投公司、交通运输局、杨村桥镇、梅城镇、大洋镇	杭州市拥江办四年行动计划
41	临安至建德段高速公路省高网建德段	—	2018—2022	146000	省交投公司	交通运输局、乾潭镇、钦堂乡	杭州市拥江办四年行动计划
	国省道						
42	320 国道建德市过境公路改建工程	—	2019—2023	700000	交投公司、交通运输局	发改局、财政局、国土资源局、住建局、全域旅游办、水利水产局、环保局、农业局、沿线乡镇（街道）	杭州市拥江办四年行动计划
43	建德市美丽城乡精品示范道路打造工程二期（320 国道安仁至杨村桥段）	—	2019—2021	45000	美丽办	交投公司、交通运输局	
44	351 国道兰溪至建德大慈岩建德境段工程	—	2018—2021	21054	交投公司、交通运输局	发改局、财政局、国土资源局、住建局、全域旅游办、水利水产局、环保局、农业局、大慈岩镇	杭州市拥江办四年行动计划
45	S311 省道梓洲至马目段改建工程	—	2018—2022	269000	交投公司、交通运输局	发改局、财政局、国土资源局、住建局、全域旅游办、水利水产局、环保局、农业局、梅城镇、乾潭镇、三都镇	杭州市拥江办四年行动计划
	其他						
46	建德高铁门户区景观大道工程	—	2018	14768	高铁新区（高新园）	交通运输局、杨村桥镇	杭州市拥江办2018 工作任务

续表 17-5

序号	工作任务	六大行动类别	任务年度期限	总投资（万元）	牵头单位	配合单位	任务来源
（二）	**加密城市过江通道**						
47	五马洲大桥	—	2018—2023	投资已含在320国道建德市过境公路改建工程	交投公司、交通运输局	发改局、财政局、国土资源局、住建局、全域旅游办、水利水产局、环保局、梅城镇	
48	桐溪大桥	—	2019—2022	投资已含在S311梓州至马目段改建工程	交投公司、交通运输局	发改局、财政局、国土资源局、住建局、水利水产局、环保局、农业局、梅城镇、三都镇	
（三）	**加速黄金水道复兴**						
49	杭州港建德港区十里埠综合作业区	—	2016—2018	47400	交投公司	交通运输局、梅城镇、杨村桥镇	杭州市拥江办四年行动计划
（四）	**完善公共交通服务**						
50	建德市城市综合停车场项目	—	2018—2021	151384	城投公司	有关乡镇（街道）	
51	区域旅游目的地—全域旅游汽车分时租赁系统建设项目	—	2018—2020	6000	住建局	旅投公司	
五	**产业带**			**952424**			
（一）	**优化产业布局培育新兴产业**						
	高铁新区						
52	黄饶休闲旅游综合体（黄饶田园综合体）	建	2018—2022	20000	高铁新区（高新园）	有关乡镇（街道）	杭州市拥江办四年行动计划
53	洋溪康养综合体	建	2018—2022	120000	高铁新区（高新园）	有关乡镇（街道）	
54	杨村桥门户综合休闲平台建设项目	建	2018—2022	120000	高铁新区（高新园）	有关乡镇（街道）	
55	洋溪科创和城市综合体	建	2018—2022	120000	高铁新区（高新园）	有关乡镇（街道）	
	航空小镇						

续表 17-6

序号	工作任务	六大行动类别	任务年度期限	总投资（万元）	牵头单位	配合单位	任务来源
56	通航产业平台建设工程	建	2018—2020	29300	开发区（航空小镇）	寿昌镇	杭州市拥江办2018 工作任务
57	航空产业创业园建设工程	建	2017—2018	7500	开发区（航空小镇）	寿昌镇	杭州市拥江办2018 工作任务
58	航空小镇孵化中心工程	建	2018—2019	15000	开发区（航空小镇）	寿昌镇	
59	千岛湖机场扩建工程	建	2018—2021	15000	开发区（航空小镇）	寿昌镇	
60	航空护林站建设工程	建	2018—2019	5000	开发区（航空小镇）	寿昌镇	
	渔家小镇						
61	江南秘境国际旅游度假区——江南渔村项目	建	2017—2019	60000	旅投公司	江南秘境旅游发展有限公司、三都镇	杭州市拥江办2018 工作任务
	乡村振兴						
62	根据《杭州市美丽农业示范工程实施方案》（杭农产〔2017〕50 号)要求，建德市需培育建设美丽田园体验区3 个、美丽农牧渔场 3 个。	建	2018	509	农业局	有关乡镇（街道）	杭州市拥江办2018 工作任务
63	浙大康养中心康养产业项目	建	2018—2020	200000	农办	民政局、有关乡镇（街道）	
（二）	**加快产业转型升级**						
64	建德市碳酸钙产业改造提升工作	调	2016—2019	14000	经信局	有关乡镇（街道）	杭州市拥江办2018 工作任务
65	完成上级部门下达的淘汰落后产能和完成“低小散”企业的整治任务	调	2018—2021	—	经信局	各乡镇（街道）	杭州市政府2018 工作任务
66	启动建德化工企业关停转迁，同时针对化工企业中敏感性产品进行产品结构调整。力争到 2019 年底，除高新园、大洋园区外的化工企业完成关停转迁	调	2016—2020	143039	经信局	有关乡镇（街道）	杭州市拥江办四年行动计划
67	整合提升建材水泥等传统产业，引进先进生产设备和技术，实现提升发展	调	2017—2021	83076	经信局	有关乡镇（街道）	杭州市拥江办四年行动计划

续表 17-7

序号	工作任务	六大行动类别	任务年度期限	总投资（万元）	牵头单位	配合单位	任务来源
六	**城市带**			**413116**			
（一）	**提升城区功能品质**						
68	美丽城区建设项目（创建全国文明城市建设类项目）	建	2018—2020	49023	住建局	城投公司、资投公司、新安江街道	
69	府前路区块旧城改造项目	建	2016—2019	90000	城投公司	新安江街道	
70	高铁新区场站配套设施工程（2018 年高铁新区基础设施工程）	建	2018	30918	高铁新区（高新园）	梅城镇、下涯镇	杭州市拥江办 2018 工作任务
71	高铁门户区土地综合整治及景观提升工程	建	2018—2019	27017	高铁新区（高新园）	杨村桥镇	杭州市拥江办 2018 工作任务
72	高铁客厅基础设施工程	建	2017—2018	8773	高铁新区（高新园）	杨村桥镇	
73	高新技术产业园区景观提升修复工程	建	2018—2019	8000	高铁新区（高新园）	有关乡镇（街道）	杭州市拥江办四年行动计划
74	高铁场站用地环境景观提升工程	建	2018	10000	高铁新区（高新园）	有关乡镇（街道）	杭州市拥江办四年行动计划
（二）	**加快小城镇建设**						
75	2018 年完成小城镇环境综合整治（大洋镇、杨村桥镇、洋溪街道、更楼街道、三都镇、莲花镇、寿昌镇）	建	2017—2018	94053	住建局	有关乡镇（街道）	杭州市政府 2018 工作任务
76	2019 年完成小城镇环境综合整治（梅城镇、大同镇、李家镇、航头镇）	建	2017—2019	77710	住建局	有关乡镇（街道）	杭州市拥江办 2018 工作任务
（三）	**优化美丽乡村建设**						
77	根据《杭州市美丽乡村精品村建设三年行动计划（2018—2020）的通知》（市委办发〔2017〕79 号）要求，实施精品村落示范点建设，按时序完成年度目标任务	建	2018—2020	11000	农办	各乡镇（街道）	杭州市政府 2018 工作任务
78	第一批美丽乡村达标村建设工程	建	2018	4067	农办	各乡镇（街道）	
79	2018 年美丽乡村村落保护和生态修复工程	建	2018	2555	农办	各乡镇（街道）	

关于深化"最多跑一次"改革推动重点领域改革的实施意见

市委发〔2018〕26 号

各乡镇(街道)党(工)委,政府(办事处)、市级机关各单位:

为全面贯彻党的十九大、十九届三中全会精神,认真落实《中共浙江省委、浙江省人民政府关于深化"最多跑一次"改革推动重点领域改革的意见》(浙委发〔2018〕1 号)、《中共杭州市委、杭州市人民政府关于深化"最多跑一次"改革推动重点领域改革的实施意见》(市委〔2018〕11 号)精神,进一步深化"最多跑一次"改革,推动重点领域改革,现提出如下实施意见。

一、总体要求和主要目标

1.总体要求。高举习近平新时代中国特色社会主义思想伟大旗帜,坚持党对改革的集中统一领导,坚持以人民为中心,以高质量发展为根本要求,紧紧围绕"加快建德新崛起"的宏伟目标,强化服务大局、服务群众意识,坚定信念,凝聚共识,坚定不移深化"最多跑一次"改革,撬动各方面各领域改革,再创体制机制新优势,当好新时代全面深化改革的实践者,为全力打造全省乡村振兴示范区、杭州新的经济增长极和杭州西部门户城市提供强大动力和坚强保障。

2.主要目标。2018 年,"最多跑一次"改革实现群众和企业到政府办事事项 100%全覆盖,网上办理、"零上门"办结事项比重大幅提高,推动部门实现数据共享、企业投资项目审批、商事制度改革等重点难点问题全面突破,重要领域和关键环节改革取得重大进展,人民群众对改革的满意度进一步提升。到 2020 年,"最多跑一次"改革全面覆盖全面深化全面受益,标准化和数字化政务服务体系有效运行,重要领域和关键环节改革取得决定性成果,形成系统完备、科学规范、运行有效的制度体系。

二、以打造更优营商环境推动"最多跑一次"改革向纵深发展

紧紧围绕打造"审批事项最少、办事效率最高、群众和企业获得感最强"县市,着力提升更优营商环境,充分借势杭州打造"移动办事之城"之机,以大数据整合共享为基础,充分推进"互联网+政务服务",全力在"简化办、网上办、就近办、移动办、兜底办、代跑办"上下功夫,力争取得新突破。

3.全面深化政务大数据共享开放与运用。依托杭州市公共数据工作平台,以政府数字化转型为方向,深化数据归集共享,打破信息孤岛,实现全市政务数据互认共享、安全利用。根据数据资源管理标准和开放共享规范,完善统一规范公共数据资源目录,到 2018 年底实现"一件事"数据无条件归集。进一步完善人口、法人、征信、电子证照数据归集,建立健全材料共享库。完善公共数据交换平台与共享平台,完善扩充我市共享数据。全面推行符合国家标准的电子证照、电子文件、电子印章应用和互认共享,基本政务服务事项全流程网上可办(涉密事项和特殊流程除外)。全面推行电子归档,实现全市"最多跑一次"事项电子文件归档全覆盖。(市电子政务办牵头,市档案局等按职责分工负责)

4.全面运用一体化移动自助办事服务平台。从群众办事需求出发,提高服务效率、改进服务体验,让群众办理民生事项最大限度地感受到方便快捷。依托"杭州办事"APP,充实本市特有事项服务功能,打造提供一站式服务的移动"网上政府"。全面实现不动产登记"四个一"(一套材料,一个平台,一个流程,一套人马)办理模式,全面提升并拓展不动产登记"60 分钟"领证事项范围,积极探索不动产抵押登记"一窗受理、延伸服务",实现不动产抵押登记和银行抵押贷款"二合一"和"零跑次"。进一步强化 24 小时自助服务厅服务功能,全面实现综合自助办事服务机向各乡镇(街道)、中心村(社区)延伸,可办理公民个人办事高频事项不少于 100 项。深入推进统一公共支付平台建设,同步推进财政票据电子化改革创新,实现全市通缴。(市跑改办牵头,市审管办、市电子政务办、市国土资源局、市财政局、市税务局等按职责分工负责)

5.全面优化“一窗受理、集成服务”便民服务机制。加快“一窗受理”平台系统开发建设，加快各部门业务办理系统和“一窗受理”平台全面贯通，全面推进“受办分离”，实现政务服务“一窗受理”、就近能办、移动好办。按照“应进尽进”原则，推进各类政务事项及便民服务事项向行政服务中心全进驻，进一步提升水、电、气、通信等便民窗口服务质量，深化“兜底办”专窗服务功能，提升兜底服务满意度。逐步推进公民个人办事事项向基层延伸，到2018年底实现全市60%以上公民个人办事事项可在住地附近乡镇(街道)和有条件村(社区)、派出所、银行网点办理。参照省制定的多部门多层级“一件事”指导目录，按照对“一件事情”管理最直接、最有效的原则明确牵头部门，深化“一窗受理、一表申请、内部流转、限时办结”的联合审批模式，推进跨层级多部门事项的标准化和规范化。推进办事大厅服务升级，开展大厅智能化改造，配备智能服务设施，全面建立行政服务中心网络、微信、电话“预约机制”。加强一线工作人员培训，实现受理人员从“专科受理”向“全科受理”转变，后台办理从“单部门办理”向“多部门协同办理”转变，提升现场管理和窗口服务水平。〔市跑改办牵头，市编委办、市审管办、市电子政务办、各乡镇(街道)等按职责分工负责〕

6.全面提升商事登记便利化规范化水平。继续深化“1+N +X”商事登记改革，扩展“多证合一”“证照联办”事项范围，推进“多证合一，一照一码”营业执照应用，逐步实现企业“一照一码走天下”。继续推进商事登记“一网通”平台应用，优化完善平台功能，同步加强与上级部门相关信息系统对接，实现商事登记事项全区域、全类型、全环节“网上可办”。积极推进“证照分离”改革，研究备案制、告知承诺制等创新举措，压缩企业开办时间，按照省、杭州市统一部署，力争实现常态化企业开办时间从自主取名办理营业执照到可领取发票的全流程“3~5个工作日”办结。大幅放宽市场准入门槛，不断降低制度性交易成本。(市市场监管局牵头)

7.全面优化企业投资项目审批改革。全面开展企业投资项目“一趟不用跑，有事我来跑”改革，依托“投资项目一站式服务中心”和“在线审批监管平台(2.0版)”，实现企业投资项目“一口受理、网上办理”(涉密项目除外) 和全流程 “零上门”审批。总结城中村改造项目模拟审批经验做法，推广模拟审批应用。在承诺制改革基础上，完善“标准地+承诺制”试点、推行“区域能评、环评+区块能耗、环境标准”改革，逐步扩大承诺制改革试点范围。加快推进“多测合一”改革，打破中介机构市场垄断，培育具备规划测绘、地籍测绘、房屋测绘等综合资质的中介机构，推进规划、土地、房产等测绘成果共享互认。依托杭州市“网上中介超市”，建立竞争有序、管理规范的行政审批中介服务市场，实现中介服务费和时间双下降、质效双提升。到2018年底实现政府投资项目开工前审批时间控制在7个月之内，城中村改造项目控制在6个月之内，企业投资项目房地产开发类控制在5个月之内、产业类控制在4个月之内，实现一般企业投资项目开工前全流程审批 “最多跑一次”“最多100天”，力争实现竣工验收前“最多跑一次”。(市发改局牵头，国土资源局、住建局、经信局、环保局等按职责分工负责)

8.全面加强事中事后监管。全面推行“双随机、一公开”监管，深化完善“一单两库一细则”，实现抽查事项全覆盖。建立健全部门联合、随机抽查、按标监管的“一次到位”机制，在市场监管、环境保护、安全生产、文化领域先行开展“一次到位”监管，稳步向其他领域推开。推进商事登记 “一网通”、“双随机、一公开”抽查等信息平台互联互通和事中事后“一网管”，实现违法线索互联、许可信息互通、处理结果互认、监管数据可保留、监管痕迹可查询。探索试行信用信息嵌入审批管理，在投资项目审批领域和市场准入领域率先试点“事前管标准、事中管达标、事后管信用”的告知承诺制，完善公共信用信息平台，健全联合奖惩机制。(市跑改办牵头，市编委办、市市场监管局、市发改局、市环保局、市安监局、市文广新局等按职责分工负责)

三、以“最多跑一次”改革撬动各领域改革全面发力

坚持以重点突破带动全局盘活，充分发挥“最多跑一次”改革的杠杆和支点作用，撬动重点领域

和关键环节改革取得实质性重大进展。

9.大力推进产权制度和要素市场化配置机制改革。完善国有资产管理体制,促进国有资产保值增值,推动国有资本做强做优做大。健全各类惠企政策,构建“亲”“清”新型政商关系,全面激发各类市场主体活力。实施“亩均论英雄”改革,优化“亩均效益”综合评价体系,完善资源要素差别化政策,推动资源要素向优质企业集聚。深入实施“坡地村镇”建设用地长效管理机制,推进城镇低效用地再开发,大力实施耕地垦造、旱改水、建设用地复垦等土地综合整治,提高土地资源供给质量和效能。深化投融资体制改革,推进国有投融资平台公司市场化发展,拓展国有公司资本市场投融资业务,拓宽融资渠道,扩大社会投资。大力推进企业挂牌上市和并购重组,加大企业对接多层次资本市场扶持力度,降低企业融资成本,加快企业转型升级。健全金融监管体系,完善金融风险防控体制机制。健全地方政府性债务风险预警和应急处置机制,加强债务风险的评估和预警。深化社会诚信体系,推进“信用建德”建设,成功创建浙江省信用市。全面实施市场准入负面清单制度。〔市发改局牵头,市财政局、市税务局、市经信局、市委统战部、市工商联、市国土资源局、市城投公司、市旅投公司、市资投公司、市交投公司、市市场监管局、人民银行建德支行、各乡镇(街道)等按职责分工负责〕

10.大力推进创新驱动发展体制机制改革。完善一区一园体制机制创新,赋予一区一园更大的行政审批权和规划、土地、财税管理权,加快两大平台发展。推进草莓小镇、稻香小镇、三江口渔家小镇等特色小镇体制机制建设,争取特色小镇考核进位争先。扎实推进省级服务业强市试点,重点打造旅游休闲、养生养老绿色生态型服务业强市。突出规划引领作用,完善服务运营机制,强化政策、资金、人才等方面全要素保障,高标准、高规格、高定位推进创业创新平台建设。健全科技大市场服务链条,完善技术转移服务体系,支持骨干企业与科研机构、高等院校联合共建研发中心、技术中心、重点实验室等平台,推进科技成果转化。深化科技金融创新,强化知识产权创造、保护、运用,推进金融与科技深度融合,有效解决小微科技企业融资难、融资贵、风险分担和补偿机制不健全等问题。〔市发改局牵头,市经信局、市旅游商务局、市民政局、市卫生计生局、市科技局、市科协、市全域旅游办、市旅投公司、高铁新区(高新园)管委会、航空小镇(开发区)管委会、人民银行建德支行、有关乡镇(街道)等按职责分工负责〕

11.大力推进城乡融合发展体制机制改革。稳步推进空间规划“多规合一”省级试点工作。优化市域发展空间机制,抓好城市设计试点,推进城乡规划管理体制改革。全力推进主城区、航空小镇(开发区)和高铁新区(高新园)建设,打造“一心两翼”城市空间布局。加快乾潭镇小城市培育试点工作,完善小城镇综合整治推进机制。深入推进户籍制度改革。统筹推进以农村产权制度改革为核心的各项改革,全面完成农村土地承包经营权确权登记颁证,完善承包地“三权分置”制度,探索农村土地使用制度改革,推进农村土地全域整治。深化农业供给侧结构性改革,加强农业经营模式、技术和品牌创新,打造一批田园综合体、特色农业精品园、农业产业集聚区。以省级田园综合体试点为龙头,推进农文旅融合发展。深化“三位一体”农合联改革,不断完善培育支持新型农业经营主体政策体系。着力增强乡村“造血”功能和持续增收能力,全面消除集体经济薄弱村。加强农村基层社会治理,推广“最多反映一次”做法,健全自治、法治、德治相结合的乡村治理体系。〔市发改局牵头,高铁新区(高新园)管委会、航空小镇(开发区)管委会、市农办、市国土资源局、市住建局、市公安局、市民政局、市农业局、市林业局、市水利水产局、市旅游商务局、市全域旅游办、市供销总社、农村商业银行、市委政法委、市司法局、市信访局、市文广新局、市审管办、市美丽办、市移民局、各乡镇(街道)等按职责分工负责〕

12.大力推进开放体制机制改革。强化“融杭接沪”制度供给,主动对接全省“大花园、大湾区、大通道、大都市区”和杭州城市国际化、“拥江发展”等多重战略,全力打造杭州西部门户城市。统筹实施高铁、通航、国省道、水运之间的互联互通工程,加速构建“公铁水航”立体综合交通枢纽。不断完善跨境电商服务体系，加快推进跨境电商产业园二期和海外仓建设，积极拓展海外市场。依托恒大温泉小镇国际会议中心建设，引进国际演艺赛事项目，培育具有影响力的标志性会展。推进商业模式创新，大力发展新型商业模式，完善促进消费体制机制，大力培育养生养老、休闲度假、商务会展等中高端消费热点。创新招商引资机制，优化营商环境，提升招商引资实效。深化“山海协作”机制，加大岑巩等对口扶贫单位的精准扶贫力度。〔市发改局牵头，市旅游商务局、市全域旅游办、市交通运输局、市交投公司、高铁新区(高新园)管委会、航空小镇(开发区)管委会、有关乡镇(街道)等按职责分工负责〕

13.大力推进人民当家作主制度体系改革。坚持和完善人民代表大会制度，健全和完善人大讨论决定重大事项制度，全面实施民生实事项目人大代表票决制。推动协商民主广泛、多层、制度化发展，推进政治协商、民主监督、参政议政制度建设，充分发挥人民政协作为协商民主重要渠道作用。建立健全党委法律顾问制度。全面贯彻落实中央、省委、杭州市委关于机构改革的统一部署，统筹优化机构设置和职能配置，构建系统完备、科学规范、运行高效的机构职能体系。深化司法体制综合配套改革，推进以审判为中心的刑事诉讼、刑事案件认罪认罚从宽、刑事案件律师辩护全覆盖等改革试点，完善网络贸易国际仲裁和智慧复议机制。完善公共法律服务体系。巩固基层政权，坚持和完善基层群众自治制度。健全完成基层统战工作机制。深化群团改革，扎实推进洋溪街道、乾潭镇、航头镇3家单位试点工作。(市委办公室牵头，市委组织部、市人力社保局、市财政局、市编委办、市人大办公室、市政协办公室、市委政法委、市法院、市检察院、市司法局、市民政局、市委统战部、各群团组织、洋溪街道、乾潭镇、航头镇等按职责分工负责)

14.大力推进文化繁荣兴盛体制机制改革。加强党对意识形态工作的领导，落实意识形态工作责任制，牢牢掌握意识形态工作领导权。加快传统媒体和新兴媒体融合发展，培育发展新型主流媒体。坚持舆论引导和法制规范，健全网络空间治理机制。持续深化文明村镇和文明单位等群众性精神文明创建，加强乡风民风、家风家教和志愿者服务制度建设，争创“全国文明城市”。深入推进“德文化”标准体系省级标准化试点项目，持续加强“最美建德人”选树宣传，全面打响“德文化”地域品牌，提高对外宣传和对外文化交流影响力。积极争取省级文化产业发展资金扶持试点，培育新型文化业态，增强文化产品供给能力。充分发挥文化创意园区的集聚作用，完善文化产品创作生产扶持引导机制，加强文艺队伍建设，推动文创产业跨界融合发展，以文创力量助推乡村振兴。完善历史文化遗产保护利用体制机制。健全现代公共文化服务体系，推动农村文化礼堂“全覆盖、全星级”，完善农村文化礼堂、城市文化公园、社区文化家园等公共文化设施长效管理机制。(市委宣传部牵头，市文明办、市文创办、市文联、市文广新局等按职责分工负责)

15.大力推进公共服务体系改革。聚焦群众关注的热点难点问题，创新思路办法，推进垃圾分类、“厕所革命”、老旧小区改造提升、缓解“停车难”等民生实事落到实处。巩固深化省教育基本现代化市创建成果，全面实施以“县管校聘”为重点的教育综合改革，制定实施“美好教育”三年行动计划，推动学前教育普惠发展、义务教育高水平均衡发展和普通高中教育多样化发展。逐步构建现代职业教育体系，积极寻求高等教育合作办学。以省级县域医共体试点为契机，扎实推进分级诊疗和“双下沉、两提升”工程，加快发展智慧医疗，大力建设“健康建德”。深化养老服务业综合改革，加快构建功能完善、规模适度、覆盖城乡的多层次社会化养老服务新体系。完善就业创业促进政策，建立健全市场导向与城乡统筹的就业制度，实现更高质量和更充分就业。深入推进体育事业改革创新。(市政府办公室牵头，市教育局、市人力社保局、市卫生计生局、市体育局、市民政局等按职责分工负责)

16.大力推进社会治理体制改革。完善党委领导、政府负责、社会协同、公众参与、法制保障的社会治理体制，构筑共建共享的社会治理格局，深化“平安建德”建设。坚持发展“枫桥经验”的建德实践,全面筑牢矛盾纠纷多元化解工作基层基础。加强和改进信访工作,完善统一政务咨询投诉举报平台。创新城市管理体制和执法体制,加快建设“智慧城市”,积极推广交通、医疗、教育、社会治安等领域的智慧应用。运用“互联网+”和大数据,加强“四个平台”和“全科网格”建设,打造现代化社会治理新模式。健全公共安全体系,完善安全生产责任制、消防安全责任制,坚决遏制重特大安全事故。健全严密高效、社会共治的食药品安全治理体系,保障食品药品安全。〔市委政法委牵头,市司法局、市信访局、市公安局、市民政局、市城管局、市安全监管局、市市场监管局、市交通运输局、市卫生计生局、市教育局、市电子政务办、安委会成员单位、各乡镇(街道)等按职责分工负责〕

17.深化生态文明建设体制机制改革。完善生态环境管理、国土空间开发保护等制度,构建政府为主导、企业为主体、社会组织和公众共同参与的环境治理体系。加快推进以新安江综保工程为主的独流入海工程,全力推进“美丽建德”建设。建立健全用能权、用水权、排污权、碳排放权等市场化配置和交易机制。全面实施环境保护督察制度,建立定期向市委市政府报告、向乡镇(街道)通报制度,全面推行乡镇生态环境状况报告制度。完善环境资源司法保护机制,积极推进“裁执分离”工作机制,推进生态文明建设法律援助工作,建立健全生态环境损害赔偿制度和终身责任追究制度。推进“拆违治水”长效管理机制建设,全力争创全省“无违建县(市)”。〔市环保局牵头,市美丽办、新安江综保工程指挥部、高铁新区(高新园)管委会、市财政局、市发改局、市住建局、市国土资源局、市经信局、市城管局、市审计局、市统计局、市法院、市检察院、有关乡镇(街道)等按职责分工负责〕

18.大力推进人才发展体制机制改革。坚持党管人才,全面推进人才工作目标责任制和述职评议考核,不断完善人才政策体系,制定实施高水平建设人才强市的实施意见,全力打造浙西人才高地。深化推进人才工作市场化,发挥引才机构、人才工作顾问、海外引才大使等市场力量作用,开展海外人才项目对接、创新创业大赛等人才活动,助力引进更多高端人才项目落地建德。深入实施“三名”工程,积极对接“名校名院名所”。优化人才引进培育机制,实施新一轮“282”人才培养工程、“百项引智工程”、建德籍高层次人才“智力”回归工程、“建德工匠”培育计划、紧缺急需专业人才储备计划,进一步加强青年人才培养集聚。围绕乡村振兴,实施乡土人才培育和青年人才返乡创业计划。完善人才服务机制,提供更加完善的住房、居留落户、健康疗养等服务,推动人才服务精准高效。〔市委组织部(人才办)牵头,市农办、市人力社保局、市科技局、市公安局、市教育局、市住建局、市卫生计生局、市直机关工委、团市委等按职责分工负责〕

19.大力推进全面从严治党的体制机制改革。坚决落实加强和维护党中央权威和集中统一领导的各项制度。推动“两学一做”学习教育和“百千万”“组团包干”常态化制度化。深化农村“六事一日”工作法,提升基层党群服务中心建设管理水平,优化便民服务举措。树牢以人民为中心的发展理念,开展“四提一争”主题活动,深化“走村不漏户、户户见干部”工作,创新机关新录用公务员“三访”制度,健全发展培养锻炼年轻干部机制,完善干部考核评价机制和关心关爱机制,建设高素质专业化干部队伍。深化落实党建工作责任制,探索建立“5+2”考核体系,建立健全农村、城市、行业系统党建以及党建引领推动业主委员会和物业服务企业工作等机制。高标准落实中央八项规定及实施细则精神和省市委、建德市委有关规定,完善整治“四风”问题特别是形式主义、官僚主义新表现长效机制,持续深化“三不”问题整治。深化监察体制改革试点,加强巡察、派驻、监察三个全覆盖的衔接,健全巡察工作机制,探索发挥派驻机构作用的途径和方法。有效运用监督执纪“四种形态”,强化监督执纪问责。深化标本兼治,强化不敢腐的震慑,扎牢不能腐的笼子,增强不想腐的自觉。〔市委组织部、市纪委牵头,市综合考评办、市直机关工委、市人力社保局、市民政局、市住建局、有关乡镇(街道)等按职责分工负责〕

四、加强组织领导和作风建设为全面深化改革提供保障

大力推进全面改革,必须坚持和加强党的领

导,强化政治担当,保持改革定力,不断提高改革工作制度化、规范化、科学化水平,确保各项改革举措落地生根、开花结果。

20. 提高站位谋改革。全面推进改革事关全局,事关全市经济社会发展,事关民生福祉。全市上下要提高站位,围绕中心,把握大局,在大局中谋划、在大势中推进、在大事上作为,立足全市实际谋划和推进各项改革,切实把思想和行动统一到改革上来,既善统全局,又善破局,形成全市改革一盘棋。

21.压实责任抓改革。把抓改革落地作为一项重大政治责任,一级抓一级,层层抓落实,确保每一项改革事项有人管、有人盯、有人促、有人干。建立市领导领衔重点改革项目制度,做到"一个项目、一名领导、一个团队、一抓到底"。各部门单位主要负责人要亲力亲为抓改革,扑下身子抓落实,重要改革亲自部署、重大方案亲自把关、关键环节亲自协调、落实情况亲自督察,切实发挥以上率下作用。各牵头部门要承担本领域本行业改革任务的指导主体责任,以责促行、以责问效。各乡镇(街道)要配足配强工作力量,全力配合做好各项改革工作。

22. 健全机制推改革。优化重大改革决策体系,健全重大改革项目推进落实机制、改革方案报审机制、改革试点统筹管理机制。持续推进市纪委、市委改革办、市考评办"一体化"督查制度常态化,强化改革全过程动态管理,改革工作绩效纳入年度考核管理,深化研究评估宣传"三位一体"制度,更好检验改革成效,展示改革成果,推动改革深化。

23.凝心聚力促改革。树立鼓励改革、支持改革的用人导向,注重对干部推进改革实绩的评价,进一步完善改革容错免责制度体系,激励和引导各级干部争当改革促进派和实干家。鼓励和支持群众更加主动和有效地参与改革,吸引各方面专家学者参与重大改革决策咨询、方案论证、调查研究、评估问效。及时总结宣传改革成功经验和先进典型,褒扬先行先试,将改革的探索与实践转化为制度性成果,营造将改革进行到底的浓厚氛围。

各牵头单位要督促相关责任单位按照任务清单(详见附件),抓紧制定推动重点领域改革的实施方案,并于9月15日前报市委改革办。

附件:深化"最多跑一次"改革推动重点领域改革任务清单

中共建德市委
建德市人民政府
2018年8月30日

关于推进教育综合改革的意见

建政函〔2018〕109号

各镇、乡人民政府,各街道办事处,市政府各部门、单位:

为加快推进"四个全面"战略布局,认真贯彻落实全省基础教育综合改革精神,深化教育体制机制改革,进一步优化我市教师资源配置,激发教师工作活力,推进城乡教育均衡发展,促进教育现代化,根据《国务院关于统筹推进县域内城乡义务教育一体化改革发展的若干意见》(国发〔2016〕40号)、《浙江省人民政府关于统筹推进县域内城乡义务教育一体化改革发展的实施意见》(浙政发〔2017〕25号)、《关于深入推进中小学教师"县管校聘"管理改革试点的指导意见》(浙教人〔2016〕103号)和《关于做好2018年中小学教师"县管校聘"管理改革工作的通知》(浙教办人〔2018〕26号)精神,在总结试点经验的基础上,结合我市实际,特制定本意见。

一、指导思想

深入贯彻落实党的十九大精神,进一步强化教育优先战略,全面落实立德树人根本任务,加快推进城乡教育优质均衡和教育现代化,着力解决人民群众对美好教育的需求与发展不均衡、不充分的矛盾,深化教育管理机制改革,建立完善"县管校聘"的教师人事管理体制,实现教师队伍市域内统管统用、合理配置,增强教师队伍活力,激发教师个人潜能,培育更多名学校、名校长、名教师、名班主任,全面提升教育教学质量,促进我市教育事业高质量发展。

二、基本原则

（一）改革创新，突出重点。把办人民满意的教育作为深化教育综合改革的出发点和落脚点，以改革创新为动力，积极转变教育发展方式，构建充满活力、富有成效的教育机制体制。着力解决制约优质教师资源合理配置问题，实现师资均衡配置；解决制约教育动力和活力机制问题，充分调动教职工的积极性、创造性，实现优师优教。

（二）统筹兼顾，全面推进。坚持整体谋划，统筹安排实施改革内容，着眼于事关全局的关键领域和薄弱环节，坚持以问题为导向，科学设计，精心组织、相互衔接，统筹兼顾，在试点基础上，全面推进，确保改革工作科学、平稳、有序。

（三）动态管理，定期评估。坚持对教育综合改革推进情况实行动态管理，定期开展绩效评估，根据发展要求、社会需求，及时调整完善与之相适应的工作措施。

三、主要内容

（一）强化教师编制和岗位管理改革

1.核定教师编制和岗位总量。中小学（含幼儿园，下同）教师编制实行“总量控制、动态管理”原则。根据中小学编制标准，市编委办会同市教育局、市财政局按照师生比和班师比相结合的方式核定全市教师编制总数，原则上每 2 年核定一次。根据中小学专业技术岗位结构比例控制标准和全市教职工编制总量，市人力社保局会同市教育局对中小学专业技术高、中、初级岗位，分别核定岗位设置总量，实行总量控制。

2.统筹教师编制和岗位管理。市教育局在核定的编制总量和岗位设置总量内，按照学校班额、生源、教师队伍等情况核定学校教职工编制和职称岗位等级指标。压缩非教学人员编制。坚持职称岗位设置向教学一线教师倾斜，完善岗位聘任管理。市教育局统筹、调剂部分中高级职称岗位，优先满足校长和骨干教师交流工作需要。

（二）全面推进教师“县管校聘”管理改革

1.推进教师“县管校聘”管理改革。在完善 2017 年试点方案的基础上，自 2018 学年起，全市中小学校全面推进教师“县管校聘”管理改革，建立竞争择优、能上能下的用人机制。由市教育局牵头制订《建德市全面推进教师“县管校聘”管理改革工作实施方案》，按程序组织“县管校聘”工作。学校按照“按需设岗、竞聘上岗、按岗聘用、合同管理”原则，制定并组织实施本校教职工竞聘工作方案。建立二级竞聘（校内竞聘、跨校竞聘）和组织统筹调剂相结合的教师资源配置模式。

2.完善校长和骨干教师交流机制。鼓励引导校长和骨干教师向普通学校、乡村学校、空编学校流动，并将交流经历作为干部提拔、职称评聘、评优评先的重要依据。

3.建立健全退出机制。逐步建立以竞聘上岗为核心的教师退出机制。通过竞聘、组织调剂后仍然落聘的教师，当年度起接受待岗培训，待岗培训期间，工资福利待遇和绩效考核奖按有关规定执行。待岗培训结束后，教师不同意调整其工作岗位的，或者虽同意调整到新工作岗位，但考核不合格的，应予以解除聘用合同。对教师资格定期注册不合格或逾期不注册的人员，不得再从事教学工作岗位。

（三）实施奖励性绩效工资分配改革

学校教职工奖励性绩效工资分配要充分体现多劳多得、优劳优得、重责重得的激励导向，由市教育局牵头制订《建德市教职工奖励性绩效工资分配指导意见》，建立健全教师绩效考核评价体系，建立学校不同岗位（教师岗位、教辅岗位、工勤技能岗位）的分类绩效评价和考核办法，适当拉开和体现学校不同岗位的绩效差距，奖励性绩效工资分配要向班主任倾斜，引导优秀教师主动担任班主任工作。

各学校根据《建德市教职工奖励性绩效工资分配指导意见》要求，制定并实施本校教职工奖励性绩效工资分配细则，把教师业绩考核、奖励等日常管理权限真正赋予学校。

四、强化激励

进一步加大教育经费投入，完善实施小规模学校资金补助政策，建立义务教育学校生均公用经费逐年提高机制。自 2018 学年起，每年安排教育综合改革专项资金 500 万元，用于实施教育综合改革。其中，义务教育学校发展资金 250 万元/年，主要用于学校骨干教师交流支教、走教奖励和中层以上管理干部奖励、教育教学奖励等；"名学校、名校长、名教师、名班主任"建设（简称"四名"工程）经费 250 万元/年，主要用于"名学校、名校长、名教师、名班主任"队伍的表彰奖励以及培养经费，"四名"工程实施细则由市教育局牵头制定。市教育局、财政局要建立教育综合改革专项资金绩效考核机制，强化经费使用管理，并以绩效考核结果兑现资金。市财政局给予教育综合改革资金保障。

五、工作要求

（一）加强组织领导。市政府成立深化教育综合改革工作领导小组，由分管副市长任组长，市政府办公室、市编委办、市教育局、市财政局、市人力社保局负责人为成员。领导小组下设办公室，办公室设在市教育局，负责组织实施全市教育综合改革工作。

（二）部门合力推动。市编委办、市人力社保局、市教育局、市财政局等相关部门根据工作职能，抓好任务分解落实。建立工作联席会议制度，强化部门之间的沟通与协调，定期分析工作中存在的问题和不足。建立工作督查机制，加强推进过程的督查与指导，及时协调解决改革过程中出现的问题，确保改革顺利进行。

（三）坚持以人为本。相关部门和单位要严格执行有关政策规定，坚持"公开、公平、公正"原则，严肃纪律，规范操作，切实维护教师的合法权利。坚持"以人为本"的理念，对老弱病残孕教师给予适当的关心关怀。不断提高教师政治、社会地位，切实保障教师权益。

（四）加强宣传沟通。高度重视教育综合改革宣传动员工作，多形式、多渠道宣传改革的重要性和必要性，广泛宣传政策内容，宣传先进典型，切实形成推进改革的共识。要及时总结宣传改革中成功的经验和取得的成果，努力为教育综合改革营造良好环境氛围。

（五）稳妥推进改革。教育综合改革关系到广大教职工的切身利益和教育工作的稳定与发展，各相关部门和单位要积极引导教职工支持改革、投身改革，扎实推进各项改革工作。要坚持程序到位，坚持全程留痕，加强跟踪评估，及时研究处理改革过程中出现的各类问题，妥善处理好改革、发展和稳定的关系，确保改革平稳有序。

附件：1.建德市教育综合改革工作领导小组
　　　2.责任部门任务分解表

建德市人民政府
2018 年 7 月 2 日

附件 1

建德市教育综合改革工作领导小组

组　长：何亦星
副组长：杨志瑜（市府办）
　　　　包海洋（市教育局）
成　员：章　明（市编委办）
　　　　何来信（市人力社保局）
　　　　金　革（市财政局）
　　　　李　萍（市教育局）
　　　　罗志光（市教育局）
　　　　陈向阳（市教育局）
　　　　赖忠林（市教育局）
　　　　李林山（市教育局）

附件 2

表 18

责任部门任务分解表

任务内容	牵头部门	配合部门	备注
两年一次的教师编制核定	市编委办	市教育局、市财政局	定期执行
每年职称岗位设置和聘任	市教育局	市编委办、市人力社保局	定期执行
制订教职工“县管校聘”实施方案	市教育局	市编委办、市人力社保局、市财政局	2018 年 6 月底前
完善校长教师交流机制	市教育局	市编委办、市人力社保局	2018 年底前
制订奖励性绩效工资分配指导意见	市教育局	市人力社保局、市财政局	2018 年 7 月底前
建立义务教育学校生均公用经费逐年提高机制	市财政局	市教育局	2018 年底前
“四名”工程实施方案	市教育局	市编委办、市人力社保局、市财政局	2018 年 8 月底前

索　引

Index

说明：

一、本索引调主题索引和图表索引 2 个分目。

二、主题索引采用分析索引法，按索引条目第一字汉语拼音（同音字按声调）顺序排，首字相同按第二字音序排，依次类推。类目、分目分别用黄色、深黄色黑体字标注。标引词后的阿拉伯数字表示内容所在的页码。

三、本年鉴的“特载”未作索引。

四、图表按序号排列，所在位置标注方法同上。

主题索引

阿拉伯数字

A

B

C

D

F

G

H

J

K

M

N

P

Q

R

S

T

W

X

Z

图表索引

图书在版编目（CIP）数据

建德年鉴. 2019 / 建德市史志编纂委员会编. --北京：方志出版社，2019.12
ISBN 978-7-5144-4057-7

Ⅰ. ①建… Ⅱ. ①建… Ⅲ. ①建德—2019—年鉴
Ⅳ. ①Z525.54

中国版本图书馆CIP数据核字(2019)第280159号

建德年鉴（2019）

编　　者：建德市史志编纂委员会
责任编辑：罗　滔
出 版 者：方志出版社
地址　北京市朝阳区潘家园东里9号（国家方志馆4层）
邮编　100021
网址　http://www.fzph.org
发　　行：方志出版社图书经销中心
电话（010）67110500
经　　销：各地新华书店
印　　刷：杭州华界印务有限公司
开　　本：889×1194　1/16
印　　张：29.75
字　　数：767千字
版　　次：2019年12月第1版　2019年12月第1次印刷
印　　数：0001～1000册
ISBN　978-7-5144-4057-7　**定价**：188.00元